街人 金炳魯 評傳

가인 김병로 평전

민족주의적 법률가, 정치가의 생애

김학준

가인 김병로

제2개정판 머리말

대한민국의 초대 대법원장으로 사법부의 독립을 위해 힘을 썼고 또 사법부 독립의 기틀을 마련했다는 평을 듣는 가인 김병로의 생애를 다룬 책을 집필할 수 있었음은 저자에게 영예로운 일이었다. 그런데 거기에 더해, 이 졸저가 매년 일정하게 새 쇄(刷)를 낸다는 출판사의 소식에 영예로움을 느끼기보다 송구함을 느끼지 않을 수 없었다. 이 책에 부족한 점이 적잖음을 저자 스스로 잘 알고 있기 때문이다.

그런데도 새 봄을 맞이하면서 또다시 새 쇄에 들어가게 됐다는 말을 듣자, 더 이상 이대로는 안 되겠다는 절박감을 갖게 됐다. 그래서 비록 부분적이라고 해도 고칠 것은 고쳐야겠다고 마음먹고, 이번에 제2개정판을 내게 됐다. 우선 오자를 바로잡았으며, 몇 가지 미심쩍었던 부분에 대해 새 자료들을 바탕으로 분명하게 했다. 일제치하의 자료들은 ≪동아일보≫의 마이크로필름으로부터 얻을 수 있었는데, 복사를 도와준 동아일보사 조사연구실에 대해 깊이 감사한다.

그러나 여전히 아쉬움을 느낀다. 독자들이 모자란 점들을 일깨워 주기 바란다.

2005년 2월 15일

결혼 38주년의 날에

김학준

책머리에

이 책은 저자가 계획하고 있는 한국정치전기학(韓國政治傳記學) 총서 제2권에 해당된다. 1988년 상반기에 나올 제1권은 미국 펜실베이니아대학교 정치학과 교수 이정식(李庭植) 박사의 면담록을 바탕으로 한 항일독립운동가들을 다룬다. 제3권이 저자가 1987년 2월에 출간한 『이동화(李東華) 평전』으로, 이 책을 통해 저자는 일제치하 때부터 오늘날에 이르기까지 민족주의 좌파에 서서 싸워 온 한 민주사회주의자의 생애를 살폈으며, 또 그것을 통해 우리나라 민족주의 좌파세력의 흐름을 파악해 보고자 하였다(이 책은 적절한 시기에 개고될 것이다). 제3권에 대조되는 책이 이 제2권이다. 이 책을 통해, 저자는 일제치하 때부터 1960년대 중반 별세 때까지 민족주의 우파에 서서 살아온 한 자유민주주의자의 생애를 살피고자 하며, 또 그것을 통해 우리나라 민족주의 우파세력의 흐름을 파악해 보고자 한다. 이 작업이 끝나는 대로 저자는 제4권 『한국의 정치학 발달과 민병태(閔丙台)』를 출판할 계획이다. 이 책을 통해, 한말에 도입되어 오늘날에는 국제적 수준을 자랑하는 우리나라의 정치학이 민족의 격동기와 변혁기 속에서 어떻게 성장하고 어떤 영향을 주었으며, 그 가운데 해방 이후 우리나라의 정치학 발달에 선구적 역할을 수행한 것으로 평가되는 민병태 교수는 어떤 삶을 살았는가를 말해 보고자 한다.

김병로(金炳魯)는 직업적으로는 법률가였다. 일제치하에서 민족주의적 변호사로 활동했고, 미군정에서는 오늘날의 법무장관격인 사법부장을 지냈고, 대한민국 제1공화정 때는 초대 대법원장으로 사법부의 기초를 닦았으며 정년으로 퇴임한 뒤에는 재야 변호사로 법조계의 어른 역할을 맡았다. 그러므로 가인에 대한 종전의 평가가 이 점에 초점을 맞추었던 것은 당연했다.

그러나 가인의 삶은 크게 보아 우리나라 민족주의운동의 기복(起伏)과 연맥되어 있다. 한말의 항일의병투쟁과 일제치하에서의 우리 겨레의 민족주의운동, 그리고 해방 직후로부터 1960년대 중반까지의 우리나라의 민주주의운동을 살필 때마다 그의 이름이 자주 그리고 중요하게 등장하는 것은 그가 단순한 법조계의 지도자가 아니라 그 이상으로 무게 있는 국민적 정치지도자였음을 말해 준다. 그가 일제 때는 때때로 좌파와도 손잡았고 해방 3년의 시기에는 좌우합작을 옹호하기도 했으나, 그는 대체로 우파의 입장에 서 있었다. 그리하여 그의 전기는 해방 이전에는 우리 민족의 독립운동의 역사, 그리고 해방 이후에는 우리나라의 주요한 보수 세력 및 정당들의 역사와 거의 일치하는 것이다.

이 책이 그 측면에 대해 많은 조명을 준 까닭이 거기에 있다. 그리하여 이 책을 통해, 독립운동사의 시각으로부터 그리고 보수 우파 세력 및 그 정당사의 시각으로부터, 우리나라 정치사의 큰 흐름을 설명해 보고자 하였다.

이 책을 씀에 있어서 저자는 많은 자료들 그리고 많은 사람들로부터 직간접적인 도움을 받았다. 다음에서 이 자료들 가운데 중요한 것들 몇 가지에 대해 간단히 설명한다.

가장 중요한 1차 자료는 가인의 회고록이다. 가인은 대법원장을 퇴임한 뒤 변호사로 있을 때인 1959년 3월 20일부터 당시 이름 있는 비판지였던 ≪경향신문≫에 「수상(隨想) 단편(短篇)」이라는 제목 아래 회고록을 구술해 나갔다. 그 해 4월 30일에 이승만(李承晚) 대통령이 이끈 제1공화정 정부가 언론탄압의 하나로 ≪경향신문≫을 폐간시킴으로써 이 연재는 8·15 해방 직전 시기에 대한 회고에서 중단되고 말았다. 그때까지 발표된 양은 200자 원고지로 약 480매에 이르러 가인의 생애와 사상을 살핌에 있어서 비록 충분하지는 않다고 해도 상당한 도움이 된다. 만일 이 연재가 중단되지 않고, 해방 이후의 시기까지도 자세히 다뤘더라면 아마 이 책의 내용은 달라졌을 것이다.

가인은 또 법률 논문을 발표하기도 했고 일반 논설을 쓰기도 했다. 그것들의 수가 많지는 않으나 그런대로 가인 연구에 적지 않은 도움이 된다.

조선일보사가 1986년에 출판한 『조선일보 항일기사색인 : 1920-1940』은 가인의 항일활동을 추적하는 작업에 많은 도움을 주었다. 이 『색인』의 중요성을 건국대학교 정치외교학과 교수인 신복룡(申福龍) 박사가 일깨워주었다.

가인에 대한 기존의 전기로부터도 많은 도움을 받았다. 우선 오랫동안 언론인으로 일했고 민주한국당(民主韓國黨)〔민한당〕 소속으로 제11대 국회의원을 지낸 김진배(金珍培)가 쓰고 1983년에 삼화(三和)인쇄주식회사가 발행한 『가인 김병로(街人 金炳魯)』는 필수불가결의 기본 자료로 활용되었다. 이 책은 크게 보아 두 부분으로 되어 있다. 첫째 부분은 가인의 전기이다. 가인의 동향 후배로 가인처럼 법학을 전공했고 가인을 존경한 김진배는 가인의 회고록과 가인 유족들의 증언을 바탕으로 이 전기를 마련한 것이다. 둘째 부분은 (1) 가인이 쓴 수필과 논설 및 식사(式辭), 그리

고 (2) 가인 별세 이후의 묘비문과 추도 사설 및 조사 등이다. 가
인이 ≪경향신문≫에 구술했던 회고록도 그 전문이 이 책에 실려
있다. 500쪽에 가까운 이 책은 저자에게 말할 수 없이 큰 도움을
주었다. 가인에 관한 기본적인 자료와 정보가 이 책으로부터 나왔
음을 강조해 둔다.

이어 ≪동아일보≫ 기자 이영근(李英根)과 김충식(金忠植) 및
황호택(黃鎬澤)이 공저하고 1984년에 삼민사(三民社)가 출판한
『법에 사는 사람들』 역시 훌륭한 기본자료로 활용되었다. 이 책은
〈이 땅의 현대 법조사에 빛을 더한 청렴과 용기의 법조인들〉 17인
의 평전으로,[1] 이 17인 가운데 물론 들어 있는 가인에 대해서뿐만
아니라 우리나라 법조계의 역사와 흐름에 대해 저자로 하여금 많
은 것을 알도록 하였다.

이와 함께 법조인들의 회고록, 특히 이인(李仁) 전 법무부장관
과 고재호(高在鎬) 전 대법관 및 김갑수(金甲洙) 전 대법관의 회
고록도 읽었다. 그 가운데서 특히 도쿄에서 함께 공부했고 일제
치하에서 함께 변호사로 법정투쟁을 벌였으며 해방 3년의 혼란기
에도 함께 정치적으로 활동했던 이인의 회고록은 많은 도움이 되
었다. 한편 가인과 같은 시대에 도쿄에 유학했고 그 뒤에도 친교
를 맺었던 지도자들, 예컨대 김성수(金性洙) 전 부통령과 신익희
(申翼熙) 전 국회의장 및 장덕수(張德秀) 전 한국민주당(韓國民主
黨) 정치부장의 전기도 많은 정보를 제공하고 있다. 미군정기와
제1공화정 초에 가인과 함께 일했던 유진오(兪鎭午) 전 고려대학
교 총장의 회고록으로부터도 그 시기의 가인에 대한 정보를 얻을
수 있다. 『서울법대백년사』와 『한국변호사사(韓國辯護士史)』 및
『한국사법사(韓國司法史)』와 같은 책도 가인에 관한 적지 않은
자료를 싣고 있었다.

경남대학교 정치외교학과의 심지연(沈之淵) 교수가 펴낸『한국 민주당 연구 I』과『한국민주당 연구 II』및『해방정국 논쟁사 I』, 그리고 송남헌(宋南憲)의『해방 3년사 I·II』권은 해방 3년의 시기에 있어서 가인의 정치 활동을 이해하는 데 결정적인 도움이 되었다. 이 다섯 권의 책들에 실려 있는 1차 자료들은 참으로 소중했다. 이 자료들이 없었더라면 이 시기의 가인에 대한 이 책의 분석은 현재의 것보다 훨씬 못했을 것이다.

이어 《한국일보》가 한 주에 1회 연재하던 기획물「한국정당의 뿌리」로부터도 적잖은 도움을 받았다. 특히 1963년 1월 1일자로 민간인의 정치활동이 허용되면서 민간 정치인들의 정당 조직 노력이 두드러지게 나타나며 이 과정에서 가인도 중요한 역할을 수행했는데, 이 점을 이 연재는 비교적 소상하게 밝혀 주었다.

서울대학교 법과대학의 법사학(法史學) 교수인 최종고(崔鍾庫) 박사로부터도 귀중한 도움을 받았다. 최 교수는 이제까지 잘 알려지지 않은 가인의 법학 관계 논문들의 소재를 정확히 알려주었다. 저자가 이 방면에 대해서도 눈을 돌릴 수 있었던 것은 전적으로 최 교수의 일깨움 덕분이었다.

이 책의 집필을 강력히 권고하고 뒷받침해 준 외우 김종인(金鍾仁) 박사에게 감사한다. 가인의 친손자로, 1963년에 가인이 민정당(民政黨) 대표최고위원과 국민의당 대표최고위원으로 야당 통합운동을 이끌어 나갈 때 가인을 옆에서 직접 보좌했던 그는 가인에 대한 많은 이야기들을 들려주었다. 또 이 책의 출판을 맡아준 민음사와 그 편집부에 대해서도 감사드린다.

가인과 같이 훌륭한 민족지도자의 탄생 100주년을 기념하는 일의 하나로 계획된 전기의 집필을 맡는 책임을 다하기 위해 저자

로서는 많은 노력을 기울였다. 그럼에도 불구하고 이 책에는 잘못
이 적지 않을 것이다. 물론 고의는 아니나 그것에 대한 책임은 전
적으로 저자에게 있다.

1987년 12월 25일
딸아이가 만 스무 살이 된 날에
김학준

차 례

제1장 국권을 잃어가던 시기의 의병 투쟁 참여

제2장 망국에 따른 일본유학과 법률전공

제 1 장

국권을 잃어가던 시기의 의병 투쟁 참여

1 가인의 출생과 집안 내력

가인이 태어난 시대

가인 김병로는 음력으로 1887년 정해년 12월 15일에 전라북도 순창군 복흥면 하리에서 태어났다. 그의 생년월일을 양력으로 바꾸면 1888년 1월 27일이 된다. 그러나 그는 평생토록 음력 12월 15일도 아니고 양력 1월 27일도 아닌 양력으로 12월 15일이 되면 그 두 가지를 배합한다는 듯이 그날을 자신의 생일로 맞았다. 간지로는 돼지띠인데, 바싹 여윈 그의 인상과 대조적이다.

가인이 태어난 1888년은 고종 25년으로, 500년간 계속된 조선 왕조가 크게 흔들리던 때였다. 우선 나라 밖으로는, 1876년 병자년에 일본의 함포외교에 눌려 강화도에서 조일(朝日)수호조약을 맺음으로써 개항하는 한편, 청나라의 종주권으로부터 적어도 외형적으로는 벗어났고, 이것을 계기로 1882년에는 미국과, 1883년에는 영국 및 독일과, 1884년에는 이탈리아 및 러시아와, 그리고 1886년에는 프랑스와 각각 수호조약을 맺었다. 그리하여 〈은둔의 왕국〉으로 불리던 조선에는 외세가 물밀듯이 밀어닥치고 있었다. 그가 태어나기 한 해 전인 1887년 2월에 영국이 러시아의 남진정책을 견제하기 위해 점령했던 거문도에서 철수한 사건이 이미 국제정치의 격랑 속에 잠긴 조선의 복잡한 대외적 상황을 말해주었다.

나라 안은 나라 안대로 들끓고 있었다. 1882년에는 흔히 임오군란 또는 임오군변으로 불리는 큰 사변이 일어났고 이것을 계기로 대원군이 다시 권력을 잡았으나 곧 청나라로 끌려가기도 했으며, 1883년에는 유생들의 항일상소운동이 벌어졌고, 1884년에는 개화파들의 저 유명한 갑신정변이 일어났다. 그 이듬해에는 청나라로 잡혀갔던 대원군이 환국했으나, 이를 경계한 민비의 궁정정치는 더욱더 음모와 술수로 치닫는 한편 부패를 확대시켜나갔다.

확실히 난세였다. 그러나 난세였던 만큼 인걸도 많이 태어났다. 가인이 태어나기 13년 전인 1875년에 이승만이, 12년 전인 1876년에 김구(金九)와 주시경(周時經)이, 10년 전인 1878년에 안창호(安昌浩)가, 9년 전인 1879년에 김창숙(金昌淑)과 한용운(韓龍雲)과 안중근(安重根)이, 8년 전인 1880년에 신채호(申采浩)가, 7년 전인 1881년에 김규식(金奎植)이, 6년 전인 1882년에 조만식(曺晩植)이, 2년 전인 1886년에 여운형(呂運亨)이 각각 태어났다. 가인이 태어난 해에 함께 태어난 이들로는 문일평(文一平)과 이윤재(李允宰)와 지청천(池靑天)을 꼽을 수 있으며, 김좌진(金佐鎭)과 오동진(吳東振)이 한 해 다음인 1889년에, 송진우(宋鎭禹)가 두 해 다음인 1890년에, 그리고 김성수가 세 해 다음인 1891년에 각각 태어났다.

가인이 태어난 장소

그러면 가인의 고향 순창군은 어떤 곳인가? 이 궁금함을 풀기 위해, 저자는 ≪뿌리깊은나무≫가 1983년에 발행한 『한국의 발견』 총서 가운데 독립된 한 권의 책인 『전라북도』를 찾아보았다. 이 책의 170쪽에서 177쪽 사이에 〈값진 순창 고추장의 고장〉이란 제목 아래 자세한 설명이 나와 있기에 그 내용을 옮겨본다.

순창군은 노령산맥의 산줄기에 둘러싸인 고을이다. 이 군은 북쪽에는 회문산, 서쪽에는 백양산, 남쪽에는 설산, 동쪽에는 적성산이 병풍처럼 가려 삼방고원이라고 불리는 분지를 이루었다. 순창군은 동쪽으로 전라북도 남원군과, 서쪽으로 역시 전라북도의 정읍군과, 남쪽으로 전라남도의 담양군 및 곡성군과, 북쪽으로 전라북도 임실군과 각각 맞닿아 있다. 이웃 고을들에 비해 예나 지금이나 개발이 뒤진 편인데, 전라선 철도와 호남선 철도가 모두 이곳을 비껴가 이곳을 사실상 〈교통의 오지〉로 만들었기 때문이다. 도로 사정도 좋지 않은 형편이고, 농사말고 별다른 소득원이 있지도 않다. 인구는 약 7만 3000명으로, 점점 줄어드는 경향이다. 고추장과 함께 강천산의 토종꿀과 적성강의 은어가 특산물로 손꼽힌다.

이곳은 삼한시대에는 마한 땅에 속했다가 삼국시대에는 백제 땅이 되었고 통일신라시대에는 남원부(南原府) 순창현(淳昌縣)으로 이름이 고쳐졌다. 고려 말기에 와서 비로소 순창군이 되었고, 그 뒤 조선시대에도 그대로 불렸다.

가인이 태어난 곳인 복흥면 하리는 순창 읍내에서 서북쪽으로 10여 킬로미터 떨어진 곳으로, 옥녀봉이 동네를 두른 아늑한 마을이었다. 옥녀봉은 풍수상으로 선녀가 옷을 빨아 입는다는 형국이라 하여 벼슬을 해도 깨끗한 자리를 맡을 사람들이 나올 만한 곳이라고 불렸대.

가인의 집안 내력

이러한 옥녀봉 혈맥의 영향 때문인지, 울산(蔚山) 김씨가 이곳에 자리 잡은 뒤 가인 때까지 2백 년이 넘는 동안 깨끗한 선비와 곧은 언관(言官)이 적지 않게 나왔다. 그 대표적 인물이 가인의 15대 할아버지인 문정공(文正公) 김인후(金麟厚, 1510-1560)이다. 김인후는 자를 후지(厚之)라 했고 호를 하서(河西)라 했다. 퇴계(退溪) 이황(李滉)과 함께 태학(太學)에서 공부했고, 중종 때 과거에 오른 뒤 홍문관(弘文舘)의 정자(正字)에 이어 박사(博士)로 설서(說書)를 겸했다. 명종 때 척족세도의 영수인 윤원형(尹元衡)과 윤임(尹任) 사이의 대윤(大尹)-소윤(小尹) 싸움을 염려하고 당쟁을 말리다가 을사사화 뒤에 고향인 장성(長城)으로 낙향해 성리학을 연구하고 필암서원(筆巖書院)을 열어 후학을 가르치는 일에 여생을 마친 당대의 거유(巨儒)이며 충신이었다. 그의 5대손이 자연당(自然堂) 김시서(金時瑞)로, 기개가 높고 효행이 밝았으며 시(詩)로써 당대에 이름이 높았다.

가인의 증조할아버지는 건중(建中)이며 할아버지는 학수(學洙, 1839-1894)였다. 아버지는 상희(相熙)로 1865년에 태어나 사간원(司諫院)의 정언(正言)을 지냈다. 아버지 쪽이 명가이듯 어머니 쪽 역시 명문이었다. 장흥(長興) 고(高)씨인 어머니는 임진왜란 때 두 아들과 함께 나라에 목숨을 바친 제봉(霽峯) 고경명(高敬命)의 후예인 고제찬(高濟瓚)의 딸로, 남편보다 한 살 위였다. 이 고씨 집안의 대표적 법조인이 오늘날 우리나라 법조계의 대부(代

父)로 불리는 전 대법관 고재호(高在鎬) 변호사이다.[1]

가인은 삼남매 가운데 둘째인 외아들로 태어났다.[2] 아버지도 외아들이었다. 정치심리학자들의 연구에 따르면, 사람의 인격이 형성되는 기반은 그의 유아기에 마련된다. 어린이 때 부모와의 관계는 어떠했는가? 아버지와 어머니의 사이는 어떠했는가? 부모를, 또는 그 한쪽을 잃지는 않았는가? 즉 가족 관계와 그 분위기는 그가 커서 갖게 될 성격까지 이미 결정해 버린다는 것이다. 예컨대, 첫 번째로 태어난 어린이는 다른 형제들에 비해 더 야심적이고 더 열심히 공부하며 더 협력적이고, 권위가 부과하는 규칙을 깨뜨리려는 경향보다 잘 지켜서 인정받고자 하는 욕망을 갖는 경향이 있다고 말한다.[3]

그렇다면 가인의 경우는 어떠했나? 그가 외아들로, 더구나 2대 독자로 태어났다는 사실이 그의 성격형성에 어떤 영향을 주었을까? 이러한 물음들에 대한 대답을 필자는 갖고 있지 않다. 다만 그러한 정치심리학적 의문을 머리에 둔 채 그의 어린 시절을 살피기로 한다.

가인의 어린시절은 무척 외로웠다. 그 스스로의 표현대로 집은 〈산간벽지〉에 있었고, 〈양대 독신이기 때문에 삼사촌도 없는 처지였다〉. 게다가 아버지는 벼슬살이로 서울에 머물고 있었다. 그리하여 오로지 할아버지와 할머니의 사랑과 가르침을 받고 자랐을 뿐이었다. 어린이의 성격형성에 특히 큰 영향을 미친다는 어머니와의 관계에 대해서는 설명이 없다. 집안은 가난하지는 않았으나 여유가 있지도 않았다. 대체로 이러한 환경에서 그는 유아기를 보내고 있었다.[4]

가인의 어린 시절

그가 만 여섯 살이 된 1894년에 그의 생애에 첫 번째 충격적인 일들이 일어났다. 갑오년인 이해 2월 이웃 고부군에서 전봉준(全琫準) (1854-1895)을 지도자로 하는 민란세력이 기병한 데 이어 5월에는 동학교(東學敎)와의 접목 아래 2차 기병이 있었던 것이다. 가을과 초겨울에 들어서서는 3차 기병이 있으면서 마침내 〈갑오농민혁명〉으로 승화되었거니와,[5] 가인 집안 사람들의 증언을 많이 참조하기도 한 김진배의 『가인 김병로』에 따르면, 〈김병로는 많은 동학도들과 어울려 농민항쟁에 참여했다고 한다〉. 또 그것이 계기가 되어 〈동학사상에 한때 심취〉되기도 했다고 한다.[6]

이 말을 그대로 받아들이기는 어렵다. 만 6세의 어린이로서 〈많은 동학도들과 어울려 농민 항쟁에 참여했다〉고는 믿어지지 않기 때문이다. 만일 그가 이러한 경험이 있었다면 자신의 회고 어느 곳에서라도 나올 법한데 전혀 없다. 〈한때 심취〉했다는 동학사상에 대해서도 일언반구의 언급도 없다. 더구나 그가 동양의 사상과 우리의 고유사상을 꽤 길게 설명하면서 동학사상에 대해 언급조차 하지 않았음은 과연 그가 동학혁명 때 〈참여〉했을까의 의문을 제기하게 한다. 오히려 자신의 아버지는 〈동학란이 발발하여 다시 피난생활을 하게 되었다〉라고 회고하고 있음에 비추어(가인의 회고 가운데 동학에 대한 언급은 이 대목 하나이다), 가인은 갑오혁명에 거의 무관했다고 봄이 옳을 것이다.

그러나 오늘날에는 정읍군 고부면이 된 당시의 고부군이 순창군에 가까이 있었고, 전봉준의 주력부대는 때로는 순창군을 지나가기도 했으며, 전봉준이 붙잡힌 곳이 순창군이었다는 사실, 그리고 만 8, 9세 정도의 어린이들도 가담했다는 기록이 없지 않음에 미루어, 가인이 그들을 목격하고 어떤 영향을 받았을 가능성은 충분히 있었다. 이 〈혁명〉은, 비록 외군을 끌어들인 민씨 정권의 비주체적 망동으로 좌절되기는 했으나, 그 무용담들은 몇 해 동안 생생히 전해졌을 것이며 가인은 자라면서 거기에 더 가까이 접했을 것이다. 그리고 그 무용담들을 통해 불의(不義)의 권력에 대한 저항정신을 무의식중에라도 내면화시켰을 것이다.

1894년 있었던 또 하나의 충격은 할아버지의 죽음이었다. 이해 음력 4월에 가인을 사실상 길러주고 가르쳐온 할아버지가 만 55세를 일기로 별세한 것이다. 이에 가인의 아버지는 곧바로 사간원 정언 벼슬을 내놓고 귀가했으나, 〈동학란이 발발하여 다시 피난 생활을 하게 되었으므로〉 가인의 〈초등 학습도 진행할 수 없게 되었다〉. 엎친 데 덮친 격으로 그 이듬해 음력 10월, 가인이 만 7세이던 때 불행히도 아버지마저 만 30세로 요절했다. 그리하여, 가인 스스로의 표현으로, 〈가정 상태가 비운에 잠기었다〉. 연거푸 일어나는 상변(喪變)에 묘지를 고를 여가조차 없어 선산 아래 장례를 마쳤다고 그는 회고했다. 만 일곱 살의 어린 나이에 가인은 그토록 의지했던 할아버지도, 그리고 아버지도 잃은 외아들로서 외로운 호주(戶主)였다. 〈생활 정도가 빈한하다고는 할 수 없으나, 그다지 여유 있는 생활도 아니었다〉.

정치심리학자들에 따르면, 어린 시절에 이미 부모의 죽음을 경험하는 장남은 고뇌와 긴장을 경험하게 되며 그것은 그로 하여금 가족과 집안에 대한 책임감과 행동의 신중성을 갖게 만드는 계기가 된다. 굳이 정치심리학자들의 설명을 빌리지 않는다고 해도, 가인이 이때 언젠가 집안을 일으켜야 할 책임이 자신의 어깨에 부과되었음을 깊이 깨닫게 되었을 것임을 충분히 짐작할 수 있겠다.

2 한문 공부를 시작하다

초기의 학습 내용

아버지의 상을 치른 그 다음해인 1896년에 가인이 만 여덟 살
이 되었을 때 할머니 박(朴)씨는 가인을 위해 독서당을 세워 한문
공부를 시켰다. 이에 대해 가인은 이렇게 회고했다. 〈조모 박씨의
근념(勤念)으로, 나 하나를 위하여 선생을 초빙하여 서당을 창설
하였으므로, 그때부터 초등 학업에 전념하게 되었던 것이다.〉[7]

그러면 가인의 〈초등 학업〉의 내용과 그 과정은 어떠하였나?
이 물음에 대해서는 가인의 회고가 제법 소상하므로 다음에 그대
로 옮긴다.

나는 본시 재질이 둔탁하여 일과에도 다른 학도보다 두세 배의
시간을 공부하지 아니하면, 그것을 암송하기 어려운 까닭에 어린
나로서는 참으로 고통을 느껴, 심지어는 다른 학도의 침식 시간을
이용하여 나의 공부 시간으로 활용하기에 고심하였던 것이다. 그
결과인지 모르나, 내가 열 살〔음력으로의 우리 나이 : 저자의 주〕
되던 해부터는 사략(史略)이나 통감(通鑑) 등 중국 역사를 시독하
였는데, 암송과 이해력이 조금 진취됨에 따라 나의 고통도 감소되
었으며, 무슨 서책이든지 독서에 취미를 느끼게 되어, 밤 공부에도
닭이 울기 전에는 취침한 일이 별로 없었고, 휴식 시간에도 항상
글을 암기하기에 노력하였다. 그 다음해부터는 『소학(小學)』을 강
독하여 수신(修身) 절차의 기본을 닦았고, 이어서 사서(四書)(『논
어』, 『맹자』, 『대학』, 『중용』)를 읽게 되었는데, 그때부터 나는 독
서에만 전념할 수 없고 가사에 관여하여야 되었으니, 즉 말하자면

파종이나 이앙 때에는 그 인부를 감시하여야 하고, 퇴비의 조성,
또는 추수 및 시초 때에는 그 수량을 조정하고 인부를 감독하여야
하였으므로, 학업의 추진에 지장이 없을 수 없었다. 그러나, 그것
역시 나의 운명에 피할 수 없는 것임을 깨닫고, 더욱 야간 공부를
면려하여 매일 예기한 과정의 분량에 흠결이 없기에 노력하였으며,
또 그와 같이 실천하였었다.[8]

전통적인 한학 외에도 가인은 우선 의서(醫書)를 공부하게 되
었다. 가인의 어머니가 심장과 위장 질환으로 몇 해 동안 누워 지
내게 되고 그 때문에 그의 고통이 심했기 때문이다. 어느 수준으
로까지 공부했는지는 알 수 없으나 자신의 손으로 약을 지을 정
도는 되었다. 가인은 또 이른바 산서(山書)도 연구하게 되었다.
선산 아래 잠정적으로 모신 할아버지와 아버지의 무덤을 옮길 생
각을 갖고 있었기 때문이다.

그가 이처럼 스스로 〈박이부정(博而不精)〉을 염려할 정도로 여
러 방면에 걸쳐 독서하던 때인 1899년, 만 열두 살에 가까워진 무
렵 신부를 맞이하게 되었다. 가인보다 네 살 위인 연일(延日) 정
(鄭)씨로, 저 유명한 송강(松江) 정철(鄭澈)의 후예인 정교원(鄭敎
源)의 딸이었다. 고향은 담양군이었는데, 가인 어머니의 외가에
속했다. 가인의 결혼을 서두른 사람은 할머니와 어머니였다. 손이
귀한 집이므로 하루빨리 성관(成冠)시키는 것이 바람직하다고 생
각했던 것이다.

며느리를 맞아들임으로써 집안 분위기는 일신되었을 법하다. 그
러나 이듬해인 1900년 봄에 할머니도 만 63세로 갑자기 세상을 떴
다. 집안일은 더욱 침체 상태에 빠졌고, 가인은 만 12세의 소년으
로 승중상인(承重喪人)이 되어 모든 예제(禮祭)를 행하게 되었다.

우선 산지를 골라 할아버지와 할머니의 유택을 완정하는 일이 급했다. 그는 틈틈이 보아두었던 산서의 지식을 빌렸는데, 이때의 상황을 이렇게 회고했다.

그때만 하여도 나 역시 산서를 신뢰하여 소위 명당설에 끌렸을 뿐만 아니라, 나 자신이 산서를 많이 읽은 탓에 명안(明眼)으로 자칭하고, 또 그렇게 믿었기 때문에 약 반 년이라는 시간을 답산에 종사하여 묘지를 완정하고 장례를 마쳤다.[9]

그렇다고 하여 가인이 산서와 명당설에 빠지지는 않았다. 그는 조상의 묘지를 쓰는 일을 위해 산서를 읽었을 뿐이지 그것을 남에게 전파할 생각은 없었다. 그는 이미 〈산서도 한 술서로서 외도에 속하는 것이요, 성리학의 범주가 아님을 알았던 것〉이다. 그리하여 할아버지와 할머니의 묘지 쓰는 일을 마치면서 스스로 〈모든 산서와 간산(看山)에 필요하던 기구 등을 폐장하고, 오로지 경전의 연수에 정통하기를 결정하였던 것이다〉. 만 12세가 조금 넘은 소년으로서는 상당한 수준의 결단을 독립적으로 내린 것이라고 하겠다.

가인은 30대 후반의 홀어머니를 모시고 10대 후반의 아내를 거느린 채 집안일 전반을 처리하게 되었다. 그의 회고에 따르면, 봄과 가을에는 농사일을 보고, 여름과 겨울에는 산은 높고 물은 맑은 곳의 절을 찾아 기식하면서 두세 사람의 벗들과 함께 〈강독 및 담론으로 학문의 진리를 탐구했다〉. 『소학』을 여러 차례 정독했고 사서(四書)를 면학의 중심으로 삼았는데 그 가운데서도 『중용』과 『대학』에 가장 많은 노력을 기울였다. 뜻은 오로지 성리학의 구명에 있었고 사장(詞章)의 연수에는 별로 힘을 쓰지 않았다.

이러한 과정을 거쳐 그는 〈정(定)・처(處)・안(安)・격(格)・치(致)・성(誠)・정(正)의 공효를 얻을 수 있겠다〉는 믿음을 갖게 되었다.

전우에게 배우다

가인은 곧 시서(詩書)와 『예기(禮記)』를 읽어 나갔다. 그러나 그 참뜻을 얻지 못했다. 여기서 그는 당시 성리학의 최고봉으로 여겨지던 전우(田愚)를 찾게 되었다. 1902년, 그러니까 가인이 만 14세 때 일이다.

그러면 전우는 누구인가? 전우는 헌종 때이던 1841년에 전주부(全州府)에서 태어나 전재(全齋)의 학통을 이어받은 큰 학자로 호는 간재(艮齋)였다. 가인이 찾았던 1902년, 간재는 이미 만 61세로서 그 학덕은 조선 8도에 풍미하고 있었다. 평생토록 벼슬을 살지 않았고 청렴하게 지내며 오로지 성리학 연구에 몰두하여 조선 유학의 마지막 대종(大宗)으로 불리던 간재 밑에서 가인은 〈성리에 관한 구전심수(口傳心授)를 받아 특히 이기(理氣)의 논변을 요해한 바 적지 않았다〉. 이때 함께 공부했던 이들이 홍희(洪憙)와 김택술(金澤述)과 이조원(李祖遠) 등이었다.

만 16세이던 1904년 8월 말께 가인은 간재의 문(門)을 떠났다. 그렇게 하게 된 경위를 가인은 이렇게 회고했다.

이것은 학업의 방향을 전로(轉路)하려는 심산에서 작용된 것이었다. 그것은 그전부터 서울에서 다닌 나의 친족, 또는 인척 되는 어른들이 현대에는 경학에 전념하는 것보다 신학문을 탐구하여야 한다는 교시도 있었고, 나의 생각에도 막연히 시대가 변천할 것으

로 상상되고, 시대가 변천되면 학문의 변천도 없을 수 없다는 생각
에서, 또 한 가지는 나 자신의 기수(氣數)가 일생을 성리학에 진향
(進向)하여 학업을 대성하기에 적합하지 않다는 것이 의식됨에 따
라, 좌우간 도시에 나가서 대세의 추이를 본 후에 결정하겠다는 심
정으로 전간재 선생의 문을 떠나게 된 것이었다.[10]

이 짧은 인용구 속에는 시대의 변천을 의미하는 말들이 집중적
으로 들어 있다. 〈신학문〉, 〈시대가 변천할 것으로〉, 〈시대가 변
천되면〉, 〈대세의 추이를〉 등이 그것이다. 그에게 〈신학문〉을 탐
구하도록 가르침을 준 친족 또는 인척 되는 어른들이 귀향해 있
었던 것도 이러한 시대의 변천에 따른 것이었다. 시대가 바뀌면
서, 대체로 비(非)개화파에 속했던 그들은 서울을 떠나 고향으로
돌아와 있었다. 그들은 비록 비개화파에 속했으나, 어린 가인에게
비개화파로서의 가치관을 강요하지 않고 새 학문을 배우도록 권
했던 것 같다.

3 시대의 변천과 새 학문 접촉

한말의 격변과 외세의 침투

그러면 그때의 시대적 변천은 어떠하였나? 필자는 앞에서 가인
이 만 6세이던 1894년에 동학혁명이 일어났었음을 지적했거니와,
그 뒤 조선은 급격한 변화를 경험하고 있었다. 농민들의 봉기를
진압하기 위해 민씨조정이 청군을 끌어들인 것을 빌미로 일본은
천진조약(天津條約)을 견강부회하면서 조선에 파병하였고, 이로써

조선에 대한 지배권을 둘러싸고 청과 일본 사이에 조선 땅에서 싸움이 벌어졌다. 그 결과는 노대국(老大國)의 패배였으며, 따라서 1895년 을미년 4월에 시모노세키(下關)에서 맺어진 조약을 통해 청은 조선에 대한 종주권을 아주 내놓지 않을 수 없었고, 그 대신 조선에 대한 일본의 영향력은 커졌다.

조선을 둘러싼 청일관계의 변화는 우선 조선의 국내정치에 많은 변화를 가져왔다. 청을 배경으로 삼았던 민씨척족의 정권은 몰락하고 일본의 뒷받침 아래 개혁을 추진하려는 김홍집(金弘集, 1842-1896) 내각이 들어섰다. 김윤식(金允植, 1835-1922)과 어윤중(魚允中)과 유길준(兪吉濬, 1856-1914) 등 온건한 개화파가 참여한 김홍집 내각은 우리가 흔히 갑오경장이라고도 부르는 갑오개혁을 단행했는데, 거기에는 농민혁명세력의 주장도 반영되어 있었다.

1895년 을미년에 들어서자 조선의 국내외 상황은 다시 달라졌다. 우선 국제적으로, 동북아시아에서 일본의 힘이 커짐을 경계한 러시아는 프랑스와 독일을 끌어들여 이른바 3국간섭으로써 일본이 청으로부터 할양받은 요동반도를 내놓게 하였다. 이 사건은 조선의 조정 안에 〈러시아를 끌어들여 일본에 항거하는〉 이른바 인아거왜(引俄拒倭) 경향을 북돋웠다. 여기에 자극된 일본은 거왜(拒倭)의 중심인 민비를 시해한 이른바 을미사변을 일으켰다.

을미사변은 백성들 사이에 항일의식을 높였고 김홍집 내각에 대한 반감을 낳았다. 사회심리적 분위기가 이러한데도, 김홍집 내각은 단발령을 내리며 개혁정치를 추진했다. 백성들의 반발은 더욱 커졌다. 그리하여 유학자 황현(黃玹, 1855-1910)의 표현대로, 〈전국이 가마솥처럼 끓어 오르고 사방에서는 의병들이 궐기했다〉.[11] 여기서 우리 민족운동사에 빛나는 한말의 의병 투쟁이 시작되었다. 의병들은 지방관들을 처단하고 중앙에 납입해야 할 조세를 군수용(軍需用)으로 압수하는 한편 왜군과 싸웠다. 이때의 대표적인 의병장이 저 유명한 류인석(柳麟錫, 1841-1915)과 허위(許蔿, 1855-1908)였다.

전국에 의병투쟁의 분위기가 높은 가운데, 1896년 2월에 친러파와 친미파가 중심이 되어 고종을 러시아공사관으로 옮긴 이른바 아관파천이 이뤄졌다. 세상이 바뀐 것이다. 이 소용돌이 속에서 총리대신 김홍집은 농상공부대신 정병하(鄭秉夏)와 더불어 반대파가 미리 동원한 보부상에 의해 죽임을 당하고, 오늘날의 재무장관격인 탁지부대신 어윤중은 향리로 피난하던 길에 맞아 죽었으며, 외부대신 김윤식은 잠시 몸을 숨길 수 있었지만 뒤에 종신유형의 몸이 되었고, 내부대신 유길준은 일본으로 망명했다.

〈위로부터의 개혁〉을 추진하려던 지도세력은 무참히 무너졌다. 그러나 그들의 개혁운동이 그것으로 헛되이 끝난 것은 아니었다. 그들의 개혁운동은 그동안 백성들을 계몽시켜 개혁에 대한 대중적 지지기반을 쌓아 올렸던 것이다. 그리하여, 이 기반을 바탕으로 아래로부터의 개혁운동이 충분히 가능해졌다.

실제로 〈재야 개화파들〉은 1896년부터 1898년까지 백성들의 지지를 동원하면서 〈구국개혁운동〉을 힘차게 벌여나갔다.[12] 1896년에 서재필(徐載弼, 1866-1951)은 《독립신문》을 창간하고 독립협회를 창립했으며, 독립협회의 지도자들은 1898년에 〈광범위한 서울 시민을 망라하여 만민공동회(萬民共同會)를 개최함으로써 아관파천 이후 더욱 노골화되는 미국과 러시아를 비롯한 여러 외국에 의한 철도, 광산, 어업, 삼림, 벌채 등의 이권의 할양에 반대하고, 부르주아적인 국정 개혁을 요구하는 '아래로부터의' 대중 운동을 전개했다.〉[13]

이에 대한 조정의 대응은 무모한 탄압이 아니면 구질서에의 집
착이었다. 러시아공사관으로부터 경운궁, 곧 덕수궁으로 돌아온
고종은 1897년에 연호를 광무(光武)로, 국호를 대한제국으로 각각
고치면서 대한제국(大韓帝國)의 황제로 즉위하여 나라의 면모를
새롭게 하려 했으나, 정권은 여전히 수구세력에 농단되어 아무런
개혁을 추진하지 못한 채 민중운동을 폭력으로 누를 뿐이었다.

집권세력과 백성 사이의 틈이 점점 커지면서 그 간격으로 외세
가 물밀듯이 밀려들어왔다. 이 시대를 깊이 연구한 신용하(愼鏞
廈) 교수에 따르면, 제국주의의 약소국에 대한 전형적 침략의 한
방편이 치외법권적 이권을 확보해 나가는 것이었다.[14] 그리하여 대
한제국 시대에 외국상인들의 손으로 전차와 철도가 처음 놓였으며
한강교가 준공되고 전등과 영화가 선을 보였다. 문을 여는 항구들
의 수도 늘어났고 해안에는 등대가 나타나기 시작했다. 그리고 이
러한 외세의 각축 속에서 1904년 2월에 대한제국이 중립을 선언
했는데도 조선 땅에서 러시아와 일본 사이에 전쟁이 터졌다.

목포에서 새 학문을 배우다

앞에서 살핀 바와 같은 시대적 대전환 속에서 가인은 새 학문
을 배우고자 우선 간재의 문을 떠나 광주를 거쳐 목포로 갔다. 여
기서 가인은 이미 지방에까지 깊숙이 침투한 일본제국주의의 승
세를 느낄 수 있었다. 그때의 충격을 가인은 이렇게 회고했다.

전라남도 수부인 광주를 거쳐 목포항에 이르러 보니, 뜻밖에도
항구의 거대한 상점이나 해상의 거대한 선박은 거의 일인의 소유
이거나 일인에게 점거한 바 되고, 우리 한인은 산 밑으로 밀려 협

소한 초가에만 서식할 뿐이며, 해상에도 구태의연한 작은 범선 약
간이 있을 뿐이고, 소위 지식층에 속하는 청년들도 일인, 기타 외
국인들에게 고용살이를 하고 있었을 뿐이니, 나로서 어찌 놀랍고
한심하다 아니하였으랴.[15]

이처럼 일제의 침략상에 분개하면서도 발흥하는 일본의 힘을
느낄 수 있었음도 사실이다. 그의 느낌은 다음과 같이 정리되어
있다.

　때마침, 일본 군함이 항구에 정박해 있었으므로 나는 다른 청년
들과 같이 그 군함을 견학하였던 바, 그 체구의 웅대함과 선체의
외부를 모두 철로 조선한 것과, 거기에 거치된 대포, 중포, 기타 해
군 무장 등을 볼 때, 이것이 나의 상상도 하지 못하였던 것으로 어
찌 놀라지 아니할 수 있었으랴.[16]

여기서 가인은 일본의 물질문명으로부터 배워야겠다는 생각을
갖게 되었다. 그렇다고 하여 일본의 물질문명에 그대로 기운 것은
아니었다. 우리의 정신문화를 바탕 삼아야 한다는 뜻이 전제되어
있었다. 이러한 그의 생각은 그의 회고 속에 다음과 같이 정리되
어 있다.

　이 귀중한 정신문화의 선구자인 우리는 이것을 널리 미개한 세
계 인류에게 수요하여 홍익인간의 책임을 다하여야 할 것이요, 물
질문화, 즉 물질문명에 있어서는 우리보다 선진자인 구미에서 습업
하는 것이 우리의 향상과 발전에 적응한다고 믿었던 것이다.[17]

가인의 이러한 자세는 물론 당시 동양의 지식인들 사이에 보편적인 것이었다. 중국의 지식인들은 중체서용(中體西用)을, 일본의 지식인들은 화혼양재(和魂洋才)를, 그리고 한말의 지식인들은 동도서기(東道西器)를 주장했던 것이며, 따라서 가인의 생각은 우리 지식인들이 지녔던 자주적인 채서사상(採西思想)인 동도서기론의 범주 안에 있었던 것이라고 하겠다.

선진국으로부터 배워야 한다는 결심에서 가인은 〈4, 5인의 동지와 함께 수삼간의 집을 마련하여 일신학교(日新學校)라는 간판을 걸고, 시간 강사를 초청하여 영어와 일어 및 산수의 강습을 하게 되었다〉. 가인은 〈이전부터 우리 재래 산술학을 연구하여 망해도술(望海圖術)[측량학]까지 습득한 일이 있었으므로 신식 산수의 가감승제 사칙까지는 동일한 것임을 느꼈다〉.[18]

이때 영어를 매일 한 시간씩 배웠다. 교사는 〈그 당시 영국의 소관인 세관의 통역이었던 남궁(南宮)씨였다〉. 가인은 이어 〈선생은 그 후 우리 독립 운동에 공헌한 바 있고, 해방 후 과도정부의 세관국장으로 있다가 정부수립 직후 로스앤젤레스총영사의 중임을 맡게 되었던 바, 공교롭게도 6·25 직전에 귀국하였다가 무도한 공산도배에게 납치되어 전혀 소식을 알 수 없게 되었으니, 이 글을 쓰는 나로서 깊은 비감을 느끼지 아니할 수 없다〉라고 회고했다.[19]

여기서 말한 남궁씨는 누구일까? 그가 한말의 언론인이요 애국지사인 남궁억(南宮檍, 1863-1939)의 집안사람인 것은 틀림없다. 뒷날 ≪황성신문≫의 사장이 되는 남궁억은 일찍이 관립영어학교(官立英語學校)를 나와 오늘날의 관세청인 총해관(總海關)에서 일했던 만큼 목포의 남궁씨가 영어를 가르치고 세관에서 일했다는 것은 틀림없이 집안 내력이었을 것이다. 또 남궁억은 대한제국이 멸망한 뒤 국내에 남아서 저항했으나 그 집안사람들은 해외로

나가 독립운동을 했으므로 목포의 남궁씨가 뒷날 독립운동에 참
가했다는 가인의 회고는 정확한 것이다.

그러나 외무부 자료로 보건대 해방 이후 오늘날까지 남궁씨로
서 로스앤젤레스총영사를 지낸 이는 없다. 남궁씨로서 해외공관
의 총영사를 지낸 이는 초대 뉴욕총영사인 남궁염(南宮炎)으로
그는 남궁억의 집안사람이며 이승만과 함께 독립운동을 한 기록
이 있다. 가인에게 영어를 가르쳐 준 남궁씨는 이 남궁염이 아닌
가 한다. 그러나 1949년 4월 1일에 발령받았던 남궁염은 납북된
일은 없고 4·19 혁명으로 이승만 대통령이 물러나자 곧 뉴욕총
영사를 그만두었으며 미국에서 자연사했기 때문에 꼭 그 사람이
라고 확언할 수는 없다.

을사조약 체결에 분개하다

가인의 신학문 수업은 이듬해인 을사년 곧 1905년에 중단되지
않을 수 없었다. 러시아와의 전쟁에서 승리한 일본이 미국정부의
주선으로 뉴햄프셔 주 포츠머스에서 맺어진 포츠머스조약을 계기
로 조선에 대한 지배권을 사실상 확보하고, 그것을 바탕으로 그
해 11월에 대한제국의 대신들을 협박하여 치욕적인 이른바 보호
조약을 맺게 한 사건이 벌어졌기 때문이다. 우리는 이 조약을 을
사년에 강제로 맺어진 조약이라는 뜻에서 을사늑약(乙巳勒約)이
라고 부른다.

대한제국의 외교권과 재정권을 빼앗는 이 조약이 맺어졌음이
알려지자 《황성신문》은 주필 장지연(張志淵, 1864-1921)이 쓴
「시일야방성대곡(是日也放聲大哭 : 〈이날 목놓아 크게 울다〉라는
뜻)」이라는 사설을 실었을 뿐만 아니라 사전검열제를 무시하고

전국에 배포했다. 그는 곧 구속되고 ≪황성신문≫은 정간되었으나, 양기탁(梁起鐸, 1871-1938)이 곧 ≪대한매일신보≫를 창간하여 박은식(朴殷植, 1859-1925) 주필과 신채호(申采浩, 1880-1936) 논설위원의 사설을 통해 일제와 을사오적(乙巳五賊)을 통렬히 공격했다. 조선 백성들도 들끓었다. 일본의 문헌조차 〈조약의 성립을 듣자 만도(滿都)의 인심이 일시에 격월(激越)하여 대소의 가항(街巷)은 백의(白衣)의 한인(韓人)으로 충전된 상태이더니 그 다음날 경운궁 앞에 위집(圍集)하여 조약 파기의 명을 기다리는 자 수천 명이었다〉라고 보고했다.[20]

이때의 분위기는 가인의 회고록에도 다음과 같이 생생하게 묘사되어 있다.

그 흉보가 목포항에 전파되고 「시일야방성대곡」이라는 피눈물 섞인 사설을 게재한 ≪황성신문≫이 배부되자 조선인 상점은 전부 철시하고, 외국인에게 고용살이하던 사람들도 전부 파업하고, 가는 사람 오는 사람 눈물을 머금지 아니한 사람이 없고, 삼삼오오 유달산 이곳저곳에서 통곡하는 소리 그칠 줄을 몰랐으니, 참으로, 천지도 암담하고 비분강개한 민족의 원한에 사무치는 참담한 광경이었다.[21]

만 17세의 소년 가인의 심정도 비감해졌다. 〈국가 사직과 같이 생명을 끊는 것이 상책이 아닐까〉 생각해 보기도 하였다. 만 17세의 소년으로 자결을 생각했었다는 구절에서 우리는 대의명분을 목숨처럼 아끼도록 가르친 정통 유학의 전통을 집안의 공부를 통해서나 간재로부터의 공부를 통해 충분히 받아들였던 가인의 선비적 풍모를 발견하게 된다.

그러던 가운데도 시종무관장(侍從武官長)으로 있던 민영환(閔

泳煥, 1861-1905)과 황제의 고문격인 특진관(特進官) 자리에 있던 조병세(趙秉世, 1827-1905)가 각각 을사조약에 항의해 자결했다는 소식이 전해졌다. 두 사람은 〈국가는 한 사람 한 집안의 사유물이 아니므로 나라에 큰 일이 있을 때는 비록 국왕이라도 독단할 수 없다〉고 주장하면서, 을사조약에 서명한 대신들을 처단하고 조약의 무효를 선언하라고 요구하다가 관철되지 아니하자 목숨을 끊어 순국한 것이다.[22] 이 소식을 듣고 가인은 〈아직도 민족정신은 살아 있다는 자위심을 갖게 되었다.〉[23]

가인은 자신이 취해야 할 행동을 여러 모로 생각해 보았다. 그동안 〈신문을 정독하고 그 외에 『월남망국사』와 『애급망국사』 등을 읽은 바 있었고, 그전부터 우리 국사를 통하여 일본이 우리의 구적(寇賊)이라는 것을 알고 있었다〉.[24]

여기서 신문이라 한 것은 물론 ≪황성신문≫이었다. 그리고 그는 청나라 말기의 선각자적 지식인으로 강유위(康有爲)의 제자인 양계초(梁啓超, 1873-1930)가 쓴 『월남망국사』와 그리고 폴란드의 망국 과정을 다룬 『파란(波蘭)망국사』 및 이집트의 망국 과정을 분석한 『애급근세사』 등도 읽고 있었다. 그의 이러한 독서 경향은 당시의 뜻있는 젊은이들에게는 보편적이었다. 그 책들말고도, 『미국독립사』, 프랑스 혁명을 다룬 『법국(法國)혁명사』, 스위스의 독립과정을 서술한 『서사(瑞士)건국지』, 이탈리아의 통일과 독립의 과정을 설명한 『이태리독립사』와 『이태리건국삼걸전(伊太利建國三傑傳)』 등도 읽었다.[25] 국가의 멸망을 눈앞에 둔 시기의 피끓는 애국청년들에게, 강대국에 의해 국권을 잃어가는 약소국가들의 비운 그리고 강대국으로부터 독립을 쟁취해 가는 식민지 백성들의 투쟁을 다룬 사서(史書)들은 비분의 눈물을 흘리게도 했고 새로운 각오를 다짐하게도 했던 것이다. 일제가 대한제국을 병합하

자마자 그러한 사서들을 일제히 불살랐던 까닭이 거기에 있었다.[26]

이미 그러한 책들을 읽었던 가인은 우리 겨레가 일본에 맞서 싸우지 않으면 마치 베트남이 프랑스에게 멸망하고 이집트가 영국에게 멸망한 그 망국의 전철을 밟게 될 것임을 깊이 깨닫고 있었다. 여기서 상기해야 할 것은 가인은 이미 일본을 〈구적(寇賊)〉으로 여기고 있었다는 사실이다. 즉 〈명치유신 이전의 왜는 교린의 나라였으나 오늘날의 왜는 양적(洋賊)의 앞잡이다〉라는 위정척사의 일본관을 지녔던 것이다.[27] 이러한 왜에 대해서는 힘에 의한 응징이 가장 좋은 해답이다. 그러나 〈현실적으로 일본이 외교면으로나 군사적으로나 강대하다는 것을 알았으므로, 우리의 장래가 암담하다는 것을 한탄할 뿐이요, 어찌하면 좋겠다는 방략이 없었다.〉[28]

그렇다고 공부를 계속하고 있을 수만도 없었다. 〈어느 해가(奚暇)에 외국어나 산술 같은 것을 준비하여 물질적 신문화의 향상을 기도하여 부국강병을 이룩할 수 있을까〉하는 의문이 일어난 것이다. 그리하여 그는 공부를 그만두고 고향으로 돌아갔다. 나라의 급박한 형편을 〈모든 지우(知遇) 및 유식계급에 알려 중지(衆智)로써 긴급한 방략을 강구할 심산〉이었던 것이다.[29]

4 항일의병투쟁 참여

최익현 부대에 뛰어들다

비장한 각오로 고향 순창으로 돌아왔으나 별다른 방략이 있을 수 없었다. 그리하여 〈다만 울울불평한 심정으로 시일을 허비하고 있었다.〉 해가 바뀌어서야 비로소 새로운 계기가 열렸다. 그가 만 18세이던 1906년 여름에 면암(勉菴) 최익현(崔益鉉, 1833-1906)이 호남을 무대로 의병을 일으킨 것이다.

면암은 조선조 후기의 거유(巨儒) 이항로(李恒老)의 제자로, 바른 것을 지키고 사악한 것을 배척한다는 위정척사의 지도적 인물이었으며, 1876년의 강화도조약에 반대한 이후 일관되게 반일(反日)을 외쳤다. 특히 일본이 러시아와의 전쟁을 일으키면서까지 조선 병탄의 본격적인 길을 닦던 1904년부터 항일투쟁의 선봉에 섰으며, 이 때문에 백성들의 기대를 한 몸에 받고 있었다. 가인도 이미 면암의 선성에 접해 있었는데, 그때의 심경을 이렇게 회고했다.

내가 면암 선생을 존중하는 것은, 몇 해 전에 이태왕(李太王)(=고종)이 〔간신으로 지탄받는〕 길영수(吉永秀)를 현직(顯職)에 보임하고, 이용익(李容翊)에게 세도를 맡겨 모든 세금을 가렴주구하고, 엄상궁(嚴尙宮)을 총애하여 매관매직의 대부분이 엄상궁을 경유하여 결정됨에 이르렀으므로, 관료의 부패와 국민의 원성이 날로 증가하였는데 이에 분개한 면암 선생은 현직 참판으로 급거 상경하여 도끼를 메고 궐문 앞에서 소장을 올렸던 바, 그 내용인즉, 이용익을 혹주(酷誅)하고, 길영수를 극형에 처할 것과 엄상궁을 추방하여 강기를 숙정하고, 민심을 안정케 하라는 어마어마한 소재를 읽을 때에 실로 당세에 보기 어려운 골경지신(骨頸之臣)이라고 경탄함을 마지아니하였기 때문이다.[30]

가인 스스로 경복해 있던 면암이 을사조약 이후 여러 곳에서 일어난 의병운동에 호응하여 1906년 5월 전라북도 정읍군 태인면에 있는 무성서원(武成書院)에서 창의(倡義)했을 때 가인은 이미 홍분되었다. 그리하여 면암이 다음 달 의병을 이끌고 순창의 용추사(龍湫寺)로 왔다는 소식을 듣자 가인은 주저없이 면암을 찾아가 만났다. 만 73세의 노인인 면암과 만 18세의 소년인 가인 사이에는 무려 55년의 간격이 있었다. 그러나 항일의 대의 앞에 그 시차는 아무런 의미가 없었다. 두 사람 사이의 대화를 가인은 이렇게 회고했다.

선생은 왜소한 노인이지만 일본에 대한 적개심과 국가에 대한 충성심은 열화와 같이 앙등하였으며, 즉석에서 말씀하기를 〈우리가 앉아서 죽음을 기다릴 수 없으니 죽창이나 식도를 갖고라도 일제히 분기하여 왜구를 격퇴하여야 한다〉는 것이었다. 나는 창의에 협력하여 달라는 선생의 말씀에 즉응했다.[31]

가인은 곧바로 집안의 산지기로 있는 명포수 채상순(蔡尙順)에게 협력을 요청했다. 채상순은 일주일 뒤 대여섯 명의 동료 포수들을 모을 수 있었고 이 사실을 면암에게 알렸다. 면암은 곧 부서를 정비하고 순창읍에 진주했다. 의병의 세(勢)에 대해, 가인은 〈포군이 6, 7명에 지나지 않았고, 그 밖에 70-80명의 인사는 거개가 아관박대(雅冠博帶)의 유생이었다〉라고 회고했다. 한편 국사학자 강재언(姜在彦) 교수의 연구에 따르면, 그 세(勢)는 전부해서 1000여 명에 이르렀다고 한다.[32]

한편, 면암의 의병을 진압하기 위해 전주의 진위대(鎭衛隊)와 남원의 진위대가 함께 순창을 포위했다. 면암은 〈만약 왜군이라면 당연히 결사적으로 싸우겠으나 진위군대라면 이는 우리로써 우리를 치게 하는 것이니 어찌 차마 할 수 있겠는가〉라고 하며 항전의 중지를 지시하는 한편 진위대에 대해서도 동족살상의 싸

움을 중지하자고 호소했다.[33] 면암의 표현으로 이아벌아(以我伐
我)를 피하자는 것이었다. 그러나 진위대는 공격을 계속했는데,
이 자리에 있었던 가인은 다음과 같이 회고했다.

남원 병영에서 순창에 파송된 병정 약 쉰 명이 〔……〕 새벽에
동헌(東軒) 전면에서 약 2, 3킬로미터의 거리에 있는 홀어미산성
에 올라 면암이 좌정해 있는 동헌을 향하여 사격을 감행하였으므
로, 선생의 비서격인 유생 한 명이 탄환에 맞아 죽고 탄환이 비오
듯 하여 다수 인명을 살상할 상태였으므로 선생은 의관을 정제하
고, 서면을 산성에 보내어 사격을 즉시 중지할 것을 요구하고, 민
족상잔을 피하기 위하여 조선 병정에 대하여는 응징하지 아니할
것을 통고하고, 모든 의군에게 해산을 명한 후, 자기만이 조용히
관군에게 연행되어 남원 병영에 구치되었다.[34]

그러나 면암은 곧 일본 헌병에 의해 군율 위반의 죄명으로 쓰
시마 섬 곧 대마도(對馬島)에 유배되어 그 경비대에 구류되었다.
여기서 면암은 단식을 계속했으며 1906년 12월 30일에 마침내 굶
어죽었다. 〈아사(餓死)하는 것은 극히 작은 일이요 실절(失節)하
는 일은 극히 큰 일〉이라는 정자(程子)의 가르침대로 유자(儒者)
로서 절의(節義)를 위해 목숨을 바친 것이었다. 그는 죽음을 앞두
고 국왕에게 보내는 유소(遺疏)를 통해 〈오직 역적을 능히 치지
못하고 구수(寇讎)를 능히 멸하지 못했으며, 국권은 아직 회복되
지 못하고 강토는 아직 돌아오지 않았으며, 4000년래의 화하(華
夏)〔＝중화(中華) : 주(註)〕의 정도(正道)가 분괴(糞壞)에 빠졌어
도 이를 바로잡지 못하고, 삼천리 선왕의 적자(赤子)가 어육(魚
肉)으로 화(化)해도 구하지 못하니 이것이 신이 죽어서도 눈을 감

지 못하는 까닭입니다〉라고 말했다.[35] 가인의 유족들에 따르면, 가인은 이 글귀를 외우기를 좋아했다고 한다.

면암의 영구는 부산에 도착한 다음 약 보름 동안 경상도와 전라도를 거쳐 본가인 충청남도 청양군 목면 송암동(靑陽郡 木面 松巖洞)에 도착했다. 〈장송의 행렬은 일대 반일데모의 행렬이 되었다.〉[36] 가인은 이때를 회고하면서, 〈어찌 민족적 일대 통분사가 아니고 무엇이랴. 선생의 강직한 품격과 고상한 충의를 암상하면 일생의 구적인 일본 땅에서 승천하시던 날 얼마나 절치통분하셨을 것인가는 상상하고도 남음이 있다〉라고 썼다.[37]

한편 가인의 스승 간재도 을사조약의 국치를 당하여, 비록 면암처럼 직접 의병을 일으켜 싸우지는 않았으나, 붓으로써 항거했다. 간재는 을사오적의 목을 베라는 뜻의 「청참오적(請斬五賊)」의 상소문을 올렸으며, 그것이 받아들여지지 아니하자 다시 상소했다. 그리고는 썩은 조정과 설치는 왜놈이 보기 싫다 하여 외딴 섬인 오늘날의 전북 부안군 북왕등도(北旺嶝島)로 표연히 떠났다.

따지고 보면, 가인은 유년시절에 농민전쟁을 겪었으며 전봉준의 영향을 받았다. 감수성이 예민하고 정열이 넘치던 10대에는 애국의 큰 선비 간재의 가르침을 받았고 면암의 의병투쟁에 참여했다. 한 사람의 생애에 있어서 이처럼 위대한 사상적 투쟁적 지도자 세 사람의 직접적 영향을 받는다는 것은 드문 일이다. 그런 뜻에서, 거듭 말하거니와, 가인의 유년기와 소년기는 역사의 격량기였으면서도 자기 발전의 큰 계기였다고 볼 수 있다. 김진배가 지적했듯이, 유년기와 소년기에 〈민족정기를 밝히고, 개혁을 주도한 이들 지도자들을 한꺼번에 접할 수 있었던 것은 그 뒤 가인 김병로의 성격형성과 행동반경을 규정하는 데 있어서 많은 영향을 끼치게 된 것이 아닌가 한다.〉[38]

도사를 만나 술수를 배우다

면암이 순국한 뒤 가인은 향리에 묻혀 독서로 소일했다. 주로
『초한전기(楚漢戰記)』와 『삼국연의(三國演義)』를 읽으면서 그날
그날을 보냈다. 1907년 11월에는 첫 아들 재중(載重) ― 또는 우성
(禹聲) ― 을 얻었다.

이러한 생활 속에서 〈자신의 지향할 바를 몰라 사고와 번민을
거듭하였다〉. 그 결과로 〈모든 생각이 미궁에 빠져 허무한 것을
진정한 것으로 여기는 그릇된 착각에 끌리고 말았던 것이다〉. 즉
〈아무리 생각하여도 정상적 방법으로는 국운을 만회하고, 민생을
광제하기 불능하다고 단정하는 반면, 성의를 다하여 오행술서(五
行術書)를 연구하여 신기한 조화를 얻게 되거나, 천우신조하여
(『삼국연의』에 나오는) 황석공(黃石公)이나 수경(水鏡) 선생 같은
이를 만나 회천부국(回天扶國)의 술책을 받게 되었으면 하는 망
상에 끌리게 되었다.〉 마침 〈창의에 뜻을 두는 사람은 누구나 다
오행가(五行家)의 참모를 얻기에 열정적이었던 것이다.〉[39]

그리하여 가인은 〈기이한 선생〉을 찾아 부안군의 변산과 영광
군의 수련산 및 순창군의 회문산 같은 곳들을 돌아다녀 〈기이하
다는 사람〉들을 찾을 수 있었다. 그러나 그들은 불구자이거나, 재
물을 탐내 백성을 속이는 점쟁이와 사주쟁이가 아니면, 영혼과 통
한다는 사기배들이었고, 〈이치야 있든 없든 오행의 심오한 이론
에는 몽매한 자들뿐〉이었다. 가인은 실망하여 〈피로와 비감으로
날을 보냈다〉. 그러다가 우연히도 장성군의 손룡산 초막에 사는
유도하(柳陶下)라는 칠십노인을 만나게 되었다.

가인은 자신의 〈심정을 말하고, 왜적을 구축하고 국운을 만회
할 계책을 물었다〉. 그러자 〈그 노인은 자기 같은 사람에게 그러

한 기능이 있겠느냐고 하면서 자기가 소년시절부터 오행술서를 연구하기 시작하여 오늘에 이르기까지 그 진리를 얻기에 심신을 경도하여 왔으나 성의가 부족한 소치인지 신기한 선생을 얻지 못하고, 그 재질이 부족하여 자해(自解)로는 그 묘리를 얻을 수 없게 되어 결국 허무하게 일생을 마치게 되었다고 비감해하면서, 만일 누구나 자기가 범인에 초월한 사람으로 오행의 연구를 원한다면 자기의 50년간 연구한 것을 단 1년 이내의 시간으로도 전수할 수 있으니, 그 이상은 자력으로 계속 연구하면 무슨 묘안을 얻을 수 있을 것이라고 하였다〉. 그리하여 가인은 〈우선 그 선생의 전술(傳術)을 받기로 결정하고, 그 초막에서 서식을 같이하여 날마다 선생이 주는 책을 자필로 등사하면서 시간을 정하여 구술을 받고, 그 원리와 실행 방법을 연구하여 5, 6개월을 경과하였는데, 그동안은 참으로 배고프고 추운 것도 별로 느낄 줄 모르는 열정적 시간이었다〉.[40]

그러는 동안 해가 바뀌어 1908년이 되었다. 가인이 만 20세가 된 것이다. 봄 3월의 어느 날 증조부 지수(志洙)와 당숙 상기(相琦)가 산막을 찾아왔다. 가인이 두 사람을 유도하에게 소개하자, 그들은 자신들이 곧 의병을 일으키려고 하므로 참모로 모시고 싶다고 청했다. 유도하는 웃으며 〈형들이 지기(志氣)는 가상하나 성공할 가능성이 없고 시기가 아직 이르니 내용으로는 동지들과 결속은 하여도 거사만은 보류하는 게 좋겠다〉라고 대답했다. 두 사람은 불만한 얼굴색으로 〈현하 정부와 국민이 왜적에게 강압되어 필경에는 망국의 위험이 눈앞에 있는데 시기가 아직 이르다라는 말은 부당하다〉고 대구하며, 〈우리의 창의는 이미 성숙되었으니 동지들 사이의 의리로 하여서도 보류할 수 없다〉고 결연히 말하고는 다음날 돌아갔다.

이때 가인도 돌아가기로 결심했다. 〈유도하의 열정적인 구전심술을 받은 지 반 년이 되었는데 그는 나에게 말하기를 자기의 일생 경력으로 온축한 기술은 이미 다 알렸으니, 그 이상의 신묘한 것은 자력으로 연구하여 공효를 대성하라고 격려한 바 있었[기 때문이]다〉. 그리하여 가인은 〈그동안 내 손으로 등서한 수십 권의 오행술서와 선생으로부터 받은 부서류(符書類) 등을 챙겨 그 산장을 떠나 향리로 돌아왔다〉.[41]

다시 의병투쟁을 도와주다

귀가하자마자 당숙 상기는 전라남도 광양군 백운산에 산다는 창의의 지도자 백낙구(白樂九)를 소개했다. 그는 자신의 경력과 창의 계획을 자세히 설명하면서 가인의 협력을 부탁했다.

백낙구는 한마디로 애국지사였다. 일찍이 개화파의 지도자 유길준을 비롯한 방일사절단을 따라 일본을 시찰한 일도 있었다. 돌아와서는 탁지부의 주사로 있었는데, 을미사변을 보고 격분하여 사직한 뒤 북만주(北滿洲)로 망명하여 복수전을 꾀하다가 뜻대로 되지 않자 마음의 병을 얻어 청맹이 되었고 어느 도인(道人)의 비호로 그 제자인 계화정(桂花亭)의 안내로 귀향했다. 백운산에서 오로지 수양에 힘써 시력이 어느 정도 좋아졌는데 을사조약의 흉보를 듣고 분연히 창의의 깃발을 올렸으나 불행히도 순천에서 잡혀 외딴섬에 유배되었다가 풀린 지 얼마 되지 않았다. 가인이 대해 보니, 〈그는 모든 지식이 풍요한 분이며, 구학문에만 고루하지도 아니하고, 한말 정치의 무능에 통분하여 일상 담화중에도 흥분한 태세를 가졌으며, 일본에 대한 복수심은 항상 열화같이 비등하여 자기 생명까지도 인색하지 아니하는 결정적 태도를 가진 의

사로서 그 성실성은 참으로 경복하지 아니할 수 없었다〉.[42]

앞에서 살폈던 면암 의병의 패배 이후 〈충청 및 호남 지방에서의 의병 활동은 일시 퇴조 현상을 보였다〉.[43] 그러나 정미년(丁未年)인 1907년에 일어난 일련의 사건들은 민심을 다시 자극시켰다. 우선 1907년 6월 네덜란드의 헤이그에서 열린 만국평화회의에 고종의 밀사 3인이 참석하여 독립을 호소한 사건이다. 이준(李儁)과 이상설(李相卨)과 이위종(李瑋鍾)은 황제의 밀칙을 갖고 헤이그에 도착하여 을사조약의 불법성을 폭로하면서 회의 참가를 요청한 것이다. 밀사들의 노력이 성공하지는 못했으나 이들의 소식이 국내에 전해지면서 백성들의 항일열은 끓어오르게 되었다. 한편 일본은 이 사건을 조선에 대한 지배권 강화의 계기로 이용했다. 고종으로 하여금 황태자 순종에게 양위하게 했으며, 흔히 정미7조약이라고 부르는 한일협약을 맺게 하여 조선의 주권을 사실상 형해화하였고, 곧 군대의 해산이 뒤따랐다. 이 일련의 사건 이후, 특히 군대 해산 이후, 〈일시 침체상태에 빠져 있던 의병운동이 새로운 고조기를 맞이했다〉.[44]

즉 〈의병운동은 1907년 후반기에 질적으로나 양적으로 발전을 보이면서, 그 활동 범위는 주요 도시 및 그 도시에 연결되는 철도 연변을 제외한 모든 지역을 포괄하게 되었다〉.[45] 1908년에 들어와 더 거세지고 이 기세는 1909년까지 계속되어, 〈1908-1909년까지의 2년간은 의병운동의 모든 과정 중에서 최고조의 시기였다〉.[46]

이 시기의 의병운동을 호남에 국한시켜 보면, 이 무렵 전라남북도의 의병투쟁은 지리산을 중심으로 시작됐다. 곧 장성과 임실로 번졌고, 함평과 무주에서도 기병했다. 전국적으로 볼 때, 호남은 의병활동이 매우 강했던 지역이었다. 1908년 후반기에, 전국에서 1,976회의 전투가 있었는데 그 가운데 25퍼센트에 해당하는

493회의 전투가 호남에서 일어난 것이었다. 같은 시기에, 전국에서 의병투쟁에 참가한 의병의 수는 8만 2767명이었는데 그 가운데 24.7퍼센트에 해당하는 2만 504명이 호남사람이었다. 1909년 전반기에는 훨씬 더 늘어, 전국에서 일어난 1,738회의 전투 가운데 47.3퍼센트에 이르는 820회의 전투가 호남 의병에 의해 치러졌고, 전국에서 참가한 3만 8593명의 의병 가운데 60.1퍼센트에 이르는 2만 3155명이 호남사람이었다.[47] 이렇게 볼 때, 우리는 1908년에 가인이 관여한 의병투쟁의 배경이 대체로 어떻다 하는 것을 짐작할 수 있겠다.

가인이 백낙구와 함께 창의를 계획하던 때 호남 여러 지역의 지사들이 순창으로 모였다. 담양에서는 기우만(奇宇萬)과 이락범(李洛凡)이, 정읍에서는 유이삼(柳彝三)과 유화숙(柳和淑)이, 운봉에서는 박문달(朴文達)이 호응해 왔다. 이들은 가인의 집에 머물기도 했는데, 약 2, 3개월에 걸친 준비를 마친 다음 모두 산발적으로 지리산으로 옮겨 거기서 기병하기로 결정했다. 가인은 자신이 유도하로부터 배운 지식을 바탕으로, 증조부와 당숙 및 채상순의 출발 일시를 잡아주기도 하고 흉한 일을 피하는 방법을 실시하기도 했다.

그러나 〈지금 생각하면 실로 허무한 미신에 끌렸을 뿐이었다〉라고 가인은 뒷날 회상했다. 그리고 이 일을 마지막으로 가인은 오행술수론은 물론 명당론이라든가 사주라든가 토정비결과 같은 것을 모두 미신으로 단정하고 일생 동안 다시 찾지 않았다. 그는 〈어리석은 인간을 유혹하는 소위 점쟁이, 사주쟁이, 관상쟁이, 풍수쟁이, 심지어 무당까지도 다 이 사족(邪族)에 속하는 것이다. 이러한 자들은 극히 몽매한 것으로, 과학적이니 비과학적이니 하는 것은 논할 여지도 없고, 허무하고도 황당한 혀끝을 놀려 사람을 유혹하려 함에도 불구하고, 근세 과학을 배운다는 소위 대학 출신 남녀들도 이에 끌리어 우왕좌왕하는 이가 적지 아니하니, 어찌 한심하다 아니할 수 있으랴〉라고 개탄했다.[48]

가인은 또 자신이 쓰던 기마(騎馬) 한 필, 그리고 조총 한 자루와 환도 한 자루를 의병에 내주었다. 그러나 스스로는 참전하지 않았다. 〈시국을 평정함에 있어 출동 시기가 이르다는 것과 지금으로서는 성공의 희망이 없다〉는 생각이 강했기 때문이다.

가인의 예상대로, 이 의병은 성공하지 못했다. 왜병의 기습으로 〈의병들은 거의 분산되고, 그 나머지는 일망타진된 것이다〉. 그러나 채상순은 밤중에 파옥하고 돌아왔으며, 백낙구를 제외한 전원이 석방되었다. 백낙구는 〈우리 조선은 군왕을 상감이라고 하고 대신을 대감이라 칭하는데, 괴적 박문(博文)이 감히 통감이라 칭하니 무엄함이 이에 더할 수 있으랴〉고 일갈하고, 〈아들이 그 아버지를 죽이고 신하가 그 임금을 죽이는 왜놈들이 동방예의지국인 조선을 강탈하려는 것은 천도(天道)가 허락하지 아니할 것〉이라고 호통침에, 전라남도 강진군 고금도로 유배되었다. 그는 그 뒤 유배에서 풀려나고서도 의병투쟁을 계속해, 결국 전라남도와 전라북도 사이에 위치한 입암(立巖) 전투에서 장렬히 순국했다.[49]

백낙구가 고금도로 유배된 때로부터 2, 3개월이 지났을 무렵 김동신(金東信)이라는 유생이 가인을 찾아왔다. 의병을 새롭게 일으키자는 것이었다. 가인은 쉽게 응락했다. 〈너무 경솔한 행사일지 모르나 처음 보는 유생일지라도 그의 인품이 위걸하고 정열과 언론이 남을 격동할 만한 점이 있었고, 나 역시 침울한 심정이었기 때문에 그와 같이 경이(輕易)하게 승낙하였던 것이다.〉[50]

그리하여 가인은 다시 채상순을 불러 산포수를 모집하게 하고 가인은 김동신과 함께 순창 일대를 순방하여 장정들을 격동시켰

다. 그 결과로 몇 달 뒤 10여 명의 포군이 집합되었고 1백여 명의
장정이 모여, 밤을 틈타 순창읍의 일인보좌청(日人補佐廳)을 급습
했다. 성과는 좋았다. 차석보좌관을 총살했고 수석보좌관을 달아
나게 했으며, 곧 영남 지방으로 떠날 수 있었다.

가인은 여기서 집으로 돌아왔는데, 김동신과 채상순은 행군을
계속했다. 경상남도 거창에 이르렀을 때 일본 기병대의 습격을 받
아 채상순은 전사하고 나머지는 패주하지 않을 수 없었다. 〈왜군
을 보고 도피만 하려면 의병은 무엇을 하자는 것이냐〉고 독전하
던 채상순은 마지막까지 〈총신을 굳게 잡고 대한독립만세를 소리
높이 불렀다는 것이다. 그리하여, 왜병들이 철수한 뒤, 도피하였던
의병 두세 명이 인접 촌민의 협력을 얻어 채상순의 시체를 산기
슭에 매장하고 「의병 포병장 채상순의 묘」라고 목비(木碑)를 세
웠다고 한다〉.[51]

가인은 채상순의 순국으로부터 많은 감동을 받았다. 그리하여
가인은 자신의 회고록에서 〈채상순은 초등 교육도 받지 못한 문
맹으로 깊은 산강에서 수렵으로 생업을 삼을 뿐 유목민에 방불한
사람임에도 불구하고, 그 숭고한 정의감과 용감성은 누구나 놀라
지 아니할 수 없으니, 이것이 곧, 우리 민족혼의 정화가 아니고
무엇이겠는가〉라는 격찬을 아끼지 않았던 것이다.[52]

의병투쟁은 계속 확산되어 나갔다. 그러나 특히 호남에서는
1909년 후반기에 들어가 어느 정도 수그러들기 시작했다. 호남에
대한 일본군의 〈대토벌작전〉이 1909년 9월 1일부터 약 2개월 동
안 계속되었기 때문이다. 〈대토벌작전〉은 말할 수 없이 잔인했으
며, 〈살육, 방화, 약탈, 폭행 등 그야말로 생지옥이었다〉. 그리하
여 1909년 12월 현재 〈전라남북도 일대의 의병활동은 산발적이고
소규모적인 활동만 남게 되었다〉.[53]

한편, 가인의 관찰에 따르면, 〈의병의 형세가 이와 같이 되고
보니 분산된 사병들은 의탁할 바도 없고 생활할 길을 상실한 결
과, 산간벽지에서 삼삼오오 폭행과 약탈을 자행함에 이르렀다〉.
그리하여 백성들은 〈도리어 그들을 구적시하고 평야지역이나 또
는 소도시로 피난행을 하게 되어 일대 소란을 일으켰다〉. 〈이것
역시 국권을 잃은 국민의 비참한 정경이 아니고 무엇이랴〉고 가
인은 개탄했다.

5 실력배양운동과 창흥학교 시절

자강론으로 기울어지다

가인은 우울한 마음을 달래기 위해 1909년 봄에 옥과용전(玉果
龍田)이라는 이웃으로 이사했다. 그해 가을에는 다시 전남 담양군
창평면 용수리로 옮겼다. 이곳은 가인의 외척들이 사는 곳이므로,
〈가족들은 거기에 의탁하고 나 자신이 임의 활동을 하여 보자는
심산이었다〉. 그 뒤 가인은 다시 광주와 목포와 군산 같은 곳을
돌아보았다. 목포의 경우, 그가 있던 때와는 달리 〈일본인의 세력
이 팽창하여 상권이나 관권은 모두 그들이 장악하였고, 그 지역에
는 우리의 교육기관으로 보통학교가 설립되어 있었으나 교장은
역시 일본인이다〉.[54] 이것을 보고 가인은 〈사립학교의 설립〉을 마
음먹게 되었다.

가인의 〈사립학교의 설립〉 구상과 관련하여, 여기서 당시 애국
지사들의 사상적 경향을 잠시 살피기로 한다. 1905년의 을사늑약
이후 조선에서는 두 조류의 국권회복운동이 일어났다. 하나는 앞

에서 자세히 살핀 반일의병운동이며, 다른 하나는 여기서 살필 애국계몽운동이다. 강재언 교수에 따르면, 〈애국계몽운동은 언론, 출판, 집회, 결사 등 합법적으로 행사할 수 있는 모든 수단을 구사하여, 민중의 독립자강정신을 계발하고 그것을 기초로 하여 단결을 강조하고 실력배양을 위한 교육과 산업의 진흥에 의한 국권회복을 의도하였다. 이러한 의미에서, 애국계몽운동은 국권회복을 위한 실력배양=자강운동을 그 내용으로 하는 것이었다〉.[55]

여기서 우리가 이러한 내용의 실력배양=자강운동에 대해 본격적으로 검토할 필요는 없을 것이다. 그저 가인 연구에 필요한 범위 안으로 국한해도 충분하지 않겠느냐는 전제 아래, 을사조약이 강제된 뒤인 1906년 4월에 창립된 대한자강회(大韓自强會)와 그 후신인 대한협회(大韓協會), 그리고 비밀결사 신민회(新民會) 등을 중심으로 강재언 교수의 연구에 의존하여 살피기로 한다.[56]

독립협회의 간부였던 윤치호(尹致昊, 1865-1945)를 회장으로 하는 대한자강회는 〈교육과 산업을 실력배양=자강을 위한 두 기둥으로 정립시켰다〉. 교육과 산업을 통해 나라의 힘을 기르고 그것을 바탕으로 국권을 되찾자는 뜻이었다. 이렇게 볼 때, 실력 배양론은 〈국권의 회복이라는 같은 목적을 추구하면서도 반일의병운동과 근본적으로 다른 것이었다〉. 그리하여 대한자강회 회원들은 의병들의 애국정신을 높이 평가하면서도, 무력대결은 〈시기와 역량을 고려하지 않은 '부도시 부량력(不度時 不量力)'〉의 무모한 행위라고 보았다.

일제의 조선지배가 더욱 굳어지고 대한자강회가 해산을 명령받게 되자, 그 후신으로 대한협회가 남궁억을 회장으로 삼아 1907년 11월에 창립되었다. 대한협회는 대한자강회처럼 교육의 보급과 산업의 발전을 표방했으나 국권의 회복이라는 큰 전제를 명백히 제시하지는 않았다. 즉 대한협회는 대한자강회에 비해 정치적 성격은 후퇴하고 단순한 근대주의에 흘렀던 것이다. 그뿐 아니라 대한협회 지도층의 일부에서는 항일의 자세가 희박해지는 현상마저 나타났다.

이러한 상황에서 국권의 회복을 전제로 한 실력배양운동의 주류는 평양을 중심으로 한 비밀결사인 신민회였다. 그 실질적 지도자는 도산 안창호(1879-1938)로서, 그는 정권을 즉시 장악하여 서정을 개혁하고 독립의 열매를 거두어 들여야 한다는 급진론에 반대하여, 동지들의 단결로 교육과 산업을 일으켜 실력을 키우는 것이 선결 과제라고 주장했다.

여기서 유의해야 할 점은 실력배양=자강운동이, 실력배양=자강운동에 의해 저절로 국권이 회복된다고 믿는 〈자연성장론〉도 아니며, 정치적으로 아무런 목적도 없는 단순한 근대주의도 아니라는 평가이다. 강재언 교수가 강조했듯이, 실력배양=자강운동론자들에게, 〈교육과 실업은 항상 국권회복의 달성을 위한 자강지술(自强之術)로서 파악되었다〉. 그러므로 그들은 실력의 배양을 강조하면서도 실력의 배양에 우선하는 〈조국의 정신〉을 배양해야 한다고 역설했던 것이다.[57]

이러한 배경에서 조선의 각 지방에서는 교육단체 곧 학회가 조직되고 학회가 중심이 되어 대중적 교육운동을 펴나갔다. 평안도와 황해도를 포괄하는 서우학회(西友學會), 함경도를 포괄하는 한북홍학회(漢北興學會)가 세워지더니, 1908년에는 서북학회(西北學會)로 통합되어 북부 조선에 있어서 새로운 교육운동의 선구가 되었다. 한편 남부 조선에서는 1908년 기호홍학회(畿湖興學會)와 관동학회(關東學會)가 세워졌고 경상도를 포괄하는 교남학회(嶠南學會)가 세워졌다. 고정주(高鼎柱)와 김경중(金暻中)이 중심이 된 호남학회도 이러한 흐름 속에서 1908년에 세워졌던 것이다.

이러한 학회들의 주도로, 대중적 교육운동이 전국적으로 펼쳐지고 사립학교들이 급격히 신설됐다. 1901년 7월 현재 전국의 학교 총수 2,306개교 가운데 사립학교가 무려 2,250개교에 이르렀다는 통계는 민간학회들의 대중적 교육운동이 얼마나 활발했는가를 말해 준다. 일제의 지배가 점점 굳어지고 실력 배양=자강운동이 강화되면서 의병투쟁은 전반적으로 퇴조했다. 그 대신에 애국자들 사이에서는 〈조직된 제국주의적 폭력에 대하여 대중적 투쟁의 조직을 버리고 침략과 매국의 원흉을 개인적 테러의 방법으로 처단하고 자신도 순사하는 경향이 나타났다〉.[58] 안중근(安重根, 1879-1910)이 1909년 10월 26일에 만주 하얼빈역에서 국적(國賊) 이토 히로부미(이등박문[伊藤博文])를 사살한 일, 이재명(李在明)이 1909년 12월 22일에 매국노 이완용(李完用)을 죽이려다가 미수에 그친 일, 또 만주에 왕래하는 일본인 고관들을 겨냥하여 1910년 3월에 이진용(李鎭龍) 부대가 경의선의 계정(鷄井)-영성(岺城) 간 철도를 파괴한 일 등이 그 대표적인 보기들이다. 한편 의병장 유인석의 〈북변지계(北邊之計)〉에 따라 중국의 동북부와 러시아의 연해주로 이동하여 독립군운동으로 전환하는 흐름도 나타났다.[59]

의병투쟁에 참여했던 가인이 〈사립학교의 설립〉에 뜻을 두었다는 것은 이러한 시대적 흐름과 연관되어 있다. 가인은 서서히 실력배양=자강론으로 기울어져 간 것이다. 물론 그의 회고록 속에 대한자강회나 신민회 등에 대해서는, 그리고 그 단체들의 지도자들에 대해서는 한마디 말이 없어 그가 과연 실력배양=자강론에 영향받았던 것이냐의 의문을 가질 수도 있다. 그러나 의병투쟁을 벗어난 이후 가인이 걸은 길은, 우리가 앞으로 살펴보게 되듯이, 대체로 실력배양=자강론자들이 제시한 길에 맞는 것이었다.

창평학교에서 새 학문을 배우다

　실력배양＝자강론으로 방향을 전환한 가인은 창평으로 돌아와 그 지방에서 유력한 인사들과 협의하여 사립학교의 창설을 계획했다. 교사는 전 객사를 수리해 사용하기로 하고, 교명은 사립 창흥학교(昌興學校)로 정했다. 교장에는 승지 출신의 고정주(高鼎柱) 씨, 교감에는 참봉 출신의 이병성(李丙星) 씨로 했다.[60] 이 창흥학교가 뒷날 창평보통학교로 발전하면서 호남의 전국적 인재들을 많이 키웠기로, 그리고 가인의 일생에 적잖은 영향을 주는 친구들을 이 학교에서 만났기로, 여기서 잠시 이 학교에 대해 살피기로 한다.[61]

　창흥학교 곧 창흥의숙(昌興義塾)을 세운 고정주는 철종 14년인 1863년에 태어난 호남의 큰 선비였다. 일찍이 벼슬길에 나가 규장각(奎章閣)의 직각(直閣)을 지내기도 했고 승정원의 승지로 있기도 했다. 그의 아들이 고광준(高光駿)이며, 고광준의 아들이 동아일보사의 주필과 사장을 거치며 언론자유의 수호에 앞장섰던 고재욱(高在旭)이다. 고정주는 한편 인촌 김성수의 장인이기도 하다. 김성수는 고정주의 딸 고광석(高光錫)에게 장가들었던 것이다. 이 부인은 1919년에 별세한다.

　고정주는 나라가 기울면서 벼슬을 버리고 고향으로 돌아왔다. 국운을 바로 잡는 지름길은 인재의 양성이라는 신념으로, 김성수의 생부 김경중(金暻中)과 함께 호남학회를 발기하고 창흥의숙을 설립하여 향리의 젊은이들에게 한문, 국사, 영어, 일어, 산술 등 새 학문을 배우게 하였다. 이 학교가 나중에 창평보통학교로 커졌으며, 박석윤(朴錫胤)(도쿄제국대학과 런던대학교를 졸업하고 우리나라에 처음으로 야구를 도입했다)-박석기(朴錫紀)(도쿄제국대학 불문과 졸업) 형제, 양원용(梁源容)(교토제국대학을 졸업하고 대구고등법원 판사를 지냈다), 이승기(李升基)(교토제국대학을 졸업하고 뒷날 우리나라에서 처음으로 나일론을 개발한 공학박사), 고재욱, 고재호(대법관 역임) 등과 같은 인재들을 배출했다.

그러나 이 학교가 처음 문을 열었을 때는 교사라고는 일인 한 사람뿐이었다. 그나마 학생의 수는 50명에 이르렀는데, 가인의 기억으로는 〈처음에는 단발한 생도는 없었고, 연령도 13세 내지 23-24세였었다〉. 그리하여 〈초등과는 3년, 고등과는 6개월 속성으로 하고, 개학 후 1, 2개월 후에는 다 단발 착모하게 되었던 것이다〉.[62]

가인도 만 21세의 청년으로 이 학교의 고등과, 즉 6개월의 속성과에 입학했다. 한편 고정주는 창평에 영학숙(英學塾)을 따로 마련하고 김성수와 고하(古下) 송진우(宋鎭禹) 등을 가르쳤다. 그러므로 가인은 인촌이나 고하와 함께 공부한 것은 아니지만, 말하자면 고정주의 같은 문하생인 셈이다. 실제로 가인이 두 살 아래인 고하와 세 살 아래인 인촌을 처음 만난 곳이 바로 창평이었다. 같은 무렵 가인은 전북 부안군 흥덕면 출신으로 자신보다 한 살 아래인 근촌(芹村) 백관수(白寬洙)를 만났다. 근촌은 인촌 및 고하와 더불어 삼형제처럼 지내고 있었다. 창홍 또는 창홍학교를 매개로 성립된 가인의 이러한 교우관계는 가인의 도쿄유학시절과 항일운동시절 및 해방 이후의 정치적 혼란기에도 변함 없이 지속된다.

창홍에서의 생활이 비단 가인의 교우관계에 대해서 영향을 준 것은 아니다. 그것은 그의 가정에 대해서도 직접적인 영향을 주었다. 김진배가 썼듯이, 〈우연하게도 가인은 20여 년 뒤 창홍학교 설립자이며 교장이던 고정주의 손녀를 자기의 큰며느리로 맞아들

이고 교감이던 이병성의 딸을 둘째 며느리로 맞아 이들과 사돈을 맺게 되었다〉.[63]

창흥학교 고등과를 마친 가인은 일본으로의 유학을 결심하기에 이르렀다. 이왕 새 학문을 배우려면 도쿄에 가서 배워야겠다고 생각했던 것 같다. 이러한 맥락에서, 김진배가 〈개인의 영달보다 나라와 민족을 생각할 때 비록 원수 같은 일본일망정 새로운 물결이 들어오는 본바닥에서 새로운 지식을 얻는 것이 무엇보다도 절실한 일이었다〉라고 쓴 것은 사실에 가깝다고 하겠다. 또, 역시 김진배의 지적대로, 〈고광준이 상하이 유학의 길을 떠나고 송진우와 김성수 등이 먼저 도쿄 유학길을 재촉〉한 것이 가인의 도쿄 유학을 결심하게 만들었을 것이다.[64] 김성수는 송진우와 함께 1908년 10월에 도쿄로 떠났던 것이다.

이제 가인이 일본유학에 오르기 직전까지 만 21년의 생애를 그의 지적(知的) 성장이라는 관점에서 요약해 본다. 우리가 살폈듯이, 서세(西勢)가 동점(東漸)하면서 조선 역시 제국주의의 충격에 직면했을 때 조선의 내부에서는 세 가지의 대응이 나타났다. 위정척사와 개화자강 및 농민혁명이 그것이다. 이 세 운동은 그 차이야 어떻든 크게 보아 민족주의의 입장에 서 있었다. 그러나 아쉽게도 이 세 운동은 통합하지 못했으며 하나의 민족적 중심을 만들어내는 데 실패했고, 그리하여 일본제국주의의 침략에 효과적으로 대응하지 못했다. 그 결과는 경술년(庚戌年)인 1910년 8월에 일제에 국권을 빼앗기는 치욕의 이른바 경술국치로 나타난다.

가인은 어려서 동학과 농민혁명의 사상적 세례를 어느 정도 받았다. 그는 또한 위정척사의 대표적 이론가라 할 수 있는 면암의 지휘 아래 의병대열에 참여하기도 했다. 의병투쟁이 실패하자 그는 개화자강론으로 기울어져 새 학문을 배우고 일본유학의 길에 오르게 된 것이다.

이렇게 볼 때, 가인은 우리 민족주의의 주류에 서 있었다고 할 것이다. 의병투쟁의 연장선상에서 해외로 망명해 무장투쟁의 길을 걷지는 않았다고 해도, 그가 지녔던 개화자강론적 입장이 그를 민족주의의 노선에서 벗어나게 한 것은 아니었다.

제 2 장

망국에 따른 일본유학과 법률전공

1 첫 번째 도쿄유학

가인이 도쿄로 유학의 길에 오른 것은 1910년 3월이었다. 대한
제국의 멸망을 약 5개월 앞둔 때로서, 가인의 나이는 만 22세였
다. 만 46세의 홀어머니와 만 27세의 젊은 아내, 그리고 만 세 살
의 아들을 남겨 놓고, 〈학비의 예정도 없이 조선 평복에 창흥학교
제모를 그대로 쓰고 구식의 목면 금침을 휴대했을 뿐〉인 채로 떠
나는 그의 마음은 결코 가볍지 않았다.

그러나 그것보다 더 신경을 건드리게 한 것은 그가 목포에서
일본 고베(神戶)로 가는 목포환(木浦丸)에 올랐을 때 있었던 〈괴
이한 사실〉이다. 그는 이렇게 회고했다.

내가 오후 4시경에 목포환 3등실에 몸을 실었던 직후, 경비선 한
척이 목포환을 향하여 오는 것을 보았으나 최초에는 등한시하였는

데, 그 경비선에서 화복(和服)을 입은 일본인이 내가 있는 3등실에 들어와서 나에게 인사를 청하고 자기가 누구라는 것을 말하지 아니하면서, 〈일본이라는 데는 나쁜 사람이 많이 있어, 외국인에 대하여 유혹 또는 사기하는 일이 적지 아니하므로 행구(行具)나 모든 것을 주의하여야 한다〉고 호의적인 언사로써 〈무엇을 소지하였느냐〉고 보기를 청하므로, 나는 그에 응하여 행구 내부를 보여주었더니 그대로 돌아가고 말았는데 나와 같이 탔던 목포 사람이 말하기를 〈그 일인이 헌병대장인데 무슨 일로 당신을 수색하는지 모르겠다〉고 하였다. 나도 역시 이것이 무슨 까닭이었던지 알 수 없는 일이었다.[1]

〈괴이한 일〉은 가인이 그 다음날 저녁 고베에 내렸을 때도 되풀이되었다. 사복을 입은 일인이 〈목포에서 오는 김아무개 씨죠〉하고 접근하면서, 도쿄에 가는 차표를 사주겠다고 말했다. 가인은 그가 형사인 줄 알고 〈돈을 주어 차표도 사게 하고 도시락도 사게 하여 다소 편의를 얻었다〉. 가인이 〈기차를 탄즉 그 사람도 건너편에 역시 승차하더니, 다음 정거장마다 교대하여 미행하였고, 결국 도쿄에 이르러 역시 형사 한 사람이 미행했다〉. 이 모양으로 가인은 목적지인 토요타마(豊多磨) 구의 센다가야(千駄谷)에까지 갔다. 왜경은 가인의 의병경력을 익히 알았기에 출발지에서부터 감시의 눈길을 멈추지 않았던 것이다.

가인이 찾아간 곳은 친구 고광준이 동료 유학생 네댓 명과 자취하던 곳이었다. 앞 장에서 살폈듯이, 고광준은 가인의 은사 고정주의 아들로 김성수의 처남이다. 상하이로 유학갔었다가 도쿄로 옮겨 와 있었던 것이다. 가인은 일단 고광준의 자취방에 기거하면서 공부할 길을 찾기로 했다.

그러나 도쿄에서 고학하기란 극히 곤란한 일임을 곧 깨달았다. 가인은 고학이 얼마나 어려운 일인가를 더 이상 구체적으로 쓰지 않았지만, 그 무렵 도쿄에서 공부하던 김성수의 전기는 이렇게 쓰고 있다.

그 당시 학비는 12원(圓) 정도의 하숙비에다가 수업료, 교통비 등 합하여 20원 정도의 돈이 필요했다. 20원이란 돈은 큰 돈이어서 생면부지 의사(意思)도 잘 통하지 않는 외지에서 그걸 벌어 공부한다는 것은 거의 불가능했다.[2]

가인보다 3년 늦게 도쿄로 유학온 설산(雪山) 장덕수(張德秀)의 전기도 비슷하게 말한다.

이 무렵의 대학생 학비는 월 25원 정도가 있어야 했다. 수업료 4원 50전, 교통비 3원 내외, 하숙비 12원, 그 밖에 책값, 단체 활동비, 용돈까지를 충당하려면 최소한 25원은 마련되어야 하는 것이다. …… 이러한 학비를 충당하기 위해 많은 유학생들이 아르바이트에 나섰다. 구두닦이, 창문닦이, 접시닦이, 정원 소제, 우유 배달, 신문 배달 등 그 〈업종〉은 다양했다. 고국의 특산품인 고려 인삼이나 김〔해태(海苔)〕 등을 본국에서 가져다가 행상하는 유학생도 있었다.[3]

비슷한 시기에 도쿄에서 고학했던 이인(李仁) 전 법무장관도 자신의 회고록에서 고학생의 어려움을 꾸밈없이 털어놓고 있다. 부직 일거리가 많을 때는 〈피곤하긴 해도 생활 걱정은 없었지만〉 그렇지 못한 경우에는 〈며칠씩 군고구마로 끼니를 이을 정도로 쪼들렸는데〉, 〈처음에는 맛이 있던 군고구마도 일주일쯤 계속되

고 나면 나중에는 싫증이 나서 배가 고파 기진맥진한데도 목에 넘어가지를 않았다〉는 것이다.[4]

고학이 무척 어렵다는 현실을 확인한 가인은 제한된 학비로 소정의 과정을 될 수 있는대로 빨리 마치기 위해 비상한 방법을 취하기로 결심했다. 다른 유학생들이 하듯이 세이소쿠(正則)영어학교를 거쳐 중학교를 마친 다음 고등학교 또는 대학의 고등예과를 다니며 대학 입학을 준비하는 통상적인 과정을 생략하고, 대학 강의록을 독파하여 교외생 시험을 친 뒤 대학의 상급 학년으로 편입하는 길을 밟기로 작정한 것이다. 그리하여 우선 니혼(日本)대학 전문부 법과에 청강생으로 등록하고 자취방에서 제1학년 전과목의 강의록을 3, 4개월에 걸쳐 독파했다. 그 바탕 위에 등교하니 〈청강하기가 훨씬 용이하여 필기도 가능하게 되었으므로, 법률 연구의 취미를 느끼게 되었다〉고 가인은 뒷날 술회했다.[5]

2 법률을 전공하게 된 배경

조선의 서양법 수용 과정

그러면 가인은 왜 법률을 전공하기로 결심했던가? 이 물음에 대해 그 스스로가 대답한 일은 없다. 다만 자신이 왜 변호사가 되고자 했는가에 대해서는 설명했는데, 이 설명은 그가 왜 법률을 전공하기로 결심했는가에 대한 해답을 얻음에 있어서 단서를 준다고 생각하기에 여기에 그대로 옮겨본다.

원래 내가 변호사 자격을 얻기에 유의하였다는 것은 생활직업에

치중한 것도 아니요, 재산을 축적한다는 생각은 추호도 없었으며,
다만 일정(日政)의 박해를 받아 비참한 질곡에 신음하는 동포를
위하여 도움이 될 수 있는 행동을 하려 함에 있었다.

그는 이어 변호사가 동포를 위해 일하기에 유리한 조건으로 네
가지를 꼽았다.

첫째, 우리에게 가장 잔혹하던 경찰도 변호사라면 용이하게 폭
행이나 구금을 하기 어려웠다는 것, 둘째로 그 수입으로써 사회운
동의 자금에 충당할 수 있는 것, 셋째로 공개법정을 통하여 정치투
쟁을 전개할 수 있는 것 등이 약자인 우리에게는 한 무기가 될 수
있다는 것이었다. 뿐만아니라, 나는 생각하기를 변호사라는 직무가
자기의 생활직업으로만 하지 아니한다면 인권옹호와 사회방위에
실로 위대한 사업이 될 수 있다고 믿었던 것이다.[6]

여기서 보듯이, 가인은 합법적인 항일투쟁의 가장 효과적인 수
단으로 변호사의 길을 택한 것이다. 그 비슷한 경우를 우리는 앞
에서 인용했던 이인 전 법무장관의 회고에서도 찾을 수 있다. 그
는 〈한마디로 억울한 국민을 구해 보자는 의분에서〉 법률을 전공
해 변호사가 되기로 결심했다는 것이었다. 이인뿐만 아니라 일제
때 독립투사들의 변호를 전담하다시피 했던 조선인 변호사들은
거의 예외 없이 그러한 정신에서 법률을 공부했고 변호사직을 선
택했다고 한다.
　가인의 그 회고만 갖고는 그가 언제부터 변호사의 길에 뜻을
두었는지는 확실하지 않다. 대체로 을사늑약 이후가 아니었을까
짐작하게 된다. 그렇다면 그가 일본으로 건너가 법률 공부를 시작

하고자 했을 때 이미 변호사의 길을 염두에 두었다고 할 수 있다.

그러면 가인이 유학의 길에 오를 무렵 조선의 변호사제도 또는 한걸음 더 나아가 근대적 사법제도는 어떠했는가? 또 법학연구의 현황은 어떠하였나? 이 물음에 대한 본격적인 탐구는 법학자가 아닌 저자의 능력 밖의 일이다. 그러나 가인이 변호사라는 직업에 입지하고 그리하여 법률을 전공하게 된 배경을 이해함에 있어서 는 당시의 조선의 사법제도와 법학연구현황에 대한 하나의 상(像) 이라도 갖는 것이 중요할 것이다. 마침 최종고 교수의 독창적 역 저인 『한국의 서양법 수용사』, 그리고 한국변호사사간행위원회가 펴낸 『한국 변호사사』와 같은 소중한 자료가 있어서, 이들에 힘입 어 설명하기로 한다.

최종고 교수에 따르면, 〈막스 베버(Max Weber)가 적절히 지적 한 바와 마찬가지로 동양에는 교양 있는 문인계급 Literati이 지배 하였기 때문에 법률가계급(Juristen)이 생성하지 못하였고 따라서 독립된 학문으로서의 법학이 거의 발전하지 아니하였다〉.[7] 그리 하여 우리나라에서 〈율학(律學)이라고 불리운 전통적 법학은 삼 국시대, 고려시대, 조선시대를 거쳐오는 동안 항상 하나의 기술학 (技術學) 혹은 잡학(雜學)으로 유교적 경학에 비하여 열위(劣位) 를 차지하여 왔다〉. 이 점을 최종고는 다음과 같이 설명했다.

국가의 최고 교육기관인 국자감(國子監)과 성균관(成均館)에서 는 율학이 강의되지 못하였고, 다만 형조(刑曹)에서 형조의 관리들 을 양성하기 위한 특수 기술의 학문으로 전수되어 왔고 그 규모도 매우 작았다. 행정과 사법이 분리되지 않아 관찰사나 현감 등 행정 관들이 이른바 〈원님 재판〉을 하고, 율학 졸업자들은 단지 그 재판 과정을 도와주는 보조자의 역할밖에 하지 못하였다. 법은 항상 치자(治者)와 양반계급의 지배도구였고, 형법의 기술적인 발달은 있었지만 민법적 상법적 분야는 학문화되지 못하고 일상의 생활과 거래에 의하여 관습법으로 머물러 있었다. 법이란 바로 조상이 행한 모본(模本), 즉 조종지성헌(祖宗之成憲)이라 생각하였기 때문에 서양과는 반대로 구법(舊法)이 신법(新法)을 규제하여 좀처럼 새로운 법의 발전을 기대하기 어려웠다.[8]

이러한 〈침체된 법 상태〉 아래서 서양의 법학이 조선에 처음 들어온 것은 17세기 때였다. 북경에 드나들던 조선의 사신들이 중국에서 가톨릭 선교사들이 번역했거나 저술한 이른바 서학서(西學書)들을 들여온 것인데, 그것들 가운데 『서학범(西學凡)』과 『직방외기(職方外紀)』 같은 책이 포함되어 있었다.

이탈리아 출신 예수회 신부 알레니(Julius Aleni)가 1623년에 동시에 출판한 이 책들은 서양의 법제와 법학에 대해서도 설명하고 있었다. 이 가운데 『서학범』은 〈법학은 정신과 육신의 생사(生死)를 다루는 중요한 학문〉이라 규정하고 〈법관은 천의(天義)와 정의(正義)를 구현하여야 하기 때문에 성현을 본받고 고전에 밝아야 한다〉고 주장한 다음, 〈따라서 서양에서는 철학에 통달한 자에게 법학을 가르쳐 엄격한 시험을 거쳐 법관이 되도록 하고 있다〉고 설명했다.[9]

이러한 내용은 유교적 전통 법학에 대해 매우 충격적이고도 혁명적인 것이었다. 그리하여 유학자 신후담(愼後聃, 1702-1761)은 〈소학과 중학을 거쳐 덕업(德業)을 완성해야 할 대학에서 각 분야로 나누어 천술(賤術)을 가르치는 것부터가 잘못이며, 특히 법과에서 법과 정치의 근원이 교화와 도덕에 있음을 가르치지 않고 양자를 분리시키는 것은 잘못이며, 이러한 결함을 가지고 대학을 마친 자들을 시험을 거쳐 기술적 직분을 맡긴다는 것도 문제가 있다〉고 비판했다.

그러나 실학자들은 서양 법학의 수용을 긍정하는 방향으로 나아갔다. 박지원(朴趾源, 1737-1805)은 〈참으로 백성과 나라에 유리한 것이라면 그 법이 혹 이적(夷狄)에서 나온 것이라 해도 본받아야 한다〉고 주장했고, 박제가(朴齊家, 1759-1805)는 서양의 학문과 기술을 도입할 것을 제의했다. 정약용(丁若鏞, 1762-1836) 역시 〈사대부가 법률의 학문을 읽지 아니해서 사부(詞賦)는 잘하되 형명(刑名)에는 어두운 것이 또한 오늘날의 속된 폐단〉이라고 비판하면서 옥사(獄事)에 관해서도 〈전문적인 학문〉을 마땅히 힘써야 한다고 가르쳤다. 19세기 초에 들어와서는 최한기(崔漢綺, 1803-1877)가 우리가 서양에서 얻어야 할 것을 꼽으면서 〈법제지선(法制之善)〉을 포함시켰다. 최종고가 지적했듯이, 〈실학 지성들의 선각적 주장은 한국에 있어서 서양 법학의 필요성을 예견하였다〉.[10]

그러나 다시 최종고의 설명을 빌건대, 그러한 주장은 〈어디까지나 그들의 개인적 학문과 이상이었지 실제로 정책화 또는 제도화되지 못하였다〉. 그리하여 17세기 중엽에 처음으로 서양의 법학이 조선에 소개된 때로부터 1876년에 일본에게 처음으로 개국할 때까지 2세기 동안 조선왕조는 〈서양 학문의 발전을 포용할 만한 제도적 보장을 발견하지 못하고 구습(舊習)만 답보하고 있었다〉.[11]

다시 최종고 교수의 연구에 따르면, 조선인에 의한 서양 법학과의 직접적인 접촉은 19세기 후반에 가서야 이루어진다. 유길준이 그 장본인으로, 그는 1881년 도쿄의 게이오(慶應)의숙에 입학하여 일본의 개화사상가 후쿠자와 유기치(福澤諭吉)의 지도를 받았고 미국에서도 공부한 뒤 1895년에 『서유견문(西遊見聞)』을 출판했는데 이 책은 서양적인 국가, 법, 권리, 자유의 개념들을 처음으로 본격적으로 소개했다. 박영효(朴泳孝, 1861-1939)와 서재필 역시 서양법의 수용을 제의했다. 한편 이들 개화파와 적대 관계에 있고 뒷날 개화파의 대표적 지도자 김옥균(金玉均, 1851- 1894)을 암살하기까지 하는 홍종우(洪鍾宇)가 조선인으로 처음 유럽에 법을 공부하러 갔다는 사실은 역설적이기도 하다.[12]

법관양성소의 개설과 변호사제도의 도입

1895년은 우리나라 사법제도사와 법학교육사에 있어서 하나의 전환의 해였다. 그 앞 해에 있었던 갑오개혁을 계기로 1895년 3월에 조선정부는 이면우(李冕宇), 장도(張燾), 유문환(劉文煥), 홍재기(洪在祺), 정명섭(丁明燮) 등을 관비로 일본에 보내 법률학을 공부하게 했다. 이들은 출신이 양반이 못 되고 중인의 자제들이었는데, 대개 게이오에서 법률을 배우고 돌아온다. 이들이, 최종고 교수에 따르면, 우리나라의 법률가 제1세대로서 우리나라의 근대적 법학의 연구와 교육에서 개척적 역할을 수행하게 된다.[13]

1895년 1월에는 〈개화 법률 제1호〉로 「재판소구성법」이 공포되었는데, 〈이 법률은 한국에 있어서의 근대적 재판제도의 최초의 도입을 의미한다〉.[14] 「재판소구성법」이 공포된 그 날에 「법관양성소규정」이 공포되었고, 이해 4월에 법관양성소가 개설되었다. 이 법관양성소는 우리나라 〈최초의 법학전문교육기관〉이다. 〈그때까지는 행정관을 일괄적으로 사법관으로 임명하여 실제로 전문적 법률가란 존재하지 않았는데 이제야 법관양성소를 통하여 전문적 법관을 양성할 필요를 비로소 느낀 것이다〉.[15]

법관양성소에서 가르친 과목들은 법학통론, 민법, 민사 소송법, 형법, 형사소송법, 기타 현행 법률들이었다. 〈당시에는 아직도 한국 민법전이나 형법전이 없었지만 민법, 형법, 민-형사소송법 등 근대적 명칭의 강의를 실시한 것은 명치유신 이후 일본에 도입된 서양 법학의 수준에 맞추어 한국 법학이 시작하였다는 사실을 가리켜준다〉.[16] 이어 〈1904년부터는 교과목에 헌법, 행정법, 국제법, 상법, 외국판례, 산술, 작문이 추가되었다. 이것은 근대화되는 통치작용에 관한 법 지식의 요청과 외국과의 관계에 필요한 법적 대비를 인식한 결과라 하겠다〉. 이어 〈1906년에는 새로 제정된 형법대전(刑法大全)과 종래부터 의용(依用)해 온 대명률(大明律), 그리고 동양적 법의학서인『무원록(無寃錄)』등 전통적 법과목을 추가시켰고, 근대화된 새로운 사회-경제 제도에 맞추어 경제학과 재정학이 신설되었고, 외국어도 부과되었다〉.[17]

그러면 누가 가르쳤는가? 우선 조선인으로는, 일본에서 법학을 공부한 이면우, 장도, 홍재기, 유문환, 석진형(石鎭衡), 유동작(柳東作) 등이었다. 새 학문을 배우고 돌아왔으나 〈이미 권좌에 앉아 있는 양반들이 이들의 존재를 눈여겨보지도 않았고 설령 알았다고 하더라도 실권을 넘겨줄 리가 만무였다〉.[18] 그리하여 이들은 한동안 일자리를 구하지 못하다가 법관양성소의 교관으로 출발하게 되었다. 한편 서양인으로서는 그레이트하우스(Clarence R. Greathouse, 1846-1899)와 크레마지(Laurent Crémazy, 1837-?)가 가르쳤다. 그레이트하우스는 구례(具禮)라는 우리 이름을 가진 미국 변호사로 조선정부의 법률고문으로 활약하다가 조선 땅에 묻힌 사람이고, 크레마지는 김아시(金雅始)라는 우리 이름을 가진 프랑스 변호사로 역시 조선정부의 법률고문으로 일했던 사람이다.[19]

1895년 4월에 개설한 법관양성소는 쉰 명의 제1기생을 뽑아 6개월 동안 교육시켜 마흔일곱 명의 제1회 졸업생을 냈다. 졸업생에게는 성법학사(成法學士)의 학위가 주어졌는데, 〈이것은 전통적인 율사(律士)란 관념과는 달리 사회의 중추적 역할을 할 인물이라는 근대적 자격 인정을 의미하였다〉.[20] 제1회 졸업생 가운데 수석 졸업생이 함태영(咸台永, 1873-1963)으로, 그는 검사를 거쳐 목사가 되기도 했고 뒷날 대한민국임시정부 요인과 대한민국 제3대 부통령을 역임한다. 또 한 사람의 졸업생이 이선재(李璿在) 곧 이준(李儁)이다. 그 역시 검사를 거쳐 독립협회와 만민공동회에서 일하며, 1906년에는 국민교육회(國民敎育會) 회장으로 홍재기 등과 함께 국민교육운동을 전개하고 그것을 모체로 하여 보광학교(普光學校)를 세우는 한편, 홍재기 및 이면우 등의 법률가들과 함께 헌정연구회를 조직해 활동했고 『한국혼부활론』이라는 책도 썼다. 이러한 혁혁한 활동에 감동된 고종이 그를 헤이그의 만국평화회의에 보냈던 것이며, 그는 일본의 침략행위를 폭로하다가 뜻을 이루지 못하자 결국 분사하고 만다.[21]

법관양성소는 정치적 변동으로 개소 이듬해인 1896년 9월에 서른아홉 명의 졸업생을 내고 휴교 상태에 들어갔다가 1903년에 다시 개소했다. 그리하여 1904년 7월에 제3회 졸업생 스물여덟 명, 1905년 12월에 제4회 졸업생 스무 명, 1907년 12월에 제5회 졸업생 스물두 명, 1908년 12월에 제6회 졸업생 쉰네 명을 내었다.

그러나 1909년에 일제가 대한제국의 사법권을 사실상 빼앗는 조처, 곧 사법권의 〈위탁〉에 관한 을유각서(乙酉覺書)를 성립시킴으로써 법부(法部)가 폐지됨에 따라 법학교(法學校)로 개칭되어 학부(學部)로 이관되었다. 이 시기에 대동법률전문학교(大東法律專門學校)와 한성법학교(漢城法學校), 그리고 1905년에 문을 열고 한성법학교를 인수받은 보성법률전문학교(普成法律專門學校) 등이 또한 법학을 전문적으로 가르쳤다.[22] 이러한 학교를 졸업했다고 하여 자동으로 법관으로 임용되는 것은 아니었다. 1900년 3월에 공포된 「사법관임명규칙」에 따르면, 판사와 검사는 법률학을 공부한 사람으로 법부에서 시험하여 임명하기로 되어 있었기 때문이다. 특히 일제의 조선 지배가 더욱 굳어지면서 일제는 조선인을 법관으로 임용하는 것을 방해하는 방향으로 나아갔다. 갑오개혁으로 신제(新制)의 재판소가 세워지고 판사와 검사의 관직이 창설되었지만 변호사직은 아직 없었다. 그 틈을 이용하여 1904년께부터 일본인 변호사들이 조선으로 진출했다. 아직 조선에 변호사제도가 없고 외국인 변호사를 조선의 재판소가 인정할 수 없는데도, 소송대리인이나 또는 민–형사 소송 규정에서 말하는 보좌관이라 자처하고 증거서류를 제출하면서 비공식적으로 법률사무를 수행하는 것이었다.

이에 대한제국의 법부에서도 1905년 11월 8일에 법률 제5호로 「변호사법」을 공포해 변호사제도를 도입했다. 일본의 변호사법을 모방한 이 법에 따르면, 변호사시험에 합격한 사람, 변호사시험위원을 지낸 사람, 오늘날의 고등법원에 해당하는 평리원(平理院) 그리고 서울지방법원에 해당하는 한성재판소에서 만 2년 이상 판사직이나 검사직을 행한 사람에게 변호사 자격을 주기로 했다. 그러나 각 지방 재판소와 개항(開港) 재판소에서 행정관을 겸직한 판사와 검사에게는 변호사 자격을 주지 않았다.[23] 이에 따라, 1906년에 조선인 제1호 변호사로 홍재기, 제2호 변호사로 이면우, 제3호 변호사로 정명섭(丁明燮)이 등록했다. 이로써 일본보다 23년 뒤떨어졌으나 조선에도 변호사라는 법률가가 존재하게 되었다.

변호사시험이 처음 실시된 1907년에는 열일곱 명이 새로 변호사 자격을 얻었다. 그 뒤 변호사시험은 사법시험으로 바뀌었고, 을유각서 이후에는 제도가 다시 바뀌었다. 어떻든 이러저러한 제도를 통해 배출된 조선인 변호사의 수는 1910년 8월의 국권상실 직전의 시점에서 쉰 명에 가까웠다.

이들 가운데 제1호 변호사 홍재기의 경우를 살핀다. 1870년생인 그는 1897년에 도쿄로 건너가 사립 백과학교(百科學校)에서 기초학문을 배우고 오늘날 주오(中央)대학의 전신인 도쿄법학원에서 4년 동안 법학을 배웠다. 이어 요코하마재판소에서 6개월 동안 소송실무를 익히고 미국으로 건너가 로스앤젤레스에서 3년 동안 공부한 뒤 1904년 12월에 귀국했다. 이듬해 8월에 법부의 법률기초위원이 되었고 이어서 법관양성소 교관 겸 변호사시험위원이 되었다가 다음해 3월에 한성재판소 판사에 임명되었으나 곧 사임하고 변호사가 된 것이다.[24]

새로운 직종인 법관직 또는 변호사직, 그리고 법률가들이 보여 주는 정치적 및 사회적 활동에 가인은 상당한 영향을 받았을 것이다. 유족들의 회고에 따르면, 가인은 이준 열사에 대한 존경을 감추지 않았으며 이준 열사가 법률가 출신임을 자랑스러워했다고 한다. 특히 이준 열사가 청년 법률가들과 함께 이끌어 나가던 헌정연구회를 눈여겨보며 10대 후반을 보냈다고 한다.

이준 열사 외에 가인에게 어떤 영향을 주었으리라고 짐작되는 변호사는 안병찬(安秉瓚)이다. 법관양성소 3기생 출신인 그는 법부의 주사로 있을 때 을사늑약의 흉보에 접하자 혼자 도끼를 지니고 덕수궁 앞에 엎드려 을사오적을 죽이든지 그 도끼로 자신의 목을 자르든지 결단하라고 상소했다. 이러한 형식의 상소를 지부상소(持斧上疏)라고 불렀다. 이때 가인이 존경하던 면암도 같은 모양으로 상소했었던 것이다. 안병찬은 그 뒤 평양에서 변호사로 개업하고 있다가 안중근의 변호를 자청했고 일제의 불허로 법정에 서지 못하게 되자 안중근과 여러 차례 면담한 뒤 안중근의 투혼을 동포들에게 알렸다. 또 평양 출신의 애국청년으로 이완용을 찔러 죽이려다 실패한 이재명의 변호를 맡아 민족의 뜻을 대변했다.[25] 법정을 통해 국권회복과 독립정신을 고취시킨 애국지사인 안 변호사로부터 가인은 많은 자극을 받았을 것이다.

3 경술국치로 학업을 중단하다

첫 번째 귀국

다시 가인의 니혼대학 청강생 시절로 돌아간다. 법률공부에 어느 정도 취미를 붙이기는 했으나 학비와 생활비는 모자랐다. 그래서 그는 청광관(淸光舘)이라는 보다 싼 하숙집으로 옮겼다. 이 무렵 가인은 사복형사의 끊임없는 미행을 느꼈다. 일본으로 건너올 때 이미 겪었던 일이라 범상하게 넘기고 지났는데, 8월 초에 이르러 3명으로 늘었다. 그뿐 아니라, 청광관에 하숙하는 동포 유학생 세 사람에게도 형사들이 따라붙었다. 〈무슨 변고나 있는가 하여 각방으로 탐문하여 본즉, 내용은 알 수 없으나 그때 벌써 시모노세키와 부산 사이에는 우리 유학생의 내왕이 중단되었고, 서신도 통하지 않는다는 것이었다〉. 그러던 가운데 〈8월 22, 23일쯤 되어 도쿄의 각 신문에 한일합방조약의 전문(全文)과 그 경과를 대서 특필하여 보도됨과 동시에 그날부터 꽃전차 시가행렬 등 경축 일색으로 도쿄를 장식하게 되었고, 우리 유학생이 있는 곳마다 형사와 밀정 등이 배정되었으며, 가로에는 경비상태가 삼엄하여 우리들도 모두 연금된 처지에 있었던 것이다〉.[26]

그런 가운데도 유학생들 사이에 연락이 닿아 8월 27일 오전, 고지마치(趣町)에 있는 유학생청년학관에 유학생 약 80명이 모였

다. 미행해 온 형사는 무려 100여 명에 이르렀다. 곧 관할 경찰서
장이 경관 30-40명을 인솔하고 와서 해산령을 내렸다. 그리하여,
가인의 표현으로, 〈우리는 눈물을 거둘 수 없는 비분을 금할 수
없었으나 부득이한 형세이므로, 당시 유학생회 회장인 최창조(崔
昌朝)가 단에 올라 눈물을 흘리면서 '사태가 이 지경에 이르고 보
니, 금후 행동은 각자에게 맡길 수밖에 없다'고 선포함과 동시에
전원의 흐느끼는 울음소리와 '대한제국 독립 만세' 소리로 해산하
고 말았던 것이다〉.[27]
  항일의병에까지 뛰어들었던 가인의 심경은 남달랐다. 그때의
아픈 마음을 그는 이렇게 회고했다.

  나도 하염없이 하숙에 돌아와 책상에 의지하고 앉아 있으니 흐
르는 것이 눈물뿐이요, 식사 생각은 고사하고 하녀에게도 면접하기
참괴하여 얼굴을 파묻고 신음할 뿐이었으며, 밖에서 만세 소리가
들릴 때마다 심장이 맺혀서 통곡하고 싶은 심정이었지만 차마 그
러하기도 어려웠고, 다만 동숙하는 우리 사이에 서로 만나서도 얼
굴만 바라보고 말 없이 눈물로 지내는 정상이었고, 누구나 학교에
갈 생각도 전혀 없었던 것이었다.[28]

  며칠 뒤 가인은 더 싼 집으로 옮겼다. 도쿄제국대학이 자리 잡
고 있는 홍고오(本鄕) 어느 집 방 한 칸으로, 월세 2원이었다. 자
취를 하는데, 매일 몸에 열이 오르기도 했다가 찬 기운이 돌기도
했으며 불면증마저 겹쳤다. 〈이 몸이 망국민이 되고 말았으니, 무
엇을 한들 인생의 가치가 있으랴〉 하는 비관도 커졌다. 그리하여
차라리 신학을 연구하여 하느님의 일꾼이나 되어 볼까 하는 생각
으로 주공삼(朱孔三) 목사와 상의하기도 했다. 주 목사는 매일 아

침 가인을 찾아와 기도로써 위안해 주었다. 가인도 크게 감격하고 용기를 얻었다. 그러나 무엇보다 몸이 심상하지 않고 학비는 어려운 상태였으므로 일단 귀국하기로 결정했다.

그때 유학생들 가운데는 유학을 중단하고 귀국하는 이가 적지 않았다. 김성수 전기에도 이러한 모습이 그려져 있다.

치욕의 조국 패망 소식을 들은 그날, 인촌의 하숙에는 고하 송진우, 그리고 가인 김병로, 설산 장덕수 등이 모여 앉아 있었는데 너무도 원통하고 충격을 받아서였는지 아무도 뭐라 입을 열지 못하고 눈물만 흘렸다고 한다. 장덕수와 김병로가 돌아가고 나자 이불을 뒤집어 쓰고 고하는 어이어이 울었다. 그러다 미친 사람처럼 벌떡 일어나는 것이었다. …… 송진우는 마음을 잡지 못했다. 끝내 그는 사흘이 못 되어 고향으로 돌아가고 말았다. …… 처남 고광준도 고향으로 가버렸던 것이다.[29]

가인이 언제 일본을 떠났는지는 정확하지 않다. 김진배는 가인의 연보에서 1911년에 귀국한 것으로 쓰고 있다.

기독교와의 만남

가인은 관부연락선으로 부산에 도착했다. 일경(日警)이 벌써 기다리고 있었다. 가인은 즉시 수상(水上)경찰서에 구인되어 검색을 받고 사흘 뒤 향리로 돌아왔다. 청운의 뜻을 품고 떠난 때로부터 1년이 채 지나지 않은 사이 나라는 망하여 서울에는 조선총독부가 들어서 무단정치를 펴고 있었다. 다만 그 사이 장녀 순남(順南)이 태어나 그를 기다리고 있었던 것이 뒤늦게 찾은 기쁨이라면 기쁨이었다고 할까.

가인은 우선 두 달 정도 쉬었다. 몸이 가벼워지는 듯하여 광주로 가 양림(陽林)이라는 부락의 기독교 신앙촌에 머물렀다. 도쿄에서 주 목사를 통해 기독교에 접했던 그는 망국민의 슬픔과 청년으로서의 좌절을 기독교를 통해 해소시켜 보고자 한 것 같다. 이때 그가 어느 정도의 신앙을 가졌는지 확실하지 않다. 그는 이 대목에 관해 〈신앙촌에 기우하고, 지우 2, 3인과 같이 독서로 날을 보내며, 때로는 교인들과 같이 성경을 연구하며, 일요일에는 광주의 교회에서 예배를 보는 것이 한 사업이 되어 울분의 위안을 얻어왔던 것이었다〉라고만 썼을 뿐이다.[30] 어떻든 유학의 가풍과 전통 속에서 성장했고 유학의 대가 간재의 문하에 있었으며 유교 질서를 몸으로 지키고자 한 면암의 영향을 받았던 그가 기독교 속에서 위안을 찾고자 한 사실은 가인을 이해함에 있어서 흥미로운 대목이다.

여기서 우리는 가인과 백범 사이에 어떤 공통점이 있음을 느끼게 된다. 가인보다 13세 위인 백범은 동학에 몸을 담고 동학군의 일원으로, 그리고 곧 의병으로 왜병과 싸웠으며, 한걸음 더 나아가 국모를 살해한 왜인에 복수한다는 뜻으로 왜인장교로 여겨지는 사람을 죽였다. 백범은 이 일로 투옥되었다가 고종의 특사로 석방된 뒤 기독교를 받아들여 서양의 학문에도 접하고 서양적 가치관을 받아들이기도 한다.[31] 동학의 영향을 받았고 의병에 참여해 왜와 싸우다가 망국의 허전함 속에 기독교로 기울어 교회의 예배를 통해 마음의 평안을 찾는 가인의 모습은 백범의 그러한 모습을 어느 정도 닮고 있는 것이었다.

이렇게 말한다고 하여 가인이 유학을 버렸다는 뜻은 결코 아니다. 그는 자신의 생애를 통해 성리학의 가르침을 자신의 사상과

행동의 근원으로 삼았다. 성리학에 대한 그의 굳은 믿음은 그의
다음과 같은 글에 잘 나타나 있다.

> 사람은 마땅히 성심(誠心)의 함양과 궁리성정(窮理性情)의 수
> 련에 조차불리(造次不離)의 공부를 해이하여서는 아니 될 것이다.
> 왜냐하면 사람으로서 성심의 본연을 떠나게 된다면 무엇이 금수와
> 다를 것이 있으랴. 이러한 함양과 수련의 공부를 주로 하는 것을
> 성리학이라 한다. 그리하여 만민으로 하여금 성심을 근원으로 한
> 도덕과 윤리의 규범을 엄수하여, 정신문화의 향상과 발전에 끊임없
> 이 천수(天受)의 직업을 다하여, 성경지신(誠敬持身)을 비롯하여
> 가풍의 정제, 국강(國綱)의 부액, 천하의 평화에 이르기까지 위육
> (位育)의 공효를 달성하는 것이 정신 문화의 궁극의 목적이요 천
> (天)의 순응의 본연이라고 믿는 바이다.[32]

여기서 한걸음 더 나아가 그는 성리학이야말로 〈도덕과 윤리의
기본〉으로서 우리 겨레가 세계에 자랑할 만한 것이라고 보았다.
그리하여 〈성리학을 구미 제국, 기타 모든 인류에게 아낌 없이 전
수하여야 한다〉고 역설하기도 하였다.[33]

성리학에 대한 굳은 믿음을 나타내면서 가인은 〈단군성조의 가
르침〉을 중시했다. 〈단군의 가르침을 기본으로 하고 유구한 역사
적 전통을 존중하면서 우리 고유의 도덕과 윤리를 수호 향상하여
야 한다〉고 주장함과 더불어 〈단군성조의 홍익인간의 이념〉을 세
계 인류에게 미치게 해야 한다고 역설했다. 물론 〈미국을 비롯한
서구의 몇 개 국가들〉로부터 배울 것이 있음을 가인은 인정했다.
그것은 〈물질문화의 선진성〉이요 〈과학적 기능〉이었다. 그것을 〈우
리는 급속히 섭취하여야 한다〉고 가인은 주장했다.[34] 여기서 다시

한번 우리는 한말 지식인들이 지녔던 동도서기론(東道西器論)의 전형적 보기를 보게 된다.

가인의 사상을 이렇게 살필 때, 그가 목사님과 상의하기도 하고 교회에 다니기도 한 일은 기독교도로의 개종이라기보다는 마음의 평화를 위한 잠정적 방편이었던 것 같다. 그의 회고록 어느 곳에서도 그는 두번 다시 기독교에 대해 말하지 않고 있는 점이 그러한 느낌을 더욱 강하게 갖게 한다.

다시 이야기의 원점으로 돌아가자. 교회를 다니던 무렵 가인의 건강은 다시 나빠졌다. 광주의 〈병원에서 치료를 받았으니 효능을 얻지 못하고, 자가(自家)에 돌아와 백방으로 가료하였으나 차도는 없고 고열과 조갈이 심하여 거의 절망 상태에 이르렀다〉. 이때 10년 동안이나 연락이 없었던 한의원 홍경칠(洪景七)의 심방을 받았다. 그는 폐결핵으로 진단하고, 〈병세가 고도에 달하였으므로 보통약 치료로는 회복하기 어렵다고 하면서, 오직 특종의 사류(蛇類)를 얻었으면 하고 한탄만 하였다〉. 〈그 뒤 한 시간도 다 못 되어 특종의 사류라는 흑질백장(黑膣白腸)이 문 앞에 나타났으므로 즉시 이것을 잡아 전부 복용하고 다음날 그 시각에 그것이 나타나서 또 잡아 전부 복용한 결과 그 날로 조갈도 없어지고 불과 일주일 안에 완전 회복을 보게 되었다〉. 이 사실을 회고하면서, 가인은 〈나 자신도 믿기 어려운 기적이라고 생각한 바이며, 그 뒤 오늘날까지 널리 그 사류를 구하려 하였으나 전혀 얻지 못하고 말았다〉라고 썼다.[35] 이때 뱀을 직접 잡아준 이는 가인의 대부뻘 되는 김철수로, 가인은 그를 생명의 은인으로 알고 평생토록 극진히 모셨다고 한다.

광주에서 학자금을 마련하다

건강을 되찾고 나서 가인은 다시 광주로 나가 자형되는 박하용(朴夏龍)과 함께 잡화상을 경영했다. 다른 한편으로는 귀국 때 준비해 온 메이지(明治)대학 법과 강의록을 열심히 읽었다. 그러다 보니 학업을 계속해야겠다는 열의가 다시 커졌다.

그뿐 아니라, 〈남 먼저 간문(艮門)을 떠나 단발착화(斷髮着靴)하고 일본까지 왕래한 나 자신이 아무 신지식도 얻은 바 없이 세월을 보낸다는 것은 향리의 빈축을 받을 뿐 아니라, 나의 장래를 위하여서도 자민한 바이므로, 형식이나마 학교나 마쳐 체면을 유지하겠다는 용렬한 심경이 들었다〉. 그리하여 〈모든 것을 자형에게 일임하고 매월 학비로 20원씩만 보내 달라는 부탁을 남기고 다시 도쿄로 갔었던 것이다〉.[36]

아무리 자형이라고 해도 잡화상 주인에 지나지 않는 그에게 매달 20원씩 부담시킬 수 있었던 것은 잡화상을 하면서 상당한 돈을 모아놓았기 때문이었던 것으로 김진배는 추측했다. 〈그 당시 하쿠라이힝(舶來品 : 박래품)이라 하여 외국의 물건들에 눈독을 올렸던 시기였던 만큼, 주로 의류상을 한 것이 아닌가 한다〉라고 추측한 김진배는 〈가인의 측근이 전하는 말로는 그때 조끼가 대유행하여 조끼장사로 한몫 잡았다는 말도 있다〉라고 썼다.[37]

4 두 번째 도쿄유학

메이지대학 법과 시절

1911년 가을에 가인은 도쿄에 도착하여 메이지대학 법과 3학년
편입을 위한 교외생 시험 준비에 매달렸다. 두 번째 도일(渡日)이
었다. 이듬해 3월, 시험에 큰 어려움 없이 합격하여 3학년에 편입
되었다. 그때부터 그는 오로지 공부에만 매달렸다. 그 스스로 이
렇게 회고했다.

자취생활을 계속하면서, 공부 방식으로는 매일 새벽에 일어나
세 끼 먹을 분량의 밥을 지어 조반을 마친 뒤, 점심밥을 휴대하고
학교 도서실에 가서 남 먼저 좌석을 정하고, 필요한 몇 권의 책을
빌려 공부를 하다가 강의를 개시하는 종소리에 따라, 곧 노트를 가
지고 강당에 들어가 필기를 완료한 뒤, 다음 시간이 없으면 도로
도서관에 돌아와 공부를 최종 시간까지 계속하다가 숙소에 와서는
아침에 남겨놓은 밥으로 식사를 마치고, 다시 야간 공부를 하게 되
는데, 그러고 보면 매일 주야를 통하여 학교 강의 시간을 제하고도
매일 여덟아홉 시간 공부를 할 수 있었다.[38]

이처럼 바쁜 나날 속에서도 재(在)도쿄조선인유학생학우회에는
꼭 나갔다. 〈이러한 회합은 대개 일요일이었으므로, 공부상에 큰
지장은 없었다〉고 그는 회고했다.
1913년 3월 초에 졸업시험을 보게 되었다. 〈어느 과목이든지
그 시험 문제는 모르는 것이 전혀 없었으므로, 문제에 따라 한 과
목에 20페이지 내외의 답안을 써냈다〉. 그러나 불안한 마음이 없

지 않아 그는 발표에 앞서 열흘 정도 북부 일본의 내륙으로 여행을 떠났다. 고오후(甲府)와 가루이자와(輕井澤) 등의 명승지도 구경하고, 다카사키(高崎)와 군마(群馬) 및 나가노(長野) 현 지방에서는 농촌을 살폈다. 농촌을 보고 난 느낌을 그는 이렇게 회고했다.

연로한 사람들은 한국을 숭상하여 한국인을 존대하는 유풍이 상존하였고, 연소한 사람들은 전연 한국을 알지 못하였으며, 한일합방이란 무엇인지도 모르는 정도였다. 그러나 농사 관계에 있어서는 경지의 정리와 농가의 근면이 실로 놀랄 만한 것이었으니, 예를 들면 농가 부부는 아침 일찍 조반을 마치고, 보통 학생 도시락 분량의 점심을 휴대하고, 밭과 들에 나가 남자는 갈고 여자는 종자를 뿌리는 등 해가 저물어서야 집에 돌아오는 것이 일상사이며, 밤이면 가족들 전원이 수공업에 근면하여 촌락에서는 놀고 지내는 사람을 찾아볼 수 없었다. 이것으로 우리 농촌과 비교하여 훨씬 우수하다는 것이 확인되었으며, 특히 나가노 지방의 양잠 상황에 있어서는 그 지방에 우에다(上田)잠사전문학교가 설치된 영향인지 모르나 가가호호에서 양잠에 전력을 다하여 연간 생사수출만 하여도 거액에 달한다는 것이었다.[39]

그러나 정치문제에 대해서는 우리 농민의 의식 수준보다 훨씬 떨어져 있다고 느꼈다. 다시 가인의 회고를 인용한다.

어느 촌락이나 소도시에서 심상(尋常)소학이나 고등소학을 마쳤다는 사람들과 담론을 하여 보면, 모두 정치 관계에는 전연 몽매하여 우리 산간벽지에 사는 농민들과 담론하는 것보다 훨씬 저열함을 발견하였던 것이다. 대개 말하자면, 우리나라 농민들은 아무리 문맹이라 할지라도 원래부터 정치의 득실을 비판할 줄 알고, 때로는 폭력에 의한 혁신운동까지 하여 왔음에 반하여 일본 농민들은 관(官)에 대하여 절대적으로 복종이 있을 뿐이라는 의식을 갖고 있는 것이다. 이렇게 볼 때, 나는 우리 민족문화의 전통적 우수성을 깊이 느낀 바 있었다.[40]

여행을 마치고 도쿄에 돌아와 성적 발표를 〈초조한 마음〉으로 기다렸다. 막상 학교로 가보니 이미 합격자 270여 명의 명단과 그 성적 순번 및 평균 점수가 발표되어 있었다. 자신이 없었던 그는 끝 부분 60점란에서부터 읽어 나갔는데 중간에 이르도록 이름이 없었다. 자연히 〈거의 실망에 가까웠다.〉 그런데 〈뜻밖에도 성적순 제22번 평균 점수 73점이라는 표시가 되어 있었다.〉 기쁨이 컸다. 그러면서도 〈일본인이나 외국인을 물론하고 학교에서 순서 있게 3년을 공부한 사람들이 어찌하여 그와 같이 성적이 양호하지 못한 사람이 많을까 하는 의문도 없지 않았다.〉 이와 더불어, 〈지금으로부터 참으로 법률을 연구할 생각이 새로워졌다.〉 어떻든 가인은 1913년 3월, 만 25세의 나이에 메이지대학 법과 3년 과정을 졸업했다.

철도회사 전무 초빙을 거절하다

졸업과 함께 가인은 귀국하기로 마음먹었다. 〈집안 일을 정리하고 다소 난관이 있더라도 공부를 계속할 것을 결심한 것이다.〉 일본유학에서 두 번째로 귀향한 그 며칠 뒤 광주에서 경편철도(輕便鐵道)의 창립을 준비하는 사무소로부터 초청장이 와 있었다. 〈광주와 송정 사이에 경편철도를 부설하도록 허가를 받았으므로 회사를 세우려 한다〉는 설명에 이어, 〈법률과 사물에 능숙한 귀하를 전무로 초대하려 한다〉는 뜻이 담겨져 있었다.

김진배에 따르면, 〈그 당시 전남 일원에서도 도쿄에 유학하여 법률공부를 제대로 한 사람은 다섯 손가락을 꼽기가 어려웠다.〉 그러므로 가인을 창립 회사의 전무로 모시겠다는 것은 가인의 사회적 지위가 어떠했는가를 말해 주었다. 광주의 유지들이나 가인의 친구들은 가인에 대한 이러한 대우를 부러워했고, 〈철도회사의 창립위원들은 그에게 며칠씩 연회를 베풀며, 최고의 대우를 해드리겠다고 말하면서 철도회사의 전무 취임을 간청했다고 한다.〉[41]

그러나 가인은 뜻을 바꾸지 않았다. 그는 자신이 〈아직 지능이 성숙하지 못하므로 어느 시기까지 공부를 계속할 결심이라는 뜻을 말하고, 그 자리에서 회사 설립에 관한 법률 조항을 상세히 설명한 뒤, 회사의 목적이 철도의 시설과 그 운영에 있은즉, 거기에 적용한 기술자를 초빙하라고 권고하고 곧 귀가했다.〉[42]

가인은 약 2개월 동안 집안 일을 정리했다. 약간의 땅을 팔아 240원 정도의 목돈을 마련했다. 2년 동안 더 공부하려면 월 20원씩 계산해 그만한 돈이 필요했던 것이다. 이때 가인의 친구들 가운데 학비를 보태주겠다는 사람도 있었으나 가인은 거절했다. 〈그것은 내가 평소에 재산가의 심정을 헤아릴 때에 그네들이 아무리 호의로 학자를 제공한다 하여도 후일에는 반드시 나를 이용하려는 복선이 있음을 알기 때문이었다.〉[43]

고등연구과에서의 법학연찬

2년간의 유학비를 마련한 가인은 다시 도쿄로 건너갔다. 세 번째 도일(渡日)이었다. 메이지대학과 주오대학에서 공동으로 설치한 법률고등연구과에 적을 두었다. 고등연구과는 2년 과정으로, 가인과 함께 메이지대학 법과를 다녔던 이인(李仁)의 회고를 참고하면,[44] 오늘날 대학원 석사과정에 해당되었던 것 같다. 이 고등연구과는 야간이었다. 따라서 가인은 주간인 니혼대학 법과에도 동시에 학적을 두고 공부했다.[45] 이인이 니혼대학 법과와 메이지대학 법과를 같은 시기에 다녀 두 대학으로부터 각각 졸업장을 받았던 사실에 비추건대, 가인의 경우도 예외적인 것은 아니었던 것 같다.

가인이 학부와 대학원 과정에서 어떤 과목을 어느 교수 밑에서 배웠는지에 대해서는 상세한 설명이 없다. 근대적 법학 연구의 선구자라고 할 수 있는 그의 회고록이 이 부분에 대해 좀더 자세했더라면 하는 아쉬움이 크다. 그의 회고는 다음 정도로 그치고 있다.

내가 공부한 과정으로 고등연구과에 있어서는 일정한 교과서나 일정한 필기도 없었고, 형법은 목야(牧野) 박사, 민법 중 물권과 채권은 횡전(橫田) 박사, 상법은 송파(松波)와 편산(片山) 양 박사, 민사소송법은 전전(前田) 박사의 담당으로, 출석 10인 내외의 학생들과 함께 일본 법전을 축조하여 질의문답의 방식으로 진취하였다.[46]

나는 평소 강의가 능숙한 선생의 시간을 택하여 강의를 듣고 필기도 한 사실이 있었다. 나의 개괄적 연구 방법으로는 각과별로 된 법전의 상단 여백 있는 것을 가지고, 조문조문에 따라 그 정의, 요건, 효과 및 다른 법조와의 관계를 암기하기에 노력하는 동시에 각과에 대한 저서 2권 내지 네댓 권을 읽어 학설의 다른 점을 간단한 문구로, 전기(前記) 각과 법전 당해 조문의 상단 여백에 상기(上記)하여, 언제든지 그 법전 조문만 보면 학설의 이동(異同)까지도 소상히 알 수 있게 하였던 것이다.[47]

여기서 가인은 법전에 기초를 둔 암기의 중요성을 강조했다. 〈법전을 기본으로 하여 간명하고 계통 있는 암기력을 조성하면 어떠한 문제에 대하여도 의아할 바 없이 그것을 논평할 수 있을 것〉이라고 전제한 다음, 〈법전에다 기초를 두지 아니하고 막연히 저서만을 읽으면, 그때에는 그 요지를 알 수 있으나, 시일이 경과하면 기억에 남는 것이 적고, 기억에 남아 있다 하여도 스스로 의아를 느끼게 되어 자신 있는 논평을 할 수 없는 것〉이라고 결론짓기도 했다.[48]

실제로 이러한 방식으로 공부하기 위해 하루에 열다섯 시간 이상을 바쳤다. 특별한 참고를 요하는 경우가 아니면 도서관에도 가지 아니하고, 자취하는 방에서 우선 아침 일찍부터 낮 12시까지 적어도 다섯 시간을 공부했다. 점심을 들고나서 낮 1시부터 4시까지 세 시간을 공부하고 저녁을 든 다음 야학에 갔다. 야학에서 네 시간 정도 공부하고 돌아와서는 다시 세 시간을 공부했다.[49] 김진배가 적절히 표현했듯이, 그때의 가인은 확실히 공부에 미친 사람 같았다.[50]

생활은 첫 번째의 유학 때보다 안정되었다. 앞에서도 얘기했었듯이, 2년분의 유학 생활비를 미리 갖고 왔기 때문이다. 한 달분 20원 가운데, 〈월사금 5원을 지출하고, 2원을 방세로, 6원을 식료품비로 하고, 2원은 이발과 목욕 등 잡비로, 그 나머지로써는 매월 저서 두세 권씩을 사서 연구의 자료로 하였다.〉[51] 잡비가 2원밖에 되지 않았다는 것은 그가 얼마나 철저히 절약해 살았는가를 보여준다. 술과 담배도 끊었으며, 일본에 처음 갔을 때 입었던 염색한 양복을 서너 해 동안 그대로 입었다.

변호사시험 응시가 불허되다

법률공부에 몰두한 사이, 세 번째 도일(渡日)로부터 두 해가 지나 1915년이 되었다. 그동안 〈법률 전과에 대하여 그 당시 이름 있는 일본 학자의 저서는 대개 참고한 바 있었고, 사실상 각 법전의 중요한 조항이나 그에 대한 학설의 차이도 머릿속에 그려 있었다.〉 그해 가을에 실시될 일본 변호사시험에 응할 자신마저 생겼다. 그리하여 그 준비의 하나로 시험삼아 니혼대학 법과 졸업시험에 응시했다. 3월 20일께부터 1주일 동안 1, 2, 3학년의 모든 과목 서른네 개에 걸쳐 시험을 치렀다. 전체 평균 성적이 80점 이상으로 나왔다. 이것을 보고 니혼대학의 재단 감사이며 내각의 법제국 참사관으로 전임강사직을 맡고 있던 야마우치(山內) 박사가 변호사시험 응시를 권했다. 학교 시험의 결과로 보아 합격은 틀림없을 것이라고 말하며, 서류가 준비되어 자기에게 주면 자기가 직접 접수시키겠다고까지 말했다. 가인은 그 호의에 감사하면서 서류를 모두 갖춰 그에게 전달했다.[52]

한 달쯤 지나 야마우치 박사로부터 연락이 있어 학교로 나갔더니, 그는 〈일본인 이외에는 현행 변호사시험에 응시할 자격을 허용할 수 없다〉는 결정이 각의에서 내려졌다고 전했다. 〈외국인에게 수험을 허용하지 아니함은 물론이요, 조선과 대만은 법역(法域)이 다르므로 조선인과 대만인에게도 수험을 허락할 수 없음은 외국인과 동일하다〉라는 취지였다. 그는 〈조선인에 대한 이러한 해석은 부당하다〉고 말하며 매우 분개하는 표정이었다. 가인은 겉으로는 태연해하면서 고마움을 나타내고 집으로 돌아왔다.[53]

조선인과 대만인의 응시 불허 규정은 3년 뒤 없어진다. 그리하여 조선인으로 일본 변호사시험에 처음으로 응시해 합격한 이가

이승우(李升雨) 변호사였다고 가인은 회고했다.[54]

5 유학생 학우회 활동

≪학지광≫을 편집하다

가인이 고등연구과에 재학하고 있던 때에는 유학생들의 수도 늘고 따라서 모임들이 잦았다. 유학생들은 가인이 이미 학부는 마쳐 고등연구과에 있으니 학부학생보다 시간의 여유가 있을 것이라고 생각하여 가인에게 학생회의 일을 더 많이 맡기려는 경향이 있었다. 가인은 이러한 일에 시간을 많이 쓰고 싶지 않았다. 그러나 공인(公人)의식이 강했던 그인지라, 〈이미 정해 놓은 공부 시간을 계속하기에 고심하면서도〉 호남다화회(湖南茶話會)의 간사, 재(在)도쿄조선인유학생학우회의 간사부장, 그리고 학우회의 기관지인 ≪학지광(學之光)≫의 편집 책임을 맡았다.

우선 재(在)도쿄조선인유학생학우회 간사부장으로 있으면서, 고학생을 돕는 일부터 시작했다. 학우회의 간부들인 정세윤(鄭世胤), 이찬우(李燦雨), 송진우(宋鎭禹), 김성수(金性洙), 안재홍(安在鴻) 등과 상의해 금연회(禁煙會)를 조직했다. 월 회비 60전씩을 징수하여 고학생 한 명에게 6원씩을 지급한다는 것, 금연회에 가입한 뒤 비록 회비를 낸다 해도 담배를 끊지 아니할 때는 간부회의에서 1차 계고하고 그래도 계속 담배를 피울 때는 제명할 뿐 아니라 그 사실을 ≪학지광≫에 발표한다는 것 등을 규약으로 삼았다. 학우회는 이 금연회 운영의 모든 일을 가인에게 맡겼다.[55]

학우회의 활동범위는 점점 넓어져 조선인유학생학우회는 1913년의 정기총회에서 학우회의 기관지를 창간하되 월간은 못 되더라도 연 2회 정도는 발행하기로 결정했다. 그 뒤 학우회가 계속해서 발전하도록 김성수와 송진우가 적극 뒷받침했으며, 장덕수를 비롯해 해공(海公) 신익희(申翼熙)와 각천(覺泉) 최두선(崔斗善) 및 기당(幾堂) 현상윤(玄相允) 등이 편집위원이 되었다.[56]

이들 가운데 편집위원장인 가인과 고하가 메이지대학 재학중이고 나머지 사람들은 모두 와세다(早稻田)대학에 재학중이었다. 뒷날 인촌이 제1공화정의 제2대 부통령, 해공이 제1공화정의 제2대 국회의장, 가인이 제1공화정의 초대 대법원장, 각천이 제3공화정의 초대 국무총리가 되었고, 고하는 한국민주당(韓國民主黨), 약칭 한민당(韓民黨)의 초대 당수, 설산은 한민당의 외무부장과 정치부장, 기당은 해방 이후 종합대학으로 새 출발한 고려대학교 초대 총장이 되었던 사실을 상기하면 ≪학지광≫의 주역들이 해방된 조국에서 중요한 역할을 수행하게 될 예비지도자들이었음을 알게 된다.

≪학지광≫은 가인의 편집책임 아래 1914년에 창간되었다. 1914년이라면 한편으로는 일제의 무단정치가 자리를 잡아가는 듯이 보이던 암울한 시기였다. 다른 한편으로는 제1차 세계대전이 일어나 일본도 대독전(對獨戰)에 뛰어드는 등, 국제정치의 물결이 크게 굽이치면서 조선민족에게도 어떤 돌파구가 열리는 계기가 마련되지 않을까하는 막연한 기대가 자라나던 때였다.

≪학지광≫은 이러한 시대적 성격을 반영하고 있었다. 우선 비록 일본에서이기는 하지만 조선청년들이 조선말로 잡지를 펴냄으로써 조선인의 목소리를 공공연히 드러내 어둠 속에 갇혀 사는 국내의 동포들에게도 한 가닥 민족의 빛을 밝혀주고자 했다. 여기서 한걸음 더 나아가, 세계사의 격변기를 맞아 우리 겨레가 능동

적으로 국권의 회복을 위해 힘써야 한다는 뜻을 불러일으키고자
했다. ≪학지광≫의 성격이 이러했기에, 도쿄경시청은 발매를 자
주 금지시켜 1915년 5월부터 세 해 동안에 발매 금지 처분은 4회
를 기록할 정도였으며, 총독부 당국은 국내 반입을 통제하고 있었
다. 그러나 ≪학지광≫은 여러 경로를 타고 국내로 들어와 특히
젊은이들의 민족혼을 고취시켰다.[57]

  ≪학지광≫의 초기에는, 가인의 회고에 따르면, 〈원고를 써주는
사람이 적어서 지면을 채우기에 더욱 곤란을 느꼈다〉. 이때 가인
이 어떤 글을 썼는가를 저자는 조사해 보지 못했다. 한편 장덕수
전기를 읽어보면 장덕수는 자주 기고했던 것으로 나타난다. 〈그
는 하숙방에서 원고를 쓰면서 혼자 눈물을 흘릴 때가 많았다. 격
정적인 문장을 써 나가면서 뚝뚝 흘린 눈물 방울이 원고용지를
흥건히 적셔 문선공이 글씨를 알아볼 수 없는 개소(個所)도 있었
다〉라는 대목은[58] 가인에게도 해당되는 구절일 수 있을 것이다.

  ≪학지광≫은 매호 면수가 국판으로 80에서 90면 사이여서 그
양이 고학하며 공부하는 학생 집필자들에게 결코 만만하지는 않
았다. 논문, 기행, 수필, 시, 한시, 극, 학우회기사 등을 모두 실었
다. 이때 학우회 일을 보던 백남훈(白南薰)의 회고에 따르면, 가
인과 설산 외에도 해공, 춘원(春園) 이광수(李光洙), 각천, 기당,
진학문(秦學文), 최승만(崔承萬) 등이 편집에 관계했다.[59] 〈특히
당시 사학을 전공하던 현상윤은 이 잡지에 다수의 단편소설과 수
필을 발표하였고, 송진우는 「공교타파론(孔敎打破論)」이란 글을
발표하였는데, 이 글은 국내 일부 노유(老儒)들의 반발을 사기도
했다.〉[60] 그러나 ≪학지광≫은 발행을 거듭할수록 평판도 좋았거
니와 독자도 상당수를 헤아렸다고 백남훈은 회고했다.

  ≪학지광≫의 평판을 유지하기 위한 가인의 노력은 무척 컸다.

원고를 얻기도 쉽지 않았으나, 유학생 사회의 동향을 살펴 비행이 발견될 때 그것을 비판하는 고정란인 「검봉(劍鋒)」을 이끌어 나가기가 무척 어려웠다. 그 한 보기로, 그때 〈기독교청년회(YMCA)의 중임을 가진 신사 한 사람이 유치원에 다니는 그 자녀에게 조선말을 금단하고 일본말을 강요하여 심지어 달초(撻楚)까지 한다는 사실이 있어 그것을 검봉란에 발표하였던 바, 그 신사가 시종 나에게 호감을 갖지 아니한 사실도 있었다〉고 가인은 회고했다.[61]

학우회 일과 《학지광》 일을 보면서 가인은 자연히 유학생들과의 교류를 넓히게 되었다. 그때 메이지대학에는, 뒷날 조선민주당(朝鮮民主黨), 약칭 조민당(朝民黨)의 당수가 되는 고당(古堂) 조만식(曺晩植)과 삼균주의(三均主義)를 창시하고 사회당(社會黨)의 당수가 되는 소앙(素昂) 조용은(趙鏞殷)이 다니고 있었고 뒷날 조선공산주의운동에 뛰어드는 정로식(鄭魯湜)이 있었다. 와세다대학에는 앞에서 지적한 학우회와 《학지광》의 간부들 말고도 뒷날 동아일보사의 주요 간부가 되는 양원모(梁源模)와 그리고 조선공산주의운동의 거물이 되는 김철수(金錣洙)가 있었으며, 게이오대학에는 상산(常山) 김도연(金度演)이 있었고, 도쿄제대에는 낭산(朗山) 김준연(金俊淵)과 유억겸(兪億兼) 및 김우영(金雨英) 등이 있었다. 상산은 제1공화정의 초대 재무장관과 국회의원을, 낭산은 제1공화정의 법무장관과 국회의원을 각각 지내게 되며, 유억겸은 유길준의 둘째 아들로 일제 때 연희전문학교에서 가르쳤고 미 군정에서 가인이 사법부장을 맡듯이 문교부장을 맡게 된다.

김진배에 따르면, 가인이 이들 유학생들 가운데 누구와 특별히 가까웠는지는 분명하지가 않다. 〈가인은 도쿄유학시대의 고학하던 고통이나 공부하는 방식에 대해서는 많은 사람들에게 자세히 이야기하면서도 친구들의 인상에 대해서는 거의 설명한 일이 없다〉는 것이다. 또 〈당시 도쿄로 유학한 많은 사람들의 전기에도 김병로에 관한 언급은 거의 보기 어렵다〉고 분석한 김진배는 〈이 것은 그가 친구들과 어울리는 것보다는 공부하는 데 열중했기 때 문이 아닌가 한다〉라고 짐작했다.[62]

학우회의 간사부장이었던 만큼, 가인은 신입생환영회 같은 행 사도 맡았던 것 같다. 이인의 회고에 따르면, 1914년 봄에 도쿄의 유명한 서점가인 간다(神田)에 있는 조선기독교청년회관에서 신 입생을 환영하는 모임이 열렸을 때 가인이 나와 〈뜻깊은 연설〉을 했다. 〈고목봉춘(枯木逢春), 곧 마른 나무도 봄을 만난다는 격으 로 여러분이야말로 마른 나무에 핀 꽃〉이라고 격려했다는 것이다. 이때는 일제경찰이 조선인 유학생들의 모임이라고 하면 무조건 임석해 말 한마디를 따지면서 자유라든가 독립이라는 뜻을 조금 이라도 비치면 〈철퇴〉를 가했다. 따라서 가인도 직설적으로는 독 립을 외치지 못한 대신에, 〈나라는 망해서 고목이 되었다. 너희들 은 잘 되어 가지고 이 나라를, 다시 고국을 광복하고, 그렇게 해 서 이 나라에 꽃이 피도록 만들어주시오〉라는 뜻에서 그렇게 말 하는 것으로 듣고 모두들 감명받았다는 것이다.[63]

가인이 이처럼 학우회와 ≪학지광≫의 일을 거들면서 동포들의 심방을 받는 일도 간혹 있게 되었다. 그 한 보기가 〈단발도 아니 하고 큰 갓을 쓰고 도포를 입은〉 조선인 두 노인의 경우이다. 그 들은 〈조선인들은 일본천황의 성은에 열복하여 태평을 구가하는 바, 그 은택이 우리 노유에게 미치지 못함을 유감으로 생각하오 며, 우리 노유도 천황의 적자이오니 특별히 성념을 내리시와 구호 하시기를 바라옵고, 수륙 만리에 멀다 아니하고 충성된 마음으로 상소를 올린다〉라는 내용의 글을 들고, 이것이 일본황실에 전달 되도록 주선해 줄 것을 부탁하는 것이었다. 가인은 분함을 참고 노인들을 회유하여 그 글을 그 자리에서 찢도록 하고 귀국할 것을 종용했다. 노인들은 여비가 없다고 맞섰다. 이에 가인은 도쿄철도국에 교섭하여 무임승차로 일단 귀국시킨 뒤 노인들의 집에서 여비를 받아가게 하였다. 이 사건 이후, 〈유학생계에서는 조선사람으로 일본에서 우리의 체면을 손상케 하는 자가 있으면 '인환대금(引換代金)'으로 보낸다는 우스개소리가 생겼다〉.[64]

전명운 의사와의 만남

또 하나 특기할 만한 일은 전명운(田明雲) 의사가 자신을 방문했었다는 가인의 회고이다. 전명운은 1908년 3월 장인환(張仁煥)과 함께 미국 샌프란시스코에서 친일 미국인 스티븐스(Durham White Stevens)를 죽인 사람이다. 전 의사가 가인을 찾았다는 가인의 회고는 무척 흥미 있는 대목이므로 일단 여기에 그대로 옮긴다.

여기에 내가 지금까지 궁금히 여기는 바가 있기로, 한 말 하려하는바, 어느 날 전명운이라는 신사가 나를 심방한 일이 있었는데 그는 장인환과 같이 상항(桑港) 부두에서 주일미국대사 스티븐슨을 사살한 사람인데, 그의 말에 의하면 스티븐슨은 미국대사로서 일본의 뇌물을 받고, 일본의 조선에 대한 보호정치를 극구 찬양하면서 조선사람을 미개한 야만인처럼 허위선전을 하여 오던 자인바, 또다시 일본의 흉험한 합방계획에 미국으로 하여금 동의하게 하기 위하여 미국에 돌아오는 자이므로, 이에 분개한 장인환과 전명운 두 사람은 상항 부두에 대기하였다가 그 자를 사살하였다는 것과, 그 사건으로 형사재판을 받게 됨에 있어 자진하여 무료변호를 한 변호사도 10여 인에 달하였다 하며, 그 공판에서 장인환은 5년, 전명운

은 2년 6개월의 금고형 판결을 받고, 상소권을 포기하여 복역하게
되었던 바 형무소장이 특별감방을 지시하여 두 사람은 인접한 각방
에 있게 되었고, 그 내부에는 각기 침대와 보통 의자가 있었으며, 끼
니마다 양식의 공급을 받게 되어 죄인으로서는 너무 과도한 대우를
받는다는 느낌이 있었고, 또 무명씨(無名氏)로서 송금하는 이도 왕
왕히 있어 잡비에 곤란도 없었으며, 소장의 말에 의하면 규칙 시간
외에는 근방에서 산책도 할 수 있었는데, 전명운 자기는 2년 6월을
마치고 장인환보다 먼저 출옥하게 되어 두 사람이 갈리게 된 것도
정의상 유감스러웠지만 생활 관계로도 먼저 출감하였다는 것이 도
리어 고통인 것 같다고 하면서 다시 미국으로 가겠다고 하였는데,
지금까지 전연 그 두 사람의 소식을 알 수 없으므로, 나 역시 궁금
하게 생각되는 바이다.[65]

여기서 먼저 지적해야 할 것은 스티븐스 ── 스티븐슨이 아니다 ──
는 주일미국대사가 아니라 미국의 변호사로서 대한제국의 외교고
문으로 위촉된 사람이었다는 사실이다. 또 장인환과 전명운이 서
로 잘 아는 사이이기는 했으나 함께 모의해서 스티븐스를 죽인
것은 아니다. 샌프란시스코 부근에 살고 있던 그들은 스티븐스가
샌프란시스코에 도착해 〈조선은 일본에 합병되어야 마땅하며 또
그러한 여론을 일으키기 위해 워싱턴으로 가겠다〉는 뜻을 밝힌
신문기사를 읽고 각각 살의를 품었다. 그리하여 샌프란시스코 부
근의 오클랜드 역에서 대륙횡단열차를 타려는 스티븐스를 겨냥하
고 각각 총을 쏘았는데 전명운의 총은 불발로 그치고 장인환의
총은 명중했던 것이다.
　그러면 장인환과 전명운은 어떤 사람들이었나? 전명운은 어떻
게 해서 도쿄에 들러 가인을 만나게 되었는가? 이 물음에 충분히

92

답할 만한 자료는 매우 모자란다. 다행히 박순동(朴順東), 필명으로는 박진관(朴津觀)이 ≪신동아≫ 1968년 10월호에 발표한 「전명운전(田明雲傳)」이 두 사람에 대한, 특히 전명운에 대한 우리의 이해를 크게 돕는다.[66]

이 글에 따르면, 장인환은 1877년생이고 전명운은 1883년 서울 태생이다. 전명운은 1903년 만 20세 때 서울에 와 있던 미국인 신부의 주선으로 조국을 떠나 하와이를 거쳐 1904년 샌프란시스코에 도착했다. 장인환은 이미 샌프란시스코에 자리 잡고 있었다. 전명운은 닥치는 대로 막일을 하면서도 기울어 가는 조국의 소식에 가슴 아파했다. 그러다가 스티븐스의 망언을 읽고 격분하여 의거를 결심한 것이다.

현장에서 체포되어 재판에 회부되었을 때, 가인이 지적한 대로, 검찰이나 법원은 물론 언론도 두 의사에게 무척 호의적이었다. 두 의사도 자신들의 동기가 민족을 위한 공분이었음을 당당하게 개진했다. 그 영향 때문이었는지, 살인자에 대한 사형제도가 있었는데도, 샌프란시스코지방법원은 장인환에게는 30년, 전명운에게는 7년 11월의 금고형을 선고했다. 그러나 형이 무겁다는 여론이 다시 일어났으며, 하와이의 대한인국민회(大韓人國民會)는 법정투쟁 비용과 사람을 보내 항소 준비를 도왔다. 호의적인 여건 속에서 전명운은 체포되었던 날로부터 90여 일 만인 1908년 6월 23일에 석방되었고, 장인환은 같은 해 12월 23일에 있은 2심 판결에서 장기 25년 단기 17년의 감형 선고를 받았다. 장인환은 1918년 3월 23일에 감형의 혜택으로 꼭 10년 만에 석방된다.

그런데 박순동의 「전명운전」은 전명운이 석방된 뒤로부터 1947년 11월 18일에 로스앤젤레스에서 죽을 때까지 미국을 잠시라도 벗어난 일이 없는 것처럼 말하고 있다. 물론 박순동의 「전명운전」은 그 나름의 문제가 있음이 사실이다. 박순동은 제2차 세계대전 말기에 미육군전략정보처(OSS)의 특수전 훈련을 받을 때, 그 부대로 배속된 전명운의 큰 딸의 남편 이태모(李泰模)를 만났으며 그로부터 전명운의 이야기를 들었다. 또 미국에서 자라 그곳에서 수녀가 되었고 뒷날 인천의 메리놀수녀원의 수녀로 온 전명운의 둘째 딸로부터 1964년에 전명운의 이야기를 들었다. 이 두 사람의 증언이 「전명운전」의 뼈대가 되어 있다. 이러한 「전명운전」인 만큼, 거기에 전명운이 석방 뒤 일본을 방문했다는 얘기가 없다고 하여 전명운이 일본을 방문한 사실이 없다고 단정할 수는 없다. 오히려 가인의 회고를 정확한 것으로 그대로 받아들일 수 있다면 우리는 가인의 회고를 「전명운전」에 덧붙일 수도 있을 것이다.

그러나 「전명운전」의 전개 과정으로 미루어 볼 때, 전명운이 죽을 때까지 미국 밖을 한 차례라도 나간 일이 없다는 심증을 강하게 갖게 된다. 「전명운전」은 전명운이 적어도 1910년에는 경술국치를 미국에서 맞았음을, 1912년에는 하와이의 독립운동단체로부터의 교섭을 거절했음을, 장인환이 석방된 1918년에는 미국에 있었음을, 1919년에는 3·1운동을 미국에서 맞았음을, 그리고 1919년 5월에 그의 아내를 맞이하여, 그 뒤 죽을 때까지 계속해서 미국에 머물렀음을 구체적으로 설명하고 있다. 다만 장인환은 한 차례 잠시 고국을 방문한다. 그것은 조만식의 초청으로 1927년에 이루어진 일이었으며, 그때로부터 3년 뒤 샌프란시스코에서 죽는다.

그런데 최종고 교수의 주장에 따르면, 전명운은 사건이 일어나고 나서 〈바로 구속되었다가 병보석 되어 다시 블라디보스토크로 가서 독립운동에 종사하였다〉.[67] 「전명운전」은 블라디보스토크에 대해 전혀 언급하지 않고 있다. 그러나 만일 최 교수의 이 주장이 맞다면, 가인이 도쿄에서 전명운을 만났다는 그 회고를 정확한 것으로 받아들일 수 있지 않을까? 즉 전명운은 블라디보스토크로 가기에 앞서 도쿄를 들리지 않았을까?

〔개정판 단계에서, 저자는 다시 이 문제를 이 시대에 밝은 몇몇 국사학자들에게 제기했다. 그들은 모두 전명운이 분명히 블라디보스토크로 갔다고 보았다.〕

일본의 의회선거에 실망하다

수업과 학우회 일로 바쁘게 생활하면서도 가인은 〈민족의 장래를 고려하여 정치정세에 등한할 수 없으므로 여가를 이용하여 신문과 잡지를 정독했다〉. 그뿐 아니라, 〈일본 의회가 열릴 때에는 왕왕히 방청도 하였으며, 총선거가 그 2년간에 두 번이나 있었기 때문에 선거 실정을 고찰한 바도 있었다〉.[68]

이때의 일본 선거는 권력과 금력에 좌지우지되고 있었다. 그래서 그는 〈의회도 권력과 금력의 집단〉이라고 단정했으며, 유권자들도 부패했다고 보았다. 이처럼 일본의 선거와 의회에 대한 가인의 인상은 아주 좋지 못했다. 그의 관찰을 여기에 그대로 옮긴다.

선거 기일이 공포되면 벌써 한 표의 시세가 생겨 각 정당의 활동 여하에 따라 그 대가가 오르고 내리는 것으로서, 유권자는 구장을 통하여 매일같이 그 시세를 묻고, 거개가 선거 전 일주일 간에 결정되는 것인데, 내가 알게 된 그 당시의 시세로는 도시에서는 한 표에 최고 6원까지였고, 군(郡)과 부(府)에서는 3원 내지 5원 정도였다. 이것은 전국을 통한 공공연한 사실로서 다른 정당에는 내가 직접 본 일은 없으나 헌정회 본부에 가보면 〈선거의 신(神)〉이라는 아다치켄죠(安達謙藏)의 지도 아래 선거를 운영하고 있었는데

벽상에 전국 입후보자의 명단이 게시되어 있고, 거기에는 각 입후
보자에 대한 선거비의 보조액이 각 선거구 유권자 1명에 3원 내지
5원의 표준으로 전액, 또는 몇 할의 결정이 되어 있으며, 그 금액
은 선거 1주일 직전에 전환(電換)으로 일시에 발송한다는 것이었
다. 그 이유는 표의 매매가 최후 일주일간에 결정되는 관계로 미리
보조금을 보내면 다른 비용에 충당될 염려가 있기 때문이라 한다.[69]

일본의 의회선거에서 받은 이처럼 좋지 않은 인상은, 그렇지
않아도 옳고 그름에 대한 준별이 엄격한 가인의 정치관에 많은
영향을 주었을 것으로 생각된다. 그 스스로 뒷날 국회의원 선거에
나서기도 하고 정당의 당수로 추대되기도 하지만, 가인이 정치를
탐탁하게 여기지 않는 선비적 기질을 더욱 굳힌 데는 그러한 실
망과 환멸이 적지 않게 이바지했을 것이다.

도쿄유학생활의 청산

가인이 첫 번째로 도쿄유학의 길에 올랐던 때로부터 만 6년이
지났다. 그가 처음부터 뜻을 두었던 변호사시험에 응할 수 없게
된 이상, 가인은 도쿄에 더 머물 이유가 없어져 하루빨리 귀국하
기로 결정했다. 학우회의 간사부장 업무, 그리고 ≪학지광≫ 편집
업무를 후임자에게 모두 넘겼다. 가인의 뒤를 이어 ≪학지광≫ 편
집 일을 맡은 이가 해공이었다. 송별회까지 모두 마치고 가인은
1915년 7월 초순에 도쿄를 떠났다.

도쿄역에서 한 친구가 시키시마(敷島)라는 담배 한 갑을 호주
머니에 넣어주었다. 가인은 앞에서 소개했던 금연회의 회원으로,
80여 명으로 시작되었던 이 모임에서 끝까지 남은 일고여덟 명에

속했다. 그러나 귀국 길에 오르는 기차 안에서는 만단의 감회가 오가 그도 한 대 피워 물었다. 〈발차한 뒤에 처음 한 개를 피워보니, 그동안 2년 이상 금지한 공효도 없이 담배 맛의 새로움을 느끼고, 내심으로 사람에게 이롭지 못한 것은 다 이와 같이 사람을 끄는 매력이 있고, 사람은 거기에 끌리는 것이 약점이라는 생각을 갖게 되었다〉.[70]

귀국 길에 가인은 1년 전, 즉 1914년 6월 17일에 태어난 둘째 아들 재열 ― 또는 운성(雲聲) ― 에 대한 그리움이 갑자기 솟구침을 느꼈다. 아직 얼굴도 보지 못한 터였다. 그 사이 그는 2남 1녀의 자녀를 둔 가장이 되어 있었던 것이다.

귀국으로부터 1945년 8월 14일까지의 만 30년 1개월 동안 가인은 일제치하에서 식민지 백성으로 살게 된다. 이 30년의 세월은 크게 보아 3기로 나누어진다. 제1기는 1915년 9월에 경성전수학교 조교수로 발령받은 때로부터 1919년에 판사를 거치고 1920년에 변호사로 개업한 뒤 1925년에 제1차 조선공산당 사건의 변호를 맡을 때까지의 첫 10년이다. 이 시기에 가인은 명백한 항일투사는 아니었다. 그렇다고 그가 일제에 타협한 것은 아니다. 변호사가 된 뒤에는 독립투사들의 변호에 전념함으로써 〈민족변호사〉 또는 〈사상변호사〉의 지위를 굳히며 그것만으로도 존경받을 만한 법조인의 지위를 확보한 것이 사실이다. 이와 동시에 물산장려운동이나 민립대학설립운동과 같은 실력배양=자강운동을 도움으로써 민족주의 입장에 서 있었음도 사실이다. 이렇게 볼 때 이 시기는 그가 그 다음 단계에서의 보다 적극적인 저항을 준비하기 위해 식민지 조선에 합법적이며 유리한 위치를 굳힌 시기라고 말할 수 있다. 우리는 이 시기의 가인을 제3장에서 살피게 된다.

제2기는 1926년부터 1934년까지의 8년이다. 1926년의 6·10 만세운동을 계기로 1927년에 신간회가 조직되면서 6·10 만세운동 관련자들의 변호를 맡았던 가인은 신간회에 참여해 중앙집행위원장의 지위에 올라 국내의 합법적 항일운동을 이끌어 나갔다. 그는 제1기에 지녔던 태도보다 확실하게 비타협적 저항의 자세를 보인 것이다. 이러한 그를, 1931년에 만주사변을 일으키고 1932년에 자신의 괴뢰국 만주국을 세우면서 만주 침략을 본격화해 나가는 한편 조선에 대한 탄압과 수탈을 더욱 강화하는 일제가 묵과할 리가 없었다. 그리하여 1934년 이후 그의 변호사활동은 총독부에 의해 철저히 제약된다.

　여기서부터 일제치하에서의 가인의 제3기는 시작된다. 그는 아예 경기도 양주군으로 은거하여 일제가 패망할 때까지 수절의 시기를 보낸다. 우리는 가인의 제2기를 제4장과 제5장 및 제6장에서 그리고 제3기를 제7장에서 각각 살필 것이다.

제 3 장

법학 교수로서의 출발과 변호사로의 전환

일제 치하에서 〈저항〉의 자리를 마련하기까지의 10년

1 경성전수학교 교수 시절

명강의 소리를 듣다

1915년 7월에 귀국한 가인은 우선 순창과 담양을 찾아 가족들과 친척들을 만났다. 곧 광주로 나가 친지들을 만나보고 서울로 올라왔다. 만 27세의 젊은 나이에 그는 니혼대학 법과 졸업장과 메이지대학 법과 졸업장에 메이지대학과 주오대학 공동운영의 법률고등연구과 수료증을 갖고 있었다. 이 정도의 교육 배경이면 그때로는 조선 전체에서 조선인으로서는 법률 분야에 관해 다섯 손가락 안에 들어가는 머리였다고 하겠다.

이렇게 볼 때 가인이 귀국 즉시 경성전수학교(京城專修學校)의 법률학 조교수로 발령받았다는 사실은 조금도 놀랄 일이 아니었다. 가인이 어떤 경위로 누구의 추천에 따라 이 학교의 강단에 서게 되었는지는 알 수 없다. 그러나 이 학교 스스로가 학력과 실력을 갖춘 조선인 신진 법학자에 관심을 쏟았다고 보아도 무리가 아닐 것이다.

여기서 잠시 경성전수학교에 대해 살펴기로 한다. 우리는 제2장 제2절에서 법관양성소의 개소를 지적했었고 그것이 법학교로 바뀌었음을 설명했었다. 이 법학교의 후신이 경성전수학교로, 그때로서는 국내 최고의 고등교육기관이었다. 1911년에 일본 내각 총리대신을 통해 칙령 제251호로 재가된 이 학교는 〈조선인 남자에게 법률과 경제에 관한 지식을 가르쳐주는 것〉을 목적으로 하고 있었고, 학교장 외에 9인 이내의 전임 교원을 두도록 했다.[1] 1912년 3월 제1회 졸업생을 냈으며 가인이 부임한 해인 1915년의 3월에는 제4회 졸업생을 냈다.

『서울법대백년사: 자료집』에 따르면, 가인은 1915년 9월부터 1919년 4월까지 조교수로 봉직했다. 도쿄제대 출신으로 비슷한 시기에 도쿄에서 함께 공부했던 박용희(朴容熙)가 교유(敎諭)로 있었는데, 1916년 7월에 떠남으로써 조선인 교직원으로서는 가인 혼자 있는 셈이었다.[2] 가인이 발령받을 때의 학교장은 도쿄제대 출신으로 조선사 전공인 오다 쇼오고(小田省吾)로, 그는 1916년에 교장직을 떠나 총독부 학무국 편수과장을 거쳐 1924년에 경성 제대가 개교되었을 때 예과부장(豫科部長)으로 갔다가 경성제대 교수로 아주 눌러앉는다. 학생의 수는 한 학년이 서른 명에서 쉰 명 사이였다. 이 경성전수학교는 1922년에 경성법학전문학교(京城法學專門學校)로 발전해 나간다.[3]

가인이 교단에 섰을 당시의 경성전수학교는 3년제로, 3학기제를 채택하고 있었다. 제1학기는 4월 1일부터 7월 20일까지였고, 7월 21일부터 8월 31일까지의 여름 방학을 거쳐, 제2학기는 9월 1일부터 12월 28일까지 계속됐으며, 12월 29일부터 다음해 1월 4일까지의 겨울 방학을 거쳐, 제3학기는 1월 5일부터 3월 31일까지 계속됐다.

교과목은 수신(修身)과 국어[일본어(日本語)]와 체조를 제외하고 크게 보아 다음과 같이 구성되었다.[4] 우선 법률 분야로, 1학년에서 법학통론, 헌법, 민법 제1편 및 제2편, 형법총론을 개설했다. 2학년에서 행정법, 민법 제3편, 상법 제1편에서 제3편 제9장까지, 형법각론, 민사소송법 제1편을 개설했다. 3학년에서 조선 행정법규, 민법 제4편 및 제5편, 상법 제3편 제10장부터 제5편까지와 파산법, 민사소송법 제2편 이하, 형사소송법, 국제공법, 국제사법을 개설했다.

이어 경제 분야로, 1학년에서 경제원론을 개설했다. 이어 2학년에서 은행론과 상사요항(商事要項)을 비롯한 응용경제학을, 3학년에서 재정학을 개설했다. 그리고 전 학년에 걸쳐 실무 연습이 있어서 공용문(公用文), 상용문(商用文), 부기, 통계 등을 개설했다.

가인은 경성전수학교 조교수로 있으면서 다시 오늘날의 종로구 수송동에 있던 보성법률상업학교에도 출강했다. 이 학교는 1905년에 대한제국의 내장원경(內藏院卿)이던 이용익(李容翊)이 세운 보성전문학교로부터 시작되었다. 1910년에 천도교 손병희(孫秉熙)의 손을 거쳐 가인이 귀국하기 한달 전에 보성법률상업학교로 이름을 고치고 새로운 출발을 다짐하고 있었다. 그것에 두 달 앞서 연희전문학교가 세워져, 전국적으로 경성전수학교와 더불어 세 개의 전문학교가 최고의 교육기관으로 정립하고 있었다. 이때 사람들은, 경성전수학교는 일본인이 세웠고 연희전문학교는 미국인이 세웠으나 보성법률상업학교는 조선인이 세운 학교라고 해서 더 많은 애착을 느끼고 있었다. 가인이 보성에도 출강한 것은 민족의 손으로 세워진 학교를 돕는다는 뜻에서였을 것이다.

가인은 경성전수학교에서는 민법 가운데 친족상속법, 그리고 국제법과 형법 및 형사실무 등 네 과목을 맡았다. 보성법률상업학교에서는 민법 가운데 총칙과 친족상속법, 상법 가운데 수형법(手形法), 그리고 형사실무 등 네 과목을 맡았다.[5]

법학 교수로서도 가인은 선구적인 자리에 있는 분이다. 따라서 약 4년, 보다 정확히는 3년 반에 걸친 그의 법학 교수 생활이 어떠했는지에 대해 그가 자세한 회고를 남겼더라면 그것은 우리 법학사의 초기 또는 법학 교육사의 초기를 연구함에 많은 도움을 주었을 것이다. 그러나 아쉽게도 이 부분에 대한 그의 회고는 다음에서 보듯이 무척 짧다.

형사실무를 제외하고는 다 교안을 작성하여 시간마다 30분간 필기에, 30분간 설명하는 것이 교수 방법의 통례가 되어 있는바, 나는 오전 9시부터 오후 4시까지 전수학교에 근무하고, 오후 5시부터 동(同) 10시까지 보성학교에 출강하게 되었으므로, 교안을 작성하기에는 근무중에 강의 시간 이외의 시간을 이용하는 것과 오후 10시경 숙소에 돌아온 후의 시간을 이용하였으며, 그 외에는 휴일만이 효능적으로 이용되었으나 어려운 문제가 있을 때마다 교안의 준비가 지연되어 2, 3일을 계속하여 밤을 새우는 사례도 왕왕히 있었던 것이다. 그리하여도 교안 준비가 부족한 때에는 교수 시간에 학생에게 법전 전 과목에 대한 질의를 하게 하고, 이에 응답함으로써 필기에 가름하는 사실도 없지 아니하였다.[6]

다행히 교수로서의 가인의 편린을 보여주는 글이 한 토막 있다. 1917년부터 1919년까지 보성 법과에서 가인의 강의를 들었던 교육자 이병희(李丙羲)는 〈수십 명의 교수와 강사 가운데 가장 인상 깊었던 선생은 민법의 물권편을 담당하신 가인 김병로였다〉고 전제하면서, 〈교단에 서시면 예리한 금속성으로 청산유수격, 일분 일초도 쉴 사이 없는 열성 담긴 강의였으니, 제목만 정하면 원고 없이도 몇 시간이든 계속할 수 있는 풍부한 자원에는 시간 가는 줄 모르고 경청했으며, 도쿄의 저명한 박사의 학설까지 비교하면서 비판하시니 실로 흥미진진하였다〉고 회고했다.[7] 한편 전 민주공화당(民主共和黨)의 의장과 총재를 지낸 정구영(鄭求瑛), 전 대법관 김동현(金東炫), 전 대법관 허진(許瑨), 전 대법관 김세완(金世玩) 등이 모두 경성전수학교에서 가인에게 배웠던 제자들이다. 가인에 대한 그들로부터의 회고는 찾아내지 못했다.

법학자로서의 논문 발표

법학 교수로서 가인은 조선인 법조인으로만 조직된 사법협회(司法協會) 기관지의 편집책임을 맡게 되었다. 일이 수월하지 않았다. 〈그 잡지에 게재할 논문이 부족하였기 때문에 내 자신이 써서 매월 그 지면을 보충하기에 시간적 곤란이 가중되었다.〉[8]

가인은 이 잡지의 이름을 밝히지 않았다. 그저 사법협회가 〈그 기관지로 발행하는 월간 잡지〉라고만 썼다. 이것이 1915년에 창간된 ≪법학계(法學界)≫일 것으로 생각해 본다. 최종고 교수가 필사본으로 작성한 가인의 논문목록을 보면, 가인은 1915년부터 1916년까지 다음 7편의 논문 또는 「질의문답」을 발표했는데, 그것은 하나의 예외없이 ≪법학계≫에 실려 있다.

· 「법리관(法理觀)」, ≪법학계≫ 제1호(1915).

· 「중복 매매와 중복 저당의 형사상 책임」, ≪법학계≫ 제2호
  (1915).
· 「부동산에 대한 절도죄의 성립」(질의문답), ≪법학계≫ 제2호
  (1915).
· 「범죄 구성의 요건되는 위법성을 논함」. ≪법학계≫ 제3-6호
  (1915-1916년에 걸쳐 4회 연재).
· 「중복 매매와 위험 부담」(질의문답), ≪법학계≫ 제3호(1915).
· 「가차압의 효력」(질의문답), ≪법학계≫ 제4호(1916).
· 「유자도품(幼者盜品)의 고매(故買)와 장물죄의 성립」(질의문
  답), ≪법학계≫ 제6호(1916).

법학자가 아닌 저자로서 이 논문들 또는 질의문답들에 대해서
는 한마디도 할 말이 없다. 이 글들은, 특히 그 가운데서도 논문
들은, 우리나라 법학사를 전공하는 학자가 그 의미를 제대로 평가
할 수 있을 것으로 생각한다. 다만 그의 사실상의 첫 번째 출간 논
문인 「법리관」에 대해 간단히 비전문적인 차원에서 살피기로 한다.
  200자 원고지 약 40매 분량인 이 논문은 「법학의 근계(根系)」,
「법리학의 정의(精義)」, 「법리의 적귀(的歸)」 등 3부로 되어 있다.
「법리의 적귀(的歸)」는 다시 「보편아(普遍我)와 개아(個我)」 「동
부동(動不動)과 자연우연(自然偶然)」, 「우연자유(偶然自由)와 인
과율(因果律)」, 「오(悟)와 미(迷)」의 네 부분으로 나뉘어 있다. 띄
어쓰기가 전혀 되어 있지 않고 철자법도 구식인 데다가 한문이
지나치게 많아 읽어가기가 여간 어렵지 않다.
  이 논문은 간단히 말해 법철학이 무엇인가를 소개한 글이다.
최종고 교수의 연구에 따르면, 〈우리나라에서는 한말에 서양 법
학이 소개될 적에 법철학을 '이법학(理法學)'이라고 소개하였다.〉

한편 일본에서는 〈호즈미 노부시게(穗積陳重)가 jurisprudence를 '법리학(法理學)'이라고 번역하여 사용한 후부터 이 명칭이 각 대학의 강의명으로 되고 교과서들도 '법리학'이란 이름으로 나오게 되었다. 그러던 것을 1920년대에 들어와서 오다카 도모오(尾高朝雄) 교수가 독일말의 'Rechtsphilosophie'를 직역하여 법철학이라고 부르는 것이 옳다고 주장하였다. 이때부터 법철학이라는 말이 점점 퍼지게 되어 오늘에 이른 것이다.〉[9] 그러니까 오다카 교수가 법철학이라고 부를 것을 제창하기 이전인 1915년에 가인이 법리학이라고 했을 때, 그것은 가인이 일본에서 배웠던 그대로를 되풀이한 것이었다.

이 논문에서 가인은 우선 법학을 이렇게 정의했다.

법학 즉 법률학은 개인의 심계(心界) 현상에 근거ᄒ야 사회의 의사(意思) 조성에 관련ᄒᆫ 현상 즉 인격자간의 활동 관계의 인정적규율(認定積規律)에 관ᄒᆫ 현상을 대상으로 ᄒᄂ는 자(者)이니.[10]
(……)
인정법(認定法)은 인정적(認定的) 규율보편의사(規律普遍意思)이니 오인(吾人)의 인정(認定) 생활에 재(在)ᄒᆫ 자유자재의 경로(經路)를 지칭홈에 표현되며 우(又)는 표현될 오인(吾人) 인정 생활(認定生活)의 진상(眞象)을 법률 현상이라 칭ᄒ며 법률 현상을 대상으로 ᄒ야 요구ᄒᄂ는 정밀ᄒᆫ 지식을 즉 법률학이라 칭ᄒ니라.[11]

가인은 법률학의 〈대상적(對象的) 관계〉가 같지 않아 그 〈대상적 관계〉가 무엇이냐를 놓고 법률학은 여러 부문들로 나뉜다고 전제하면서, 〈각 부문에 관ᄒᆫ 정밀ᄒᆫ 지식을 개별적 법률학 우(又)는 부문적 법률학이라 칭홈을 득(得)ᄒᆫ다〉고 설명했다. 그런데 〈각 부문의 근본이 되는 보편적 법률 현상의 정밀한 최고 지식〉이 있다. 즉 〈법률학의 근본이 되는 최고 지식〉이 있으니, 그것이 〈법리(法理)〉이며, 〈어시호 법리학(於是乎 法理學)은 법률학의 근본적 지식을 부식(扶植)ㅎ는 최고 학문이라 칭흔 소이(所以)〉인 것이다. 이러한 전제 아래, 가인은 이 논문을 통해 〈기신론(起信論)의 보편적 동체불리(同體不離)의 진수(眞髓)와 무명론(無名論)의 차별 무차별의 정신에 묵회(默會)ㅎ야 법리의 적중귀일(的中歸一)흔 진상(眞像)을 시론(試論)코져〉 했다.

가인의 논문 발표는 1916년에 나온 ≪법학계≫ 제6호에 실린 「질의문답 : 유자도품고매(幼者盜品故買)와 장물죄의 성립」을 마지막으로 오랫동안 중단된다. 최종고 교수가 마련한 가인의 논문 및 논설 목록에 따르면, 그의 그 다음 논설은 1925년 6월 1일 창간된 ≪정론(正論)≫ 제1권 제1호에서야 비로소 나온다. 그것도 법률 논문이 아니라 「엄정한 여론의 환기가 급무(急務)」라는 일반 시론이었다. 그가 왜 이렇게 거의 10년 가까이 절필했는지에 대해서는 그 스스로의 설명이 없다. 다만 짐작건대, 그가 1919년 4월부터 학교를 떠나 판사로 또는 변호사로 활동하게 된 것이 그 이유들 가운데 하나가 되었을 것이다.

2 판사를 거쳐 변호사로

가인의 변호사 자격 취득

가인이 법학자로 출발한 때로부터 3년 반이 지난 1919년 3월 1일에 식민지 조선에서는 항일독립운동의 함성이 울려퍼졌다. 여기서 잠시 3·1 독립운동의 사상적 배경을 말해 본다.

일제는 조선을 병탄한 뒤 만주지배를 그 다음 목표로 설정하고, 그 목표의 달성을 위한 전초기지로서의 조선을 안정되게 지배하고자 힘에 의한 통치 곧 무단통치를 폈다. 즉 현역 대장이 천황에 직예한 조선총독이 되어 군부의 수뇌부와 통모하면서 일본의 내각을 뛰어넘어 군사력을 바탕삼아 단독으로 행동해 나갔던 것이다.

이 점은 제1대 총독으로 1916년까지 집무했던 데라우치 마사다케(寺內正毅)와, 그리고 그가 수상이 되면서 그의 후임으로 온 제2대 총독 하세가와 요시미치(長谷川好道) 모두에게 마찬가지였다. 그들은 헌병경찰제도를 강화하고 행정·입법·사법의 3권을 장악한 채 조선민중의 저항을 힘으로 억눌렀던 것이다. 조선총독부가 조선의 독립운동가들을 철저히 탄압함으로써 조선은 하나의 거대한 감옥이 되었으며, 이러한 상태에서 독립을 얻기 위한 〈운동〉은 퇴조할 수밖에 없었으나, 〈사상〉은 오히려 발전해 나갔다. 풀어 말해, 일제의 본질에 대한 이해가 더욱 높아지고 민족적 자각의 폭이 더욱 넓어지면서 의병투쟁을 뒷받침한 사상과 애국계몽운동을 뒷받침한 사상이 근대적 민족주의로 합일되어 가는 사이에 민족주의의 고양을 보게 되었다.[12] 그 결과가 바로 고종의 의문스런 변사를 계기로 촉발된 거족적인 3·1 독립운동으로서, 그것은 조선민족의 해방투쟁사에서 하나의 중대한 획기가 된다.

이 민족적 거사에 가인은 참여했을까? 그의 회고록은 3·1 운동에 대해 전혀 말하고 있지 않으며, 그의 전기작가도 이 점에 대해 침묵하고 있다. 3·1 운동에 대한 많은 연구들 가운데서도 가인의 이름은 찾을 수 없다. 이에 미루어, 가인은 이 운동과는 무관했었다고 말해도 좋을 것이다.

그렇다면 2·8 독립선언과의 관계는 어떠한가? 3·1 운동의 직접적 시발을 흔히 그 해 2월 8일에 도쿄에서 우리 유학생들이 벌였던 독립선언에서 찾는다. 2·8 독립선언을 주도한 이들 가운데 한 사람이 인촌 및 고하의 가까운 친구이면서 가인의 친구이기도 한 백관수였고, 백관수는 실제로 이미 서울에서 중앙학교를 떠맡아 운영하고 있는 인촌 및 고하와 기맥을 통하고 있었다. 그렇다면 인맥으로 보아 가인과도 선이 닿았을 법하다. 그러나 어느 쪽의 회고록에도 가인의 이름은 보이지 않는다.

3·1 독립운동은 우리 겨레의 역사에 큰 전환점을 이룩했지만, 비록 차원은 다르다고 해도, 가인의 생애에도 중요한 전환을 마련했다. 그가 판사를 거쳐 변호사의 길을 걷게 한 계기가 열린 것이다. 그가 만 31세 때의 일이었다.

가인이 정확히 어떤 경로로 변호사가 되었는지에 대해서는 기존의 설명에 혼선이 있었다. 한국변호사사간행위원회가 1979년에 발행한 『한국변호사사』 제3편 「변호사 명부」의 제2항 「일정시(日政時) 변호사 명부」를 보면, 가인이 변호사 자격을 얻은 근거를 〈1915 변시(辯試)〉라고 밝히면서 변호사 등록 연월일을 〈1920년 12월 24일〉로 기재하고 있다.[13] 한편 최종고 교수는 다음과 같이 썼다.

한국인에게도 판사와 검사의 자격이 부여된 것은 1910년 10월 1일 제령(制令) 7호에 의해서였는데, 제국대학, 관립 전문학교 또는 조선총독이 지정한 학교에서 3학년 이상의 법률학과를 졸업한 조선인은 조선총독부의 문관(文官) 고등시험위원의 전형만 거쳐 특별채용으로 판사와 검사에 임용될 수 있게 하였다. 그렇지만 이러한 자격을 가진 한국인, 예컨대 한국인 변호사들이 많았지만 총독부는 거의 한국인 판사와 검사를 임용하지 아니하였다. 이 규정에 따라

1914년에 이우익(李愚益)(전 법무장관), 양대경(梁大卿)(전 대법관), 김병로(金炳魯)(전 대법원장)가 판사로 임명되었다.[14]

앞에서 인용했던 이병희의 회고에는 다음과 같은 설명이 나온다.

> 그동안 강의 내용을 통하여 실력이 인정되고 관록이 중후한 바에 일본인 사법관들의 존경을 받게 되신 결과로 선례를 깨뜨리고 무시험 특별임용의 절차로 판사에 임명 발령되어 초임지 밀양법원에 부임하셨다가 사임 후 변호사로 등록하셨다.[15]

김진배의 설명은 이병희의 회고에 가깝다. 그는 출전을 밝힘이 없이 이렇게 썼다.

> 1919년은 가인의 인생에 있어서 새로운 길을 발견하는 데 결정적인 해가 됐다. 3·1 운동을 계기로, 전문학교 강사이던 그에게 판사 특별임용의 기회가 주어진 것이다. 소원이던 변호사에의 길은 판사로 임용됨으로써 자동적으로 열리게 되었다. 그는 밀양지방법원의 판사로서 밀양에 내려갔다. 그러나 그에게 닥친 것은 독립운동자에 대한 재판이었다. 이것은 그로서 참을 수 없는 일이었다. 1년도 못되어 그는 판사 자리를 내던지고 독립운동자의 편에 섰다.[16]

김진배는 가인이 판사로 부임한 때를 〈1919년 6월〉, 그리고 판사를 사임한 때를 1920년 4월이라고 못박았다.[17]

경향신문사의 월간지 《정경문화(政經文化)》 1983년 7월호에 실린 「김병로 초대 대법원장」은 〈1919년 경성지방법원 소속 변호사로 개업했다〉라고 쓰고 있다.[18] 한편 『법에 사는 사람들』이라는

책은 「김병로」 편에서 〈1919년 4월 부산지법 밀양지원 판사,
1920년 4월 변호사 개업(서울)〉이라고 썼다. ≪정경문화≫의 글의
경우와 마찬가지로, 이 글 역시 그 출전은 밝히지 않았다.[19] 전라
북도가 1984년에 발행한 『내 고장 전북의 뿌리』도, 가인을 자랑
스럽게 소개하는 항목에 와서, 아무런 출전을 밝힘이 없이, 〈1919년
특별 임용에 의해 판사가 됐던 그는 곧 사임하고 변호사를 개업
했다〉라고 밝혔다.

그러면 가인 스스로는 어떻게 말하고 있나? 유감스럽게도 그의
회고록은 이 점에 대해 거의 아무런 설명이 없다. 그는 그저 〈내
가 변호사 허가를 얻어 재야 법조의 한 사람으로 진출하게 된 것
이 33세 되던 해 9월이었다〉라고만 쓰고 있다.[20] 여기서 〈33세 되
던 해〉란 정확히 어느 해일까? 그가 통상 자신의 나이를 말해 온
관례에 따르면 1919년이기도 하고 1920년이기도 한데, 앞뒤 문맥
으로 보아 1920년으로 보는 것이 좋겠고, 그렇다면 그는 1920년
9월에 변호사로 바꾸었다는 뜻이 된다.

여기서 한 가지 확실하다고 보아도 좋은 것은 가인이 『한국변
호사사』가 말하는 〈1915년 변시(辯試)〉 출신이 아니라는 점, 그리
고 1915년에 판사로 특별임용된 것도 아니라는 점이다. 그의 후
손들이, 가인이 밀양지방법원이 아니라 부산지방법원 〈밀양지원
의 판사〉를 한 해 정도 거친 것은 확실하다고 기억하고 있음에
비추어, 그리고 그가 경성전수학교 조교수직을 사임한 때가 1919년
4월이고 판사직을 사임한 때가 1920년 4월인 것은 문서상 확실한
사실임에 비추어, 이병희의 기억이 진상에 가장 가까운 것으로 보
인다.

그렇다면 진상은 무엇인가? 그 대답은 대법원이 1975년에 발간
한 『한국법관사』의 183쪽이 주었다. 여기에 따르면, 가인은 1919년

4월 16일에 조선총독부로부터 부산지방법원 밀양지원의 판사로 임관됐다. 그는 그 사이의 학력과 경력을 고려한 조선총독부에 의해 판사로 특별임용된 것이다. 그러나 그는 꼭 1년 뒤인 1920년 4월 17일에 면관됐다. 그는 변호사 자격을 얻기 위해 자격요건 1년을 채운 뒤 판사직을 사임했던 것이다.

가인이 변호사가 된 과정을 이렇게 꼼꼼하게 따져본 것이 어떤 다른 뜻이 있어서는 결코 아니다. 그의 생애를 탐구함에 있어서 중요한 대목인 만큼, 사실을 정확히 알아보고 싶었을 뿐이다.

김진배는 〈그가 판사를 지낸 것은 그 당시만 하더라도 한국인에게는 변호사 자격 시험에 응하기 어려운 난점이 있어 단순히 변호사의 자격을 얻기 위한 방편이었다고 회고하고 있다〉[21]고 썼다. 판사 임명에 관한 이러한 회고가 가인의 회고록에는 보이지 않지만, 김진배는 그러한 말을 구전으로 들었던 것 같다. 다만, 우리가 가인 스스로도 자신이 민족을 위한 정치투쟁의 방편으로 변호사직을 골랐다고 술회했음에 비추어, 가인이 조선총독부로부터 판사 임명을 받았던 것은 합법적 독립운동을 위한 발판으로서의 변호사 자격 취득에 동기가 있었음이 확실하다.

변호사 개업

가인이 변호사로 새 출발한 해인 1920년은 이른바 문화통치의 초기이다. 3·1 독립투쟁에 놀란 일제는 1919년 8월 제3대 총독에 사이토 마코토(齋藤實) 해군대장을 임명하고 무단통치로부터 문화통치로 일단 한걸음 물러선 것이다. 그리하여 1920년 3월과 4월에는 각각 ≪조선일보≫와 ≪동아일보≫가 창간될 수 있었다. 또한 조선민중의 여러 가지 정치적 사회적 조직들도, 특히 좌익단체들도 서서히 표면에 나타나기 시작했으며, 독립투쟁도 여러 갈래의 형태로 더욱 뜨거워지기 시작했다. 그러므로 변호사로서 법정투쟁을 통한 독립운동의 폭과 그 필요성이 비교적 넓어진 때였던 만큼 가인이 변호사로 새 출발할 수 있었다는 것은 때를 얻은 일이었다고 하겠다. 이러한 맥락에서, 최종고 교수의 다음과 같은 글은 변호사로서의 새 출발이 지닌 의미를 가장 적절히 지적했다고 하겠다.

> 법학을 배워 법률가가 되긴 하였지만 일제 밑에서 판사로 지내는 것이 마음에 용납되지 아니하여 변호사로 나서는 사람들도 적지 않았다. 변호사가 되면 일본경찰의 성가심에서도 다소 자유로운 호신도 되었고 법정에서 한국 동포의 권익을 위해 〈성토 같은 변호〉를 할 수도 있었다. 우리는 이러한 한국인 변호사상(像)을 김병로, 이인, 안병찬 등에서 많이 얘기 듣고 있다.[22]

가인은 우선 서울의 경성조선인변호사회에 가입했다. 이때(1920년) 조선 전체에 조선인 변호사는 105명이 있었고, 일본인 변호사는 97명이 있었으며 그 가운데 약 35퍼센트 정도가 서울에 있었다. 서울의 경우, 1920년 4월 이후 일본인 변호사들은 경성내지인변호사회를 조직하고 있었고, 조선인 변호사들은 경성조선인변호사회를 조직하고 있었는데 경성조선인변호사회의 초대 회장에는 장도(張燾), 부회장에는 박만서(朴晩緖), 상의원(常議員)의장에는 최진(崔鎭), 상의원에는 정구창(鄭求昌), 박승빈(朴勝彬), 김찬영(金瓚泳), 이승우(李升雨), 김종건(金鍾健), 김우영(金雨英) 등이 각각 뽑혔다.[23] 이 가운데 김우영은 가인의 두 번째 도쿄유학시절에 도쿄제대 문학부 서양사학과에 재학중이어서 학우회를 통해 지면

이 열렸던 오래된 벗이었다. 김우영은 그 뒤 교토제대 법학부를 거쳐 1919년부터 변호사로 일했다. 가인이 입회했을 때 경성조선 인변호사회에 소속된 변호사의 수는 마흔 명에 가까웠다.

가인이 개업한 장소가 어느 곳이었는지는 명확하지 않다. 1920년대 중반에는 〈경성부(京城府) 서대문정(西大門町) 1의 153〉에 자리잡은 자택에서 개업하고 있었음이 확실한데, 개업 당시에도 이 집에서 살았던 것 같다. 지금 서대문 1가에 위치했던 이 집은 〈한 40여 간 근 50간이 되고, 터가 100여 평이 넘어 되었다〉.[24]

안정된 생활 속에서도 깨끗한 사생활

확실히 이 무렵 가인은 여러 모로 안정되어 있었다. 만 32세의 젊은이로서 도쿄에 유학하여 대학을 두 곳이나 졸업했고 대학원 과정마저 마쳤으며, 당시로서는 국내 최고의 고등교육기관인 경성전수학교에서 조교수로 봉직했고, 판사를 거쳐 20대 때부터 뜻을 두었던 변호사로 새 출발하는 입장이었다. 1917년에는 셋째 아들 재옥(載玉)이 태어나, 이제는 만 37세의 부인과 그리고 만 3세로부터 만 13세에 걸쳐 있는 3남 1녀를 거느리고 만 56세의 어머니를 모신 단란한 가정의 가장이었다. 경제적으로도 그만하면 여유 있는 형편이었다.

그러나 가인은 일상적인 안일에 빠지는 일이 결코 없었다. 우선 그는 사생활이 깨끗했다. 주변사람들의 회고에 따르면, 가인은 〈부인 이외의 여성과 인연을 맺은 일이 없으며, 도리어 당시에 성행하던 축첩행위를 철저하게 배격하였고, 가정에 돌아오면 대부분의 시간을 독서로 보냈다. 그는 서른여섯 권의 『이조실록』과 『율곡전집』 등 옆에서 보기에도 힘든 책들을 밤을 도와 읽었다.〉

다시 주변사람들의 회고에 따르면, 가인은 가족들에게도 〈사치하지 않고 절약하는 생활을 하자고 타이르고, 자신도 육식이나 채식에 치우치는 일 없이 식욕이 없을 때라도 때가 되면 반드시 일정한 양을 먹는 데 노력했다〉. 또 변호사들이 업무 때문에 드나들기 쉬운 〈요리집에서 흥청거리는 것을 금했다〉. 〈집안에 혼사나 큰일이 있을 때도 요리집에서 피로연이나 잔치를 하지 않았다.〉[25]

3 독립투사의 변호에 주력하다

대동단 사건의 변호를 돕다

공적인 생활에 있어서도, 가인은 돈벌이에는 관심이 없었다. 그는 오로지 박해받는 동포들을 돕는 일, 가인 스스로의 표현으로는 〈인권옹호와 사회방위〉에 정력을 쏟았다. 그 목적을 위해 그는 해방 직전까지 25년 동안 〈동지를 규합하여 집단활동을 추진한 바도 있고 비밀계획을 시도한 바도 있어, 미력이나마 끊임없이 시련을 겪었다〉.[26]

변호사로 출발한 지 며칠 안 되어 독립운동단체인 대동단(大同團) 사건에 관련된 사람들에 대한 공판이 열렸다. 가인은 자신의 회고록에서 자신이 이 사건 변호에 관여한 것으로 말하고 있다. 즉 가인은 〈내가 변호사 사무를 개시한 직후부터 대동단 사건을 비롯하여 3·1운동의 여파로 계속 발생한 사건, 기타 사상에 관련된 사건에 대하여 모든 원호에 응분의 노력을 하여왔었다〉[27]라고 쓴 것이다.

그러나 대동단 사건에 관한 연구서로서는 유일한 존재인 신복룡 교수의 『대동단실기(大同團實記)』는 이 사건의 변호사 문제와 관련하여 〈1920년 9월 15일이 되어서야 김정목(金正穆), 최진(崔鎭), 이조원(李組遠), 김우영(金雨英), 김중혁(金重赫), 김태영(金泰榮), 목미호지조(木尾虎之助), 송본정관(松本正寬), 조창외무철(朝倉外茂鐵) 등의 변호사가 선임되었다〉[28]라고 쓰고 있다. 대동단 사건에 관련한 검찰과 법원의 기록에 정통한 신 교수는 이 사건을 맡았던 변호사의 명단에 가인의 이름은 없다고 저자에게 확인해주었다.

그렇다면 대동단 사건을 언급한 가인의 회고는 무슨 뜻일까? 가인이 대동단 사건의 변호사로 선임된 김우영 및 김태영과, 특히 김태영과 매우 가까웠던 사실을 고려할 때, 가인은 갓 출발한 변호사로서 선배 변호사들의 일을 도왔던 것으로 짐작된다.

그러면 대동단 사건이란 무엇인가? 이 물음을 신복룡 교수의 『대동단실기』에 전적으로 의지해 풀어보기로 한다.

3·1 운동이 그 열매를 맺지 못함을 통분하던 지사들 가운데 한 사람인 전협(全協)과 최익환(崔益煥)은 항일민족통일전선을 형성할 필요성을 절감하고 40여 명의 동지를 규합하는 한편 당시로서는 친일파로 몰려 있으나 지난날에는 항일지사로 추앙받던 전 농상공부대신이며 중추원의장인 김가진(金嘉鎭)을 총재로 추대하여 1919년 4월에 조선민족대동단을 비밀리에 발족시킴에 성공했다. 그러나 일제의 경찰은 곧 이들의 은밀한 활동을 탐지하게 되었고, 그리하여 최익환 등은 검거되었으며, 김가진은 상하이로 탈출하여 대한민국임시정부에 참여하기에 이르렀다. 김가진은 대담한 계획을 마련했다. 의친왕 이강(義親王 李堈)을 임정으로 끌어들인다는 구상이었다. 고종의 다섯째 아들인 그는 미국유학과 유럽여행을 통해 서유럽에 대한 이해가 깊었다. 그러나 망국 이후

에는 공(公)으로 강등된 채 일제의 감시 아래 술과 여자로써 울분
을 삭이려 하고 있었다. 이러한 의친왕을 상하이로 탈출시켜 임정
에 가담하게 한다면 일제에게는 하나의 타격이 아닐 수 없었다.
마침 의친왕의 서녀(庶女)는 김가진의 아들과 혼약중이었다. 여기
서 김가진은 1차 검거를 모면하고 지하에 잠복해 있던 전협으로
하여금 의친왕을 비밀리에 접견하게 하고 망명의 길에 오르도록
설득시킴에 성공했다.

그러나 의친왕은 1919년 11월 10일에 조선을 벗어나고서도 아
깝게 탈출 한걸음 직전 만주 안동(安東)역에서 체포되었다. 이와
더불어, 배후에서 일을 추진했던 전협을 비롯한 대동단의 간부들
이 검거되고 말았다. 검거를 모면한 단원들은 그해 개천절인 11월
25일 —— 신 교수에 따르면, 이 당시 우리 겨레는 개천절을 양력
으로가 아니라 음력으로 거행하고 있었다 —— 을 계기로 만세운동
을 펴다가 체포되어, 대동단은 적어도 국내에서는 그 조직이 사실
상 소멸되었다. 체포된 이들은 옥사하거나 비록 출옥했다고 해도
감옥에서 얻은 병으로 곧 죽었고 다행히 죽음을 면한 이들은 다
시 기회를 보아 항일운동에 종사하게 된다. 어떻든 이 사건은 3·1
운동의 좌절에 실망하던 국내의 조선민중들에게 다시 한번 큰 용
기를 불러일으켜 주었다.

보합단 사건을 변호하다

김진배가 마련한 가인 연보를 보면, 〈1921년 보합단 사건 변호〉
라고 되어 있다. 그러나 가인의 회고록에는 이 사건에 대한 언급
이 없고, 김진배도 가인 전기에서는 이 사건에 대해 말하지 않고
있어서 가인이 구체적으로 어떤 역할을 수행했는지 자세히 알 길

이 없다. 따라서 여기서는 그저 보합단 사건에 관해 소개하는 것으로 그치고자 한다.

김진배가 한글로 표기해 놓은 보합단을 조선독립운동사 분야의 연구서에 나오는 보합단(普合團)으로 볼 때, 이 단체는 1920년 8월 평안북도 의주군 동암산을 본거지로 하여 김중량(金仲亮)과 김유신(金攸信) 및 박초권(朴初權) 등에 의해 조직된 〈극렬한 무장단체〉였다. 그 주된 목표는 군자금을 조직적으로 모금하는 일과 일제기관을 파괴하는 일이었다.[29] 1920년 9월에는 이광세(李光世), 김영률(金永律), 김도원(金道源), 김내범(金迺範), 김내홍(金迺洪), 이규필(李奎筆) 등이 가담함으로써 그 세력이 한층 강화되었으며, 단장에는 김중량(金仲亮), 총무에 김유신(金攸信), 재무에 김내홍(金迺洪)이 각각 선출되었다. 권총과 폭탄을 갖고 있었는데, 폭탄은 그들 스스로가 만든 수제탄이었다.[30]

보합단은 350여 명의 단원을 거느릴 정도로 규모가 컸던 때도 있었던 것 같다.[31] 그들은 주로 평안북도 일대에서 일본의 행정기관들과 밀정들을 습격했고, 때로는 일본군 대부대와 싸우기도 했다. 특히 1920년 10월 하순부터 11월 하순까지 여러 차례에 걸쳐 평안북도의 철산군과 선천군 및 용천군 일대와 서울에서 무장투쟁을 벌임으로써 〈독립운동사상에 불멸의 위업을 수립하였다〉.[32] 마침내 일본군의 본격적인 공세를 받아 동만주로 건너가 독립단에 합류한 이들도 있고 체포된 이들도 있었다. 체포된 이들은 물론 재판을 받았으며, 가인은 그들의 변호에 나섰던 것이다.

형사공동연구회를 발족시키다

가인의 회고에 따르면, 이러한 독립운동 사건의 변호에 관련된 모든 비용은 물론 가인이 부담했다. 먼 지방으로까지 달려가는 경우도 있어서, 〈비용 관계로 곤란을 느끼게 되었다〉.[33] 여기서 그는 뜻을 같이해 온 동료 변호사들과 공동으로 대처할 것을 구상하게 되었다. 그리하여 이인 변호사는 물론이고, 권승렬(權承烈) 변호사와 김태영 변호사 및 김용무(金用茂) 변호사에 허헌(許憲) 변호사를 참여시켜 형사공동연구회를 발족시켰다. 1923년의 일로, 연구회의 사무실을 서울 종로구 인사동에 두었다.[34]

이 연구회는 겉으로는 한 사람이 사건을 맡아도 그 보수로 다른 회원들과 공동연구해 변론한다는 취지를 내세웠다. 〈그러나 실제로는 항일 변호사들이 공동전선을 형성하고 법정을 통해 '독립운동이 무죄'라고 주장하는 독립운동 후원단체였다. 이 연구회는 애국투사들에 무료변론은 물론 그들에게 사식을 넣어주고 그들의 가족을 돌보는 일까지 했다〉.[35] 그리하여 이들에게는 무료변호사 또는 사상변호사라는 이름이 붙기도 했다.

이 연구회에 소속된 변호사들 가운데 가인과 허헌 및 이인을 〈3인〉이라고 불렀다. 허헌의 아호가 경인(競人) 또는 긍인(肯人)이었기 때문이다. 가인과 경인은 모두 본명이 아니라 아호이고, 이인의 경우에는 본명이며 인도 어질 인(仁)이지 사람 인(人)이 아니었으나 그래도 〈3인〉이라 부르기도 했다고 한다.[36]

여기서 잠시 김병로가 왜 자신의 아호를 가인이라고 했는지를 설명하기로 한다. 가인의 원래 아호는 10여 세 때 지은 소석(小石)이었다. 작지만 돌처럼 단단하기를 바라는 마음에서였다. 〈남자는 담은 크되 마음은 작게 하여 몸을 함부로 하지 말고 귀하게 처신하라〉는 옛 글에서 암시를 받아, 어려서부터 남보다 몸이 작은데다 마음까지 작지 않나 걱정하여 그 대신 돌처럼 단단해야 하겠다는 생각에서 그렇게 지었다고 한다. 그러다가 가인으로 바꿨다. 가인의 후손들도 그렇게 말하고 있지만, 가인이 1954년 4월 14일자 ≪동아일보≫에 쓴 「'가인(街人)'의 변(辯)」에 따르면, 가인은 〈일제 강점기에 나라 없이 방황하는 '거리의 사람'이란 의미로 가인이란 아호를 자신이 직접 붙였다〉. 해방 이후에도 그는 이 아호를 버리지 않는다. 〈해방이 됐어도 나라가 반토막 나자 '거리의 사람'이란 신세에 변함이 없다며 호를 그대로 쓴 것이다〉.

전 대법관 김갑수(金甲洙) 변호사도 비슷하게 회고했다. 〈그 아호의 유래를 김 원장께 들을 기회를 없었지만 이 아호는 김 원장과 잘 어울리는 호라고 생각했다. 고고한 그 분의 성격을 잘 나타내기도 하지만 대중과 더불어 웃고 울겠다는 깊은 뜻이 감추어져 있는지도 모를 일이다〉라고 썼다.[37]

한편 〈술자리에서는 농담도 잘하고 우스개소리도 많이 하는〉 인촌이 때때로 가까운 친구인 가인에게 〈길거리 사람〉이니 〈거지〉라는 뜻이라며 〈거지, 거지〉 하고 놀리기도 했다고 한다.[38] 해학이 끝나고 나면, 인촌은 가인 또는 〈3인〉이 맡은 사건의 변론비를 은밀히 대주는 경우가 있었다.[39]

가인이 법정에 나설 때는 두루마기 차림의 한복 위에 변호사가 입는 법복을 걸쳐 입었다. 〈2천만 민족이 피고인이요 원고이다〉라는 말로 시작하여 법정을 압도하는 카랑카랑한 목소리로 변론했다고 한다. 그의 변론은 많은 동포들의 큰 인기를 모았다. 김갑수 변호사의 회고에 따르면, 지방의 법원에 그가 변호하러 왔다는 소문이 돌면 조선인 직원들은 일손을 놓고 방청하러 갔을 정도였다고 한다.[40]

사실 이때의 변론은, 이인의 회고에 따르면, 〈지금의 법이론 투쟁과는 성격이 약간 달랐다〉. 이인이 회고는 이렇게 계속된다.

때로는 피고인에게 불리할 줄 번연히 알면서 재판장에게 대들기도 하고 민족의식을 강조함으로써 재판장의 비위를 거슬리기도 하니, 이는 변론의 뜻이 개개인을 구제하자는 것만이 아니요, 작게는 방청객에게, 크게는 우리 국민 모두에게, 독립정신을 일깨우자는 데 목적이 있기 때문이다. 이러한 변론 취지는 법정에서는 독립지사들이 가장 깊이 이해하는 터였다. 그래서 이들은 재판장의 인정신문에서 직업을 물으면 서슴지 않고 〈독립운동〉이라고 답변하며 피고인과 변호사가 한 뜻으로 투쟁을 하니 전 국민이 감화를 받기 한두번이 아니었던 것이다. 따라서 법정에서 만나는 독립지사들과는 그전에 일면식이 없을지라도 곧 동지애를 느끼게 마련이요, 변론은 당연히 무료로 했다.[41]

독립투사들과 변호사들이 함께 벌이는 법정투쟁은 그때의 대표적인 민족 대변지였던 《동아일보》와 《조선일보》를 통해 동포들에게 널리 전해졌다. 이인이 말한 그대로 동포들에게 독립정신을 널리 심어줄 수 있었던 것이다. 이때 형사공동연구회가 무료로 맡은 사건은, 구체적으로 말해, 우리 겨레의 저항을 억누르기 위한 법령을 위반한 사건에 국한했다. 그 대표적인 법령이 보안법, 제령 제7호, 치안유지법, 신문지법, 집회취체령 등이었다. 그 밖의 일반 형사사건의 경우에는 물론 착수금과 보수금을 받았다. 그러나, 가인의 회고에 따르면, 그 돈을 〈개인의 수입으로 하지 아니하고, 그 전액을 공동연구회의 수입으로 삼아 원호 사건의 제반 비용에 사용하기로 하여 기록의 등사와 지방 여비 등은 물론 필요에 따라서는 사식의 차입까지도 이 금액으로 충당하게 되었던 것이다〉.[42]

김상옥 의사 의거의 관련자들을 변호하다

형사공동연구회를 발족시킨 뒤 맡았던 사건들 가운데 첫 번째로 맡았던 사건은 바로 〈김상옥(金相玉) 의사 사건〉이었다.[43] 김상옥은 1890년 1월 5일에 구한말의 군관으로 봉직했던 김귀현(金貴鉉)의 둘째 아들로 서울에서 태어났으니 가인보다 두 살 아래였다. 동대문기독교회의 신군야학교(信軍夜學校)를 거쳐 어의동 공립보통학교(於義洞公立普通學校)에 다니는 한편 서당에서 따로 한문을 배운 그는 만 19세가 되었을 때 집안이 어려운 소년들을 위해 동흥야학교(東興夜學校)를 세우기도 했었다. 또 경성기독교청년회관에서 영어를 배우는 한편 경성기독교청년회의 청년부장으로 봉사하면서 식민지 사회의 어두움에 눈떴다.

사회봉사를 게을리하지 않으면서도 김상옥은 1912년에 동대문 밖 창신동에 영덕철물상회를 차렸다. 이와 함께 그는 약 석 달 동안 충청도와 전라도 및 경상도를 돌며 약을 팔았는데, 이때 독립운동을 함께할 많은 동지들을 만나게 되었을 뿐만 아니라 돈도 적지 않게 벌었다. 철물상회도 번창해, 그는 만 27세이던 1917년께 이미 수만원 규모의 재산을 지니게 되었다. 그 사이 결혼도 하였다.

그러나 김상옥은 안락함에 빠지지 않고 독립정신을 나타내기 시작했다. 말총모자를 창안하는 한편 우리 농민들에 맞는 농기구들을 생산하면서 국산품애용운동을 폈다. 1919년의 3·1 독립운동 때는 파고다공원에서부터 만세시위대열에 참가했다. 그뿐 아니라 동대문 부근에서 일본 헌병이 우리 여학생을 찌르려는 것을 보고 달려들어 칼을 빼앗기도 했다. 이 칼은 그의 집안에 보관되어 있다가 현재는 독립기념관으로 옮겨져 있다.

3·1 독립운동에의 참가는 김상옥의 생애의 큰 전환점이 되었

다. 그는 독립운동에 자신의 모든 것을 바치기로 결심하고, 비밀
결사 혁신단(革新團)을 조직하면서 ≪혁신공보(革新公報)≫를 발
행하여 독립사상을 고취시키다가 발각되어 일경의 갖은 고문을
겪었으나 증거불충분으로 석방되었다. 그러나 그는 굽히지 않고
일본고관들과 민족반역자들을 숙청하기 위한 암살단을 조직하고
실제로 1920년 4월에 전라도의 친일반역자 몇 명을 죽이고 부근
의 헌병분소를 습격하기도 했다. 이어 일본고관들의 대거 암살을
계획하다가 발각되자 그는 1920년 10월에 상하이로 망명하여 의
열단(義烈團)에 입단했다.

김원봉(金元鳳)이 단장으로 있던 의열단의 단원으로서 김상옥은
대한민국임시정부의 요인들과 함께 국내에 침투할 계획을 세웠으
며, 1921년에는 함께 국내에 잠입해 상당한 금액을 모은 뒤 상하
이로 돌아가는 데 성공했다. 국내실정을 정확히 파악한 그는 1922
년 12월에 폭탄과 실탄 800발을 지니고 안홍한(安弘翰)과 오복영
(吳福泳) 두 동지와 함께 압록강을 건너 열차편으로 서울에 무사
히 잠입함에 성공했다.

김상옥은 우선 독립투사들의 원부(怨府)인 종로경찰서를 공격
목표로 삼았다. 그리하여 1923년 1월 12일에 종로서에 폭탄세례
를 퍼부어 원한의 복마전을 수라장으로 만들면서 왜경들 및 기자
들 10여 명에게 부상을 입혔다. 이 의거는 1월 15일에 『동아일보』
의 보도를 통해 세상에 알려지면서 조선동포들을 흥분시켰다. 그
러나 누구도 그것이 김상옥의 의거인 줄은 몰랐다. 왜경은 혈안이
되어 범인을 찾았고 마침내 〈최근 잠입한 의열단원 김상옥의 소
행〉일 것이라는 정보를 얻었다. 김상옥은 김상옥대로, 마침 일본
의회에 참석하기 위해 서울역에서 출발할 사이토 조선총독을 죽
이기 위해 현재의 후암동(厚岩洞)에 있는 친매부 고봉근(高奉根)

의 집에 머물며 기회를 엿보고 있었다. 그는 1월 17일에 무장한 왜경들의 급습을 받았으나 몇 명을 사살하고 왕십리의 안장사(安藏寺)로 탈주함에 성공했고, 곧 효제동의 이혜수(李惠受) 동지 집으로 은신할 수 있었다.

이 사실을 탐지한 총독부당국은 1월 22일에 경기도 경찰부장이 지휘하는 1000여 명의 경관으로 효제동 일대를 겹겹으로 둘러싸고 항복을 요구했다. 그러나 김상옥은 홀몸으로 두 자루의 권총만으로써 세 시간 동안 접전해 15-16명을 살상시킨 뒤 스스로 목숨을 끊었다. 만 33세로 1남 1녀를 남긴 채 순국한 것이다.

김상옥 의사의 순국이 당시 조선 백성들에게 준 격려는 말할 수 없이 컸다. 1921년 말과 1922년 초 이후에는 잠잠해지는 것 같던 국내의 민족운동에 커다란 자극이 되었으며, 〈문화통치〉로 돌아선 뒤 자신의 지배체제가 큰 마찰 없이 받아들여지고 있다고 생각하던 일제에게 큰 충격을 던져준 것이었다.

일제는 관련자들을 구속하고 갖은 고문을 가한 뒤 이혜수를 비롯한 8명을 기소했다. 첫 공판은 1923년 5월 12일 경성지방법원 형사부 제7호 법정에서 열렸다. 혁신단과 《혁신공보》 이래의 동지인 이혜수와 전우진(全宇鎭)은 고문으로 말미암아 병세가 위중하여 공판정에 나오지 못했다.

가인은 허헌과 김태영 및 이승우 변호사와 함께 변호를 맡았다. 그들의 변호는 당시 《동아일보》와 《조선일보》에 자세히 보도됐다. 예컨대, 1923년 5월 14일자 《조선일보》는 3면 머리에서 「김상옥 사건 공판의 변론: 유조리(有條理) 최열렬(最熱烈)한 김병로 씨의 주장」이라는 제목 아래 크게 보도했다. 이 기사에 따르면, 가인은 신화수(申華秀)와 윤익중(尹益重) 두 피고인의 변호를 맡았다. 가인의 변론을 그 기사는 이렇게 보도했다.

변호사 김병로 씨가 일어나서 피고인 중의 윤익중과 신화수 두 사람의 변론이 시작되었는데, 그는 목청을 돋우어 가지고 법정이 떠나갈 만치 소리를 질러 말하되, 조선 독립을 희망하는 사상은 조선인 전체가 가진 것이라, 피고인 등의 한 일을 보면, 김상옥으로 말하면 삼판통에서 전촌(田村) 순사를 죽이었고 계속하여 몇 사람의 경관을 상하게 하였으므로 사실이 표현된 죄상이라 할지나, 그 외에 현재 법정에 나타난 피고인 등은 자기의 사상으로는 그 주의에 공명되고 계획 삼아 한 일을 혹 가담하였다고 할지나, 사실은 2000만의 조선 민족이 독립 사상을 가진 것과 같은 그들의 사상에 지나지 못하는 바임은 경찰서와 검사국의 기록을 보아도 명백한 사실이라.

간단히 말해, 가인은 피고인들은 조선사람이라면 누구나 다 갖고 있는 독립사상을 가졌을 뿐이어서 무죄라는 것이었다. 5월 26일에 판결이 있었는데, 김한(金翰)은 징역 7년을, 윤익중은 징역 3년을 각각 선고받았고, 나머지는 징역 1년으로부터 2년까지를 받았다. 그해 10월의 마지막 판결에서 모두 형량이 줄었고, 이혜수는 징역 1년으로 확정되었다.

이 사건을 회고하면서 가인은 당시 만 27세의 젊은 여성이었던 이혜수에 대해 특히 언급했다. 그녀는 고문으로 사지가 마비되어 움직일 수 없었을 뿐만 아니라 매일 더러운 물을 먹인 탓에 위장병이 심해져 빈사상태에 빠져 있었다. 가인은 그녀를 들것으로 공판정에 나오게 해 판사들에게 보인 뒤 형집행정지로 출옥시켰다. 그 뒤 가인은 전혀 잊고 있었다. 몇십 년이 지나 대법원장으로 있을 때 어느 여자가 면회를 청한다기에 만났다. 〈문을 열고 들어서는 것을 보니 순백발 노인이었으나 그 얼굴이 그전 모습이어서 이혜수 여사인 줄을 깨닫고 반갑게 적응하여 그 경과를 물으니 출옥 후 수년을 경과하여 겨우 신체가 회복되어 지금까지 빈곤한 생활을 하여 왔다는 것이며, 보사부에 서민 주택 1동을 요청함에 필요한 증명서의 교부를 구하기로, 곧 김상옥 의사의 사건에 관련된 사실과 그 경과를 증명하여 주었다.〉 그러나 가인의 마음은 아팠다. 〈해방 후 오늘날까지 빈한에 허덕여 거주할 곳도 없다는 것을 알게 될 때에, 사회의 냉정한 현실을 누구에게도 호소할 바 없음을 비탄할 뿐이었다.〉[44]

김상옥 의사의 의거에 이어 〈제2차 의열단 사건〉이 일어났다. 김시현(金始顯)과 유석현(劉錫鉉)과 유시태(劉時泰)를 비롯한 의열단원들이 국내에서 대규모 항일폭동을 일으키려고 폭탄을 지닌 채 잠입했다가 동지들 가운데 한 사람의 밀고로 1923년 3월에 적발된 것이다. 이때 폭탄이 든 가방을 반입시켜 준 장본인이 그 사이 독립운동가들과 내통해 있던 경기도 경찰부의 조선인 경부 황옥(黃鈺)이어서 세상을 더욱 놀라게 했다. 한편 폭탄 2개는 힘이 장사인 홍종우(洪鍾祐)가 사타구니에 차고 들여왔었다.

이들에 대한 공판은 1923년 7월에 시작되었다. 이 사건 변호 역시 형사공동연구회가 맡았다. 그 가운데서도 그 해 5월에 변호사 업무를 시작한 이인이 주로 힘썼다. 공판은 다음해 4월까지 끌었는데, 변호인들은 입을 모아 〈이들의 거사계획은 사전에 발각됐으니 미수나 다름없는 것이요, 이런 사건에 중벌만으로 임해서는 더 큰 사건을 유발할 것〉이라고 주장했다. 그러나 〈김시현의 12년을 필두로 황옥이 10년 중형을 받았고 가장 가벼운 형을 받은 이가 조동근(趙東根)의 1년 6월이니, 우리의 변론은 아무런 효과가 없었다고 할 수가 있다〉고 이인은 뒷날 회고했다.[45] 이 사건의 관련자 김시현과 유시태는 1952년 6월 25일에 부산에서 이승만 대통령을 암살하려다가 실패한다.

북풍회 참여와 제1차 조선공산당 사건 변호

독립운동가들의 변호에 전념하면서 가인은 북풍회(北風會)에 가입하기도 하였다. 북풍회는 일제치하에서 전개된 조선 민족주의운동 또는 공산주의운동의 기원을 논함에 있어 반드시 거론되는 조직이므로, 이 부분에 관한 가인의 회고는 귀중한 것인 만큼 비록 좀 길더라도 일단 그대로 옮겨 본다.

이 회는 내가 변호사 업무를 개시한 그 다음해 가을에 결성된 것으로, 표면으로는 광범한 사회운동을 표방하였으나, 그 내용은 독립운동을 촉진함을 목적으로 한 것이다. 그리하여 소작쟁의나 노동쟁의나 학생의 맹휴나 기타 모든 반항운동에는 집단적으로, 또는 개인적으로 참가한 바 있었으며, 해외연락을 위하여 동(同) 회원을 북만주에 파견한 사실도 있었던 것이다.

회원은 도쿄에 있던 북풍회원이 근간이 되어 국내인사들과 결합되었던 것이다. 동 회원 중 김약수(金若水) 군이 1차 공산당 조직에 참가한 바 있었으므로, 세간에서는 이 회를 공산당 계열이 아닌가 하고 의심하는 사람도 있었다. 그러나 원래 조선공산당의 강령의 첫 단계가 조선독립의 투쟁에 있으므로 북풍회에서도 정책상으로 김약수 개인을 참가하게 한 것에 불과한 것이요, 김약수 자체가 진정한 공산주의자가 아니었음을 말하여둔다.[46]

가인은 북풍회에 대한 회고를 이 정도로 끝냈다. 그러면서 일본의 공산주의자로서 국제적으로 이름 있던 가타야마센(片山潛)에 대한 이야기를 다음과 같이 덧붙였다.

여기에 부언하고자 하는 것은 일본 사회평론가 다가츠 마사미치(高津正道)가 우연히 이 회의 결성식에 참석한 바 있었는데, 그는 밀행으로 소련 모스크바에 있는 가타야마센을 심방하고 귀로에 경성에 도착하였던 것이다. 그의 말에 의하면, 가타야마센이 병석에서 자기를 보고 눈물을 흘리면서 〈내 고국에 돌아가서 생명을 바칠 방도가 없을까. 만리타역에서 죽을 일을 생각하니 인생으로 이보다 비참한 일이 또 있겠느냐〉고 극도로 비통을 느끼더라는 것이다. 내가 여기에 이 말을 쓰는 것이 표제와 아무런 관련은 없지만, 가타야마센 같은 철저한 공산주의자라도 중년까지에 국제공산당, 즉 코민테른의 중요 간부로 모스크바에서 활약하였을 때는 소련을 조국이라고 하였을 것이 틀림없으나, 그가 노쇠함에 이르러 최종의 죽음의 길에 임박하여는 고국을 사모하고, 자기의 죽을 땅을 찾으려 하니 이 어찌 양심이 주재하는 최후 심판을 받는 고통이 아니랴.[47]

이제 가인의 회고를 검토해 본다. 우선 북풍회의 조직에 관련된 부분이다. 가인은 〈이 회는 내가 변호사 사무를 개시한 그 다음해 가을에 결성된 것〉이라고 말했으나, 여기에는 약간의 착오가 있다. 〈내가 변호사 사무를 개시한 그 다음해〉라면 1921년이란 얘기인데, 북풍회는 1924년에 결성된 것이다. 그러면 북풍회란 무엇인가?

1919년 3월 1일에 시작된 거족적 항일투쟁이 즉각적인 독립을 가져오지 못하는 현실 앞에서, 특히 일본에 유학하던 조선 청년들은 공산주의에 기울게 되었다. 단순한 민족운동만으로는 일본제국주의를 타도하기 어렵고, 역시 피압박약소민족의 반(反)제국주의 투쟁을 적극 도와주는 소련 및 코민테른의 이념노선을 따르고 그 지원을 받는 것이 필요하다는 믿음을 갖게 된 것이다. 당시 발홍하던 일본 안에서의 좌익운동이 그들에게 많은 영향을 준 것도 사실이다. 그리하여 1921년 초부터 도쿄에 있는 조선인 학생들의 사상운동은 점차로 표면화되어, 그 해 11월에 흑도회(黑濤會)가 결성되었는데 그 주동적 회원이 김약수(金若水)와 조봉암(曺奉岩) 및 박열(朴烈) 등이었다.

이 흑도회는 곧 둘로 나뉘었다. 박열이 중심이 된 흑우회(黑友會)와 김약수가 중심이 된 북성회(北星會)가 그것이다. 1923년 1월 도쿄에서 조직된 북성회는 사회주의를 조선에 전파하기로 결정하고, 그 해 10월에 오늘의 서울 종로구 재동에서 김약수 등 160여 명이 모여 건설사(建設社)를 세웠으며, 이것을 모체로 1924년 11월 25일에 북풍회를 세운 것이다. 당시 조선에는 청년운동과 노동운동이 활발히 일어나 많은 단체들이 나타났다. 이 모든 단체들을 제압하고 통일을 기한다는 뜻에서, 〈북풍이 한번 불게 되면 빈대나 모든 기생충이 날아가 버린다〉는 속언에 착안하여 북풍회라는 이름을 땄다고 한다.[48]

한편 북풍회와는 별개로 조선에는 또다른 공산주의 단체들이 나타났다. 그 하나가 1924년 11월에 창립된 화요회(火曜會)로서, 이것은 1923년 7월에 조직된 신사상연구회를 모체로 하였다. 화요회의 간부들은 김단야(金丹冶)와 박헌영(朴憲永) 및 조동호(趙東祜)였는데, 이 화요회는 해외의 조선인들 사이에서 벌어진 초기 공산주의운동의 양대 산맥 가운데 하나였던 이른바 이르쿠츠파공산당 즉 〈러시아화(化)한 조선인 공산주의자들〉에 연결되어 있었다. 다른 하나가 이르쿠츠크파공산당과 적대관계에 있던 상하이파공산당에 연결되어 있는 세력이었다. 이 세력들이 제휴하여, 특히 화요회파의 주도로, 화요회파와 북풍회파가 손잡아 1925년 4월 17일에 서울에서 국내 처음으로 통합된 공산당인 조선공산당이

비밀리에 창립되었다. 책임비서에는 화요파의 김재봉이 선출되었
고, 김약수는 중앙집행위원회의 일원으로 인사부를 책임 맡았다.[49]

　여기서 가인이 김약수를 〈진정한 공산주의자〉가 아니었다고 강
력히 변호한 구절이 홍미롭다. 경상남도 동래군 출신의 김약수는,
당시의 정치상황에 밝은 전 서울대 정치학과 주임교수 신도성(愼
道晟) 박사의 증언에 따르면, 일제치하에서는 〈민족공산주의자〉
였다가 해방 이후에는 〈우익〉으로 돌아선 사람이다.[50] 그리하여
대한민국의 수립과정에 참여해 제헌국회 부의장으로 당선될 수
있었다. 그러나 그는 주한미군의 철수운동을 전개한 이른바 소장
파 의원들의 지도자로 지목되었고, 정부가 1949년 여름에 이들
가운데 10여 명을 남로당이 국회에 침투시킨 프락치라는 혐의 아
래 국가보안법 위반 죄목으로 구속할 때 구속되기도 하였다. 이
사건을 흔히 〈남로당 국회프락치사건〉이라고 불렀다.

　김약수는 6·25 동란 때 다시 한번 불우한 처지에 빠졌다.[51] 북
한군이 서울을 점령했을 때 길에서 그를 만난 전 제1야당 신민당
(新民黨) 당수 박순천(朴順天) 여사의 회고에 따르면, 그는 〈박
선생, 나는 어찌해야 합니까? 여기 남아 있을 수도 없고 북으로
갈 수도 없으니 어찌하면 좋겠습니까?〉라고 절규하다가 끝내 〈납
북〉되었다고 한다.[52] 그러나 〈월북〉한 것으로 보는 이가 없지 않
았음도 사실이다. 이러한 경력의 소지자를 1950년대 말에 발표한
자신의 회고록에서 대법원장을 지낸 가인이 〈진정한 공산주의자〉
가 아니라고 공개 옹호한 것은 무엇을 뜻하는가?

　이것은 사소한 문제 같으나 가인이 지닌 사상적 경향의 한 끝
을 보여준다. 우리가 앞으로 살필 가인의 여러 행적에서 보이듯
이, 가인은 사회주의운동에 대해 이해가 깊었던 사람이었다. 그는
일제치하에서 공산주의운동에 대해 이해가 깊었던 사람이었다.

그는 일제치하에서 공산주의운동에 참여한 조선사람들을 기본적으로 민족주의자로 본 것 같으며, 그들이 일차적으로 추구하는 목표는 식민지 조선의 독립임을 제대로 파악했던 것 같다. 그렇기 때문에 가인은, 앞에서 길게 인용한 회고에 나와 있듯이, 〈조선공산당의 강령의 첫 단계가 조선독립의 투쟁에 있었다〉는 점을 정확히 지적할 수 있었던 것이다.

반공주의가 히스테리적인 성향까지 지니면서, 영국의 다원주의 정치학자 라스키(Harold J. Laski) 교수 같은 민주사회주의자까지 노동당의 이론가라는 이유 하나만으로 공산당원으로 보고, 라스키를 소개한 서울대학교 정치학과의 민병태(閔丙台) 교수를 용공주의자로 의심하던 1950년대 말의 남한에서, 대법원장을 지낸 사람이 조선공산당과 김약수에 대해 그러한 발언을 신문지상을 통해 서슴지 않았다는 것은 확실히 일제치하 민족운동에 대한 가인의 정확한 이해를 보여줌과 동시에 가인 스스로가 민족주의의 입장에 확고히 서 있었음을 말한다. 그의 사상적 경향이 이러했기에, 우리가 앞으로 살피는 바와 같이, 가인은 해방 직후 한민당(韓民黨)에 가입했다가도 좌우합작 문제와 토지개혁 문제에 대해 당 수뇌부가 진보적인 자세를 취하지 않자 탈당을 서슴지 않았으며 좌우합작운동을 적극 지지하고 나설 수 있었던 것이다.

여기서 명백히 말해 두어야 할 것은 가인은 공산주의 그 자체를 단호히 거부했다는 사실이다. 그는 자신의 회고록에서 〈저 공산국가들은 인류의 천부(天賦) 이성에 기인한 도덕과 윤리를 전적으로 부인하고, 따라서 천리와 존엄과 인류의 신앙을 교도하던 종교를 구적시(仇敵視)할 뿐 아니라, 저희 국내에 있어서도 국민의 항산(恒産)을 고려한 바 없고, 저희 민족에 대하여도 노예로 굴종할 것을 강요하는 등, 모든 만행을 감행하므로 그 사회의 도덕률이나 윤리감이란 것은 상상할 여지도 없다〉고 혹독히 비난했다. 〈국제관계에 있어서도 협정이나 신의도 고려하지 않고, 소위 세계혁명이라는 망상으로 다른 국가와 민족에 대한 침략과 강점, 살상과 노예를 강요하여 인간으로서의 유사 이래 있을 수 없는 갖은 만행을 다하여 세계 인류의 공포심을 일으키고, 다른 국가의 안일을 교란하는 천하의 적이 되었다〉는 것이다. 그러면 공산 국가는 왜 이런 모양이 되었는가? 가인은 그 원인을 공산주의의 무신론과 유물사관에서 찾았다. 〈그자들이 정신문화의 도덕률과 윤리감을 전연 말살하고, 저희 소위 유물사관의 독소를 포장하여 온 세계에 뿌리려 하며, 만인에게 투여된 신(神)의 감호를 무시했기 때문〉이라고 보았다.[53]

그런데 한 가지 약간 모호하면서도 흥미로운 것은 가인이 북풍회에 정식으로 가입했었던가의 문제이다. 가인 스스로 자신이 북풍회에 가입했다는 말을 않고 있음은 사실이다. 또 북풍회에 관한 여러 가지 연구들을 살펴도 가인의 이름은 나타나지 않는다. 그러나 문맥상으로는 가입한 것으로 볼 수 있고, 김진배 역시 그렇게 쓰고 있다. 저자로서도 그렇게 믿게 된다. 이처럼 그가 북풍회의 정식 회원이었음이 명백하다면 그에 대한 평가는 또다른 각도에서 시도될 수 있을 것이다. 즉 그는 적어도 민족사회주의자로서, 그리고 독립운동단체에의 직접적 참여자로 불릴 수 있을 것이다.

한편 가인이 다가츠 마사미치(高津正道)가 서울을 방문한 사실을 언급한 것이 흥미롭다. 다가츠는 김약수의 배후인물로 꼽히고 있었으며, 1925년 4월에 조선공산당 창당대회를 계기로 서울에 온 것이었다. 다가츠가 정확히 어떤 목적에서 어떤 경로로 왔는지는 알 수 없다. 그러나 짐작하건대, 당시 화요회파에 눌려 있던 김약수가 〈다가츠 같은 유력한 일본인 사회주의자를 불러 조선공산당 결성식에 참여시킴으로써 간접적으로 자기들의 형편을 우세하게 달성하려고 했을는지 모른다.〉또 그렇기 때문에 〈화요회 쪽에서 다가츠가 서울에 온 것을 불쾌히 여겨 그의 행동을 규탄하고자 한 것이다.〉[54]

어떻든 가인이 북풍회와 조선공산당의 기밀사항들에 대해 자세히 알고 있었다는 것은 그가 그만큼 그 간부들, 특히 김약수와 그리고 뒷날 북한으로 넘어간 이극로(李克魯)와 가까웠음을 의미한다. 그는 확실히 도쿄유학생들이 주동이 된 북풍회와 긴밀한 관계를 맺고 있어서 그 간부들의 동향을 정확히 알았던 것이다. 그러나 다가츠가 가타야마를 만나 가타야마로부터 망향의 호소를 들었다고 북풍회 간부들에게 말했다는 대목은 과연 얼마나 정확한지 저자로서는 자신이 서지 않는다. 주제에서 너무 벗어나는 느낌이 없지 않으나 가타야마가 워낙 거물이고 가인이 흥미롭게 소개한 대목이므로 따져보기로 한다.

가타야마는 1859년 12월에 오카야마(岡山) 현의 한 농가에서 태어났으며, 도쿄로 올라와 활판공으로 일하다가 미국으로 건너가 고학하면서 존스홉킨스대학교에서 공부했다. 만 37세이던 1896년에 귀국해 노동조합운동에 뛰어들어 철공조합을 결성했으며 ≪노동세계≫를 발간함으로써 초창기 노동조합운동의 중심인물이 되었다. 1900년 이후 사회주의운동을 시작해 1901년에 사회민주당을 결성했으나 그날로 금지되었다. 1904년에 암스테르담에서 열린 제2인터내셔널 대회에 참석해 러시아 대표로 세계적 마르크주의자였던 플레하노프(Georgi Plekhanov)와 만나 반전(反戰)에 합의했다. 귀국한 뒤 사회주의운동계 안의 직접행동파와 대립해, 노동자의 일상적 요구와 초보적 조직을 중시하자고 주장했다. 1914년에 제1차 세계대전이 일어나 일본에서의 생활이 어려워지자 다시 미국으로 건너갔다. 그러나 1917년에 러시아 혁명을 보고는 공산주의로 돌아서서 미국과 멕시코의 좌익운동을 지도하면서 재미일본인사회주의자단을 조직했다. 만 62세이던 1921년에 소련으로 들어가 코민테른 상임집행위원이 되어 국제반제동맹과 국제적색구원회를 지도했으며 1933년에 모스크바에서 죽어 크렘린궁의 붉은 벽에 묻혔다. 향년 만 74세였다. 1922년에 그의 『자전(自傳)』이, 1959~1960년에 『가타야마센 저작집』 1~3권이, 그리고 1960년에 스미야 미키오(隅谷三喜男)의 『가타야마센』이 출간되었다.[55]

다가츠가 북풍회 간부들에게 가타야마를 만났다는 얘기를 했다는 1924년에 가타야마가 모스크바에 있었음은 바로 앞에서 살핀 그의 경력에 비춰 틀림없는 사실이다. 또 그가 고국을 떠난 때로부터 꼭 10년이 지났으니 망향에 젖어 있었을 것이다. 그러나 그는 죽음에 임박해 있지는 않았다. 그때로부터 9년이 지나서야 죽은 것이다. 이렇게 볼 때 다가츠의 이야기에는 과장이 있지 않았을까 생각된다. 어떻든 가인이 당시의 국내 공산주의 운동계의 움직임에 밝았던 것이 사실이며, 그러한 형편이었기에 그가 앞으로 여러 차례 터지는 조선공산당 사건의 관련자들을 변호하고 나섰다는 것은 조금도 이상한 일이 아니었다.

그러면 1925년 4월 비밀리에 창당된 조선공산당은 어떻게 검거된 것인가? 조선공산당은 창당 이후 교묘히 지하활동을 계속하고 있었다. 그러던 가운데 그 해 11월에 신의주에서 이른바 신만(新灣)청년회 회원들이 일본인 순사와 회식중이던 조선인 변호사 및 의사 일행을 폭행한 서건이 일어났다. 이 사건을 수사하던 일본 경찰은 신만청년회 회원 집에서 박헌영이 상하이의 여운형(呂運亨)에게 밀송하는 〈불온 문서〉를 찾아냈고, 이것을 계기로 조선공산당의 존재를 파악하게 되어 11월 25일부터 검거에 나섰다. 가인의 친구인 김약수도 물론 검거되었다.

이들에 대한 재판에서 보인 가인의 역할은 부분적으로는 1927년 10월의 ≪동아일보≫에 보인다. ≪동아일보≫는 14일자 2면 머리에서 가인이 김태영 변호사와 함께 박헌영을 비롯한 간부들을 일일이 면회한 결과 박헌영 등 세 명은 병이 너무 위중해 목숨이 경각에 달렸음을 파악하고 병보석을 신청했다고 보도했다. 이 신문은 이어 가인을 비롯한 변호사들이 피고인들이 수사과정에서 고문당했음을 폭로하는 한편 고문 경관을 고소했다고 보도했다.

가인을 비롯한 변호인단이 많은 노력을 기울였는데도, 조선공산당 간부들은 유죄판결을 받는다. 다만 박헌영은 형무소를 빠져나가기 위해 인분을 집어 먹으면서까지 정신착란증에 걸린 것처럼 속여 마침내 〈병 보석〉을 얻어내고 출감하며, 기회를 틈타 부인 주세죽(朱世竹)과 함께 해외로 망명한다.

가인은 1928년에는 제1차 간도조선공산당 사건을 변호하게 되었다. 이처럼, 조선 공산주의자들과의 지속적인 관련을 통해 그는 그들이 일차적으로는 민족해방을 위한 투쟁가임을 더욱 깊이 인식하게 되었다.

조선변호사협회의 발족과 가인

독립투사들에 대한 변호에 전념하기 시작하던 무렵인 1921년에 범태평양국제변호사회 제2차 대회에 대표를 파견하는 문제가 조선인 변호사들 사이에서 제기되었다. 1920년 4월에 도쿄에서 제1차 대회가 열릴 때만 해도 조선인 변호사들은 일본변호사회의 일원으로 참가할 수밖에 없었다. 이때 참가한 조선인 변호사는 경성조선인변호사회 회장인 장도를 비롯한 박승빈, 정구창, 이종하(李琮

夏), 이기찬(李基燦)의 다섯 명으로, 그들은 이 회의에 참가한 필리핀변호사회 간부 다섯 명을 히비야(日比谷)의 송본정(松本亭)에 초청하고 당시 세이소쿠영어학교 학생인 변영로(卞榮魯)의 통역으로 민족의 울분을 전달했다.[56]

그러나 1921년 10월에 제2차 대회가 북경에서 열리게 되었을 때 조선인 변호사들 사이에서는 더 이상 일본변호사회의 일원으로 참가할 수는 없지 않느냐는 반론이 제기되었다. 국제변호사회가 각국의 변호사회를 단위로 삼아 성립된 것이 아니라 민족을 단위로 삼아 성립된 것으로 보아야 한다는 것이 조선인 변호사들의 주장이었다.[57]

여기서 조선인 변호사들은 1921년 10월 2일에 열린 전조선변호사회의를 계기로, 조선변호사협회 창립총회를 열어 이사장에 박승빈을 선임하고 북경대회에는 박승빈 이사장을 단장으로 하는 11명의 조선민족대표변호사단을 파견하기로 결의했다. 이 대표단에는 가인도 포함되었다.[58]

1921년 10월 23일에 북경의 중앙공원에서 범태평양국제변호사회 제2차 대회가 열렸다. 일본에서 쉰 명, 필리핀에서 열다섯 명, 상하이의 영-미인 다섯 명, 러시아인 네 명, 그리고 중국에서 500여 명이 참석했다. 조선인 변호사단은 〈조선민족을 대표하는 독립단체로 참가권을 주장하였다.〉[59] 중국대표단과 필리핀대표단은 찬성했으나 일본인 변호사들은 맹렬히 반대했다. 이 때문에 대회는 중도에서 해산되고 말았다.[60] 이와 관련하여 가인은 〈중국 북경에서 열린 국제변호사회에서 일본변호사회와 우리 변호사협회 사이에 그 구성원 문제로 충돌이 있어 서로 양보하지 아니한 결과 국제변호사회의 개회를 보지 못하고 유회되고 말았으며, 그것이 원인이 되어 국제변호사회까지 종언을 고하고 말았던 것이다〉

라고 회고하고 있다.[61]

가인의 중국 방문과 관련해 특기할 일은 그가 임시정부의 요인
들을 조용히 찾아갔다는 사실이다. ≪새벽≫ 1960년 11월호에 주
요한(朱耀翰)이 발표한 「가인 김병로 선생의 추억」에 따르면, 가
인은 이시영(李始榮)과 이동녕(李東寧)과 안창호 등을 차례로 예
방했다는 것이다. 이때의 일을 가인이 회고록에 남겼더라면 임정
요인들에 대해 새로운 자료가 나올 수 있었을 것이라는 아쉬움이
남는다. 어떻든 이런 일에서도 민족문제에 대한 가인의 평소의 신
념과 자세가 어떠했는가가 짐작된다.

어떻든 가인을 포함한 조선인 변호사들의 활약은 비록 큰 것은
아니었다고 해도 국내에도 전해져 뜻있는 동포들을 기쁘게 했다.
그리하여 그들이 귀국하자 월남 이상재가 위원장이 되어 서울 종
로의 해동관(海東館)에서 환영만찬회를 열고 우리 민족의 의기를
국제사회에 떨친 것을 치하했다.[62]

북경대회의 참가를 계기로 결성된 조선변호사협회는 임의단체
였다. 따라서, 가인의 표현으로, 〈어떠한 특별한 제약을 받을 바가
없었다.〉[63] 이 이점을 이용해 이 협회를 〈우리 민족을 위해 정치
적으로나 사회적으로 모든 사업도 할 수 있고 행동도 할 수 있는〉
단체로 이끌어 나가기로 결정했다. 그리하여, 가인의 회고에 따르
면, 조선변호사협회는 〈각 사회 단체와 긴밀히 연락을 가졌으며
정치투쟁의 일익으로 활동한 바도 적지 아니하였다.〉 즉 변호사
들이 법정을 통해 정치투쟁을 전개할 때에도 법정 밖에서 변호사
들을 원호하는 역할을 맡았던 것이다.[64]

가인은 조선변호사협회의 업무에도 열성이었다. 1924년 4월에
열린 경성조선인변호사회의 정기총회에서 이미 상의원(常議員)으
로 선출되었던 그는 그 열성적인 헌신이 인정되어 그 해 5월 25일

에 열린 조선변호사협회 정기총회에서는 이사장으로 선출되기에
이르렀다. 가인은 그 다음해 4월에는 경성조선인변호사회 부회장
으로 선출되는데, 이때 회장으로 뽑힌 이는 그와 함께 형사공동연
구회를 운영하는 허헌이었다. 가인은 1926년 4월에 경성조선인변
호사회 회장으로 선출되며, 1927년과 1928년에는 각각 부회장으
로 선출되는 등,[65] 우리 변호사계의 주도적 위치를 확보했다.

조선인 변호사들이 이러한 활동을 총독부 당국이 내버려두지
않았다. 1926년 1월 경성지방법원 검사국 검사정(檢事正) 나가오
세이죠(長尾成三)는 경성조선인변호사회의 회장 허헌과 부회장
가인 및 상의원의장 박승빈을 불렀다. 나가오는 〈종전에 없던 친
절하고 온화한 태도로 '새해가 되었으니 새로운 일을 하여 보자'
고 말했다.〉 허헌 등이 〈무슨 일이냐〉고 물었더니 그는 〈여러분
변호사는 조선에서 최고 지식층이며 경성은 조선의 정치중심지인
데 조선인과 일본인이 분리되어 각기 변호사회를 구성하고 있다
는 것은 일(日)-선(鮮) 융화에 악영향을 미치는 바 크므로 속히
양 회의 결의로써 합동하여야 한다〉는 것이었다. 이때 가인은 〈일
본의 정치는 모든 것이 조선인에 대하여는 차별적이므로 차라리
변호사회도 분리되어 있는 것이 원칙이 아니겠는가? 그러나 검사정
의 지시이므로 상임의원회 및 총회에 부의하여 그 결과를 회보하겠
다〉고 답변하고 나왔다.[66]

그 다음날로 상임의원회에 부의한 결과 〈합동에 찬성하는 의원
도 있었으나 다수결로 부결되었다.〉[67] 이때 일본인변호사회는 합
동을 결의하고 그 뜻을 가인에게 알려왔다. 동시에 합동에 응하지
않으면 〈검사정의 비상처단이 있을 것〉이라고 위협해 왔다.[68] 가
인은 전혀 개의하지 않고, 총회에 부의했다. 그 결과는 『한국변호
사사』는 이렇게 자랑스럽게 기록하고 있다.

　　1926년 2월 27일에 조선인변호사회는 남대문통 식도원에서 임시총회를 열고 합동문제를 토의한 끝에 합동하지 않기로 만장일치 결의가 되어 위 임시총회의 결과를 동년(同年) 3월 1일 경성지방법원장 나가오 검사정 및 일본인변호사회에 통고하였다.[69]

　　여기서 나가오 검사정을 경성지방법원장이라고 소개한 것은 착오일 것이다. 어떻든 조선인변호사회의 결정에도 불구하고 총독부의 끈질긴 공작과 압력으로 뒷날 합동이 이뤄진다. 이렇게 되자 〈나와 우리 동조자 이인, 권승렬, 김용무 군 등은 그 후부터 변호사회의 역원에 참가한 일도 없었고, 동(同) 회합에 참석한 일이 전연 없었던 것이다〉라고 가인은 회고했다.[70]

4　변호사로서의 언론 및 교육 활동

동아일보사와 보성전문학교 이사진 참여

　　변호사로서 법정 투쟁에 주력하면서 가인은 언론과 교육에도 관여했다. 그는 우선 동아일보사 운영에 참여했다. 가인이 담양군 창평리의 창흥학교 시절부터, 그리고 도쿄유학시절을 통해 우정을 쌓아온 인촌 김성수가 동아일보사를 발기해 78명의 발기인과 더불어 그 총회를 처음 연 때는 1920년 1월 14일이었다. 그해 4월 1일 「주지(主旨)를 선명하노라」라는 창간사를 앞세우며 출범한 《동아일보》사의 지도자들, 예컨대 고하와 설산과 인촌은 물론 다른 간부들의 대부분도 가인과 가까운 사이였다. 가인도 발기인이 될 법했으나 현직 판사여서 발기인으로서는 참여하지 않고 뒤에서 ≪동아일보≫의 창간을 힘껏 성원했다.

≪동아일보≫는 그 해 9월에 총독부로부터 무기정간 처분을 받았다. 「제사(祭祀) 문제를 재론하노라」라는 제목으로 설산이 3회에 걸쳐 집필한 사설이 천황집안의 세 가지 신기(神器)를 우상숭배에 비유함으로써 일본황실을 모독했다는 이유였다.[71] 해가 바뀐 1921년 1월 10일에서야 총독부는 무기정간을 해제했으며, 2월 21일부터 다시 신문을 내게 된 동아일보사는 그해 9월 14일 주식회사로 성립되었다. 이때 가인은 인촌을 돕고자 검사역을 맡았는데, 법률고문의 자리였다.

이 무렵 가인은 보성전문학교에도 이사로 참여했다. 1920년 2월에 보성법률상업학교는 보성전문학교로 승격하기 위한 운동을 벌였고, 신임 고원훈(高元勳) 교장을 비롯한 교직원들이 재단법인설립기성회를 발기하기에 이르렀다. 이 운동이 열매를 맺어 1921년에 천도교가 교사부지와 건물에 현금 5만 원을, 진주(晉州)의 김기태(金琪邰)가 15만 원을, 경주(慶州)의 최준(崔浚)이 3만 원을, 개성(開城)의 김원배(金元培)가 3만 원을, 통영(統營)의 서상호(徐相灝)가 1만 원을 내놓는 등, 60여 명의 유지들이 출연했다. 그결과 이 해 12월에 재단법인 보성전문학교 설립이 인가되었으며, 1922년 4월 1일에 법과와 상과 양과를 갖춘 보성전문학교로 새롭게 출발했다.

이때 가인은 설립자의 한 사람으로 참여했는데, 설립자로 참여한 이는 전부 59인이었다. 여기에는 그와 함께 형사공동연구회를 운영하는 허헌 변호사와 이승우 변호사도 참여했으며, 윤치호(尹致昊)와 인촌도 들어 있었다.[72] 가인은 1922년 1월에 열린 제1차 이사회에서 고원훈, 이승우, 서광설(徐光卨), 오상준(吳尙俊), 서상호와 함께 6인 상임이사로 선출됐다. 대표이사에는 김기태가 뽑혔다.

　이처럼 새롭게 출발하면서 보성전문학교는 지금의 종로구 송현동(松峴洞)으로 새 교사를 마련해 이사했으며 사각모에 보전(普專)이라는 교표를 달기 시작했다. 그 이전에는 아무런 자격도 받지 못했던 보전 졸업생에게도 1923년부터는 판·임관 임용 자격이나 사립중학교 교원 자격이 주어졌다. 오늘날 고려대학교 학생들에게 구교가(舊校歌)로 전해져 오는 〈젊은 가슴 숨은 생명 힘 넘쳐 뛰노라/이 힘이여 이 생명을 펼 곳이 어디냐. 눌린 자를 쳐 들기에 굽은 것 펴기에/쓰리로다 부리리라 이 힘과 이 생명〉 하는 보전의 교사가 송현동 거리는 물론 서울 한쪽을 휩쓸던 것도 이 무렵이었다.[73]

　그러나 다른 한편으로 재단은 심각한 분규에 시달렸다. 1920년부터 1925년 사이에 교장이 무려 여섯 명이나 나온 것이 그 점을 잘 말해 준다. 재단 설립 초인 1920년 2월 고원훈, 1923년 11월 허헌, 1924년 8월 서상환, 1924년 12월 유성준(兪星濬) ─ 그는 유길준의 동생으로 변호사였다 ─, 1925년 다시 서상환과 박승빈(朴勝彬)이 차례로 교장직을 맡았던 것이다.[74] 재단의 분규는 법정으로까지 연장되었는데, 예컨대 1923년 가을에는 일부 재단 이사들이 고원훈 교장의 사퇴를 요구하면서 소송을 제기했다. 김진배는 그들이 재단과 학교를 한 손에 쥐기 위해 소송까지 제기한 것으로 보았다.

　어떻든, 이 소용돌이 속에서 가인은 학교 쪽을 옹호하는 입장을 취했다. 1923년 11월 11일자 《동아일보》의 보도에 따르면, 가인은 〈학교는 교장의 총괄 아래 움직여야 하는 것이며, 상당한 권한을 갖는 주임을 두자는 일부 재단이사들의 요구는 교장을 허수아비로 만들려는 의도일 뿐〉이라고 논박했다. 또 〈학교의 운영이 어려운 것은 교장의 능력 부족 때문이 아니라 재단의 기부자들이 기부 의사만 밝혔을 뿐 실제로 돈을 내놓지 않은 데 있다〉고 주장하면서 고원훈 교장을 감싸주었다.[75]

그래도 분규는 계속되었다. 〈문제를 더욱 복잡하게 만든 것은 김병로가 재단법인의 설립자 겸 재단이사의 한 사람이면서 강사직을 맡았던 것처럼 그와 반대 입장에 있던 서상호와 서상환 등도 또한 설립자요 재단이사의 한 사람이요 또한 강사이기도 했기 때문이다.〉 김진배가 지적했듯이, 〈이들이 법률지식에 정통한 변호사 출신이라는 것도 입씨름을 격화시키는 데 작용한 것이 아닌가 한다.〉[76]

민족주의적 사회활동

가인의 사회참여는 1920년대 초 이른바 문화통치 아래서 우파 민족주의세력이 주도한 양대 실력배양＝자강운동인 민립대학설립운동과 물산장려운동에도 미쳤다. 이 시점에서, 민립대학운동은 동아일보사가 불을 지폈다. ≪동아일보≫는 1922년 2월 6일에 「민립대학의 필요를 제창한다」는 사설을 게재하고 〈조선인에 의한 조선인의 대학 설립〉을 제창하면서 〈조선민족이 비록 가난하고 약하나 마음과 힘을 합하면 어찌 이 일을 이루지 못하겠는가〉라며 민립대학 설립에 모든 동포들이 호응해줄 것을 촉구했던 것이다.

여기에, 일찍부터 민립대학 설립의 필요성을 지적해온 조선의 지도층인사들이 월남(月南) 이상재(李商在)를 중심으로 결집했다. 경술국치 때 회갑을 맞았던 월남은 비록 적극적인 항일투쟁의 길을 밟지는 않았으나 1927년 3월 서거할 때까지 여러 방면에서 민족주의적 사회운동들을 벌여 〈빛 잃은 암흑기에 오직 하나의 민족적 양심, 민족의 스승으로서 정신적 국보의 위치〉를 쌓을 수 있었다.[77] 그가 3·1운동에 관련된 일로 3개월의 옥고를 치르고 나와 1920년 6월에 조선교육협회 회장으로 취임한 뒤 추진한 민립대학설립운동이 그 대표적 보기이다. 그는 한규설(韓圭卨)과 윤치호(尹致昊) 및 조만식(曺晩植) 등과 손잡고 민족교육에 의한 독립의 기초를 다지고자 1923년 3월에 조선민립대학기성회를 발기시켰던 것이다.

김진배가 작성한 가인 연보에 따르면, 가인은 여기에 참여했다. 그가 어떤 자격으로 또 어떤 방식으로 참여했는지는 확실하지 않다. 그러나 당시 우리나라에는 전문학교만이 있을 뿐 대학이 전혀 없었던 현실에서 민족 스스로의 힘으로 대학을 세우자는 운동이 일어났을 때, 교육자로 출발했으며 1920년 6월에 이상재와 더불어 조선교육협회 창립 91인 발기인 가운데 한 사람이었고 보성전문학교의 상임이사로 있던 그가 적극 도왔으리라고 짐작하기 어렵지 않다. 이 운동은 일제의 방해로 좌절되고 말지만, 그것이 일제로 하여금 1924년 5월에 경성제국대학을 세우게 하는 하나의 자극이 된 것도 사실이다. 월남이 경성제대 개교식 초청에 응하면서 〈오늘이 우리 민립대학의 개교식 날로, 이 학교는 우리 대학의 후신이자 장차의 우리 대학〉이라고 우스개소리를 한 것도[78] 따지고 보면 언중유골(言中有骨)이었다고 하겠다.

민족의 교육기관에 대한 가인의 관심이 고등교육기관에 국한되지는 않았다. 1924년 4월 14일에 조선중앙기독교청년회 학관의 산하에 고등보통학교를 세우려는 기성회가 발기되었을 때 가인은 기꺼이 참여했다. 발기인은 모두 54인이었다. 가인은 가까이 모시던 이상재를 다시 받들고 신흥우(申興雨) 등과 함께 참가한 것이다.

민립대학설립운동이 민족적인 문화운동이었다면, 비슷한 시기에 일어난 국산품애용운동인 물산장려운동은 민족적인 경제운동이라고 볼 수 있었다. 평양에서는 조만식이 1922년에 조선물산장려회를 창립했으며, 같은 시기에 ≪동아일보≫사도 이 운동을 적극 뒷받침하여, 각 지방에서 물산장려회 또는 토산장려회의 이름으로 자매단체들이 속출하였다.[79] 그리하여 1923년 1월에 조선물산장려회가 서울에서 결성되었다.

당시 좌익진영에서는 이 운동이 일부 부르주아계급의 이익을 늘려 주기 위한 운동으로 보고 배척하는 경향이 있었다. 또 민립대학설립운동과 함께 이 운동을 하나로 묶어 일본에 대한 타협적 민족개량주의의 산물로 보는 이들도 적지 않았다. 그러나 가인은 별로 개의함이 없이 이 운동을 힘껏 지원했던 것 같다. 이미 국산품애용을 생활화하고 있던 그로서 주저할 필요가 없었을 것이다.

앞에서 지적했듯이, 민립대학을 세우려는 운동이나 국산품을 애용하자는 운동은 일종의 실력배양=자강론에서 나온 것이었다. 우리가 제1장 제5절에서 이미 살폈듯이, 가인은 한말에 실력배양=자강론을 받아들였고 그리하여 일본으로 건너가 법률을 배우고 돌아와 〈민족변호사〉가 된 사람이다. 더욱이 이 운동들을 추진한 주동자들은 대체로 가인의 동향사람들이거나 도쿄유학 때 학우회를 통해 함께 겨레의 앞날을 걱정하던 이들이다. 간단히 말해, 이념적으로나 인간적으로 손을 잡고 함께 추진할 수 있는 운동들이었던 것이다.

그러나 여기서 중요하게 지적되어야 할 점은, 민립대학설립운동과 물산장려운동을 추진하던 세력 가운데 상당수가 정치 부문에서의 민족자치운동이라는 명분 아래 시도했던 연정회(研政會) 조직 계획에 가인은 참여하지 않았다는 사실이다. 짐작하건대, 가인에게 연정회 운동은 일제에 대한 타협으로 비쳤을 것이며 따라서 그 조직에 가담하기를 꺼렸을 것이다. 여기에서 우리는 가인이 당시의 국내 우파 민족주의 세력과 어떤 선을 긋고 있던 것이 아니었던가 생각하게 된다. 그리고 이 구획선은 우리가 앞으로 살필 신간회운동에 가인으로 하여금 적극 참여하게 만들었을 것이다.

가인의 이러한 비타협적 입장은 총독부가 어용 폭력단체를 앞세워 민족진영의 인사들을 협박하는 사건들을 일으켰을 때 감연히 저항하도록 만들었다. 그 예가 이른바 식도원(食道園) 사건에 대한 저항의 조직이었다.

〈문화통치〉 이후 국내에서 비록 적극적 항일 투쟁은 아니지만 소극적 저항 성향 또는 민족주의적 성향을 갖는 운동들이 여러 갈래로 벌어지자 총독부는 이 운동들을 탄압하기 위해 1924년에 친일단체인 국민협회, 노동상애회, 대정친목회, 국민회 따위를 포함한 10여 개 단체들을 묶어 각파유지연맹(各派有志聯盟)이라 이름했다. 이 단체의 간부들은 총독부를 등에 업고 또는 그 앞잡이가 되어 중립적인 인사들에게까지도 자신들에게 동조하도록 강요하거나 금품을 요구하는 등 갖은 행패를 부렸다. 그 대표적인 행패가 바로 식도원 사건이었다.

이 사건의 발단은 1924년 4월 2일자 ≪동아일보≫ 사설 「관민야합(官民野合)의 어리운동(漁利運動)」이었다. 이 신문이 3월 30일자 사설에 이어 이 사설로 다시 한번 각파유지연맹의 행패를 통박하자 각파유지연맹의 이풍재(李豊載)와 채기두(蔡箕斗)가 인촌과 고하를 식도원으로 유인하고 사과문을 내도록 협박했다. 인촌과 고하가 거절하자 박춘금(朴春琴)이 폭행을 가했다. 박춘금은 일본에서 불량배생활을 하다가 1923년 9월에 일본의 관동지방에서 일어났던 큰 지진 때 한 밑천 잡은 주먹패였다. 우리 교포 5천여 명이 무참히 학살되었을 때 박춘금은 도쿄경시청을 찾아가 시체처리를 맡겠다고 자원하여 수용소에 있던 교포들을 동원해 시

체를 처리하고 거기서 얻은 노임을 착복해 축재한 뒤 폭력깡패로
자리를 굳혔다. 조선총독부는 그의 이용 가치에 주목하여 불러들
였고, 이미 동아일보사를 협박하는 일들을 몇 차례 저지르게 했었
다. 이러한 경력을 지닌 박춘금이 단도와 육혈포를 번갈아 써 가
며 두 사람을 세 시간이나 협박했다. 이에 어쩔 수 없이 〈고하는
개인의 자격이라는 것을 강조하고 인신공격은 유감이었다는 짤막
한 쪽지를 써주었고, 인촌도 개인 자격이라고 강조하며 3000원을
전해 주겠다고 약속하여 겨우 풀려나 귀가했다.〉 돈은 다음날 총
독부 경무국장에게 직접 전해졌으나 당황한 경무국장이 받지 않
아 그냥 갖고 돌아 왔다고 한다[80](박춘금은 그 뒤 일본 국회의 대
의사(代議士) 노릇을 하면서 대의당(大義黨)을 조직한 1급 친일민족
반역자가 된다). 그 뒤에도 각파유지연맹은 대낮에 경무국의 자동
차를 이용하여 깡패들을 데리고 동아일보사에 밀려들어 많은 기
구들을 파손하기도 했다.

 이 사건, 특히 식도원 사건을 놓고 여론은 들끓었다. ≪동아일
보≫사 편집국 기자들은 사장 고하를 비롯한 이사진의 사임을 요
구하고 나섰으며 그것이 관철되지 않자 상당 수의 기자들이 사임
했고, 그리하여 그해 10월에 잠정적인 조치로 사장을 비롯한 이
사진의 개편이 있었다. 3·1독립선언서에 서명한 33인 가운데 한
사람으로, 민족주의적 기업인이면서 교육자로, 조선민중의 신망을
받던 이승훈(李昇薰)이 사장으로 영입되고, 역시 3·1운동에 참여
해 옥고를 치른 항일민족주의자 홍명희(洪命熹)가 주필 겸 편집
국장으로 영입된 것이 바로 이때였다.[81]

 다른 한편으로는 각파유지연맹의 폭행을 규탄하는 소리가 높았
다. 가인은 여기에 속했다. 〈그 자들의 행동을 방임한다면 무슨
괴이한 사태가 발생하는지 알 수 없다〉는 판단 아래 가인은 〈변

호사협회와 기타 사회단체와 연락하여 협의회를 열고 소위 각파
유지연맹의 폭력행동에 대한 대책을 논의했다〉. 그 결과, 민중대
회를 열기로 결정하고 발기준비위원회를 구성했다. 가인은 그 준
비위원이 7인이었고, 김용무(金用茂), 이관용(李灌鎔), 여운형(呂
運亨), 김필수(金弼秀), 홍성하(洪性夏), 서성달(徐成達) 등이었다
고 회고했다. 그러나 다른 자료에 따르면, 4월 19일 현재 발기준
비위원은 14인으로 위의 7인 외에 남궁준(南宮濬), 허병(許炳),
명이항(明以恒), 박동완(朴東完), 이종대(李鐘大), 김치명(金致明)
등이 더 있다. 또 여운형(呂運亨)이 아니라 여운홍(呂運弘)으로
보도되어 있는데,[82] 이때 여운형은 중국에 망명중이었으므로 여운
홍이 맞다.

준비위원들은 대회를 소집할 준비를 진행하여 장소도 정하고
대회에 내놓을 선언문과 결의문을 만들었다. 그러나 총독부 경무
국은 대회금지령을 내렸다. 준비위원회는 여러 차례 항의했으나
받아들여지지 않아 민중대회는 열리지 못하고 말았다. 그리하여
준비위원들은 〈다시 근본 대책을 토의하기 위해 우호적인 단체인
노동총연맹, 청년총동맹, 신흥청년동맹, 무산자동맹, 변호사협회,
기독교청년연합회, 천도교청년연합회, 여자청년회 등의 23개 단체
와 연락하여 협의회를 열고 토의를 거듭한 결과, 언론압박탄핵민
중대회를 결성하기로 결정하고 그 준비위원으로 가인과 이정윤
(李廷允), 한신교(韓愼敎), 권오설(權五卨), 김찬(金燦) 등 5인이
선정되었다. 5인 준비위원회는 시일과 장소를 정하여 서른한 개
단체의 대의원들을 소집해 100여 대의원 전원이 천도교회관에 모
였다. 4월 하순이었다. 개회 벽두부터 경찰관들이 둘러보고 있는
가운데 각파유지연맹의 만행을 폭로하고 민중대회를 금지한 총독
부 경무국의 처사가 부당함을 지적한 뒤 언론과 집회의 자유를

146

절규했다. 곧 8인의 실행위원을 뽑았다. 가인은 물론이고, 안재홍(安在鴻), 서정희(徐廷禧), 윤홍렬(尹洪烈), 이인(李仁), 김필수(金弼秀) 등이 함께 뽑혔다. 이어 〈우리는 언론과 집회에 대한 당국의 무리한 압박을 공고한 결속으로써 적극적으로 항거하며, 그 방법은 실행위원회에 일임한다〉는 결의문을 채택했다.[83]

이 결의에 따라, 8인 실행위원회는 자주 모임을 갖고 다음과 같이 결정했다. 즉, 각파유지연맹의 간부들, 그리고 언론-집회압박탄핵민중대회를 감시하러 천도교회관에 들어왔던 경찰관들에 대해 기회 있는대로 철권을 가해 겁을 먹게 하기로 하고, 그러한 일을 맡을 이들로 적포단(赤苞團)을 만들게 한 것이다. 적포단은 언론-집회압박탄핵회에 참석했던 단체들과 늘 연락을 취하며 행동을 취했다. 예컨대, 〈야간집회에서는 미리 정한 기회를 포착하여 전등을 끄고 경찰관들을 타도하는 것도 있고, 친일 거두가 여행하는 기회를 포착하여 역에 입장할 때 번잡한 개찰구 근방에서 과실의 충돌같이 가장하여 플랫폼에서 타도하기도 했다.〉 그 결과, 가인에 따르면, 〈소위 각파동맹의 거두들이나 기타 친일 지명인들은 실로 공포시대에 봉착하였던 것이다〉.[84]

여성교육을 강조하다

〈사상변호사〉로서, 그리고 언론과 교육을 비롯한 민족주의적 사회운동의 참여자로서 바쁘고 보람찬 나날을 보내던 가인은 만 35세 때인 1923년 맏아들 재중(載重)의 결혼을 보았다. 며느리는 1906년생 곧 재중보다 한 살 위의 고귀현(高貴鉉)이었다. 제1장 제5절에서 이미 얘기했거니와 그녀는 가인의 외가 어른이면서 동시에 스승인 고정주의 손녀가 된다.

가인은 이미 여성이라도 반드시 배워야 한다는 믿음을 갖고 있었다. 따라서 가인은 만12세인 딸 순남과 함께 며느리를 숙명여학교에 입학시켰다. 고 여사는 숙명여학교 4학년 때인 1927년 첫아기 아들 원규(元圭)를 낳았고 따라서 가인은 만 39세에 이미 할아버지가 된 셈인데, 가인은 큰 손자를 유모에게 맡기게 하고 며느리로 하여금 계속 공부하게 하여, 그녀는 서울약학전문학교로 진학할 수 있었다. 당시 조선인과 일본인의 남녀공학이었던 약전(藥專)에 아들까지 둔 주부를 학생으로 보낸 일은 지금 생각하면 대수롭지 아니한 듯하지만 그때로서는 결코 쉬운 일이 아니었다. 고 여사는 뒷날 아이가 여럿이 되자 약전을 중퇴했으나, 시아버지의 이해와 사랑으로 그처럼 귀중한 공부의 기회를 가졌던 것을 늘 자랑스러워하고 고마워했다.[85]

가인은 그저 여자들을 공부시키는 데만 열심이지는 않았다. 여자들도 나라를 위하고 정의를 위해 싸우고 이기며 사는 생활을 해야 한다고 가르쳤다. 이와 관련하여 고 여사는 숙명여학교 4학년 때 겪었던 일인교사배척운동을 회고했다. 학교가 재봉교사까지 일인을 쓰자 이에 불만을 품은 여학생들은 동맹휴학을 벌였다. 고 여사로부터 이 애기를 전해 들은 가인은 주동 여학생들을 불러 격려하고 싸우는 방법을 지시할 뿐더러 선두에 나서서 여론을 일으켜 주었다. 결국 학생들이 이기게 되었고 일인교사는 물러나게 되었다.

이때 일은 당시 ≪동아일보≫에도 상세히 보도되어 있다. 1927년 5월 27일부터 약 4개월 계속된 학원분규가 단순한 학원분규가 아니라 민족감정이 개입된 그 나름의 항일운동으로 파악된 이 사건은 매우 자세히 다뤄지면서 사회지도층의 관심을 모았다. 특히 이 신문의 세 차례에 걸친 사설은 철저히 학생들의 편에 서서 일인

교사들을 비판했다.

이처럼 여성들의 교육과 정의를 위한 활동을 강조하면서도 가인은 여성은 어디까지나 〈가정을 중심으로 한 현모양처〉이어야 한다고 역설했다. 고 여사의 회고에 따르면, 가인은 〈가정을 떠난 여성의 방종은 털끝만한 것이라도 용서하지 않았으며, 교육을 받더라도 가정을 지키는 여성이 되어야 한다〉고 가르쳤다.[86]

제 4 장

신간회 참여와 〈민족변호사〉로서
독립운동 일선에 나서다

1 민족통일전선 결성이 요청되다

1920년대 중반까지 독립투사들의 변호를 통한 비타협적 자세로
써 일제에 저항해 온 가인에게는 보다 적극적인 항일투쟁으로의
전환이 기다리고 있었다. 일제의 탄압이 강화되고 있는 식민지 조
선의 민족적 상황은 그를 〈민족변호사〉로만 남아 있게 하지 않았
으며, 새로운 선택을 절실하게 요청하고 있었던 것이다. 우리가
이 장에서 살피게 되듯이, 가인은 그러한 요청을 외면하지 않는
다. 그는 1927년에 창립되는 조선민족의 유일당(唯一黨) 신간회
(新幹會)에 참여하는 것이다. 여기서 잠시 신간회가 만들어지고 가
인이 참여하기까지 조선 국내에서 전개된 민족운동의 흐름을 살피
기로 한다.

민족운동에 두 흐름이 나타나다

제3장에서 보았듯이, 일제가 이른바 문화통치를 편 이후 조선 국내에서 전개된 민족운동은 크게 보아 두 흐름으로 나타났다. 한 흐름은 우파적인 흐름으로 흔히 민족주의 진영이라고 불렸고, 다른 흐름은 좌파적인 흐름으로 흔히 사회주의 진영이라고 불렸다.

우파적인 흐름 가운데 문화통치에 어느 정도 타협적인 자세를 보이는 세력이 조직화를 시도하고 나섰다. 우리는 그 뿌리를 1923년에 해외의 독립운동가들 사이에서 제기되었던 자활자치론(自活自治論)에서 찾을 수 있다. 이때 중국에 있던 도산 안창호는 현재의 상황에서 일본을 적시(敵視)하여 조선의 독립을 기도하기는 도저히 불가능하다는 전제 아래 그의 지론인 〈수양인격(修養人格)〉과 〈무실역행(務實力行)〉의 철학에 따라 조선민중의 힘을 길러가면서 점진적 방법으로 독립을 얻자는 취지의 자활자치론을 전개한 것이다. 도산은 분명히 애국자요 선각자였으며 훌륭한 인격자였다. 언론인 송건호(宋建鎬)가 지적했듯이, 도산은 민족문제를 전면적 투쟁의 문제로 보기보다는 민족 개개인의 인격수양과 민족 전체의 역량배양이라는 각도에서 파악한 것이다.[1]

이러한 안창호에게 국내로부터 접근한 이는 춘원 이광수였다. 대한민국임시정부 수립 직후 그 기관지 ≪독립신문≫에서 일하다가 조선총독부와의 연결 아래 귀국한 이광수는 1923년 10월께 중국으로 가 안창호를 만나고 돌아왔고, 1924년 1월 2일부터 5회에 걸쳐 ≪동아일보≫에 「민족의 경륜」이라는 긴 논설을 발표했다. 이 논설 자체에 대한 분석은 여기서 시도하지 않기로 하고, 다만 그 본질을 지적한다면, 〈이 주장은 일제 식민지 아래서의 법령의 테두리 안에서 합법적인 수단으로 모든 문제를 해결하자는, 이를테

면 합법적-타협적인 민족운동을 표방한 것으로서…… 이러한 온
건론은 종국적으로는 일제 식민주의로부터의 자활운동을 의미하
는 것이었다.〉 그러므로 〈일부 온건론자들에게는 지지를 받았으
나 급진론자들에게는 맹렬한 반발을 일으켰다.〉[2]

　이광수적 발상을 가진 우파 지도자들은 1923년 말부터 연정회
(硏政會)라는 조직의 발족을 내다보면서 모임을 갖기 시작했다.
인촌과 고하가 주동이 되어 천도교 신파요 3·1 운동 33인의 한
사람인 최린(崔麟)의 찬동을 얻어, 언론인 이광수, 최원순(崔元
淳), 신석우(申錫雨), 천도교 구파의 이종린(李鍾麟), 변호사 박승
빈 등 15-16명이 〈지금 정세 아래서는 직접적인 독립 운동을 불
가능하다〉는 판단 아래 인도의 국민회의 같은 합법적 정치 단체를
구성하는 문제를 연구해 보자는 취지에서 출발한 것이다. 간단히
말해, 그들은 〈독립은 잠시 유보하고 우선은 일제통치 밑의 자치
를 추구하려 들게 된 것이다.〉[3] 그러나 「민족의 경륜」을 ≪독립신
문≫이 반박했을 뿐만 아니라 국내에서도 거세게 발발하자,[4] 연정
회를 공식 발족시키려던 계획은 일단 포기되었다. 그렇지만 자치
운동을 위한 그들의 연구와 준비는 그 뒤에도 꾸준히 계속된다.[5]

　한편 우파 가운데서도 비타협적인 길을 지키는 이들이 있었다.
이들은 일제의 본질은 조선의 침략과 수탈에 있는 만큼 일제와의
타협은 있을 수 없다는 태도를 확고히 한 것이다. 흔히 전자를 민
족주의 우파라고 부르고 후자를 민족주의 좌파라고 부르기도 한다.

　이들 우파에 맞선 흐름이 사회주의적 흐름이다. 차기벽(車基璧)
교수의 표현으로는, 〈3·1 운동을 통해 일제는 단순한 침략세력
이 아니라 경제적 논리를 갖는 제국주의적 침략세력임을 인식함
에 더불어, 사회주의가 하나의 대안적인 이념체계로서 도입되기
에 이르렀다.〉[6] 더욱이 3·1 운동의 〈실패〉 과정에 나타났듯이,

민족자결주의가 약소민족에게 거의 아무런 힘이 되지 못했다는 판단은 사회주의에 대한 매력을 높여주었다. 그뿐 아니라, 지도층은 분열됐는데도, 오히려 〈민중의 항일역량은 노동—농민 운동을 통해 급속히 성장하고 있었으며〉[7] 특히 1923년을 계기로 급격히 늘어나는 노동쟁의와 소작쟁의는 사회주의의 물결을 더욱 높였다.[8]

이러한 분위기 속에서 사회주의 세력은 우파가 주도하는 민립대학설립운동과 물산장려운동을 타협적 노선의 산물로 비판했다. 여기서도 나타났듯이, 〈사회주의를 신봉하게 된 인텔리겐차들은 식민지사회에서 제기되는 민족문제와 계급문제를 상호 연결시켜 파악하지 못하고, 사회주의에 대한 도식적인 이해와 기계적인 적용을 통해 모든 민족주의적 경향을 부르주아적인 것이라고 몰아붙임으로써, 민족해방투쟁에서 민족주의를 물리치고 주도권을 잡으려 들었다.〉 이러한 도전 앞에서 민족자본의 상층을 대표하는 우파 세력은 일제에 대해 더욱더 타협의 방향으로 기울어졌다. 〈그들은 저항적 민족주의를 견지하려면 반제 이데올로기를 수용해야 하는 사상적 궁지에서 결국은 반제 이데올로기 대신에 저항의 약화 내지 포기를 택한 것이다.〉[9]

이러한 사상적 대립 속에서 1925년에 사회주의자들은, 제3장에서 이미 보았듯이, 조선공산당으로 일단 결집되었다. 1925년 11월에 제1차 검거가 있은 뒤에는 같은 해 12월에 제2차 조선공산당을 비밀리에 조직해 서서히 세력을 넓혀 가고 있었다. 한편 비타협적 우파 세력 가운데 안재홍(安在鴻), 유억겸, 백남훈, 최두선, 조병옥(趙炳玉) 등은 조선사정연구회를 조직해 자치론을 경계함과 아울러 극좌주의 역시 배격하고 나서면서 〈민족정신의 보지(保持)〉를 표방했고, 기독교계의 신흥우(申興雨)와 이상재 등은 태평양문제연구회를 조직해 역시 자치론에 대항했다.[10] 가인은 이

때 어느쪽에도 가입하지 않았다.

두 흐름 사이에 협동의 필요성이 제기되다

서로 분리된 채 대립되어 있던 이러한 민족주의적 세력들은 1926년에 들어와 협동의 필요성을 느끼게 되었다. 차기벽 교수가 지적한 대로, 비타협적인 우파 세력 —— 보는 이에 따라서는 비타협적인 민족주의 좌파 세력 —— 이나 사회주의 세력이 다같이 일제 및 자치운동 세력과의 투쟁에 있어서 상대방을 필요로 했기 때문이다.[11] 그 무렵 중국에서는 국민당과 공산당 사이에 이른바 국공합작이 시도되고 있었고, 중국 여러 곳들에 흩어져 있던 우리 독립운동단체들 사이에서도 〈민족유일당운동〉 또는 〈유일독립당 촉성운동〉이 벌어지고 있었는데, 이러한 운동이 국내에 미친 영향도 적지 않았을 것이다.[12]

어떻든 두 세력 사이의 협동전선 결성에 관한 구체적인 논의는 1926년 3월에 조선공산당과 천도교 구파 및 ≪조선일보≫ 계열 인사들 사이에서 시작되었다. 이 무렵 대한제국의 마지막 황제였던 융희황제 곧 순종이 죽었고, 장례날짜가 6월 10일로 잡혔다. 조선공산당은 이 날을 택해 대대적인 독립만세운동을 벌이기로 결정하고 은밀히 추진해 나갔다. 마치 고종의 장례를 기해 3·1 운동을 일으켰듯이, 순종의 장례를 기해 제2의 3·1 운동을 일으키자는 뜻이었다.

실제로 6월 10일에 만세운동이 벌어지기는 하였으나 3·1 운동에 훨씬 못미쳤다. 일제경찰이 워낙 심하게 경계한 데다가, 조선 프롤레타리아트의 해방을 강조하고 적기(赤旗)를 휘날린 것이 일반 백성들을 3·1 운동 때처럼 열광시키지 못한 한 요인이 된 것이다. 한편 일본경찰은 이 사건을 계기로 제2차 조선공산당의 간부들을 검거해, 조선공산당의 핵심이던 화요회는 사실상 뿌리가 잘렸고 조선공산당 조직도 크게 약화되었다.[13]

6·10 만세운동이 기대했던 만큼의 큰 효과를 내지 못하자 민족적 협동전선이 결성되어야 한다는 주장은 더욱 커졌다. 그러던 가운데 그 다음달 우선 부분적인 협동의 형태로 명제세(明濟世)와 신현익(申鉉翼) 등이 중심이 되어 조선민흥회(朝鮮民興會)가 결성되었다. 한편 화요회 계열의 합법적 사상단체인 정우회(正友會)는 11월에 조선 공산주의자들의 방향전환을 다짐하는 유명한 선언서를 발표하고 민족통일전선의 형성을 뒷받침했다.[14] 정우회는 자신의 선언을 뒷받침하기 위해 스스로 해체해 여러 단체들에게 충격을 주었으며, 그 결과는 우선 조선민흥회의 자진 해체 및 정우회 세력으로의 자연스런 흡수로 나타났고, 그리하여 민족통일전선의 토대는 쌓여갔다.[15] 이러한 배후에서 조선공산당은 12월에 비밀리에 재건되어 제3차 조선공산당 시대가 열렸다.

이 일련의 과정에 가인은 참여하지 않은 것 같다. 정우회는 가인이 가입했던 것으로 여겨지는 북풍회의 후신이기도 하다. 그러나 그가 정우회에 가입하지는 않은 것 같다. 그는 6·10 만세사건 및 제2차 조선공산당 관련자들의 법적 투쟁을 변호하는 일에 자신의 역할을 한정하고 있었다.

그러나 그것이 소극적인 항일로 단정될 수는 결코 없을 것이다. 그는 이인 및 허헌 등과 함께 제2차 조선공산당 관련자들이 수사과정에서 극심한 고문을 당한 사실을 폭로하고 수사에 참여한 경관들을 고소함으로써 여론을 격앙시켰던 것이다. ≪동아일보≫는 1927년 10월 22일자 2면에 이 사실을 머리로 다루면서, "인도상(人道上) 용서치 못할 중대한 사태"라는 표현으로 일제당국을 규탄했다.

2 신간회 창립과 가인

신간회가 창립되다

확실히 정우회 선언은 민족통일전선을 탄생시키는 촉매 역할을
수행했다. 이 선언 뒤 우파 가운데 〈비교적 진취적 경향에 있던
사람들〉이 통일 전선 운동을 활발히 전개했고 공산주의자들이 적
극 가담하여 1927년 1월 19일 신간회가 발기된 것이다. 발기인은
28명으로, 김명동(金明東), 김준연(金俊淵), 김탁(金鐸), 권동진(權
東鎭), 정재룡(鄭在龍), 이갑성(李甲成), 이석훈(李錫薰), 정태석
(鄭泰奭), 이승복(李昇馥), 이정(李淨), 문일평(文一平), 박동완(朴
東完), 백관주(白寬注), 신석우(申錫雨), 신채호(申采浩), 안재홍
(安在鴻), 장지영(張志暎), 조만식(曺晩植), 최선익(崔善益), 최원
순(崔元淳), 박래홍(朴來泓), 하재화(河載華), 한기악(韓基岳), 한
용운(韓龍雲), 한위건(韓偉健), 홍명희 등이 그들이다. 이들의 성
분을 분석한 김준엽(金俊燁)과 김창순(金昌順)은 〈곧 주동세력은
≪조선일보≫의 간부와 조선공산당원이며, 거기에 종교계와 지방
의 비타협주의 지도자들이 망라되어 있는 것〉이라고 쓰고 있다.[16]
우익진영에서 볼 때에는 타협적인 개량주의와 비타협주의의 대립
에서 비타협주의가 주도세력으로 등장한 것이고, 좌익진영에서
볼 때에는 1926년 초부터 시도해 오던 좌우익의 단일적 협동전선
쟁취를 위해 한 걸음 나간 것이었다.[17]

가인은 발기인으로서는 아니지만 신간회의 창립에 참여했다.
그는 자신이 참여하게 된 배경을 회고하면서 이렇게 말을 꺼냈다.

　　3·1 운동이 온 민족의 독립정신을 격동시킨 바 있어, 도시나

지방을 막론하고 항일의식이 점차 표면화되는 경향이 증가하였고, 일정(日政) 당국도 형식이나마 헌병정치를 폐지하고 문화정치로 전향한다는 미명 아래 수개의 언론기관을 허가하고 사회운동의 표현단체를 허용하게 되었다. 그러므로 이 기회를 이용하여 청년 운동, 기타 문화 향상을 목적으로 하는 민족주의 단체가 빈번히 결성되었는데, 그 뒤를 이어 공산주의의 이면 운동이 태동되었으며 민족주의와 공산주의 관계에 있어 암투의 조류가 양성되었다.

이렇게 좌우파의 암투가 벌어지니까, 〈정치투쟁의 역량이 약화될 염려가 있었다.〉 그뿐 아니라, 〈흉험한 경찰당국이 교묘한 이간책을 농하여 상호간의 암투를 조장하는 사례도 확인되었다〉. 여기서 〈우리들은 이러한 상태를 우리 독립운동의 일대 위기라고 인정하여, 각 단체의 간부들 사이에 연락을 은밀히 하여 협의를 거듭했다.〉 그 결과 〈민족주의와 공산주의가 그 이념을 달리하고, 목적이 상반된다 할지라도, 우리 조선의 현실에 있어서는 독립을 쟁취하지 아니하고는 민족주의와 공산주의 이론은 공염불에 불과한 것이니, 양자의 논쟁은 독립을 쟁취한 뒤, 국민총의에 의하여 결정하기로 하고, 우선 우리 조선이 일본의 기반(羈絆)으로부터 이탈될 때까지는 민족의 총역량을 집합하여 항일투쟁을 강화하자는 결론에 일치를 보았던 것이다〉. 그리하여 〈민족단일당의 성격을 가진 신간회를 결성하기에 이르렀다〉고 그는 회고했다.[18]

신간회 창립대회는 1927년 2월 15일에 서울 종로에 위치한 기독교청년회관에서 열렸다. 200여 회원이[19](또는 어느 기록에 따르면 500여 회원이,[20] 또는 400여 회원 가운데 약 200여 명이[21]) 출석한 가운데, 회장에 만 77세의 ≪조선일보≫ 사장 월남 이상재가, 그리고 부회장에 오늘날까지도 소설 『임꺽정』의 저자로 기억되는 벽초 홍명희가 각각 뽑혔다. 권동진을 비롯한 열한 명의 전형 위원들이 서른다섯 명의 간사를 뽑았다. 이어 서무부장에 권태석, 재무부장에 박동완, 정치문화부장에 신석우, 조사연구부장에 안재홍, 출판부장에 최선익, 조직부장에 홍명희, 선전부장에 이승복을 뽑았다. 이 진용에 대해 가인은 〈그 늠름한 위풍과 광대한 기세는 풍운을 일으키고 산하를 진동할 만하였던 것이다〉라고 생각했다. 그것은 전혀 과장이 아니었다.[22]

신간회는 세 가지 강령을 채택했다. 〈우리는 정치적 경제적 각성을 촉진함,〉〈우리는 단결을 공고히 함,〉〈우리는 기회주의를 일체 부인함〉이 그것이다. 그리고 민족통일전선으로서의 이 조직의 이름을 신한회(新韓會)라 지었으나 총독부가 한(韓) 자를 거부해 간(幹) 자로 바꿨다. 〈옛날에는 한과 간이 같은 뜻으로 쓰인 때도 있고, 고목신간(古木新幹)이란 말도 있고 해서 한을 간으로 바꾸게 된 것이다.〉[23] 이때 한 대신에 간을 찾아낸 이는 홍명희인 것으로 전해진다.[24]

그러면 일제는 조선민족의 해방을 위해 비타협적 투쟁을 전개하려는 신간회의 창립을 왜 허가했을까? 이 물음에 대해 차기벽 교수는 이렇게 대답한다.[25]

첫째, 3·1 운동과 6·10 운동을 겪은 일제는 조선민중의 직접적 폭발이 더 이상 일어나지 않도록 막아야 한다는 생각을 갖고 있었다. 그런데 사회주의의 영향이 급속히 커지면서 조선민중의 항일역량은 크게 늘어나고 있는 형편이었다. 이 역량이 또 한 차례의 대중봉기로 나타나지 않게 하려면 신간회 같은 조직을 오히려 허용함으로써 항일역량이 지하로 쏠려 더욱 축적되는 것을 막을 수 있고, 또 자신들의 감시와 조종 아래 둘 수 있다고 계산했던 것 같다.

둘째, 일제는 당시 조선의 혁명세력을 일반 민중으로부터 고립시킴으로써 약화시키려는 전략을 쓰고 있었다. 일제의 계산으로는, 좌우 양익의 모든 사상가들과 운동가들을 한 우리 안에 모아놓고 분열과 대립을 조장하면 민중은 사상의 좌우를 막론하고 민족지도자들에게 실망하고 싫증을 낼 것이었다.

셋째, 신간회를 허용해 주면 거기에 참여하는 반일 지하결사들이 양성화되어 감시와 단속이 쉬워질 것으로 계산한 것 같다.

한편 코민테른은 코민테른 나름의 계산이 있었다. 제국주의를 타도하기 위해서는 식민지의 민족주의를 북돋우는 것이 지름길이며 그렇게 하기 위해서는 민족통일전선의 결성을 뒷받침해 주는 것이 좋다고 믿고 있었다. 실제로 1922년에 코민테른이 소집한 제1차 극동피압박인민대회 —— 흔히 극동근로자대회라고 부른다 —— 는 조선민족해방의 과제로서 반제 즉 반일민족통일전선의 결성이 필요하다고 강조했던 것이다. 이러한 맥락에서 볼 때, 코민테른은 조선공산당의 신간회 창립을 사전에 지시했거나 사후에 양해했을 것이다.[26]

신간회의 조직이 확장되다

그러면 이러한 배경에서 출발한 신간회는 어떻게 운영되었는가? 우선 본부를 서울에 두고 각 지방에는 지부를 두었다. 회원은 20세 이상의 조선인 남녀로서 강령을 승인하는 자로 하고, 20세 이하의 학생에 대하여는 본부에 설치한 7부 외에 따로 설치한 학생부에 들게 하였다. 정기대회는 매년 1차, 임시대회는 본부의 간사회가 필요로 할 때, 또는 지부의 대표 회원 반수 이상이 요구할 때 회장이 소집하기로 했다.[27]

부서를 모두 갖춘 신간회는 곧바로 활동에 들어갔다. 교육학자 이문원(李文遠) 교수는 신간회의 활동을 신간회 집행부의 주도권을 누가 쥐었느냐에 따라 3기로 나눌 수 있다고 말한다. 1927년 2월 5일 창립부터 복대표(複代表) 위원회가 열려 주도권이 교체되는 1929년 6월 28일 직전까지가 제1기이며, 1929년 6월 28일과 29일 복대표 위원회가 열려 허헌 변호사를 중앙집행위원장으로 선출한 때로부터 광주학생운동을 계기로 한 민중대회사건으로 집행부의 중요 간부가 검거되고 그리하여 새 집행부가 구성되는 1930년 11월 9일 이전까지가 제2기이고, 새 집행부가 구성된 때로부터 1931년 5월 16일에 해소될 때까지가 제3기이다. 가인은 제2기부터 신간회에 표면적으로 나서 활약한다.[28]

창립과 더불어 신간회는 모든 힘을 조직의 확장에 쏟았다. 그러나 신간회가 창립된 때로부터 1개월 반 정도가 지난 3월 29일에 회장 이상재가 만 77세를 일기로 별세했다. 다른 회원들과 마찬가지로 가인의 슬픔은 컸다. 가인의 표현으로, 〈선생의 서거는 우리 민족의 큰 손실임은 물론이거니와 신간회로서는 창립 초기에 있어서 위대하신 지도자를 잃었으니 민족운동의 발전도상에 일대 비운이었음을 느끼지 아니할 수 없었다.〉[29]

이상재의 별세는 가인을 좀더 표면에 나서게 하였다. 회장이 죽자 후임 회장으로 권동진이 뽑혔는데, 권 회장은 자신의 보좌역으로 가인과 허헌 두 변호사를 기용한 것이다.[30] 가인은 회장을 비롯한 간부들과 지방을 순방하기도 하면서 정열을 쏟았다. 이 시기를 가인은 〈모든 간부들의 비상한 활약으로 경성지부를 결성하고, 각 지방에 순회하여 지부의 조직과 취지의 선전에 주력하여 민심의 귀향을 촉진하고, 관료의 비행에 대한 폭로전술을 강행하였으며, 노동쟁의나 소작쟁의 등의 공정한 해결에 협조하는 등 모든 사태의 발생에 관심을 기울였던 것이다.〉[31]라고 회고했다.

이러한 활동 속에서 창립 10개월 뒤인 1927년 12월 27일에는 지회 100개 돌파 기념식을 갖기에 이르렀다. 도쿄와 오사카에도 지회가 창립되었다. 그 사이 김활란(金活蘭) 등의 애국부인회와 황신덕(黃信德) 등의 중앙여자청년동맹과의 합작으로 신간회의 자매단체로 여성운동의 단일전선인 근우회(槿友會)가 창립되었다. 신간회가 이처럼 빠른 속도로 세력을 확장해 나가자 신간회 창립 때는 참가를 주저하던 세력에서도 1928년 1월부터는 가입하기 시작했다.

조직의 기반이 다져지자 신간회는 1928년 봄에 실제운동의 당면과제 여섯 개 항을 내세웠다. 곧 (1) 농민교양에 적극 노력한다, (2) 경작권을 확보하고 외래이민을 방지한다, (3) 조선인 본위의 교양을 확보한다, (4) 언론-집회-결사-출판의 자유를 확보하기 위한 운동을 전개한다, (5) 협동조합운동을 지지하며 지도한다, (6) 염색 옷의 착용과 단발의 이행으로 흰옷 및 망건을 폐지한다는 것 등이었다.[32]

김준엽과 김창순이 지적했듯이, 〈이 당면과제는 대체로 온건하다고 하겠다.〉 그러나 〈운동의 내용에 대해서는 위험시하는 반응이 일제 앞잡이 세력에 의하여 즉각적으로 나타났다.〉 즉 신간회가 말하는 〈농민교양〉이란 〈불온한 사상을 선량한 농민에게 주입시키려는 것〉이며, 또 〈경작권의 확보와 외래이민의 방지〉라는 것은 동양척식주식회사, 약칭 동척(東拓)에 대한 저항, 그리고 동척을 통해 조선에 들어 오는 일본이민의 배척을 의미한다고 풀이했다.[33] 이러한 해석과 함께 일제는 신간회를 더욱 날카롭게 감시하면서 조선의 사상 동향을 주시하였다.

확실히 신간회의 등장으로써 조선의 사상운동계는 단일세력 아래 결집되어 갔다. 그러한 맥락에서, 식민지 조선의 민족 운동은 전환기에 들어섰던 것이 사실이다. 김준엽과 김창순이 적절히 요약했듯이, 〈민족이 힘을 합하여 반일정치투쟁을 전개하자는 슬로건은 좌익에서나 우익에서나 부인할 것이 못 되었으므로 보편적인 공감을 얻었다.〉[34] 이러한 상황에서, 조선민중의 반일투쟁을 근본적으로 탄압하던 일본이 신간회운동을 경계하고 주시한 것은 놀라운 일이 아니었다.

그리하여 일제는 1928년 2월에 신간회가 정기총회를 개최하려 하자 허가하지 않았다. 1929년의 정기총회 개최도 금지되었다. 두 대회를 금지시키면서 작성한 일제 고등경찰의 다음과 같은 문서는 신간회의 활동이 어떠했던가를 잘 말해 준다.

1928년에 전국 지회의 총수는 143개, 회원 약 2만 명에 달하는 놀라운 발전을 보게 되어 명실 공히 민족단일당의 결성을 보게 되었다. 그런데 창립 뒤의 신간회 행동은 애매한 강령을 내걸고 그 태도를 명백히 하지 않았으며, 또 지회 가운데에도 그 행동이 지나치게 과격한 것이 있을 뿐 아니라, 2회에 걸쳐 검거된 조선공산당 사건 관계자의 약 4할이 이 회의 회원이었던 점 등의 사실이 있어서, 1928년 2월과 1929년 2월의 정기대회는 모두 금지시켰다.[35]

여기서 〈2회에 걸쳐 검거된 조선공산당 사건〉이란, 1925년 11월의 제1차 검거(제1차 조선공산당 사건)와 1926년 6·10 만세 운동 직후의 제2차 검거(제2차 조선공산당 사건)를 말하는 것이 아니라, 제3차 검거와 제4차 검거를 말한다. 앞에서 설명했듯이, 제2차 조선공산당 사건 이후 제3차 조선공산당이 조직되었는데, 마르크스와 레닌으로부터 각각 머리글자를 따서 흔히 ML당이라고 불린 이 당은 1928년 2월에 검거되었으며, 이 당의 후계자로 조직된 제4차 조선공산당은 1928년 7월에 검거되었던 것이다.

1928년과 1929년 두 차례에 걸쳐 정기총회를 열지 못하면서 신간회는 자신의 진로를 다시 검토하게 되었다. 각 지방의 지회들 가운데는 일제의 허가를 기다리지 말고 투쟁을 통해서라도 총회를 열어야 한다고 중앙본부에 압력을 가하는 사례가 많았다. 그리하여 우리가 다음 장에서 보듯이 신간회는 제2기를 맞게 된다.

3 법정투쟁을 통한 항일활동의 계속

일제법령의 개정 촉구

신간회를 통해 항일활동을 폄과 동시에 가인은 변호사로서의 항일활동도 계속했다. 그는 우선 일제가 조선민중을 억압하는 데 쓰는 도구들 가운데 하나인 치안유지법, 약칭 치유(治維)를 공격하고 신문지법과 출판법의 개정을 촉구했다. 즉 1927년 6월에 전조선변호사대회가 열렸을 때 가인은 경성조선인변호사회 부회장의 자격으로 이러한 법들이 지닌 문제점들이 개정되어야 할 필요성을 역설했다.[36)]

《조선일보》는 1927년 6월 28일 2면에 이러한 가인의 활동을 크게 보도하고 있는데, 이 기사를 옮겨 본다. 우선 2면 머리로, 「치유(治維)와 보안(保安) 병용은 법률적 반감을 산다 : 보안법 폐지론에 대한 김병로 씨의 장광설(長廣舌)에 만장은 이를 일치 가결해」라는 제목 아래 이렇게 보도했다.

김병로 씨가 등단하여 보안법이라는 것은 구한국 말엽에 정치적
으로 민중의 간여를 방지케 하기 위하여 만든 것인데 더 자세한
입법의 동기는 자세한 설명을 아니하여도 알 것이나, 근자 소위 불
온하다는 행동을 방지하여 치안을 유지하고자 한다고 조선에도 치
안유지법을 적용하면서 어찌하여 겹겹이 구한국의 유물을 적용하
는 것이냐. 치안유지법을 쓰면서도 이와 같은 법령을 내내 적용함
은 민권을 유린하는 행위이며, 따라서 민중의 법률적 반감을 사서
사법권의 위신에 거리끼는 일이라고 거침없이 장광설을 토하여 만
장의 박수를 받은 후 〔보안법 폐지안을〕 일치 가결하였더라.

이어 같은 면에서, 2단 기사로 가인과의 회견담을 실었다. 이
회견에서 가인은 〈집회취체령 폐지〉를 역설했다. 다음해 변호사
대회에서는 꼭 다시 다뤄야 하겠다는 뜻을 비추기도 했다.
가인은 곧 보성고등보통학교 동맹휴학사건의 관련자들을 무료
변호했다. 박종운(朴宗雲)을 비롯한 네 학생들이 일본교사들에 항
의하면서 일어난 이 사건에 대해, 일제가 1927년 8월에 그들을
구속해 경성지방법원 형사부에 기소하자 학생들을 적극적으로 변
호했다.

장진군 주민들을 위한 투쟁

가인은 변호사로서 서울에서만 활동한 것이 아니다. 그의 발걸
음은 당시 조선에서 〈하늘 밑 첫 고을〉이라던 함경남도 장진군으
로까지 미쳤다.
1927년 5월 29일 ≪조선일보≫는 2단 기사로 함흥군 퇴조면(退
潮面)에서의 다음과 같은 상황을 보도했다.

나날이 파멸의 길로 몰려가는 조선사람의 비참한 생활은 무엇으로써 구하여낼는지 참으로 한심할 뿐이다. 일본의 대자본가 미쓰비시(三菱)가 경영하는 수력전기회사가 함흥에 들어온 이후로 조용하던 함흥은 다시 옛 주인을 잃지 않으면 안 될 비운에 들어가게 되어 멀리 북간도로 가지 않으면 안 될 현상이라는데, 농촌에는 소작농민의 울음소리와 도시에는 소자본상업가의 파멸과 공사 장소에는 노동자의 애처로운 죽음의 울음소리는 참으로 들을 수 없다는데, 이제 함흥군 퇴조면의 일을 대개 보도하건대, 알루미늄 공장지에 수용된 토지 평수가 27만여 평이요 이것으로 인하여 소작권을 빼앗긴 소작인 호수가 120여 호요 인구가 700여 명이라 하며 더욱 어업노동자는 누구나 할 것 없이 모두 일본사람의 빚이 있어 한 사람도 그대로 유지하여 갈 수가 없으며 일본사람들은 이런 기회를 엿보아 퇴조 시가의 집을 점점 빼앗기에 열이 나서 암암리에 활동을 하여 하루 동안에 두세 차씩 매수한다는데 불원한 장래에 퇴조면은 모두 일본촌이 되리라 하며 그 외의 운전(雲田) 일대는 참혹하기 더 말할 수 없다.

일제가 조선백성을 수탈한 하나의 구체적 표현인 이러한 상황은 곧 이웃 장진군에서도 일어났다. 《동아일보》는 1927년 11월 2일 5면 머리에서 「일본재벌 미쓰비시의 발호, 장진에도 수전(水電)문제: 군수와 서장을 필두로 주재소원까지 출동, 주민일동은 극도 분격」이라는 제목 아래 상세히 보도했다. 한마디로 말해, 미쓰비시가 장진에 발전소 부지를 마련하기 위해 주민들을 경관주재소로 불러 땅을 팔도록 강요한다는 내용이었다. 장진은 해발 수천 척의 고원지대이므로 여름에도 모기가 없으며 9월이 되면 벌써 눈이 올 정도로 추운 곳이었고 고립무원의 오지여서 1만여 주민들은 호소할 곳도 변변하지 못했다.

여기서 주민들은 〈토지불매 동맹〉을 결성하고 서울의 신문사들에 전보를 보내 신문기자들과 변호사들을 파견해 줄 것을 호소하였다. 그리하여 ≪동아일보≫와 ≪조선일보≫는 각각 특파원을 가인과 함께 내려보낸 것이다. 당시 ≪조선일보≫ 사회부 기자였던 김을한(金乙漢)의 회고에 따르면, 당시 ≪조선일보≫는 재정이 넉넉하지 못했다. 〈그 눈치를 알아차린 김병로 씨가 조선일보 특파원의 여비는 변호사회에서 돌려줄 터이니 아무 염려 말라고 하였다.〉[37]

가인은 김을한 및 ≪동아일보≫의 김동진(金東進) 특파원과 함께 기차로 우선 함흥을 바라보고 떠났다. 함흥에서 합승자동차로 온종일 걸려 장진에 도착했다. 〈과연 '하늘 밑 첫 고을'답게 꾸불꾸불한 산중 절벽을 기어올라 가다시피 해서 장진강가에 다다르니 공기가 냉랭한 것이 그곳은 벌써 겨울날씨였으며 잔뜩 흐린 하늘에서는 백설이 펄펄 날리고 있었다.〉 함흥에서 장진까지의 〈아흔 아홉 고개〉를 지나 자동차가 장진에 들어서니 남녀노유 수천 명이 만세를 부르며 맞이했다. 〈언제 만들었는지 솔잎으로 커다란 아치를 세우고 플래카드에는 횡서로 〈환영 —— 변호사와 신문기자단 일행〉이라고 크게 씌어 있는 것이 마치 무슨 개선장군이나 맞이하는 것 같았다.〉[38]

가인과 두 특파원은 곧 군청으로 가서 군수와 서장을 만났다. 그들과의 면담을 김을한은 다음과 같이 회고했다.

그들은 모두 전형적인 일본인 관료들로서, 매우 반갑지 않은 태도로 몹시 경계하는 듯한 표정을 지었다. 그러나 서울에서 온 변호사와 신문기자라는 데 겁을 먹었는지 말투만은 공손하였다. 이윽고 일문일답이 시작되었다.

166

「대체 토지는 무엇 때문에 사들이는가?」

「상부의 명령에 따라 할 뿐이므로 이유는 모른다」

「토지를 팔지 않는다고 해서 지주들을 구속한 것은?」

「다른 사람에게까지 팔지 말도록 선동을 한 때문이다.」

「어쨌든 지주가 자기 토지를 팔지 않는다고 해서 구속하는 것은 불법이니 즉시 석방하라.」

「상부에 연락한 후 선처하겠다.」

이상과 같은 문답만 했을 뿐 아무런 효과도 얻지 못했건만 평소에는 호랑이같이 사납게 굴던 서장과 군수가 우리 일행에게는 마치 양과 같이 유순하게 구는 것을 보고 순박한 장진사람들은 벌써 큰 성공이나 한 듯이 기뻐하였다.[39]

여기서 ≪동아일보≫의 특파원 김동진은 우선 전보로 송고했다. 그 기사가 ≪동아일보≫ 1927년 11월 7일자 2면 머리 기사로 보도되었다. 「지주를 주재소로 호출, 3, 4일씩 억류 강요 : 언어도단의 금권과 관권 압박」이란 제목 아래 4단으로 뽑은 이 기사는 〈1만 명 주민들이 단결과 법률로 한사코 항쟁을 각오하고 있다〉는 말로 끝맺고 있다. 김동진의 송고는 계속됐다. 그는 일제의 경찰관들과 관리들이 장진군의 조선인 주민들을 억압하고 있다는 취지의 기사를 보낸 것이다. ≪동아일보≫는 1927년 11월 9일자 2면 머리에 「짓밟히는 하늘 밑 첫 고을」이란 제목 아래 조선인주민들의 억울함을 고발했다.

가인은 일행과 함께 〈장진 사람들의 열렬한 환송을 받으며 함흥으로 다시 나와서 도지사와 경찰부장에게 항의한 뒤에 상경했다〉.[40] 가인으로 대표되는 조선인 변호사들의 노력, 그리고 ≪동아일보≫와 ≪조선일보≫로 대표되는 민족언론기관들의 노력이 매우 컸지

만, 일제는 끝내 장진 주민들의 땅을 강제로 사들여 장진강수력전
기회사를 세웠다. 이것이 시초가 되어 이웃 흥남에도 흥남질소비
료회사가 생긴 것으로 김을한은 회고했는데, 이 때문에 장진에서
의 분규는 1937년까지 계속되었다.

옥구군 소작쟁의의 변호

가인은 이어 전라북도 옥구군(沃溝郡) 서수면(瑞穗面)에서 일
어난 소작쟁의사건의 농민들을 변호했다. 일제는 조선을 병탄한
뒤 이른바 토지조사사업이라는 이름 아래 지주제를 강화하면서
농민의 토지상실 및 소작인화를 촉진시켰다. 이러한 상태에서 소
작료가 계속 올라가면서도 소작권은 불안정했고 마름〔舍音〕의 중
간수탈은 점점 커졌다. 따라서 농민들의 저항은 커질 수밖에 없었
는데, 총독부의 정책 및 일인지주에 대한 민족적 저항심이 가세하
면서 〈3·1 운동 후에도 곧 전국적으로 소작쟁의가 일어났고 그
발생 건수도 해마다 증가하여, 조선총독부의 통계만으로도 1920년
에 15건의 소작쟁의가 일어났고, 이후 1925년에는 204건이 일어
났다.〉[41] 옥구군 서수면에서의 소작쟁의에 대해서는 자료를 찾지
못해 자세히 알 수 없으나, 그러한 큰 테두리 안에서 이해될 수
있을 것이다.

이 소작쟁의는 조선 소작쟁의의 역사에 있어 일찌기 보지 못했
으리만치 큰 사건으로, 30여 명이라는 다수의 희생자까지 냈다.
이 사건의 공판이 1928년 2월 1일에 전주지방법원 군산지원에서
열렸는데, 가인이 한상억(韓相億) 변호사와 함께 피고인 즉 농민
34명의 변호를 맡았던 것이다.

정의부 사건과 오동진의 변호

가인은 곧이어 정의부(正義府) 사건을 변호했다. 정의부란 1925년 1월에 만주에서 조직된 독립운동단체였다. 3·1운동 직후에 나타난 독립운동단체인 통의부(統義府), 길림주민회(吉林住民會), 의성단(義成團), 광정단(匡正團) 등 여러 단체들이 통합해 군사활동을 영구적이고 전면적으로 실시할 목적으로 조직한 단체가 바로 조선의 독립운동사에 이름 높은 정의부로, 오동진(吳東振)과 지청천(池靑天) 등이 그 주동 인물들이었다. 병력 7개 중대로 발족한 정의부는 군대훈련에 중점을 두었으나 한인촌락마다 소학교를 세우고 중학교도 세워 간부양성에 힘썼다. 기관지로 ≪전우≫와 ≪대동민보(大同民報)≫를 간행하기도 했으며, 농민조합과 농업공사를 창설하는 한편 황무지를 개척하여 독립운동자의 가족들을 안주하게 하였다. 압록강을 건너 평안북도의 벽동(碧潼)과 초산(楚山) 및 철산(鐵山) 등지의 일경주재소들을 자주 습격하여 많은 전과를 거두기도 했다.[42]

정의부의 지도자들 가운데 두드러진 이가 바로 청사에 빛나는 오동진이다. 송암(松菴)이라는 호를 가졌던 그는 가인보다 한 살 아래로 1889년에 평안북도 의주군에서 태어나 안창호의 대성학교(大成學校)에서 공부했고 3·1 운동에 참여한 뒤 만주의 관전현(寬甸縣) 안자구(安子溝)로 망명하면서부터 항일무장투쟁을 벌여 나갔다. 그가 정의부의 군사위원장 겸 사령관이 된 것은 1925년으로, 그는 독특한 유격전으로 일제의 행정-경찰기관들을 기습하여 많은 전과를 거두었다. 1926년에는 고려혁명당(高麗革命黨) 결성에도 적극 참여했다.

이러한 오동진을 일제가 내버려두지 않았다. 마침내는 현상금

10만 원을 내걸고 체포에 혈안이 되었다. 이때 악명 높던 조선인 경관 김덕기(金悳基)는 광산주 최창학(崔昌學)과 모의한 뒤 첩자를 산으로 보내 오동진을 유인했다. 〈최창학이 군자금 백만 원을 주겠다고 하니 장춘(長春)에서 만나 상의함이 좋겠다〉는 것이었다. 반신반의하던 오동진은 막대한 군자금이 들어온다 하는데 의심만 하고 있을 수 없다고 하면서 1927년 12월 16일에 산을 내려왔는데 19일에 체포된 것이다.[43]

정의부 및 고려혁명당을 둘러싼 일련의 사건들에 관련된 독립투사들을, 그리고 특히 오동진 의사를 가인은 이인과 함께 변호했다. 그런데 가인은 자신의 회고록에서 이 매우 중요한 투사들에 대해 아무런 증언도 남기지 않았다. 다행히 이인이 이들에 대해 자세히 회고했기로 여기서 빌리기로 한다.

이인은 우선 공판이 먼저 시작되었던 고려혁명당의 투사들에 대해 재미있게 회고했다. 자신의 회고록『반세기의 증언』가운데「고려혁명당 변론에 쇠고랑 찰 뻔」이란 항목에서 그는 1927년 말 신의주지방법원에서 열린 이 사건에 대해 이렇게 말을 꺼냈다.

가인과 내가 함께 담당했던 이 사건은 만주에서 활동하던 정의부와 국내에 다수 회원을 갖고 있던 천도교청년연합회와 당시 사회에 특수세력을 형성하고 있던 형평사(衡平社)가 합쳐서 독립운동단체를 이루었다가 적발된 사건인데, 만주와 국내에서 검거된 사람은 이동구(李東求), 박기돈(朴基敦), 송헌(宋憲), 유송삼(柳松三), 이동욱(李東郁), 서광훈(徐光勳), 장지필(張志弼), 오성환(吳成煥), 이동락(李東洛), 김봉국(金鳳國), 홍병기(洪秉箕), 조귀용(趙貴用), 방찬문(方贊汶), 이원계(李元桂), 정원흠(鄭元欽) 등 15명이었다.

이들의 공판이 열리기는 12월 19일로, 〈만주 벌판의 찬 바람이 그대로 몰아치는 신의주의 기온은 영하 20도 이하의 극한(極寒)인데 공판정에는 관련자들의 가족들이 몰려들어 방청석은 입추의 여지도 없었다.〉 공판은 시작과 더불어 파란을 일으켰다. 이인의 회고는 이렇게 이어진다.

재판장이 개정을 선언하고 인정 신문을 시작하자 공소장의 이름이 틀린다고 몇몇 피고인들은 함구불언, 신문에 응하지를 않는다. 당시 만주를 넘나들던 지사들은 변성명을 하기가 일쑤요, 어떤 이는 이름이 열도 넘었으니 어느 것이 본명인지조차 분별하기가 어려웠던 것이다. 이 때문에 몇 마디 말이 오고가자 또다른 피고인이 재판장은 왜 〈해라〉를 하느냐고 야단을 친 뒤 입을 다물어 신문을 거부한다. 가인과 나는 함께 들고 일어섰다. 〈피고인들의 진술 없이 단죄가 있을 수는 없다. 재판부는 지금 이 광경을 공판기록에 올릴 터이냐 아니냐〉고 재판장에 대든 것이다(58쪽).

이 고비를 넘겨 변론이 시작되었다. 가인보다 이인이 먼저 나섰다. 이인은 〈일본은 동양평화를 위한다는 미명 아래 조선을 합병하였으나 조선에 대한 식민정책은 양두구육(羊頭狗肉)에 흡사……〉 운운하는 순간 검사가 일어났다. 표독하기로 악명 높은 모도지마(本島)였는데, 이인의 변론 내용이 불온하다는 것이었다. 재판장은 이인의 변론을 일단 중단시켰다. 그리하여 가인의 변론이 시작되었다. 가인의 변론 내용은 나와 있지 않으나, 그것 역시 이인의 변론 내용과 거의 같았을 것이다.

이러한 일이 있은 다음해 가인은 다시 이인과 함께 오동진 의사의 변호를 맡게 되었다. 그 경위에 대해서도 이인이 「잊을 수

없는 오동진과 이웅서」라는 항목에서 자세히 회고했으므로 빌리
기로 한다.

1928년 이른 봄 나는 한 통의 엽서를 받았다. 사무실로 배달된
엽서는 분명히 내 앞으로 온 것인데 발신인의 이름도 없고 깨알처
럼 적은 사연은 종잡을 수가 없다. 〈하느님이 불러 내려가 보라 하
더라〉. 엽서에는 이런 구절도 보인다. 앞뒤 없이 성경 구절을 베낀
끝에 〈내가 여기 와 있는 줄을 너는 어이 모르느냐〉고 했다. 그냥
읽어 넘기자면 미친 사람의 낙서 같은 글이었다. 애써 엽서를 모두
읽고나서도 나는 전혀 무슨 말인지 알 수가 없었다. 그러나 이 엽
서에 숨은 뜻이 담겨 있다는 직감이 있었다.
나는 엽서를 자세히 살펴보았다. 소인을 보니 신의주우체국이다.
얼핏 떠오르는 일이 하나 있었다. 그것은 구랍에 있은 고려혁명당
사건이다. 변론을 위해 신의주에 갔을 때 나는 만주에서 활약하던
정의부의 군사위원장 오동진이 길장선(吉長線) 흥륭산(興隆山) 역
에서 일경에 붙들려 압송됐다는 소식을 들었다. 그러나 이 일은 아
직껏 비밀에 붙여져 있었다. 〈내가 여기 와 있는 줄을 너는 어이
모르느냐〉는 말은 바로 변론을 부탁한다는 암호 통신이 아니고 무
엇이랴(60쪽).

이렇게 판단한 이인은 가인과 상의했다. 가인은 물론 변호를
맡아야 한다는 데 찬성했다. 두 사람은 함께 신의주로 갔다. 엽서
의 주인공은 과연 오동진이었다. 이인은 가인과 함께 1925년 8월
에 독립운동단체인 흑기연맹(黑旗聯盟)의 간부들을 무료변론한
일이 있었기에, 오동진도 이들에게 무료변론을 기대했던 것 같다.
이인의 회고는 다음과 같이 계속된다.

공판정에 나온 오동진은 원수인 일본의 재판을 받을 수 없다고 한치도 굽히지 않았다. 재판장이 인정신문을 하려고 이름을 부르자 그는 눈을 부릅뜨고 〈이놈, 감히 어른의 함자를 함부로 부르느냐〉고 불호령을 한다. 그러더니 〈이놈들 심판을 받아야 할 놈들이 나를 심판해? 이놈들 이리 내려와서 내 심판을 받아 봐라〉하고 외치면서 비호처럼 몸을 솟구쳐 재판장석으로 뛰어오르는 게 아닌가. 그가 재판장에게 돌진하여 멱살을 잡는 순간 간수가 달려들어 간신히 제지했으나, 이래 가지고는 공판이 될 리가 없다. 더구나 피고인석에 끌려 내려온 오동진은 신문(訊問)에는 일체 응하지를 않고 묵비권을 행사했다.

재판부는 몹시 당황했다. 재판장이 가인과 이인을 불러 공판이 진행될 수 있도록 도와달라고 사정했다. 가인과 이인은 구치감으로 가서 오동진을 만났다. 두 변호사를 맞는 오동진은 〈공판정에서 보이던 성난 호랑이 같은 티가 없다. 인자한 성품을 그대로 드러낸 몸가짐이 어딘가 사람을 감화시키는 힘이 있었다.〉이인의 회고는 계속된다.

하오에 속개된 공판에서 오동진은 신문에 응했다. 공판정에는 이때 증거물로 압수한 권총 수십 자루를 담은 나무상자를 갖다놓고 있었다. 이 권총들은 오동진이 군자금을 모집하여 상하이에서 구입했다는 것이었다. 재판장은 권총 한 자루를 집어 들고 〈이것으로 만주에서 일본관헌을 살해한 것 아니냐〉고 물었다. 재판장의 손가락은 방아쇠에 걸려 있었다. 순간 간수가 뛰어 올라 권총을 낚아챘다. 그리고는 탄창을 열어 총알을 주르르 꺼내는 게 아닌가. 권총에는 모두 실탄이 들었고 안전장치가 걸려 있지를 않았다. 이를 모르고 재판장이 만지는대로 내버려두었다면 큰 오발사고가 났을지도 몰랐으니 재판장이 공판정에서 사람을 사살하는 춘사(椿事)가 일어날 뻔했던 것이다. 이렇게 되자 재판장 자신이 깜짝 놀라 몸을 빼쳤고 방청객들도 대경실색을 했다. 그러나 막상 총구 바로 앞에 앉았던 오동진만은 근엄하고 정중한 몸가짐을 조금도 흐트러뜨리지를 않는다. 나는 과연 만주천지를 진동케 하고 일제의 간담을 서늘케 한 우리 독립군의 호웅(豪雄)이로구나 하고 내심으로 감탄했다.[44]

오동진은 모진 악형에도 꿋꿋하게 버티며 때로는 단식투쟁을 벌이기도 했다. 25일 동안 물만 마시면서도 기운은 조금도 쇠한 기색이 없고 목욕도 보통 사람과 똑같이 하는 그는 일제형리들 사이에서도 큰 화제가 되었다. 그의 구출작업도 몇 차례 계속되었으나 실패했고, 마침내 무기징역이 선고되었다. 그를 재판했던 일본인 판사조차 〈남의 두령으로 일하는 사람이 가질 만한 자질은 다 가진 것같이 보이며, 특히 사람을 감화시키는 인격을 가진 사람〉으로 칭송한 오동진은 그렇게 그리던 조국의 광복을 겨우 한 해 앞두고 옥사했다.[45]

통의부 관련자들의 변호

만주에서 조직된 또 하나의 항일 독립 운동 단체는 1922년 광한단(光韓團)을 모체로 삼은 통의부(統義府)였다. 이 단체의 지도자격인 이응서(李應瑞)의 변호 역시 이 무렵(1929년) 가인과 이인이 함께 맡았다. 변호 의뢰는 오동진의 경우와는 달리 자신의 신원을 정확히 밝힌 엽서를 통해 왔다. 이때는 이미 신의주지방법원에서 사형을, 평양복심법원에서도 사형을 선고받은 뒤였다. 이인은 「잊을 수 없는 오동진과 이응서」라는 항목에서 이렇게 회고했다.

그의 인상은 한마디로 해서 요조숙녀와 같았다. 얼굴이 여자처럼 예쁘게 생겼고 손 또한 여자처럼 고운데 목소리도 청아했다. 이렇게 선비처럼 생긴 사람이 15년간(이것은 착오일 것이다 —— 인용자)이나 통의부의 독립군을 영솔했다니 곧이 들리지가 않는다. 더구나 만주 일대의 일본 영사관과 경찰관 파견소를 습격, 파괴하기 150회요 일본 관헌을 살해하기 100여 명에 이르렀다니 놀라운 일이 아닐 수가 없었다. 나는 그를 한 번 보고 경복해버렸다. 이응서는 숙연한 태도로 나에게 말하기를 〈내가 한 일은 우리 국민이 일제에 대해 쌓고 쌓은 원한의 만만분의 일도 못 되오. 그러나 내가 이 일로 과연 일제법률에 의해 사형을 받아야 되는 것인지를 돌봐주오〉 하는 것이다(62쪽).

가인과 이인은 소송기록을 자세히 읽어 보고 상고할 이유가 충분히 있다고 판단했다. 어느 날 어디서 일본 관헌을 죽였다는 기록 가운데 날짜만 적혀 있고 시간이 적혀 있지 않으며, 죽은 사람을 성명 불상자(不詳者)로 표시했고, 불타버렸다는 일본 관공서의 장소도 표시되어 있지 않았다. 가인과 이인은 이 이유를 들어 경성고등법원에 상고했다. 다행히 경성고등법원은 원심을 파기하고 무기징역을 선고했다.

안재홍의 변호

1928년 1월 21일에 ≪조선일보≫는 「보석(保釋) 지연의 희생」이란 사설을 내보냈다. 일제의 조선인 인권침해를 공격하는 이 사설에 당황한 총독부는 발행인 겸 주필 안재홍과 편집인 백관수 및 논설위원 이관구(李寬求)를 곧바로 구속했다. 이관구는 곧 풀렸다.

안재홍과 백관수는, 우리가 제1장에서 이미 보았듯이, 가인이 도쿄유학시절부터 친교가 있던 처지이다. 꼭 개인적인 친분이 있어서가 아니라, 두 사람은 모두 일제치하에서 부끄러움 없는 민족주의자의 길을 걸어온 외우였다. 가인으로서 그들을 변호한다는 것은 너무나 당연했다. 4월 28일에 안재홍은 금고 4개월 백관수는 벌금 100원의 선고를 받았다.

≪조선일보≫는 여기서 굽히지 않고 5월 9일에 「제남(濟南) 사건의 벽상관(壁上觀)」이란 사설을 내보냈다. 이 사설의 요지는, 이른바 제남(濟南) 사변이란, 일본정부가 발표한 것처럼 남경(南京)정부의 약탈행위로 말미암은 것이 아니라 산동(山東)을 점령하려는 일본정부의 모험에서 나온 것임을 폭로한 것이다. 집필자 안재홍은 다시 금고 8개월을 선고받았고 ≪조선일보≫는 제4차 정간의 수난을 겪어야 했다. 가인은 그를 변호함으로써 항일의 대열을 지켰다.

ML당과 간도공산당 사건의 변호

안재홍의 첫 번째 필화 사건이 있은 직후인 1928년 2월 초 이른바 ML당 간부들의 검거가 발표되었다. 제3장에서 이미 살폈듯이, ML당은 제3차 조선공산당의 별명이다. 김준연 책임비서를 비롯해, 하필원(河弼源), 허일(許一), 김철(金哲), 김병일(金炳一) 등 국내외에서 30여 명이 검거된 것이다. 이미 조선공산당 1, 2차 사건의 관련자들을 변호했던 가인은 이 사건의 관련자들, 특히 김준연을 변호했다.

같은 시점인 1928년 3월에 가인은 전라남도 나주군에서 유림(儒林)의 인사들이 항일운동을 계획하다 구속된 사건인 이른바 나주유림단 사건의 변호를 맡았다. 『동아일보』는 1928년 3월 4일자 2면에서 이 사실을 크게 보도하면서 가인이 허헌 및 이인 등 신간회에 가입한 변호사들과 함께 무료로 변호하고 있음을 강조했다.

같은 해 12월에, 가인은 제1차 간도공산당 사건을 변호했다. 제1차 간도공산당 사건이란, 1927년 10월에 일어난 제1차 조선공산당 만주총국에 관련된 공산주의자들을 검거한 사건을 말한다.

우리가 제3장에서 살폈던 조선공산당 사건이 재판에 들어가면서 만주총국에 연결되어 있던 조선에 공산주의자들이 1927년 10월에 재판의 공개를 주장하는 격문을 배포하고 시위운동을 계획하던 가운데 간도에 주재하는 일본영사관에 탐지되었다. 그리하여 이들에 대한 검거가 북간도의 용정 지방을 중심으로 만주 일대에 걸쳐서 벌어졌다. 이 사건으로 만주총국 책임비서 대리인 최원택(崔元澤)과 동만(東滿)구역국 책임비서 안기성(安基成)을 비롯한 29명이 재판을 받게 된 것이다. 가인은 허헌 변호사와 더불어 피고인들의 무죄를 강력히 주장했다. 그러나 그들은 모두 유죄판결을 받았다.

비슷한 흐름 속에서, 가인은 상하이한인청년동맹의 간부들을 변호했다. 1929년 5월 30일자 『동아일보』에 따르면, 현장건(玄將健)과 변동화(邊東華) 등 여섯 명의 한인청년들은 상하이의 청년단체들을 규합해 상하이한인청년동맹을 결성하고 민족해방을 표방하면서 활동하다가 체포돼 신의주지방법원에 기소됐던 것이다. 가인은 〈장시간의 열렬한 변호〉를 했다고 이 신문은 보도했다.

이 사건의 변호를 맡은 때인 1928년 11월 하순에, 가인은 만주 안동현의 조선인 청년회에서 강연을 가졌다. ≪동아일보≫가 1928년 12월 1일에 보도한 내용에 따르면, 그는 11월 30일에 우리 동포들의 보통학교에서 「우리의 비애」라는 제목으로 강연하면서 민족혼을 불러일으켰다. 만주 지방으로 조사를 나갔다가 이곳으로까지 발길을 돌렸던 것으로 보인다.

원산 파업 노동자들의 변호

1929년에 들어와 1월 14일에 원산 부두에서 노동자들의 집단파업이 일어났다. 3·1 운동 이후 소작쟁의가 잦아졌듯이 노동쟁의 역시 활발해졌다. 〈식민지 산업의 일정한 발전에 따라 노동자의 수가 증가하는 반면 노동조건은 식민지적 조건 때문에 극악의 상태에 있었다.〉 이러한 〈나쁜 노동조건과 특히 민족간의 차별대우는 노동자들의 자각을 급격히 높여 갔고 그 결과는 당연히 노동쟁의를 통한 투쟁으로 나타났다.〉 그리하여 〈조선총독부의 통계만으로도 1920년부터 1930년 사이에 총 891건에 조선인 노동자만 7만 3450명이 참가했다.〉 원산 총파업은 그러한 배경에서 일어난 것으로, 그 파업은 〈노동쟁의가 특히 활발했던 1920년대의 쟁의 가운데 가장 대규모적이며 조직적인 투쟁이었다.〉[46] 국사학자 강만길(姜萬吉) 교수는 원산 총파업의 전개 과정을 이렇게 설명했다.

개항이 빨리 되었던 원산에는 일찍부터 노동운동이 발달해서 원산노동연합회가 결성되어 있었으며 총파업이 일어날 무렵에는 쉰네 개의 가맹 단체에 조합원 총수 2,000명이었다. 파업은 당초 영국인이 경영하는 석유회사에서의 일본인 지배인 및 감독이 조선인 노동자들을 멸시하고 구타한 데서 발단되었다. 이것을 노동연합회가 지휘함으로써 그 산하에 있는 전체 원산 노동조합이 합세하여 총파업으로 발전한 것이다. 노동연합회는 일본인 감독의 파면, 최저임금제의 확립, 해고수당의 제정, 작업중 사망자의 가족에 대한 위자료 지급 등을 요구하며 파업을 지휘했다.[47]

파업이 개시되자 일경은 노동연합회의 해체를 꾀하면서 그 지도자들을 체포하고 어용 노동단체를 만들어 수습하려고 했다. 그러나 이러한 처사에 분개한 원산 시내의 거의 모든 노동자들이 동조하고 나섰다. 파업이 길어지면서 노동자들의 생계가 위협받게 되자, 〈국내의 각계각층에서 성금을 보내 파업을 지원함으로써 노동운동은 민족운동으로 발전해 갔다.〉[48]

서울의 조선인 변호사들 역시 이 문제에 깊은 관심을 쏟게 되었다. 가인도 예외가 아니었으며, 스스로 노동자들의 편에 섰다. 이인과 함께 원산 현장으로 갔다. 이때의 상황을 이인은 「좁쌀 푸대기에 올라가 인간답게 살자로 호소」라는 항목에서 이렇게 회고했다.

내가 원산에 당도한 것은 파업이 나서 보름이 지난 2월 4일인데 부둣가에는 아직도 차가운 겨울 바람이 몰아쳐 스산한 기운이 돌았다. 나는 먼저 노동자들의 숙사를 찾아갔다. 그들의 식사란 것을 보니 참혹하기가 이를 데 없다. 그러나 노동자들은 지구전을 해서라도 이겨 보겠다는 결심에 불타 있었고, 이를 위해 원산역 앞에는 수십 부대의 만주 좁쌀을 쌓아놓고 있었다(64-65쪽).

조선인 변호사들이 나타났다고 하자 노동자들은 큰 관심을 보였고 많은 기대를 걸기도 했다. 이인은 좁쌀 부대 위에 올라가 〈인간이 산다는 것은 엄숙하고도 존귀한 것이다. 그러므로 그 누

구도 우리의 생존권 보위를 침해할 수 없다〉고 외치면서, 〈우리
노동자들의 요구는 가장 당연할 뿐 아니라 누구라도 이를 거부할
수 없는 일이요 만일 이를 막기 위해 인권유린이 있을 경우 전체
변호사들은 이를 묵과 않겠다〉라고 격려했다. 국내에서의 성원과
함께 일본 고베와 오다루(小樽) 같은 곳에서는 동정파업이 일어
났고 중국과 프랑스의 노동자들은 격려전보를 보내왔다.

일경은 마침내 노조원들을 연행해 고문을 가했는데 그 가운데
한 사람이 매를 못 이겨 죽고 말았다. 노조원들의 분격은 폭발해
죽은 노조원의 시체를 메고 시가행진을 벌이다가 일경과 정면 충
돌했다. 노조의 핵심 행동원들이 모두 붙잡혀 갔고 파업의 기세는
한풀 꺾이었다. 그래도 노동자들은 82일 동안 버티며 싸웠으나, 4월
6일에 마침내 기진맥진해 꼼짝도 할 수가 없었다. 일경은 노조위
원장 김경식(金慶植) 등 간부 7명을 공판에 넘겼다. 가인은 이인
과 함께 적극 변론했으나, 모두가 6개월로부터 2년까지의 실형을
선고받았다.[49]

조선형평사 관련자들의 변호

곧 이어 조선형평사(朝鮮衡平社) 사건이 일어났다. 조선형평사
는 백정계급의 해방을 부르짖은 운동단체로서, 원래 일제는 이 단
체에 대해서는 어느 정도 관대했었다. 왜냐하면 백정들이 설정한
해방투쟁의 목표가 일제가 아니라 동족이었기 때문이다. 그래서
조선형평사는 노총(勞總), 농총(農總), 청총(靑總)의 이른바 3총과
는 달리 매년 정기대회를 열 수 있었다. 그러나 조선형평사는 차
차 좌익운동과 손잡기도 하고 독립단체들과도 손잡아 나갔다. 특
히 1926년 12월에는 중요 간부인 장지필(張志弼)과 서광훈(徐光

勳) 등 몇 명이 중국 길림(吉林)에서 조직된 고려혁명당 사건에 관련하여 검거된 일도 일어났다. 그 뒤 일제는 조선형평사에 대해서도 크게 주목하게 되었다.

일제의 감시가 엄중함을 느끼면서도, 조선형평사는 1928년 4월 제6회 대회를 전기로 마침내 〈종래의 특수부락인권운동〉의 영역을 벗어났다. 이때부터 〈민족운동 내지 계급주의운동으로 방향을 돌리고 본격적 대중운동으로 전환한 것이다.〉[50] 일제의 감시는 더욱 날카로워졌다. 그리하여 1929년 4월에 조선형평사 제7차 대회가 열렸는데, 〈형평대회 사상 일제의 탄압이 심했던 것은 이때가 처음이었다.〉[51] 이러한 탄압을 계기로, 조선형평사 안의 급진세력은 지하로 들어가면서 계급투쟁노선을 더욱 분명히 했다.

이에 일경은 집단검거로 대처했다. 1929년 6월에 전남 광주지방법원에서 공판이 시작됐을 때 가인은 이인 및 이창휘(李昌輝)와 함께 서울에서 내려가 광주의 서광설(徐光卨) 및 신순언(申淳彦) 변호사와 더불어 변호를 맡았다. 가인은 이 사건에 대해 아무런 회고를 남기지 않았다. 그러나 이인의 회고가 있기에 이에 인용한다.

공판정에 들어선 나는 크게 놀라지 않을 수가 없었다. 피고인의 숫자가 워낙 많음을 알고 있었으나 기록 뭉치가 그토록 엄청난 줄은 몰랐던 것이다. 두툼한 기록을 법대(法臺)에 쌓아 놓은 것이 마치 산성(山城)을 방불케 하는 것이다. 이때 피고인들 가운데 구속 기소된 사람은 마흔 명이요 나머지는 모두 불구속이었다. 이 많은 사람의 기록을 일일이 등사할 수도 없는 일이므로 우리는 불구속 피고인들에게서 예심종결결정서만을 얻어 갖고 공판에 임했던 것이다. 변호인단에서는 개정 벽두부터 기록 뭉치를 하나씩 들고 매

달려야 했다. 그 많은 피고인들을 불러 인정신문을 하는 동안에도 변호인들은 판사 옆에 쌓아둔 기록을 뒤적이느라 여념이 없었던 것이다.

기록을 보다가 가인을 비롯한 변호사들은 피고인들의 조서가 모두 같은 날짜로 되어 있음을 알았다. 놀라운 일이었다. 〈보통 형사기록이란 하루를 꼬박 일해야 50장 정도를 작성할 수가 있다.〉 그런데도 장수를 세어보니 분량이 많은 것은 850장 정도이고 적은 것이래야 450장이었다. 〈더욱 해괴한 것은 기록 사이에 '이러이러한 구절은 이러하게 고칠 것' 하고 적은 부전지가 끼어 있지 않은가? 이것은 기록 작성 때 상사가 담당 형사에게 지시한 메모 쪽지인데 워낙 방대한 서류를 처리하다 보니 미처 빼지를 못한 것이다.〉 그리하여 변호인단에서는 심리가 끝나기를 기다릴 것이 없다고 판단했다. 이인의 회고는 이렇게 계속된다.

우리는 검증(檢證)을 신청하고 재판장에게 말하기를 〈이 사건은 광주 한 지방에만 국한된 것이 아니고 전국 방방곡곡에서 피고인들을 검거했으니 멀리는 만주 간도에서까지 잡혀온 사람도 있다. 그런데 조서가 모두 한날 한시에 작성이 됐다니 웬말인가? 또 한 사람이 하루에 조서 850장을 작성했다니 경찰은 무슨 신통한 귀신의 힘이라도 빌었던 말인가〉 했다. 변호인단은 또 기록 사이에서 발견한 쪽지를 재판장에서 디밀었다. 〈이 쪽지는 무엇인가? 일본 경찰은 피의자의 진술내용도 부전지 한 장으로 이리 고치고 저리 고치고 할 수가 있는 모양이다. 이것 한 가지로도 수사기록이 날조임을 알 수가 있다. 재판부는 이 날조된 기록을 믿고 재판을 할 수가 있는가?〉 판사들은 경찰간부의 메모 쪽지를 보고는 다시 기록

182

을 뒤적여 확인한다. 우리와 함께 기록을 검토하는 판사들도 기가 막힌 모양이었다.[52]

한편 김진배는 가인이 이 시기에 이미 혁명적이라고 할 수 있을 정도로 평등주의를 수용하고 있었다고 주장한다. 소작쟁의 관련자들에 대한 변호, 파업노동자들에 대한 변호, 그리고 무엇보다 백정들에 대한 변호에서 그러한 점이 나타난다는 것이다.

가인의 사상적 경향

이상에서 살폈듯이 가인은 공산주의자이건 좌익이건 또는 우익이건 가리지를 않고, 항일민족투쟁에 관련된, 또는 일제의 탄압에 희생된 동포들의 변호를 떠맡다시피 하였다. 그는 법정을 통한 항일운동의 일선에 확고히 서 있었다. 이러한 경험은 그에게, 그의 사상에 어떤 영향을 주었을까?

이 물음에 대해 확실한 대답을 주는 자료를 찾지는 못했다. 다만 1928년 1월 1일 ≪조선일보≫ 신년호 특집인 「대중훈련을 여하(如何)히 할까? 신청년(新靑年)에 추천할 만한 서적은 무엇」에 응답한 가인의 글은 하나의 암시를 준다.

여기서 가인이 마르크스주의적 용어와 논리를 사용하고 있음이 흥미롭다. 〈원래 정치의 중심문제는 경제문제로 귀착되고 만다〉로 시작하는 이 짧은 글에서, 그는 〈자본의 이론과 노자(勞資)의 관계를 알 수 있는 서적〉과 〈경제사 및 유물론〉을 추천하고 있는 것이다. 이때 응답자 아홉 명의 대부분이 마르크스의 저서를 추천했다. 응답자 가운데 최남선을 제외하고는 모두 마르크스주의적 용어를 썼고, 대부분은 아예 마르크스와 레닌의 저술들을 추천하면서 그 책들이 가르치는 길만이 민족 해방의 지름길임을 암시하고 있다. 이렇게 보면 당시의 지성계는 마르크스주의의 강력한 영향 아래 있었고 가인의 글도 그러한 시대적 흐름을 반영했다고 볼 수도 있다.

이렇게 말한다고 하여 가인이 이때 마르크주의자였다고 암시하는 것은 결코 아니다. 다른 응답자들과는 달리, 그는 마르크스나 레닌을 전혀 언급하지 않았으며, 짧은 글 하나로 그의 사상적 경향을 단정하는 것은 결코 신중하지 못하다. 그러나 좌익의 반제-반식민 독립운동을 깊이 다루면서 그는 식민지문제에 대한 마르크스주의적 분석에 어느 정도 기울었던 것으로 짐작된다.

제 5 장
신간회 제2기의 항일투쟁

1 신간회 간부 취임

신간회 복대표위원회 개최

항일 변호사로서 활약하던 가인은 1929년에 들어서면서 신간회의 보다 중요한 간부로 부각되었다. 그러면 여기서 다시 신간회로 우리의 관심을 돌리기로 한다.

두 차례에 걸쳐 전국대회를 금지당한 신간회는 할 수 없이 일경과 절충한 끝에 전체 복대표 대회(複代表大會)를 소집하여 이것으로 전국대회를 대신하였다. 당시 신간회 경성지회 총무간사 이병헌(李炳憲)이 ≪동아일보≫의 월간지 ≪신동아≫에 남긴 회고에 따르면, 〈복대표대회란 전체 대회가 각 지방 지부의 대표위원으로 구성되는 것과는 달리 몇 개 지회가 한 사람을 합작 선출하여 각 도에서 몇 사람씩 복대표로 중앙에 보내면 이들로써 약

식의 전체대회를 구성하는 것이었다.〉[1]

복대표대회 또는 복대표위원회는 1929년 6월 28일에 서울 종로의 기독교청년회관에서 권동진의 사회로 열렸다. 우선 종래의 간사제를 폐지하고 중앙집행위원제를 채택하기로 규약을 고친 뒤 위원장 선거에 들어갔다. 중앙집행위원장에는 허헌 변호사가 1차 투표에서 당선되었다. 중앙집행위원 56인과 중앙집행위원 후보 8인 및 중앙검사위원 13인은 전형위원들이 선출했다. 이때 가인은 중앙집행위원으로 선출되었다. 가인과 함께 중앙집행위원으로 선출된 이는 홍명희, 이관용, 조만식 등이며, 조병옥(趙炳玉)은 중앙집행위원 후보로 뽑혔고, 권동진은 중앙검사위원장으로 뽑혔다.[2]

중앙집행위원회는 7월 4일 간부 진용을 새롭게 갖췄다. 이병헌의 기록에 따르면, 새 진용은 다음과 같다.

　　중앙집행위원장 : 허헌
　　중앙검사위원장 : 권동진
　　서기장 : 황상규(黃尙奎)
　　회계 : 김병로
　　조직부장 : 김환규(金桓奎)
　　조사부장 : 김병로(겸임)
　　선전부장 : 이종린(李鍾麟)
　　교육부장 : 조병옥

그러나 김준엽과 김창순은 위와 약간 다른 명단을 제시한다. 즉 조직부장의 김환규(金桓奎)를 김항규(金恒奎)로, 조사부장을 이춘숙(李春塾)으로, 출판부장을 박희도(朴熙道)로, 그리고 김병로는 조사부장이 아니라 재정부장을 겸임한 것으로 기록하고 있는데,[3] 이 기록이 정확한 것으로 믿어진다. 1929년 7월 6일자 ≪동아일보≫ 역시 그렇게 보도하고 있는데, 다만 가인이 맡은 직책을 회계가 아니라 재정부장으로 적고 있음이 차이라고 하겠다. 진용을 정비한 신간회 본부는 7월 5일에 각 지회의 대회를 8월 15일 안에 임시로 열어 간부를 개선하도록 결정했다.

흔히 이러한 새 진용과 함께 신간회는 제2기에 들어갔다고 말한다. 확실히 제2기의 신간회에는 사회주의자들이 크게 진출했다. 차기벽 교수의 지적대로 중앙집행위원장에 사회주의자인 허헌이 선출되었을 뿐만 아니라 〈중앙 요직의 대부분이 사회주의자들의 수중에 들어갔다.〉[4] 이 점은 이병헌의 회고에 더욱 분명히 나타난다. 그는 〈우리 민족진영의 구(舊)간부파들의 의견으로는 여러 가지 점으로 미루어 권동진이 위원장이 되어야 한다는 생각이었고 더구나 좌익분자들의 책동으로 우익인사들이 간부진에서 탈락된 데에 분노를 터뜨렸다〉라고 증언한 것이다.[5]

이처럼 신간회가 사회주의자들에 의해 장악되게 된 요인은 역시 그동안 주도권을 장악하기 위해 꾸준히 노력해 온 사회주의자들의 공작에 있다고 할 것이다. 그 공작의 구체적 출발점은 1928년 12월에 코민테른 집행위원회 정치서기국이 채택한 「조선의 농민 및 노동자의 임무에 관한 테제」, 곧 이른바 12월 테제였다고 할 수 있다.[6] 이미 세 차례에 걸쳐 검거되어 뿌리째 흔들린 조선공산당 운동을 재건하기 위해 노동자와 농민 중심으로 개조하라는 내용의 12월 테제가 발표되면서, 사회주의자들과 공산주의자들은 우선 국내 유일의 좌우통일전선인 신간회를 장악하고자 한 것이다. 그들은 신간회의 주도권을 쥔 다음에는, 우리가 앞으로 보게 되듯이, 곧바로 급진적 방향으로 나가게 된다. 여기에서 신간회는 이미 좌파와 우파 사이의 암투가 깊어지는 씨앗을 안게 되었다.

그러면 이때 가인은 어떤 위치에 있었던가? 이 물음에 명백한 대답을 주는 자료를 저자는 찾지 못했다. 그러나 여러 자료들에 한 가지 공통적으로 명백히 나타나는 것은 좌파로 분류된 간부들의 명단에 그의 이름은 없다는 것이다. 이것에 미루어 그는 우파에 가까운 사람으로 인식되었던 것 같다. 다만 그는 허헌 위원장과 무척 가까운 사이였다. 이 점에 대해 김진배는 이렇게 썼다.

가인 김병로와 긍인 허헌은 당시에 있어서 거의 신간회의 최고 양거두라 할 수 있었다. 전라도 순창의 중농 출신인 김병로와 함경도 명천의 대지주였던 허헌은 남북의 지역적인 거리와 관계 없이 현단계에서 민족의 조직역량을 집결시키자는 데는 완전히 뜻이 맞았다. 허헌은 김병로보다 한 살 위였지만, 그는 김병로가 전남 담양에서 초등 과정의 신학문을 익히고 있을 때, 보성전문학교의 학생이었으며 도쿄유학시대에도 메이지대학의 직계선배이기도 하였다. 더구나, 이들은 다같이 보성전문학교의 재단이사이고 교수였으며, 형사공동연구회라는 간판을 걸고 독립운동가를 변호하는 데 공동보조를 취하고 있는 처지였다.[7]

이렇게 볼 때, 김병로가 허헌의 진용에서 회계장 겸 재정부장으로 등장한 것은 자연스러웠다고 하겠다.

전북의 신간회 활동도 돕다

신간회 중앙본부의 간부로 바쁘게 일하면서도 가인은 고향인 전북의 신간회 활동을 돕는 일을 잊지 않았다. 이 부분은 김진배의 『가인 김병로』에 다음과 같이 소개되어 있다.[8]

곡창지대인 전북 지방은 일본인 대지주들이 일찍부터 발을 붙여 토지를 수탈하고 농민들을 착취하고 있었다. 따라서 소작쟁의와 수리조합분규는 꼬리를 물고 일어났다. 이 가운데서도 김제와 정읍에서 일어난 동양척식주식회사에 대한 농민들의 투쟁은 대표적이었다.

물론 일제의 기관들은 이 투쟁을 탄압했다. 이때 농민들의 투쟁을 적극 뒷받침한 세력이 신간회 지회들이었다. 이 지회들, 특히 전주, 익산, 임실, 군산, 정읍, 남원, 이리, 김제, 부안 등의 지회를 가인은 백관수와 함께 힘껏 도왔다. 보다 구체적으로, 농민들의 갖가지 투쟁은 물론이고 군산 어부들의 쟁의와 이리 철도 노조의 쟁의를 뒷처리하는 일에 발벗고 나섰다. 지방경찰 당국과 총독부 당국에 들이대기도 하면서 굽히지 않고 싸워 농어민들의 한을 풀어주려고 노력했다.

이 점에 대해서는 이병헌도 다음과 같이 비슷한 내용으로 증언했다.

전북에서는 전주, 익산, 임실, 군산, 정읍, 남원, 이리, 김제 등에 지회가 결성됐는데, 이 지방은 곡창지대이고 영세농민들이 밀주(密住)하여 소작쟁의와 수리조합분규 등 많은 사건을 겪었다. 군산 어부 쟁의 사건, 이리 철도 노동자 쟁의 사건, 김제와 정읍의 동척(東拓)과의 소작쟁의사건 등을 신간회가 수습하였다. 이 지역의 지회 활동은 김성수, 송진우, 백관수, 김병로 등 인사들의 후원에 힘입은 바 크다.[9]

전북의 신간회 활동과 관련해 가인이 회고한 사건이 〈1931년 3월경에 발생된 것으로 기억되는〉 《전북일보》의 조선인 모독 사건

이다. 일인이 경영하는 이 신문에 〈조선인은 도둑의 근성이 있다〉
는 기사가 게재되자, 전주의 조선인 지도자들이 강경히 항의한 데
대해 일경이 오히려 구속으로 맞선 사건이다. 신간회 전주지회는
이 사건을 중앙본부에 곧바로 알려왔다.[10]

가인은 그 자리에서 전주로 내려갔다. 신간회 전주지회 사무실
로 일경 간부들과 ≪전북일보≫ 간부들이 찾아왔는데, 사태의 확
대를 두려워한 탓인지 태도가 비교적 공손했다. 신문사 쪽은 〈기
자의 과오로 이러한 불상사를 내게 되어 죄송하다〉고 사과하면서
〈신간회에서 지시하는 대로 따르겠다〉고 머리를 굽혔고, 경찰도
〈항의하러 온 신간회 간부들이 너무 강경한 태세를 보이므로 무
슨 불상사나 있지 않을까 염려되어 예비검속을 한 것에 불과한
만큼 오늘 곧 석방하겠다〉고 다짐했고 실제로 그렇게 했다. 문제
의 기사를 쓴 기자도 깊이 사과했다. 이에 가인은 전주의 조선인
지도자들과 협의하여 문제의 기자를 사직시키고, ≪전북일보≫는
신간회 본부를 통해 공개사과하며, 경찰은 조선인 항의자들을 차
후에도 전혀 문제삼지 않는다는 조건을 제시하고 그 실천을 보았다.

2 갑산 사건과 가인

화전민들의 참상

허헌 체제로 신간회가 제2기를 맞이한 때로부터 얼마 안 되어
이른바 갑산화전민방화사건(甲山火田民放火事件)이 일어났다. 참
으로 참혹한 화전민박해사건이 그것인데, 가인은 이 사건에 대해
서는 매우 자세하게 회고하고 있다. 가인의 회고와 다른 자료들을

종합해 이 사건을 설명하고자 한다.

백두산 중복의 깊은 삼림 속에 펑펑물 — 또는 펑퍼몰 — 이라는 화전민 부락지대가 있었다. 압록강 월편에서도 멀리 북쪽으로 1백여 리 깊숙이 들어가서, 거기서부터는 통로도 없는 해발 2천 미터나 되는 산을 세 곳을 넘어 하늘이 보이지 않는 큰 숲 속으로 들어가면 폭포도 있고 주위 30채 또는 40채 정도의 초가가 보이는 곳으로, 사건이 일어났을 때는 약 200여 호에 이르렀다. 가인의 회고로, 〈그들의 생활 상태는 매년 각기 기경(起耕)한 화전에 감자와 귀밀을 심어, 그것만으로 주식물을 삼고, 추수 후에는 각기 감자를 혜산진까지 가져다가 팔아, 그 돈으로 고무신과 식염을 사다가 1년간 생활에 필수품으로 사용할 뿐이요, 그 지대는 한랭한 곳이어서 다른 곡종은 심을 수 없고, 어산물이나 육물 등은 볼 수도 없는 상태였다.〉

그러면 어찌하여 이러한 오지의 오지 속으로까지 흘러오게 되었는가? 가인은 〈그때 백두산 기슭에는 각 지방 화전민들이 살 길이 없어 남부여대(男負女戴)하고 백두산 깊이 들어가, 이곳저곳에서 화전을 기경(起耕)하여 생활을 이어가는 사람들이 수만을 헤아리었던 것인 바, 이것이 모두 일정의 압박과 경제적 착취로 인하여 살 곳이 없었기 때문이었다〉라고 보았다.[11]

가인의 관찰은 정확한 것이었다. ≪동아일보≫와 ≪조선일보≫를 보면, 1924년 이후 화전민이 쫓기며 쫓기는 참상이 비교적 상세히 보도되어 있다. ≪조선일보≫ 기사들의 제목들 가운데 몇 개를 소개하면 다음과 같다.

· 5,000생명의 빈사(瀕死)를 문(聞)하고. 화전민을 국유산(國有山)이란 명목으로 퇴거 명령하여 굶어죽게 만든 당국은 곧 이

들에게 응급적 구제책을 강구해야 할 것이다(1924년 4월 16일
자 사설).

· 화전 경작 금지로 강원도민은 호읍(號泣)하며 간도에. 먹고
살 도리가 없는 까닭으로 늙은 부모와 어린 자녀를 끌고(1924년
5월 22일).

· 멸망에 빈(瀕)한 육중면(陸中面)의 참상. 화전 금지로 말미암
아 소작인들은 유리하는 자가 날로 늘어(1925년 2월 8일).

· 개간할 땅이 없어 호읍하는 화전민. 함남 문천군 운림면 동봉
리의 화전을 김준호(金俊浩)라는 자가 자기 명의로 사정(査
定)하여 다른 사람에게 돈을 받고 나누어줌으로 이 일대의 화
전민이 경작할 수 없게 됨(1925년 5월 12일).

· 화전민의 비애. 벌금을 물 돈이 없는 까닭에 구류를 당하고
미경(未境)에는 폐농(1925년 8월 8일).

· 덕천(德川) 농민 대공황. 오사카(大阪)에 본점을 둔 스미토모
회사(住友會社)의 식송(植松)으로 이제는 화전도 못하게 되
었으니 죽는 수밖에 딴 도리가 없다고(1925년 11월 11일).

· 화전 경작 금지와 평남(平南) 수천 농민의 참황. 화전을 경작
하며 먹고살던 수천 농민이 일조일석에 생도(生道)를 잃고 모
두 참담한 생활(1925년 11월 30일).

· 화전민 1백만. 조선인의 생활을 위하여 1백만 화전민에게 옥
토를 주어야 하는데, 당국의 소위 화전민 정리 방침이 어느
정도로 그 성과를 얻을 수 있을지 심히 의심스럽다(1926년 30
일 사설).

· 평남(平南) 각기 화전민의 참상. 화입금지령(火入禁止令)의
결과, 화전도 일본인에게 대부되어 경작할 토지가 없다
(1926년 2월 9일).

· 화전민도 생민(生民). 화전만을 금하니 참상이 연출. 화전민이
  쫓겨난 자리에 일인(日人)이 추점(追占), 조선인 빈약자는 무
  슨 운동을 할 것인가(1926년 2월 10일 시론).
· 화입금지령과 일인(日人) 조림업자에게 쫓기어 멀리 떠나가는
  동포 농민의 통곡소리(1926년 3월 18일).
· 소위 〈화전취체(火田取締)〉로 만주 가는 동포 격증. 안주(安
  住)의 땅을 찾아 북으로 헤매는 동포(1927년 3월 7일).

이러한 식의 기사는 무척 자주 나타나고 있다. 우리가 여기서
살피려는 갑산사건은 이러한 화전민 참상 가운데서도 가장 대표
적인 경우라고 할 것이다.

갑산이라면 〈산수갑산〉이란 말로 알려져 있듯이 백두산 삼림
지대에 있는 오지들 가운데 오지로 어떤 의미에서는 이웃 산수보
다도 더 깊은 곳이다. 이런 곳인 만큼 여러 갈래의 독립군들이 자
주 내왕했다. 이 사실을 처음에는 일본 관헌들도 전혀 몰랐다. 그
러다가, 가인의 회고에 따르면, 〈마침 독립군의 활동상황을 정찰
하던 일본 비행대가 처음으로 이곳을 발견하고 혜산진(惠山鎭)경
찰에 알리게 되었던 것이다〉. 그리하여 일제의 경찰관 열한 명과
염림서(營林署) 직원 여섯 명은 완전무장하고 6월 16일부터 닷새
동안 펑펑물지역에 침입하여, 〈200여 호의 가옥 전부에 방화하고
화전민 전부에 대하여 폭력으로 축출을 강행하였으며, 그 방화로
인하여 가산과 도구를 소실하였음은 물론, 어린아이까지 소사하
는 비참한 광경을 연출하였던 것이다〉. 무기력한 〈화전민들은 혼
란과 비참 속에 어찌할 바를 모르고 땅을 치며 하늘을 우러러 통
곡할 뿐이었다〉.

일제의 이 만행은 주민대표 2명이 주민 173명이 서명한 진정서

를 갖고 서울로 와서 총독부에 진정함으로써 ≪동아일보≫를 통해 세상에 알려졌다.[12] 신간회는 곧바로 대책을 세우기 시작했다. 신간회의 동향을 가인은 이렇게 회고했다.

　　나는 곧—7월 15일: 저자 주—중앙상무집행위원회를 열고, 그 진상을 조사하기로 결정하였으나, 그때 현지를 직접 조사하기에는 큰 모험 행동이 아니면 불가능하다는 정보도 알게 되었으니, 그 실정을 말하면, 일경의 잔혹한 만행이 있을 뿐만 아니라, 압록강 상류지대에는 1, 2킬로 미터마다 일본 수비대가 10여 명씩 주둔하여 압록강 월편이나 백두산 기슭에서 내려오는 사람에 대하여는 검문과 수색이 엄혹할 뿐만 아니라, 야간에는 불문곡직하고 사격을 가하여 살해하는 일도 빈번히 있었다는 것이었다. 그렇다고 하여 일경에게 무도한 폭행을 당하는 수많은 동포의 재난을 방관할 수 없었으므로, 최고 책임자인 나 자신이 조사에 출동할 것을 결심하고 현지로 향발하기로 하였다.

펑펑물의 이재민들을 돕다

그리하여 가인은 총독부 경무국에 통고하고, ≪조선일보≫의 김을한(金乙漢) 기자와 ≪동아일보≫의 박금(朴錦) 기자 및 신간회 중앙본부의 김진국(金鎭國)과 일행이 되어 7월 18일에 현지로 떠났다. 가는 곳마다 일경의 삼엄한 감시를 받으면서 원산, 함흥, 북청, 풍산을 거쳐 혜산진에 닿았다. 〈도착하기까지 많은 동포들의 감격한 환송을 받았고, 함흥과 북청에서는 신간회 지회 간부 한 사람씩이 동행하기로 되었으며, 풍산과 갑산에서는 청년회 간부 한 사람이 참가하게 되어 일행 8명이 약간의 식료품을 휴대하고 현지로 향하였던 것이다.〉 여기서 가인은 비극 속에서도 정감 넘치는 일들을 자세히 회고한다.

　　우리가 가는 도중에 풍산에서 환대를 받은 일은 아직도 기억에 새로운 듯하다. 당시 풍산에는 신간회 지회도 없었고, 다른 사회운동단체도 없었는데, 당지 청년회원들과 기타 공직자들이 합동으로 자동차 정류장에까지 나와서 사이다며 편포 등 음식물을 우리에게 환대했는데, 그 공직자는 물론 청년회도 관제(管制)를 받고 있음에도 불구하고 우리를 열렬히 환영하는 데에는 감격하지 아니할 수 없었다. 여기서 또 한 가지 기억에 남는 것은 혜산진을 떠나서부터는 여관이나 음식점이 별로 없어서 우리들이 약간의 식료품을 휴대하였다 하더라도 이것만으로는 부족을 느끼게 되어 도중에서 음식점을 발견하려고 이리저리 헤매던 중, 간신히 산기슭 한 곳의 음식점을 발견하게 되어 반갑게 여기고, 그 집에 들어가서 음식을 청하였더니, 밥이나 다른 것은 없고 묵밖에 없다는 것이었다. 그래 묵이 무엇이냐고 물은즉, 그 지방에서는 탁주를 묵이라고 한다고 하기에 시장한 우리들은 〈탁주라도 좋으니 어서 달라〉고 청하였다. 그런데 그 묵이라는 탁주의 맛이란 술 냄새도 나지 아니하고, 알고 보니 감자가루로 쑨 죽이어서 일행은 이것을 먹고 폭소를 금치 못했던 일도 있었다.

　　이러한 식으로 여행이 계속되어, 그 이튿날 해질 무렵에야 현지 가까이에 갔다. 이재민들이 거기까지 나와 환영하며 길을 안내하는데, 그들은 〈활에 놀란 새〉의 심정으로 일경들이 비밀리에 뒤를 따르지 않는가 하는 두려움을 보였다. 거의 저녁 무렵에 현지에 닿았다. 과연 수백 호의 건물은 거의 소실되고 이재민들이 불에 탄 나무토막을 다시 수습하여 토굴과 같은 곳을 여기저기 만들어 거기에서 생활하고 있었다.

가인 일행은 그들이 지정한 두세 곳에 분숙하기로 하고, 우선 가장 크고 화재 피해도 적은 집을 골라 그곳으로 이재민들을 모아 일일이 그 가족의 수 및 성명과 피해 상황을 기록했다. 그날 밤 12시가 지나서야 헤어져 가인은 ≪동아일보≫의 박금 기자와 함께 자리에 누웠다. 바로 그 밤에 〈괴이한 일〉이 일어났다.

난데없이 평복을 입은 괴한 두 명이 나타나 권총에 장탄하며 박금 기자에게 겨누면서 〈당신들이 이곳 화전민을 몰아내고 무슨 비밀 회의를 하였느냐〉고 힐문하였다. 그러나 박금은 태연하게 〈우리는 우리 동포의 피해 상황을 조사하기 위하여 이곳에까지 왔은즉 그들에게 피해 상황을 물어 기록했을 뿐이다. 무슨 비밀 회의가 있겠느냐〉고 응답하면서, 누워 있는 나를 가리키며, 〈이 사실을 조사 기록한 분은 변호사인 김병로 씨인즉 당신들이 더 할 말이 있으면 깨워도 좋다〉고 말한즉, 그 자들은 한참 동안 생각하다가 〈그럴 필요는 없다〉고 하면서, 〈날이 새거든 다시 오겠노라〉하고 권총을 도로 집어넣은 채 어디로인지 가버리고 말았다.[13]

그때 가인은 잠이 들지 아니했으나 자는 척하고 누워서 그 광경을 보았다. 그들이 일경이거나 일경의 앞잡이임에 틀림없다고 직감한 가인은 〈일경의 실로 음흉한 행동에 분개하지 아니 할 수 없었다.〉

다음날 아침 일찍부터 40-50명의 이재민들이 밖에서 기다리고 있었다. 어제 밤의 괴한들도 다시 나타났다. 혜산진경찰서에 근무하는 형사라는 명함을 내놓으며 어제 기록한 조사서류를 잠깐 보여달라고 간청했다. 가인이 〈우리는 경찰의 불법행동을 조사하러 온 것으로, 귀로에는 혜산진경찰서 책임자에게도 그 죄과를 조사할 예정인데, 그대들이 누구의 기록을 보겠다고 한단 말이야〉고 나무랐더니, 그들은 아무 말 없이 그대로 사라졌다.

현지조사를 마치고 귀로에 오르게 되었다. 마침 정보가 들어왔다. 〈귀로에는 도중에서 쉴 생각 말고 밤낮없이 빨리 혜산진까지 돌아와야 하며, 만일 도중에서 유숙을 한다면 큰 위험이 있을 것〉이라는 내용이었다. 가인은 일행과 함께 밤낮을 가리지 않고 혜산진까지 약 200여 리 길을 강행했다. 〈그 지대는 통로도 없고 하루도 비가 개는 날이 없이 수목이 썩어 진흙으로 된 산을 넘고 넘어 쉬지 않고 약 일고여덟 시간에 100여 리 길을 걸었다.〉 일행은 곧 피곤해져 더 걸을 수가 없었다. 그러나 〈중도에 유숙할 수가 없었으므로 밤길을 계속하여 압록강 상류에 다달으니, 폭우는 쉴 새 없이 퍼붓고 강건너 이곳저곳에는 일본 수비대의 불빛만이 반짝거리며, 산길 위의 절벽에서는 커다란 암석이 뒹구는 소리가 천둥소리와 같았으니, 사람의 위험뿐만 아니라 자연의 위험까지 느끼게 되었다〉.

그러던 가운데 앞에 가는 박금 기자의 발길 두어 자쯤 앞에 한 아름 되는 돌이 떨어지는 소리가 굉장하게 일어났다. 박 기자는 놀라 뒷걸음치며 소리를 질렀고, 가인은 산비탈길에 넘어져 가슴을 암석에 부딪혔다. 조금도 걸음을 옮길 수가 없었다. 동행인들에게 의지해 겨우 혜산진에 닿았다. 여관 방에 누웠으나 전신을 움직일 수도 없고 숨조차 쉬기 어려웠다. 혜산진의 자혜의원(慈惠醫院) 의사 송영재(宋永在)는 늑막염의 징조가 짙다고 진단한 다음 오랫동안 치료를 받아야 한다고 권했다. 이때 함께 따라와 준 갑산 청년회장이 자기 친척에게 진짜 웅담이 있으니 구해 오겠다고 하여, 10원을 주고 웅담 두 돈을 사 왔다. 첫 한 돈을 갈아 소주에 타 마신 뒤 혼수상태에 빠졌다가 여덟 시간쯤 지나 깼다. 나머지 한 돈을 같은 방식으로 마신 뒤 다시 여덟 시간쯤 자고 깨니 아침은 밝아왔고 전신은 가뿐했다. 송 의원이 진찰하더니 기적과 같은 완전회복이라고 기뻐했다.

가인은 일행과 함께 오전에는 압록강을 건너 중국 장백현(長白縣) 장백부(長白府)를 구경하고 오후에는 혜산진경찰서장을 만나 사건의 전말을 조사한 뒤 7월 27일에 서울로 돌아왔다. 곧 신간회 중앙 본부에 보고했고, 《동아일보》와 《조선일보》는 이 사건을 연일 대서특필했으며, 이에 따라 조선 백성들은 들끓었다.

이러한 분위기 속에서 신간회의 주도로 갑산화전민충화(衝火)사건대책강연회가 7월 29일에 성립되었고, 가인을 비롯한 27명이 대책위원으로 선출되었다. 이들은 곧바로 진상보고연설회를 열기로 했다. 그러나 일제는 이 집회마저 금지시켰다. 이에 신간회는 8월 4일에 천도교회관에서 언론탄압비평대연설회를 열기로 결정하고 그 연사로 가인을 비롯한 4인을 뽑았다. 일제는 이것 역시 금지시켰다. 신간회는 곧 5일부터 6일까지 중앙상무위원회를 열고 이 사건을 총독부를 상대로 직접 따지기로 했다. 항의위원으로 가인과 서기장 황상규 및 중앙집행위원 이관용이 지명되었다. 이들은 즉시 총독부를 방문하고 경무국장에게 (1) 피해 화전민에 대한 현 경작지 배여(配與), (2) 불탄 가옥과 가구 및 양식에 대한 배상, (3) 직접 책임자의 처벌 등을 요구했다.[14]

가인의 회고에 따르면, 이러한 항의의 결과로 총독부도 〈경찰의 비행을 얼마쯤 인정하였던지 백두산 화전민 전반에 대한 선후책을 연구하기에 이르렀고, 그리하여 갑산군 지역에 속한 백두산 기슭에 있는 수십 개 소(所)의 화전민 부락은 현상대로 당분간 유지하게 하고, 더 확대하는 것은 금단하기로 하였으며, 펑펑물 이재민들은 다른 곳을 지정하여 이주까지 시켜주었던 것이다〉.[15] 그러나 책임자 처벌 문제에 대해서는 그들이 〈국경지대에서 무장독립군의 근거지를 폐철하였다〉는 구실로 응하지 않았다. 어떻든 이 사건을 계기로 일제의 잔혹상이 다시 한번 만천하에 드러난 반면에, 범민족적 항일조직으로서의 신간회의 위신은 크게 올랐고 신간회 지도자로서의 가인의 사회적 명망도 높아졌다.

3 광주학생운동과 가인

대구학생비밀결사의 변호

원래 일제가 신간회의 1928년도 정기 전국대회와 1929년도 정기 전국대회를 모두 금지시킨 까닭은 그렇게 하면 신간회 안의 비타협주의 세력의 태도가 누그러지고 개량주의적 자치운동파가 일어설 기반이 넓어질 것이라는 나름의 계산이 있었기 때문이다. 그런데 허헌 체제의 출범 이후 갑산 사건을 둘러싼 투쟁에 나타났듯이 비타협주의적 특성은 조금도 변질되지 않았으며, 오히려 더욱 굳어져 있음이 명백해졌다. 이러한 새로운 인식으로부터 일제는, 김준엽과 김창순의 표현으로, 〈신간회가 하려고 하는 일에 대해서는 이현령비현령(耳懸鈴鼻懸鈴)의 구실로 모두 탄압하였다.〉 갑산 사건을 규탄하려는 집회를 모두 금지시킨 데 이어, 9월 7일로 계획된 제2회 중앙집행위원회도, 박람회가 임박한 이때에 그 집회는 치안을 해칠 우려가 있다는 이유로 금지시켰다. 이에 맞서 신간회는 (1) 전국적으로 집회 금지 상황을 조사하여 발표할 일, (2) 전국적으로 언론 압박 상황을 조사하여 발표할 일, (3) 언론과 집회의 탄압에 대하여 엄중히 항의할 일 등을 결의했으며, 아울러 동포문제를 조사하고, 그 대책을 수립할 것도 결의했다. 다시 김준엽과 김창순의 표현으로, 〈신간회의 이와 같은 거동은 마치 한민족의 정부로 행세하는 것처럼 일제에게는 보였다.〉[16]

가인은 이렇게 신간회의 핵심적 간부로 일하면서 변호를 통한 항일운동도 쉬지 않았다. 우선 가인은 대구학생비밀결사의 관련자들을 허헌 및 이인과 함께 변호했다.

이 결사의 구체적 내용을 저자는 정확히 밝혀내지 못했다. 다만 《조선일보》의 1929년 9월 3일 기사와 9월 20일 기사를 찾았을 뿐인데, 이 두 기사를 종합하면, 정소수(鄭小秀), 장종환(張鍾煥), 백대윤(白大潤), 박득룡(朴得龍) 등 10여 명의 대구 학생들이 〈사회과학을 연구하는 단체〉를 조직한 것을 〈국체(國體) 변동〉을 획책한 혐의로 기소한 것이다. 가인은 이 단체는 어디까지나 학술연구단체이고 사유재산제도를 부인하는 단체가 아니므로 무죄라고 변호했다.

이 사건은 대구에서 일어난 하나의 예외적 사건이 아니었다. 1926년 6·10 만세 운동의 좌절과 함께 학생단체들도 그 표면적인 조직활동이 불가능해지면서 각종의 비밀결사운동에 열을 올리게 되었고, 그리하여 서울학생당사건, 대구학생적우(赤友) 동맹사건, 수원고등농림학교의 조선개척사 사건, 서울의 7개교 학생들이 결성한 독서회사건, 부산제2상업학교의 흑조회(黑潮會)사건, 광주의 4개교 독서회사건, 목포상업학교의 비밀결사사건 등이 일어났다. 가인이 변호한 이 사건 역시 이러한 사건들과 맥을 같이 하는 것이었다.

이러한 사건들은 대부분 좌익운동의 형태를 띠고 있었다. 그런데 〈이것은 식민지의 청년학생들이 극도로 억압된 이민족의 지배 아래서 반체제 혁명이념인 사회주의 및 공산주의 이념에 쉽게 탐닉하게 되는 피압박지역의 세계적인 추세와 일치하는 경향이었다고 볼 수 있다.〉[17]

광주학생운동의 발발

이러한 항일학생운동이 지녔던 기본적 성격을 한층 더 발전시킨 투쟁이 바로 1929년 11월에 시작해 그 다음해까지 계속된 광주학생들의 민족운동이었다. 이 운동이 국내의 항일투쟁사에서 차지하는 위치가 크며, 또 신간회와 가인이 여기에 깊이 개입되어 있었으므로 자세히 다루기로 한다.[18]

우리가 이미 살폈듯이, 1920년대 이후 식민지 조선에는 항일독립운동의 목적 아래 사회주의-공산주의 운동이 전개되어 왔으며, 그 일환으로 학생들의 비밀결사들이 활동해 왔다. 이러한 배경 아래, 광주에서도 성진회(醒進會)가 1926년 11월에 광주고등보통학교 학생들과 광주농업학교 학생들 사이에서 조직되었다. 성진회는 〈일본제국주의를 타도하는 것〉을 그 목적으로 하고 있었고, 따라서 〈당시까지 학내투쟁에 머물러왔던 학생운동을 한 차원 높인 민족해방운동으로 이끌고 나갈 수 있는 소지를 갖고 있었던 것이다.〉[19] 그러나 내부문제로 1927년 3월께 형식상 해산했다.

그렇다고 하여 그들의 활동이 끊어지지는 않았다. 그들은 계속해서 모임을 가졌을 뿐만 아니라, 전라남도의 청년단체들이나 신간회와도 긴밀한 연락을 취하고 있었다. 특히 신간회 광주지회 상임 간사였던 장석천(張錫天)의 도움도 받고 있었다. 이러한 연결 속에, 우리가 곧 아래에서 보게 되듯이, 그들은 1928년에 광주고보와 광주농업학교의 대맹휴를 지도했으며, 1929년에는 독서회중앙본부로 확대 발족하면서 광주사범학교와 광주여자고등보통학교 및 목포상업학교 학생들도 포섭해 나감으로써 마침내 광주학생의 민족해방운동을 지도해 나갈 수 있게 된다.

우선 1928년의 대맹휴사건부터 살핀다. 1928년 4월에 광주고보 5년생 이경채(李景采) 등 여덟 명이 항일독립의 격문을 광주와 송정리 일대의 학교와 경찰서에 우송한 사건이 일어났다. 총독부 당국의 지시에 따라 광주고보의 일인 교장이 6월에 이경채를 퇴학시키자 여기서부터 일파만파로 사건이 확대되면서 6월 26일에 마침내 전교생 맹휴가 시작되었고 곧 광주농업학교생들의 동정맹휴로 이어졌다. 이 일련의 과정에서 성진회 회원들이 앞장섰다.

두 학교의 맹휴는, 광주고보를 졸업한 뒤 도쿄에 유악하고 있는 학생들의 대표들이 즉시 귀국해 7월 20일께 맹휴중앙본부를 세움으로써 새 전기를 맞았다. 그 가운데 지도적 역할을 수행한 이가 성진회 창립회원이었던 장재성(張載性)과 그리고 맹휴중앙본부의 장소를 빌려준 최동문(崔東文)이었음에 비추어, 확실히 그들의 귀국과 지원은 맹휴의 확대에 크게 이바지한 것이다. 실제로 이들이 맹휴중앙본부를 세운 이후, 두 학교의 맹휴는 두 학교의 맹휴에 끝나지 않고 광주 전체의 거시적(擧市的)인 항일운동으로 확대됐다. 이에 8월 말부터 경찰이 개입해, 결국 16명의 학생이 구속되어 실형을 받고 이들을 포함한 54명이 퇴학을 당한 채 4개월만에 일단 끝을 맺었다. 그러나 〈4개월 간에 걸친 치열한 맹휴투쟁을 통해 학생들을 비롯한 학부형과 일반 사회인의 항일의식은 크게 고양되었고 더군다나 맹휴중앙본부를 중심으로 한 조직적인 투쟁의 전개를 통해 다음 단계의 대투쟁을 위한 맹훈련을 쌓은 셈이 되었다〉.[20]

1928년에 조성된 맹휴투쟁의 열기는 1929년의 새학기에도 계속되었다. 광주고보의 경우에는 일제를 비난하는 내용의 「친애하는 광주고보생에게」라는 성토문이 뿌려졌고, 5월에는 「조선독립 만세」 「6월이 되면 전 조선적으로 맹휴하자」는 등의 낙서가 번져 갔고 6월 26일에는 〈맹휴 1주년 기념 수업거부운동〉이 벌어졌다. 이와 더불어 성진회의 후신인 독서회가 각 학교별로 조직 또는 재조직 되었고 이 독서회를 묶은 독서회중앙본부가 세워졌다. 마침 6월 께 도쿄에서 돌아온 장재성은 독서회중앙본부를 적극적으로 뒷받 침했다.

전면적 항일투쟁의 분위기가 성숙된 가운데, 1929년 10월 30일에 광주와 나주 사이의 통학 열차 안에서 일본인 남학생이 조선인 여학생을 희롱하는 데 격분한 조선인 학생이 일본인 학생과 충돌 한 사건이 있었다. 이것이 양쪽 학생들의 충돌로 확대되었는데, 이 일들이 광주 전역에 알려짐으로써 조선인 학생들과 조선인 사 회의 반일감정은 빠른 속도로 농축되어 갔다.

일촉즉발의 긴장 속에 운명의 11월 3일이 되었다. 이날은 음력 으로는 10월 3일이었기 때문에 우리 겨레에게는 개천절이었고 일 본인들에게는 4대 명절의 하나인 메이지절(明治節)이었으며 학생 들에게는 성진회 창립 3주년 기념일이었다. 메이지절(明治節) 행 사는 굴욕감을 더하게 하여 조선인 학생들이 신사참배를 거부하 고 며칠 전 열차 내 학생 충돌 사건을 친일적으로 보도한 광주일 보사를 습격하기에 이르렀다. 시내 여러 곳에서는 조선인 학생들 과 일본인 학생들 사이에 충돌과 구타가 연거푸 일어났고, 마침내 이날 오후 독서회중앙본부의 뒷받침 아래 광주고보생들과 광주농 업학교생들 및 광주사범학교생들이 가두투쟁에 나섰다. 〈이날의 시위에서 일반 군중들은 가도에서 열렬히 성원하였고 일본인 상 가는 모두 폐점 상태에 들어갔으며 학생들은 광주역에서 역원과

경찰을 집단 구타하는 등 광주시내는 험악한 공기에 휩싸였다.〉[21]

일제경찰은 일본인 학생들은 훈계방면하면서 조선인 학생들은 대거 구속했다. 이러한 편파적 조치는 곧바로 조선민중을 자극했다. 이 점은 ≪동아일보≫의 11월 6일자 사설 「광주의 학생충돌사건」에 잘 나타났다. 이 사설은 학생들의 저항이 거세질 수 있음을 암시한 것이다. 사태가 심상하지 않게 전개되는 것을 보고 학교당국은 11월 11일까지 휴교를 결정했다.

신간회의 개입

광주학생들의 봉기와 함께 광주의 청년-학생 지도층은 먼저 학생투쟁지도본부를 결성하고 광주에서의 2차 투쟁을 준비하는 한편 광주에서의 투쟁을 전국으로 확산시키는 문제를 협의해 나갔다. 이 과정에서 서울과, 그리고 신간회 중앙본부와의 일차적 협의가 이뤄졌다. 가인을 비롯한 신간회 중앙본부의 간부들은 곧바로 광주로 내려갔다. 이때를 회고하여 가인은 이렇게 썼다.

사건 발생 다음날에 신간회 광주지회로부터 본부에 보고되었고, 그와 때를 같이하여 광주 청년 장석천이 급거 상경하여 본부를 심방하였으므로, 본부로서는 이 사건의 동기 및 그 내용을 상세히 알게 되었으므로 그날로 곧 장성과 나주와 담양 각 지부에 전보로써 그 다음날까지 광주로 간부의 회동을 명하고, 허헌과 황상규 및 나 3인이 그날 밤 열차로 출발하여 그 다음날 이른 아침에 광주에 도착하였다.[22]

광주역에는 지회의 간부들 서너 사람을 비롯해 서울의 신문사

지국 간부들 및 각 우호단체의 간부들 약 서른 명이 나와 있었다. 또 이에 맞먹는 정-사복 경관들도 대기하고 있었다. 신간회 간부 일행은 곧 광주 시내 광양여관에 행장을 풀었는데, 가인의 표현으로, 〈경찰도 역시 그 여관에 파출소를 형성한 것같이 10여 명이 상주하고 있었다.〉[23]

신간회 간부들 밖에도 학생 지도자들이 광주로 내려갔다. 학생 과학연구회, 중앙청년동맹, 조선학생회 등의 지도자들이 모두 모였고 학생투쟁지도본부와 협력해 나갔다. 우선 11월 12일에 제2차 투쟁을 벌이기로 결정했다. 실제로 11월 12일에 제2차 투쟁이 벌어져 광주의 거의 모든 학생들이 〈일본제국주의 타도〉와 〈피압박 민족 해방 만세〉를 외치며 쏟아져 나왔다. 일경은 이들을 포위하고 무차별 검거했으며, 학교는 학생들을 무기정학처분하고 휴교를 연장했다. 결국 두 차례의 시위투쟁으로 정식 구속된 학생은 전부 260여 명에 이르렀는데, 이것은 당시 광주지방의 고보생 총수의 2할 정도였다.[24] 이것이 흔히 말하는 광주학생사건으로, 가인의 표현으로는, 〈일본이 우리 조선 전역을 강점하고 온 민족을 질식하게 한 소위 합방이 있은 뒤 10년 만에 3·1 운동이 발발하여 민족의 독립정신을 세계만방에 표명하였고, 그 후 10년 만에 광주학생사건이 발생하였으니, 이 10년이란 기간은 민족역량의 축적기간이라고도 볼 수 있는 것이었다.〉[25]

어떻든 가인은 일행과 함께 먼저 일본인 중학교를 방문하여 책임자의 사과를 받아냈다. 곧 광주경찰서장을 방문하여, 〈일본인 학생을 다 석방하고 조선인 학생만을 구속한 내용과 이유를 물은즉, 그 응답은 자기도 편파적이라고 생각하였으나 검사정의 명령이므로 유감이지만 그와 같이 되었다는 것이다.〉 그리하여 가인은 검사정을 방문했다. 검사정은 〈피상자(被傷者)가 일본인 학생이 다수이고 조선인 학생은 피해가 경미하기로, 수사의 상례로 그리 한 것이지 편파하게 조선인 학생만을 구속하고 일본인 학생을 석방한 것이 아니다〉라고 변명했다. 이에 가인은 〈그러한 변명은 사실과 조리에 맞지 않으니 속히 시정하라〉고 요구했다. 그러나 검사정은 〈범죄수사에 다른 사람의 간섭을 받을 수 없다〉고 거부했다.[26]

여기서 덧붙일 말은 앞에서 인용했던 이병헌의 증언이다. 그에 따르면, 신간회에서는 처음으로 조병옥을 대표로 파견했으나 일 경이 광주 입구인 송정리에서 막아 하는 수 없이 신간회 광주지 회의 간부들을 송정리로 은밀히 불러 현지의 상황을 자세히 듣고 올라왔다. 그러나 본부로서는 이에 만족할 수 없어, 〈신간회의 실 질적인 지도자격인 김병로를 다시 파견하였다.〉 〈김병로는 변호 사협회 회장이었기 때문에 일제 관리들에 대하여 발언권이 강하 였고 더구나 수명의 신문기자를 대동하고 가니 그 위엄이 먼저 번 조병옥의 경우와는 달랐다〉고 이병헌은 회고했다.[27] 가인이 법 조계의 지위로 말미암아 일제 관리들로부터 홀대를 당하지 않았 다는 대목은 사실일 것이다. 그러나 조병옥이 먼저 갔었다는 대목 은 믿기 어렵다. 조병옥의 회고록 역시 이때를 매우 자세하게 증 언하고 있는데, 자신이 내려갔었다는 얘기는 전혀 하지 않고 처음 부터 가인이 내려갔던 것으로 말하고 있는 것이다.[28]

다시 광주에서의 가인의 동정(動靜)으로 관심을 돌린다. 광주에 머무는 동안 가인 일행은 가인의 어느 친구로부터 저녁을 대접받 았다. 이 친구는 웃으면서, 전남 도경에서 찾아오더니 〈신간회 간 부들을 환영하거나 후대하는 것은 그들의 범행을 돕는 일〉이라고 위협하더라고 말했다. 이 일화를 자신의 회고록에 남기면서 가인 은 〈일본의 폐간(肺肝)이 이와 같이 협소하다〉고 꼬집기를 잊지 않았다.[29]

광주학생들의 변호

구속된 광주 학생들 가운데 188명이 예심에 회부되었다. 보안법 관계가 49명, 성진회 관계가 38명, 독서회 관계가 90명, 소녀회 관계가 11명으로, 보안법 관계만이 1930년 1월 29일에 예심이 종결되고 나머지 치안유지법 관계는 1930년 7월 이후에야 예심이 종결되었다.[30]

그 사이에도 광주의 학생들은 결코 좌절되지 않고 봉기를 계획했다. 1930년 1월 11일자 ≪동아일보≫에 따르면, 광주고등보통학교 학생들이 중심이 돼 1월 8일부터 제3차 계획을 추진하다가 검거됐던 것이다.

이처럼 긴장된 분위기 속에서, 보안법 관계 학생들에 대한 공판이 2월 들어 시작됐다. 가인은 권승렬, 이인, 김용무, 이창휘(李昌輝), 강세형(姜世馨) 등 20여 명의 변호사와 함께 변호에 참가했다. 이때의 상황을 이인은 이렇게 회고했다. 〈변호인단은 먼저 광주형무소로 우리 학생들을 찾아가 사건 경위를 들었다. 우리와 만나는 학생들은 영어의 몸이면서도 마치 시합을 앞에 둔 운동선수처럼 의기가 넘치고 왜적을 금방이라도 집어삼킬 듯한 기세였다.〉[31]

공판에 넘어갈 학생의 수가 200명에 가까우므로 한 사람씩 면회하기에는 시간이 너무 걸렸다. 그래서 변호인단은 전례에 없는 집단면회를 신청했더니 일인 형무관은 아무것도 모르고 이를 허가했다. 변호인단은 학생들의 말을 다 듣고 나오면서 〈이 정신, 이 기백을 길이길이 잊지 맙시다〉고 격려했다. 우리말을 깊이 모르는 일인 형무관이 뒤쫓아와서 그게 무슨 뜻이냐고 물었다. 변호인단이 말한 것이야 번연한 것이지만 말 한마디로 일이 시끄러워질 것이 귀찮았다. 그래서 이인이 얼른 〈우리 속담에 호랑이에게 물려가도 정신을 차리면 산다고 했소. 내가 한 말은 이 속담을 두고 한 말이오〉라고 받아넘겼다. 일인 형무관은 긴가민가 하는 표정이었다.[32]

변호인단은 학생들의 무죄를 극구 변론했다. 가인은 일정(日政)의 비인도성을 조선인으로서 좌시할 수 없음을 밝히고, 검찰당국의 편파성을 지적하여 〈사건의 조작됨〉을 강조했다. 이어 〈이 사건의 조작으로 인하여 전 조선에 파급된 수천에 이르는 학생의 희생에 대한 책임은 전적으로 광주검찰당국이 져야 한다〉는 결론으로 장시간의 〈투쟁적 변론〉을 전개했다.[33]

보다 구체적인 변론 내용은 《조선일보》 1930년 5월 9일에 다음과 같이 잘 나와 있다. 〈이번 범죄구성의 중요 죄로 하는 격문 내용이 과연 무엇이 불온한가. 그 내용에 있어서는 일본 무산정당의 선거 표어보다 오히려 내용이 온순한데 무엇이 불온이라고 하는가. 이와 같이, 격문이 불온하지 않은 이상 출판법도 보안법도 도무지 걸리는 것이 없고 자기 학교 실습농장에 들어가는 것이 무엇으로 가택침입죄에 해당하는가. 조선의 통치 장래를 위하여, 특히 전도양양한 청년학생을 위하여, 이에 당연히 전부 무죄판결을 내려 조선의 인심을 안정케 하라.〉

피고인에게 무죄판결을 내리라는 변론은 일제치하에서 독립 운동자들을 변론할 때마다 가인이 유지한 일관된 주장이었다. 〈한민족으로 독립을 주장하는 것은 당연하며, 그것에 따른 소요와 폭행이 있었다면 그것은 무자비한 경찰의 만행 때문〉이라는 입론이었다. 이러한 변론을 일인 재판장은 방치하지 않고 으레 퇴장을 명하였건만, 다음 공판 때는 언제 그런 일이 있었느냐는 듯이 〈만약 이 피고인들에게 벌을 준다면 식민지통치를 받고 있는 3000만 조선민족 전부를 피고인으로 몰아붙이는 결과가 될 것인데 이러한 결과가 나는 것을 총독부는 바라고 있단 말인가〉고 공박해 나갔다.

　가인과 동료 변호사들이 변호에 정성을 쏟았는데도, 학생들은 전원 유죄판결을 받았다. 이때의 재판과 관련해 가인은 다음과 같은 일화를 회고했다.

　그 공판에 관여하였던 하야다(早田)란 차석검사가 논고 가운데에서 법치국(法治國)이라는 말을 법야국(法冶國)이라고 발언한 사실이 있어 법정에서 폭소가 일어났다. 이것이 결코 일시적 실언이 아니라 일본 사람들이 옛날 우리로부터 한문 전수를 받을 때에 그 발음을 오인한 것도 있고, 또 유사한 한자의 발음을 그릇 인용한 것도 있었기 때문이다. 내가 직접 들은 바로도 일본의 어느 학자가 상속(相續)의 속(續)을 속으로가 아니라 읽을 독(讀)의 독으로 오인하고 저의 말로 소독구로 읽는 적도 있었으니, 광주 검사의 법야국이라는 것도 치 자를 야 자로 오인하고 저의 말로 호야곡구라고 한 것에 불과한 것이다.[34]

　여기서 가인은 일본이 우리에게서 문화를 계승받았기 때문에 그러한 일이 있었다고 평가하면서, 〈대저 다른 나라의 언어와 문화를 전수받는 경우에는 이러한 점을 주의하여야 할 것〉이라고 덧붙였다.

4 민중대회 추진과 가인

광주학생운동의 전국적 파급

다시 광주학생의 민족운동이 일어난 직후의 시점으로 돌아간다. 가인이 광주에서의 진상조사를 마치고 서울로 돌아온 당일인 1929년 11월 12일에 신간회는 중앙상무집행위원회를 열었다. 가인은 광주의 진상을 서울에 알리는 연설회를 갖자고 제의했고 이것은 그대로 받아들여졌다. 곧 시일과 장소를 정해 전단 수만 매를 서울시 안팎으로 뿌렸다. 그러나 총독부의 집회금지로 연설회를 열지는 못했다.

그리하여 신간회는 광주학생사건 관련자들에 대한 현지 검찰의 부당한 조치, 그리고 이 사건을 알리려는 연설회를 금지한 조치를 함께 항의하는 문서를 만들어 총독부에 제출하기로 결정했다. 가인과 이관용이 총독부를 방문해 사이토 총독을 만나 항의서를 넘겨주고 적절한 조치가 있기를 촉구했다. 사이토는 〈사건에 대한 보고를 아직 듣지 못했으니 잘 조사한 뒤 선처하겠다〉고 기계적으로 대답할 뿐이었다.[35]

그러는 동안에, 가인을 비롯한 신간회의 간부들은 광주에서 올라온 장석천으로 하여금 서울 각 학교에 비밀리에 조직되어 있는 독서회의 간부들을 만나 광주학생사건의 경과를 알리고 학생으로서 취할 계책을 취하게끔 일임했다. 곧 효과가 나타나, 서울의 각급 학교 학생들이 크게 동요했다.

12월에 들어서는 시내 각 학교에 〈과격 격문〉들이 일제히 배포되었다. 당시의 신문보도에 따르면, 경찰은 12월 4일 현재 마침내 수백여 명을 검거하고 네 종의 격문 1만여 매를 압수하는 한편 서른 명을 한 조로 하는 형사대를 요처마다 매복시켰다.

이 무렵 함흥에서 일본인이 조선인 노동자를 사살한 사건이 있어서 가인은 진상을 조사하기 위해 야간열차로 함흥에 갔다. 역에는 이미 일경들이 나와 있었고, 여관으로까지 따라와 광주학생사건에 대해 말하는 것을 금지시킨다고 말했다. 이에 가인은 함흥지회의 간부들과 신문기자들이 물어도 〈나는 그 사건에 언급할 수 없으니 여러분의 상상에 맡긴다〉고 대답하고 살인사건의 진상만 조사한 뒤 귀경했다. 그러나 그가 함흥을 떠난 그 다음날에 함흥 각 학교에서 만세사건이 일어났다.

서울에 돌아온 그날 밤 가인은 대구로 내려갔다. 진주노동조합사건의 공판에 입회하기 위해서였다. 여기서도 일경은 가인을 감시하면서 함구령을 내렸다. 가인은 함흥에서와 마찬가지로 〈경무당국으로부터 금구령(禁口令)을 받았으니, 모든 것을 여러분의 상상에 맡긴다〉고만 응답했다. 〈그때 경성이나 각 지방에서는 광주에서 조선인 학생 다수가 일본인 학생과 경찰관에게 피살되었고, 어떤 학생은 격분한 나머지 할복자살까지 하여 광주역 광장은 학생의 피로 물들었다는 유언이 널리 전파되었기 때문에, 그 진상을 말하는 것보다 그들의 상상에 맡기는 것이 오히려 효과적이라고 생각되었기 때문에 그렇게 했던 것이다.〉[36] 가인은 공판을 마치고 그날 밤차로 귀경했는데, 공교롭게도 그 다음날에 대구 각 학교에서 만세사건이 일어났다.

광주학생사건의 물결은 확실히 전국으로 번져가고 있었다. 청주, 원산, 평양, 신의주, 청진, 해주, 사리원, 개성, 인천, 수원, 대전, 대구, 부산, 마산, 전주, 목포, 여수, 천안, 조치원 등 여러 곳에서 동맹휴학 및 시위운동이 일어났다. 서울에서는 경성제국대학의 조선인 학생들도 뒤따랐다. 1930년까지 계속되는 이러한 항일운동에 참가한 학교의 수는 194개에 이르며, 참가한 학생의 수는 5만 4000여 명에 이른다. 그것은 확실히 3·1 운동의 재현과도 같았고, 이러한 맥락에서 당시 신간회 경성지회장이던 조병옥이 자신의 회고록 가운데 「항일운동 시절」에서 〈신간회가 조직된 뒤 신간회가 지도한 가장 큰 민족 운동은 광주학생사건이라고 할 수 있다〉고 말한 것은 결코 지나친 말이 아니었다.

민중대회로의 발전

공판에 회부되는 학생들의 변호를 형사공동연구회로 하여금 맡게 하면서, 가인은 일반 동포들에 대해서도 무슨 방법으로든지 진상을 알려야겠다고 결심했다. 신간회의 다른 간부들도 같은 생각이었다. 그리하여 12월 9일에 허헌, 권동진, 동아일보사 사장 송진우, 조선일보사 부사장 안재홍, 동아일보사 편집국장 주요한(朱耀翰), 중외일보사(中外日報社) 조사부장 이시목(李時穆), 손재기(孫在基), 조병옥, 홍명희, 이관용, 한용운 등 열한 명이 허헌의 집에 비밀리에 모였다. 민중 대회를 열고 「민중선언서」를 발표해 광주학생운동의 진상을 전국적으로 알리고 일제의 잔학상과 식민 정책의 정체를 폭로하고 규탄하자는 데 합의했다.

12월 12일 밤 10시, 가인의 기억으로는 〈가회동의 어느 집〉에서, 그리고 이병헌의 기억으로는 〈김택원(金澤遠) 병원 으슥한 골방〉에서, 앞에서 말한 11인에 가인이 포함된 12인의 비밀회의가 열렸다. 이 회의는 세 시간에 걸친 논의 끝에, 13일 오후 2시 안국동 로타리에서 민중대회를 열어 광주사건진상보고 가두연설회와 시위운동을 강행하기로 결정했다. 이 대회는 조병옥과 이병헌이 맡기로 했다. 곧 전단과 보고문의 작성, 인쇄, 살포를 책임질 사람, 연설을 맡을 사람도 정했다. 선언문은 안재홍이 맡기로 하고, 인쇄물은 천도교의 이종린이 경영하는 아성사(我聲社)에 의뢰하되 그 책임을 김성삼(金成森)이 맡기로 했다. 이 모든 것을 실행할 때까지 극비에 붙이기로 굳게 맹세하고 헤어졌다.[37]

그렇지 않아도 일경은 이미 12일 오후 늦게부터 이들의 행방을 찾고 있었다. 특히 경기도 경찰부 고등계 주임으로 독립운동가들의 체포와 고문을 주도하던 악명 높은 미와가주 사부로(三輪和三郎)는 신간회 중앙본부와 경기지회의 주요 간부를 찾아 나서기도 했었다. 어느 누구도 발견하지 못하자 그는 무슨 비밀 회합이 있는 것으로 확신하고 오토바이로 밤새도록 시내외를 뒤졌으나 성공하지 못했다. 다음날 일찍 이관용의 집을 불시에 찾아들어 어젯밤의 밀회와 그 내용을 탐지한 것처럼 가장하여 이관용을 위협했으나 이관용은 다만 회합이 있었다는 것만을 말하고 그 내용은 언급하지 않았다.[38]

초조해진 경찰은 13일 아침 8시께부터 신간회 중앙본부를 포위하는 한편 그 간부들의 검거에 들어갔다. 그리하여 허헌, 권동진, 한용운, 서정희, 김항규, 김병로, 이종린 등 신간회의 간부들은 물론, 근우회(槿友會)와 청총(靑總) 및 노총(勞總)을 비롯한 사회단체들의 지도자 약 100명을 체포했다. 이것이 이른바 민중대회사건이다.

가인이 연행된 곳은 경기도 경찰부였다. 일경은 잡혀 온 민족지도자들을 두 줄로 나란히 앉히고 두 사람씩 짝을 지어 서로 등을 대고 앉게 하였다. 조사를 끝내고 대부분을 우선 도경 감방에 수감했다. 이때 있었던 일을 이인은 자신의 회고록 『반세기의 증언』 가운데 「광주학생들에게 〈이 정신을 길이 살리라〉」는 항목에서 이렇게 기록했다.

뒷날 만해 한용운을 안국동 선학원(禪學院)으로 찾아간 일이 있었다. 점심으로 상추쌈을 먹는데 만해가 〈원 세상에 육법전서를 읽어가며 독립운동하는 꼴은 처음 보았네〉 한다. 무슨 말이냐니까 만해는 〈한번 들어보오〉하면서 이런 말을 했다. 동지들이 모두 경기도 경찰부 유치장에 갇혀 있을 때인데 경인 허헌은 육법전서를 차입시켜 열심히 읽더라는 것이다. 그러더니 같은 감방 동지들에게 〈아무리 보아도 우리가 한 일은 위경죄(違警罪)(지금의 경범) 밖에 안 되네. 그러니 고작 구류 아니면 과료에 해당할 뿐이요〉 했다는 것이다. 만해는 독립을 위해서 저들과 싸우는데 죄의 경중을 따져서 무엇하느냐 생각을 하니 어떻게나 화가 나던지 앞에서 목침을 들어 한 대 쳐주고 싶더라고 했다. 만해는 이때의 분이 덜 풀려서 같은 변호사인 나를 붙들고 말을 한 것인데 하긴 유치장에 잡혀온 사람이 육법전서를 따지는 경인의 모양이나 그 옆에서 화가 치민 만해 모양을 생각하니 우습기 그지없다.

나도 모르는 사이에 가가대소(呵呵大笑)를 하니 입 속의 상추쌈이 튀어나와 만해의 얼굴을 그만 뒤집어 씌우고 말았다. 문자 그대로 분반(噴飯)을 한 것이다(80-81쪽).

허헌의 법률가적인 판단은 맞지 않았다. 총독부당국은 허헌, 홍명희, 이관용, 조병옥, 김무삼, 이원혁의 6명을 보안법 위반으로 구속하여 서대문형무소로 넘겼다. 권동진, 안재홍, 한용운 등은 기소유예로 석방됐으며, 가인 역시 다른 간부들과 더불어 석방됐다.[39] 가인은 자신이 석방된 이유를 이렇게 추측했다.

그 전날 밤 비밀회의에서 학생사건으로 검거되어 결국 기소된 다수 학생에 대한 원호와 중앙본부의 직무에 관한 사건 후 처리를 나에게 담당케 하여야 한다는 논의가 일치되어, 결국 나는 직접 가두연설의 강행에 관한 사항에는 분담한 바 없고, 전반 사후 처리에 관한 직무를 담당하게 되었으므로, 경찰부의 신문을 받을 때에는 일관하게 사실대로 말하였고, 다른 간부들의 신문조서도 나에 대한 신문조서와 일호의 차이도 없었기 때문에 석방되었던 것이다.[40]

원래 꾸밈이 전혀 없는 가인은 자신이 석방된 이유를 법률가로서의 관점에서만 설명했다. 그러나 이병헌의 회고에 따르면, 이때 간부들은 신간회를 죽이지 않기 위해 될 수 있는 대로 석방되는 길을 찾자고 서로 말을 맞췄다고 하며 그 전략이 효과를 본 셈이다.
석방된 가인은 곧 경성지방법원 검사국을 찾아갔다. 마침내 동지 6명의 구속이 결정되어 서대문형무소로 넘어가게 됨을 보았다. 이때의 심경을 가인은 이렇게 회고했다.

그날 밤은 특히 혹한이었고 칠십 노인인 권동진 선생이 몸과 다리를 흔들며 형무소 차에 오르는 광경을 본 나의 심정은 설움이 복받쳐 눈물이 솟아오르며 방성통곡을 하여도 풀리지 못할 정도이었으나, 소리를 억제하고 집에 돌아와서까지도 흐느껴 울었던 것이 엊그제같이 항상 머리에 떠오르는 바 있다.[41]

간부들의 구속으로 어깨가 무거워진 가인은 곧 민중대회에 관련되어 구속된 학생들의 뒷바라지부터 매달렸다. 다행히도 경성지방법원의 담당 재판장인 야마가와 히데키(山河秀樹)가 일본인으로서는 보기 드문 아량으로 학생들을 감싸주었다. 될 수 있는 대로 경벌로 처리했고, 학생들 각자의 학교 책임자를 직접 찾아가 퇴학이 되지 않도록 요청하기도 했으며, 집행유예 판결을 받은 학생에 대해서도 그 기간중에 있는 학생의 취직까지도 알선했다. 가인은 야마가와 재판장이 있었기에 실제로 실형을 받은 학생의 수는 극히 적었다고 강조하면서, 자신의 회고록에서 그의 따뜻한 인품에 대해 깊은 호의를 나타냈다.

가인은 학생들을 돌보는 일뿐만 아니라 구속된 동지들을 대신해 신간회를 이끌어 나가는 일에도 전심전력했다. 가인보다 훨씬 늦게 나온 이병헌은 그 모습을 이렇게 회고했다.

석방되어 신간회 사무실에 들리니 가인 김병로가 혼자서 빈 사무실을 지키며 고군분투로 신간회 복구 사업에 노력하고 있었다. 그는 잡혀가던 다음 날 석방되어 나와, 와해 직전의 위기에 놓인 신간회를 혼자서 붙잡고 애쓰고 있었다. 그는 우리를 잡고 뜨거운 눈물을 흘리며 반가워하였다.[42]

이 회고는 전혀 과장이 아니다. 우리가 다음 장에서 보듯이, 〈퇴조기〉의 신간회를 한 몸으로 버틴 이가 바로 가인이었다.

어머니의 별세와 제사의 철폐

해가 바뀐 1930년 3월에 가인의 어머니 고씨가 만 66세를 일기로 가인의 집에서 별세했다. 가인의 큰며느리 고 여사에 따르면, 어머니의 장례를 치르고 난 뒤부터 가인은 제사를 철폐했다. 김진배가 지적했듯이, 〈10여 세 때에 조상의 묘자리를 손수 고를 만큼 산서에도 밝고 조상을 위하는 것이 동양윤리의 근본인 듯이 생각하는 상황에서 가인이 왜 그토록 제사를 철폐하게 됐는지 수수께끼다〉. 그 가족들이나 측근들에 의하면 어려운 살림에 제사음식을 장만하느라 낭비하는 습성을 스스로 타파해야겠다는 마음에서 제사를 지내지 않게 되었다는 추측도 있고, 변호사로서 동분서주 하다 보니 제삿날 때문에 공무를 수행하기 어려운 탓으로 아예 제사날짜에 신경을 안 쓰게 되었다는 말도 있다고 전하면서, 김진 배는 제사와 관련된 가인의 이야기를 다음과 같이 들려 준다.

해방 직후 측근의 한 사람이 가인에게 물었다. 〈선생님께서는 제사를 안 지내는 특별한 이유라도 있습니까?〉〈이유는 무슨 이유 가 있겠나? 제사 핑계 대고 제삿날 하루라도 산 사람들이 잘 먹어 보자고 제사 지내는 거지, 어디 조상들 잘 잡수시라고 제사 지내겠 소? 조상을 위하는 것과 제사를 잘 지내는 것은 다른 법으로 압니 다.〉 …… 혹시 제삿날 저녁 손자나 손녀들이 〈할아버지 제삿날인 데 왜 우리는 떡을 안해 먹어요〉라고 물으면, 가인은 〈어디 떡 못 먹은 귀신 있다더냐? 할아버지는 천당에서 떡 많이 자셨단다〉라고 대답하곤 했다. 끼니도 어려운 사람이 제사 때 지나친 음식을 장만 하느라 빚을 지는 그러한 풍조는 자신부터 솔선수범함으로써 없애 야겠다는 생각에서였는지도 모른다.[43]

제사는 그래서 철폐했다고 해도, 그렇다고 조상들의 산소를 잘 보살폈느냐 하면 그렇지도 않았다. 선산밖에는 단 한 평의 땅도 산소를 위해 산 일이 없었다고 한다. 문중에서 시제를 지내거나 족보를 만들 때도 특별히 돈을 희사하는 일이 없었다고 한다. 우 리가 제1장 제1절에서 살폈듯이 조선 중엽의 거유 김인후의 후예 이고 김시서의 직손으로 울산 김씨의 가문을 빛낼 만한 가인이 이렇듯 조상의 산소나 문중의 보사를 거들떠보지 않은 것은 조상 의 뼈를 팔아 내로라 하는 많은 사람들이 눈에 거슬렸기 때문이라고 김진배는 썼다.

이러하던 가인이 1930년대 초 고향인 순창군 복흥면에서 김인후의 덕을 추모하는 낙덕정(樂德亭)을 지을 때는 예상하지 않게 많은 돈을 희사하여 문중사람들은 물론 가족들조차도 깜짝 놀랐다고 한다. 부인 정씨가 웬일이냐는 듯이 묻자, 〈남들도 모두 훌륭한 분이라고 추앙하는데, 하물며 그 후손들이야 정성을 더 쏟아야 하지 않겠소〉라고 대답했다고 한다.[44]

제 6 장
신간회 제3기의 항일투쟁

1 중앙집행위원장직을 대행하다

실제로 민중대회사건으로 중앙집행위원장과 중앙검사위원장을 비롯한 중앙본부의 간부들과 경성지회장 등이 모두 복역하게 되자 신간회의 운영은 불가피하게 가인의 손에 넘어가게 되었다. 제3인자격인 서기장 황상규가 와병중이어서 더욱 그러했다. 중앙집행위원장의 직무를 대행하게 된 가인의 고충은 말할 수 없이 컸다. 이때는 특히 〈회무를 이끌 만한 인원이 없었고 그 여파는 각 지회에까지 파급되어 전반적인 침체기에 들어간 때〉여서 더욱 그러했다.[1] 어떻든 가인의 중앙집행위원장 직무대행의 개시와 더불어 신간회는 제3기를 맞는다.

가인은 우선 중앙본부의 사무실을 옮겼다. 중앙본부 회관은 원래 관수동에 있는 중국음식점 대관원(大觀園)의 뒤에 자리잡은 의사 이갑수(李甲洙)의 집 사랑채를 빌어 썼었다. 이 집은 옛날

청국(淸國)의 공사(公使) 관저로서 그 규모가 상당히 크기 때문에
회관으로 넉넉했다. 그러던 차에 한규설(韓圭卨)이 돈 2천 원을
비밀리에 신간회에 기부하여 이 돈으로 지금의 종로 한일관(韓一
館) 근방 청진동의 덕원빌딩 3층 전부를 빌어 회관으로 썼던 것
이다. 가인은 여기서 안국동 입구에 있는 윤용구(尹用求)의 소유
인 300여 간의 저택으로 옮겼다. 전세금 1,500원에 얻어 노총과
농총 및 청총 등 이른바 3총에 속한 열세 개 단체의 사무소를 모
두 한곳으로 모아 서로 연락을 신속하게 하였다. 뒷날 신간회가
해소될 때 그 전세금을 나종석(羅宗錫)이 이왕직(李王職)으로부터
받아갔다고 한다.[2]

여러 단체들을 한 곳에 모으고 민족유일당으로서의 신간회가
민족운동을 이끌어 나가는 형세를 취하면서, 가인은 〈투옥된 간
부들의 뒷바라지를 맡아서 재판소를 드나들며 재판에 대비하고
돈을 마련하여 이들 투옥 간부 가족들의 생계와 사식 차입을 주
선하였다.〉 그뿐 아니라, 다시 이병헌의 회고에 따르면, 〈와해되
는 중앙본부 및 지회 조직의 수습과 재정비를 위해 활약하였다.〉
확실히 〈이 시기가 신간회로서는 가장 어려운 때로서 대외활동보
다 대내적인 결속과 조직정비가 더 시급하였다.〉[3]

여기에 소요되는 돈을 거의 전부 가인이 조달했다. 이와 관련
해 가인은 이렇게 회고했다.

허헌 군이 중앙집행위원장에 임한 이후로는 내가 재정책임자가
되었기 때문에 나와 위원장이 합력하여 경비를 지출하였으며, 광주
학생사건 직후부터 내가 중앙집행위원장의 직무를 대행한 이후에
는 나의 독력으로 경비를 지출하여 온 것인 바, 신간회의 경상비는
그다지 다액이 아니었으나, 그 수년간의 실정으로는 해외 운동자의

잠입이 빈번하였으므로, 그 연락관계에 소용되는 경비가 적지 아니하였고, 상임위원 중에는 생활의 보조를 하여야 할 사람도 있는 관계로 매월 총 경비로는 다액을 요하였으나, 나는 그 수년 동안에 물질관계에 있어서는 남의 원조를 받아본 일도 없고 원조를 요구하여 본 일도 없었던 것이다.[4]

이어 가인은 자신의 금전관(金錢觀)을 허심탄회하게 털어놓았다. 가인의 참모습을 보여주며 좋은 교훈이 된다고 느껴지기에 여기에 그대로 옮겨본다.

이러한 경비 문제를 여기에 말할 필요가 없겠지만, 내가 체험한 바와 모든 사회 실정을 고찰하면, 금전이란 비루한 것이지만 아무리 훌륭한 사업이라도 이것을 성취하려면 소요되는 금전이 없어서는 아니되는 것이므로, 어떤 사업을 경략하려면 먼저 소요경비를 정확성 있게 책정하고 한두 사람이라도 전적으로 책임을 자담할 각오가 없다면, 중도에서 경비관계로 사업이 침체되거나 그렇지 아니하면 불의의 재화를 탐구하기에 몰두하여, 그 사업에 대한 굴욕과 세인의 모멸을 초래하기에 이르는 것임을 말하여 둔다. 그러기에 나는 항상 생각하기를 〈의롭지 못한 재화를 취하여 훌륭한 사업을 한다는 것은 도리어 그 사업의 본연성을 모독하는 것〉이라고 한다. 나는 이러한 이념에서 물질이나 지능이나 내 자신의 능력을 측정하여 감당할 자신이 없으면 아무리 훌륭한 사업이라도 기본적으로 무모하게 행동하지 않는 것이 일상의 철칙이라고 믿는다.[5]

가인의 이 말은 헛말이 아니었다. 그가 신간회를 깨끗하게 이끌어가기 위해 자신의 집까지 팔아야 했던 얘기는 가인의 회고록

에는 안 보여도 이병헌의 회고에도, 이인의 회고에도 나온다. 이
인의 회고가 훨씬 더 실감나기에 여기에 옮긴다.

그때나 지금이나 정치운동이라든지 사회운동이라는 것은 넉넉한
사람들은 하지를 않아요. 모두 빈털터리가 하는데, 가인의 서대문
집에 조석으로 와서 수다한 동지들이 모여들어 가지고 그저 거기
에서 끼니를 자시는 이도 있고 이랬는데, 일일이 식사를 대접할 수
없으니까 그 부근의 설렁탕 집에서 어떻게나 먹었는지 1년 동안
때우고서, 그때 설렁탕 한 그릇에 10전, 특제 곱배기가 15전이고
한데, 서대문 그 집이 한 40여 간, 근 50간이 되고 터가 100여 평
넘어 되는데 그것을 다 팔았습니다. 팔아 가지고, 그 설렁탕 빚을
갚았다 이 말이에요. 그러고 나니 사무실 낼 돈이 없으니까 보따리
를 싸서 청진동 우리집으로 왔어요.[6]

이인의 이 회고를 듣고 원로언론인 유광열(柳光烈)은 〈참 애국
자의 생활이었구만요〉라고 말했는데, 청렴결백한 생활태도는 가
인의 일생을 일관한 것이었다. 한마디로, 가인은 돈을 몰랐고 돈
을 탐하지 않았다. 오히려 공익을 위해 그나마의 돈도 아낌없이
썼다.

2 독립운동가들의 변호를 계속하다

제3차 조선공산당 관련자들의 변호

제4장 제3절에서 제3차 조선공산당, 이른바 ML당의 검거가

1928년 2월 발표되었음을 간단히 지적했었다. 그때부터 1년 8개월
이 지난 1929년 10월에, 이 사건 관련자들에 대한 예심이 끝나 공
판에 회부되었다. 이들과 별도로 전 공산대학 동양학부 교수 채
(蔡)그레고리(본명 박준호[朴準浩])의 공판도 열리게 되었다. 이
무렵 서대문형무소의 사상(思想)관계자 미결감에는 무려 3-4백여
명이 갇혀 있어서, 가인은 1930년 새해가 되면서 이들의 상당수
를 면회했다. 1930년 1월 9일 ≪조선일보≫는 다음과 같이 보도
했다.

　　시내 서대문형무소 사상미결감(思想未決監)의 독감방에서 4백여
　명의 다수(多數) 사상 사건의 피의자가 월년(越年)하여 최근과 같은
　영하 17-18도의 혹한을 견디지 못하여 병석에서 신음하는 사람이
　있는 고로 담임 변호사 이인과 김병로가 지난 7일 오전 11시부터 그
　들이 수용된 미결감을 찾아 안부의 소식과 공판 개정 기타 사건에
　대하여 조사한 바 있었는데 그들의 근황은 과연 어떠한가? …… 조
　선공산당(ML당) 간부로 김준연, 김남수(金南洙), 온락중(溫樂中),
　하필원(河弼源), 강대홍(姜大洪) 등 다섯 사람은 대부분이 위장염
　혹은 치질 혹은 폐병으로 모두 보석의 필요를 느끼는 자도 있으나
　그 허가 여하가 문제되는 바이요. …… 또 채(蔡)그레고리는 지난
　20일경부터 폐결핵으로 병감에서 중태로 신음하는 중이므로 전기
　(前記) 두 변호사가 횡전(橫田) 형무소장을 면회하고 형의 집행정
　지나 가출옥 수속을 요구였던바 그 형기가 앞으로 겨우 3개월밖에
　남지 않았으므로 다시 그 수속을 고려하겠고, 만일 그 병세가 중할
　때는 언제든지 가출옥의 수속을 하겠다고 언명하였다고 한다. ……
　또 작년 9월 경성지방법원 제1예심 오정(五井) 판사의 손에 예심
　이 종결된 강원도 이천(伊川) 사건 즉 공산당 흑색연합 비사(祕

社)의 피고인 김순조(金淳照)는 최근에 급성폐렴이라는 중병을 얻어 그 생명이 위독하므로 담임 변호사 김병로 씨가 금일 동(同) 법원 형사부에 보석 신청을 제출한바, 불일중(不日中) 허가될 듯하다고 전하더라. 이와 같이 다수의 병자를 옥중에서 면회한 이인과 김병로는 계속하여 9일부터 조선공산당 김준연 사건의 아직 면회하지 못한 25인을 면회할 터이라더라.

이 기사가 예고했듯이, 가인은 곧 제3차 조선공산당 관련자들을 면회했다. 그들 가운데 폐결핵환자가 많고, 또 고문 때문에 허위자백한 경우도 적지 않음을 알아냈다. 1930년 1월 7일자 ≪조선일보≫는 가인이 〈최근과 같은 혹한에 철창 안에 있는 그들의 불안한 소식을 들을 때에 참으로 기막힙니다〉라고 말했다고 보도했다.

3월 들어 공판이 시작되어 가인이 변호에 나섰다. 변호의 내용에 대해 가인은 아무런 회고를 남기지 않았으며, 신문도 보도하지 않았다. 다만 당시 공산주의 사건을 변호하던 〈사상변호사〉들의 자세에 대한 이인의 회고가 가인에게도 그대로 적용된다고 믿어 여기에 옮긴다.

결국 내가 변론하는 취지는 좌익 사건이나 민족운동 사건이나 그 취지가 같다. 내가 적극 변론하고 나섬은 일제의 탄압에 시달리는 같은 동포를 구하자 함이요, 민족독립운동을 옹호하자 함이지, 공산주의운동을 돕자는 것이 아니었던 것이다. 당시에는 공산주의자라 하더라도 좌익운동을 표방하지를 않았다. 앞에 내세우기는 민족해방이니, 그 뒤 속에서 딴 생각을 품은 경우 아니면 자기도 모르는 사이에 약간씩 물이 들어 있었을 뿐이다.

아무튼 민족운동이 앞서는 만큼 이들 사건을 맡긴 했는데, 이런 관계는 당시에 흔히 들을 수 있던 경부선의 비유로 설명이 된다. 우리가 경부선을 타고 가는데 부산까지를 1천 리로 잡고, 대구까지가 7백 리라면 우리는 대구 가는 승객이요, 공산주의자들은 부산까지 가겠다는 승객과 같다. 기차를 같이 탔으니 그들과 동행임에는 틀림이 없으나 목적지를 같게 할 수 없는 것이다. 이 비유는 내가 갑자가 만들어낸 것이 아니요 당시에 드문드문 쓰던 말이니, 나는 공산주의자들을 만나면 〈부산까지 가지 말고 대구에서 함께 내리세〉 하는 말을 곧잘 했다. 그때마다 그들은 〈네, 그럽시다〉 하곤 했다. 이 말은 민족주의로 전향하라는 뜻인데, 전향이란 말이 자주 쓰이던 시절의 이야기다.[7]

이인의 이 회고는 당시의 상황을 거의 정확히 말한 것이었다. 즉 공산주의운동을 민족독립운동의 하나로 파악하고 있었던 것이다.

여운형의 변호

가인은 곧 몽양(夢陽) 여운형의 변호를 맡았다. 여운형에 대해서는 새삼스런 소개가 필요하지 않을 것이다. 저자로서도 여운형에 대한 논문을 이미 발표했었기에,[8] 여기서는 다만 그가 법정에 서게 된 경위에 대해서 간단히 쓰겠다.

가인보다 두 살 위인 여운형은 일찌기 상하이로 망명해 대한민국임시정부와의 연관을 유지하면서 주로 좌파세력과 제휴하고 항일투쟁을 벌였다. 1929년 초에 동남아시아를 순방하며 미국과 영국의 식민정책을 성토하고 다시 상하이로 돌아왔다가, 5월에 일경에게 체포되어 본국으로 압송된 것이다. 1930년 1월에 예심이

종결되어 치안유지법 위반 등의 혐의로 공판에 회부되자, 가인은 그의 변호를 맡았다. 그러나 여운형은 서울지방법원에서 3년 징역형을 언도받았으며, 1932년 7월에 대전형무소에서 출옥한 뒤, 일관되게 항일 투쟁에 종사한다.

단천농민학살사건의 조사

가인의 회고록은 〈1931년 4월경에〉 함경남도 단천군(端川郡)에서 일어난 농민학살사건을 무척 자세하게 설명하고 있다. 한편 이병헌은 이 사건이 1929년 7월 21일에 일어났다고 회고했다.[9] 그러나 가인과 이병헌이 말하는 단천사건은 1930년 7월 21일에 일어난 단천삼림조합반대민요사건이며, 1931년 4월경에 일어난 것은 단천농민조합사건임이 자료상 명백하다.

가인의 회고와 다른 자료들을 종합하면, 단천군 하다면(何多面)의 농민들은 1930년대 7월에 들어와 각자가 소유한 임야에 대한 간벌(間伐)을 허가해줄 것을 군수에게 신청했다. 이에 대해 군수는 단천군 삼림조합이 반대한다는 이유로 기각했다. 그렇지 않아도 일인들이 주도하는 삼림조합의 횡포에 대해 불만을 가졌던 농민들은 격분하여 7월 21일에 면사무소를 급습했다. 당황한 경찰관들은 총을 쏘아 농민 쪽에서 네 명이 즉사하고 스물여섯 명이 부상했으며 경찰 쪽에서 열 명이 부상했다. 사건은 이웃 이중리(利中里)를 비롯해 군 전체로 확대됐다.

일제당국은 놀라 단천군의 모든 학교들을 임시휴교시킴과 아울러 단천군에 거류하는 일인부녀들을 경찰서로 피난시켰다. 일제당국은 7월 22일부터 이중리 방면으로 응원경찰대를 파견했다. 무장한 경찰대는 마침내 단천군 전역을 장악하고 70명을 검거한 뒤 47명을 소요죄로 구속했다. 한편 단천군 내부에서는 교통이 끊겨 식량과 땔감이 떨어져 민심은 더욱 동요했다. 이 중대한 사건은 신간회 단천지회로부터 중앙본부로 보고되었다. 가인은 총독부 경무국장에게 사건의 중대성 때문에 현지에 직접 내려간다는 공문을 보내고 중앙상무집행위원 1인과 함께 떠났다. 그 다음날 단천역에 도착했는데, 그곳의 사회단체 간부들은 한 사람도 보이지 않고 신문기자 한두 사람이 나왔다. 경찰이 사회단체간부들을 모두 검거할 징조가 보이므로 도피했다는 것이다. 한편 정-사복 경찰 15명 정도가 나와 여관으로까지 따라 오는 등, 종일 감시의 눈길을 멈추지 않았다.

가인은 곧 병원을 찾아 부상자들을 일일이 만나보고, 경찰서장을 상대로 사건의 전말을 상세히 들은 뒤 〈처음 사건을 일으킨 책임은 농민들에게 있다 하더라도 이것을 예방하지 못했을 뿐만 아니라 위협공포는 좋으나 실탄을 발사하여 10여 명을 살상했다는 것은 경찰에게 중대한 책임이 있는 명백한 범행〉이라고 힐난했다. 서장은 그때의 정세가 실탄을 쏘지 않을 수 없는 긴급한 상태였음을 구차스럽게 변명하면서, 경찰서 뒷산에 쓰러진 채 발견된 부상자도 원래 경찰서로 몰려오다가 총격에 다친 것이지 도피하다가 경찰의 총을 맞은 것은 아니라고 강변했다.

가인은 그의 주장을 그대로 기록에 남긴 다음 군수를 방문했다. 조선인인 그는 〈나 한 사람만이 군청에 그대로 앉아서 맞아 죽었더라면 이러한 큰 불상사가 일어나지 않았을 것을 내가 피한 것이 원인이 되었으니 지금 와서는 할 말도 없고 내가 죽지 못한 것만을 한탄할 뿐〉이라며 눈물을 흘렸다. 가인은 그 말도 역시 기록에 남겼다.

이때 마침 함경남도 경찰부 고등과장이란 자가 나타나 음흉하

게도 〈도경(道警)으로서는 이 불상사를 사실대로 밝히고자 하나
현지 경찰은 책임을 회피하려고 제대로 설명을 아니하며, 실정을
알만한 청년들은 모두 도피중이어서 조사할 방법이 없은즉, 우리
도 전적으로 신간회의 조사를 참고로 해 결정할 터이니 수집한
자료를 제공해 주기 바란다〉고 유인하고자 했다. 가인은 그 자가
신간회의 자료와 대책방향을 탐지하려 한다는 속셈을 간파하고 〈경
찰이 농민 10여 명을 살상했다는 것이 분명한 이상, 경찰에서 반
대증거를 제시하지 아니하면 그 책임을 면할 수는 없지 않느냐〉
고 가볍게 응수하면서 물리쳤다.

가인은 다음날 면으로 가서 사망자들의 장의(葬儀) 경과를 들
은 뒤 지방청년들과 대화를 가졌다. 대체로 17~18세인 그들은 〈기
개는 장하다 할지라도 언론과 행동이 너무 과격해 도에 지나쳤다〉.
그들에 대한 가인의 회고는 그 시대 청소년들의 한 모습을 말하
는 좋은 자료라고 생각되어 여기에 옮긴다.

그 지방에는 면에도 신간회를 비롯한 각 사회단체의 분회가 설치
되었는데, 그 소년들이 모든 사무를 장악하고 있었으며, 노년은 물
론하고 청-장년까지도 그 소년들에 강압되어 있는 상태이었고, 더욱
면과 동의 제반 사항에도 관여하지 아니하는 것이 없으며, 심지어는
서로 교환적으로, 즉 말하자면 갑은 을의 집에, 을은 갑의 집에 가
서 그 부형들을 위협하여 채권증서나 소작증서 등을 소각하게 하는
사태도 있었기 때문에, 나는 그 지방 사회단체의 선구되는 사람들에
게 소년들의 행동이 한층 진보적이라고 할지 모르나, 너무 과격한
행동을 자행한다면 도리어 일반의 분노를 야기할 수도 있고 일본경
찰이 그것을 구실삼아 무슨 불상사를 일으킬지도 모르는 것이니, 미
리 경계하는 것이 좋을 것이라고 충고한 일도 있었다.[10]

가인은 곧 조사서류를 정비하여 함남 경찰부에 경찰관의 범행에 대한 처단을 촉구했다. 그러나 〈실제 현상으로는 농민들의 소요 사실을 부인할 수 없고 만일 그 사실을 입건하게 된다면 농민들뿐만 아니라 각 사회단체 간부들 가운데도 관련된 사람이 적지 아니할 것이므로 살상 경찰관에 대한 고소를 주저했다〉. 그리고 〈그 경관들이 도피하는 농민들을 추격하였다는 사실은 정확한 증거를 수습하기 어려운 점도 있었기로, 경찰부에 대해서도 농민을 살상한 경관의 처단만을 항쟁했다〉. 그 결과, 〈경찰에서도 자기들의 행동이 긴급방위였다는 것을 일관되게 주장하는 반면에 농민들의 소요사건도 입건하지 아니하고, 사건 전반에 대한 낙착을 보게 되었다〉.[11]

이 사건이 일어난 때로부터 1년이 지난 1931년에는 이른바 단천농민조합 사건이 일어나 단천에는 다시 한번 검거선풍이 불었다. 단천에서는 그 뒤에도 반인사건들이 몇 차례 더 일어났다. 공산주의자들이 연루된 적기사건(赤旗事件) 등이 대표적인 사례였다. 이 사건들이 일어났던 때는 신간회도 해소되고 가인은 시골에서 〈수절의 세월〉을 보내고 있어 개입하지 못했다.

신간회비밀결사사건의 조작

가인의 이러한 활동은 일제에게는 눈의 가시와 같았다. 그리하여 일제는 가인을 모함하기 위해 신간회비밀결사사건을 조작했다. 이 사건을 가인의 회고를 종합해 소개한다.

1930년 4월 중순에 용산경찰서는 신간회 경서(京西)지회 회원 10여 명을 잡아갔고 중앙본부의 중앙상무집행위원인 이주연(李周淵)도 잡아갔는데 〈사건은 자못 중대한 것 같았다〉. 5월 초에 들어서자 경찰은 신간회가 〈비밀결사〉를 획책한 혐의가 있다고 밝혔다. 가인이 〈신간회 사무소에서 어느 달 어느 날에 중앙본부 및 지회 간부 일고여덟 명과 비밀리에 회합하여 당중당(黨中黨)을 조직하고, 학생 두 명을 모스크바에까지 파견했다〉는 것이었다. 가인은 경기도 경찰부 고등계 주임 미와 경부의 조작이라고 직감했으나, 본부의 중앙집행상무위원들이나 지회의 간부들 사이에 혹시 어떠한 사실이 있었는지 몰라 사건의 추이를 기다렸다. 10여 일이 지나 용산서 고등계 형사들이 경기도 경찰부 고등계 형사들과 함께 가인의 집과 신간회의 본부를 수색하여 해외에서 온 서류를 압수해 갔다. 얼마 지나 용산서의 한 형사가 조용히 찾아와 〈사건이 악화되어 선생의 신변이 위험하다. 조사가 거의 끝났는데 피의자들은 다 자백했고 가택 수색에서 얻은 물적 증거도 완비되었다〉고 협박조로 말했다.

5월 17일에 피의자 일곱 명이 치안유지법 위반으로 경성지방법원 검사국으로 넘어갔다. 이때 사상검사로 오하라 류조(大原龍三)와 미우라 후지로(三浦藤郞)가 있었는데, 가인에 따르면, 전자는 사상사건으로서 경찰조서에 피의자의 자백만 있으면 그 자백이 허위이든 사실이든 가리지 않고 예심에 회부하는 것이 상례였고 후자는 아무리 자백한 사건이라도 10일 동안 일단 사건 전부를 다시 조사해서 예심에 넘길 것과 불기소할 것을 결정짓는 것이 상례였다. 따라서 가인은 이 사건이 누구에게로 넘겨지는가를 살폈는데, 다행히 후자에게 넘겨졌다.

실제로 미우라 검사는 신간회 중앙본부를 다시 수색해 중앙집행상무위원회 회의록을 압수하는 등 처음부터 새롭게 수사해 나갔다. 입회서기는 피의자 전원이 혐의의 사실 전부를 부인했다고 전해 왔다. 검사국 조사의 마지막 날인 5월 27일에 가인은 기대

를 갖고 밤 늦게까지 법원 공소(公所)에서 기다렸다. 9시께 피의
자 전원에 대한 불기소처분으로 검사의 출감지휘서가 나왔다. 곧
바로 서대문형무소로 가 출감자들을 영접하여 가인의 집으로 안
내했다. 사건 경과를 들으니 〈처음부터 미와란 자가 전연 가공적
설계로 범죄사실을 조작한 참으로 전율할 만한 일이었다〉. 가인
은 이렇게 회고했다.

　　피의자들은 용산서에서 처음에는 신문 사실 전부를 부인하였으
나, 20여 일 동안에 매일 밤 수형(水刑), 전기형, 기타 모든 혹심한
고문으로 기절한 적도 여러 번 있었고 혼절되어 전연 의식을 잃었
던 것도 여러 번이었다. 경찰에서는 〈주모자 김병로도 여기에 구속
되어 있고 이 사실은 다 자백하였다〉고 하면서, 위조한 신문조서를
제시하여 자백만을 강요하므로 부득이 터무니없는 사실을 전부 시
인하고 말았으며, 최후 10여 일 동안은 피의자 전원이 매일 밤 타
박상과 복통증의 치료를 받았는데, 이것 때문에 송청도 지연되었던
것이라고 하였다.[12]

　워낙 허무맹랑한 조작이어서 피의자들이 경찰에서 자백했다는
사실들을 전혀 입증할 수 없었다. 예컨대, 모스크바로 보냈다는
〈청주의 김-이 두 학생〉에 관해 청주경찰서도 그 근거를 전혀 찾
을 수 없다고 회답해 왔으며, 비밀결사를 만들었다는 시일에는 신
간회 본부에서 중앙집행상무위원회가 열렸음이 회의록에 나와 있
었다. 중앙집행상무위원회가 열릴 때는 아침부터 저녁까지 총독
부 경무국에서 한 명, 경기도 경찰부에서 두세 명, 종로 경찰서에
서 한 명, 헌병대에서 한 명 등, 결국 중앙집행상무위원회 수와
같은 수의 경찰관들이 와 있었는데, 그러한 환경에서 어떻게 비밀

결사를 조직할 수 있었겠는가. 그리하여 미우라 검사는 불기소처분했던 것이다.

불기소처분이 있은 뒤 신문기자들은 총독부 경무국에 대해 당신들이 〈증거〉까지 갖춰 송치한 사실을 검사국에서는 전원에게 불기소처분했으니 〈이 어떤 괴이한 사실이냐〉고 비아냥거렸다. 그래도 경찰은 사과하기는커녕 〈경찰관의 수사기술이 모자랐던 탓〉이라고 강변했다. 이 사실을 회고하면서 가인은 〈이것이야말로 궤변에는 틀림없지만 음흉한 걸작이라고 할 수도 있다〉고 썼다.

이때 미우라 검사가 사실조사를 철저히 하지 않고 경찰의 조서만을 금과옥조로 삼아 바로 예심에 넘겼으면, 가인도 구속을 면하기 어려웠을 것이고, 〈1년이나 2년 뒤에 예심에서 면소가 되거나 공판에서 무죄가 된다 해도 미결수로 1, 2년은 형무소 생활을 아니할 수 없었을 것이다〉. 바로 그 점을 노리고 미와 경부는 사건을 조작했던 것이다.

형무소생활도 기수

이렇게 회고하면서 가인은 〈형무소생활도 기수(氣數)에 속한다〉며 웃었다. 민중대회사건 때만 해도, 가인은 공동정범으로 인정될 수 있었으되 석방되고 말았다. 또 시기를 정확히 기억할 수 없으나, 가인이 돈까지 보태주었던 북풍회 출신 김종범(金鍾範)과 이헌(李憲)이 만주에서 독립운동에 종사하다가 길림(吉林)의 일본영사관에 구금되어 조사의 손길이 가인으로까지 뻗쳐, 주고받은 편지들이 모두 압수된 일이 있었다. 특히 이헌에게는 그와의 약속에 따라 조선은행 길림출장소로 2차에 걸쳐 2,500원을 송금한 일이 있었고 그 증서도 압수되었다. 물론 가명을 쓰기는 했으나 그들이

고문을 받으면 자백하지 않을 수 없을 것이다. 그리하여 가인 역시 〈그 사건의 결과에 대한 각오가 있었다〉. 그런데 곧 만주사변을 일으킨 일제는 만주 일대의 왜옥에 구속되어 있는 조선인 독립운동가들을 심양(瀋陽)으로 옮긴 뒤, 이른바 협화회(協和會)에 들면 과거를 묻지 않는다고 회유했다. 괴뢰국 만주국을 세워 놓고 일본-조선-만주-몽골-한(漢) 등 5족의 협동을 강조하는 친일 어용단체가 협화회였다. 그런데 김-이 두 사람이 그것을 받아들임으로써 이 사건의 수사도 중단되고 말았다.

그뿐 아니다. 신간회운동의 급진적 강화에 놀란 총독부는 여러 차례 신간회 총검거를 계획했다. 다만 그렇게 되면 그 범위가 조선 전체에 미치고 중요 간부만 해도 본부와 지회를 합쳐 1000여 명에 이르므로 사건이 너무 중대하다고 해서 결정하지 못하고 끌어왔던 것인데, 우리가 다음 절에서 보듯이, 1931년 신간회 스스로가 내분으로 해소를 결의함으로써 총검거 계획은 백지로 돌아갔다는 것이다. 이러한 일들을 회고하면서 가인은 〈나의 과거를 스스로 회상하여 볼 때에, 미미하나마 나는 마땅히 행할 길을 걸었을 뿐이고, 나에게 닥쳐올 고난에는 그다지 관심이 없었으나 결과적으로 보아서 큰 고난에 봉착되지 아니하였다는 것이 우연한 것인지 본연적 기수인지 알려고도 하지 아니하였다〉라고 담담하게 술회했다.[13]

3 중앙집행위원장에 취임하다

신간회의 우경화

가인이 자기희생적 자세로 이끌어 나간 뒤 신간회는, 이병헌의
표현으로는, 〈고사(枯死) 직전에서 회생했다〉.[14] 중앙본부와 경성
지회와의 알력도 융화의 빛을 보였고, 광주지회와 목포지회가 각
각 안고 있던 분규들도 해결을 보았다. 남아 있던 간부들도 정성
을 기울여 회무(會務)를 보아, 이병헌의 표현으로, 〈신간회는 다
시 회세확장의 발전적인 서광이 보였다〉. 가인 스스로도 〈나는
다른 간부들과 일치하여 회세의 진작에 비상한 노력을 기울인 결
과 그 다음해 전국대의원회〔복대표제〕를 소집할 때에는 지회의
수가 138개에 이르고 회원이 근 10만 명에 이르렀던 것이다〉라고
회고했다.[15]

회세(會勢)는 이만큼 회복되었으나 벌써 세 해째 전국대회를
치르지 못했고 민중대회사건 이후 1년 가까이 대행체제로 유지되
어 온 상태여서 새로운 출발이 요청되었다. 그렇다고 일제의 불허
(不許)로 전국대회를 열 수 있는 형편도 아니었다.

여기서 1930년 10월 25일에 신간회 중앙상무위원회는 임시규정
을 제정하여 중앙집행위원회로 하여금 대회를 대행하게 하였다.
전국대회를 대행하는 중앙집행위원회는 11월 9일에 신간회 회관
에서 가인의 사회로 열렸다. 이 회의에서 중앙집행위원장에 가인
이 선출되었다. 중앙집행위원에 서기장 황상규와 조직부장 김항
규를 비롯해 서정회와 이관구와 백관수, 그리고 뒷날 제2공화정
의 민의원 의장이 되는 곽상훈(郭尙勳) 등 마흔 명이 선출되었으
며, 중앙집행위원 후보에 뒷날 성균관대학교 총장이 되며 제1야

당 당수 박순천(朴順天) 여사의 남편으로 더 널리 알려지는 변희
용(卞熙瑢) 등 다섯 명이 선출되었고, 중앙검사위원으로 유진태
등 다섯 명이 각각 선출되었다. 곧 중앙본부의 부서도 결정되었
다. 서기장 겸 서무부장에 김항규, 회계 겸 재무부장에 김용기(金
容起), 조사부장에 이항발(李恒發), 조직부장에 서정희, 출판부장
에 백관수가 선정되었고, 뒷날 북한 정권의 초대 중국대사가 되는
이주연, 그리고 이관구와 김상규(金尙奎)와 한병락(韓炳洛)이 무임
소 상무집행위원으로 선정되었다.[16]

이병헌이 회고했듯이, 가인의 진용은 우파적 색채가 짙었다. 차
기벽 교수도 이때부터 신간회는 점차 우익적 경향을 보이게 되었
다고 평가했고, 김준엽과 김창순 역시 가인의 새 집행부가 대체로
〈급진적 경향을 완화하려는 노력을 보였다〉고 분석했다.[17]

신간회 해소론의 대두

가인 체제의 이러한 경향은 자연히 좌익세력과의 알력을 표면
화시켰다. 특히 지회를 장악하고 있던 좌익세력이 우경화 경향의
중앙에 대해 공개적으로 반발하는 일들이 자주 일어났다. 여기에
천도교 구파에 속하는 당시 경성지회장 이종린과 그 지지파들이
가세했다.[18]

이러한 분위기 속에서도 가인은 〈오직 민족적 신뢰와 사회적
여망에 부응하기 위하여 회세의 확장과 투쟁의 강화에 심신을 기
울일 각오로 일했다〉. 그리하여 〈민족의 절대적 신뢰와 사회의
전반적 원호를 받아 가는 곳마다 민족의 환호소리에 무럭무럭 성
장하여 급진적 발전을 이룩하면서, 회원은 날로 격증하였고, 지회
는 180여 개소에 이르러 우리 조선 지역을 거의 망라함에 이르렀

다〉고 자부했다.[19]

그러나 좌익 쪽으로부터 〈신간회의 사명과 역할이 이미 시대의 요구에 따라가지 못하고 있다〉는 비판과 함께 해소론(解消論)이 구체적으로 나오기 시작했다. 그들은 우선 중앙집행위원으로 재선된 박문희(朴文禧)가 자치운동을 지지하고 있다고 보면서 이것은 신간회가 〈소(小) 부르주아적 정치운동의 집단〉으로 전락하고 있다는 증거라고 비난했다.[20] 이때 가인은 분명히 박문희의 일을 조사시키고 박문희의 과오를 공개석상에서 청산하도록 하는 한편 전국 지회에 그 사실을 알렸다.[21] 그러나 좌익 쪽에서 본다면, 박문희의 일은 신간회 중앙본부에 대한 의심을 강화시켰고, 그 의심은 신간회 해소론에 불을 붙였다. 그리하여 12월 6일에 열린 부산지회 대회에서 김봉한(金鳳翰)은 〈현재의 신간회는 소부르주아적 정치운동의 집단으로서 하등의 적극적 투쟁이 없을 뿐만 아니라 전 민족적 총역량을 집중한 민족적 단일당이라는 미명 아래 도리어 노농대중의 투쟁욕을 말살시키는 폐해를 끼치고 있다〉고 주장하면서 신간회를 해소시키자고 제의했다. 그의 제의는 일단 연구 과제로만 받아들여졌다. 그러나 신간회 해소론은 곧 각 지회의 대회에 번져갔다.[22]

12월 27일에 열린 평양지회의 대회는 마침내 해소파의 승리로 귀결되었다. 〈신간회는 조직 이래 행동강령을 세우지 못하고 대중의 계급의식을 말살할 뿐 아니라 도리어 계급투쟁을 방해하는 폐해가 있으며, 앞으로 신간회운동을 새로운 운동방향의 방침에 의하여 개혁할 수도 없으니 해소함이 마땅하다〉는 주장을 표결한 결과, 찬성 열여덟 표에 반대 열세 표로 결국 해소를 가결한 것이다. 이어 인천지회와 경성지회 등을 포함한 각 지회의 해소 결의가 중앙으로 밀려 왔다.[23]

신간회 해소운동의 배경

신간회 해소운동의 배경 요인으로 흔히 두 가지를 지적한다. 하나는 일제의 탄압이요, 다른 하나는 코민테른의 전략 변화라는 것이다. 예컨대, 차기벽 교수는 우선 〈신간회 해소의 근원적인 원인은 말할 나위도 없이 일제당국의 교묘하고도 집요한 탄압에 있다〉고 지적한다. 특히 〈식민지 조선에 있어서의 좌익계의 항일 투쟁은 지하에서는 조선공산당 조직을 통하여, 그리고 지상에서는 신간회운동을 통하여 합법-비합법적으로 전개되고 있다는 데 주목하고, 마침내 신간회를 해체하기로 결정하고, 그러나 잘못 손대면 사태가 악화될지도 모르는 본부는 그대로 놔두고, 지방 조직인 지회에 압력을 가하여 자진 해소시키는 방법을 택했다〉고 설명한다.

차 교수는 이어 코민테른의 외곽단체의 하나인 적색노동조합인터내셔널(프로핀테른)이 1930년 9월에 발표한 「조선 혁명적 노동조합 운동의 임무에 관한 결의」(9월 테제)가 신간회를 〈민족 개량주의적 단체〉로 못박고 조선에서의 노동-농민 운동의 비합법 적색 노조화(勞組化)와 농조화(農組化)를 지령한 것이 국내의 〈미숙한 공산주의자들〉을 〈흥분〉시켜 신간회의 무용론을 제창하게 만들었다고 설명한다. 또 (1) 중국에서 제1차 국공합작이 1927년에 실패하고 세계공황이 휘몰아치는 1930년에 이르자 코민테른의 지시에 따라 중국공산당이 이립삼(李立三) 노선 즉 도시점령의 무장폭동이라는 극좌모험주의에 의해 지도되는 현실, 그리고 (2) 코민테른의 일국일당(一國一黨) 원칙에 따라 일본의 노농당 안에서 일고 있던 해소론 등이 영향을 준 것 같다고 설명한다. 김준엽과 김창순의 설명도 마찬가지이다.[24]

그러면 가인은 어떻게 설명하고 있는가? 그는 일제의 탄압에 대해서보다는 코민테른의 전략 변경에 초점을 맞춰 회고했는데, 그의 회고는 그가 신간회 해체기의 중앙집행위원장이었다는 점에 비추어 자료적 가치가 크기 때문에, 다음과 같이 그대로 옮긴다.

〔신간회의 급진적 성장의〕 태세를 본 일정당국은 민심의 동향을 고려하여 신간회에 대한 무리한 탄압을 주저한 바 있었고 도리어 장래의 불안을 느끼는 빛이 있었다. 이에 반하여, 소련은 신간회의 확대와 강화는 좋은 경향이지마는, 이것이 강화될수록 그 영도권을 민족주의자가 장악하게 된다면, 반드시 공산주의자의 장래에 큰 위험이 있을 것이며, 만일 그 영도권을 공산주의자들이 장악할 수 없다면, 신간회를 해소하고 지하운동으로 돌아가라는 코민테른 지령을 각 좌익 단체에 송달하였던 것이다. 이로 말미암아 처음에는 화요회 및 서울청년회에 소속된 신간회 회원들 중에서 해소론이 대두되었으나, 불과 2-3개월 동안에 중앙본부와 각 지회에 파급되어 공산주의분자들의 파당이 결속됨에 따라, 공공연히 신간회 해소투쟁을 전개하기에 이르렀다.

이러한 상황에서 가인은 〈우리의 정세로서는 코민테른의 무모한 지령에 따를 수 없음을 강조하면서 해소문제를 침식시키려고 암암리에 반대투쟁을 계속했다〉. 그러나 〈공산주의분자들의 심리는 참으로 측정하기 어려운 것이어서 과거 4-5년을 경과하는 동안 회(會)의 운영과 강화에 일치협조하였고, 어떠한 압력이나 요동이 없었음에도 불구하고 한번 코민테른의 지령이 있은 뒤로는 그 태도를 표변하여 이면으로는 도리어 나를 적시(敵視)하는 경향이 있어 나의 반대이론이나 회유도 아무런 효과를 보지 못하였던 것이다〉[25]

이 무렵 〈일본의 공산주의 지도자인 가와카미 하지메(河上肇)가 그 직속인 변호사 무라카미 스스무(村上進)를 자신에게 밀파했다〉고 회고했다. 이 회고 역시 일제치하의 조선에서 전개된 공산주의운동사와 관련해 흥미 있는 자료이므로, 가인의 회고 그대로 옮겨놓기로 한다.

무라카미와 하룻밤을 논쟁한 바 있었는데, 나는 그에게 대하여 〈우리는 일본제국주의의 기반을 벗어나기까지는, 즉 말하자면 독립을 쟁취하기 전에는 공산주의 문제는 논의할 단계가 아니므로, 만일 지금에 있어서 공산주의자가 민족주의자를 적시(敵視)하여 대립투쟁을 하게 된다면, 거기에 혼약할 자는 일본제국주의자들뿐이며, 우리 민족은 독립의 기회를 상실할 것이고, 조선공산당측에서도 조선이 일본제국주의의 기반을 이탈하는 것을 투쟁의 제1단계로 규정한 것도 이러한 이유에 기인한 것〉임을 말하고 따라서 신간회를 결코 해소할 수 없음을 강조하였다. 그는 나의 말이 일리 있음을 인정하면서도, 〈결국 귀하가 해소에 대한 반대투쟁을 강행한다면 일본 오야마 이쿠오(大山郁夫)의 전철을 밟게 되고 말 것〉이라는 말을 남기고 돌아갔던 것이다.[26]

제3장 제3절에서 살핀 가타야마센과 마찬가지로, 가와카미 하지메는, 일본 마르크스주의자 운동계의 개척자였다. 교토제대 교수였던 그는 이미 1906년에 《사회주의 평론》을 시작한 이후 마르크스주의의 연구와 보급을 주도하여 당대 마르크스주의 이론계의 정상으로 여겨진 인물이다. 그러한 가와카미가 어떤 배경에서 가인에게 자신의 뜻을 전달했는지 무척 궁금하다. 가인이 무라카미 변호사와 평소에 친교가 있었기 때문에 착안하게 되었을 가능

성이 없지는 않다. 한편 오야마 이쿠오는 와세다대학의 정치학 교수로 온건한 사회주의운동의 지도자였다. 일본의 공산주의운동이 계속해서 탄압을 받아 지도자들은 형무소로 가고 조직은 뿌리째 흔들리게 되는 상황에서 그는 합법적인 좌익정당의 길을 찾고자 했으며, 그리하여 1929년 가을에 일본공산당과는 별개인 노농당(勞農黨)을 세워 그 당수가 되었던 것이다. 가와카미를 비롯해 코민테른에 밀착되어 있던 공산주의자들은 그의 이러한 행동을 거세게 공격했는데, 여기에 일본에 있는 신간회 지회들의 조선공산주의자들도 가담했다.[27] 결국 노농당 안에서도 해소론이 나왔고 그것이 관철되어 공산주의운동은 일본공산당으로 통합되고 말았는데, 가와카미가 가인에게 오야마의 전철을 밟게 될 것이라고 경고한 것은 그 점을 말한 것이었다.

4 신간회 해소

해소론에 대한 가인의 입장

해가 바뀌어 1931년에 들어서 신간회의 내분은 더욱 격화되었다. 신간회를 해소해야 한다는 좌익의 운동은 점점 거세졌고, 이에 맞서 우익은 중앙집행위원장인 가인을 중심으로 신간회의 유지를 호소했다. 이때의 가인의 모습을 김진배는 이렇게 묘사했다. 〈꺼져가는 등불을 붙잡으려는 신간회 중앙집행위원장 김병로의 몸부림은 안팎으로 밀어닥치는 협공에 견디기 어려웠다. 그는 조만식, 안재홍, 한용운, 이인 등의 동지와 함께 하루에도 몇 번씩 만나 신간회해소론에 반대하는 대책을 머리를 맞대고 검토했다〉.[28]

가인은 잡지를 통해서도 자신의 입장을 당당히 펴나갔다. 우선 ≪삼천리≫ 1931년 2월에 나타난 가인의 주장을 살핀다. 가인은 해소론이 계급운동적 견지와 계급이론적 시각에서만 본다면 이유가 없는 것도 아니라는 점을 인정했다. 그러나 〈원래 신간회로 말하면, 조직의 본질이 각층각파를 통한 협동전선을 형성하는 데 있으며 독특한 지도강령을 가진 것이 아니므로 신간회운동은 조직자체의 협동 의의에 기준하며, 어느 단계까지 가능한 최대 한도의 투쟁을 가질 뿐 어떤 계급의 전용 진용이 될 수 없는 동시에 계급운동을 저지할 이유도 없습니다〉라고 말했다. 즉 신간회가 초계급적으로 민족통일전선에 입각해 항일투쟁을 하는 것이 최대의 목적이 아니겠느냐, 그 목적 아래서 계급운동도 벌일 수 있는 것이 아니겠느냐는 뜻이다. 그는 결론적으로 〈현하 모든 운동이 질식된 정세에 있어서 계급투쟁의 이론에 편중하여 신간회운동의 의의와 존재를 의심한다면, 이는 결성된 진영을 포기하며 집중된 역량까지 궤산하는 행동밖에 안 될 것입니다〉라고 경고했다.

가인의 입장은 ≪동광≫ 1931년 2월에 발표한 논설 「신간회의 해소론이 대두함에 제하여」에 보다 더 자세히 나와 있다. 그는 〈근자에 신간회의 12지회 중에서 신간회를 해소하자는 이론이 전개되었다〉라고 소개하고, 해소파의 주장을 다음과 같이 요약했다.

해소파가 주장하는 이론을 듣건대, 신간회의 존재는 계급운동의 의식을 말살하므로 이를 해소함이 가하다는 것 같다. 다시 말하면, 본래 계급운동자들이 신간회에 가입한 것은 신간회를 들어서 계급운동화시킬 것을 바라보고, 이에 참가—지지한 것이었는데, 금일에 와서 보니, 신간회의 조직 자체가 각 계층이 혼란하게 집합되어서 일개의 기형적 형태를 이루었기 때문에 계급운동으로 진전할 가능

성이 없을 뿐 아니라, 그 반면에 있어서는 대중에게 대하여 계급의
식을 망각하고 신간회운동이란 비계급적 운동으로 그 정신을 전환
하게 함으로써 계급의식을 말살하고 감해(減害)하는 결과를 낳게
하므로, 이를 해소하자는 것이다.

가인은 이러한 해소론을 이렇게 비판했다. 〈원래 신간회는 각
층각파의 투쟁 요소를 통해 가지고 진용을 결성한 것이고, 결코
어떤 특수한 지도 이론을 가지고 영구히 강대화하여 어떤 계급
운동의 의식을 여기에 전화시키지 못할 것이 명료하다.〉 즉 〈신
간회 존재의 이유는 단지 대중의 당면 이익을 위해서 신간회로서
가능한 최대 한도의 투쟁을 하는 것이 있을 따름이다〉. 그러므로,
〈신간회의 투쟁은 각 계급의 힘을 합하여 하는 것이요, 또 필요와
때를 따라 각 계급의 문제에 걸치게 되는 것이니, 신간회가 존재
하기 때문에 계급의식이 말살된다든가 전화된다 함은 한낱 이론
이요 기우에 불과한 것〉이라고 반론한 것이다.

그런데도, 계급운동자들은 어째서 신간회의 해소를 주장하는
것일까? 가인은 해소론이 결국 신간회에 대한 주도권을 잡겠다는
계급운동자들의 근본 목적이 달성되지 않은 데서 나왔다고 보았
다. 다른 이유가 아니라 주도권 상실 때문이라면 그들의 해소론은
결코 정당화될 수 없다고 주장한 가인은 오늘날 조선의 민족운동
이 지향할 방향이 무엇이냐를 물었다. 그것은 민족의 단결을 더욱
굳혀 〈참으로 힘있는 투쟁〉을 벌이는 것이다. 그런데 이미 다른
단체들은 〈각 방면으로 질식된 상태〉에 있지만 그래도 신간회 하
나가 남아 있는 만큼 이 신간회 만큼이라도 더 발전시켜야 하지
않겠느냐고 가인은 반문했다. 이러한 맥락에서 그는 다음과 같이
호소했다.

우리가 입으로 투쟁을 말하기는 쉬우나 참으로 힘있는 투쟁은 오직 힘있는 진영에서만 생기는 것이다. 오늘날 신간회의 진영은 아직도 더 결성되고, 더 질서화하고, 더 공고하게 하는 것이 급선무다. 내부의 결속력이 박약해 가지고는 아무리 투쟁하고 싶더라도 사실 불가능한 것이다. 현재도 그 투쟁의 힘이 있는 정도까지는 투쟁을 행하고 있는 것이니, 앞으로 내부의 결속이 강대화할수록 투쟁력은 증진될 것이다.

그러므로, 가인에 따르면, 〈이러한 시기에 있어서 이론만 가지고 해소를 창(唱)함은 운동의 전선을 궤산-분화의 과정으로 끌어가는 것이니, 도리어 투쟁력을 감소하게 할 우려가 있는 것이다〉. 한마디로 요약해, 민족운동의 현 단계는 계급투쟁의 단계가 아니며 범민족적-초계급적 항일투쟁의 단계인 만큼 우선 신간회의 조직 역량을 강화함으로써 민족의 독립을 쟁취하고 계급적 이해는 그 다음에 제기될 문제라는 것이다. 그럼에도 불구하고, 계급의 이익에 입각한 투쟁만을 앞세워 이미 만들어진 민족단일당인 신간회마저 없애고 만다면 독립운동의 전선은 그대로 붕괴되고 말 것이라는 주장이었다.[29]

가인의 해소불가론은 신간회의 우익세력으로부터 절대적인 지지를 받았다. 예컨대 당시 ≪조선일보≫ 부사장으로 민족언론계의 지도적 논객이었고 이미 네 차례에 걸쳐 투옥되었던 항일지사 안재홍도 가인과 같은 입장을 취했다. 그는 우익인 〈민족세력〉과 좌익인 〈계급세력〉이 각각 자신의 분야를 지키면서 〈완전한 동지적 협동〉을 유지할 것을 주장했다. 〈조직과 운동에 있어서도 민족주의적인 분자를 그 선두에 서게 하고 계급운동자들은 그들의 생생한 투쟁적 역량을 가지고, 그 후미 주력의 전술을 잡아서 전

선에 방대한 힘을 보태도록 하면 족하다〉는 것이었다. 물론 계급
운동자들이 별도로 노동자조합과 농민조합을 만들고 그들의 역량
을 집중해 신간회의 주도권을 잡는다면 반대할 일은 아니다. 그러
나 오늘날 조선의 객관적 상황에 비추어 그것이 허용될 것으로
보기는 어렵다. 그렇다면 좌우가 모두 신간회라는 단일당 중심으
로 항일운동에 모든 힘을 쏟아야 함이 지금의 단계에서는 가장
중요하다고 그는 주장했다.[30)]

　이처럼 해소론과 해소불가론이 맞선 상황에서 총독부는 1931년
1월 29일에 가인에게 6개월 동안 변호사 정직처분을 내렸다. 신간
회의 해소를 바라는 총독부로서는 해소반대의 선봉인 가인의 기를
죽이고 활동영역을 줄이겠다는 술책이었다. 이에 가인은 곧 중앙집
행위원장 사임원을 중앙본부에 제출했다. 가인은 일제가 신간회를
해산시킬 구실을 자신에게서도 찾으려고 하고 있으므로 그 누(累)
가 신간회에까지 미치지 않게 하기 위해 사직하고자 한다고 했다.
그러나 중앙본부가 한사코 만류하여 가인은 그 뜻에 따랐다.

민중대회 관련자들의 재판과 가인

　신간회의 내분이 깊어가는 가운데, 그 간부들의 집단구속을 가
져 왔었던 민중대회 관련자 여섯 명에 대한 재판이 사건 발생으
로부터 16개월이 지난 1931년 4월에 시작되었다. 여섯 명 가운데
허헌, 이관용, 홍명희, 김무삼 등 네 명은 병이 심해져 병감에 있
은 지 오래되었다.

　이들은 처음에는 변론 자체를 거부했다. 민족의 대표임을 자처
하는 입장에 변론이라는 절차가 구차해 보인다는 것이었다. 그러
나 가인이 끈질기게 설득했다. 법정투쟁이 단지 6명을 위해서가

아니라 동포들의 민족혼을 일깨우기 위한 수단임을 역설해 그들
도 동의했다. 이에 20인의 변호인단이 구성되었다.

그러나 막상 공판이 시작되었을 때는 가인은 정직 상태에 있어
서 변론에 나설 수 없었다. 그렇다고 그대로 쉬고 있을 가인이 아
니었다. 그는 투옥되어 있는 동지들의 뒷바라지를 맡고 나섰다.
특히 중앙집행위원장이었던 허헌과 그의 딸 허정숙에게 많은 신
경을 썼다. 이 때 허정숙도 감옥에 있었다. 신간회에서 허헌에 반
대하는 입장에 있었던 이병헌의 회고에 따르면, 뒷날 북한에서 최
고재판소 소장으로 오르게 되는 〈허정숙은 실은 허헌의 친딸이
아니라 함경도 어느 기생의 딸이었는데 이 기생이 허헌의 학창
시절 학자(學資)를 대주어 의리상 자기 호적에 입적시켜서 허헌
의 양녀가 됐다고 한다〉. 원래는 민족진영에 있던 허헌을 공산주
의자로 전향시킨 장본인도 허정숙이었다고 주장하는 이병헌은 허
정숙을 〈성정(性情)이 음란해 심지어는 이혼수속도 하지 않고 다
른 남자와 동거생활을 하기도 하였다〉라고 험담했다.[31] 어쨌든 허
정숙은 근우회의 중앙집행위원 또는 중앙집행상무위원 겸 서무부
장으로 활약하다가 1930년 2월에 광주의 학생운동에 관련된 혐의
로 징역 1년의 선고를 받고 아버지와 함께 서대문형무소에서 복
역했다. 산고(産苦)로 말미암아 형의 집행이 정지되기는 했으나
다시 수감되어 있었다.[32] 가인은 특히 이 부녀를 잘 보살펴주었다.
그뿐 아니라, 허헌의 아내가 외롭게 죽자 거의 아무도 돌보지 않
는 장례를 도맡아 치러주었다.

변호인단이 성의를 기울여 노력했는데도, 6명은 모두 실형을
선고받았다. 허헌 등 3인은 1년 반, 조병옥 등 3인은 1년 4개월의
금고형이었다. 이들은 가출옥이 허가되어 1932년 1월 23일에 모
두 석방된다.[33]

신간회가 마침내 해소되다

민중대회사건의 공판이 진행되는 가운데 신간회의 내분은 수습이 불가능한 지경으로까지 격화되었다. 편(便)도 보다 더 분명하게 갈렸다. 가인, 권동진, 조만식, 안재홍, 한용운, 이인, 권승렬, 박창훈(朴昌薰), 임원근(林元根) 등이 해소불가론을 내세움에 반해, 이주연, 안병주(安炳珠), 송봉우(宋琫禹), 윤형식(尹亨植), 이경재(李璟裁), 김려식(金麗植), 심치녕(沈致寧), 명제세(明濟世), 이상훈(李相薰) 등은 해소론을 폈다. 해소론자들 가운데, 조선청년총동맹 집행위원장인 윤형식은 〈신간회는 투쟁을 기피하는 소부르주아계급이 지도적 지위에 서 있는 집단인 만큼 노동자와 농민 대중은 신간회에 대해 아무런 기대도 갖고 있지 않다〉고 주장하면서, 〈노동대중은 자기의 혁명실천적 경험에서, 또는 객관적 정세에 의해 신간회를 해소해야 하며 이것이 역사의 필연적 귀결〉이라고 열을 올렸다. 또 우리가 제4장 제3절에서 살폈던 조선민흥회를 해체하면서까지 신간회 창립을 이끌었던 명제세는 〈이제는 좌로 가고자 하는 사람은 좌로 가고 우로 가고자 하는 사람은 우로 가야 한다〉고 주장하면서 좌우가 분리할 수밖에 없는 단계에까지 왔다고 결론지었다.[34]

4월 14일에 신간회 경성지회는 임시대회를 열었다. 좌익이 해소론을 제의해, 반대파들이 해소불가론을 전개하려 하자 임석한 경찰이 제지시켰다. 표결 결과는 해소론의 가결이었다. 경성지회의 이러한 결정은 이제 신간회가 임종 단계에 왔음을 말해 주는 것이었다.[35] 좌익계에 장악된 신간회는 곧 전체대회의 개최허가를 총독부에 요청했다. 총독부는 이를 허가했고 그리하여 1931년 5월 15일에 신간회 전체대회가 열렸다. 이 대회는 1927년 2월에 열렸던 창립대회 이래 첫 번째의 전체대회였다. 우리가 이미 살폈듯이, 신간회는 창립대회 이래 일제의 탄압 때문에 한 차례도 정기적으로 규약상의 전체대회를 열지 못해, 복대표위원회 또는 전체대회를 대행하는 중앙집행위원회 등의 형식으로 전체대회의 기능을 집행해 왔던 것이다. 그러다가 이제 비로소 처음으로 일제의 허가를 얻어 전체대회를 열게 된 것인데, 이 대회가 결과적으로 신간회의 해산대회가 되며 또 그렇게 되리라는 확실한 판단이 있었기에 일제는 전체대회의 개최를 허락했던 것이다.[36]

대회가 열려 가인의 사회로 임시집행부를 선거했을 때 좌익의 승리는 명백했다. 대회의 의장이 이황(李晃)에게, 그리고 중앙집행위원장이 강기덕(康基德)에게 돌아갔으며, 중앙집행위원의 대부분도 그들 세력이었다. 그때 유명하던 표현으로는, 〈간부 진용에 해소파의 면면이 피선되었다〉.

5월 16일에 〈물을 뿌린 듯이 극도로 긴장된 가운데 문제의 해소안이 상정되었다〉. ≪조선일보≫ 5월 18일자는 이렇게 기록하고 있다.

조선 집회사상 예외를 이룬 관대한 경관의 임검 아래 김병로 씨가 동(同) 문제에 대한 반대적 태도를 성명하자, 경지(京支) 해소위원회의 임화(林和) 군이 등단하여 해소 제의의 이유를 설명. 뒤를 이어, 김혁(金爀) 군의 해소 동의와 박철환(朴哲煥)군의 재청을 얻은 대회는 그 클라이맥스에 도달하였다. 이창식(李昌植) 씨의 보류하자는 개의가 있었으나 표결한 결과 절대 다수로써 해소는 가결되니 때는 오후 4시였다. 그러자 해소반대측의 다수가 비분한 가운데 일제히 퇴장하여 대회는 긴장미를 잃어갔다.

김진배가 적절히 표현했듯이, 〈마치 불난 집에 도둑이 드는 것과 같은 민족운동의 최후의 장면에 김병로의 가슴은 찢어지는 듯했다. 한꺼번에 모든 것이 무너져 내리는 듯했다〉.[37] 그는 통분을 감추지 못한 채, 신간회의 해체를 안타까워하는 기자에게 〈현재 정세로서는 해소가결 이후의 사무라는 것은 일종의 잔무처리 이상 더 없지 않을까 봅니다〉라고 운을 뗀 다음 이렇게 말했다.

해소론자의 이론으로는 그것에 그치고자 하는 것은 아니라고 생각하나 현재의 정세로는 그 이상 나아가지 못하게 될 것이 아닌가 합니다. 그리고 전체대회의 해소가결이 필요한 것을 전 신간 대중의 의사로 보겠느냐 하는 점에 대하여는 해소를 가결한 지회보다 부결한 지회 수가 많고, 또 연구나 보류키로 한 것이 많습니다. 그뿐 아니라, 해소를 가결한 지회 내에도 해소반대의 태도를 가진 회원도 있을 것입니다. 그러므로 금번의 해소는 신간 대중으로서는 해소를 해체라고 본다는 것보다도 하나의 분해 작용으로 볼 수도 있겠지요. 따라서 앞으로 비해소론자로서의 어떤 집단적 결정도 필연적으로 생길 것이라고 봅니다. 이에 대해 나 개인은 당분간 모든 것을 관망하고 있겠습니다.[38]

신간회가 해소되는 과정에서 〈경성지회가 중앙본부에 대한 불만을 품고 공산주의자들과 합세하여 해산의 비운을 불러일으킨 것〉이라고 말하는 이가 있었다. 가인은 이 점에 대해 이렇게 해명했다. 첫째, 〈경성지회에 속한 회원 중에 공산주의에 공명하는 몇몇 분자가 다른 공산주의자들과 행동을 일치하게 하였다는 사실이 없지는 않다〉. 그러나 〈경성지회의 중요 간부들이 이에 합동하거나 참가하지는 않았다고 믿는다〉. 둘째, 허헌이 중앙집행위원장으로 있을 때는 경성지회로부터 허헌에 대한 배척운동이 있어 양자 사이에 분규가 계속되었음은 사실이다. 그러나 〈내가 중앙 집행위원장의 직무를 대행하게 된 이후로는 과거의 분규는 완전 히 해소되었고, 중앙본부의 모든 운영에 대하여 경성지회의 협조 가 다대(多大)하였음은 누구나 인정하는 바이다〉. 가인이 정식으 로 중앙집행위원장으로 뽑히고 간부진이 개선된 뒤, 〈경성지회에 서는 또다시 부서의 배정에 자기들이 예기했던 인물이 제외되었 다는 이유로 한때 분규가 있기도 했다〉 그러나 〈이 문제도 거의 해결될 기운에 도달했을 즈음에 해소문제가 대두하였을 뿐 아니 라, 그 당시의 경성지회 중요 간부들은 그 인품이 숭고하고 사상 이 견실한 인사로서 결코 사소한 불만이 있다 하더라도 공산주의 자들과 협동하여 무모한 교각살우(矯角殺牛)의 결과를 초래할 행 동을 했으리라고는 생각할 수 없다〉[39]

5 신간회에 대한 평가를 통해 본 가인

불혹(不惑)의 나이라는 40대 초의 중요한 시기를 헌신적으로 바친 대상인 신간회에 대한 가인 스스로의 평가는 담담하다. 〈신 간회는 창립 이후 해소에 이르기까지 5년이란 세월을 경과하는 동안 운영상의 과오도 있었을 것이며, 해소의 비운에 이른 것도 자화자초의 결과인지도 모를 것이나…… 다만 솔직하게 말하자면 민족협동의 포진과 투쟁역량의 강화는 실로 독립의 기반이 달성 된 것으로 자인한 바 있다〉고 술회하고, 후세 사가의 판단에 따르 겠다는 겸허한 자세를 보였다. 그러면 후세 사가는 신간회를, 그 리고 신간회의 해소를 어떻게 평가하는가? 이 평가를 정확히 이

해할 때 신간회를 이끌었던, 그리고 신간회의 해소에 반대했던 가
인의 역사적 위상도 바르게 이해될 것이다.

「신간회운동 연구론」이란 짧은 논문을 쓴 강만길 교수는,[40] 신
간회운동의 성격을 규정한 대표적 연구자로 국사학자 이현희(李
炫熙)와 언론인 송건호 및 일인학자 미즈노 나오키(水野直樹) 등
을 꼽고 그들 각자의 연구를 종합하면서, 신간회운동은 그 시기에
조선 안팎의 독립운동전선 전체에서 일어난 민족유일당 운동의
일환이었다고 주장했다. 그럼으로써, 〈신간회운동은 한때 나타났
다가 사라진 단순한 좌우합작운동의 성격을 넘어서 우리 근대사
상에 계속 흐르고 있는 통일민족국가수립운동의 하나의 연원을
이루는 운동〉이 되었다고 평가했다.[41]

차기벽 교수의 평가도 기본적으로 궤를 같이 한다. 그는 〈신간
회운동은 식민지 조선에 있어서 유일한 대규모 좌우합작의 '민족
협동전선' 운동이었던 만큼, 남북통일이라는 민족적 과제를 생각
할 때 신간회운동이 지니는 민족사적 의의는 각별히 크다고 아니
할 수 없다〉고 말함으로써,[42] 역시 통일국가수립운동의 역사적 정
신적 원천으로 간주하는 것이다.

강 교수의 해석과 차 교수의 해석을 그대로 받아들일 때, 우리
는 신간회해소론이 지닌 반역사성과 반민족성을 쉽게 지적하게
된다. 신간회운동을 처음부터 적극 지원했고 해소론에 반대했
던 《조선일보》의 1930년 12월 26일 사설 「해소론 냉안관(冷眼
觀)」은 이미 그 점을 지적하고, 해소론자들이 이제 〈그만 직역적
(直譯的) 혹은 국제연장적(國際延長的)인 관념론에서 스스로를
청산시켜야 할 것이다〉라고 강조한 것이다.[43] 즉 코민테른의 지시
를 그대로 받아들인 나머지, 민족적 상황과 과제를 잊은 채 신간
회를 해소하려는 좌익을 규탄했던 것이다.

코민테른의 외곽단체의 하나인 국제공산청년동맹 역시 1932년 1월에 「조선공산청년동맹에 대한 지침」을 발표하고, 뒤늦게나마 〈신간회의 해소는 조선의 공산주의단체들로 하여금 발붙일 곳을 불리하게 했고, 또 중대한 정치적 오류를 범했다. 신간회의 해소는 의심할 바 없이 일본제국주의와 그 민족개량주의적 주구배(走拘輩)들에게 이익을 주었다〉라고 비난했다.[44] 북한의 사회과학원 역사연구소가 편찬한 『조선통사』도 〈1931년에 종파분자들의 주동적 역할에 의하여 신간회가 해소되었다. 이것으로써 그들은 이번에는 좌경적 오류를 범했다. 신간회의 해소로써 공산주의자들이 대중을 쟁취하며 민족개량주의를 폭로할 수 있는 활동무대를 불리하게 만들었으며 중요한 합법적 무대를 상실하였다〉라고 비판했다.[45] 이러한 근거에서 차 교수는 〈당시 식민지 조선의 현실에서 볼 때 신간회의 해소는 일제에 대한 명백한 이적행위였다〉고 단죄했다.[46]

확실히 신간회의 해소 이후 일본의 제국주의적 침략정책은 더욱 강화된다. 우선 신간회의 해소 결의를 근거로 신간회를 해산시키고 곧 신간회의 자매단체였던 근우회를 해산시키며, 6월에는 제6대 총독으로 우가키 가즈시게(宇垣一成) 전 총독대리가 부임하고, 9월에는 중국침략의 전초인 만주사변을 일으킨다. 이렇게 볼 때, 신간회의 해소는 조선의 민족세력을 크게 약화시켜 조선에 대한 지배를 더욱 강화하려는 음모에 국제공산주의운동의 동향을 재빨리 이용한 일제의 고등책략이 만들어낸 희생이라고 할 것이다.

신간회의 역사적 위상을 이렇게 파악할 때, 우리는 가인이 식민지 조선의 독립운동사 그리고 통일국가수립운동사에서 매우 중요하고 값진 역할을 수행했던 훌륭한 지도자였다고 평가할 수 있을 것이다. 그가 조국이 해방된 직후 남한에서 좌우투쟁이 극심해지고 남북분열이 더욱 뚜렷해진 시점에서 김규식(金奎植) 및 여운형과 함께 통일국가수립운동인 좌우합작운동을 벌였던 것은 결코 우연한 일이 아니었다. 이 운동에 있어서의 가인의 역할에 대해서는 우리가 곧 제8장에서 보게 되겠지만, 어쨌든 우리는 가인을 민족통일운동의 선구자들 가운데 한 사람으로 부를 수 있을 것이다.

제 7 장
신간회 해소 이후의 가인

1 법정투쟁과 사회운동을 계속하다

제3차 간도공산당 관련자들의 변호

신간회의 해소를 가져온 국내외의 동향을 설명하면서 우리는 이 무렵에 국제공산주의운동이 급격한 좌경화와 폭동화를 보이기 시작했음을 지적했었다. 만주의 조선공산주의운동도 그러한 경향을 두드러지게 나타냈다. 그 대표적 보기가 바로 1930년 3월에 검거된 제3차 간도공산당의 폭동 준비이다. 조선공산당 만주총국은 광주학생운동에 뒤따라 국내에서 급격히 파급되어 가는 학생시위운동이 마침내 간도에까지 번질 기세를 보게 되자 이에 호응하는 대폭동을 일으켜 3·1 운동 11주년을 혁명적으로 맞이하려 했다. 곧 동만주와 북만주에 3·1 폭동 11주년 기념 준비위원회라는 비밀조직을 만들고 이 위원회의 지도 아래 1930년 3월 1일을 기해

농민과 노동자와 학생이 함께 폭동을 일으키기로 결정한 것이다. 이들은 비단 폭동에 그치는 것이 아니라 전(全) 간도 지방에 소비에트정권을 세우려고까지 하였다. 조선공산주의운동 사상 획기적 전환을 의미하는 이 계획은 결국 일제의 간도영사관에 미리 탐지되어 1930년 3월부터 5월 사이에 무려 130여 명이 체포됐다.[1]

이 사건의 공판이 1931년 12월에 시작되었다. 마침 7월 29일에 6개월에 걸쳤던 가인의 변호사 정직이 끝났다. ≪동아일보≫가 이튿날 이 사실을 크게 보도한 것을 보면, 가인에 대한 민중의 관심과 기대가 매우 컸음을 짐작할 수 있다. 변호사로서 임무를 재개할 수 있게 된 가인은 이인 및 이창휘 변호사 등과 함께 이 사건의 변호를 맡았다. 이 사건의 변호에 대해서 가인은 아무런 회고를 남기지 않았다. 그러나 이인은 회고를 남겼다. 그러므로 이인의 회고록과 당시의 신문 보도를 종합해 소개하기로 한다.

이인의 회고에 따르면, 일제는 간도의 조선독립운동을 뿌리 뽑기 위해 양민마저 마구 잡아들여 서울로 압송하니 그 수가 수백 명을 넘어섰다. 이들의 변호를 위한 절차를 밟다보니 〈사무실에 비치했던 변호인 선임계 용지가 동이 났다〉.[2] 공판이 시작됐을 때의 모습을 이인은 이렇게 회고했다.

이때는 재판소를 종로에서 서소문으로 옮긴 지가 얼마 안 되던 때인데, 그 당시 대법원 청사로 쓰이고 있던 본관 서편의 건물은 순전히 이 사건의 많은 피고인들을 수용하기 위해 새로 지은 것이다. …… 이렇게 대법정을 지어놓고도 일제는 이 사건의 방청을 몹시 제한했다. 공판 당일이 돼서 방청객이 몰리자, 저들은 서울 시내 각 경찰서의 고등계 형사들을 불러다가 방청객의 이름을 적고 소지품을 검사했다. 그러고도 안심을 못했던지 인정신문만을 마치고는 방청을 금지시키고 말았다. 이때의 피고인들 중에서 나는 묘령의 여자 피고인 한 사람을 지금도 생생하게 기억하고 있다. 이 여자 피고인은 나이가 25세 가량인데 재판장도 동정이 가는 눈치였다. 그래서인지 재판장은 〈법정태도를 공손하게 하라〉 타이르고 형량에 가감이 있을 듯이 말했다. 그러나 그 여자 피고인은 〈일본인이 먼저 태도를 고쳐야 한다〉고 서슴지 않고 대답하던 것이다.[3]

피고인들이 많았던 탓에 기록이 수만 매에 이르렀다. ≪조선일보≫가 1931년 12월 4일의 기사에서 〈그 기록 등사비가 막대해 김병로 등 세 변호사가 '곤란'을 겪고 있다〉고 보도할 정도였다. 어떻든 피고인 마흔아홉 명 가운데 마흔일곱 명이 징역 2년으로부터 10년까지의 실형을 선고받았다.

수원고농의 흥농사 관련자들의 변호

1930년 5월에는, 오늘날 서울대학교 농과대학의 전신인 수원고등농림학교 학생들이 조직한 흥농사(興農社) 관련자들의 변호를 이인과 함께 맡았다. 이 사건의 변호에 대해서도 이인은 자신의 회고록인 『반세기의 증언』 가운데 「수원고농 사건 때 열변하자 정직 처분」이라는 항목에서 설명해 놓았다.

흥농사는 농촌부흥운동을 지향한 건전한 단체였다. 이 단체를 통해 수원고농 학생들은 문맹퇴치운동과 농민계몽운동을 편 것이다. 이 단체는 1928년 9월에 학교 안에 농산물품평회를 겸한 학예회를 열었는데, 여기에 출품한 습자(習字) 가운데 나타난 〈민중〉이니 〈자유 독립〉이니 하는 문자가 말썽이 되었다. 왜경은 그것이 〈불온한 항일운동〉이라는 이유로 무려 2백 20여 명의 학생들을 구금했고, 이른바 주모자들을 서울로 송치하기에 이르렀다. 무려 2년 동안의 예심을 거쳐 1930년 2월에 기소되어 공판에 회부되었다. 《동아일보》는 1930년 2월 21일자 2쪽에서 이 사건을 머리로 크게 보도하면서, 이들이 조선의 독립운동을 시도하고자 했다는 사실을 알리고자 했다.

가인은 이인과 함께 변론을 맡았다. 양부모가 학대하면 양자는 자연히 친부모를 그리워하고 친가의 옛 일들을 그리워하듯이, 일본의 식민정책에 괴로움을 겪다 보니 학생들이 조국을 더욱 깊이 생각하게 되었다는 비유로써 학생들을 옹호했다. 〈인간이란 원래 굶주리면 식물(食物)을 찾고 결박되었을 때는 자유와 독립과 해방을 요구하는 것으로, 이것이 바로 인간의 본능이니, 학생들이 자유를 갈망하는 것은 이 본능에 의한 양심의 발로이고 역사의 필연이다〉라고도 변론했다.

안창호의 변호

만주사변으로 일제의 침략이 마침내 중국으로까지 구체적으로 뻗치면서 조선민족의 저항도 더욱 커졌다. 그 표현이 1932년 1월에 이봉창(李奉昌) 의사가 도쿄에서 일본 천황에 폭탄을 던졌으나 뜻을 이루지 못한 일, 4월에 윤봉길(尹奉吉) 의사가 상하이에서 일본 천황의 생일을 기리는 행사장에 폭탄을 던져 일인 요인 다수를 살상시킨 일 등으로 나타났다. 석 달 사이에 연거푸 일어난 이 두 의거는 세계만방에 조선민족의 독립혼이 죽지 않고 살았음을 알렸고 조선민족에 대한 중국인의 신뢰를 되살린 쾌거로서, 특히 중국에서의 의거에 대해 장개석(蔣介石)이 〈중국의 백만 대군이 하기 어려운 일을 조선의 의기 남아 한 사람이 해냈으니

장하다〉는 취지로 찬탄하기까지 했다. 그는 대한민국임시정부의 김구가 이 의거를 배후에서 조종했음을 알고 임정에 대한 지원을 본격화하기도 한다.

그러나 윤 의사의 장거는 엉뚱한 일을 빚어냈다. 우리 애국지사들의 활동무대인 프랑스 조계에 대한 일인의 수사 요청을 프랑스영사관이 허용하기에 이르렀고, 김구의 수색에 혈안이 됐던 일경은 뜻밖에 도산 안창호를 체포할 수 있었던 것이다. 임정의 기틀을 잡아놓았고 또 임정과 조선 각 도와의 연락체제인 연통제(聯通制)를 조직해 놓은 독립운동의 거물 안창호를 체포한 일경은 그를 즉시 본국으로 압송하고 엄밀한 수사를 끝낸 뒤 1932년 12월에 경성지방법원 공판에 회부했다. ≪동아일보≫는 1932년 12월 20일자와 27일자 및 28일자에서 모두 2면 머리로 재판을 자세히 보도하면서, 특히 안창호가 의연한 자세를 유지하고 있음을 동포들에게 전했다.

공판이 시작됐으나 안창호는 변호를 거절했다. 이때의 상황이 이인의 회고록에 자세히 나와 있다.

서울에 있던 변호사들은 곤욕을 당하고 있는 도산을 변호하겠다고 앞다투어 나섰다. 나도 그들과 함께 면회를 갔다. 그러나 도산은 일언지하(一言之下)에 변호를 거절했다. 〈숙원인 민족과업을 성취하지 못하고 적에게 사로잡힌 몸이 민족을 대할 면목조차 없다. 무슨 구구한 변론이 필요하겠느냐.〉 그의 뜻이 이러함에 모두 변호인 될 것을 단념하고 돌아왔다.[4]

그로부터 열흘쯤 지나서 〈잠깐 상의할 일이 있으니 면회 오라〉는 전보가 와 찾아갔더니, 〈법정변론은 필요 없으나 옥내외 연락할 사람이 필요하다〉며 이인과 가인과 김용무를 변호인으로 선임했다. 가인은 1921년 제2차 범태평양국제변호사대회에 참석하기 위해 북경에 갔을 때 안창호를 만난 일이 있어서 안창호도 주저 없이 가인을 변호사로 선임한 것이다.

변호인단이 도산의 건강을 살필겸 다시 찾았다. 도산이 관련자들의 신변만 걱정할 뿐 〈내 건강은 개의하지 말라〉고 하기에, 〈식욕은 어떠시냐〉고 묻자, 〈비록 구금된 몸이나마 오랜만의 고국 풍미가 그립소. 호박전 한 조각 맛보았으면〉했다. 여기서 이인의 회고는 이렇게 이어진다.

나는 원한다면 값진 육미(肉味)를 차입하련만 하필이면 호박전일까 곰곰 생각하고야 그 뜻을 알았다. 호박은 제일 값싸고 흔해서 빈궁한 우리네 살림에 애용하는 식물이니 영어의 몸으로 내일의 운명을 예측 못할 지경에서 고국의 풍미를 그리는 심정이 호박전을 찾게 한 것이다. 고사(故事)에서 어떤 용장이 누명을 쓰고 형장으로 끌려가는 도중에 고향의 감 한 쪽 맛보기를 나졸에게 희망했다더니 선생의 심정도 이와 상통하는 것 아니겠는가.[5]

법정에 선 도산은 의연하고 근엄하여 터럭만한 궁색함이 없었다. 이인이 회고하듯이 〈재판장이 묻는 말에는 간략한 대답뿐 구구한 변해가 없으니 일본 재판관들도 '과연 안창호는 다르다. 국사적(國士的) 풍도가 있다' 하여 감탄하는 빛이 역력하였다〉. 예컨대, 재판장이 〈이토 히로부미가 피고인에게 외국에 가서 시찰하기를 권한 일이 있다고 하는데 왜 거부하였소〉라고 묻자, 그는 〈이토는 일본인이 아니었소〉 하고 한마디로 대답하였다.[6]

안창호는 12월 27일에 4년 징역형을 선고받았다. 그는 가인에

게 항소를 포기한다고 말하고 〈4년 징역이 많은 것이 아니다〉라
는 늠름한 자세를 보였다. 1930년 12월 28일자 ≪동아일보≫는
도산이 〈30년 독립운동이 겨우 4년 징역밖에 남은 것이 없다〉라
고 말하며 크게 웃었다고 보도하면서 그 말을 제목으로 뽑았다.

안창호는 1935년 2월 11일에 대전형무소에서 가출옥했다. 총독
부는 그가 국내에 머물러 있는 것보다 해외에 나가 있는 것이 좋
겠다는 판단에서 출국을 끈질기게 권했다. 주요한이 1964년 1월
7일의 ≪조선일보≫에 발표한 「가인 김병로 선생의 추억」에 따르
면, 가인은 안창호의 신변을 염려해 해외망명을 권했다고 한다.
그러나 안창호는 〈본바닥에 있어야 일이 된다〉는 신념으로 거부
했다. 그는 실제로 국내를 순방하며 동포들을 격려했다.

1937년 7월에 중일전쟁이 터지면서 일제는 조선에 대한 지배를
영구히 확고하게 다진다는 야심을 갖고 조선민족 그 자체를 부인
함과 동시에 이른바 내선일체(內鮮一體)를 강요하는 정책을 썼다.
한 해 전에 부임한 제7대 총독 미나미 지로(南次郎)는 이 정책을
악랄하게 밀어붙여 그때까지는 용인했던 온건하고 타협적이기조
차 한 모든 민족적 색채의 단체들을 해산시켰고, 안창호의 제자들
이 이끌던 그러한 성격의 수양동우회(修養同友會) 회원들도 구속
했다. 이에 따라 1937년 6월에 안창호도 다시 구속되어 모진 고
문을 받아 병이 도지자 경성제국대학 부속병원으로 옮겨졌으나
1938년 3월에 별세하고 말았다. 일제의 눈이 무서워 거의 아무도
돌보지 않은 안창호의 장례를 가인은 끝까지 돌보았다.

가인은 이인 및 김익진(金翼鎭)과 더불어 이 수양동우회 관련
자들도 변호했고 이들은 모두 무죄를 선고받았다. 이때 고생한 이
들이 이광수, 조병옥, 주요한, 장리욱(張利郁), 이용설(李容卨) 등
인데, 이 사건에 대해서도 가인은 아무런 회고도 남겨놓지 않았

다. 다만 앞에서 인용한 주요한의 회고가 남아 있다. 이에 따르면,
〈수양동우회와 그 모체인 흥사단(興士團)의 직접적인 목적은 인
격의 향상이었고 비록 그것이 독립운동을 하려는 준비라고 하더
라도 그 인격훈련 자체가 범법이라고 할 수 없다〉고 변론했다고
한다. 주요한은 〈가인 선생의 명석한 법 이론과 대담한 법정투쟁
태도는 지금도 기억이 생생한 바 있다〉고 덧붙였다.

2 보성전문학교를 일으키는 일을 돕다

1920년대에 변론을 통해 독립운동을 도우면서 민족의 교육기관
과 언론기관을 육성하는 일을 돕던 생활은 1930년대에도 변함없
이 계속되었다. 그 대표적인 예가 보성전문학교를 일으키는 일에
적극 참여한 일이다.

우리가 제3장에서 이미 살폈듯이, 가인은 일본유학을 마치고
귀국한 뒤 보성전문학교에서 강사로 봉직했었고 1922년에는 재단
의 상임이사로 선출되기도 했었으며 학교에 분규가 생겼을 때는
변호사로 법정에 서기도 했었다. 그만큼 보전과의 관계가 깊었으
며 보전에 대한 애정 역시 남달랐다.

민족의 힘으로 세워진 국내 유일의 고등교육기관인 보성전문학
교는 그러나 분규에서 헤어나지를 못했고 재단의 힘도 약한 탓에
발전이 더디어 뜻 있는 인사들을 안타깝게 했다. 누군가 재력도
있으며 교육자로서의 양식을 가진 이가 인수해야 한다는 주장도
나오고 있었고, 적지 않은 사람들은 인촌 김성수가 그러한 역할을
수행해 주기를 기대했다. 마침 대학설립에 뜻을 두고 유럽과 미국
의 명문 대학들을 순방한 인촌이 1931년 8월에 귀국하자 그들은

인촌에게 보전 인수를 권고하기 시작했다.

이때 인촌을 상대로 교섭을 전담한 이가 바로 가인이었다. 이 점에 대해 김성수 전기는 〈그들은 인촌과 사이가 가까운 가인 김병로를 내세워 교섭을 벌였다. 인촌은 ≪동아일보≫ 창간 전에 이미 한양전문을 설립하려다가 그만둔 일도 있어 사실은 독자적인 전문학교를 세울 뜻이 있어 보전 인수 제의를 거절했지만 마침내 보전의 어려운 형편을 더 두고 볼 수 없어 인수키로 했던 것〉이라고 쓰고 있다.[7]

따지고 보면 인촌을 설득하는 일에 가인만한 적임자가 없었다. 두 사람은, 우리가 제1장과 제2장에서 이미 살폈듯이, 같은 전북 출신으로 소년시대부터 친구요 도쿄유학시대의 학우이며 연사돈이 되기도 하고, 이미 인촌이 사주인 동아일보사의 검사역을 가인이 맡아온 터였다. 그리하여, 김진배의 고증을 따르건대, 〈김병로는 인촌 김성수에게 보전 인수를 권고하면서 재단 수수에 따르는 법적인 문제와 운영상의 문제를 치밀하게 협의했다〉.[8] 결국 1932년 3월 14일에 열린 구 재단의 마지막 이사회에서 가인은 인촌이 추수 5천 석의 토지를 출연하여 보전을 인수해 경영할 뜻이 있음을 밝힘으로써 보전 인수 작업은 본격화되었고, 그리하여 이 일은 3월 28일에 매듭지어졌다. 인촌은 곧 중앙고등보통학교 교장을 사임하고 보전의 제10대 교장으로 취임한다.

인촌이 보전을 인수한 뒤 보전의 교세는 빠르게 성장했다. 특히 안암동에 새 석조 교사를 짓고 1934년 9월에 그곳으로 옮겨 새로운 보전시대를 열었다. 이듬해 보전 창립 30주년을 기념하여 보전 대확장을 위한 모금운동을 전국적으로 벌였다. 이때 보성전문학교 30주년기념사업상임위원회가 구성되었는데, 가인은 인촌, 고하, 최두선, 김용무, 이승우 등과 함께 상임위원이 되어, 30만원의 기부금 모금에 나서기도 했다. 그는 5월 초순에 인촌 및 최두선과 함께 세 사람의 출신지인 호남을 순방한 것이다.[9] 가인은 1955년 5월 5일에 고려대학교 개교 50주년 때 고려대학교의 첫 번째 명예법학박사학위를 받는데, 이것은 이러한 배경에서 이해될 수 있다. 김진배가 지적했듯이, 〈그것은 그 당시 대법원장이었던 그에게 주어진 명예나 항일투쟁을 한 공적에서라기보다도 초창기 보성전문의 발전에 기여한 공로를 높이 평가하였기 때문이었다〉.[10]

가인은 또한 1931년 5월에 동아일보사가 민족적 항일구국영웅인 이순신(李舜臣)의 정신을 심어주기 위해 충무공유적보존운동을 시작했을 때 기금관리위원으로 참가했다. 가인의 기여는 참으로 컸다. 1931년 6월 14일자 『동아일보』가 2면 머리에서 크게 보도했듯, 그의 노력으로 동일은행(東一銀行)에 저당잡힌 충무공의 위토(位土)가 저당권설정으로부터 해제된 것이다.

가인은 1932년에는 짤막한 두 편의 논설도 발표했다. 첫째가 ≪신동아≫ 제2권 제4호(1932년 4월) 16-17쪽에 발표한 「민중의 권익 옹호: 변호사의 직책은 무엇?」이다. 2백자 원고지 10매가 채 안 될 정도의 짧은 분량이지만, 핵심적인 이야기는 모두 개진되어 있다. 여기서 가인은 형사와 민사 사건 모두에서 돈이 없으면 변호사를 선임하지 못하는 사람들이 많아 민중의 권익이 제대로 옹호되지 못하고 있음을 개탄하면서 그러한 사람들을 위해, 형사소송의 경우에는 법원이 변호사 비용을 부담하도록 법을 고쳐야 하고, 민사소송의 경우에는 〈변호사의 보수를 수수료제도로 정해 본인소송(本人訴訟)을 감소케 해야 한다〉고 제의했다.

둘째가 ≪동광≫ 제4권 제1호(1932년 1월) 285쪽에 발표한 「국가의 근본의(根本義)와 민중의 자유」이다. 이 글 역시 200자 원고지로 열 매가 채 안 되는 짧은 길이이다. 여기서 가인은 개인주의적 국가관(國家觀)을 보였다. 즉 국가는 개별적 인간들의 집합체이므로 개별적 인간들의 자유, 곧 〈개아(個我)의 자유〉를 보장하는 데 그 의의가 있다는 것이다. 개별적 인간들의 자유를 적극 보장해 주어야 그들은 각자의 책임감을 갖게 되어 그것 때문에 사회에 질서가 서고 개인들의 자유가 지켜진다고 그는 보았다. 그러므로 〈어떠한 민족 어떠한 사회를 물론하고 인류의 자유활동이 저상(沮上)되고 따라서 개아(個我)의 책임감동(責任感動)이 무(無)함에 지(至)할진대 이것을 떠나서 국가의 성립, 존재 및 발달의 의의를 구명할 바 없는 것〉이라고 그는 매듭지었다.

논설이 발표된 1932년이면 일본 제국주의가 전년(前年)의 만주사변을 고비로 점점 기승을 부리던 때이며 따라서 전체주의적 국가론이 대두하던 때이다. 가인의 국가론이 이러한 전체주의적 국가론을 정면으로 부인한 것은 아니지만 그것과 크게 대조되는 것임은 물론이다.

3 〈수절〉의 세월

농촌으로 은거하다

우리는 제6장 제4절에서 일본제국주의가 1931년 9월에 만주사변을 일으켜 그 이듬해 괴뢰국 만주국을 세운 데 이어 중국침략으로 치달리면서 그 전초기지로서의 조선에 대한 식민지배를 더욱 굳혀 나갔음을 지적했다. 또 1937년 7월에 마침내 중국과의 전쟁을 개시하면서부터는 조선의 민족성 자체를 부인하기 시작했음을 지적했다.

이 시대는 민족의 암울과 수모와 분노의 시대였다. 특히 중일전쟁이 일어난 이후 조선민족에 대한 이른바 황민화(皇民化)가 추진되면서 일제의 회유와 탄압은 더욱 거세어진 것이다. 여기서 송건호의 표현으로는 민족의 지도층에서 양심이 크게 동요되었다. 그리하여 〈1937년은 중일전쟁이 일어난 해이기도 했으나 한민족에게는 그보다도 민족의 전통적 지도층이 결정적으로 붕괴되기 시작한 해라는 점에서 오히려 비극적 의미를 갖는 해였다〉. 즉 〈중일전쟁 전후부터는 '동조동근(同祖同根)' '내선일체(內鮮一體)' '국체의 본의' '비상시국' 등 슬로건을 내걸고 조선민중에게 다소라도 영향력을 가짐직한 인사에게는 너나 구별 없이 전쟁협력과 내선일체와 황국신민화를 위한 강연과 라디오방송과 글쓰기를 강요하여 이른바 조선사회의 지도층 인사들 속에 친일협력이 일반화된 경향으로 나타나기 시작했다〉.[11] 그러나 다시 송건호의 표현으로, 〈5,000년 전통을 자랑하는 우리 민족의 양심이 외세 앞에 그렇게 쉽사리 숨이 끊어질 수는 없었다〉. 즉 〈절망적인 암흑시대 속에서도 일제에 대한 협력을 일체 거부한 인사가 적지 않았다〉. 적극적으로 항일한 애국자들도 많았고, 적극적인 항일투쟁을 벌이지는 않는다 해도 협조를 거부한 채 〈시골로 낙향한다든지 사회에서 완전히 은둔한다든지〉 하였다.[12]

가인은 후자의 입장에 선 경우이다. 그는 일제와의 협조를 거부한 채 낙향하는 길을 택했다. 가인뿐만 아니라 가인의 형사공동연구회 소속 변호사들 역시 그러하였다. 이인 같은 이는 1942년에 일제가 날조한 이른바 조선어학회사건에 연루되어 영어의 생활을 보내다가 해방 직전에 나와 경기도 양주군의 한 농막에서 숨어지내야 했다.[13] 이 때문에, 가인의 회고에 따르면, 1936년께 〈우리 공동연구회 회원에 대하여 변호권을 제한한 바 있었으니, 즉 총독부 당국이 특허 지정한 변호사 외에는 사상에 관련된 사건의 변호를 담당하지 못한다는 것인바, 우리 회원 중에는 한 사람도 그 지정을 받을 수 없었다〉.[14]

이러한 상황 속에서, 가인은 일제의 탄압으로 숨막히는 서울을 떠나기로 결심했다. 그렇다고 갈 곳이 마땅하지는 않았다. 고향 순창 또는 담양을 떠난 지는 오래되었고 그곳에는 그나마 발붙이고 살만한 전답마저 없는 형편이었다. 〈서울 변두리의 적당한 곳에서 지내려 해도 먹고살 만큼의 땅을 살 처지도 되지 못했다〉. 그리하여 그는 자신의 모든 가족을 이끌고 경기도 양주군(楊州郡) 노해면(蘆海面) 창동(倉洞)을 찾았다. 오늘날 서울특별시 도봉구(都峰區)로 편입되어 있음에 잘 나타나 있듯이, 그곳은 서울에서 그렇게 멀지 않을 뿐 아니라 허허벌판이어서 값이 헐했기 때문이다.

가인은 우선 서울 집을 팔았다. 은행 저당을 빼고 나니 3,000원이 남았다. 3,000원이면 서울 변두리에 3,000평에서 4,000평 사이의 전답을 마련할 만한 돈이었다. 그러나 그에게는 2,400원의 빚이 있었다. 이 빚을 갚고 나니 가인의 총재산은 600원밖에 남지 않았다. 쌀 100가마 값 정도의 돈이었다. 마침 경기도 개성(開城)에 있는 어느 소송당사자가 2년 전의 소송사건에 대한 보수로 2,000원을 가져 와 그의 총재산은 2,600원이 되어, 그 돈으로 창동에 대지를 사서 집을 짓고 3,000평의 밭을 스스로 농사를 지을 수 있었다.[15]

10여 년 넘는 변호사 생활에 재산이 이것밖에 되지 않았다는 사실은 그가 돈에 얼마나 담백한 사람이었는가를 그대로 말해 준다. 아니 그것보다도 가인은 남을 돕는 일에 돈을 아낌없이 썼고 때로는 빚을 얻기까지 했던 것이다. 이러한 가인의 생활 자세는 김진배의 책에 이렇게 감동적으로 묘사되어 있다.

그는 어떤 경우에도 돈을 줄 때 생색을 내려 하지 않았다. 안방의 삼층장 맨 위에는 조그만 수제 금고가 있었는데, 쌀이 떨어지는 경우는 있어도 이 금고에 돈이 마르는 일은 없었다고 한다. 부인 정씨는 가장이 돈을 내오라고 말할 때 용도를 물은 일이 없었다고 한다. 가인의 딸 김순남 여사에 의하면, 〈아버님은 참으로 보통 사람이 알기 어려운 분이었다〉. 내 자식이라도 쓸만한 재목이 되기 어렵다고 보면 무리하게 키우려 하지 않았고, 남이라도 떳떳한 일을 하면 마음놓고 돌보아 주는 성미지만 결코 내, 남 할 것 없이 누구를 크게 칭찬하거나 크게 나무라는 일이 없었다고 한다. 한때 돈 잘 번다고 소문이 나기도 했지만, 그 돈이 남은 흔적이 없는 것을 보면 상하이 임시정부나 독립운동요인에게 상당한 자금 지원을 했기 때문이 아닌가 짐작된다고 그 측근들은 전한다. 독립운동자에게 자금 지원했다는 것을 공공연하게 밝힐 수 없는 상황에서 그 액수가 얼마나 됐든지간에 이러한 극비의 지원은 아는 사람밖에는 알기 어려울 것이다. …… 또 연말이 되면 쌀 가게와 구두 가게나 양복 가게 등에서 청구서가 날아오는데, 그것이 누구 것을 지불하는지 모를 정도였다고 한다.[16]

그런데 가인이 창동으로 은거해 들어간 정확한 시기에 대해서는 기존의 자료에 약간의 혼선이 있다. 가인은 〈내가 농촌으로 돌아간 것은 일본이 만주사변을 일으킨 그 다음해, 즉 1932년이었다〉라고 분명하게 기록하고 있다. 또 〈해방을 맞이한 2년 뒤에 가족 전부가 서울로 이주하게 되었으니, 이것이 벌써 서울을 떠난 지 15년 만이었다〉라고 쓴 것도[17] 그가 서울을 떠난 해가 1932년이었음을 입증한다.

그런데 가인의 회고를 구술받아 가인 이름으로 회고록을 냈고 또 가인의 전기를 쓴 김진배는 다른 글에서 가인이 창동으로 이사한 해를 1936년으로 기록했으며, 김진배 스스로 만든 「가인 김병로 선생 연보」에서는 〈1934년 변호사 자격 정지 양주군 노해면 창동으로 은거〉라고 기록했다.[18] 한편 가인의 둘째 며느리 이필기(李畢基) 여사는 1934년이 확실한 것으로 증언하고 있다. 물론 가인 스스로의 명백한 회고인 만큼 〈1932년〉으로 받아들이는 것이 마땅하나, 우리가 앞 장들에서 살폈듯이, 그의 회고에는 연대에 관한 한 착오가 적지 않았으므로, 여기서 이 문제를 잠시 따져본다. 그렇게 하기 위해, 농촌으로 돌아가기로 결심한 경위를 밝힌 가인의 회고를 일단 그대로 옮겨 본다.

[내가 농촌으로 돌아간] 그 당시에는 벌써 각 사회단체는 모조리 해산을 당하였고, 우리 변호사협회까지도 그 행동이 불순하다고 하여 해산의 운명에 이르렀으며, 또 기왕 말한 형사공동연구회 회원들은 모두 다 사상 관련 사건의 변호권을 박탈당하였다. 그뿐만 아니라, 일본이 만주사변을 일으킨 것은 소위 대동아공영권(大東亞共榮圈)이라는 허울 좋은 간판을 내걸고 동아 전역을 침공하여 패권을 장악하려는 야망과, 결국에는 제2차 세계대전도 불사한다는 대담한 계획에서 시작된 것임을 우리는 이미 상정할 수 있었고, 그 직후 국제연맹에서 조사된 리튼 보고서의 내용에 의하여 국제정세의 추이와 그 결과까지도 추상할 수 있었으니, 그것은 그 당시 일본 군부의 발호와 참월한 정정으로 보아서 아무리 국제연맹의 힐난이 있다 하여도 만주사변을 중지할 리 만무하고, 그것을 확대할 필연성이 확인되는 바이며, 그 결과로는 제2차 세계대전이 반드시 일어나고야 말 것이니, 우리가 아는 범위의 국제정세로 하여금 일본이 저희 생각으로는 천하무적이라는 망상을 갖고 있지만, 온

세계를 상대로 하는 전쟁이 일어나면 필망내이(必亡乃而), 즉 반
드시 망하고 만다는 것도 능히 알 수 있었으므로, 우리는 일정의
무도한 폭압으로 말미암아 극도로 침체된 상태에서 항일투쟁을 계
속하는 것보다 당분간 은인자중하여 국제정세의 추이를 관찰하면
서 일본의 패망의 날을 기다리는 것이 완전한 계책이라고 생각하
였던 것이다.[19]

이 글 전체를 보건대, 역시 가인이 농촌으로 돌아간 해는 1932년
부터 1936년 사이인 것으로 믿어도 좋겠다. 만주사변은, 앞에서도
지적했듯이, 분명히 1931년에 일어났다. 만주사변 직후 중국은 이
사건을 국제연맹에 제소했으며, 국제연맹 이사회는 1931년 12월
에 영국의 리턴(Lytton) 경을 단장으로 하는 조사단을 1932년 2월
부터 7월까지 현지로 보내 조사시켰다. 그 결과가 그해 10월에
발표된 리튼 보고서로서, 〈이 보고서는 비판을 피하고 되도록 사
실의 객관성을 중시해서 공산화의 방지를 위한 만주에서의 일본
의 군사행동의 의의를 인정했지만, 한편 만주국을 중국령으로 하
고 일본의 행동을 침략 행위로 인정하는 기초 자료를 제공했다〉.
국제연맹 총회는 1933년 2월, 42대 1과 기권 1표로 이 보고서를
채택했고 그리하여 일본은 3월 국제연맹을 탈퇴했던 것이다.[20] 이
렇게 따져볼 때, 자신이 농촌으로 들어가던 시점의 국제적 상황을
만주사변과 리튼 보고서를 중심으로 설명한 가인의 회고는 그가
1932년부터 1936년 사이에 중대 결정을 내렸다는 심증을 굳게 해
준다. 그러나 이미 그때 〈변호사협회까지도 그 행동이 불순하다
하여 〔총독부에 의해〕 해산의 운명에 이르렀던 것〉일까? 변호사
협회까지도 해산된 때는 중일전쟁이 일어난 1937년을 전후해서가
아닌가? 그렇다면 김진배는 그것을 염두에 두고 1936년에 이사한

것으로 기록하지 않았을까?

한편 농촌으로 내려갈 때 〈형사공동연구회 회원들은 모두 다 사상 관련 사건의 변호권을 박탈당하였다〉고 말한 가인의 회고에 대해서도 약간의 주석을 달아야 하겠다. 몇 가지 자료들은 그가 그 이후에도 형사사건들을 맡았음을 말해 준다. 앞에서 살폈듯이, 1932년 12월에 그는 안창호의 변호를 맡았으며, 1937년에 검거된 수양동우회 사건의 변호도 1941년 11월에 3심에서 무죄 판결이 날 때까지 맡고 있었다.

또 그가 서울에서 변호사 사무실을 계속 유지했음을 말하는 증언들이 있다. 우선 최종고 교수가 쓴 『사도법관(使徒法官) 김홍섭(金洪燮)』에 따르면, 김홍섭이 일본에서 변호사자격을 얻고 1년 동안 공부를 더 한 뒤 1941년에 귀국했을 때, 〈당시 민족의 인권 수호에 전력을 하고 있던 가인 김병로 변호사(전 대법원장)가 유망한 청년 법률가 김홍섭을 안국동 로터리의 사무실에서 함께 활동하자고 교섭해 왔던 것이다〉.[21] 김홍섭은 이 제의를 받고 가인과 양회경(梁會卿) 변호사가 함께 있던 사무실에 나갔다. 이때의 상황을, 뒷날 대한민국에서 대법원판사로 활동하다가 변호사로 개업한 양 씨는 〈지금 법률을 하겠다는 후배들은 어떠한 생각들을 하는지 잘 알 수 없으나 당시 법률 지망생들은 저마다 민족의식에 불타고 있었어요. 그때 안국동 경기고교 입구에 큰 집이 하나 있었는데 가인 선생과 홍섭, 나 이렇게 셋이서 고생스러우면서도 보람 있는 생활을 같이 했어요〉라고 회고했다.[22]

한편 이인은 1941년 10월에 도조 히데키(東條英機) 내각이 들어섰다고 발표가 난 날을 회상하면서 〈내 앞에 책상을 나란히 하고 앉아 있던 가인〉의 모습을 말하고 있다. 즉 《동아일보》가 1940년 8월 10일에 일제에 의해 강제로 폐간된 뒤 잔무의 처리를 위해 며칠만큼씩 종로구 원남동(苑南洞)의 자택에서 세종로까지 왕래하던 고하가 이인의 사무실에 들러 도조가 총리대신이 된 것에 미루어 일제가 이제 막바지에 왔음을 뜻한다고 말하자, 가인이 〈그런 말 조심하게〉라며 친구를 걱정해 주더라는 것이다.[23]

이렇게 쓴다고 하여 저자가 가인의 회고에 약간의 위선이라도 있다거나 또는 가인이 은둔의 생활을 하지 않았다고 암시하는 것은 아니다. 의심의 여지 없이 가인은 1930년대 중반 이후 일제와의 모든 타협을 거부했다. 김진배의 표현으로는, 〈수절〉의 자세를 명백히 지켰다. 그가 사상 관련 사건의 변호권을 제약받았음도 명백한 사실이다. 그처럼 제약된 조건 속에서도 그는 오로지 민족을 돕는 길이 있다면 돕겠다는 자세로 임했던 것이다. 앞에서 인용한 양 변호사의 회고를 다시 빌면, 가인은 그 때 〈수입도 거의 없는 변호사직으로 민족의 억눌린 사정들을 변호해 주는 데〉 최선을 다하고 있었다.[24]

한편 1936년에 미나미 총독이 부임해 오기 이전까지는 몇 편의 글로써 민족의 각성을 깨우치기도 했다. 《신동아》 제5권 제5호 (1935년 1월)에 발표한 「혼인 의식에 대하여」를 논외로 하고, 《삼천리》 제7권 제3호(1935년 3월)에 발표한 「반도의 사상 판검사진」과 《신동아》 제6권 제1호(1936년 1월)에 발표한 「생존권의 강화진작(强化振作)에 용왕역진(勇往力進)하라」가 그러한 글들이다. 특히 「생존권의 강화진작에 용왕역진하라」는 논설에서는 일제의 식민정책에 편승한 지도자들을 비웃고 〈재내재외(在內在外) 우리 전 민중의 건전(健全)하심〉을 빌었다. 이 글이 일체치하에서 그의 마지막 글이다. 해방이 될 때까지 근 10년을 그는 어떠한 글도 발표하지 않았다.

창동에서의 양계-양돈 생활

그러면 가인의 은둔생활은 어떠하였나? 가인의 회고에 근거를 두고 설명하기로 한다.

가인은 가족들과 함께 직접 농사를 지으면서 부업으로 양계와 양돈을 계속했다. 양계의 경우에는 해방 2년 전까지에는 1천 5백여 머리(首)가 되었고 매일 처분하는 달걀이 5백 알에서 6백 알 사이를 오갔다. 그러나 전쟁 말기 식량이 귀해져 축산사료도 정량 배급이 줄어 들어 양계와 양돈도 힘이 들었다. 특별히 군청직원에게 닭이나 달걀꾸러미를 갖다 주고 잡곡의 특혜를 받아 모자라는 사료를 보충하는 것이 상례였는데 가인은 그렇게 하기가 싫었던 것이다. 식량을 배급받는 일도 점점 구차해짐에 따라 그만두었다. 그 대신 해방 전 7년 동안 금주와 금연을 단행하는 등 절검의 생활을 지켜 나갔다. 그 스스로의 표현으로 〈이 정도만으로도 그 당시의 우리의 처지로는 안정된 생활임을 느끼고 한중일월(閑中日月)을 보냈던 것이다〉.[25]

말은 그러했지만 쉬운 일은 아니었을 것이다. 그는 여기서 이미 결혼한 세 아들의 가족들과 함께 살 뿐만 아니라 살림이 어려운 여동생의 가족들까지 포함해 15-16명의 생계를 책임져야 할 형편이었다. 여기에 더하여, 남에게 잘 베푸는 가인의 성품을 믿고 이곳으로까지 찾아오는 이들이 적지 않았다. 김진배에 따르면, 〈그런 속에서도 그는 지난날 독립운동을 하던 사람들의 유족이 찾아오면 누구라 할 것 없이 형편이 되는 대로 노자를 줄 뿐만 아니라, 생활 때문에 지조를 굽히는 일이 없도록 용기를 주었고, 똑똑하고 패기에 찬 학생들을 만나면 이들을 그냥 돌려보내는 일이 없었다〉. 어느 때인가, 열두 켤레의 구두대금 청구서마저 날라

온 일이 있었다. 물론 가족들 가운데 새 구두를 신은 사람은 아무
도 없었다. 그러나 가인은 아무 말 없이 갚아주었다. 후손들에 따
르면, 가인은 가족에게는 참기 어려운 절제를 강요하면서도 자기
가 도와주어야 되겠다고 생각하는 사람에게는 어떠한 어려움을
무릅쓰고라도 도왔다.[26]

　생활의 곤궁과 불편함은 얼마든지 견딜 수 있었다. 그러나 점
점 악랄해지는 일제의 식민통치는 견디기 어려운 일이었다. 조선
사람의 성마저 빼앗는 창씨개명을 강요했고, 청장년들을 징용과
징병으로 끌어 갔으며, 어린 소녀들을 정신대라는 이름 아래 일선
의 위안부로 내몰았고, 쌀과 보리를 공출이라는 명목으로 빼앗아
갔으며, 심지어는 제사를 지내는 놋그릇까지 거둬갔다. 문밖에만
나가면 조선말은 노인들과 애기들이나 쓸 뿐이어서, 세상천지가
온통 일본제국이 된 듯한 숨막히는 상황이었다. 그러나 가인은 끄
떡도 하지 않았다. 이곳으로 이사와 아주 친해진 토박이 중년의 〈철
둑이 영감〉과 만나 오히려 〈이제 일본사람들이 쌀 한 톨까지 긁
어가는 판에 이르렀으니 그놈들 망할 날이 멀지 않은 것 같소〉라
고 예언자 비슷하게 말하기조차 했다. 언제 망하느냐고 물으면, 〈귀
신이 아니고야 어찌 그날을 알겠소만 우리 생전에 일본놈들 망하
는 것을 볼는지 내기라도 하자〉고 열을 올리기도 했다.[27]

〈성역〉과 같던 창동

　저항적인 가인이 살고 있는 이곳으로, 그리고 서울에 이웃해
있는 정릉과 수유리 등 서울 변두리로 민족의 지도자들이 은거를
위해 이사를 왔다. 고하 송진우, 위당 정인보(鄭寅普), 벽초 홍명
희 등이 걸어서 한두 시간 거리로 이사 오고, 이들은 만나기만 하

면 나라와 겨레의 장래를 걱정하여 언젠가 망하고야 말 일제의 종말을 지켜보며 고담준론으로 세월을 보냈다. 그들 밖에도 서울에서 찾아오는 이들이 적지 않았다. 특히 신간회 활동을 같이 한 유진태와 한용운이 자주 들렀다. 가인을 비롯해 그들은 모두 요시찰(要視察) 대상으로, 가인이 창동에 거주한 뒤 양주경찰서에는 고등계가 설치되었고 창동주재소에는 고등계 형사가 상주하고 있을 정도였다. 그러나 가인이 사는 곳은 주위에 인가가 매우 드물 뿐 아니라 정원이 넓고 깊은 곳이었기 때문에 이야기가 밖으로 나가지 아니하여, 가인과 그 벗들은 지리(地利)를 얻었다고 만족해 했다.[28]

〈성역〉과도 같았던 이곳으로 안창호가 찾아온 일도 있었다. 1935년에서 1937년 사이의 일이었다. 안창호는 자신도 이 근처에서 살고 싶다면서 적당한 집이 있으면 구해 달라고 해서 가인은 우이동(牛耳洞) 가는 중간쯤 되는 원당리(元堂里) ― 오늘날에는 고양시(高陽市)에 소속되어 있다 ― 에 집 한 채를 계약해 놓았다. 그러나 우리가 앞에서 보았듯이, 1937년 여름 일제가 수양동우회 사건을 일으키면서 안창호를 다시 잡아들였고 결국 병 보석중 별세함으로써 이 계획은 무산되었다. 가인은 안창호와의 그 일을 자신의 〈창동 은폐생활〉 가운데, 〈가장 머리에 새기어 잊혀지지 않는 일〉이라고 회고했다.[29]

가인은 뜻을 함께하는 동지들과 때로는 술판을 같이하며 울분을 달래기도 하였다. 그의 주력(酒力)은 대단한 것으로 이미 정평이 나 있었다. 전 고려대학교 총장 현민(玄民) 유진오(兪鎭午)는 보전의 교장을 역임한 박승빈 변호사 집에서 1930년대 중반에 있었던 술자리를 이렇게 회고했다.

　　젊은 패들은 풋술이라 처음부터 마구 마시고 떠들고 하기 때문에 이내 기운이 지쳐버리는 데 반해, 인촌, 고하, 가인, 김용무 같은 분들은 주량이 센 데다가 폭음을 하지 않기 때문에 술자리가 길어지면 길어질수록 기세가 점점 더 올라가는 것이었다. 그래서 자정이 가까와지면 나는 곧잘 옆방으로 가 드러누워서 반쯤 꿈결에 어른들의 기염을 듣곤 했는데, 한번은 그렇게 누워 있는 나를 보고 서무의 오일철(吳一澈)이 〈무얼 벌써 그러슈. 저분들은 아직도 총론이요, 각론은 아직 시작도 되지 않았소〉 하였다. 그후로 〈각론은 아직 멀었나〉 하는 말은 주석이 지루하도록 긴 때에 젊은 패들끼리 은어처럼 주고받고 하는 말이 되었다.[30]

　　이러한 모습은 일정 말기 어느 여름날 저녁 우이동에서 되풀이되었다. 가인이 인촌과 고하와 김용무 등 몇 친구들을 위해 술자리를 마련했는데, 현민 역시 끼었다. 초저녁부터 술잔을 주고받기 시작했는데 역시 현민이 먼저 취하여 옆자리에서 잠들었다가 새벽에 훤하게 동이 틀 무렵 일어나보니 어른들은 까딱도 않고 곧바로 앉아 술을 계속 주고받고 있었다. 특히 가인은 여름날이라 모시 두루마기를 빳빳하게 풀을 하여서 다려 입고 있었으며 술자리에서도 그냥 입고 있었는데 그 두루마기가 하나도 구겨지지 않고 깨끗하더라는 것이다. 현민의 주량도 젊어서는 널리 알려졌듯이 대단했으나, 가인의 주량과 주도에는 새삼 감탄했다고 한다.[31]

　　그러나 가인에게 호방한 일면도 없지 않았다. 역시 일제치하에서 변호사로 지방출장을 가고자 침대열차를 탔는데, 이미 만취된 상태였다. 침대칸 상단에서 자다가 소변이 마려워 눈을 떴으나 곧 방뇨해 버렸다. 하단의 일본여자가 놀라깨어 욕설을 퍼붓자, 무안해진 가인은 엉겁결에 〈어, 내 오줌 어디 갔어. 내 오줌 내놔라〉

고 외쳤다고 한다.[32]

은신생활중이어서 공적인 사회활동은 자제하고 있었지만 후학들을 돕는 일에는 발벗고 나섰다. 유망한 청년 변호사 김홍섭의 혼인을 성사시킨 일이 그 한 보기이다. 가인은 친구인 낭산 김준연의 셋째 딸 자선(子善)을 염두에 두고 김홍섭을 소개해 결국 두 사람은 1944년 7월에 혼인식을 올리게 되었다.[33]

가인은 후배들이 창동으로 은신해 오는 일도 도왔다. 신간회 시절 이후 줄곧 가인을 따랐던 박명환(朴明煥)과 그의 아내 소설가 장덕조(張德祚)가 일제 말기에 소개할 곳을 찾다가 가인이 창동에 자리 잡은 것을 알고 도움을 청하자 〈여러 말을 하지 않고 승낙을 해주셨다〉. 장덕조의 증언은 이렇게 이어지면서 가인의 모습을 눈에 선하게 보여준다.

가인 선생은 우리가 사는 별당과는 백오십 미터쯤 안채에서 살았고, 안채와 별당 사이에는 개간한 밭과 개간되지 않은 공지들이 끼어 있었다. 원체 넓은 집안이라 울타리 안에는 여기저기 채소밭과 감자밭과 보리밭이 있었고 가인 선생의 식구들이 나서서 농사를 지었다. 가인 선생의 며느님 되는 분이 내게도 농사를 지어보라고 해서 나도 별당 뒤의 공지를 일구어 거름을 넣고 고추와 감자와 콩 같은 것을 심었다. …… 우리 아이들과 가인 선생의 손자 손녀들은 참 잘 어울려 놀았다. 가인 선생은 거의 외출을 하는 일도 없었고, 일인들과 대화를 가지는 일도 없었지만, 그가 이 마을에 살고 있다는 사실만으로도 일인들은 두려움을 느끼는 듯했다. 그러니까 내가 대문도 없는 별당에서 무사히 살 수 있었던 것이나 벽초가 종전이 될 때까지 한복으로 버틸 수 있었던 것은 모두 가인 선생의 덕분이었는지도 모른다. 인접한 다른 동리에서는 학병 문제, 징용 문제, 정신대 문제 같은 것으로 부당한 압박을 받는 일이 많았고, 그 같은 사람은 밤중에 몰래 가인 선생을 찾아와 하소연하기도 했다.[34]

창동 생활에서 가인은 여덟 명의 손자와 손녀를 얻는 기쁨을 맛보았다. 그러나 참척을 당하는 가슴 아픈 일도 겪었다. 1944년 7월 14일에 둘째 아들 재열(載烈)이 만 31세를 일기로 요절한 것이다. 그는 보성전문학교와 큐슈(九州)제국대학 법학부를 졸업하고 일본 고등문관시험 사법과에 합격하여 변호사시보까지 마쳤는데, 변호사 개업을 하기 직전 병마로 그만 작고했다. 전 대법관 고재호 변호사는 〈재열 군이 살아 있었다면, 그 아버지의 대를 이어 법조인으로서 크게 활약했을 것〉이라고 회고했다.[35]

이처럼 아깝게 요절한 재열의 아내 이필기 여사는, 우리가 제1장 제5절에서 이미 지적했듯이, 가인의 모교인 창흥학교의 설립자들 가운데 한 사람이며 교감이던 이병성의 질녀로 1916년생이다. 재열과 1936년 3월 14일에 결혼해 종은(鍾恩) 종현(鍾賢) 자매와 아들 종인(鍾仁) 3남매를 낳았다. 서강대학교 경제학과 교수와 국회의원 및 보건복지부장관을 지낸 김종인(金鍾仁) 박사의 기억에 따르면, 가인은 어린 손자와 손녀들을 무척 안쓰러워했다고 한다. 종인에게는 〈너는 아버지는 안 계시지만 그래도 너를 돌보아줄 할아버지와 할머니가 계시지 않느냐. 조금도 외로워하지 말고, 공부 잘하여 세상을 떳떳하게 살아가면 밥 굶는 일은 없는 법이다〉라면서 용기를 북돋아주었고, 종은에 대해서는 〈어차피 좋은 사람을 만나 가정을 이루고 살 것이니 그렇기 위해서는 공부 잘하고 부지런하고 마음씨가 착해서 조금도 곤궁한 티를 보여서는 안 된다〉고 격려했다.

가평을 거쳐 다시 창동 골방으로

일제의 패망이 임박하면서 흉흉한 소문이 나돌았다. 가인이
1954년 8월 12일에 ≪동아일보≫에 쓴 「8·15 그날」을 보면, 1945년
3월께 〈일경이 조선 민족의 지도자들을 한꺼번에 죽여버리려 한
다. 그 숫자는 70명이다〉 등의 확인되지 않은 정보들이 들려왔다.
　서울이 아닌 양주군이라고 해서 무사할 것 같지가 않았다. 한
용운은 한 해 전에 죽었다고 해도, 이곳에는 가인뿐만 아니라 왜
경이 눈의 가시처럼 여기던 정인보와 홍명희가 있었고, 그밖에도
적지 않은 수의 비협조적 지식인들이 살고 있었다. 어느 새벽 갑
자기 이들을 덮칠 것인지 알 수 없는 일이었다.
　오로지 일제패망의 날만을 기다리며 은둔생활을 해온 가인이
이 막판에 와서 개죽음을 당하고 싶지는 않았다. 그리하여 그는
곧 가족조차 모르게 이웃 경기도 가평군의 조종안이라는 촌락에
피신하여 일단 유사시에 서울의 친구들과 곧바로 연락할 길만 터
놓고 있었다. 드디어 8월 11일에, 가인에게 일본의 항복이 임박했
다는 정보가 은밀히 전해졌다. 마침내 조국의 해방이 눈앞에 닥쳤
다는 확신 속에 가인은 가평을 떠나 어둠을 틈타 창동집으로 돌
아와 골방 속에 숨었다. 그때로부터 나흘 뒤 천황의 중대 방송이
있다고 알려졌다. 〈드디어 해방은 왔구나〉하고 짐작은 하였으나,
밖에는 나가지 못하고 손자를 시켜 동네 방직공장의 라디오를 듣
고 오라고 하였다. 과연 그것은 해방의 기쁜 소식이었다. 그는 골
방에서 나왔다. 지난 나흘이 4년이나 되는 것처럼 길게 느껴졌다.
　최종고 교수가 적절히 표현했듯이, 가인의 은둔생활은 〈때를
만나지 못한 선비의 처신〉을 잘 보여준 것이었고, 〈선비다운 법
률가의 지조〉를 웅변해 준 것이었다.[36] 이제 해방의 새날은 왔다.

은둔하거나 갇혀 있던 이들이 표면에 나서고, 표면에 나와 있던
이들이 들어가야 하는 때가 된 것이다.

제 8 장

해방의 격동기에 좌우 합작을 추진하다

1 해방 정국의 일선에 나서다

해방의 아침

민족의 해방을 맞이했을 때 가인은 만 57세 7개월로 환갑을 가까이에 둔 나이였다. 일제에 저항한 법정투쟁과 지조로 보나, 신간회 중앙집행위원장과 조선변호사협회 이사장을 지낸 경력으로 보나, 또는 나이로 보나, 그는 새 조국 건설의 주역들 가운데 한 사람이 되기에 충분한 위치에 있었다.

해방된 조선사회의 기대도 그러하였다. 우리가 제7장의 마지막 부분에서 살폈던 장덕조의 회고에 따르면, 〈해방이 되었다는 소식이 전해지자 김병로 씨 댁은 갑자기 웅성거리기 시작했다. 동리 사람들이 축하를 겸해 인사를 드리러 오고, 서울에서도 그를 추대하려는 사람들이 밀어닥쳤다〉. 장덕조의 표현 그대로, 〈세태는 일변했다〉. 그러나 가인 집에는 〈항일운동하던 옛 동지들이 모여 기세를 떨치고 있어, 다른 사람들은 접근조차 할 수 없었다. 당장 무슨 일인가 이루어지는 듯했다〉. 이러한 분위기 때문인지 서울에서 내려와 가인을 뵙겠다는 사람들 가운데서도 가인과 가인 집에서 범접하기 어려운 위엄을 느낀 탓에 장덕조의 집에 먼저 들러 가인을 만나게 해주도록 부탁하는 등 눈치를 보는 일조차 있었다. 뒷날 민의원의 의장이 되고 자유당의 부통령 후보로 두 차례 나왔다가 1960년 4·19 혁명 직후 자살하고 마는 이기붕(李起鵬) 같은 이도 그러한 사람이었다.[1]

가인은 손님들을 따뜻하게 맞았다. 이웃사람들을 격려하기도 하였다. 장덕조가 묘사했듯이, 집집마다 울타리에는 태극기가 내걸렸고 집 앞길에 대열을 지어 다니던 일본군들도 자취를 감추었다. 해방의 분위기가 완연한 것이다. 가인은 저녁이 되자 한 동네에서 은둔생활을 하던 정인보와 홍명희 등을 불러 밤새껏 술을 나누며 쓰라렸던 지난날을 회고하면서 새로운 조국의 탄생을 위한 민족적 사업에 미력한 힘이나마 이바지할 결의를 다졌다.

조선건국준비위원회의 결성과 가인

가인이 은신처로 삼았던 양주군에는 또 한 사람의 비범한 민족적 지도자가 은신하고 있었다. 몽양 여운형이 바로 그 사람이다. 우리가 제6장 제2절에서 짤막하게 살폈듯이, 여운형은 상하이에서 항일운동에 종사하다가 1929년에 체포되어 본국으로 압송된 뒤 가인의 변호 아래 재판을 받았다. 1932년 7월에 출옥한 몽양은 일제의 회유와 압력 속에서도 항일의 자세를 버리지 않았으며 1942년 12월에 다시 투옥되었다가 1943년 6월에 출옥했다. 일제의 감시

가 점점 더 철저해지면서 몽양은 1943년 11월 말에 양주군 봉안
리(奉安里)로 〈소개〉해 갔다. 그러면서도 1944년 8월 10일에 서울
의 현우현(玄又玄) 집에서 비밀리에 조선건국동맹을 창건해, 닥쳐
올 것으로 예견되는 조선의 해방에 대비하였다. 양주를 오가며 은
인자중하던 그의 흉중에는, 모든 항일운동단체들이 국내에서는
철저히 깨어진 상태에서 그나마 하나뿐인 자신의 조선건국동맹을
바탕으로 해외의 항일투사들을 맞아 각층각파를 망라한 임시과도
정부를 세운다는 큰 계획이 오가고 있었다.[2]

   몽양의 계획은 곧 현실화될 단계를 맞았다. 1945년 8월 15일
아침, 총독부는 몽양을 불러 치안권의 이양을 부탁했다. 이에 대
해 몽양은, (1) 전 조선의 정치범 석방, (2) 경성 식량의 3개월분
확보, (3) 치안 유지와 조국 건설 사업에 대한 불간섭, (4) 학생-청
년 조직에 대한 불간섭, (5) 노동자의 조국 건설 사업 참여 불방해
등의 다섯 가지 조건들을 제시했고, 총독부는 수락했다. 이날 정
오 천황의 항복이 발표됐다. 이에 이날 저녁 몽양은 서울 종로구
계동의 임용상(林龍相) 소유의 양옥에서 안재홍, 이만규(李萬珪),
이여성(李如星), 정백(鄭栢), 최근우(崔謹愚) 등의 조선건국동맹
동지들과 조선건국준비위원회, 약칭 건준을 조직했다. 위원장에
몽양이, 부위원장에 안재홍이 각각 추대되었다.

   건준을 조직하면서 몽양은 역시 은신해 있던 송진우의 협력을
요청했으나 거절됐다.[3] 일본인으로부터가 아니라 연합국으로부터
정권을 인수해야 하며, 중경(重慶)에 이미 대한민국임시정부가 있
으니 임정을 떠받들어야 한다는 것이 송진우의 입장이었다. 송진
우의 이러한 입장을 흔히 임정봉대론(臨政奉戴論)이라고 불렀다.
임정의 광복군에 가담했던 이범석(李範奭) 장준하(張俊河) 김준
엽(金俊燁) 등의 회고에 따르면, 그들은 일제가 패망하면 김성수

송진우 안재홍 등 국내의 우파세력과 제휴해 건국사업을 추진할 계획을 갖고 있었다. 이렇게 볼 때, 국내 우익세력이 제시한 임정 봉대론은 타당했다고 하겠다.

그러면 건준의 성격을 어떻게 평가해야 할 것인가? 건준의 성격은 시일이 지나면서 변하기 때문에 일률적으로 말하기 어려운데, 적어도 초기에는 중도파를 중심으로 하는 좌우연합세력으로 구성되었으며, 극우와 극좌 및 중도좌파와 중도우파를 전부 포함하고 있었다. 이 시기를 깊이 연구한 김광식(金光殖) 교수의 표현으로는, 〈이것은 해방 직후를 변혁지향적인 세력과 그것에 반대하는 세력 사이의 대결의 시기로 볼 때, 건준이 인적 구성의 면에서 양세력 모두를 융합하는 데 어느 정도 성공을 거두었다는 사실을 의미한다〉.[4]

건준은 당면과제를 〈완전한 독립과 진정한 민주주의의 확립〉이라고 규정하고, 〈조선의 완전한 독립국가 조직을 실현하기 위해 새 정권을 수립하는 한 개의 산파적 사명을 다하려는 의도에서 출발한다〉고 선언했다. 이에 따라 8월 17일에 위원장과 부위원장 아래 5개 부서를 설치했다. 건국치안대를 두어 치안을 유지해 나가는 한편, 북한의 회령으로부터 남한의 제주에 이르기까지 각 도와 시와 군에 지부를 결성해 나가, 8월 31일까지 건준의 지부는 145개소에 이르렀다.

그리하여, 해방 3년의 기간에 주한미군정청의 관리를 지낸 미드(Grant Meade), 굿리치(Leland Goodrich) 교수, 조순승(趙淳昇) 교수, 주한미국대사관의 문정관을 지낸 헨더슨(Gregory Henderson) 등은 각각 자신들의 저서에서 건준이 당시 한반도에서 〈사실상의 정부〉였다고 시인하고 있다. 스칼라피노(Robert A. Scalapino) 교수와 이정식(李庭植) 교수 역시 〈해외에 임시정부가 오랫동안 존재

했었음에도 불구하고 건준이 전후 한반도의 전국적 정부를 위한 기초를 형성할 것이라는 징조는 어느 곳에나 있었다〉고 썼다.[5]

위에서 살폈듯이, 건준은, 다시 말하거니와, 그 초기에는 국내 인사들에 국한된 것이기는 하지만 좌우연합체로서의 성격을 지니고 있었다. 그렇다면 1931년에 해산된 신간회의 사실상의 부활 같은 것으로 볼 수는 없을까? 신간회의 지도자였고 신간회의 해소를 끝까지 반대한 가인에게 건준은 자신을 다시 한번 던질 만한 존재는 아니었을까? 이 시점에서 가인이 취한 입장은 무엇이었을까?

아쉽게도 가인은 아무런 대답을 하지 않았다. 이 책의 「책 머리에」에서 이미 지적했듯이, 가인의 회고록은 해방 직전의 시기까지 다룬 대목에서 중단되었다. 그리하여 대단히 중대했던 시기에 중요한 역할을 수행했던 가인 스스로의 회고를 전혀 접할 수 없게 되었다. 그러므로 우리는 다른 이들의 회고록들이나 이 시기의 신문 기사들, 그리고 이 시기를 다룬 연구들에 의존하지 않을 수 없다.

가인이 해방된 서울로 올라온 때는, 가인이 1954년 8월 12일자 ≪동아일보≫에 기고한 「8·15 그날」에 따르면, 16일 오전이었다. 그는 창동역에서 첫 기차를 타고 서울에 도착하여 곧바로 원서동의 고하 송진우 집으로 갔다. 원서동과 붙어 있는 계동에는 인촌 김성수의 집도 있고, 몽양 여운형이 건준을 발족시킨 장소인 임용상의 집도 있었다. 한편으로는 해방 조선의 〈국내 임시정부〉격인 건준이 있고 다른 한편으로는 거기에 불참하고 거기에 대립하는 새 정당, 곧 한국민주당을 만들어낼 세력이 있는, 정치적으로 매우 뜨거운 지역에 가인은 해방 직후의 첫발을 디딘 것이다. 이때의 거리 상황을 김진배는 이렇게 묘사했다.

계동과 원서동 골목에는 벌써 완장을 두른 청년들이 총을 들고
거리를 지키고 있었다. 전날 밤, 즉 8월 15일 밤 서대문형무소에서
석방된 청년들이 벌써 조선건국준비위원회의 여운형 집 부근을 지
키고 있었다. 낯 모르는 청년들은 한복을 입고 수염이 텁수룩한 가
인 김병로의 손을 붙잡고 해방된 이 땅의 감격을 나누었다. 이미
10여 년 전 그들은 법정에서, 그리고 옥중에서, 김병로 변호사의
위문과 격려를 받았던 젊은 독립운동가들이었다.[6]

가인이 방문한 고하의 원서동 집에는 많은 동지들이 모여들고
있었다. 가인처럼 양주에 은신하고 있던 이인도 올라왔다. 해방된
조선의 당면과제에 대해 많은 의견들이 오갔다. 이인은 이때의 일
을 자세히 회고했는데, 이 회고의 내용은 해방 직후 국내 정치지
도자들의 흐름을 잘 말해 주므로 다음에 그대로 옮긴다.

고하 댁에는 이미 백관수, 김준연, 김병로, 정인보 등 여러 동지
가 모였는데, 고하는 지난 8월 11일에 경기도지사 이쿠다 세이로
(生田淸三朗)를 만난 일을 설명하고 있었다. 고하의 말인즉 이쿠
다가 〈일본이 물러가니 국내 치안을 부탁한다〉고 하기에 〈일본이
물러가면 갔지, 우리가 일본으로부터 어떤 지시나 부탁을 받을 성
질의 일이 아니오〉 했다는 것이다. 나는 그 의연한 태도에는 감동
했으나 고하가 정세판단에 어두운 것이 아닌가 했다. 또 듣자니 이
쿠다는 다시 몽양 여운형과 만나 부탁을 하니 몽양은 즉석에서 이
를 수락하고 민세 안재홍 및 권태석(權泰錫)과 더불어 활동을 개
시했다는 것인데, 건국준비위원회라는 간판으로 일본 관리와 접촉
을 하고 마치 일본으로부터 정권이양이나 받은 듯이 날뛰고 있다
는 것이다. 고하는 그가 만나자고 해서 오늘 아침에도 자리를 같이

했으나 의견이 맞지를 않아 함께 일하자는 의견이 결렬됐다고 했다. 나는 고하의 정세판단이 어두운 것은 그렇다 하더라도 동지들과 사전에 상의가 없었던 것은 큰 실수가 아니겠느냐는 뜻으로 이야기했다.[7]

이인의 말 속에는 가까운 것으로 알려진 여운형에 대한 비판과 우파를 대변하는 송진우에 대한 비판이 함께 들어 있다. 그 비판의 밑바탕에는 좌우합작 또는 좌우연합이 필요한 것이 아니냐는 반론마저 함축되어 있다고 보아도 무리가 아닐 것이다. 그리고 이인의 그러한 뜻은 고하의 집에 모인 사람들의 공통된 뜻이었던 것 같다. 그러하기에, 이인의 회고에 따르면, 〈좌중에서는 정치란 현실인데 이대로만 있을 것이 아니라 몽양 및 민세와 친분이 있는 애산(愛山)이 나서서 한번 절충을 해봄이 어떻겠느냐고 했다〉. 애산은 이인의 아호이다.[8]

이에 이인은 8월 16일에 여운형과 안재홍을 만나 〈민족적 성업을 하는데 단 몇 사람이 사랑방 문을 잠그고 수군대는 수가 어디 있오〉 하고 들이댔다. 이때 여운형과 안재홍은 이인에게 호의적으로 대답했다. 그러나 송진우와의 협조는 이룩되지 못했다. 여기서 여운형과 안재홍은 적어도 가인 및 이인과의 제휴는 꼭 성사시키려고 한 것 같다. 가인 및 이인의 일관된 항일지조, 특히 가인의 신간회 중앙집행위원장 경력을 사고 싶었기 때문이다.[9]

이때, 보다 정확히는 8월 16일부터, 가인은 고하의 집 이웃에 있는 원남동의 백관수 집에 기숙하고 있었다.[10] 우리가 이미 살폈듯이, 백관수는 같은 전북 출신으로 소년시절부터의 친구이며, 도쿄유학도 신간회활동도 같이했고, 필화사건에 연루됐던 때는 변호를 해주기도 했다. 가인이 여운형의 집도 아니요 송진우의 집도 아닌 백관수의 집을 해방 직후의 서울생활에서의 첫 번째 거처로 삼았다는 사실은 무척 상징적이다. 그것은 두 세력의 중간 지점에 서 있으려는 가인의 의지를 함축하고 있었다.

이인은 원남동으로 가인과 백관수를 찾아왔다. 건준과의 제휴를 계속해서 교섭해 보자는 것이었다. 가인이나 백관수나 마다할 사람이 아니었다. 백관수도 그러했지만, 특히 가인은 신간회 때부터 민족통일전선의 형성을 강조해 온 터였다. 그러한 가인으로서 해방조국의 재건이라는 중대한 시점에 민족지도층이 다시 한번 좌우의 차이를 뛰어넘어 손잡기를 원했을 것이며, 그러한 충정에서 건준과의 제휴를 바랐을 것이다. 그리하여 가인은 8월 19일 또는 8월 20일에 백관수 및 이인과 함께 건준을 찾아갔다.

마침 여운형은 자리에 없었다. 18일 밤 수명의 괴한에게 폭행을 당했기 때문이다. 해방정국에는 벌써 테러리즘의 망국적 귀신이 감돌고 있었던 것이다. 결국 안재홍과 주로 의견을 나눴다. 가인 일행은 건준개편론을 제시했다. 현재 건준에 참여하지 않은 세력들을 대거 합세시켜 건준을 확대개편해 보다 광범위한 제휴의 기반 위에서 건국대책을 강구하자는 뜻이었다. 안재홍도 적극 동의했다. 그리하여, 경향 각지를 망라하여 전국유지자대회(全國有志者大會)를 곧 열어 이 대회를 전 국민의 총의에 의한 조직체로 확대시킬 것에 합의했다.

여기에 제동을 건 세력이 건준 안의 일부 공산주의자들이었다. 이들은 건준에 〈친일세력〉도 흘러 들어오게 되어 건준이 변질하게 된다고 맞섰다. 이들의 주장이 받아들여져, 건준에서는 새로운 대표들을 뽑아 기존의 건준에 새 위원으로 추가시키자는 선으로 물러섰다. 가인과 백관수와 이인은 점점 혼란해지는 시국을 하루라도 빨리 안정시키려면 그 제의를 받아들이는 길밖에 없다는 충정에서 묵인했다. 이때 가인 역시 건준의 새 위원, 이른바 확대위원으로 명단에 올랐다. 그러나 건준은 이들과의 협의 없이 자파의 확대위원을 뽑아 결국 확대개편된 건준의 위원은 모두 135명에 이르렀고, 그 명단을 8월 25일에 건준의 영향 아래 있던 ≪매일신보≫에 일방적으로 발표했다.[11] 여기서 가인을 중심으로 확대개편을 추진해 온 세력은 건준의 잦은 번의를 비난하면서 건준의 일방적인 발표를 부인했다. 가인과 그 동료들은 〈우리들은 전혀 모르는 일이며 무관하다〉는 내용의 벽보 100여 장을 만들어 시내 요소요소에 붙였다.[12] 이로써 가인이 해방조국에서 처음 시도한 정치운동은 일단 좌절되었다.

고려민주당과 조선민족당의 창당

이 시점에서 가인은 백관수 및 이병헌 등 옛 신간회의 동지들과 손잡고 고려민주당을 발기했다. 원세훈(元世勳)과도 손잡았다. 원세훈과의 제휴에 대해 김진배는 이렇게 썼다.

원세훈은 김병로와는 다른 길을 걸어온 사람이었다. 김병로보다 한 살 아래인 그는 20대에 만주와 연해주에 망명하여 혁명가다운 기질을 키웠고, 상하이에 임시정부가 세워지자 여기에 참여했으며, 1920년대 말에 북경에서 체포되어 서대문형무소에서 2년이나 복역한, 투지에 넘치는 사람이었다. 가인 김병로는 원세훈의 변호사로서 그와 접촉하는 동안 그의 불 같은 애국심과 남다른 침착성에 큰 감동을 받았다고 한다.[13]

한편 뒷날 한국민주당 창당의 주역이 되는 백남훈(白南薰)의 증언에 따르면, 조병옥도 이때 가인의 고려민주당 창당에 참여했다.[14] 사회민주주의적 강령을 지녔던 것으로 알려진 고려민주당은 곧 조선민족당으로 발전한다. 8월 28일에 가인은 고려민주당에 김용무, 김약수, 나용균(羅容均), 함상훈(咸相勳), 박찬희(朴瓚熙), 한학수(韓學洙) 등을 참여시켜 오성학교 강당에서 발기회를 갖고 조선민족당을 출발시킨 것이다. 저자는 고려민주당과 조선민족당에 대한 보다 구체적인 자료를 갖고 있지 못하다. 한국 정당의 생성과정을 깊이 연구한 이기하(李起夏)는 조선민족당이 〈민주주의 구현과 반공정책 강화〉를 내걸었다고 쓰고 있는데, 이것이 저자가 갖고 있는 이 당에 관한 자료의 전부이다. 만일 고려민주당과 조선민족당의 선언과 강령 같은 자료들을 분석할 수 있다면, 이 시기의 가인에 대한 우리의 분석은 보다 더 정밀해질 수 있겠다.

2 한국민주당 창당에 참여하다

한국민주당의 창당과 가인

고려민주당에서 시작해 조선민족당으로 이어지는 세력이 우익 진영의 한 세력이었다면, 이 세력과는 별도의 제2의 우익세력이 있었다. 백남훈, 유억겸, 장덕수, 김도연(金度演), 허정(許政), 홍성하(洪性夏), 윤보선(尹潽善), 최승만(崔承萬) 등이 중심이 되어 9월 1일에 서울 종로구 안국동의 윤보선 집에서 한국국민당을 발기한 세력이다. 지도체제가 손문(孫文)과 장개석(蔣介石)으로 이어진 중국국민당을 연상하여 붙인 이름이었다.[15]

이들 가운데 항일지사가 없지는 않았으나 항일지조의 차원에서는 가인의 조선민족당보다 떨어졌다. 그러나 인맥으로 연결되어

있었고 건준에 대항할 필요도 있어서 〈민족진영의 대동단결〉이라
는 명분 아래 9월 2일에 한학수의 집에서 합당이 논의되었다. 조
선민족당으로부터는 가인과 백관수와 원세훈이, 한국국민당으로
부터는 백남훈과 장덕수와 정로식이 각각 대표로 나왔다. 그들은
통합될 정당의 이름을 한국민주당, 약칭 한민당으로 부르기로 합
의했다. 한국국민당으로부터 한국을 따고, 조선민족당의 전신인
고려민주당으로부터 민주를 따기로 한 것이다. 그들은 또 당의 발
기를 위한 소위원회의 위원으로 가인을 비롯해, 백관수, 원세훈,
김약수, 조병옥, 이인을 뽑았다.[16] 이들은 모두 항일경력에서 앞선
지도자들이었다.

한국민주당발기대회는 협성실업학교(協成實業學校)에서 9월 4일
에 백남훈의 사회와 가인의 개회사로 열렸다. 발기회는 총무부를
비롯해 10부를 두었는데, 가인은 백관수, 원세훈, 김도연, 이인, 허
정, 백남훈, 윤보선 등과 함께 총무부에 속했다. 해방 직후 재빨리
창동으로 가인에게 인사 왔던 이기붕이 이들과 함께 총무부에 속
한 것이 이채로왔다.[17]

한민당의 출발을 볼 때, 〈한국민주당을 고하나 인촌 등이 발기
창당한 양으로 한국정당사에 씌어 있는 것은 잘못이다〉라는 이인
의 회고는[18] 기억되어야 할 대목이다. 확실히 한민당이 발기될 때
고하와 인촌은 빠져 있었다. 왜 그랬을까? 아래에서 그 해답의 실
마리를 찾아본다.

첫째는 김성수의 〈수분론(守分論)〉과 송진우의 〈정당시기상조
론〉이다. 즉 김성수는 〈처음부터 정계에 나설 마음이 없었다. 이제
광복이 되었으니 ≪동아일보≫나 시급히 복간하고 보성전문을 대
학으로 승격시켜 교육자로서 여생을 보낼 생각이었다〉.[19] 한편 송
진우는 대한민국임시정부의 환국과 연합군의 입국을 기다려보아야

하며 그 이전에 정당을 조직하는 것은 이르다는 입장이었다.[20]

둘째는 가인의 태도였다. 당시 건준에 참여했고 뒷날 조봉암(曺奉岩)의 비서실장을 지냈던 이영근(李榮根)이 1971년에 도쿄에서 일어로 발표한 회고를 김진배는 다음과 같이 인용해 놓았다.

뒷날 김병로와 조병옥 씨 등은 한국민주당에 들어가 송진우 및 김성수 씨 등과 행동을 함께하지만, 8·15 직후에는 그렇지 않았다. 일제하에 절개를 굽히지 않고 은둔생활을 하고 있던 김병로 씨나 조병옥 씨 등은 …… 그들과 함께 정치활동을 하려고 하지 않고 독자적으로 민족주의 정당의 조직을 계획하고 있었다.[21]

이러한 요인들이 겹쳐 한민당 발기 때 참여하지 않았던 송진우와 김성수는 미군이 장차 서울에 입성한다는 소식을 듣고 9월 4일에 대한민국임시정부 및 연합군 환영준비회를 발족시켰다. 준비회에는 한민당을 추진하는 인사들도 참여하여 위원장에는 권동진, 부위원장에는 김성수와 허헌과 이인이 각각 선출됐고, 가인은 원세훈, 홍명희, 조병옥, 윤보선, 김약수, 송진우, 백관수, 김도연 등과 함께 위원이 되었다. 조병옥은 사무장의 일도 맡았다.[22] 이제 비로소 가인이 추진하는 한민당과 김성수-송진우세력의 접점이 마련되어 새로운 한민당의 발판이 형성된 것이다.

건준을 의식하며 우익진영이 결집되는 사이, 이번에는 건준이 변모해 갔다. 건준 안에서 좌우의 대결이 점점 표면화된 것이다. 그리하여 안재홍을 중심으로 하는 중도우파는 9월 1일에 건준을 이탈해서 9월 4일에 조선국민당 창당을 선언했으며, 건준 안에 들어와 있던 공산주의자들은 9월 3일에 박헌영(朴憲永)이 재건한 조선공산당으로 통합되면서 그 통합된 힘으로 건준을 자신들의 지배 아래 두고자 했다. 그 결과 건준은 9월 4일에 여운형을 위원 장에 그대로 두되, 허헌을 부위원장으로 뽑고 중앙집행위원 가운 데 일부를 개편했다. 건준은 초기의 좌우연합체로부터 차차 좌파 의 결집체로 바뀌고 있었던 것이다.

이러한 상태에서 미군이 9월 6일에 인천에 상륙하고 9월 8일에 서울에 진주한다는 일정이 알려지면서, 건준은 자신을 정부로 기 정 사실화해 미군으로부터 인정받고자 했다. 그리하여 9월 6일에 서울에서 전국인민대표자대회를 열고 이른바 조선인민공화국, 약 칭 인공을 급조하여 건준의 모든 사업을 인공으로 넘기고 9월 7일 에 스스로 해산하였다. 이름은 전국인민대표자대회이지만 이 대회에 참석한 사람들이 어떤 근거에서 어떤 절차로 "인민대 표"로 선출된 것인지 전혀 발표되지 않았다. 따라서 이 대회의 적법성, 그리고 이 대회에 기초한 인공의 적법성은 당연히 논 란의 대상이 되었다.

어떻든 이때 인공은 우선 인민위원 쉰다섯 명과 인민위원 후보 스무 명과 고문 열두 명을 선출했는데, 가인은 여운형, 허헌 등과 함께 쉰다섯 명 인민위원회의 한 사람으로 뽑혔다. 그러나 그것은 가인과는 아무런 상의 없이 일어난 일이었다. 이승만, 김규식, 김 구, 김성수, 신익희, 안재홍 등도 가인처럼 아무런 상의 없이 선출 되었다. 이러한 일은 9월 14일에 있었던 인공 중앙인민위원회의 부서 발표에서도 되풀이되었다. 여운형이 부주석으로, 그리고 허 헌이 총리로 발표된 이 〈인공 내각〉에 포함된 주석 이승만, 내무 부장 김구, 외무부장 김규식, 문교부장 김성수, 체신부장 신익희 등이 그러한 경우였는데, 가인 역시 아무 상의 없이 사법부장으로 발표된 것이다. 이때 이승만, 김규식, 김구, 신익희는 귀국도 하지 않은 상태였다. 가인은 권동진과 오세창 및 김성수와 함께 공동성

명서를 발표하고 인공과 아무런 관련이 없음을 명백히 했다.[23]

건준이 미군의 입경을 겨냥해 인공을 선포했듯, 우익진영도 미군의 입경 하루 전인 9월 7일에 연합군환영국민대회준비회를 동아일보사 강당에서 열었다. 위원장에 송진우, 부위원장에 서상일과 원세훈이 각각 선출되었고, 가인은 김성수, 김준연, 이인, 백관수, 장덕수 등과 함께 상임위원이 되었다. 그 다음날 미군이 마침내 입경했다. 이날 한민당 발기인 600여 명의 명의로 인공타도와 임정봉대를 주장하는 성명이 발표되었다. 그 명단에 가인의 이름이 들어 있음은 물론이다.

서울에 미군정청을 수립한 미군은 남한에는 미군정청만이 유일한 정부라고 선언했다. 북위 38도선을 경계로 그 이북을 소련군이 점령하고 그 이남을 미군이 점령하기로 합의한 상태에서, 적어도 이남에서는 미점령군의 정부 이외에는 어떠한 다른 정부도 인정할 수 없다는 것이었다. 바꿔 말해, 인공의 정부로서의 존재를 부인함과 동시에 임정의 정부로서의 존재 역시 부인한 것이다.

미군정청의 그러한 입장표명은 한민당의 창당을 추진하는 세력을 크게 고무시켜, 그들은 9월 16일에 천도교회관에서 창당대회를 열었다. 가인은 임시의장직을 맡았고, 또 당의 기구들에 대해 설명했다. 창당식이 끝난 뒤 이승만, 김구, 이시영(李始榮), 문창범(文昌範), 서재필(徐載弼)과 같은 해외의 지도자들을 비롯해 권동진과 오세창(吳世昌) 등 7인을 영수로 추대했다.[24] 해외의 지도자들은 뒷날 귀국했을 때 그 추대를 수락하지 않는다.

이어 9월 21일에 한민당은 중앙집행위원회를 열고 부서를 확정지었다. 우선 당무를 맡을 총무 아홉 명을 선출했는데 이것은 1도(道) 1총무(總務) 원칙에 따른 것으로 전라북도의 백관수, 전라남도의 송진우, 경상북도의 서상일, 경상남도의 허정, 충청도의 조병옥, 경기도의 김도연, 평안도의 김동원(金東元), 함경도의 원세훈, 황해도의 백남훈이 선출됐고, 수석총무에는 송진우가 선출됐다. 일종의 집단지도체제를 채택한 것이다. 가인 역시 총무로 내정되었으나 백관수와 출신도가 같아 총무직을 양보하고 중앙감찰위원장을 맡았다.[25] 당무부장에는 이인, 조직부장에는 김약수, 외무부장에는 장덕수, 선전부장에는 함상훈, 문교부장에는 김용무, 조사부장에는 유진희 등이 선임되었다.

여기서 잠시 논의할 자료는 한민당 창당 때 이인, 김병로, 백관수, 원세훈, 조병옥, 김도연, 허정 7인이 총무로 뽑혔고 김병로가 수석총무로 뽑혔었다는 이인의 회고이다.[26] 이 회고에 대해서는 약간의 설명이 필요하다. 이인이 말하는 한민당 창당은 김성수-송진우 세력과 제휴하기 이전의 한민당 발기회 때인 것 같은데, 그때에도 가인은 수석총무는 아니었다.

한민당의 미군정청 접근과 가인

한민당의 이처럼 전국정당의 외양을 갖추고 출범했으나, 당시 한민당에 대해서는 〈뚜렷한 목표의식도 없이 일제시대의 경력여하를 불문하고 건준을 타도한다는 명분 아래 무원칙하게 당원을 포섭했다〉는 비판이 제기됐다. 〈'극소수의 국수주의적 극우의 세력집단', '토지재벌 산업재벌, 총독부 관리, 친일적 인텔리겐차 ……', '약간의 소극적인 항일투사를 제외하고는 거개가 정관하고 있던 기회주의자들', '보수주의자들'〉로 구성됐다는 혹평마저 나돌았다.[27]

이러한 관점에서, 심지연 교수는 〈정치활동에는 관심을 표명하지 않던 일부 우익인사들과 일제시대 일제에 적극적으로 협력했거나 떳떳하지 못한 과거를 갖고 있던 사람들이 미군상륙을 계기로 정계일선에 나선 것이다〉[28]라고 지적했다. 풀어 말해, 〈여운형을 중심으로 한 건준세력이나 박헌영을 위시한 조선공산당 세력에 정면으로 대결할 심리적 조직적 여유가 없었던 이들에게 미군의 상륙은 커다란 전기가 되었다는 것이다.〉[29] 실제로 한민당은 미군정청에 대한 접근과 제휴를 모색했다. 이 당은 9월 22일 중앙집행위원회를 열고 미군정청에 대해 〈명망과 식견을 갖춘〉 한국인으로 자문위원회를 구성해 줄 것을 희망한다는 내용의 결의사항을 채택한 것이다.

남한을 점령한 미군이 취한 정책의 핵심은 현상의 유지였으며, 그것은 구체적으로 말해 현상을 개혁하려는 좌파를 견제하고 현상을 유지하려는 우파를 북돋운다는 뜻이었다. 여기서 군정청은 한편으로는 한민당과의 제휴로 나가, 한민당의 건의를 받아들여 10월 5일에 열한 명으로 구성된 고문회의를 구성했다. 열한 명 가운데 평양에 있는 조만식, 그리고 참가를 거부한 여운형을 제외한 아홉 명이 모두 한민당 소속이었다. 김성수가 의장으로 선출된 이 고문회의의 명단에 가인의 이름은 없다.[30]

이 고문회의는 남한인들의 관심을 받지 못한 데다가 군정청의 기구가 점차 자리 잡히고 그 구성원의 일부가 군정청의 행정부서에 등용됨에 따라 유명무실해지고 만다. 그러나 이것이 계기가 되어 한민당원이 본격적으로 군정청의 관리로 진출하기 시작했고 결국 한민당과 군정청의 유착이 굳어진다.[31]

미군정청은 다른 한편으로는 인공세력을 공격하고 나섰다. 우선 10월 10일에 아치볼드 아널드(Archibald Arnold) 군정장관은 인공을 부인하는 담화를 발표했다. 남한에서는 군정청 이외에 어떠한 정부도 있을 수 없으며, 그런데도 마치 인공이 남한의 정부인 것처럼 남한인들을 기만하는 내용의 기사를 실은 경솔한 신문이 있다고 비난한 것이다. 아널드의 이 담화문은 그 표현이 매우 모욕적이고 인신공격적이며 이름 있는 항일투사들을 결과적으로 〈사기꾼〉이라든지 〈괴뢰〉라고 못박아 놓은 셈이 되기도 하였다. 따라서 많은 사람들의 반발을 샀다. 서울의 거의 모든 신문들은 이 담화문을 비판했으며 건준의 영향 아래 있던 ≪매일신보≫는 게재 자체를 거부했다. 이와 대조적으로, 한민당이 장악한 고문회의는 이 담화를 즉각 지지했다.[32]

그러나 가인은 자신이 속한 한민당의 의사와는 달리 아널드의 담화를 공개 비판했다.[33] 가인의 비판 내용을 전부 손에 넣지 못해 그의 입장을 정확히 밝힐 수는 없다. 그러나 인공을 구성하고 있는 사람들의 항일투쟁 기록을 익히 알고 있는 그로서, 비록 자신은 한민당의 간부라고 할지라도, 그들에게 가해지는 외국인의 지나치게 왜곡된 매도에 분노했을 것임에 틀림없으며, 이것이 그로 하여금 아널드의 담화를 〈잘못된 일〉이라고 논평하게 만들었을 것이다. 이러한 가인의 자세는 그가 뒷날 결국 한민당을 탈당하고 여운형과 김규식의 좌우합작운동에 가담하게 하는 하나의 작은 신호로도 볼 수 있겠다.

3 좌우합작운동에 착수하다

1945년의 좌우합작운동과 가인

미군정청과 한민당의 결착은 두터워지고 그 반면에 미군정청과 인공의 대립 그리고 한민당과 인공의 대립이 날카로워지는 상황은 결코 바람직한 상황이 아니었다. 그것은 이미 해방된 조국이,

우선 남한만의 차원에서도, 통합보다는 분열로 치닫고 있음을 예고하는 것이었다. 그 분열의 바탕에는 이데올로기적 대결과 계급투쟁적 갈등이 짙게 깔려 있어서, 그것이 적절하게 수습되지 않는다면 내전(內戰)으로까지 확대될 수 있는 폭발적이고 혁명적 불씨를 안고 있다. 일제치하에서 이미 신간회를 통해 좌우통일전선을 유지했던 경력이 있던 가인으로서 그러한 분열을 극복하는 길은 역시 〈제2의 신간회운동〉을 일으키는 것이었다. 곧 한민당으로 대표되는 현상유지적 우파세력과, 그리고 인공 또는 그것을 실질적으로 장악해 버린 조선공산당으로 대표되는 현상변경적 좌파세력 사이의 제휴를 성립시키는 운동이라고 보았다.

가인은 이 운동을 주도해 나가기에 매우 적합한 지도자들 가운데 한 사람이었다. 앞에서 지적했듯이, 가인은 이미 좌파와 제휴해 신간회의 중앙집행위원장으로서 좌우통일전선을 이끌었던 경력이 있어서 좌파 지도자들과 친숙한 처지였다. 당장 건준의 부위원장이며 인공의 총리인 허헌은 가인과 형사공동연구회를 함께 이끌었던 변호사였고 가인에 앞서 신간회의 중앙집행위원장을 맡았었다. 건준의 위원장이며 인공의 부주석인 여운형만 해도 가인이 변호를 맡아 법정에서 함께 싸웠던 처지였다. 그리하여 가인은 협객 양근환(梁槿煥)을 통해 인공 쪽과 대화를 유지한 끝에 마침내 좌우요인회담을 성립시킴에 성공했다. 양근환은 5척 단구의 다부진 몸매를 가진 의협심 강한 사나이로 일제 때 조선자치운동을 주장하던 민원식(閔元植)을 찔러 죽여 십수 년 복역한 독립운동가였다.

그 첫 번째 회합은 1945년 10월 5일 극비리에 서울 종로구 창신동(昌信洞)의 〈거창한 저택〉인 임종상(林宗相)의 집에서 열렸다. 한민당 쪽에서 가인과 백관수를 비롯해 조병옥과 장덕수와 송진우가 참석하고, 조선국민당에서 안재홍이 참석했다. 인공 쪽에서 여운형과 허헌과 조동호가 참석했다.

가인은 허헌을 보자 거센 감정을 억누를 수 없었다. 김진배의 표현으로는, 〈가까운 동지였던 허헌이 이제 공산주의자들의 등에 업혀 민족진영을 무시하는 데는 참을 수 없는 모욕을 느꼈다〉. 허헌은 물론 가인과 백관수와 조병옥 등에게는 경의를 갖고 있었지만 한민당의 다른 간부들에 대해서는 탐탁하지 않게 여겼는데 가인은 그 점을 못마땅히 생각한 것이다. 이때 여운형이 들어왔다. 그 뒤의 분위기를 김진배는 이렇게 썼다.

여운형이 들어오자 방안은 더욱 무거운 분위기에 휩싸였다. 여운형과 송진우가 얼굴을 맞댄 것이 실로 몇 년 만인가? 그들은 이미 3·1 운동 직후 모진 옥고를 치렀으며, 언론과 청년사회운동을 통해 민족의식을 고취시키는 데 누구 못지않게 애쓴 사람들이었다. 부둥켜 안고 울어도 시원치 않을 이 두 사람 사이에는 감격은커녕 살기마저 느낄 정도였다고 한다. 회의를 주선한 양근환의 바지 호주머니에는 45구경 권총의 총구가 삐죽이 나와 있었다. 이 모임에 참석한 사람들은 밤을 새워서라도 좌우 양 거두격인 여운형과 송진우가 손을 잡고 해결책을 찾지 않는 한 그대로 돌려 보낼 수 없다는 협객들의 강한 통제 속에서 이루어진 모임이었던 것이다.[34]

두 시간쯤 지나서 조선공산당 쪽으로부터 이현상(李鉉相)과 최용달(崔容達)과 김형선(金炯善)이 나타났다. 박헌영은 나올 수 없어 그의 대리로 나왔다는 것이다. 다른 참석자들은 박헌영의 불참을 비난했지만 대리인들을 조선공산당의 대표로 인정할 수밖에 없었다.

회의가 시작되자 가인은 송진우와 함께 〈나라를 세우는 일이, 몇 사람이 끼리끼리 모여서 하룻밤 사이에 만들어질 수 있는 일이 아니며 모든 정파가 머리를 맞대고 단합의 길을 찾아야 한다〉고 강조했다. 특히 가인은 〈오랜만의 폭포와 같은 열변〉으로 인공을 공격했다. 〈오늘날 이 땅을 이토록 혼란에 몰아넣은 전적인 책임은 분명히 말해서 몽양에게 있다〉고 말문을 연 그는 국내외의 독립운동가들을 모두 모으지 않고, 특히 해외에서 싸운 독립지사들의 귀국을 기다리지 않고 하룻밤 사이에 몇몇 사람들을 모아놓고 정부를 세운다고 해놓았기 때문에 혼란이 생겼다고 비판한 것이다. 그러나 가인은 비판으로 시종하지는 않았다. 그는 이제라도 인공을 해체해 놓고 좌우통일전선 위에서 앞으로의 건국방략을 협의하자고 제의한 것이다.[35]

여운형은 역시 거물답게 허심탄회한 태도를 보였다. 〈가인의 말대로 인공이 우리 민족의 단결과 행동통일을 이루지 못하고 혼란을 가져왔다면 그 책임은 오직 여운형 이 사람에게 있다고 봅니다〉라고 입을 연 여운형은 〈이 자리에는 국내 좌우익의 지도자들이 거의 자리를 같이하고 있습니다. 이 자리에서 이 민족의 진로에 대한 결론이 나올 수 있다면 인공은 백번 해산해도 좋다고 봅니다〉라고 대답했다. 여운형의 이러한 혼연한 태도에 참석자들은 누구 하나 입을 열지 못했다. 김진배의 표현으로, 〈대의를 위해 소절에 구애받지 않는 여운형다운 모습〉에 감동된 것이었다. 그 뒤에 풀어진 분위기를 김진배는 이렇게 묘사했다.

여운형이 선선히 인공 해체를 밝히자 장내는 부드러운 분위기에 휩싸였다. 평소 말이 없는 백관수는 어색했던 김병로와 허헌의 분위기도 부드러워지자, 〈해방 전에 우리가 이렇게 모였다면 당장 미와란 놈이 뛰어왔을 텐데〉라고 농을 던졌으며 항상 근엄한 표정을 짓는 안재홍까지 손뼉을 치며 웃어댔다. 미와는 3·1 운동 당시부터 줄곧 우리 독립 운동자들을 고문하던 일제 고등경찰의 한 사람, 더구나 종로경찰서를 주름잡던 원수 같은 존재였다.[36]

좌우합작운동은 조금씩 진전되는 것 같았다. 여운형은 이미 조선공산당에 장악되어 자신의 통제력 밖으로 벗어난 인공을 해체하지는 못했으나 좌우합작에 대비하는 조처들을 취하기 시작했다. 그리하여, 10월 10일에 두 번째 모임이 파고다공원 뒤에 있는 어느 일본식 요정에서 열릴 수 있었다. 이날의 모습을 김진배는 다음과 같이 전하고 있다.

서로 마주 앉은 한민당 대표와 공산당 대표는 너무나도 대조적이었다고 한다. 오랫동안 미국 유학에서 세련된 서양신사풍의 몸가짐을 한 장덕수 씨, 한복정장으로 몸을 가꾼 김병로 씨. 그렇지만 한편으로 공산당 대표의 이관술(李觀述) 씨는 8·15까지 엿장수를 하여 그은 얼굴에 텁수룩한 머리에다 풍채 없는 몸을 카키색 일본 군복으로 휘감고 있었다. 포켓에 손을 넣고 주저주저하고 있는 듯싶더니만 썬 잎담배를 꺼내 신문지 조각에 둘둘 만다.[37]

분위기가 가라앉자 가인은 말을 꺼냈다. 조선공산당이 독주하는 한, 해방된 정국은 혼란밖에 가져올 것이 없다는 평소의 지론을 되풀이하면서 인공의 해체를 전제로 한 좌우합작을 거듭 제의했다. 곧 대한민국임시정부가 돌아올 예정인 만큼, 좌우통일전선이 임정을 봉대하여 해방정국을 주도해 나가야 한다는 구체안을 내놓았다. 그러나 조선공산당은 인공의 해체를 완강히 거부했다.

인공은 각 지방에 〈자발적〉으로 세워진 인민위원회를 기반으로 하고 있으므로 인공을 인정해야 하며, 다만 그 조건 아래 인공을 좌우의 통일전선적인 정부로 개편하면 된다는 논리였다. 결국 타협의 실마리가 보이지 않았으며, 협상은 막히고 말았다.[38]

이승만의 귀국과 좌우합작에 대한 기대

해방정국이 구심점을 찾지 못하고 세포분열을 거듭하던 시점에서 해외의 독립운동가들 가운데 1차로 이승만이 귀국했다. 1945년 10월 16일 저녁의 일로서, 그것은 대한민국임시정부 초대 대통령의 귀국이 아니라 개인 자격으로서의 귀국이었다. 앞에서 지적했듯이, 미군정은 임정의 존재를 부인해, 임정의 지도자들로 하여금 임정의 직함을 쓰지 못하게 했기 때문이다.

어떻든 개인자격으로서의 귀국이었으나 이승만의 귀국은 정당 통일운동의 자극제가 되었다. 우선 한민당이 중심이 되었던 임시정부-연합군환영국민대회준비회는 10월 20일 연합군환영국민대회를 열고 미군의 남한주둔을 환영함과 동시에 이승만을 독립운동의 〈원훈〉으로 소개했다. 이날 국민대회준비회를 중심으로 하여 한국지사영접위원회도 조직되었는데, 가인은 이인, 윤보선, 김성수, 송진우 등과 함께 위원으로 선출됐다. 이러한 기구들을 중심으로 이승만과 해외의 독립운동가들을 업고 우익진영의 명분과 기반을 넓히려고 한 것이다.

한편 좌익진영은 좌익진영대로 이승만을 봉대하고자 했다. 그러나 이승만은 어느 한쪽에도 업히지 않았다. 〈국내에 정치세력 기반을 구축할 기회가 없었던 그로서 특정 정당의 제약을 받음이 없이 범(汎)정파적인 리더십을 발휘하고자 한 것이다〉.[39] 그리하여 이승만은 우선 범정치단체 협의기구형식인 독립촉성중앙협의회운동을 시작했다. 김진배에 따르면, 이때 이승만은 가인이 국내에서 변함 없이 펼쳤던 민족운동의 실적을 높이 평가하면서 가인을 자신의 정치고문으로 초빙했으나 가인은 자신이 해외에서 독립투쟁을 벌인 사실이 없는 점을 들어 사양했다고 한다.[40] 한 달 뒤께 귀국한 임시정부의 요인들, 예컨대 이시영과 조소앙(趙素昻)도 이승만처럼 가인과 손잡으려 했으나 가인은 이때에도 같은 이유로써 사양했다고 한다. 이미 한민당에 몸담은 그로서 당적을 바꾼다든지 하는 일을 생각하기 어려웠을 것이다. 또 어느 한쪽을 편드는 것보다 좌우합작을 성사시키는 일이 소중하다는 나름대로의 소명의식이 작용했을 것이다.

가인의 희망대로 10월 23일에 조선호텔에서 독립촉성중앙협의회를 만들기 위한 회의가 열렸다. 각 정당 및 단체로부터 두 명씩의 대표가 나와 약 200명이 참가했다. 해방 이후 남한에서 처음 시도된 민족통일전선 구축운동이었으며, 이승만의 연설 그대로 〈지금 이 자리는 역사를 만드는 모임〉이었다.[41]

이 운동을 적극 뒷받침한 정당은 특히 한민당과 조선국민당 그리고 조선공산당이었다. 우리가 살폈듯이 10월 5일에 첫 번째 회합 이후 좌우합작운동을 벌여왔던 3당의 대표들은 10월 24일에 회합을 갖고 독립촉성중앙협의회의 결성을 위해 모든 노력을 아끼지 않기로 합의했다. 가인은 이때 송진우 및 원세훈과 더불어 한민당을 대표해 분위기를 이끌어 나갔다. 그리하여 다음날 3당은 하루빨리 국민의 의사가 반영되고 집결될 수 있는 국민대회준비회를 구성하여 독립촉성중앙협의회의 강력한 발전을 위해 노력한다는 내용의 공동성명을 발표할 수 있었다. 국민대회준비회의 기구를 구성하는 연구위원으로 다섯 명이 선출되었는데, 한민당

대표로 가인이 선출되었다. 이 5인 위원 가운데 한 사람으로 선출
된 김준연은 뒷날 좌우합작 문제가 본격적으로 논의되나 별 진전
이 없을 때 이 3당 공동성명을 다시 상기시키면서 〈이만한 양해
가 전면적으로 되었더라면 우리 독립사업은 훨씬 더 진척되었을
줄 안다〉고 썼는데,[42] 그것은 조금도 과장이 아니었다. 그러나 우
리가 곧 아래에서 보듯이, 이 공동성명의 내용은 제대로 실천되지
않는다.

국민들의 기대와 많은 정당지도자들의 열의 속에 독립촉성중앙
협의회는 11월 2일에 마침내 결성대회를 열었다. 50여 정당들 및
단체들의 대표들이 참석한 이 대회에서 이승만은 임시정부가 귀
국하는 대로 1년 이내에 총선거를 실시해 독립정부를 세우자고
역설했다. 대회가 끝난 뒤 한민당은 이 대회의 결의를 적극 지지
했다. 그러나 조선공산당은 이승만의 연설 속에 친일파 숙청 문제
가 빠져 있고 인공에 대한 언급은 없이 임정봉대만을 강조한 것
은 부당하다고 반기를 들었다. 조선공산당은 11월 16일에 독립촉
성중앙협의회를 공식으로 탈퇴하고 11월 20일에 전국인민위원회
대표자대회를 소집해 거기에 맞서기 시작했다. 이로써 좌우합작
의 꿈은 일단 사라져 버렸다. 그러나 국내에 정치적 기반이 없던
이승만으로서는 뚜렷한 지지세력을 확보한 셈이 되었고, 또 〈구한
국 시대의 문법과 하와이식 어투의 신비로, 군정이 관장하고 있는
방송국의 주례(週例) 방송과 성명 등 매스컴을 통해 '국부(國父)'의
이미지를 축적해 갔다〉.[43]

김구의 귀국과 좌우합작에 대한 기대

좌우통합운동의 한구석이 깨어지면서 국민들의 기대는 이번에

는 김구에게로 쏠렸다. 누구나 다 김구와 그의 임정이 언제 귀국
하느냐에 관심을 쏟았다. 김구, 그리고 김규식을 비롯한 그 일행
이 귀국한 것은 11월 23일 오후였다. 김구와 김규식 역시 대한민
국임시정부의 주석과 부주석으로서가 아니라 개인자격으로 귀국
했다. 거듭 말하거니와, 남한의 유일한 합법정부임을 주장하는 미
군정청은 마치 인공을 부인했듯이 임정도 부인했기 때문이다. 어
떻든 김구와 그 일행의 귀국은 좌우통합운동에 새로운 자극제가
되었다. 가인도 큰 기대 속에 11월 24일에 한민당의 동지들과 함
께 경교장(京橋莊)에 머물고 있는 김구를 방문했다.[44] 김구와 만
나고 돌아온 뒤 한민당은 그날로 임정지지의 뜻을 다시 다짐하고
임정의 지도에 따라 자주독립국가를 세워야 한다는 취지의 성명
서를 발표했다.[45]

김구는 김규식과 더불어 이승만을 만난 뒤 11월 27일에 4당 당
수와 개별적으로 회담했다. 오전에는 조선국민당 당수 안재홍과
한국민주당 수석 총무 송진우를, 오후에는 조선인민당 당수 여운
형과 인공의 총리 허헌을 차례로 만나 국내정세를 설명받았다. 이
러한 절차가 있은 뒤 12월 1일에 서울운동장에서 대한민국임시정
부봉영회(大韓民臨時政府國奉迎會)가 열렸다. 이승만과 김구를
비롯한 임정요인들은 전부 참석했다. 〈갈망하던 임시정부의 간부
들이 환국하였으니 이 지도자들의 명령에 절대 복종하자〉는 오세
창의 개회사에 이어 이인의 봉영문 낭독이 있었고 권동진의 선창
으로 만세삼창을 한 다음 행렬이 있었다. 가인 역시 이날의 대회
에 억누를 수 없는 감격으로 참가했다.

이튿날 임정 2진이 서울에 도착했다. 4일에 가인은 김성수와
송진우와 김준연과 함께 한미(韓美)호텔로 그들을 찾았다. 특히
도쿄유학시절의 친구인 임정의 내무총장 신익희와 만나 임정과의

협력문제를 논의했다.[46] 이러한 바탕 위에서, 한민당은 임정이 귀국한 이후 첫 번째 국무회의를 여는 6일에 맞춰 중앙집행위원회를 열고, 임정지지를 위한 국민운동을 전개하기로 결의했고, 7일에 그 결의내용을 김구에게 전달했다.[47]

그러나 좌우통일전선의 형성은 진전되지 않았다. 조선공산당은 인공도 임정도 해체해 양쪽으로부터 절반씩 참여하는 민족통일전선을 수립하자는 구상을 고집하다가 12월 12일에 결국 임정을 비난하는 담화를 발표하고 독자노선을 걷기 시작한 것이다. 이 시점에서 이승만은 조선공산당을 비난하는 방송을 내보냄과 동시에 독립촉성중앙협의회 운동을 활성화시키면서 은연중에 김구-김규식의 임정과 경쟁하기 시작했다.

한편 한민당과 임정의 틈이 너무나 빨리 두드러지게 나타났다. 임정의 요인들이 한민당 지도자들을 〈친일파〉로 경원하는 경향을 보였고 여기에 한민당 지도자들이 반발한 것이다. 그 상징적 보기가 12월 중순 저녁에 국일관(國一館)에서 있었던 간담회에서 터진 말다툼이었다. 한민당의 간부들이 임정요인들을 상대로 베푼, 주찬(酒餐)을 곁들인 환영간담회에서 신익희는 〈국내에 있던 사람은 크거나 작거나 간에 모두 친일파〉라고 정죄하는 말을 하자, 장덕수가 반발하면서 〈그렇다면 난 어김없는 숙청감이군 그래〉라고 응수했다. 신익희는 〈어디 설산뿐인가〉라고 반격했다. 장덕수 전기에 따르면, 〈그 한마디는 모닥불에 기름통을 던진 형세가 되었다〉. 가인도 〈카랑카랑한 목소리로 신익희에게 대들었다〉. 여기저기서 고함소리가 터졌다. 결국 수습은 되었지만 두 쪽 사이에는 감정의 앙금이 남게 되었으며, 한민당과 임정 사이에는 〈시간이 흐름에 따라 심연이 자꾸 패어갔다〉.[48]

한민당 간부들에 대한 테러와 송진우의 피살

좌우통합운동이 다시 벽에 부딪히는 가운데 정쟁은 격화되어 갔고 상대방 정치인들에 대한 테러가 잦아졌다. 한민당 간부들도 테러의 표적에서 벗어나지 않았다. 12월 18일 저녁 원남동의 한민당 총무 백관수 집에 수류탄이 날아 들어오면서 터졌다. 백관수는 이때 가인과 저녁을 함께하고 있었다. 다행히 집안 일부를 깨뜨렸을 뿐 인명에는 아무런 손해를 끼치지 못했다. 가인은 물론 아무런 동요 없이 한민당의 당면과제들을 풀어 나가기 위해 노력했으며, 12월 21일에는 한민당 서울지부의 집행위원장으로 선출되었다.[49]

연말의 어수선한 분위기 속에서 모스크바 3상회의가 한반도의 신탁통치를 결정했다는 소식이 전해지면서 국내정치는 다시 한번 크게 소용돌이치기 시작했다. 해방정국의 아마도 최대의 쟁점이었던 이 문제에 대해서는 따로 말하기로 하거니와, 그 소용돌이는 곧바로 한민당 수석총무 송진우에게 미쳤다. 송진우가 신탁통치를 찬성한 것으로 알려지자 흥분한 30대 청년 한현우(韓賢宇)는 12월 30일 새벽에 원서동 집으로 송진우를 급습하여 살해한 것이다. 큰 비극이었다.

가인은 말할 수 없는 충격을 받았다. 우선 그때 가인이 발표한 논평 전문을 ≪동아일보≫ 1945년 12월 31일자로부터 옮긴다.

나는 고(故) 고하 선생과는 40년래의 동지입니다. 선생은 열렬한 애국자이고 열렬한 배일투사로서 일생을 통하여 조선의 독립문제에 있어서는 한 시각도 쉴 새 없이 전념을 다하여오던 지사입니다. 과거에 적 일본의 억압으로 감옥생활도 3차에 있었고, 적 일본의 유혹도 많이 받았으나 거절하고, 우리 독립에 일관하던 굳센 투사였습니다. 오늘날 우리가 독립완성의 도상에 있을 뿐만 아니라, 소위 신탁통치라는 국제문제로 우리 3천만이 사활선에 걸려 있는 이때에 큰 지도자 고 고하 선생이 흉탄에 급서하게 된 것은 나의 개인적 정의를 떠나서 생각하여도 우리 민주당의 손실일 뿐만 아니라 우리 민족의 막대한 손실이라고 아니할 수 없습니다. 이런 국가적 난국에 있어서 큰 지도자를 해친 자는 어떠한 심정에서 나온 것인지 비분 탄식함을 마지않습니다. 우리는 어디까지나 심혈을 다하여 우리의 독립완성에 분투하여 전 민족의 평화스런 활로를 획득하는 것이, 고 고하 선생의 유지를 계승하는 것이며, 그로 하여금 명천지하에 기쁘게 하는 일이 될 줄 압니다.

송진우 암살에 대하여 《동아일보》는 오직 한 사람 가인의 논평만을 실었는데, 이 글에는 아무런 꾸밈 없는 가인의 심경이 그대로 흘러나와 있다. 김진배가 이미 적절히 지적했듯이, 〈김병로는 송진우와 반드시 같은 길을 걸은 것은 아니다. 또한 기질로 보더라도 누구 밑에 들어가기를 꺼리는 장자의 풍모 때문에 일을 같이한 적도 거의 없다〉. 그러나 〈이들은 가정을 돌보지 않고 오직 조국의 광복만을 위하여 바치는 그 애국심에는 서로 경의를 가지고 대해 왔다〉. 고하가 불행을 당했다는 소식을 듣자 가인이 땅을 치고 통곡한 사실이 고하에 대한 가인의 평소의 존경을 나타낸다고 김진배는 주장한다.[50]

뒷날에도 가인은 송진우에 대한 경의를 잊지 않았던 것 같다. 1960년 10월 8일자 《동아일보》 회견에서 가인은 당대의 정치인들을 평하면서 〈고하 송진우가 간 뒤엔 사람이 없어. 지금 흉흉한 인심이 심상하지 않은데, 영웅은 필요 없지만 인재가 있어야 할 것 아닌가〉라고 말한 것을 볼 수 있다. 가인은 평소에도 진선진미한 사람이 아니면 인물로 보지 않았다. 그렇다고 어떤 인물에 대해서도 그 사람의 흠이나 약점을 입 밖에 내지는 않았지만, 웬만큼 큰 업적을 남긴 역사적 인물에 대해 화제가 미칠 때도 〈후세 사람들이 비단 옷을 입혀서 그렇지 실제는 그런 큰 인물이 아니다〉라고 과소평가하는가 하면, 현존하는 누구누구다 하는 인물에 대해 물어도 〈무던한 사람이지〉 정도로 평하기가 일쑤였다. 공자와 율곡 정도를 존경할 만한 역사적 인물로 보았다. 이들이야말로 어떠한 시대, 어떠한 상황에서도 지켜야 할 인류의 도덕과 윤리를 분명하게 밝혔다는 점에서 훌륭한 인물이라는 것이다. 〈율곡 이후에는 조선 땅에는 인물이 끊어졌다. 요행을 믿는 음양오행설에 지배되거나 팔자 소관으로 돌리는 무사안일주의, 그리고 옳지 않은 줄 뻔히 알면서 강자에 붙어 약자를 착취하는 지배체제가 수백 년 동안 계속되어 온 것이 우리의 역사였다〉고 그는 개탄하곤 했다.[51] 사람 보는 눈이 이처럼 높았던 가인이 송진우를 그렇게 높이 평가했다는 것은 특기할 만한 일이다.

송진우의 장례식은 1946년 1월 5일에 성대하게 치러졌다. 문제는 그의 후임이었다. 모스크바 3상회의의 결정에 대한 찬반을 둘러싸고 그 대결이 날카로워진 정국을 헤쳐 나가기 위해서는 하루 빨리 수석총무를 뽑아야 했던 것이다. 중론은 인촌을 옹립하자는 데 모아졌다. 그러나 인촌은 언론과 교육 사업에 전념하겠다는 일관된 자세를 보이며 수석총무 취임을 완강히 거부했다. 그러자 어떤 사람은 가인을 내세우고 어떤 사람은 백남훈 또는 원세훈을 내세웠다. 가인은 완곡하게 사양하면서 인촌을 계속 설득해야 한다고 주장했다. 가인의 주장에, 한민당 중앙집행위원회와 총무회의는 1월 7일에 사전 양해 없이 인촌을 수석총무로 추대해 놓고 수락을 교섭했다. 1차로 장덕수가, 2차로 서상일과 백관수가 나섰으나 인촌의 뜻은 굳었다. 그리하여 3차로 가인이 나서게 되었다. 가인과 인촌 사이에 오간 대화를 장덕수의 전기작가는 이렇게 재생해 놓았다.

　　세 번째 사절로 나선 사람은 참나무 장작 빠개지듯이 직설적 말을 서슴지 않는 김병로였다. 〈인촌, 좀 들어보시오. 우리가 일제 36년 동안 민족의 독립을 바라고 살아왔는데 이제 민족의 운명이 결정되는 싸움을 눈앞에 두고 인촌은 혼자서 뒷전에 물러앉아 보고만 있을 생각이요? 물론 동아일보사도 중차대하고 보성전문을 대학으로 발전시키는 사업도 중요하긴 해요. 그렇지만 정치가 바로잡혀야 언론도 교육도 정도를 걷게 되는 것 아니오?〉 김병로의 카랑카랑한 목소리가 계동댁 마루까지 울려 나왔다. 그는 못을 박듯이 또 말을 했다. 〈인촌 때문에 당이 깨어져도 좋단 말이오? 당이 깨어지면 지하의 고하가 인촌더러 무어라고 할 것 같소?〉 말이 여기에 이르러서는 인촌도 어찌할 수 없었다.[52]

김성수의 전기작가도 비슷하게 재생시켜 놓았다.

　　마지막으로 가인이 계동 집으로 인촌을 찾아왔다. 그는 긴 말을 하지 않겠다며 단도직입적으로 말했다. 〈인촌의 마음은 깊이 이해하오. 먼저 가버린 고하 때문에 정치에 환멸을 느끼고 아직도 슬픔을 떨쳐버릴 수 없다는 것을. 그렇다고 두 분이 만든 당이 깨지도록 그냥 버려둘 수는 없지 않소? 고하를 아낀다면 생전에 고하가 못다 한 꿈을 인촌이 맡아 이루어줄 의무가 있소. 해방된 조국에 새로운 민주정부를 세우는 게 그의 꿈이었소. 인촌, 나라 없이 학

교가 어디 있소? 나가서 우선 나라부터 건설합시다〉. 인촌은 더 이상 거절할 수가 없었다.[53]

인촌은 알겠다며 가족회의를 열었다. 부인과 아우 연수(秊洙)의 동의를 얻어 수석총무직을 수락했다. 그 사이 줄곧 사업에 전념해온 김연수는 월 20만 원씩 한민당의 운영자금을 맡기로 함으로써 사실상 한민당의 받침목이 되어준 것이다.

인촌의 수석총무직 취임으로 한민당은 송진우를 잃은 슬픔을 딛고 서서 다시 활기를 되찾았다. 그러나 송진우의 피살은 이미 틈이 벌어진 한민당과 임정 사이의 관계를 보다 더 냉각시키는 계기가 되었다. 한민당의 간부 김준연이 1947년 12월 29일자 ≪동아일보≫에 쓴 「고하 송진우 선생 2주기를 맞이하여」에 기록되어 있듯이, 고하를 〈임정에 가까운 측〉에서 암살한 것이라는 의심을 한민당 쪽에서는 갖게 된 것이다.

모스크바 결정에 대한 가인의 초기 태도

이승만과 김구와 김규식을 비롯한 해외의 독립운동가들이 귀국했는데도, 그리고 그것을 계기로 통일전선을 형성하려는 노력이 기울여졌는데도, 우리가 앞에서 보았듯이, 정당들의 통합 또는 제휴는 성사되지 않고 오히려 반목과 대결로 치달아 갔다. 그 속에서 좌우의 갈등은 더욱 날카로워졌다. 남북의 통일은 고사하고, 남한에서의 통일만 놓고 생각해도 그 가능성은 점점 멀어져 가고 있었다.

이처럼 민족의 앞날이 어두워가고, 1945년 한 해도 어두워가던 12월 27일과 29일 사이에 조선에는 놀라운 소식이 알려졌다. 12월

16일부터 27일까지 모스크바에서 열린 미국·영국·소련 세 연합국의 외상회의가 한반도를 5년 동안 미·영·소·중 4대국의 신탁통치 아래 두기로 결정했다는 내용이었다.

돌이켜 곰곰이 따져보면, 한반도 문제에 관한 모스크바 3상회의의 결정이 그 보도처럼 단순한 것은 아니었다. 이 점에 대해서는 이미 많은 권위 있는 분석들이 나와 있고 또 저자도 그 분석들을 토대로 한 편의 논문[54]을 발표했기 때문에 지면이 제약되어 있는 이 책에서 되풀이하지는 않겠다. 그러나 모스크바 결정의 기본 성격을 이해하지 않고서는 이 시기에 가인이 취한 행동을 제대로 평가하기가 어렵기 때문에, 그 범위 안에서 검토해 보고자 한다.

결론적으로 말해, 한반도 문제에 관한 4개 항의 모스크바 결정은 적어도 표면적으로는 통일지향적인 성격을 강하게 갖고 있다. 그 결정은 제1항에서 남북을 통틀어 〈통일된 조선임시정부〉를 세울 것을 규정하고 있기 때문이다. 그러면 〈통일된 조선임시정부〉를 어떻게 세운다는 것인가? 제2항으로부터 제4항까지의 3개 항이 그 답을 주고 있는데, 그 항목들을 단순화시켜 말한다면 결국 미소공동위원회의 주도 아래 좌우합작과 남북협상을 통해 이룩한다는 내용이다. 신탁통치의 항목은 매우 부차적인 것으로, 해석하기에 따라서는, 신탁통치가 실시되지 않을 수도 있다고 볼 수 있다. 다시 말하거니와, 〈통일된 조선임시정부〉를 세운다는 것이 모스크바 결정의 핵심이다.

물론 그때 이미 나빠져 가던 미·소 관계에 미루어 모스크바 결정이 실현될 가능성이란 애초부터 희박했다고 말할 수 있음도 사실이다. 그러나 실현성 여부를 논외로 하고 결정문 그대로만 볼 때, 모스크바 결정은, 뒷날 남한의 우익세력 및 역대 정부들에 의

해 그처럼 혹독하게 비난되듯이, 〈악마적 존재〉인 것만은 아니었다.

그러나 국내에 처음 보도될 때 모스크바 결정이 지닌 통일지향적 성격은 거의 완전히 매몰되고 오로지 신탁통치 부분이 전면에 부각되었다. 그리하여 이 결정은 〈즉각적인 독립〉을 당연한 것으로 여겨온 한민족에게 말할 수 없이 큰 충격과 반감을 불러일으켰다. 풀어 말해, 남한에서는 신탁통치 문제가 모스크바 결정의 전부인 것으로 받아들여졌고 신탁통치를 일제의 식민통치와 같은 것으로 이해하여, 모스크바 결정을 전면 거부해야 한다는 비장한 각오로 흐르게 된 것이다.

이러한 각오에 있어서 처음에는 좌우익이 구분이 없었다. 우선 우익진영을 보건대, 그 가운데서 김구를 중심으로 한 임정세력은 자신들의 항일독립투쟁의 연장선상에서 이 문제를 보았다. 순수한 민족주의적 정열과 조국의 즉각적 독립에 대한 열망으로 불타 있던 그들에게 모스크바 결정은 신탁통치 하나로 비쳤고 신탁통치의 수락은 자신들이 걸어온 독립투쟁의 길 자체를 부정하는 것으로 여겨졌다. 그리하여 그들은 독립투쟁의 연장(延長)이라는 시각에서 반탁투쟁을 전개한 것이다. 즉 김구의 임정계는 국민당의 안재홍 세력과 함께 〈진심으로 민족자주의 입장에서 반탁을 한 것〉이다.[55] 한편 미군정과 제휴하여 이미 사실상의 준여당이 된 한민당은 〈반탁대열에 이름이 끼이기는 하면서도 결코 앞장 서는 일이 없었다〉. 즉 〈한민당은 수석총무 송진우의 이름으로 반탁의 입장을 밝히고 당의 태도는 보류하는 용의주도한 입장을 취했다〉.[56] 이승만도 처음에는 애매모호한 태도를 보였다. 그러나 반탁운동이 국민적 열광을 불러일으키면서 이승만은 반탁운동의 핵심적 기수가 되었다.

좌익 역시 애초에는 모스크바 결정에 맹렬히 반대했다. 그러나 곧바로 찬성 쪽으로 돌아섰다. 처음에는 감정에만 흘러 본질적인 규명을 하지 못하고 〈탁치라는 문구에만 구속되어 그 문구를 다만 일본제국주의가 조선을 침략할 때의 식민지정책적인 을사조약이나 또는 제국주의적 위임통치로써 속단, 곡해〉했다는 것이다. 그러나 시간을 갖고 검토한 결과 〈3상회담의 결정이 조선의 자주독립을 위하여 가장 옳은 길〉임을 알게 되었다고 합리화했다.[57)

가인이 취한 길은 초기에는 임정 쪽이 취한 길에 가까웠다. 이점을 설명하기 위해 우선 1945년 12월 28일자 《동아일보》에 게재된 그의 논평 전문을 옮기기로 한다.

우리는 과거 36년간 적 일본의 포악에 생명, 신체, 자유를 강탈당하고 질곡적 생활을 계속하여 오던 고통중에 8월 15일 적 일본의 항복으로 인하여 3000만 민중의 해방의 환호소리가 우렁차게 삼천리강산을 진동하는 동시에 누구든지 사상과 정견의 차이를 불문하고, 우리의 독립 완성을 합심협력하여 촉진함에 매진하면서 연합 제국(諸國)의 절대 원조를 확신하고 감사한 뜻을 마지않는 바인데, 돌연히 우방 소련이 국제회담에 있어서 조선의 신탁관리 문제를 제의하였다는 보도가 전하게 된 것은 우리 3천만 민중은 몽상도 아니했던 중대 문제일 뿐더러 우방 소련이 국제신의에 위반되고 약소민족을 침탈하는 그런 행동을 했으리라고는 믿지 아니하나, 만일 그것이 사실이라면 어떤 국가의 제의라도 이것은 제국주의적 침략으로 규정하고 3천만 민중의 심혈을 다하여 여하한 희생도 불피(不避)하고 최후의 일인까지 분투할 각오를 가질 것이다.

이 짧은 논평에서 우선 가인이 소련을 〈우방〉이라고 부른 대목이 논의되어야 하겠다. 이때만 해도 미·소 관계가 매우 악화되기

전이어서 마치 좌익이 미국을 연합국의 일원인 우방이라고 불렀듯 우익 역시 소련을 연합국의 일원인 우방이라고 보았던 것이다. 또 가인은 〈소련이 신탁통치를 제의했다는 보도〉 운운했는데 외신의 그러한 보도는 잘못이었다. 신탁통치안을 내놓은 것은 소련이 아니라 미국이었다. 그것도 5년씩 두 차례에 걸쳐 실시할 수 있다는 안을 내놓았었고, 소련은 그것을 수동적으로 받아들이되 〈5년 이내〉로 한정시켰던 것이다.

가인의 이 논평에서 무엇보다 중시되어야 할 것은 그 역시 당시의 다른 모든 지도자들과 마찬가지로 모스크바 결정의 전체 내용을 잘 모르고 있었다는 사실이다. 〈통일된 조선임시정부의 수립〉, 그리고 그것을 실현하기 위해 뒷받침되어야 할 좌우합작이나 남북협상에 대해서는 전혀 모르고 있었음이 이 논평으로 보아 명백하다. 만일 그가 진상을 제대로 알았더라면, 우리가 앞에서 살폈듯이 일제치하 때부터 좌우합작의 통일전선 형성을 일관되게 추구해 온 그의 반응은 달라졌을지도 모른다. 그러나 진상이 정확히 파악되지 않은 상태에서 신탁통치의 부분만이 전체인 양 전달되었을 때 항일의 자세를 견지하면서 민족의 독립을 염원해 온 그로서 즉각적인 거부감을 지니게 되었을 것임에 틀림없다. 신탁통치에 대한 본능적이며 즉각적이고 비타산적인 거부라는 점에서 그는 임정계 지도자들이 보였던 태도와 범주를 같이했다고 풀이된다. 그의 거부 반응이 한민당 지도자들 가운데 제일 먼저 나왔다는 사실이 그 점을 부분적으로나마 뒷받침해 준다.

가인의 이러한 입장은 가인으로 하여금 범정당적 반탁운동에 있어서 한민당의 대표로 나서게 하였다. 그는 김구의 임정이 1945년 12월 28일에 발족시킨 신탁통치반대국민총동원위원회에서뿐만 아니라, 1946년 1월 7일에 열린 한민당, 조선국민당, 조선인민당, 조

선공산당의 4당 대표회의에 한민당의 실질적인 대표로 발언하게
한 것이다. 그는 또한 백남훈과 장덕수 및 서상일과 더불어 김구
와 이승만이 반탁운동의 주도권을 놓고 대립하지 않도록 중화시
키는 노력을 기울였다.[58]

　이처럼 바쁜 생활 속에서도, 1946년 1월 18일에 서울에서 학생
들이 대규모 반탁시위를 일으켜 모스크바 결정을 지지하는 조선
공산당의 산하기관들을 때려 부수는 등의 일로 주모자 네 명이
구속 기소되었을 때, 가인은 그들의 변호에 앞장서는 열정을 보였
다. 그는 〈이 사건은 조선이 자주독립이냐 아니면 4대 강국의 공
동관리를 받게 되는 신탁통치냐 하는 국가적 차원의 문제에서 비
롯된 것이다. 조선은 어디까지나 조선이다. 만일 소수분자의 반동
이 있다고 해서 완전 독립이 안 된다면 이 지구상의 약소민족 가
운데 독립할 수 있는 나라는 하나도 없을 것이 아닌가〉라고 반문
하면서, 〈인민보사(人民報社) 등 남의 집을 때려 부순 것은 법률
에 위배되는 행위이긴 하나, 그 동기가 법률을 어기는 데 있는 것
이 아니라 독립운동에 있는 것이고 또 애국심의 발로였던 것이니,
다시는 이런 일이 없도록 하는 훈육적 견지에서 관대하게 석방해
주기 바란다〉라고 변론한 것으로 알려지고 있다.[59]

가인, 모스크바 결정에 대해 유연성을 보이다

　반탁운동의 열기 속에 우익진영은 1946년 2월 1일에 비상국민
회의를 개최하는 데 성공했다. 민족 스스로의 힘으로 정부를 만들
어보자는 노력의 첫걸음이었다. 가인은 전북 대의원의 자격으로
참석해 임시의장의 주요한 역할을 수행했다. 〈저명한 민중 지도
자〉 여덟 명, 곧 이승만, 김구, 김규식, 권동진, 오세창, 김창숙, 조

만식, 홍명희 등이 초청된—그러나 반탁의 자세 때문에 평양에 연금된 조만식은 불참한—이날 회의는 〈대한민국임시정부의 법통을 승계한 건국적 회의〉 곧 국회를 자처하면서 정부격인 최고정무위원회를 구성한 것을 결의했고, 그 구성을 이승만과 김구에게 위임했다. 한편 이승만의 독립촉성중앙협의회와 김구의 신탁통치반대국민총동원중앙위원회는 대한독립촉성국민회, 약칭 국민회로 통합되고 이승만과 김구를 영수로 추대했다. 〈바야흐로 이승만과 김구의 단합에 의한 과도 정권이 곧 수립되는 듯한 기세였다.〉[60] 2월 13일에 최고정무위원 명단, 그리고 최고정무위원회 산하 열한 개 상임위원장 명단이 발표되었다. 가인은 독립국가로서의 헌법과 선거법을 비롯해 각종 법 체계를 마련하는 매우 중요한 자리인 법제위원회 위원장으로 선임되었다.

최고정무위원회는 그러나 그 성격이 곧 바뀐다. 〈사실상의 정부〉가 서는 것을 원하지 않던 미 군정청의 요청에 따라 주한미군사령관의 자문기구로서 과도정부의 수립을 촉진하는 사명을 띠고 남조선대한국민대표민주의원, 약칭 민주의원으로 바뀌어 2월 14일에 개원하게 된 것이다. 민주의원의 의장에는 이승만, 부의장에는 김구와 김규식이 선출되었고, 의원으로 원세훈, 김도연, 백관수, 권동진, 오세창, 안재홍, 장면(張勉) 등 스물다섯 명이 선출되었다. 한민당에서 원세훈, 김도연, 백관수, 김준연, 백남훈 등 다섯 명이 선출되게 되어 가인은 제외되고 민주의원 산하 경제전문위원회의 위원으로만 참여하게 되었다.[61] 우익진영이 이처럼 비상국민회의를 거쳐 결국 민주의원으로 결집되면서, 좌익진영은 2월 15일에 남조선민주주의민족전선, 약칭 민전(民戰)을 형성해 대항하게 된다.

남한의 정치세력들이 모스크바 결정이 전제하고 있는 좌우합작을 이루어내기는커녕 오히려 모스크바 결정을 둘러싸고 좌우대립을 격화시키는 상황과 대조적으로 북한에서는 모스크바 결정을 지지하는 방향에서 통일전선이 형성되어 갔다. 소련점령군의 뒷받침을 받고 있는 김일성 중심의 공산주의자들은 모스크바 결정에 반대하는 조만식 중심의 조선민주당 세력을 무자비하게 숙청하면서 북조선민주주의민족통일전선을 형성함과 아울러 그 토대 위에서 북조선로동당, 약칭 북로당을 창당한 것이다.[62]

남북한의 대조되는 정치상황 속에 모스크바 결정에 따른 미소공동위원회의 제1차 회의가 1946년 3월 20일에 서울에서 열렸다. 한민당과 조선인민당 및 조선공산당을 비롯한 7개 정당들은 미소공동위원회 대표단을 환영하기 위한 준비위원회를 2월 13일에 구성했다. 가인은 허정과 함께 한민당 대표로 여기에 참가하고, 7개 정당 공동성명을 발표하는 일을 주도했다. 이와 동시에 가인은 차차 모스크바 결정 가운데 〈통일된 조선임시정부 수립〉 부분과 〈탁치〉 부분을 구별해 발언하는 경향을 나타냈다. 3월 5일자 기자회견에서의 발언이 그 좋은 보기이다. 이 날짜의 신문보도를 종합해 보면, 그는 〈통일된 조선임시정부 수립〉을 모색하기 위한 미소공동위원회의 개최에 대한 기대를 표시하는 한편 탁치는 결코 받아들일 수 없다고 잘라 말한 것이다. 가인의 이러한 발언은 물론 가인 한 개인의 발언이라기보다는 한민당의 공통된 의견이었을 것이다. 실제로 한민당은 미소공동위원회 제1차 회의가 열린 뒤인 3월 26일에 중앙집행위원회를 열고 가인이 말한 그 선에 따른 4개항을 결의했다.

미소공동위원회가 4월 1일에 발표한 제3호 성명은 가인과 한민당을 실망시키지 않았다. 제3호 성명은 임시정부 수립에 관한 구체적인 방안을 제시한 것이다. 즉 남북한의 민주적 정당들 및 단체들과 협의하면서 임시정부를 세우겠다는 뜻을 밝힌 것이다. 이에 가인은 4월 1일에 한민당은 미소공동위원회로부터 초청이 있다면 출석하여 협의에 응할 것이라고 말했다.[63] 한민당 역시 비슷한 내용의 성명을 발표했다. 〈제3호 성명은 3000만 민족에게 저으기 안도의 느낌을 주고 있다〉고 긍정적으로 말하기도 했다.[64]

미소공동위원회의 협의에 응하기로 결정하면서 가인과 한민당은 우선 우익정당들로부터 통합해나가자고 제의했다. 여기서 한민당, 한독당, 국민당, 신한민족당 4당 통합이 추진되었다. 사자(使者)들이 오가며 협의한 끝에 1946년 4월 7일에 한독당이 자리잡은 경교장에서 4당 대표들의 12인 회담이 열렸다. 가인은 김성수 및 김약수와 함께 한민당을 대표해 참석했다.[65] 이 회담은 무척 생산적이었다. 한독당의 당명과 당시(黨是)를 계승하고 김구를 당수인 중앙집행위원장으로 추대한다는 원칙 아래 합당하기로 합의한 것이다. 이것은 간단히 말해, 〈대등한 입장에서의 합당이 아니라 한독당에의 흡수통합을 의미했다〉.[66] 그러나 김구가 이끌고 임정이 기반이 된 한독당은 그 정통성이나 위신에 있어서 다른 정당의 그것에 비할 바 없이 높았고 이미 안재홍의 조선국민당으로부터 무조건 합당의 제의를 받아놓은 터여서 한독당에의 흡수통합이 무리한 과정은 결코 아니었다. 그렇기에 가인이나 김성수 모두 그러한 통합을 받아들인 것이다.

그러나 4월 9일에 열린 한민당 중앙집행위원회는 한독당과의 통합은 무조건 항복이라는 논거에서 통합을 공식으로 거부했다. 그리하여 가인도 추진했던 4당 통합운동은 좌절되었고 결국 한민당이 제외된 3당 통합으로 끝나고 말았다.

4 한국민주당을 탈당하다

미소공동위원회 참여를 둘러싼 갈등

한민당의 골수 보수지도층에 대한 가인의 실망과 분노는 이때부터 본격화된 것이 아닌가 짐작된다. 그 일을 계기로 한민당 노선으로부터의 가인의 이탈은 하나씩 나타나기 시작했다. 1946년 4월 18일에 미소공동위원회가 제5호 성명을 냈을 때 가인의 독자행동은 뚜렷했다. 제5호 성명은 〈지난날에 반탁을 주장했다고 해도 이제 탁치 조항을 포함한 모스크바 결정을 수락한다는 내용의 선언서에 서명하는 정당이나 단체는 미소공동위원회의 협의 대상이 될 수 있다〉는 취지였다. 이 성명은 반탁운동에 참여했던 정당들과 단체들은 미소공동위원회의 협의대상이 될 수 없다던 종전의 결정으로부터 한걸음 물러선 것으로, 반탁운동의 주류였던 우익정당들과 단체들에게 모스크바 결정을 받아들여 〈통일된 조선인의 임시정부〉 수립의 길로 들어설 수 있는 길을 열어준 셈이었다.

그러나 우익진영은 여전히 이 5호 성명을 극렬하게 거부했다. 한민당의 골수 강경파도 펄펄 뛰었다. 이에 맞서 가인은 5호 성명을 받아야 한다고 주장했다. 《동아일보》 1946년 4월 22일자 기사를 보면, 가인은 4월 20일에 열린 한민당 간부 회의에서 자신의 입장을 선명히 개진했다. 제5호 성명의 참뜻이 탁치를 전제로 하는 것이 아니라면 굳이 미소공동위원회의 협의 대상에서 빠질 필요가 없다는 것, 오히려 적극 참여해 좌우익의 합작을 시도하면서 〈통일된 임시정부〉의 수립을 위해 노력해야 한다는 것 등의 내용으로 강경파들에 맞선 것이다. 강경파들은 결국 태도를 바꾸었다. 이승만도 태도를 완화했다. 그리하여 비상국민회의와 민주의원을 비롯한 우익계 21개 정당들 및 단체들이 5호 성명을 지지하는 선언서에 서명하게 되었다. 김진배가 지적했듯이, 〈김병로의 어려운 결단이 우익진영의 물길을 바꾸는 데 결정적으로 작용한 예라 할 수 있을 것이다〉.[67]

그러나 좌우익의 대결은 조금도 완화되지 않았고 미소공동위원회에서 미국과 소련의 거리는 좁혀지지 않았으며 그리하여 5월 8일에 무기 휴회로 들어가고 말았다. 그리고 제1차 공동위원회의 무기 휴회와 더불어 한반도에 있어서의 미소관계는 급격히 악화되어 갔다.

좌우합작운동에의 참여

〈통일된 조선임시정부〉의 수립을 목표로 한 미소공동위원회의 제1차 회의가 무기 휴회된 시점에서 미국은 한반도에 대한 정책을 재고하게 되었다. 이미 북한에서는, 북한의 단독정권적 성격을 강하게 갖는 북조선림시인민위원회가 김일성을 위원장으로 발족했고 또 통일전선의 형성이 추진되어 결국 1946년 7월 22일에는 북조선민주주의민족통일전선이 결성되며 8월 30일에는 통합된 공산당으로서의 북조선로동당이 출범하게 된다. 이에 비해 남한은 남한 주민들 사이에서 어떠한 정치적 구심점도 형성되지 못한 채 사분오열되고 있었다. 여기서 남한의 미군정은 〈남한에도 어떤 형태이든지 남한인에 의한 대표기관이 설치되어야 한다〉는 판단을 갖게 되었다. 그리하여 미군정은 5월 24일에 〈만일 공산당과의 합작 없이도 정당들 사이의 만족스런 통합이 달성될 수 있다면 모스크바 협정에 의한 통일된 임시정부가 수립되기 전에라도 자신의 권한 아래 놓이는 남한인의 내각과 입법기관을 창설할 계획〉이라고 국무부에 보고했고, 이에 대해 국무부는 〈미소공동위원회가 다시 열리지 않으면 미국은 남한에 단독정부의 수립을 추진해야 한다〉고 회답했다.[68]

미국의 이러한 새 정책에 영향을 받아 1946년 5월 25일에 중도우파의 김규식과 중도좌파의 여운형 사이에서 좌우합작운동이 시작됐다. 한편 우파의 이승만은 6월 3일에 전북 정읍(井邑)에서 〈남쪽만이라도 임시정부 또는 임시위원회 같은 것을 조직하자〉고 주장하며, 사실상 단독정부운동의 시작을 선언했다. 그러나 이 〈정읍 발언〉에 대한 국내의 반응이 좋지 않자, 그는 6월 29일에 〈민족통일을 완성하려는 총괄적 기관〉 또는 〈전 민족통일의 중심적 기관〉임을 자처하는 민족통일총본부를 발족시키면서 〈좌우익을 막론하고 자원하여 우리의 목적을 협찬하는 자는 다 참가할 것〉을 호소했다.[69] 그리하여 자신이 총재인 이 기구에 김구를 부총재로 옹립함에 성공했고, 이시영(李始榮) 및 오하영(吳夏英) 같은 항일독립운동가들은 물론 김규식의 부인 김순애(金淳愛)까지도 협의원(協議員)으로 끌어들일 수 있었다. 가인은 이들을 따라 이 기구에 가입하여 정치부의 간부로 선임되었다.[70]

한편 미군정은 좌우합작운동을 성공시켜 이 운동을 주도한 인사들이 미소공동위원회와 협력을 추구하도록 유도하고자 했다. 미군정의 이러한 계산에 남한 정치지도자들의 주체적 판단이 결합되어 좌우합작운동은 본격적으로 전개되었다. 이와 동시에 〈통일정부의 구성을 열망하는 일반 민중과 각 정당 사회 단체는 이 운동에 비상한 관심을 가지고 적극적인 성원을 하였다〉.[71]

가인 역시 좌우합작운동에 깊은 관심을 쏟았다. 다시 강조하지만, 그는 좌우의 통일전선이었던 신간회운동 이후 민족문제의 해결은 좌우합작을 통해서 가능하다는 믿음을 지니고 있었고 그렇기 때문에 해방 직후에도 여러 차례 좌우합작을 추진했었다. 따라서 가인이, 보다 본격적으로 전개되는 이 운동에 관심을 쏟았다는 것은 당연했다. 더구나 이 운동에는 가인의 오랜 이념적 동지이며 그리하여 해방 직후 함께 고려민주당과 조선민족당을 창당했고 함께 한민당 창당으로 옮겨갔던 원세훈이 적극 참여하고 있는 터였다. 물론 점점 우경일변도로 치닫는 한민당은 좌우합작에 반대하고 원세훈을 이단시하고 있었다. 그러나 한민당의 골수 보수간부들에 대해서는 가인 스스로 이미 선을 긋고 있었기 때문에 좌우합작운동에 대한 한민당의 차가운 시선을 의식하지 않아도 좋았다.

그렇다고 해서 가인이 이 시점에서 한민당을 떠난 것은 아니었다. 원세훈이 그대로 한민당에 몸을 담고 좌우합작운동의 우측 대표단의 일원으로 일하는 상황에서 행동에 매우 신중한 가인이 그래도 가깝고 신뢰하는 오랜 동지들의 집단인 한민당을 쉽게 떠날 수는 없었을 것이다. 그리하여 그는 5월 7일에 신설된 23개 분과위원회 가운데 하나인 법제조사분과위원회 책임위원으로 임명되었고, 5월 27일에는 한민당이 도별로 내려보낸 유세대의 일원으로 고향 전북을 찾기도 했으며, 6월 7일부터 9일까지는 대구에 머물며 한민당 대구지부의 결성을 돕기도 했다.[72]

토지문제를 둘러싼 갈등

그러나 1946년 10월에 들어가 가인은 마침내 한민당을 떠나지 않을 수 없었다. 그 중요한 계기는 10월 7일에 발표된 좌우합작위원회의 다음과 같은 〈합작 7원칙〉이었다. 이 7원칙은 우선 〈남북을 통한 좌우합작으로〉 통일정부를 세울 것을 다짐하고, 중요산업의 국유화를 표방하면서 〈몰수-유조건 몰수-체감매상(遞減賣

上) 등으로 토지를 농민에게 무상으로 분여할 것〉을 제의하는 한편, 〈친일파 민족반역자의 처리〉를 위한 기구의 설치를 요구했다.[73] 이 안이 발표된 무렵에는 애초에 참여했던 세력들 가운데 상당 부분이 떨어져 나가 완전한 좌우합작을 기대하기 어려웠고 결국 중간파의 결집으로 끝나버릴 전망이 컸다. 따라서 7원칙의 실현성 여부도 확실하지 않았다. 이러한 단계였으나 7원칙은 좌익과 우익 모두로부터 협공을 당했는데, 한민당도 7원칙을 반대하는 입장을 취한 것이다. 이로써 한민당의 총무이지만 개인 자격으로 좌우합작운동에 참여했던 원세훈과 그리고 장덕수를 비롯한 한민당의 다른 간부들 사이에 큰 충돌이 일어나 결국 원세훈과 그 지지자들이 제1차로 당을 떠나는 사태가 일어나고 말았다. 이때의 한민당 내분을 설명하면서, 장덕수의 전기작가는 〈탈당 인사들의 대부분은 본시부터 사회민주주의에 기울어 있는 사람들이었다〉라고 썼다.[74]

가인은 그들보다 두 주일쯤 지난 10월 21일에 북풍회 이후의 동지인 김약수와 함께 제2차로 탈당했다. 두 차례에 걸쳐 270여 명이 탈당함으로써 〈한민당은 거의 붕괴 상태에 이르렀다〉.[75] 그러면 가인은 〈사회민주주의에 기울어 있는 사람들〉 가운데 한 사람이었을까? 이때 가인의 입장은 보다 구체적으로 어떠했는가? 이 물음에 대해 김진배는 〈김병로는 좌우익이 날카롭게 대결하고 있는 상황에서 국민 대다수가 납득할 수 있는 토지문제의 처리 방안은 좌우 합작 7원칙에서 밝힌 대로 체감매상-무상분배의 길밖에 없다고 판단했다〉고 대답했다. 즉 〈지주로부터 땅을 사서 소작인에게 거저 주어야 한다〉는 입장을 취했다는 것이다. 그의 이러한 입장은 자신들의 토지축적과정이 정당하므로 자본주의 체제에서 토지를 거저 빼앗거나 준다는 것은 결과적으로 공산주의

322

와 다르지 않다는 한민당 일부 간부들의 입장과는 날카롭게 대립될 수밖에 없었다.[76]

김진배가 이미 지적했듯이, 〈김병로의 토지에 대한 인식은 철저한 것이었다〉. 우리가 제4장부터 제6장까지에서 부분부분 살폈듯이, 〈각종 소작쟁의 사건의 변호인으로서 소작제도의 실상을 잘 파악하고 있다고 믿는 그의 눈에는 소작제도야말로 소작인에 대한 수탈 이외의 아무것도 아니며 토지의 취득과정 또한 대부분 수탈의 축적과정에 지나지 않는 것으로 보았다〉. 실제로 〈당시 우리나라의 실정을 보면, 남북을 통틀어 490만여 정보 농지의 60퍼센트에 해당하는 295만 정보는 농가의 3퍼센트도 못 되는 지주가 독점하고 있었고, 더구나 이들은 연 30퍼센트 이상의 가혹한 소작료를 받고 있었다. 해방된 이 땅의 농민들에게 있어서 해방의 의미는 바로 지주의 착취로부터의 해방이었다〉.

가인은 〈또한 그 당시 공산주의의 위협을 받고 있는 서유럽의 많은 나라들이 공산주의 침투 방지의 일환으로 토지개혁의 방향으로 나가고 있는 데 대해 주목했다〉. 따라서, 유진오에 의하면, 가인은 자신의 입장을 한민당 지도층에게 간곡하게 역설했으나 백안시당했다고 한다.[77]

5 민중동맹과 민족자주연맹에 참여하다

민중동맹 결성 참여

토지문제에 대해서도 한민당의 기본 입장에 더 이상 보조를 맞추기 어려웠을 뿐만 아니라, 가인은 통일문제를 놓고서도 한민당의 기본노선에 더 이상 동의할 수 없었다. 거듭 말하거니와 가인은 좌우합작이 통일로 가는 문을 여는 열쇠들 가운데 하나라고 본 것이다. 그리하여 한민당을 탈당하면서 가인은 곧바로 좌우합작 세력의 집결체인 민중동맹의 결성에 가담했다.

그런데 여기서 한 가지 명백히 해둘 점은, 해방 직전까지의 회고에서 중단되어 버린 가인의 회고록에서는 물론 가인의 전기물들 가운데 그 어느 곳에서도 가인과 민중동맹과의 관계에 대한 언급을 찾을 수 없다는 것이다. 당시 좌우합작운동과 민중동맹 창당에 관여했던 송남헌이 쓴 책에서, 그리고 언론인 김재명(金在明)이 쓴 안재홍에 대한 글에서만 엿보이는데, 저자의 느낌으로는 그 표현에 애매함이 없지 않다. 예컨대, 송남헌은 〈원세훈을 중심한 구(舊) 고려사회민주당계 전원, 김병로를 중심으로 한 이순탁(李順鐸) 등 김병로계 전원과 김약수 김상규(金商奎) 등 진보파 등은 한민당을 탈당하는 동시에 김규식 영향하에서 민생 문제 해결체인 민중동맹을 결성하여 일대 중간파 정치세력을 형성하게 되었다〉라고 쓰면서도,[78] 〈민중동맹의 결성 대회는 1946년 12월 22일에 천도교 강당에서 대의원 800여 명과 김규식, 원세훈, 김병로 등 내빈 다수 참석하여 개최되었다〉고 써서,[79] 김병로가 당원이 아니라 〈내빈〉으로 그쳤던 것이 아닌가 하는 의문을 불러일으킨다. 한편 김재명의 글은 우리가 곧 살필 7인 공동성명에 참여한 정당의 이름을 나열하면서 〈민중동맹(김병로)〉도 지적해 가인이 민중동맹 소속이었음을 기록하고 있다.[80] 이 두 자료에 미루어 가인이 민중동맹에 〈내빈〉이 아니라 맹원이었음이 확실하다고 보고, 가인과 민중동맹과의 관계를 설명하기로 한다.

송남헌의 책을 지적할 때 이미 설명되었듯이, 한민당을 탈당한 진보주의자들은 1946년 10월 29일에 좌우합작 7원칙의 입장에 서

서 민중동맹 결성준비위원회를 구성한 데 이어 12월 22일에 결성
대회를 열었다. 총재에는 김규식이 선출되었다. 가인이 어떤 직책
을 맡았는지는 확실하지 않으나 호남계보의 지도자 역할을 수행
했다는 사실은 송남헌의 다음과 같은 회고 속에서 입증된다.

> 민중동맹의 구성은 김규식 직계인 박의택(朴義澤), 김문(金文),
> 김순애(金淳愛) 외에 원세훈계인 고창일(高昌一), 장자일(張子一),
> 이경수(李庚洙), 문무술(文武術), 황욱(黃郁), 안준희(安浚熙) 등
> 서북 출신과 김병로계인 이순탁, 최남주(崔南周), 나승규(羅承奎),
> 김준설(金俊卨), 김상규(金商圭) 등 호남 출신과 김약수계인 진우
> 구락부(進友俱樂部)의 영남 출신들로 이루어져 이들은 서로 조화
> 를 이루지 못하였다.[81]

가인은 민중동맹 안에서 상당한 영향력을 가졌던 것 같다. 송
남헌의 회고에 따르면, 가인의 〈재정 후원〉 그리고 가인 계보에
속하는 나승규 일파의 주도 아래 1947년 4월 27일에는 민중동맹
의 서울시지부도 창설하게 된다.[82] 그러나 좌우합작을 지향해 정
당의 통일을 기하고 한반도의 통일을 꾀함에 있어서 모체가 되겠
다던 민중동맹은 세포분열을 거듭했다. 1947년에 들어가 김약수계
는 조선공화당을 창당해 나가고 원세훈계는 조선농민당을 창당해
나간 것이다. 그러나 가인은 그대로 민중동맹에 남아 있는다.

좌우합작위원회의 해체

좌우합작운동은 7원칙을 발표한 뒤 남한에서의 정부수립운동의
주역으로 등장하는 인상을 주었다. 앞에서 살폈듯이, 좌우합작운

동은 좌파의 공산당 그리고 우파의 김구와 이승만 세력을 끌어들이지 못한 채 중간세력의 통합에 그쳤는데도, 미군정청은 이것을 근거로 1946년 12월 12일에 남조선과도입법의원을 발족시키고 1947년 6월 3일에 스스로를 남조선과도정부로 개편해 나갔기 때문이다. 그리고 이에 바탕을 두고 소련을 상대로 협의하여 1947년 5월 21일부터 서울에서 제2차 미소공동위원회를 개최한 것이다.

그러나 좌우합작운동은 사실상 커다란 장벽을 만나게 되었다. 우선 좌우합작세력의 정치적 기반을 넓혀주기 위해 만들어진 과도입법의원이 우익에 의해 장악되어 버린 데다가, 1947년 7월 19일에 좌익측 대표인 여운형이 암살되었고, 8월 12일에는 제2차 미소공동위원회가 완전히 결렬된 것이다. 이렇게 되자 미국은 마침내 모스크바 결정에 따른 한반도문제의 해결이라는 애초의 정책을 포기하고 9월 17일에 한반도문제를 자신의 강력한 영향 아래 있는 국제연합으로 가져갔다. 국제연합은 11월 14일에 〈코리아에 관한 국제연합임시위원단을 설치해 그 참관 아래 남북한의 인구비례에 따른 총선거를 실시하며 그 결과에 따라 국회와 정부를 수립한다〉는 취지의 결의안을 통과시켰다.[83] 이러한 상황 아래 좌우합작위원회는 설 땅을 잃어 1947년 12월 6일에 스스로 해체하고 말았다.

민족자주연맹 결성 참여

여기서 좌우합작운동을 추진했던 세력은 새로운 출구를 찾지 않으면 안 되었다. 그리하여 1947년 9월 초에 가인은 좌우합작운동을 뒷받침해 온 7인 회담에 참여했다. 그 결과로 신한국민당의 김용희(金容羲)와 안재홍, 민주통일당의 홍명희, 신진당의 김호

(金乎)와 김원용(金元容), 건민회(健民會)의 이극로 등과 더불어 〈민족국가로의 독립〉을 염원하는 7인 공동성명을 발표할 수 있었다. 〈오늘날 우리 민족에게는 오직 하나의 뚜렷한 목표가 있다. 그 목표란 민족국가로의 독립이다. 지금 우리들은 민족독립의 절대적 사명을 다시 한번 선양코자 소이(小異)를 버리고 대동(大同)을 취하여 한 기치 아래 모이기로 약속하였다. 하루빨리 큰 노력으로 성장하여 절대적 사명을 완수하려 하니 민족독립을 염원하는 동지여, 우리와 한데 뭉쳐 함께 나아가자〉는 이 성명[84]은 민족의 대동단결을 통해 민족통일국가로의 독립을 갈망하던 가인의 평소의 신념을 잘 말해준다.

이 성명이 토대가 되어 중간파는 1947년 10월 1일에 민족자주연맹을 결성할 목적으로 그 준비위원회를 발족시켰다. 김규식을 위원장으로 하는 준비위원회에 가인은 30명 준비위원의 일원으로 참여했다. 원세훈도 참여했다. 준비는 순조로와 민족자주연맹은 1947년 12월 20일에 결성되어 김규식이 위원장으로 선출되었다.[85]

그러면 국제연합에 의한 남북한 총선거안에 대해서는 어떻게 생각하고 있었는가? 이때만 해도 이미 소련과 북한의 반대가 예견되기는 했으나, 국제연합임시위원단이 미국을 떠나지 않았으며 따라서 북한 방문 신청을 공식으로 하지 않았고 신청이 정식으로 거부되지 않았던 때였다. 그 때문인지 민족자주연맹은 국제연합의 결정에 대한 공식 태도를 밝히지 않고 있었다. 민족자주연맹의 선언이나 강령이 〈자주적 입장〉을 강조하면서도 국제연합의 결정에 대해서는 한마디의 언급조차 없었던 것이다.

이 시점에 가인은 국제연합의 결의를 지지하고 나섰다. 그는 한 시론에서 〈우리는 남북통일의 독립완성을 위하여 미소공동위원회의 성공을 기대했으나 1년 유여(有餘)의 귀중한 세월만 허비하였거니와, 이제 국제적 최대기관인 유엔 총회에서 결성된 위원단의 사명이 남북통일 총선거에 의한 독립정부의 수립에 있은즉 우리는 민족의 총력으로 그를 지지하고 그에 협력하여 이 기회를 잃지 않고 독립을 완성하여야 합니다〉라고 주장한 것이다.[86]

국제연합임시위원단은 1948년 1월 8일에 서울에 도착해 1월 12일부터 업무를 개시하고 1월 22일부터 이승만과 김구와 김규식을 비롯한 남한의 지도자들을 만나기 시작했다. 한편 소련은 1월 23일에 국제연합임시위원단의 북한 방문 요청을 정식으로 거부했다. 이제는 국제연합을 통한 남북한의 총선거는 사실상 불가능하다는 판단이 보다 확고히 세워졌다. 이에 따라 민족자주연맹의 태도도 보다 명백해졌다. 국제연합을 통해서가 아니라 〈남북정치요인회담을 개최하여 남북통일정권을 수립하기 위한 통일 총선거를 실시해야 한다〉고 공개성명한 것이다.[87]

그러나 대세는 그 반대방향으로 가고 있었다. 1948년 2월 26일에 국제연합은 국제연합임시위원단의 북한 방문이 불가능해진 만큼 남한만에서라도 5월 10일 안에 선거를 실시해 국회를 구성하고 그 기초 위에서 정부를 세울 수밖에 없다는 취지로 결의한 것이다. 즉 정읍발언 이후 이승만이 추진해 온 노선인 〈남한만의 선거, 남한만의 정부 수립〉이라는 단선(單選)-단정(單政)의 노선으로 굳어진 것이다.

이 시점에서 민족자주연맹의 김규식과 한독당의 김구는 단선단정 노선을 배격하고 남북협상을 추진하게 되며, 마침내 1948년 4월에 평양에서 남북한 정치지도자 연석회의를 개최하기에 이른다. 이 회의의 배경과 과정의 의미에 대해서는 저자가 이미 논문들을 발표했기 때문에[88] 여기서 되풀이하지 않기로 한다. 간단히 지적하면, 김구와 김규식을 비롯한 회의 참여자들의 민족주의적 정열은 높이 평가되어야 한다. 그분들의 운동은, 일제치하에서의 민족 통일전선형성운동으로부터 미군정 치하에서의 좌우합작운동으로 이어진 민족통일운동의 세 번째 단계였다고 할 것이다. 바꿔 말해, 남북협상운동은 분단을 극복하려는 우리 겨레의 민족주의운동의 주류였다고 할 것이다. 그러나 그분들의 고귀한 이상과 노력은 북한 공산주의자들에게 제대로 받아들여지지 않았으며 그리하여 결과적으로는 분단고착화를 방지하지 못했다.

대한민국정부 수립 참가

그러면 이 단계에서 가인은 어떤 입장을 취했던가? 이 물음에 대한 대답을 줄 수 있는 자료를 저자는 찾을 수 없었다. 그러나 가인은 남한 단선단정론을 받아들였던 것이 아닌가 짐작된다. 당시 민족자주연맹에 속했던 사람들이 모두 남북협상을 지지하지는 않았다. 예컨대 안재홍이 그러한 사람이었다. 안재홍의 장남 정용(晸鏞)의 미발표 유고에 따르면, 안재홍은 〈남북총선거는 최선이요 가능한 지역만의, 곧 남한만의 총선거는 차선인데 미 군정을 무기한으로 끌어갈 수 없는 이상 차선이라도 취해야 한다는 현실적인 이론에 지지를 표명하고 있었다〉.[89] 가인의 입장 역시 안재홍의 그것과 같은 것이 아니었던가 생각해 본다.

어떻든 1948년 5월 10일에 남한에서는 「코리아에 관한 국제연합임시위원단」의 참관 아래 남북협상파는 불참한 가운데 총선거가 실시되어 제헌국회가 구성되었다. 이 제헌국회는 초대 국회의장 이승만의 주재로 7월 12일에 대한민국 헌법을 제정하고 7월 17일에 이것을 공포했다. 국회는 초대 대통령에 이승만을, 초대 부통령에 이시영을 각각 선출했으며, 이승만의 후임으로 신익희를 제2대 국회의장으로 선출했다. 이들은 모두 항일운동가들이었다. 8월 15일에 대한민국의 수립이 선포되었다. 한편 북한에서는 9월 9일 김일성을 수상으로 하는 조선민주주의인민공화국 정부가 수립되었다. 이로써 가인의 꿈이던 통일정부의 수립은 좌절되었으나 그는 우리가 제10장에서 보게 되듯이 대한민국 초대 대법원장의 자리를 맡는다.

제 9 장

미군정–남조선과도정부의 사법부장

1 사법부장 취임

사법부장 취임의 배경

해방 3년 미군정기의 가인을 논함에 있어서 중요하게 다뤄져야 할 대목은 그의 사법부장 시절이다. 그는 1947년 7월부터 1948년 8월까지 약 2년 동안 미군정청의 사법부장과 남조선과도정부의 사법부장 자리에 있었다.

8·15 해방과 더불어 9월 6일에 인천에 상륙한 하지(John Hodge) 미국조선주둔군사령관은 9월 9일에 서울에서 조선총독으로부터 항복 문서를 받고 9월 20일에 구 총독부청사에 미군정청을 개설하면서 초대 군정장관에 아널드 소장을 임명했다. 미군정청은 총독부의 8국(局), 즉 교통국, 체신국, 경무국, 학무국, 법무국, 농상국, 광공국, 재무국, 총독관방 제도를 일단 유지한 채 9월 24일부

터 부분적으로 개편해 나가다가 1946년 3월 29일에 11부 5처로
전면개편했다. 종전의 국을 부로 끌어올린 것인데, 11부 5처는 문
교부, 재무부, 사법부, 상무부, 보건후생부, 농무부, 체신부, 공보
부, 통위부, 운수부, 세무처, 외무처, 식량행정처, 인사행정처, 물가
행정처였다. 1946년 9월에는 13부 4처로, 그리고 남조선과도정부
로 개편되고서는 13부 6처로 개편되었으나 그 골격은 바뀌지 않
았고, 사법부는 변함 없이 사법부로 남아 있었다.[1]

가인이 1946년 어느 달 어느 날에 사법부장이 되었는지에 대해
서 기존의 자료들은 약간 애매하다. 우선 『한국변호사사』를 보면,
〈법무국은 미군정청 각 국을 각 부로 승격하는 1946년 3월 29일
법령 제64호에 의거하여 사법부(Department of Justice)로 개칭하게
되었고 사법부장에는 콘리(J. Connely) 소령이 취임하고, 조선인
사법부장으로는 김병로 변호사가 임명되었다〉라고 쓴 다음, 〈1946년
7월경의 사법부의 구성은…… 사법부장 김병로(재야), 행정차장
전규홍(비〔非〕법조), 법무차장 한근조(재야 법조), 법제차장 권승렬
(재야 법조)〉라고 소개했다.[2] 이어 전 대법관 김갑수의 회고록을
보면 〈김영희 박사의 뒤를 이어 사법부장이 된 것은 김병로 선생
이었다. 이때부터는 미국인 사법부장 밑에 한인 고문을 두는 것이
아니고 한인 사법부장 밑에 차장을 세 사람 두기로 했다. 행정차
장에 한근조 씨, 총무차장에 전규홍 씨, 법제차장에 권승렬 씨——
당당한 진용이었다〉라고 썼다.[3] 이어 송남헌의 『해방 3년사』 제2권
은, 그 임명 날짜는 밝히지 않은 채 사법부의 초대부장은 김병로
였다고 기록하고 있다.[4] 이에 비해 김진배는 1946년 7월 1일에 사
법부장이 된 것으로 밝혔다.[5]

그러나 실제로는 7월 12일이었다.[6] 또 김갑수가 말한 김영희는
사법부장이 아니라 그 대리였다. 따라서 가인이 조선인으로서는

초대 사법부장인 셈이었다. 이때 검찰총장은 이인, 대법원장은 김용무로 모두 가인과 일제 치하에서 함께 항일 변론에 앞장 섰던 이들이어서 손발이 잘 맞았다. 한편 경무부장 조병옥은 가인이 신간회 중앙집행위원장이던 때 신간회 경성지회장으로 함께 항일운동에 참여한 사이여서 역시 호흡을 맞출 수 있었다.

가인이 미군정의 사법부장 자리를 맡은 이유가 무엇이었는지 정확히 알 길이 없다. 최종고 교수는 「김병로와 김홍섭」이라는 글에서 〈미군정이 실시되자 법률도 모르는 미군장교가 사법부장이라고 하여 사법행정을 하는 것을 보고만 있을 수가 없어…… 사법부를 바로잡기로 마음 먹었다. 그리하여 그가 미군정 사법부장에 취임하고, 그와 함께 옛 형사공동연구회 동지들도 사법부의 간부로 들어왔다〉라고 써서,[7] 그런대로 그 배경을 알게 해주었다.

가인 스스로는 뒷날 〈최초에 마음 먹기는 군정하에서 우리가 제반 사무에 종사하는 것이 우리의 정식 정부를 수립하고 앞으로 독립국가를 건설하는 데 기초 사업이 되는 것으로 믿고〉 사법부장 자리를 맡았다고 술회한 바 있다. 최종고의 설명과 맥을 같이 하는 것으로, 외국 군정하의 사법부장 자리를 탐내서는 결코 아니고 독립될 새 나라의 사법제도를 이때부터라도 바르게 준비해 나가야 하겠다는 법조계 원로로서의 충정에서였을 것이다.

확실히, 최 교수의 글에 이미 지적되어 있듯이, 가인이 사법부장에 취임하기 이전 남한의 사법행정에는 혼선이 잦았다. 군정청 법무국의 초대 국장이던 우덜(E. J. Woodall) 소령은 미국유학 출신의 비법조인 김영희(金永羲)를 자신의 통역관 겸 보좌관으로 임명해 사법행정의 사무를 시작했는데, 그가 만든 「변호사 자격 부여 지령」 같은 것은 애매모호한 규정으로 비법조인에게도 변호사 자격을 주게 했다. 특히 김영희와 전규홍 및 박용균(朴容均)에게 우덜 국장이 변호사 자격을 부여하자 서울변호사회는 1945년 12월 1일에 그들의 〈불법 임명〉을 취소하라고 요구하는 한편 〈군정 법무국은 사법기관을 합리적으로 운영하라〉고 건의하기에 이르렀다. 그러나 군정 법무국은 이를 무시하고 다시 7인의 〈무자격〉 조선인들에게 변호사 자격을 주었을 뿐만 아니라 상당수의 미국인들에게도 조선 변호사 자격을 부여해 나가, 법조계의 큰 반발을 불러일으키기도 했다. 그 밖에도 조선의 법 제도에 대한 이해 없이 입법한 예들이 적지 않았다. 또 조선인 기관의 재판소와 병행하여 남한 각 도에 미 군정 재판소가 개소되었는데, 전자와 후자 사이의 한계가 명확하지 않은 경우들이 때때로 있어서 서로 불편을 면하지 못했다.[8] 이러한 일들이 가인의 눈에는 모두 마땅하지 않게 비쳤을 것이며, 자신이 나서서 고쳐 나가야겠다는 결심을 굳치게 했을 것이다.

미국인도 감탄한 청렴한 생활

오늘날의 법무장관이라고 할 수 있는 사법부장이 되었다고 하여 그의 검소한 생활자세에 변화가 있을 수 없었다. 이때의 모습을 김진배는 이렇게 묘사했다.

그는 사법부 요원들이나 재판 종사자들에게 공사간에 민족정기의 앙양이 절실하다고 강조하면서 스스로 몸가짐을 깨끗이 할 것을 당부하였다. 그는 미군정청이 있는 현재의 중앙청에 큼직한 사무실을 가지고 있고, 미군 고문관 외에 여러 사람의 관계 미국 장교들을 거느리고 있었지만 특별한 경우 외에는 한복을 즐겨 입었다고 한다. 사실 그는 지난 10여 년 동안 양복을 별로 입지 않았을 뿐만 아니라, 새로 양복을 지어 입으려면 그 당시로서는 사법부장의 한 달 월급을 들여야만 사 입을 정도였다. 웬만한 구두가 쌀 두 가마 값이었고, 거기에다 와이셔츠와 넥타이 등 갖추어야 할 옷가지가 많았기 때문에 보통사람으로서는 양복을 입는다는 것은 상당한 출혈을 하거나 부정한 수입이 아니면 어려운 일이었다. 사법부장 때에도 그는 자기 사무실에서 도시락을 먹을 만큼 어떻게 보면 괴팍한 습관을 가지고 있었다고 한다. 그러나 그의 생각과 행동은 다른 데에 있었던 것이 아니다. 지금 우리의 형편에서 민족정기를 세우는 일이 급한 일이며, 고위공직자일수록 스스로 청렴결백을 보여주어야 한다는 공직자의 신념을 가지고 있었기 때문이다.[9]

가인이 사법부장 때 사법부의 법률조사국장으로 기용된 전 대법관 김갑수도 사법부장실의 회의탁자 〈한구석에서 점심을 들고 계시던〉 가인을 회고하고 있다.[10] 이처럼 〈한복 두루마기를 입고 토막 영어조차 쓰기를 꺼리는 가인에 대해 미군정청의 젊은 영관급 장교들은 그의 철저한 법치주의의 원칙과 청렴강직한 기개를 높이 평가했다〉고 김진배는 쓰고 있다.[11]

2 조선정판사 위조지폐 사건의 고비를 넘기다

좌익의 협박

가인이 사법부장에 취임하여 첫 번째로 부딪친 가장 큰 시련은 조선정판사 위조지폐 사건의 재판이었다. 조선공산당이 배후에 있었던 이 사건은 그 자체로서도 의미가 클 뿐 아니라, 가인이 사법부장으로서 두 차례에 걸쳐 공개경고를 발표해야 할 정도로 재판에 대한 좌익의 저항과 방해가 컸으므로 여기서 자세히 다루고자 한다.

1946년 5월 15일에 이철원(李哲源) 군정청 공보부장은 〈조선공산당 재정부장 이관술(李觀述)과 중앙집행위원 겸 기관지 ≪해방일보≫ 사장 권오직(權五稷) 등이 조선정판사에 지폐 원판이 있음에 착안하여 조선정판사에 근무하는 조선공산당원들로 하여금 1100만 원에 해당하는 조선은행권을 만들어 당내 자금으로 쓴 증거를 잡아 그 관련자들을 5월 4-5일 이미 검거했으며 수사의 범위를 넓혀갈 것〉이라는 취지로 발표했다. 이튿날 조선공산당은 공보부의 발표가 완전히 날조라고 반박했다. 〈미소공동위원회가 휴회한 틈을 타서 조선공산당의 위신을 국내국외에 긍하여 타락시키려는 고위적인 날조와 중상〉이라는 것이었다.

군정청과 조선공산당 사이의 논쟁이 뜨거워지면서 언론과 정당과 사회 단체 사이에서도 진상을 둘러싼 논전이 확대되어 나갔다. 이 소용돌이 가운데 군정청은 조선공산당에 대해 강경한 태도를 취하기 시작해 5월 18일에 ≪해방일보≫를 무기정간시켰고 조선공산당 본부를 제외한 다른 사무실들을 폐쇄시켰다. 확실히 조선공산당 위폐 사건 발표는 해방 3년의 시기에 있어서 남한의 공산주의자들에 대한 미군정청의 정책이 급격히 전화하는 결정적인 계기가 되었다.[12]

수도경찰청은 7월 6일에 이관술을 체포하는 데 성공했으며, 7월 9일에 사건 관련자 열두 명을 서울지방법원 검찰국으로 송치했다. 담당 조재천(曺在千) 검사와 김홍섭 검사는 그들 가운데 아홉 명을 기소했다. 그러나 좌익은 이 사건이 좌익의 탄압을 위해 조작된 것이라고 맞서 세론도 갈팡질팡했던 것 같다. 이때의 상황을

도서출판 정음사(正音社)의 최철해(崔喆海) 사장은 다음과 같이
회고했다.

하도 세상이 뒤숭숭해서 누가 하는 얘기가 진실인지 믿을 수가
없었어요. 정판사 사건만 해도 굉장했지요. 그때 나는 정음사에 들
르신 김 검사께 넌지시 물어보았어요. 사실대로라는 거예요. 나는
그제서야 믿게 되었어요. 김 검사 같은 양심적인 사람이 맡아서 하
는 일이 진실이 아니겠느냐는 생각에서였지요. 나는 그전부터도 저
분 같으면 돈 한푼 없이도 인품으로 살아갈 분이라고 생각했댔어요.[13]

좌익의 공세는 더욱 거세어졌다. 당시 검찰총장이던 이인은
〈담당 조재천 검사와 김홍섭 검사는 말할 것도 없고 내 앞으로
쏟아져 들어온 협박편지가 월여(月餘)에 9,000통이나 쌓였다. 하
나처럼 '사지를 찢어 죽인다', '가족을 몰살하겠다'는 내용으로, 처
음 수십 장을 뜯어보았으나 천편일률의 내용이므로 보지도 않고
쌓아두었더니 미군 검찰부장이 와보고는 입을 딱 벌린다. 미군들
도 처음에는 편지내용을 번역해서 보고를 하다가 나중에는 손을
들어버렸다〉고 회고했다.[14]

〈신문 재판〉을 경고하다

이 무렵 가인이 사법부장에 취임한 것이다. 그는 침착하게 대
처해 나갔다. 그러나 조선공산당의 공세는 전혀 가라앉지 않았다.
7월 22일에는 (1) 조, 김 두 검사의 파면, 그리고 공평한 재수사
(2) 좌우익 정당대표 배심 아래서의 재판을 요구했다. 좌익계 언
론은 물론 일부 중도계 언론도 동조하여 점점 〈신문 재판〉의 경

향이 짙어졌다.

이에 가인은 7월 25일 사법부장으로서의 첫 번째 경고를 발표했다. 그는 우선 〈위조지폐 사건으로 기소된 사람들의 재판에 관하여 각 신문지상의 여론이 분분한데, 그중 어느 신문은 이 위폐사건을 재판소에서 취급하게 하지 않고 신문지상에서 취급하려고 분망하고 있다. 또 어떤 신문은 정치적 야망에서 그네들의 정당 당원인 피고인들에게 유리하도록 민중들의 호감을 사기 위해 애매한 성명을 하고 있다〉고 꼬집고 〈그러나 그것은 큰 과오이다〉라고 단언한 뒤, 〈이 사건에 있어서는 피고인들의 정당관계를 전혀 고려에 넣지 않고 취조해 왔으며 또 이 재판이 그와 같은 견지에서 진행될 것〉이라고 다짐했다. 그는 또 〈이 사건의 재판은 공개될 것이므로 이 사건에 대하여 진상을 발표하고 싶은 사람은 누구나 방청할 수 있다〉는 점을 확실히 했다.[15]

그래도 검찰과 재판부에 대한 협박은 끊이지 않았다. 7월 29일에 제1회 공판이 열리는 날 좌익의 선동에 따른 소란스러운 군중 때문에 경찰의 발포로 중학생 1명이 죽는 불상사마저 일어나 공판을 연기하지 않을 수 없었다. 이러한 분위기를 틈타 변호인단은 재판부기피신청을 내면서 재판을 지연시키는 전술을 펴나갔다. 가인은 7월 31일에 공보부를 통해 사법부장의 특별성명을 발표했다. 여기서 그는 재판부기피신청에 대한 결정이 곧 있을 것임을 밝히고, 이 사건의 재판이 공정하게 진행될 것임을 거듭 다짐했다.[16]

가인의 확고한 자세 아래 좌익의 난동을 극복하면서 재판은 진행되어 10월 21일에 구형이 있었고 11월 28일에 유죄판결이 내려졌다. 가인으로서는 취임 초의 큰 고비를 하나 넘긴 셈이었다. 그러나 앞에서 이미 지적했듯이, 조선정판사 위폐 사건을 계기로 미군정과 좌익 사이의 실력대결은 본격화되어, 좌익세력은 〈9월 파업-10월 대구폭동〉또는 〈10월 인민항쟁〉 등 비합법적 폭력투쟁으로 치달아가고 결국 11월 23-24일에 남조선로동당, 약칭 남로당을 창당한다. 박헌영과 이강국을 비롯한 조선공산당 간부들이 월북한 것이 바로 이 무렵이다.

3 법전 기초에 착수하다

법전기초위원회의 조직

사법부장으로 있으면서 가인이 절실히 느낀 것은 해방된 나라의 실정에 맞게 법체계를 갖추는 일이었다. 김진배가 지적했듯이, 〈해방은 되었으나 시민생활을 규율하는 법률체계는 몇 개의 큼직한 포고를 제외하고는 일본제도를 거의 그대로 답습하고 있었다〉. 이처럼 〈법체계가 송두리째 우리를 강점하던 일제당국에 의해서 제정되고 시행된 만큼 새로운 정부가 세워지고 새로운 법이 시행되기 전에 일제의 잔재를 어떻게든지 쓸어내야겠다는 것은 역사적 시대적 요청일 뿐만 아니라, 민족정기를 확립하는 길로 믿었다〉.[17]

여기서 가인은 크게 보아 두 가지 측면에서 대비해 나갔다. 하나는 사법부장이 대법원장과 협의해 합의된 내용을 미군정당국의 허가를 얻게 되면 현행의 어떤 법 규정에 구애되지 않은 채 그 합의 내용대로 판결하도록 지시하는 방식이었다. 예컨대, 실정법을 제쳐둔 채 새 시대에 맞게 남녀평등을 최대한 보장하는 방향에서 재판하도록 지시한 것은 그러한 절차를 밟아서였다.

그 한 보기가 1947년 9월 2일에 대법원이 내린 판결이었다. 전주에 사는 정(鄭)아무개 부인은 1947년 3월에 같은 곳에 사는 이

(李)아무개 여인을 걸어 가옥명도소송을 제기했다. 피고 이(李)
여인은 원고 정(鄭) 여인이 남편의 승락 없이 제소했음을 지적하
면서 그것이 의용민법(依用民法) 제14조 제1항 〈처(妻)가 소송행
위를 함에는 부(夫)의 허가를 요함〉에 어긋난다고 주장했다. 이에
대해 대법원은 〈처의 능력을 제한할 수 없다. 해방 후 우리는 민
주주의를 기초로 하는 건국을 국시로 하고 있다. 그러므로 남녀차
별제도는 일본제도이기 때문에 민법 제14조는 부적당한 만큼 그
법률 적용을 변경하는 것이 자연스런 사세(事勢)이다. 이에 사회
의 진전과 법률해석을 조정하여 심판의 타당을 얻고자 처의 능력
제한을 인정하지 않는다〉고 판결한 것이다. 이 판례는 처의 능력
제한을 부인하는 첫 판례로서 획기적인 판결이었다.[18]

　다른 하나는 아예 처음부터 새로운 법을 제정하는 방식이었다.
그리하여 가인은 1947년 6월 3일에 미군정청이 남조선과도정부로
개칭함을 계기로 사법부 안에 법전기초위원회를 조직했다. 이 위원
회의 이름과 출범날짜에 대해서는 자료에 약간의 혼선이 있다. 김진
배에 따르면, 가인은 〈1947년 7월 법전편찬위원장〉에 취임한 것으
로 되어 있다.[19] 한편, 이때 위원으로 위촉된 유진오의 회고에 따르
면, 〈조선법전편찬위원회가 조직된 것은 아마 1947년 9월이었다.〉[20]

　그러나 대법원행정처장 출신의 김병화(金炳華) 변호사는 1947년
6월 30일에 남조선과도정부의 행정명령 제3호로 법전기초위원회
가 구성되었으며 위원장은 김용무 대법원장이었고 가인은 이인 검
찰총장과 더불어 위원이었다고 쓰고 있다.[21] 저자는 김병화의 기록
이 정확한 것으로 받아들인다. 한편, 법전편찬위원회는 대한민국
제1공화정이 수립된 뒤 대법원장 김병로를 위원장으로 출범한다.

　법전기초위원회가 실제로 어떤 일을 얼마만큼 했는지에 대해서
는 저자로서는 잘 모르겠다. 한편 김병화는 〈법전기초위원회는

민법, 재산권, 친족관계, 상업관계, 범죄처벌, 법률의 시행 및 사법 행정의 제반 절차에 관한 (당시의) 현형법에 대체하여 채용될 기초법전의 완전한 초안을 작성할 사명을 부여받았다〉라고 쓰고 있는데, 이것이 저자가 발견한 자료의 전부이다.

김갑수의 회고에 따르면, 가인은 사법부 법률조사국장으로 부임한 김갑수의 인사를 받는 자리에서 〈장차 건국이 되면 무엇보다도 시급한 문제가 법령의 제정이라면서 나의 임무의 중요성을 역설하고 이 임무는 잘 수행되어야겠다고 간곡한 부탁을 하셨다〉.[22]

가인의 사법부장 재직 때 이루어진 사법개혁들 가운데 가장 중요한 것은 1948년 3월 20일에 공포된 군정법령 제176호의 〈형사소송법의 개정〉이다. 『한국변호사사』는 68쪽에서 〈인신보호령의 법제를 도입한 전문 25조로 된 형사소송법(일본)의 개정이며 불법구속에 대한 인신의 자유와 권리를 보장하기 위한 조항의 신설로서, 미군정이 곧 건국될 조선독립에 선물한 문화유산이라고 볼 수 있을 것이다〉라고 평가하고, 그 요지를 다음과 같이 지적했다.

(1) 재판소가 발행하는 영장 없이는 아무도 구속되지 아니하고, 압수-수색받지도 아니한다.

(2) 검찰관은 사건송치를 받은 날부터 10일 이내에 기소하지 아니하면 석방하여야 한다. 다만 1회에 한하여 재판소의 결정을 받아 위 기간을 연장할 수 있다(동(同) 9조).

(3) 구속하면 구속자는 피구속자에게 범죄사실과 변호사의 선임을 고지하여야 한다(동(同) 11조).

(4) 피구속자의 대리인-친족-배우자 등의 변호인 선임의 자유와 변호인의 접견-교통의 자유.

(5) 구속 적부 심사의 신청권(동(同) 17조).

법원의 3심제 부활

또 하나의 중요한 개혁은 법원 3심제의 부활이었다. 『한국변호
사사』에 따르면, 일제 말기에 태평양전쟁이 가열화되면서 평상체
제를 전시체제로 전환하던 때 3심제를 2심제로 변경했었는데 이
것이 해방된 뒤에도 그냥 타성적으로 존속했다. 재야법조계는 하
루 빨리 3심제로 대치시켜 재판을 정상화시켜야 한다고 주장했고,
가인이 사법부장이 되면서 조선 전체 법조계의 이름으로 군정당
국에 건의하기에 이르렀다.

가인은 물론 전적으로 동조했다. 그리하여 3심제 부활을 위해
힘을 기울여, 1948년 4월 1일 「군정법령의 폐지 및 관계법령의
개정」이 공포되어 재판소의 3심제는 되살아났다.

한편 재판소구성법을 비롯해, 사법제도를 하루빨리 갖추라는 법조
계의 요망을 적극 수용하여 1948년 5월 5일에는 군정법령 제192호
로 「법원조직법」을, 7월 1일에는 제207호로 「변호사법」을, 8월 2일
에는 제213호로 「검찰청법」을 공포했다. 「법원조직법」에서는 대
법원에게 법령해석의 통일권 즉 법령심사권을 주고 예산과 인사
의 독립을 부여했다. 『한국변호사사』는 이것들은 〈미국 최고재판
소 제도를 도입한 사법우월제의 채택이라고 할 수 있다〉라고 평
가했다.

4 헌법 기초에 참여하다

헌법기초분과위원회를 주재하다

가인은 대한민국의 첫 번째 헌법을 마련하는 일에도 참여했다. 이인의 회고에 따르면, 가인이 헌법 초안의 기초에 참여한 것은 1945년 12월 2일부터였다. 〈임시정부귀국환영회가 있은 바로 다음날 김규식과 최동오 등 임정의 요인들과 국내의 법률가들 100여 명이 한미호텔에 모여 헌법기초위원회를 조직한 것이다.〉 이때 회장은 가인이 맡고 부회장을 이인이 맡은 다음, 헌법은 가인, 정부조직법은 이인, 선거법은 한근조가 각각 주사(主査)를 맡았다. 〈이렇게 하여 각 분과를 따라 4, 5개월 동안 자료조사와 연구가 거듭됐는데 한번은 조소앙이 '국무위원 자격은 20년 이상 독립운동에 전사(全事)한 자로 한정을 하자'고 주장하여 위원회 자체가 유야무야되고 말았다.〉[23]

그러나 가인이 사법부장이 되고 이인이 검찰총장이 된 뒤, 〈미군에 부탁하여 열일곱 개 외국의 헌법자료를 얻는 등의 작업을 계속했다〉. 사법부와 대법원에서 회의를 계속하며 헌법안 심의를 거듭했는데, 〈이 일이 다 되어갈 무렵 가인이 신병으로 입원하므로 서울고검의 검사이던 이호(李澔)를 대검의 검사직무대리로 발령하여 헌법 초안의 정서 등 마지막 손질에 전념하게 했다. 결국 국회에 헌법기초위원회가 생길 때에는 이 초안을 토대로 유진오 등 기초위원 20명이 다소 수정을 가하여 헌법안을 다시 만들었던 것이다〉.[24]

유진오의 회고도 가인을 언급하고 있다. 1947년 가을에 사법부 안에 설치된 헌법기초분과위원회 위원으로 위촉된 유진오는 그 첫회합이 〈중앙청 안에 있던 사법부장실에서 열렸는데(일월 미

상), 나가보니 대법원장 김용무 씨, 사법부장 김병로 씨, 검찰총장
이인 씨, 사법부차장 권승렬 씨, 변호사 강병순(姜柄順) 씨 그리
고 그때 사법부 법률심의국 주석고문이며 법전편찬국장이던 백발
의 퍼글러 박사(Dr. Pergler) 등이 나와 있었다〉고 회고했다.[25]

유진오 안이 골격이 되다

그러나 누구의 안이 헌법의 골격이 되었느냐에 대해서 유진오
는 이인의 회고와는 다른 내용으로 증언한다. 유진오의 회고에 따
르면, 가인이 주축이 된 사법부의 헌법기초분과위원회는 첫 회합
에서 대한민국헌법초안작성위원으로 유진오 교수를 지명했고, 유
교수도 그 책임을 받아들였다. 며칠 뒤 유 교수는 〈양원제, 내
각책임제, 농지개혁, 기업의 자유를 전제로 한 통제 경제(요새 말
로 하면 혼합 경제) 등 몇 가지 기본원칙을 구상해 가지고 제2차
회합에 나갔는데, 막상 토론을 시작하고 보니, 곤란한 점이 한두
가지가 아니었다〉. 왜냐하면 〈강병순 씨만은 연배로 보나 경력의
비중으로 보나, 나와 비슷하다 할 수 있었지만〉, 예컨대 가인을
비롯해 〈그 외의 위원들은 모두 그때 우리나라 법조계의 쟁쟁한
원로대가들인데다가 나이도 나보다 훨씬 위이어서, 그분들과 대
등하게 토론을 전개하기가 거북할 뿐 아니라 그때만 해도 헌법,
행정법이나 국가학, 정치학 등에 관해서는 일반이 깜깜하던 때이
라, 법조계의 대선배들을 앞에 놓고 나로서는 나의 의견을 그분들
에게 이해 납득시키기가 여간 힘들지 않았다〉. 유 교수에 따르면,
〈공법학이나 정치학에서는 당연한 것이 되어 있어서 토의의 출발
점이 되어야 할 사항에 관해서도 장황한 설명을 하지 않을 수가
없었고, 그렇게 해서도 그분들을 납득시키기가 어려운 것이었다.〉

그의 회고는 이렇게 이어진다.

전후 몇 차례나 그 위원회에 참석하였는지는 지금 기억하지 못하겠으나, 어쨌든 나는 국체(國體), 영토, 국민의 요건과 양원제, 의원내각제 등 원칙을 겨우 설명한 뒤로는, 그 이상은 조문 초안을 작성해 가지고 와서 토의하는 것이 좋겠으니, 초안 작성에 필요한 시간적 여유를 달라 하여 위원회의 승락을 얻었다. 그때까지 하던 식으로 토론을 계속하다가는 헌번 초안의 작성에 얼마나 시간이 걸릴는지 알 수 없는 일이었으므로, 어쨌든 위선 초안부터 작성해 놓고 보아야 하겠다는 것이 나의 속셈이었다.[26]

이때 가인이 어떤 반응을 보였는지 무척 궁금하다. 유진오가 말하고 있듯이, 가인조차 국가학이나 정치학에 대한 이해가 모자랐을까? 양원제와 의원내각제에 대한 기초 지식이 얕았을까? 아니면 구미(歐美)의 민주정치제도에 대해 기본적인 이해를 갖고 있었던 것이 아닐까? 어떻든 이러한 물음들에 대해 해답을 줄 만한 글이나 회고를 가인도 유진오도 전혀 남겨 놓지 않았다.

다시 유진오의 회고로 돌아간다. 유진오가 헌법기초 작업을 본격적으로 진전시킨 때는 1948년 2월 하순부터였다. 일본 고등문관시험 사법과 출신인 윤길중(尹吉重) 변호사와 황동준(黃東駿) 변호사, 그리고 서울고등법원의 정윤환(鄭潤煥) 판사의 도움을 많이 받았다. 한편 4월에 들어가서는 신익희가 주재하던 행정연구회 소속의 장경근(張暻根)과 최하영(崔夏永) 및 차윤홍(車潤弘) 등과도 협의했다. 5월 초에 유진오는 초안을 끝내 헌법기초분과위원회에 제출했고, 헌법기초분과위원회는 이 안을 골격으로 헌법초안을 확정지었다.[27]

이 무렵인 1948년 5월 31일에 제헌국회 제1회 본회의는 의장에 이승만, 부의장에 신익희와 김동원(金東元)을 각각 선출한 뒤 곧 헌법을 제정하는 일에 착수했다. 〈헌법 급(及) 정부조직법 기초위원회〉 위원장으로는 한민당의 서상일(徐相日) 의원이 선출되었다. 유진오 교수는 전문위원으로 참여했으며, 국회 헌법기초위원회는 그가 사법부의 헌법기초분과위원회에 제출했던 초안을 중심으로 논의해 나갔다. 이 초안은 내각책임제를 골격으로 하고 있었고 국회 헌법기초위원회도 그렇게 기울었으나 대통령으로 선출될 이승만의 강력한 반대로 결국 대통령제로 바뀌었다. 이 헌법안이 제헌국회에서 채택된 것인데, 단원제와 대통령의 국회간선제 등을 권력구조의 골격으로 삼았다.[28]

이 헌법에서, 대법원장은 대통령이 임명하고 국회의 승인을 받도록 했으며, 법관의 임기를 10년으로 하되 법률이 정하는 바에 따라 연임할 수 있게 하였다. 또 부통령을 위원장으로 하고 대법관 5인과 국회의원 5인을 위원으로 하는 헌법위원회를 구성해 위원 3분의 2 이상의 찬성으로 위헌판결을 할 수 있게 하였다.[29]

이렇게 볼 때 헌법제정과정에서 가인이 직접적으로 어떤 구상을 내놓았는지는 불분명하다. 가인이 어떤 발언을 했고 어떤 입장을 보였는지에 대해서, 헌법기초과정에 관한 유진오의 매우 자세한 회고록은 완전히 침묵하고 있다.

다만 가인이 그 무렵에 쓴 한 시론을 보면 그는 미국의 민주주의를 높이 평가하고 있었음을 알 수 있다. 〈나의 보는 바로는 동서고금을 통해서 참으로 민주주의 기초 위에서 독립국가를 건설하고 민주주의 기본법칙에 의해서 정치적 발전을 완성한 나라는 미국뿐이라고 믿습니다〉라고 전제한 가인은 미국의 「독립선언서」를 우리가 세워야 할 나라의 기본정신으로 받아들여야 한다고 주장

했다. 〈사람은 누구나 동등한 생을 받았으며 남에게 옮겨줄 수 없
는 어떠한 권리가 부여되었고 그중에는 생명과 자유와 행복을 구
하는 권리가 포함되어 있으며 이러한 권리를 수호하기 위하여 정
부를 수립하되 그 힘은 인민의 동의로부터 오는 것이므로 그 목
적에 어그러지는 정부는 인민의 권리로써 이를 변경 또는 폐지하
여 인민의 안녕과 행복을 보장할 원리 위에 정부를 세우는 것〉이
미국 「독립선언서」의 요지라고 풀이한 가인은 〈미국의 헌법이나
제반 법령도 이러한 원리 위에서 제정되었고 운영되었다〉고 설명
했다. 그는 이어 〈선진국가이며 신흥국가인 미국의 건국이념을
표본으로 삼고 민주주의정신을 부동(不動)의 원리로 규정하여야
만 우리 민족의 영원한 평화와 행복을 수호할 수 있는 것으로 확
신합니다〉라고 매듭지었다.[30] 이 글로 미루어 가인은 자유민주주의
의 원리 위에서 헌법을 만들어 나가고자 했던 것임에 틀림없다.

　여담이 되겠으나 덧붙이면, 미국의 민주주의제도를 높이 평가
하면서도 그는 개인생활의 측면에서는 미국을 별로 좋아하지 않
았다고 권순영 변호사는 회고한다. 가인이 대법원장이던 때 판사
였던 그가 1956년 미국에 시찰 가게 되었다고 인사했더니 〈미국
가야 배울 것 없어. 그러나 이왕 가는 길이니 몸 성히 있다 오게〉
했다는 것이다. 권순영은 〈내가 생각하기로는 미군정 시대에 미
국유학 갔다 왔다고, 영어를 할 줄 안다고 미군정의 관리로 취직
하여 실력도 없이 부정만 하는 것을 너무 많이 보아서 그러는 것
이 아닌가 한다〉고 썼다.[31]

5 민족지도자들을 기리는 운동

가인은 바쁜 공직생활 속에서도 민족지도자들을 기리는 운동에
는 반드시 참여했다. 그는 1946년 3월 1일에 결성된 기미독립선
언기념사업회에 고문으로 참여했다. 이 사업회는 이승만을 명예
회장, 김구를 명예부회장, 윤보선을 위원장으로 하고 있었다.[32] 그
는 또 1947년에 발기된 도산안창호선생기념사업회의 발기인으로
참여했고, 초대 회장 신익희에 이어 2대 회장이 된 뒤『도산 안창
호』를 출간하도록 뒷받침하는 한편 망우리묘지에 묘비를 세우도
록 주선했다.[33]

이러한 일 밖에도 가인은 항일운동에 앞장 섰던 민족지도자들
을 기리고 또 그 후예들을 돌보는 일에 남모르는 정성을 쏟았다.
가인의 유족들의 증언에 따르면, 가인은 신생 대한민국의 지도층
은 항일지사들로 구성되어야 한다는 뜻을 자주 토로했다고 한다.
특히 정계지도부에서 친일파는 물론 친일의 의혹을 받는 인사들
마저 제외되어야 한다는 신념을 강하게 지녔다고 한다. 그의 이러
한 신념은 8·15 해방 이후 미군정에서 상당한 영향력을 쌓은 한
민당의 일부 지도층에 대해 계속해서 못마땅한 시선을 보내게 했
다는 것이다. 이렇게 볼 때, 우리가 다음 장에서 보듯이, 가인이
신생 대한민국의 대법원장으로 선출되어 반민족행위자를 재판하
는 특별재판부의 재판관장을 겸하게 되는 것은 당연하고도 다행
스런 일이었다.

제 10 장

제1공화정 대법원장의 초기

1 대법원장 취임으로 사법부의 기초를 닦다

대법원장으로 임명되기까지

가인이 만 60세 7개월이 된 1948년 8월 15일에 마침내 한반도의 남쪽에 대한민국이 세워졌다. 가인의 입장에서 볼 때, 3천만 모든 겨레의 염원인 완전한 통일독립국가가 세워진 것은 아니었지만, 그래도 남쪽에서라도 독립된 정부가 들어선 것은 경하할 일이었다. 그러므로 가인은 대한민국 제1공화정의 수립과 더불어 초대 대법원장의 영예와 중책을 기꺼이 맡을 수 있었다. 그런데, 우리가 앞에서 살폈듯이, 가인은 해방 3년의 시기에 대체로 이 대통령에 대립되는 입장에 서 있었다. 이 대통령은 첫 내각을 조직하는 과정에서, 그동안 자신을 적극 뒷받침해 준 한민당에 〈친일파〉의 인상이 있다고 하여 멀리하는 판이었다. 자신을 도와준 한민당도 배제하는 이 대통령이 자신에 반대되는 입장에 있었던 가인을 어떻게 사법부의 수장으로 임명하게 되었을까? 여기서 가인이 대법원장이 된 경위를 살핀다.

제1공화정의 초대 내각에 법제처장으로 기용되었던 유진오의 회고에 따르면, 8월 3일에 이 대통령을 만났더니 〈서광설이란 분이 어떤 분이지? 대법원장으로 임명하려는데 말이야〉 했다. 서광설은 유진오의 보전 동료 서재원(徐載元)의 아버지이고 유진오 스스로도 존경하는 분이어서 즉각 〈공평무사한 점잖은 분입니다. 정치적 추진력이라 할까 그런 것은 잘 모르겠습니다만〉 하고 대답했다. 이 대통령은 좋아하면서 〈그러면 됐어. 대법원장이 공평무사하면 됐지 추진력은 있어 무엇하나〉 하고는 곧 비서관을 불러 대기하던 기자들에게 발표하라고 지시했다. 〈잠깐〉 하고 유진오는 말에 끼여들었다. 〈헌법에 대법원장은 국무회의 의결을 거쳐서 임명하도록 되어 있습니다. 조각이 이제 끝나서 국무회의가 곧 열릴 것이니까 이왕이면 헌법절차를 밟아서 하시는 것이 좋을 것입니다〉라고 조언하자, 이 대통령은 〈그렇다면 그렇게 하지〉라고 응낙했다. 그런데 그 다음날 열린 첫 번째 국무회의에 조금 늦게 나갔더니 그 사이 대법원장 임명안이 가결되었다는 것이다. 유진오는 으레 서광설일 것으로 알고 〈서광설 씨 말이죠〉라고 물었더니, 옆 자리에 있는 김동성(金東成) 공보처장은 〈김병로 씨가 되었습니다〉라고 대답했다. 여기서 유진오의 회고는 이렇게 이어진다.

나에게는 큰 충격이었다. 김병로 씨도 내가 잘 알고 존경하는 분이다. 그분의 대법원장 임명에 이의가 있을 리는 없는 것이지만, 하룻밤 사이에 어떻게 해서 서씨가 김씨로 바뀐 것인가. 나는 내가

서광설 씨의 일을 방해한 결과가 된 것을 몹시 미안하게 생각하였
는데, 더군다나 그분이 그대로 민간에 있다가 6·25 때 피난할 기
회를 잃고 북괴에게 납치당한 일을 생각하면 죄책감마저 느낀다.[1]

초대 법무부장관으로 이미 발표가 났던 이인의 회고는 보다 더
구체적이다. 8월 3일 저녁이 되어서 집에 있노라니 이 대통령의
비서관이 찾아와서 노진설(盧鎭卨)의 집을 알려달라고 했다. 〈대
법원장 시키려고 그러는구먼. 내가 그의 집을 모르거니와〔대법원
장 인선 문제에 대해서는〕이 박사에게 직접 여쭐 터이니 그리 아
시오〉라고 대답해 보내놓고는 그 다음날 이 대통령을 만나 노진
설의 대법원장 임명에 반대했다. 〈노진설은 해방 직후 월남했고
군정 때는 내가 서울고등법원 판사로 천거했던 이인데 5·10 선
거 때는 중앙선거관리위원장을 지냈다. 그러나 법원 안에서는 연
공(年功)이 있는 터라 아무리 새 정부를 이룩하는 마당이라 해도
정평(定評)의 순서를 건너뛰지는 못하는 것〉이라는 취지로 설명
했다. 그러자 이 대통령은 그러면 누가 했으면 좋겠느냐고 물었
다. 〈나는 이 물음이 있을 줄 짐작했던 터이므로 즉석에서 '물론
김병로지요'라고 대답을 했다.〉 그러나 이 대통령은 〈김병로는 김
규식 사람인데……〉라면서 〈선뜻 마음이 내키지 않는 눈치다〉.
우리가 제8장 제4절에서 보았듯이 김병로가 김규식과 함께 민중
동맹을 결성하고 좌우합작운동에 참여했던 것을 이 대통령은 염
두에 두고 있음이 확실했다. 이에 대해, 이인은 〈설사 그렇다면
어떻습니까? 김병로만한 대법원장감은 없는 줄로 압니다. 김병로
를 안 쓰시겠다면 저도 법무장관 그만두겠습니다〉라고 맞섰다.
〈나는 더더욱 할 일 많은 건국 초이기 때문에 법원과 법무부가
서로 호흡이 맞아야 일이 되겠다는 신념 때문에 이렇게 강경한

진언을 했던 것이다〉라고 이인은 회고했다. 그의 회고는 이렇게
이어진다.

〈쓸데없이…… 괜한 객기요.〉 격한 듯한 이 박사의 목소리를 뒤
로, 나는 〔이 대통령의 거처이며 집무실이던〕 이화장(梨花莊)을
나왔다. 나오는 길에 대통령 비서관 장기영(張基永)을 만나 대법
원장 문제를 잘 말해달라 부탁했다. 몇 시간 후에 그로부터 연락이
오기를 〈침이 안 들어 갑니다〉 했다. 그러는 사이에 시간이 돼서
나는 내각 첫 모임에 참석했다. 이 박사는 이 자리에서 〈비밀이 자
꾸 누설이 돼서 일하기가 어려우니 아무쪼록 비밀을 엄수해 달라〉
고 간단하게 유시를 했다. 이날 모임은 이것으로 끝이 났다.[2]

다음날인 8월 5일 공식적으로는 첫 번째의 국무회의가 열렸다.
대법원장 인선문제가 다시 거론됐다. 이 대통령은 이번에는 서광
설이 어떻겠느냐고 물었다. 이 말이 떨어지자 외무장관 창랑(滄
浪) 장택상(張澤相)이 벌떡 일어나 〈일제 때 충성하던 사람을 대
법원장이라니 말이 안 됩니다〉라고 반발했다. 서광설이 일제 때
판사를 지냈음을 지적한 것이다. 이인의 회고는 이렇게 이어진다.

나는 이 기회를 놓치지 않고 가인 김병로를 들고 나왔다. 그러
나 이에 대한 이 박사의 생각은 이미 알고 있는 터이므로 이 박사
를 쳐다보지 않고 국무총리 철기(鐵驥) 이범석(李範奭)을 향해
〈어떻습니까, 가인이〉 하고 말했다. 〈무난하겠죠〉라고 대답했다.
총리가 찬성하자 뒤이어 장택상과 재무장관 상산(常山) 김도연 등
이 모두 〈좋겠지요〉 한다. 이렇게 되자 이 박사도 〈여러분들이 정
그렇다면 할 수 없지〉 하고 동의했다. 나는 곧 가인에게 연락하여

지금 국회의 대법원장 임명 동의 요청이 갈 것이라 알렸다.[3]

제헌국회는 이날로 임명동의안을 표결했다. 재석 1백57명 가운데 가 117표, 부 31표, 기권 3표, 무효 6표라는 압도적 다수로 동의되었다. 김진배의 표현으로, 〈30여 년 동안을 일제강점 아래서의 조국 땅에서 모진 시련을 겪으면서도 오직 나라의 독립과 약한 사람의 인권을 위해 투쟁해 온 김병로는 드디어 독립된 이 땅의 초대 대법원장의 중책을 맡게 된 것이다〉.[4] 이로써 이승만 대통령, 이시영 부통령, 신익희 국회의장, 김병로 대법원장, 이범석 국무총리 등 항일 운동가들로 3부의 수뇌부가 갖춰졌다.

취임 인사에서 사법부의 독립을 강조하다

가인은 8월 16일에 제헌국회 본회의에 출석하여 취임 인사를 했다. 그는 먼저 스스로를 〈무능한 사람〉이라고 낮춰 부르고 이처럼 〈능력이 부족한 사람〉이 대법원장이라는 중책을 맡게 되어 〈부끄럽고 스스로 두려운 마음〉을 금할 수 없다고 겸허한 자세를 보였다. 그는 이어 지난 이태 동안 미군정의 사법부장으로 〈미력이나마 일신상의 다소의 혼란과 내 한 몸의 병고도 돌볼 바 없이 성의를 다해서〉 일했는데, 국민 앞에 이렇다 할 만한 성과를 내지 못했던 것을 〈외람〉되게 생각한다고 자괴한 다음, 그런데도 다시 대법원장을 맡겨줌에 한층 더 심신을 다 바쳐서 일하겠다고 다짐했다.

본론에 들어가, 가인은 사법부에 몸담은 이들이 우선 〈자아의 인격수양〉에 힘써야 한다는 소견을 피력했다. 〈사법에 몸을 두는 사람은 제일 첫째에 자기 몸을 갖는 데 있어서 어떠한 사람도 의

심하지 않는 확신성을 가져야 되겠습니다〉라고 그는 역설한 것이
다. 그는 이어 〈기술적 단련〉의 중요성을 강조했다. 법을 올바르
게 해석함으로써 국민의 신뢰감을 잃지 않으려면 법에 대한 〈깊
은 연구와 단련〉을 게을리해서는 안 된다는 것이다.

결론에서 가인은 사법부의 〈엄정한 독립성〉을 강조했다. 〈만일
에 다른 방면으로부터 간접이나 직접으로 강제를 받는다든지 어
떠한 정실이 거기에 첨부된다고 할 것 같으면, 아무리 소신을 갖
고 나간다 하더라도 거기에 지장이 없지 않을 것입니다〉라고 말
하면서, 삼권의 분립의 원칙을 존중함으로써 〈사법기관으로 하여
금 유감 없는 소신과 그 능력을 발휘하게 하여주시기를 바랍니다〉
라고 끝맺었다.[5]

취임 인사에 나타난 가인의 입장은 대법원장에 재임했던 모든
기간을 통해 아무런 흔들림 없이 유지된다. 우리가 앞으로 보듯
이, 그는 사법부의 독립에 관한 한, 한치의 양보 없는 결연한 자
세를 보이며, 이로써 신생 독립국가의 사법부의 초석을 굳게 놓는
데, 그리하여 신생 대한민국의 민주주의의 뼈대를 세우는 데 결정
적인 역할을 수행한다.

2 법률체계를 갖춰 나가다

법전편찬사업에 착수하다

가인은 대법원장 취임 직후부터 법전을 편찬하는 일에 정성을
쏟았다. 가인과 그리고 이인 법무부장관의 주도로 9월 15일에 대
통령령으로 법전편찬위원회 직제가 제정되었다. 대법원장이 위원

장이 되고 법무부장관이 부위원장이 되며, 위원 일흔다섯 명과 전문위원 약간 명을 두도록 되어 있었다. 위원은 서울에 있는 판사와 검사와 변호사, 그리고 법학교수 가운데서 위촉되었다.[6] 이 위원회는 〈헌법을 제외한 민법, 상법, 형법, 민사소송법, 형사소송법 등의 기본법과 기타 재판 법규를 기초하는 것을 임무로 하여 발족하였다.〉[7]

법전편찬위원회의 활동에 대해 산파역을 맡았던 이인 전 법무장관은 이렇게 회고했다.

우리 정부에서는 수립 직후 시정 방침을 의결하니 그중의 하나가 법률과 법제의 정비이다. 이에 따라…… 법전편찬위원회가 신설됐는데…… 이때는 왜색 법률을 일소하는 일이 시급하므로 재조·재야 법조인 외에 종교인, 교육인까지 합친 80여 명을 위원으로 했다. 위원회의 일은 국회에서 이미 제정한 헌법 외에 민법, 형법, 상법, 민사소송법, 형사소송법 등 5법과 그 부속 법전을 정비하는 것인데 워낙에 방대하고 복잡한 작업이라 준비에 시간을 뺏겨 이듬해에야 겨우 본격 작업이 시작됐다. 그러나 초안의 입안과 심리가 겨우 궤도에 오르자 이번에는 6·25가 터졌다. 나는 피난 보따리보다는 먼저 법전 관계 서류를 들고 남하토록 지시했고 피난지에서도 매일처럼 초안을 검토하는 작업을 계속했다. 모두가 법조인의 사명감이니, 사명감이 아니더면 도저히 될 수가 없는 일이다. 나는 관에서 물러난 뒤에도 편찬에는 계속 참여하니 위원회에 간여하기 전후 13년이요, 가인이 정년으로 물러난 뒤 4년간은 그의 뒤를 이어 위원장직을 맡았다. 이렇게 하여 5법과 그 부속 법전은 차례로 초안을 완성하여 국회에 넘기니 민법 중 친족법 일부의 약간 수정이 있었을 뿐 거의 모두가 원안대로 통과가 됐다. 법학도로서 다소간 자

위하는 바이고 당시에 대법관들의 노고가 적지 않았던 것이다.[8]

1954년 9월에 대법관이 되어 1955년 3월 법전편찬위원회 위원
으로 위촉됐던 고재호 변호사도 소중한 회고를 남겼다. 고 변호사
의 회고 내용은 이인의 회고 내용과 비슷하나, 법전편찬위원회의
중요성에 비추어 소개해 본다. 고 변호사 역시 〈당시 법전 편찬
사업은 상당히 시급한 문제가 아닐 수 없었다. 왜냐하면, 헌법을
제외한 나머지 법이 정비되지 않아 일정 때의 법령과 미군정 법
령에 의지할 수밖에 없어 주권국가로서의 체면이 말이 아니었기
때문이다〉라고 말하여, 이 기구의 출범이 신생독립국가로서의 법
체제 정비에 있었음을 분명히 했다. 고재호의 회고에 따르면, 법
전편찬위원회가 정부수립 직후에 발족하기는 했으나 기초 작업에
착수한 것은 부산 피난시절부터였다. 그러나 〈별로 진척이 없다
가 서울 수복 후에 본격적으로 추진되었던 것이다〉. 고재호의 회
고는 이렇게 이어진다.

나는 대법관이 된 뒤에 위원이 되어 그 전부터 준비해 온 민법,
형법, 상법, 민사소송법, 형사소송법의 초안을 완성하는 작업에 가
담하게 되었는데, 그때 비로소 위 5법의 초안이 거의 위원장인 대
법원장의 손에서 정리되었음을 알고 감탄했던 것이다. 조문마다 위
원장의 손끝이 안 닿은 데가 없다 해도 과언이 아니다. 참으로 그
분의 큰 공적이었다. 그후 박차를 가해 매주 한 번씩 대법관들이
대법원장실에 모여 마지막으로 축조심의를 했는데, 이인 선생은 법
무부장관을 그만둔 지 오래였지만, 그대로 부위원장으로 열심히 그
자리에 나오곤 했다.[9]

고재호는 〈김병로 대법원장의 큰 업적 중의 하나는 법전편찬사업이다〉라고 결론지었다. 전 대법관 김갑수 변호사 역시 이 법전편찬위원회를 회고하면서, 〈하루빨리 우리 법전을 가져야겠다는 대법원장의 열의에 더 많은 힘을 입었다. …… 우리가 쓰고 있는 6법은 가인 선생의 손에서 이루어지게 되었다〉라고까지 썼다.[10]

법전을 편찬하는 일뿐만 아니라 법률용어를 가다듬는 일 등에도 정성을 쏟았다. 이 점과 관련하여, 김갑수는 〈형사법정이나 민사법정의 증인선서를 들을 때마다 가인 선생의 생각이 난다. 이 선서의 내용은 가인 선생이 직접 다듬고 다듬어서 만든 것이다. 환퇴(還退), 상계(相計), 도급(都給)이니 하는 법률용어도 가인 선생이 만든 것이며, 그 외의 법률용어로서 우리 고유의 말이 아닌 것은 그 전부가 가인 선생의 손으로 고쳐진 것이다〉라고 증언했다.[11]

법원조직법을 매듭짓다

법전편찬사업을 독려하면서 가인은 법원조직법을 마련하는 일에도 정성을 쏟았다. 제1공화정이 출범한 뒤에도 미군정 시대의 과도적인 법원조직법으로 법원을 조직해 운영하는 터이어서 신생 독립국가의 체모에 문제가 있음을 절감했기 때문이다.

마침 1949년 7월 8일에 법원조직법이 정부안으로 국회 법제사법위원회에 제출되었고, 7월 11일에 법제사법위원회로 회부되었다. 가인과 오랜 친구인 백관수가 위원장으로 있는 법제사법위원회는 위원회로서의 대안을 마련해 가결하고 정부안과 함께 본회의에 올리면서 〈위원회의 대안을 중심으로 심의해 주기 바란다〉고 요청했다. 본회의는 이 요청을 받아들이고 곧 질의토론에 들어갔다. 이 법안의 전문과 그 의미, 그리고 국회에서의 질의토론의 내용은 법원행정처장을 지낸 김병화(金炳華) 변호사가 쓰고 1979년 일조각이 발행한 『한국사법사: 현세편』의 51쪽부터 61쪽 사이에 잘 요약되어 있으므로 여기서 인용하기로 한다.

법제사법위원회의 대안은 전문(全文) 12장 79조 부칙으로 되어 있다. 제1장은 「총칙」, 제2장은 「대법원」, 제3장은 「고등법원」, 제4장은 「지방법원」, 제5장은 「법관」, 제6장은 「사법관시보」, 제7장은 「집달리」, 제8장은 「정리(廷吏)」, 제9장은 「개정」, 제10장은 「합의」, 제11장은 「대법관 회의」, 제12장은 「법원행정처」이다. 이 법안의 심의 과정에서 대체로 다섯 가지 문제가 제기되었다. 첫째는 군정 때 설치된 간이법원을 없애기로 한 것이 옳으냐의 문제이다. 둘째는 지방법원이 행정소송을 관장하지 못하도록 한 것이 옳으냐의 문제이다. 셋째는 등기와 호적을 법원이 관장하도록 한 것이 옳으냐의 문제이다. 넷째는 법원행정처장이 국무회의에 출석해 발언권을 행사할 수 있도록 한 것이 옳으냐의 문제이다. 다섯째는 대법원장의 임명에 관한 규정이 위헌이 아니냐의 문제이다.

7월 30일 본회의에 참석한 가인은 위원회의 대안을 전반적으로 지지하는 입장을 보였다. 본회의는 이 법안의 시행일자를 1949년 8월 15일로 바꾸기로 하고 위원회의 대안을 이의 없이 가결하여 8월 1일에 정부로 넘겼다. 정부는 8월 13일에 세 가지 이의를 제기하면서 재의를 요청했다.

법무부에 따르면, 첫째, 국회에서 의결한 이 법안 제15조 2항(〈대법원장은 대법관으로서 보한다〉)과 제37조 1항(〈대법관의 임명 및 대법원장의 보직은 대법원장과 대법관 및 각 고등법원장으로 구성된 법관 회의의 제청으로 이를 행한다〉)은 헌법 제78조(〈대법원장인 법관은 대통령이 임명하고 국회의 동의를 얻어야 한다〉)와, 공무원의 임명에 대한 원칙적인 규정인 헌법 제62조(〈임명에 의한 공무원에 대해서는 헌법과 법률의 규정에 의해서 임명한다〉)에 어긋난다는 것이다. 즉 〈헌법과 법률의 규정에 의하여 임명한다고 하는 것은 헌법의 규정에 있는 것은 헌법에 의할 것이고, 법률에 규정된 것은 법률에 의하여야 할 것이므로, 헌법에 이런 규정이 있을 것 같으면 법률로써 이를 제한하지 못하므로 헌법과 법률에 정한 바에 의하여 임명하는 것이 원칙이다〉라고 전제하면서, 〈그러므로 대통령이 대법원장을 임명할 때에는 헌법 제78조 규정에 의해서 대통령이 선임을 해가지고 국회의 동의를 얻으면 되는 것이고 대통령의 임명권에 대해서는 법률로써 제한할 수 없는 것이다〉라고 주장했다.

둘째, 법안 제22조(〈법원행정처장은 국무회의에 참석하여 사법행정에 관하여 발언할 수 있다〉)는 삼권분립의 정신에 어긋난다는 것이다. 그뿐만 아니라 〈현재 국무회의에 헌법이나 정부조직법에 규정된 사람 이외에는 출석을 안 시키지만 개별적 사항에 대해서는 국무회의의 의장의 허가를 얻어서 국무회의에 출석 발언할 수 있으므로 구태여 이 법에 규정할 필요가 없다〉는 것이다.

셋째, 호적과 등기의 중앙주관사무를 법원이 관장해야 하는가에 대해서이다. 법무부의 의견은 다음과 같다.

이 법안에 호적과 등기의 중앙주관사무를 법원이 보유하게 되어 있다. 한편 호적과 등기에 관하여는 앞으로 호적법과 등기법이 제정되어 실시될 터인데 호적이나 등기에 관한 전체 사항을 법률에 전부 규정하기는 어려우므로 자세한 사항은 위임명령이나 행정명령을 발하여야 한다. 그런데 법원에서는 이 명령을 발할 수 없을 뿐만 아니라 정부조직법에 의하면 이 명령에는 주무부 장관이 부서하게 되어 있는데 대법원장이나 법원행정처장은 부서를 할 수가 없다. 그러므로 호적과 등기의 중앙주관사무를 법원이 갖도록 하는 것은 입법기술상 난점이 있다. 또한 호적사무는 인구의 동태와 분포를 기록하는 것인데 법원에서 관할하게 되면 정부로서, 이와 관계되는 국방부의 징병제도와 내무부의 선거인명부작성 및 세무서의 징세관계 등의 업무가 행정적으로 곤란하다.(52쪽)

국회는 9월 19일에 정부의 재의안(再議案)을 다뤘다. 권승렬 법무부장관의 설명에 이어 가인이 대법원장으로 답변했다. 가인은 첫째 〈헌법 제78조와 제62조는 대법원장의 임명에 관한 원칙적인 규정으로 헌법은 기본만 작정한 것이고 자격이나 절차는 법률로 정하는 것이므로 이 법 제15조와 제37조의 규정은 결단코 위헌이 아니다〉라고 답변했다. 그는 둘째로 〈이 법안 제22조는 삼권분립의 원칙이며 삼권분립은 통합적 이론과 연락적 관계 및 분담사무의 세 관계가 있으므로 법원행정처장이 국무회의에 출석하여 발언할 수 있다는 규정은 아니다〉라고 설명하고, 〈정부는 이 조항의 규정이 없어도 법원에서 국무회의 의장의 허가를 얻어 출석하여 발언할 수 있다고 하지만 과거 두 번이나 예산을 심의할 때에 대법원에서 사전에 '이것은 법원에 특별히 관계되는 것이니 발언할 기회를 달라'고 국무회의에 요청했으나 한 번도 기회를 얻은 적이 없다〉라고 지적했다. 셋째로, 그는 〈등기와 호적 문제에 있어서는 등기사무는 대법원장이 감독할 성격을 갖고 있는 문제이며, 호적문제 역시 인신에 중요한 관계가 있으므로 법관이 감독하여야 하며, 호적은 법원 직원 이외에 별도로 호적직원이 사무를 담당하고 다만 관계서류를 법원에서 보존하고 있다. 법원의 호적사무는 호적법의 규정대로 감독사무뿐이므로 정부측에서 인구동태를 모르느니 병역관계에 지장이 생기느니 하는 말들은 이해할 수 없다〉는 요지로 설명했다.

국회는 곧 표결에 들어갔다. 결국 〈법원조직법안은 국회가 통과시킨 대로 정부에 반환한다〉는 안이 가결되었다. 그리하여 9월 26일자로 공포되어, 8월 15일로 소급해서 적용하게 되었다. 이 법은 가인이 대법원장으로 있는 동안 세 차례 개정되는데 모두 부분적인 것뿐이었다. 이렇게 볼 때, 제1공화정의 법원 조직과 운영의 뼈대는, 그리고 한걸음 더 나아가 그 이후 오늘날에 이르기까지 대한민국의 법원 조직과 운영의 기초는, 가인에 의해 마련된 것이라고 할 수 있을 것이다.

3 반민특위재판장으로 민족 정기 수호에 힘쓰다

반민특위의 구성 과정

조국의 해방과 더불어 일차적으로 제기되었던 민족의 당면 현안은 친일반민족행위자를 처벌하는 문제였다. 국민의 여론과 역사의 당위는 친일반민족행위자들의 숙청이었다. 그러나 현상의 유지를 남한점령정책의 골격으로 삼았던 미군정은 친일반민족세력을 감쌌을 뿐만 아니라 친일파로 여겨진 사람들을 중앙과 지방의 행정 및 사법 기관에 널리 기용하기조차 하였다. 여기서 미군정에 대한 남한인들의 불만은 자라게 되었으며, 남한인들의 불만은 결국 1947년 7월에 남조선과도입법의원으로 하여금 「민족반역자-부일(附日)협력자-간상배의 처벌에 관한 특별법」을 통과시키게 하였다. 그러나 이 법안은 미군정의 강력한 반대로 포고되지 못한 채 시행을 보지 못했고, 그리하여 친일파숙청문제는 대한민국 제1공화정으로 이월되게 되었다.

이것을 막기 위해, 그리하여 친일파가 제1공화정에 참여하는 것을 막기 위해, 제헌국회는 제1공화정의 수립을 앞두고 「반민족행위처벌법」의 제정을 서둘렀다. 1948년 8월 5일에 국회는 반민족행위자를 처벌하는 법을 기초할 특별위원회를 구성하기로 결정했으며 스물여덟 명의 기초특별위원회를 발족시키기에 이르렀다. 이 기초특별위원회의 작업을 거쳐 국회는 9월 7일에 마침내 「반민족행위처벌법」을 통과시켰고, 이 법 제정에 반대했던 대통령은 우여곡절 끝에 9월 22일에 공포했다.

이 법이 공포되자 국회는 반민족행위특별조사위원회, 약칭 반민특위(反民特委)를 구성하고 10월 23일에 제1차 위원회를 열어 위원장에 한독당의 김상덕(金尙德) 의원을, 부위원장에 김상돈(金相敦) 의원을 각각 선출했다. 정-부 위원장 외에 조중현(趙重顯), 박우경(朴愚京), 김명동(金明東), 오기렬(吳基烈), 김준연(金俊淵), 김효석(金孝錫), 김경배(金庚培), 김종순(金鍾淳) 의원이 조사위원으로 선출됐다. 이어 이들의 조사활동을 돕기 위한 기구를 만들기 위한 「반민족행위특별조사기관조직법」을 제정하여 12월 7일에 공포하고, 중앙에 중앙사무국을, 각 도 조사부에 사무분국을 두기로 했다.[12]

이 특별조사기관조직법은 반민족행위자를 처단하기 위한 특별재판부를 대법원에 두기로 했다. 특별재판부는 특별재판관장 아래 3부를 두고, 각 부의 책임자로 부장재판관을 두며, 부장재판관 아래 네 명의 재판관을 두기로 했다. 모두 열여섯 명에 이르는 이들 재판관은 국회의원 가운데 다섯 명, 고등법원판사 이상의 법관 또는 변호사 가운데 여섯 명, 일반사회인사 가운데 다섯 명을 각각 뽑기로 했다. 한편 특별재판부에 특별검찰부를 병치하기로 하고, 특별검찰부에는 부장장 1인 아래 차장 1인과 검찰관 7인을 두기로 했다.[13] 이러한 구성으로써 반민특위는 1949년 1월 8일에 발족되었다.[14] 특별재판부의 재판관장에는 대법원장인 가인이, 특별검찰부의 검찰관장에는 검찰총장 권승렬이 각각 선출되었다.

이 대통령과의 갈등

국민의 성원 속에 반민특위가 발족해 친일파들을 검거하는 등 그 활동을 개시하자 반민법의 제정 때부터 반민법에 반대했던 이 대통령은 곧바로 견제하는 태도를 보였다. 반민특위가 발족한 바로 그 다음날인 1949년 1월 9일에 담화를 내고 〈지난날에 구애되어 앞날에 장해되는 것보다 과거의 결절(缺節)을 청쇄(淸灑)함으로써 국민의 정신을 쇄신하고 국가의 기강을 밝히기에 표준을 두어야 할 것이니, 입법부에서는 사법부에서 왕사(往事)에 대한 범죄자의 수량을 극히 감축하기에 힘쓸 것이요, 또 증거가 불충분할 경우에는 관대한 편이 가혹한 형벌보다 동족을 애호하는 도리가 될 것이다〉라고 역설했다.

이 대통령이 반민특위를 견제하는 담화를 발표했는데도, 반민특위는 조금의 동요도 없었다. 부위원장 김상돈 의원은 〈누구를 막론하고 특별조사위원회의 처사에 대해 간섭할 수 없다〉는 반박 성명을 내기도 했다. 반민특위의 검거활동은 더욱 활발해져 1월 25일에는 수도경찰청의 수사과장이던 노덕술(盧德述)을 체포하기에 이르렀다. 경남 울산 출신인 그는 일제 때 순사로 입신해 경시(警視)의 지위에까지 올랐으며 27년에 걸친 경찰생활을 통해 수많은 독립지사들을 검거하고 고문한 악명 높은 인물이었다. 해방 직후에는 수도경찰청에서 〈용명〉을 떨쳤는데 1948년 7월에 피의자를 고문치사한 뒤 그 시체를 한강변에 버린 일이 드러나 여론의 공세를 피하고자 쉬고 있었다. 경찰이 철저히 감싸고 돌았던 노덕술의 체포는 여론의 성원을 받는 반민특위의 활동이 제 궤도에 들어섰음을 상징하는 사건이었다.

노덕술의 체포에, 이미 경찰을 장악한 친일경찰들은 당황했다. 그들은 노덕술이 공산당을 잡는 기술자이며 노덕술과 같은 경관들을 처단하려는 것은 공산주의자들의 음모라고 반박했다. 이에 이 대통령은 노덕술이 체포된 그 이튿날 반민특위의 김상덕 위원장 등 여섯 명의 위원들을 불러 석방을 종용했다. 1948년 가을에 일어났던 이른바 여수순천반란사건 등에 나타났듯이 공산주의자들의 정부전복활동이 심각한 시점에서 경관들을 잡아가기 시작하면 반공체제가 약화될 우려가 있다는 뜻이었다. 그러나 김 위원장은 이 대통령의 처사가 엄연한 법률위반이라며 석방을 거부했다. 이에 맞서 이 대통령은 2월 2일에 다시 담화를 내고 〈빈민특위의 활동은 삼권분립의 원칙에 어긋난다. 좌익반란분자들이 살인과 방화 등 파괴공작을 하고 있어 경험 있는 경관의 기술이 필요한데 마구 잡아들이는 것은 부당하다〉고 주장했다.

이 담화를 계기로 이 대통령과 반민특위 사이의 공방전은 거의 매일같이 계속되면서 불꽃을 피웠다. 싸움은 반민특위를 탄생시킨 국회와 이 대통령을 뒷받침하는 정부의 대립으로까지 번져갔다. 반민특위의 간부 열다섯 명을 암살하려는 음모도 진행되었는데, 암살대상자에는 물론 가인도 포함되어 있었다. 날카로운 대립 속에 이 대통령은 2월 15일에 반민특위를 비난하면서 반민법의 개정을 요구하는 담화를 냈다. 이 담화에서 그는 〈근자 조사위원회에서 진행되는 것은 조사위원 2, 3인이 특경대원을 데리고 다니며 사람을 잡아다가 구금 고문한다는 보도가 들리게 되니, 이는 국회에서 조사위원회를 조직한 본의도 아니요, 정부에서 이를 포용할 수도 없는 것이므로 대통령령으로 검찰청과 내무부장관에게 지시해서 특경대를 폐지하고, 특별조사위원들이 체포 구금하는 것을 막아서 혼란상태를 정돈케 하라 한 것이다〉라고 밝힌 다음, 〈정부는 본법을 즉시 개정토록 법체처에 지시하여 이미 개정안을 국회에 제출하였다〉고 선언했다.

이 시기를 면밀히 분석한 길진현(吉眞鉉) 기자에 따르면, 〈이승만의 2·15 특별담화는 국회와 반민특위는 물론 사회에 커다란 충격을 던져주었다〉.[15] 국회에서 부위원장 김상돈 의원과 특별검찰관 노일환(盧鎰煥) 의원 등은 〈대통령의 담화는 정부 안의 친일파를 비호하는 것〉이라고 통박하고, 〈한 나라의 대통령으로서 법률에 의해 운영되는 국회의 특별활동을 '마음대로 잡아들인다'는 식으로 모략하는 것은 국회를 모독하는 행위〉라고 비난했다. 또 위원장 김상덕 의원 역시 강경한 논조의 반박성명을 발표했다.

가인도 마침내 견해를 밝혔다. 그는 우선 〈대통령의 담화의 취지는 반민법 자체가 헌법정신에 어긋나니까 수정하라는 의미라고 해석된다〉고 평가하고, 이 문제는 헌법위원회가 판단할 성질의 것으로 〈본인으로서는 이와 같이 중대한 문제를 헌법위원회에서 심의하기 전에는 말할 수 없다〉라는 대단히 신중한 자세를 보였다. 그러면서도, 이 대통령이 비난한 특경대와 조사위원회의 활동을 옹호했다. 〈반민법이 존속하는 한, 특위에서 반민법에 의해 행동하는 것은 불법이 아니라고 생각하다〉고 단언한 것이다.[16] 대법원장으로서 법 이론에 입각해 균형 잡힌 발언을 한 것으로 풀이된다.

여러 방면으로부터 반격이 시도되는데도, 이 대통령은 끝내 반민법을 고치려고 하였다. 대통령이 반민특위의 활동에 직접 관여하는 동시에 행정부 안의 반민법 해당자를 처단하지 못하도록 법률로써 명시하겠다는 것이었다. 그리하여 그는 2월 18일에 국회의장 신익희와 대법원장 가인을 대통령의 집무실인 경무대(景武臺) — 오늘날의 청와대 — 로 불러 삼부 수뇌회담을 열고 반민법 개정의 필요성을 역설했다. 그러나 신익희나 가인에게서 아무런 지원 약속도 얻어내지 못했다. 그런데도, 이 대통령은 2월 22일에 개정안을 국회에 제출했다. 국회는 2월 24일에 개정안을 부결시켰다. 이 단계에 와서야 비로소 이 대통령은 〈국회의 뜻을 존중한다〉면서 한걸음 물러섰다.

반민특위 재판의 전말

반민특위의 활동에 대한 이 대통령의 견제가 약해지면서 가인은 특별재판관장의 자격으로 1949년 3월 4일에 특별재판관 전체회의를 열고 재판절차에 따른 문제들과 재판기일을 지정하는 문제 등을 논의했다. 가인은 이 자리에서 우선 반민자재판이 민족적인 성업임을 강조하고 민족의 총의에 따라 공정하고도 신속하게 재판을 진행할 것을 당부했다. 재판절차에 관한 문제들 가운데 재판기일을 정하는 것이 가장 급했기 때문에, 이 문제를 논의한 결과 재판관례상 기소한 순서에 따라 재판기일을 정하기로 하고 재판부별로 요일을 지정해, 제1부는 월요일과 목요일에, 제2부는 화요일과 금요일에, 제3부는 수요일과 토요일에 각각 재판을 열기로 결정하는 한편, 재판부별로 피고인을 배당했다.[17]

재판의 일정 및 재판부가 결정되자 가인은 1949년 3월 12일에 반민특위의 특별재판부는 엄정한 재판을 수행한다는 결의를 다음과 같이 밝혔다. 길진현의 역저 『역사에 다시 묻는다』 77쪽에는 그 내용이 실려 있어 여기에 그대로 옮긴다.

반민자들에 대한 심판은 해방 후 우리의 자주정부가 들어섰다면 곧 착수했을 것이나 3년 이상이나 공백이 있어 혼란 속에 방치되어 왔다. 그 후 여러 가지 주변사정과 정치정세의 변동이 있었던 것은 유감스럽고 곤란한 점도 없지 않았다. 그러나 시일이 갈수록 더욱 곤란이 가중될 것으로, 반민법에 규정한 바와 같이 단시일 내로 이 사업을 완결하여 민족정기를 부흥하는 동시 전 민족의 분의(憤意)를 일소하고, 완전하고 순정한 민족통합으로 민족국가의 만년대계에 매진할 것이다. 본인은 이러한 사건을 처단함에 있어 첫째로 전국적으로 반역자의 낙인이 찍힌 자를 주로 하고, 둘째로 각 지방별로 반역자의 낙인을 받은 자를 주로 할 방침이다. 결국 순정한 민족의 총의를 반영하여 결정될 것이고 처단될 것으로 믿는다. 따라서 개인의 사감이나 편파한 관념에 흐르는 것은 절대 금물이요, 만일 그러한 피해가 있어서 이 중대한 사무 수행에 혼란을 불러일으켜서는 안 된다.

이 담화에는 민족정기를 바로 세우는 일이야말로 민족통합과 민족국가수립의 지름길이라는 가인의 평소의 믿음이 그대로 잘 나타나 있다. 민족주의자로 일관해 온 가인의 면모를 여기서 쉽게 확인하게 되는 것이다.

1949년 3월 26일부터 역사적인 재판은 시작되었다. 첫 번째로 피고인석에 선 이는 유명한 실업인 박흥식(朴興植)이었다. 그는 몇 차례 심리를 받은 뒤 4월 20일에 신태익(申泰益)을 재판장으로 하는 제1부 재판부에 의해 병보석으로 풀려나 그 뒤로는 불구속으로 재판을 받았다. 박흥식의 병보석은 검찰의 즉각적 반발을 불러일으켜, 검찰관장 권승렬과 검찰관차장 노일환을 비롯한 특별검찰부 검찰관 아홉 명 전원이 국회에 사퇴서를 냈다. 이에 국회는 4월 23일에 특별검찰관장 권승렬과 특별재판관장 김병로를 출석시켜 우선 경위 설명을 들었다.

권승렬이 먼저 설명했다. 그는 우선 〈3000만의 뜻을 받들어 일을 하여왔으나 우리 자체의 힘이 부족함을 느끼고 총퇴진할 생각을 전부터 했으나 늘 엷은 얼음판을 밟고 나가는 감이 있었다. 검찰관 전원이 퇴진한 것은 박흥식 보석 문제가 주인(主因)이 아니라 한 계기가 된 것이다〉라고 말해, 재판부에 대해 불만이 쌓여왔었음을 비쳤다. 그는 이어 〈박흥식을 보석한 것은 그가 감방생활을 지속할 능력이 없다는 이유라고 하나, 검찰부에도 의사가 있어 이를 알아 본 결과 그렇지도 않다는 결론을 얻었다. 즉 형무소에서 발급한 진단서에 의하면 박흥식은 아메바 적리(赤痢)에 걸려 있으며, 잠을 자지 못하여 정신병자가 되어 있다 하였으나 그런 병징이 없고, 또 정신병이라고 하나 그렇다면 정신병 전문의의 진단이 필요한 것이다〉라고 말해, 박흥식의 병보석 결정을 납득할 수 없음을 강조했다.

가인이 곧 답변대에 섰다. 그는 우선 〈전 민족의 정신에, 또는 자손만대에 미칠 사업이므로 재판부에서는 법에 따라 공정히 재판을 수행해 온 것이며, 세상의 여론에 귀를 기울이지 않았다〉라고 주장했다. 〈여론 재판〉을 할 수 없다는 법관으로서의 꼿꼿한 자세를 보인 것이다. 그는 이어 〈보석이 중대한 것은 아니다. 또 보석으로 박흥식을 아주 석방하는 것이라든지 또는 형을 삭감하는 것이 아니다. 그리고 진단서가 반드시 보석의 참고 자료가 되지 못한다는 법은 없다〉고 해명했다.[18]

가인의 해명으로부터 혹시 가인이 반민자 처벌에 지나치게 관용했던 것이 아닌가 하는 의문을 느끼게 될 사람도 없지 않겠다. 그러나, 김진배에 따르면, 가인은 매우 엄격했다. 몇몇 친일파들이 찾아와 지난날을 후회하는 이야기를 하면 〈당신이 정말로 후회한 다면 조용히 벌을 받을 생각을 해야지 무슨 면목으로 이곳저곳 찾아다닌단 말이요. 하늘이 부끄럽지 않소〉라고 꾸짖었다. 재판부가 무죄판결을 내리기로 합의한 경우에는 〈어찌 사사로운 정이야 없겠소만 민족정기를 바로 세워야 할 이때에 무죄는 부당하니 재고하라〉고 종용하기도 했다.

이승우 변호사에 대한 재판 때는 인간적으로 너무나 괴로워 했다. 이승우는 가인이 허헌 및 이인과 함께 형사공동연구회를 운영할 때 함께 참가했고 보전의 상임이사로 함께 일했던 〈민족변호사〉였다. 그러나 일제 말기에 와서는 친일파로 변신하여 총독부의 중추원참의로 뽑히기도 했고 창씨개명에 앞장 서기도 했다. 지난날 형사공동연구회에 함께 참가했던 변호사들 가운데, 이제 북으로 넘어가 김일성대학 총장으로 있는 허헌은 그렇다고 치고, 이인은 법무부장관으로 있고 자신은 대법원장으로 특별재판관장을 겸한 처지에, 이승우는 민족반역자라는 지탄 속에 용수를 쓴 채 자비를 구하고 있음이 마음 아팠다. 그러나 가인은 사사로운 정을 전혀 쓰지 않았다.

다시 이야기의 원점으로 돌아오건대, 국회는 결국 보석문제는 재판부에서 재심토록 하는 한편 검찰관의 사표는 모두 반환하도록 결의했다. 재판은 계속되어, 1929년 9월에 부임하기 위해 서울역에 도착한 조선총독 사이토에게 폭탄을 던진 강우규(姜宇奎) 의사를 체포했던 일제 고등계 경시 출신의 김태석(金泰錫)에게 무기형과 50만 원의 재산 몰수형을 선고했고, 우리가 제4장 제3절에서 살폈던 오동진 의사와 의열단원들을 체포했던 일제 고등계 주임 출신의 김덕기(金悳基)에게 사형을 선고했다. 그러나 박흥식의 경우에는 공민권 정지 2년이라는 가벼운 구형에 무죄를 선고했고, 3·1 운동 때 민족지도자 33인 가운데 한 사람이었으나 ≪매일신보≫ 사장이 되는 등 친일파로 전락한 최린(崔麟)을 공소취하했으며, 춘원 이광수를 병보석했고, 글라이더를 만들어 일본해군에 공급한 신용욱(愼鏞項)을 불기소처분했으며, 이승우 변호사에게 공민권 정지 3년을 선고하는 등, 전반적으로 관대하게 다뤘다. 보신책으로 헌병대로 은신한 일제 경찰 출신은 아예 검거하지도 못한 상태였다.

활동의 실적이 미흡했는데도, 반민특위에 대한 압력은 점점 거칠어갔다. 그 압력은 우선 이른바 국회프락치사건으로 나타났다. 반민법의 제정과 실행에 앞장 섰던, 그리하여 반민특위의 핵심인물들인 소장파 의원들을 남로당이 국회 안에 심어놓은 프락치라는 혐의로 5월부터 구속하기 시작한 것이다. 이 사건에는 그때의 주요한 정치적 쟁점들과 정치적 세력들 사이의 이해가 깊이 얽혀 있어 그 성격을 한마디로 단정하기 어려워 여기서 자세하게 다룰 지면이 없다. 그러므로 간단히 말할 수밖에 없는데, 이 사건은 반민특위를 중심으로 한 민족적 사회개혁적 정치세력을 탄압하기 위한 극우세력의 사법적-정치적 음모의 산물이라는 인상이 짙다. 이처럼 국회의원들을 구속함과 아울러 〈민중대회〉를 열어 반민특위 간부들을 성토하는가 하면, 이러한 행위들을 비난하는 유성갑(柳聖甲) 의원을 폭행하기도 했다.

반민특위에 대한 압력은 마침내 〈경찰 쿠데타〉로 기록되는 이른바 6·6 사건으로 정점에 이르렀다. 여러 형태로 압력을 가했는데도, 반민특위가 〈민중대회〉를 배후에서 조종한 친일 경관 최운하(崔雲霞) 서울시경 사찰과장과 조응선(趙應善) 종로경찰서 사찰주임을 구속하자, 경찰은 이에 반발하여 중부경찰서로 하여금 반민특위의 본부를 습격하고 특위요원들을 연행하게 하는 한편 서류를 압수하고 특경대를 해산시키게 한 것이다. 이날 사건 발생의 보고를 받고 특위본부로 달려온 특위 특별검찰관장 겸 검찰총장인 권승렬이 중부서원에 의해 무장해제를 당하는 모욕을 당했다. 반민특위의 역사에 있어서 이 사건만큼 〈충격적인 사건〉도 없었다.[19]

국회는 즉시 대통령과 국무위원 전원의 출석을 요구하는 한편 의장단과 내무 국방 두 위원장 등 다섯 명의 대표로 하여금 대통령을 방문해 항의하게 했다. 이 대통령은 이들에게 아무 거리낌없이 〈특경대 해산은 내가 지시한 것이고 특경대를 해체했다 해서 특위 업무에 지장은 없을 줄 안다. 내가 몸이 불편해 국회에는 나갈 수 없다〉고 응수했다. 국회의 분위기는 격앙되었다. 이 분위기를 대변하여 이재형(李載瀅) 의원은 〈국무총리 이하 전 각료의 퇴진, 압수한 반민특위의 무기와 문서의 원상 회복, 특히 사건을 지휘한 내무차관 및 치안국장의 파면을 요구할 것, 그리고 국회의 이 요구가 제대로 이행되기 이전에는 모든 법안 및 예산안의 심의를 일체 거부할 것〉을 제의했다. 이 제의는 그대로 통과되었다.

가인도 대법원장과 특별재판관장의 자격으로 경찰을 비난하는 쪽에 섰다. 그는 6월 7일에 기자 회견을 통해 6·6사건이 중부경찰서의 단독 결정이 아니라 〈내무부의 명령〉에 따라 빚어진 것으로 본다고 지적하고, 경찰의 행위는 〈직무를 초월한 과오이며 불법〉이라고 못박았다. 그는 이어 〈이 문제는 국민에게 미치는 영향이 중대한 것으로 보기 때문에 국회와 정부당국으로서 비상시국에 적정한 정치적 조치가 있으리라 본다〉고 전제하고, 〈사법기관으로서는 추호라도 용서 없이 법에 비추어 판단을 내릴 것〉이라는 결연한 의지를 보였다.[20]

국회와 사법부가 한 목소리로 행정부에 반격을 가했는데도, 이 대통령은 조금도 굽히지 않았다. 그는 6월 11일에 담화를 발표하고, 반민특위와 그 소속 의원들을 비난하면서 〈의장 각하와 의원 제씨(諸氏)는 깊이 양찰하라〉고 역공세를 취했다. 이 무렵 법무장관이 바뀌었다. 서울 종로구 을(乙)선거구 출신의 장면 의원이 초대 주미대사로 나감에 따라 1949년 3월에 실시된 보궐선거에서 당선되어 의원직을 겸하고 있는 이인을 해임하고, 검찰총장 겸 특별검찰관장인 권승렬을 그 후임으로 발령한 것이다. 권승렬이 내각에 들어서면서 반민특위와 경찰 사이의 타협을 시도해 쌍방이 한 발씩 물러났고, 이 대통령도 국회에 출석해 국회의 체면을 살려주었다. 그러나, 〈이 사건은 정치적 타결에도 불구하고 행정부력에 의한 '힘의 간섭'이라는 전례를 헌정사에 남김으로써 불행한 전례가 되었고, 안팎의 도전에 시달리던 반민특위에 치명타를 가했다〉.[21]

반민법의 제정과 시행에 앞장 섰던 소장파 의원들이 남로당의 프락치로 몰려 계속 구속되던 가운데 6월 26일에 〈소장파의 배경이자 정신적 지주〉였던[22] 김구가 현역 육군장교 안두희(安斗熙)에 의해 암살되었다. 이러한 분위기 속에서 반민법의 공소시효를 원래의 1950년 6월 20일까지에서 1949년 8월 31일까지로 줄이는 개정안이 가결됐다. 이에 항의해 반민특위의 김상덕 위원장 이하 모든 위원이 사퇴해 국회는 새 위원들을 선출했고 이인이 위원장직을 맡았다.

반민특위가 약화된 상태에서도 이 대통령은 계속해서 압력을 가했다. 새로 반민특위의 위원장이 된 이인과 여전히 특별재판관장을 맡고 있는 가인을 불러 국회의원들 가운데 친일파로 지목된 이들은 왜 구속하지 않느냐고 역습하면서, 노덕술과 구황실의 사가(私家) 종손인 일본 자작 이기용(李琦鎔)의 석방을 재삼 요구했다. 그러나 이인이나 가인 어느 누구도 굴복하지 않았다.[23]

그러나 반민특위는 사실상 종언을 고하고 있었다. 공소시효가 끝난 지 닷새 뒤인 9월 5일에 모든 공식적인 활동을 끝내고 잔무 처리에 들어갔다. 9월 21일에는 특위위원장 이인 외 48인의 이름으로 「반민특위 특별기관 조직법 및 반민족행위 특별재판부 조직법 폐지안」, 그리고 반민특위가 진행해 왔던 업무는 대법원과 대검찰청에서 계속 수행할 수 있도록 하는 내용의 「반민족행위처벌법개정안」을 국회에 제출했다. 이 안들은 이튿날 통과되었고 이로써 파란 많던 반민자의 단죄 작업은 엉거주춤한 상태에서 일단 매듭지어졌다.

월남의 추념식에 모두 모이다

이처럼 반민특위를 중심으로 행정부, 입법부, 사법부의 삼부가 얽혀 있고 또 이승만과 김구의 대립이 결국 김구의 암살로 이어졌던 1949년에, 삼부의 수장은 물론 이승만과 김구 및 김규식이 모두 한자리에 모인 일이 있었다. 3월 29일에 기독교청년회관에서 열린 신간회 창립 회장 월남 이상재의 생탄 1백 5년을 기념하는 자리였다. 이승만과 김구 및 김규식이 자리를 함께한 것은 아마 이것이 마지막이었을 것이다. 이 뜻 깊은 자리에서, 일찍이 신간회 때 월남을 모셨었던 가인은 대법원장의 자격으로 추념사를 했다. 그의 추념사의 요지는 다음과 같다.

왜정 때 미와 경부라고 하면 악독하기로 유명한 자였다. 종로경찰서 고등계주임으로 있으면서 독립운동자를 무수히 체포 고문

하여 그 이름만 들어도 사람들은 무서워하였다. 그 같은 미와이건
만 월남 선생 앞에서는 꼼짝 못하였으니, 그것은 태산같이 무겁고
바다같이 넓으신 선생의 인격에 압도된 때문이었다. 어느 날 선생
께서 세종로 큰 거리를 걸어오시는데 어디선지 미와가 툭 튀어나
오면서 〈아버지, 어디 가십니까〉 하며 굽실 절을 하였다. 그 찰나
선생께서는 별안간 가지고 계시던 큰 지팡이를 높이 들어서 내려
치는 시늉을 하시며, 〈네 이놈! 사람 좀 그만 잡아가〉 하고 호령을
하시었다. 그러고는 소리를 내어 껄껄 웃으시니 미와도 어이가 없
었던지 〈예, 이젠 안 잡아가겠습니다〉 하고 어디로인지 사라져 버
렸다. 이는 선생께서 평소에 미와를 밉게 보아오다가 해학을 빙자
하여 한번 혼을 내주신 것이었다. 워낙 잘난 사람 앞에서는 누구나
일종의 기압을 받는 법이지만 독사 같은 미와도 월남 선생 앞에서
는 감히 머리를 들지 못했던 것이며, 선생의 지략과 기지는 그같이
견적필살(見敵必殺)의 묘미가 있었던 것이다.[24]

가인뿐만 아니라, 이 대통령을 비롯한 요인들은 모두 월남의
일화를 소개하는 것으로써 추념사를 대신했다. 그만큼 월남은 해
학과 기지로써 많은 교훈적인 일화를 남겼던 것이다.

4 이 대통령의 퇴임종용을 거부하다

왼쪽 다리의 무릎을 잘라내다

사법부의 기초를 닦는 한편 반민자의 재판을 이끌어 나가던 가
인은 1949년 10월 11일에 왼쪽 다리의 신경통이 악화되어 서울대

학교 의과대학 부속병원에 입원하게 되었다. 처음에는 그렇게 심각하게는 생각하지 않았으나 골수염으로 판명되었고, 그리하여 1950년 2월 20일에 왼쪽 다리에서 무릎 이하를 끊어내는 큰 수술을 받게 되었다. 다행히 수술결과가 좋아 퇴원한 뒤에는 관사에서 요양하며 업무를 보았다. 고재호 변호사에 따르면, 법관들 사이에서는 〈집에서 사건을 심리 조사한다〉는 뜻인 택조(宅調)라는 말이 일제 때부터 활용되었고, 택조는 법관들의 권리이기도 했다〉고 한다.

이 무렵 이 대통령은 자신에게는 〈눈앞의 가시 같은 존재〉인 가인이 수술을 계기로 대법원장 자리에서 물러나기를 바랐다. 그리하여 이 대통령은 측근인사들을 〈문병차〉 보내 가인의 건강과 그 심경을 살피게 했다.[25] 김갑수는 보다 구체적으로 이렇게 썼다. 〈그 수술을 전후한 무렵 이 대통령은 대법원장의 병고가 오래라는 이유로 가인 선생에게 사임을 종용했다. 물론 직접 권한 것은 아니고 법무부장관 권승렬 씨로 하여금 그 뜻을 전하게 한 듯했다. 권 장관이 그런 이야기를 가인 선생에게 전했는지 알 수 없으나 당시 권 장관은 이 문제를 가지고 많이 괴로워했다.〉[26] 김갑수의 이 증언을 그대로 받아들일 때, 우리는 〈만약, 6·25 동란이 그보다 훨씬 뒤에 터졌거나 했다면, 그 장기 요양에 따라 대법원장 자리에서 도중 하차했을지도 모른다고 보는 이도 있었다〉라는[27] 김진배의 말이 전혀 과장이 아님을 알게 된다.

어떻든 가인은, 김갑수의 표현으로, 〈척각(隻脚)의 대법원장〉이 되었다. 〈의족에 의지한 그의 모습은 쓰러질 듯 쓰러질 듯하여 한국의 사법을 상징하는 것인 듯한 여운을 풍겨주기도 했다〉[28]

재판에 대한 외부의 간섭 배제

실제로 재판에 대한 외부의 간섭과 법관에 대한 외부의 압력이
많았다. 이 점을 1949년도 국회의 국정감사 보고서는 이렇게 지
적했다.

> 검찰이나 경찰에서는 자기들의 소망대로 판결이 내리지 못할 때
> 에는 흑막이 있느니 빨갱이 판사니 운운하여 법관의 입장을 대단
> 히 곤란하게 하는 경우가 허다하다. 이러한 사례가 재판에 대한 간
> 섭이며 또는 법관에 대한 압력으로서 민주정치 국가에 있어서는
> 철저히 찾아볼 수 없는 현상이니 시정을 촉구하는 바이다.[29]

국정감사 보고서가 지적한 대로 법원에 대한 압력이 있을 때,
그것을 그나마 막아냄에 있어서 가인의 역할이 컸다. 그 한 작은
보기로, 정부 수립 초기에 수사기관과 마찰이 있었던 한 시골 판
사를 철저히 보호해 준 일을 들 수 있다. 문제의 법관을 구속하려
고 수사기관이 대수롭지도 않은 일을 갖고 뒷조사를 한다는 보고
를 받자 가인은 화를 내면서 〈만일 구속영장이 청구되면 관계서
류를 모두 갖고 와서 나에게 보인 뒤 조치하라〉고 지시하더라는
것이다. 이 얘기가 전해지자 그 기관에서도 잠잠해졌다고 한다.
이러한 맥락에서 민문기 변호사는 〈가인은 손아래 들어온 사람
은 버리는 법이 없었고 나쁜 점이 있어도 고쳐서 부렸다〉면서 〈가
부장적인 권위도 있었지만 도량도 넓었던 분이었다〉고 회상했다.
또 서울고등법원 부장판사를 지낸 장준택(張俊澤) 변호사는 〈가
인은 소신대로 살아가려는 법관의 고집을 꺾은 일이 없었다〉면서
〈어려운 상황일수록 가인은 사법부의 방파제가 되어주고 소신 있는

재판을 할 수 있도록 법관들의 용기를 북돋워 주었다〉고 말한다.[30]

이러한 가인이었으나 국가보안법 위반자 재판에 대해서는 엄벌주의를 택하여 그 점에 있어서만큼은 정부와 마찰이 없었던 것으로 추측된다. 1949년도 국회의 국정감사 보고서가 〈국가보안법 위반자 재판에 대하여 엄벌에 처하라는 대법원장의 통첩은 죄형법정주의와, 그리고 정상을 참작하여 개과천선의 기회를 주는 형사정책상으로 보아 중대한 문제라고 보는 바이다. 이러한 문제를 놓고, 각 지방 형무소의 책임자들에게 현황을 들으면 현재 수감된 자의 대부분이 국가보안법 위반자이며 그중 극소수의 분자를 제외하고는 계몽정책으로 훌륭한 국민이 될 수 있는 사람이 많다고 하는 바, 향후 당국은 유화정책을 써서 집행유예제도를 많이 활용하지 않으면 안 될 것이다〉라고 지적한 것[31]이 그러한 추측을 뒷받침하는 자료로 생각될 수 있지 않을까? 미군정의 사법부장 때 조선공산당의 폭력투쟁을 직접 경험했던 그로서 제1공화정 수립 직후 잦게 일어난 이른바 여순반란사건을 비롯한 좌익의 폭동들에 대해서는 엄벌하지 않을 수 없다는 신념을 지녔을 것이다.

어떻든 가인의 꼬장꼬장한 성격은 이 대통령의 압력을 이겨내는 주요한 요인이었다. 장손 김원규는 〈이 대통령이 여러 차례 만나 사법부 운영에 관해 협조를 요청했으나 할아버지는 재판은 판사 각자가 하는 것이라며 말꼬리를 뺀 것으로 안다〉고 전한다. 가인의 대법원장 시절 줄곧 비서관을 재낸 이강원(李康源) 역시 같은 내용으로 증언한다. 〈이 대통령이 법원 얘기를 꺼내면 가인은 사법부는 나에게 맡겨달라고 응수했다〉고 말한다. 이 때문인지 이 대통령은 어느 때인가 법무부장관이 경무대에 올라가니 〈요즘 '헌법' 잘 계시느냐〉고 물었다고 한다. 그 장관이 어리둥절해 〈무슨 말씀이십니까〉 하고 되물으니 〈대법원에 '헌법'이 한 분 계시지 않느냐〉고 말하더라는 것이다. 가인이 헌법을 내세우며 원칙을 고수하고 비판을 서슴지 않았던 점이 몹시 못마땅했던 것이다.[32]

그러나 두 사람이 서로 예의를 갖추어 상대한 것은 분명하다고 이영근(李英根) 기자는 썼다. 이 대통령은 가인을 〈대법원장님〉이라 부르며 사법부의 수장에 대한 예우를 깍듯이 했고, 가인도 이 대통령에 보내는 문서는 친필로 썼으며 끝마디는 〈복망하나이다〉라는 말로 맺는 등 극진한 예의를 베풀었다는 것이다. 김갑수 전 대법관은 당시 행정관청에서는 결재를 올릴 때 〈복망, 앙청, 앙원〉 등의 상투적인 끝맺음말을 썼다면서 〈복망〉에 특별한 의미는 없다고 지적하지만, 적어도 이 시기에는 두 사람 사이에는 존경과 예우가 충분히 지켜지고 있었던 것 같다.

그러나, 이영근이 재치 있게 표현했듯이, 존경이나 예우는 결코 협조로 발전하지는 않았다.[33] 사법권의 독립 문제에는 견제가 따랐으므로, 우리가 앞으로 보게 되듯이, 긴장관계가 계속되는 것이다. 〈우리 대법원이 그나마 권위를 유지할 수 있었던 것은 이 대통령과 김 대법원장이 서로 어려워하고 존중하는 관계에서 대법원의 초석이 놓여졌기 때문이다〉라는 홍승만(洪承萬) 전 대한변호사협회장의 술회에서[34] 보여지듯, 그 긴장관계가 있는 동안에는 확실히 사법부의 독립성이 유지되었다는 점에서 그것은 물론 바람직한 것이었다.

제11장

전쟁의 상흔 속에 사법부의 독립을 지키다

1 피난길의 대법원장

제1차 부산피난 시절

왼쪽 무릎 아래를 잘라내고 관사에서 요양하며 집무하던 때, 국내정치에나 남북한관계에나 시끄러운 일들이 잦았다. 우선 국내정치를 보면, 한민당과 신익희의 대한국민당이 통합한 민주국민당, 약칭 민국당은 한민당 이래의 숙원인 의원내각제 개헌안을 내놓고 정부와 여당에 공세를 취했고 정부와 여당은 이 개헌안을 패배시키기는 했으나 또 한차례의 개헌공세를 예상하지 않을 수 없는 형편이었다. 한편 북한의 〈남침임박〉설로 〈5월위기〉설이 나도는 가운데 북한은 대남평화공세를 취해 일부 여론을 어리둥절하게 만들기도 했다. 이러한 상황에서 제2대 민의원 선거가 5월 30일에 실시되었다. 새로운 경향이 나타났다. 보수진영은 퇴조하고 중도파 또는 남북협상파가 크게 진출한 것이다.

제2대 민의원은 따라서 많은 국민들의 관심을 받으며 6월 19일에 개원했다. 그로부터 6일 뒤인 6월 25일 북한의 남침이 개시되었다. 국민 모두에게 충격이었고, 가인도 예외는 아니었다. 이때의 가인이 처한 상황을 김진배는 이렇게 설명했다.

대통령을 비롯한 정부요인들은 제각기 한강을 넘어 피난길을 재촉한다는데, 한쪽 다리를 잘라내고 의족마저 아직 붙이지 못한 그로서 어디를 어떻게 가야 할지 참으로 막막했다. 더군다나 십여 명의 가족과 대여섯 명의 비서와 경호경찰까지 합치면 스무 명이 넘는 큰 식구였다. 가족들은 어리둥절하여 할아버지 눈치만을 살폈다.[1]

6월 27일에 정부는 서울을 버리고 대전으로 옮겼다. 이날 오후 대법원장 승용차가 문 앞에 닿았다. 가인은 가족들을 병상에 모이도록 하고, 〈나는 정부의 한 사람인 만큼 정부를 따라 피난을 가는 것이 도리이다. 며칠 있으면 저놈들을 반격할 것이니 우리가 잠시 좀 떨어져 있을 수밖에 없다〉라고 말했다. 부인에게는 〈자네는 담양 친정으로 가라〉고 이르고, 다른 식구들도 각기 친정으로 가서 좀 기다려 보는 수밖에 없다고 종용했다. 그러고 나서 〈예전에도 난리가 나면 몸이 가벼워야 되는 법이야. 이것저것 보따리 크게 싸지 말고 옷가지나 몇 개 가지고 가면 돼〉라는 말로 주의를 주었다. 마치 며칠 있다 돌아올 사람 같았다. 차 앞자리에는 경호경찰이 타고 뒷자리에는 가인을 간호할 비서가 탔다. 가인은 차에 오르며 당시 서울대학교 공과대학 3학년에 재학하던 장손 원규만을 짚어 〈너도 타라〉고 말했다.[2] 이날의 광경을, 가인이 대법원장에 취임한 직후부터 정년퇴임 때까지 대법원장 비서관으로 가인을 모셨던 이강원은 이렇게 회고했다.

그때의 대법원장님 차는 닷지였어요. 사법부장 때 타시던 차를 대법원장이 되고 나서도 줄곧 그대로 탔지요. 나는 그때 대법원장님이 다리가 불편해서 집에서 쉬는 일이 많았기 때문에 남창동 관사로 출근했습니다. 대법원장님의 승용차에는 원장님을 비롯하여 정순봉(鄭淳鳳) 서기장과 내가 타고 가족은 장손 원규 군만 태웠죠. 27일 점심을 먹고 나서 서울을 출발해 수원의 지원장 관사에서 하룻밤을 잤는데 새벽 4시에 방송을 들으니 한강 다리가 끊겼다고 하더군요.[3]

일행은 수원을 거쳐 대전으로 갔다. 김갑수의 기억으로는, 가인 일행은 김연수(金蓮洙) 대전지방법원장 관사에 머물렀다. 그때 이 대통령이 호남선 쪽으로 내려갔는지 또는 경부선 쪽으로 내려갔는지 알 수가 없었다. 경찰 이야기로는 전북 이리 쪽으로 기차를 타고 갔다기에 일행은 호남선 열차에 올랐다. 그 뒤의 일을 이강원 비서관은 이렇게 회고했다.

그러나 가만히 생각해 보니 큰일이 났어요. 왼쪽 다리 절단 수술을 한 지 10여 일밖에 되지 않아 양쪽 겨드랑이에 걸치는 액장을 짚고 계시니 열차에 오르고 내리는 일이 보통 큰일이 아니다 싶었어요. 그뿐만 아니라, 만약 열차가 도중에 갈 수 없게 되는 사고가 생기면 한 발짝도 움직이기 어렵겠다는 생각이 퍼뜩 드신 모양이에요. 선생님께서 다른 말씀 안하시고 자꾸 〈기차는 안 된다! 내려 내려!〉라고 말씀하세요. 그래서 다시 기차에서 내려서 승용차를 타고 강경으로 가서 강경지원장 집에서 며칠 묵으며 정세를 관망하다 대구로 내려갔지요. 자동차를 타고 가신 것이 천만다행이었습니다. 그때 우리는 만일의 사태에 대비하여 호신용권총을 가지고 있었지만 헌병이 내놓으라고 하면 직위에 관계없이 빼앗기고 말 만큼 무법천지였지요. 어떤 대법관은 대전역에서 헌병이 권총을 압수하려 하자 〈내가 대법관인데 무슨 소리냐〉고 호통을 쳤더니 〈경호원도 없는 대법관이 어디 있느냐〉고 하면서 빼앗기고 만 일도 있지요.[4]

이 끝부분과 관련해 이야기하면, 꼭 전시라고 해서 아니라 건국 초여서 그러했던지 대법원에 대한 인식이 확실하지 못했던 것 같다. 전 대법관 고재호는 당시 대법원의 권위와 관련해서 떠돌던 이런 이야기를 들려준다.

부산 임시수도 때의 일이었다. 대법관 몇 분이 동래 온천에서 술을 마신 뒤 집으로 돌아가던 중 경찰관한테 불심검문을 당했다. 통금이 조금 넘은 시간이어서 경찰관들은 신분증을 보여달라고 요구했다. 대법관들이 〈우리는 대법원에 있는 사람들이다〉라고 대답했더니, 경찰관들은 〈대법원이 어디에 있는 절입니까? 우리는 부산에 그런 절이 있다는 말을 들어본 일이 없습니다〉라고 하더라는 것이다. 이 이야기의 진위는 가릴 수 없지만, 어쨌든 당시의 대법원이 갖는 권위와 지명도의 한계점을 잘 보여주는 에피소드인 것만은 분명하다.[5]

다시 피난 이야기로 돌아간다. 일행은 대구를 거쳐 7월 1일 밤 부산으로 내려갔다. 이때부터 9월 28일에 서울이 수복되어 서울로 돌아올 때까지의 약 3개월을 부산에서 지낸다. 이 제1차 부산

피난시절의 가인에 대해서는 아무런 자료를 찾을 수가 없다. 다만 6·25 동란이 일어났을 때 서울지방법원 판사로 피난민 대열에 끼여 부산까지 무사히 피난했던 유병진(柳秉震)이 그 당시를 기록한 일종의 자전(自傳)인『재판관의 고민』에 드문드문 보이므로, 여기에 의지해 소략하게 살피기로 한다.

유병진 판사가 죽을 고비를 넘기며 부산에 도착해 7월 3일에 〈재판소〉를 찾았더니 〈김 대법원장께서는 이미 와 계셨다〉. 7월 10일에 유 판사가 부산지방법원 판사직무대리로 발령받았을 무렵에는 〈서울 직원들의 수는 점차 늘어갔다. 그 직원들은 매일같이 동(同) 법원 마당에 모여서는 전황 이야기로 꽃을 피웠다. 오늘은 어떻게 되었는지, 날씨가 청명하여서 폭격하기 참 좋겠다느니 등〉.[6] 유 판사의 회고는 이렇게 이어진다.

전쟁은 하루하루 계속되었다. 물가는 점차 올라가는 것이다. 피난 관공리의 호주머니는 점점 말라갔다. 〈아 이렇게 있다가는 마지막에는 다 거지가 되고 말걸. 몇 사람 안 되는 공무원에게 무슨 조치가 없을까. 전시 수당이라도.〉── 피난 공무원의 이러한 부르짖음은 점차 늘어갔다. 어느 하루였다. 법원 마당에 들어가니 동료 한 사람이 〈유 판사! 요새 정부요원제도가 생겨서 법원 계통에도 몇 사람 되는 모양인데, 어느 관청에서는 장관의 호위경관이니 자동차운전수까지 당당히 정부요원이 되어서 한 달에 요원수당 일금 5만 원 야(也)를 받지 않는가! 우리 원장님은 물론 우리 법원에서는 해당자가 한 사람도 없어!〉 하며 나에게 알려준다. …… 나는 이러한 제도란 금시초문이었다.[7]

여기에 나오는 〈우리 원장님〉이란 물론 대법원장 가인이다. 아내까지 돌보지 않은 그가 그러한 제도의 혜택을 용납할 리가 없었겠으나, 무능한 행정부 자체가 대법원장에게 그러한 예우를 베풀 양식을 이미 갖지 못했던 것이다. 그리하여 명색이 대법원장인 그가 점심을 아예 굶거나 밀가루로 죽을 쑤어 요기하는 일마저 있었다고 김진배는 썼다.

공비에게 아내를 잃다

미군이 주축이 된 국제연합군의 개입으로 조금씩 호전되던 전세는 9월 15일에 인천 상륙 작전이 성공하면서 완전히 국련군에 유리하게 굳어졌다. 국련군은 여세를 몰아 9월 26일에 서울을 사실상 탈환했고, 이에 따라 9월 28일에 정부는 서울로 돌아왔다. 가인도 사법부를 이끌고 서울로 돌아왔다.

가인의 가족들은 하나둘 모두 서울로 모여들었다. 그러나 담양의 친정으로 피난했던 가인의 부인 정씨는 9·28 수복 며칠 뒤 마을을 덮친 공비에 의해 무참하게 살해되었다. 그녀가 만 67세 때의 일이었다. 〈이 시체를 치우는 놈은 어느 놈이든지 다 잡아 죽이겠다〉고 위협하는 공비의 말에 친정조카마저 며칠 뒤에야 시체를 둘둘 말아 뒷산 아무데나 표적 없이 묻었고 담양군 금성면 금성리에 이장한 것은 환도한 지 훨씬 뒤였다. 부인 정씨가 학살된 정확한 날짜를 알 수 없어 친정사람들의 회고를 바탕으로 후손들은 양력 10월 8일을 기일로 기켜오고 있다.

김갑수 전 대법관의 회고처럼, 〈대법원장으로서 난중에 가족을 데리고 왔다갔다 하는 것이 부당하다고 생각하는…… 공인으로서의 가인 선생의 처신은 부인을 희생케 한 것이다〉.[8] 가인의 냉혹한 공인의식은 그로 하여금 대법원장 재임중에 부인의 묘소를 찾는 일마저 억제시켰다. 〈어떻게 갔던 간에 그것은 개인의 운명이며, 공직을 가진 대법원장이 부인의 묘소에 간다면 관계당국이나 여러 사람들에게 폐를 끼친다는 것이 그 이유였다고 한다.〉[9] 이러한 가인인지라, 공사석을 막론하고 이 일을 입에 올리는 일이 없었다고 한다.

여기서 잠시 가인의 부부관계와 가정생활을 살펴본다. 이 점에 대해서는 김진배가 가인 가족들의 증언을 잘 정리해 놓았기로[10] 그것을 그대로 옮기거나 요약하기로 한다.

가인이 부인과 한때라도 다정하게 소곤소곤 이야기하는 것을 들은 일이 없었다고 가인의 가족들은 전한다. 가인은 부인에 대해 언제나 근엄한 자세를 보였고 부인은 남편이 하는 일에 상관하지 않았다는 것이다. 어느 날 밖에서 돌아온 가인이 갑자기 대여섯 명의 친구들이 올 터이니 저녁식사를 준비하라고 말하자 부인은 갑작스럽게 어떻게 준비하느냐고 난색을 보였다고 한다. 〈요릿집에 가서 술대접을 하기로 하면 못할 것 없지만 친구들이 당신 육회 솜씨 좀 보고 싶어서 온다는데 그걸 못해준다면 어떻게 하겠소?〉라고 가인이 말하자, 그 한마디에 부인도 부랴부랴 고기를 재고 생선을 구어 술상을 차렸다고 한다.

가인은 부인에 대해서는 물론 가족들에 대해서도 화를 내거나 핀잔을 주는 일이 없었다고 한다. 가정을 돌볼 만한 시간이 넉넉지 않은 그였지만 집에 돌아오면 가족들과 식탁에 함께 앉아 세상 돌아가는 이야기를 듣거나 며느리나 손자손녀들의 스스럼없는 이야기에 귀를 기울였다고 한다. 가족에 대해서 언제나 온유한 말씨로 타일렀고 조금이라도 섭섭한 생각을 갖지 않도록 신경을 썼다. 그러나 가족의 누구라도 자신이 돈 쓰는 용도나 공적인 일에 관계하면 핀잔을 주거나 야단을 쳤다고 한다. 집에는 쌀이 달랑달

랑하고 아이들이 줄을 서서 학자금을 달라고 야단을 치는 속에서 그는 그러한 집안일은 아랑곳없이 부인의 삼층장 위에 있는 금고 돈을 다 가져오라고 해서 다른 사람에게 주는 일이 한두 번이 아니었다고 한다. 부인이 궁금해서 〈누구를 주시는 거죠〉 물으면 〈그건 알아서 뭣해〉 하고 한마디로 핀잔을 줄 정도였다는 것이다.

가인은 외국유학을 하고 성공했다는 사람들이 조강지처를 버리고 〈신여성〉을 선택하여 새살림을 차리는 일부의 그릇된 풍조를 대단히 마땅하지 않게 생각했다. 그뿐 아니라, 세도 있다는 사람들의 부인들이 남편의 공직을 악용하여 이권에 개입하거나 취직 승진 운동에 뛰어드는 데는 질색이었다고 한다. 그는 특히 있는 사람들의 경우 내 주장을 하거나 외척들이 권력을 농간하는 것을 독약처럼 생각했다. 아내는 아내다워야 하며 어버이는 어버이다워야 하고 자식은 자식다워야 한다는 논어에 나오는 공자님 말씀이 가인의 머릿속에 깊이 박혀 있었다고 한다.

그렇다고 하여 가인이 전통을 고루하게 지키려던 입장을 지녔던 것은 아니었다. 예컨대 아이들의 혼사에 있어 자유연애는 찬성하지 않았으나 손자들과 손녀들이 각자 자기의 배우자를 고르는 일에는 관여하지 않았다. 가인에게 남은 일은 결재하는 일뿐이었다. 사전에 혼사의 대상자가 어떻겠느냐고 가인의 뜻을 타진하면 그는 〈네 며느리 네 사위가 될 사람이니 너희들이 알아서 하라〉고 말할 뿐, 그 가부를 말하지 않았다고 한다. 그런데 손자며느리로 들어올 사람을 보려고 하지 않았지만 손자사위로 들어올 사람은 꼭 한번 보려고 했다. 그러나 보면 그만이었다는 것이다. 〈인물이 준수하고 사람이 참 착실하게 생겼어. 참 네가 복이다〉라는 칭찬으로 손녀딸의 마음을 흐뭇하게 해주기 예사였다. 그래서 〈아이들 혼사에 왜 그렇게 예스만 하느냐〉고 물으면, 가인은 〈오죽

고르고 골라서 데려왔을 것이 아닌가? 나와 살 것도 아니며, 앞으로 내가 할 일이란 조금 마땅하지 않은 일이 생겨도 잘 보살펴주는 일이 아니겠느냐〉라고 대답했다고 한다.

2 결원된 법관과 부역자 처리

전화를 입은 법관들

서울로 돌아온 사법부의 수장으로서의 가인에게 두 개의 당면한 큰 문제가 기다리고 있었다. 첫째는 행방불명되었거나 납치된 법관의 뒷처리 문제였고, 둘째는 〈부역자〉들을 재판하는 문제였다.

첫 번째 문제에 관한 자료는 드물다. 『한국법관사』는 이 문제를 다룰 법한데 한 줄의 언급도 없다. 다만 대한민국 수립 이후 퇴직한 법관들의 명단 비고란에 〈납치〉 또는 〈행방불명〉으로 표시해 놓은 것이 있을 뿐이다. 이에 따르면 대법관을 지낸 한상범(韓相範), 서울고등법원 부장판사 정윤환(鄭潤煥) 및 이근창(李根昌), 서울지방법원 인천지원장 송문현(宋文炫), 서울지방법원 부장판사 심동구(沈同求), 서울고등법원 판사 이필빈(李弼斌) 이선재(李善宰) 박용선(朴容善), 청주지방법원 부장판사 이관수(李寬秀), 서울지방법원 판사 김상묵(金常默) 최동욱(崔東旭) 곽순희(郭純熙) 박태준(朴泰俊) 김윤찬(金允燦) 양봉학(梁鳳學) 하진문(河鎭文) 등 마흔두 명의 판사가 변을 당한 것으로 계산된다. 한편 『한국사법사』는 〈서울이 수복되어 돌아와 보니 서울지방법원 판사의 약 절반인 2000여 명이 납치되어 있었다〉라고 기록하고 있다.[11] 여기서 2000여 명이란 오식일 것이다. 유병진 판사의 회고록에는 다음과 같은 묘사가 있다.

정동(貞洞) 고지(高地)에 우뚝 선 우리 정의의 대전당! 그는 일
찌기 우리 겨레의 정의를 위하여 몸바쳐 온 존재가 아니었던가!
그러나 인생응보(人生應報)의 법칙도 무심하지! 우리 판사실의 거
의 반(半) 되는 좌석은 언제까지나 그 주인을 기다리고 있었다. 그
러나 그 공석은 좀처럼 채워질 것 같지도 않다. 생각컨대 서울 후
퇴 당시 그이들도 우리 정부 우리 지도자들을 얼마나 신뢰하였으
랴! 서울시가 그처럼 손쉽게 떨어질 줄이야 꿈에도 생각하지 못하
였겠지! 그런데도 불구하고 눈앞에 나선 원수의 붉은 탱크에 질려
탈출도 못하고 숨어 있던 중 악착한 놈들에게 붙잡혔겠지! 그 후
조국에 대한 한없는 원한도 하여보았겠지! 이리하여 말 못할 놈들
학대를 받아가면서 멀리 북한으로 만주로 끌려갔거나 혹은 천추의
원한을 품은 채 학살을 당하였겠지! 그들은 모두 훌륭한 사법관이
었다. 학식이 높으며 인격이 고결한, 만인이 경모하는 인사들이었
다. 대한의 보배였다. 우리는 다만 그이들의 명복을 빌어 마지않을
따름이다.[12]

한편 가인은 1950년 11월 13일의 기자회견에서 우선 〈행방불명
또는 적에게 납치된 법관에 대한 처리는 별도로 법안이 제정되어
야 할 것이므로 이에 대한 법률안을 기초하여 정부에 회부하는
동시에 국회에 상정할 것으로 요청하였다〉라고 말했다. 그는 이
어 법원에 연내에 처리해야 할 국내치안문제와 공비처리문제 등
사건이 날로 늘고 있음에 비추어 행정부가 행정간소화라는 이름
아래 추진하는 감원을 법원에 일률적으로 적용할 수 없다고 주장
했다.[13]

실제로 법원은 결원된 판사직을 보충하기 위해 변호사 또는 주
재판사 가운데서 보충해 나갔다. 그러나 국회의 1951년도 국정감
사 보고서는 〈아직도 스물다섯 명이 결원이 되어 있는 실정이다〉
라고 기록했다. 이러한 현상은 몇 해 동안 계속됐다. 국회의 1952년
도 국정감사 보고서는 〈6·25 사변 이래 유능한 인재를 많이 상
실한 법원의 인적 구성은 상당히 변질되고 말았다〉고 썼다.[14]

부역자의 처리문제

부역자의 처리문제도 법원으로서는 큰 문제였다. 이 문제와 관
련해 우선 6·25 동란이 일어난 직후 대전에서 제정공포된 「비
상사태하의 범죄처벌에 관한 특별조치령」이 있었다. 1950년 6월
25일부터 적용되는 이 특별조치령은 〈북한괴뢰집단의 침구(侵寇)
에 의해 발생한 사태〉를 〈비상사태〉라고 규정하고, 〈이 사태는
대한민국 정부기관에 의하여 치안이 완전히 회복하였을 때에 종
료된다〉고 선언하면서, 〈이적행위〉를 포함한 여러 가지 범죄들에
대해 형(刑)의 가중을 규정했다. 게다가 단독종심(單獨終審)이었
다. 김갑수의 회고에 따르면, 〈제정 당시는 괴뢰군에게 쫓기는 신
세라 언제 이것이 구실을 할 수 있을까 의아도 했었는데〉 막상
서울수복과 동시에 본격적으로 적용해 나가니 〈법의 위력에 새삼
놀라지 않을 수 없다〉고 느낄 정도였다. 〈웬만한 부역사건은 극
형으로 처단할 수 있게 되었던 데다가 단독종심으로 처리하게 되
어 있으니 법관의 권한이 참으로 죽이고 살리는 권한이라는 것을
실감할 수 있었다.〉[15] 한편 국회는 정부의 서울 환도 다음날인 9월
29일에 「부역행위특별처리법안」을 통과시켰다. 「비상사태하의 범
죄처벌에 관한 특별조치령」을 흡수한 이 법은 「특별조치령」의 처

벌규정을 어느 정도 완화했으며 1950년 12월 1일에 발효되었다.

「특별조치령」이나 「특별처리법안」 모두 불가피한 법령임에는 틀림없다. 그러나 어떻게 보면 정부로서는 힘없는 백성들에게 염치없는 일이었다. 북한군의 전면남침이 시작되었는데도 대통령이 안심하라고 공식발표해 놓고, 다른 아무 설명이나 조처도 없이 피난했던 이들이, 즉 기민(棄民)했던 이들이, 별수없이 적치를 견디며 살아 남은 백성들에게 부역이다 뭐다 하는 꼴이 되었기 때문이다. 그렇기 때문에 일반 백성도 아닌 판사조차 이렇게 항의한 것이다.

　　정부는 왜 소리 없이 갔을까? 외람하게도 나는 이렇게 단정하였다. 〈그들의 대부분은 개인보신이라는 욕막(慾幕)으로써 국가기관이라는 공성(公性)을 덮어버렸던가?〉 또는 이 단정이 알맞지 않는다면 그들의 대부분은 그 누구보다도 지지 않는 역사상 빛날 겁쟁이일 것이라고. 아! 대한의 중대위기에 처하여 그 수뇌기관의 신망이 이처럼 떨어져서야![16]

그리하여 유병진 판사와 같은 이는 부역자 재판을 앞두고 고민하게 되었다. 그는 자신의 고민을 이렇게 솔직히 털어놓았다.

　　서울을 탈출하지 않았다는 점이 죄라 할 것인가? 우리는 서울시민에 대하여 〈왜 서울에서 후퇴하지 않았던가〉라고 이를 문책해야 할 것인가? 〔……〕 평시민(平市民)은 고사하고 또 중간파 거두들은 내놓고라도 정부의 장, 차관급의 몇 사람과 도지사까지 아니 그 이상의 우익요원들의 거의 대부분이 탈출 못하지 않았던가! 그러고 본다면 보통시민으로서 탈출하지 못하였다 함은 하등의 놀랄

바가 아닌 것이다. 〔……〕 탈출의 기회조차 주지 않았던 자는 그 누
구였던고? 〔……〕 정부만 믿고 있다 보니 서울에서 후퇴도 못하고
그들 치하에 있는 이상 어느 정도라도 그들 정치에 순종하지 않을
수도 없고 그러고 보니 조국에 대한 반역이 되었다는 것이다.[17]

가인 역시 민족비극의 한 표징인 부역자 재판을 놓고 사법부의
수장으로서 인간적인 고뇌를 많이 했을 것이다. 어떤 의미에서 그
는 그나마 부역자들 앞에 법복을 입고 설 수 있었던 거의 유일무
이한 판사였을지도 모른다. 그가 대법원장직의 권력을 가족의 편
의에 썼다면 누구보다도 아내를 공비의 손에 잃지 않았을 것이며
가족들을 이곳저곳에 분산시키지 않았을 것이다. 이렇게 볼 때,
가인의 노처(老妻) 정씨의 비참한 죽음은 사법부가 부역자들 앞
에 법을 들고 설 수 있는 도덕적 원천이었던 셈이며, 한걸음 더
나아가 제1공화정 정부가 그나마 백성들 앞에 보여주어야 할 자
기희생의 속죄양이었던 셈이다. 어떻든 헌법위원회는 1952년 8월
9일에 문제의 「특별조치령」은 위헌이라고 판결했다.[18]

3 제2차 부산피난시절

사법부의 독자성 추구

서울수복의 기쁨은 잠시였다. 1950년 10월에 중공군이 개입하
면서 국군과 국련군은 다시 후퇴하여 1951년 1월 4일에 서울에서
철수하게 되었다. 그리하여 1951년 1월 4일자로 정부는 전국에
계엄령을 선포하고 정부 및 각 기관을 부산으로 이전했다. 4월 8일

에 경남북과 전남북 및 충남북에 대해 계엄령을 일단 해제하지만 제2차 부산 피난 때는 정치적 군사적 이유로 계엄령이 자주 내리는데, 이 계엄기간에 법원은 위축될 수밖에 없었다. 김갑수의 회고에 따르면, 〈그때 (육군) 법무감의 지위는 대법원장에다가 법무부장관과 검찰총장을 겸한 지위를 가지고 있다 해도 과언이 아니었다.〉[19]

이러한 상황에서도 가인은 행정부에 대해서나 입법부에 대해서 굽힘이 없었다. 우선 입법부와의 관계를 말해 주는 한 보기를 살피면, 국회의원이 귀속재산 기업체를 관리할 수 있느냐 없느냐의 논쟁이 일어났을 때 없다고 공언한 일이다. 그것은 1951년 8월이었다. 당시 제2대 민의원 가운데 7, 8인이 귀속재산 기업체를 관리하고 있다는 소문과 함께 이것이 법적으로 타당한가를 국회에서 매듭짓자는 결의안이 제출된 것이다. 가인은 대법원장의 자격으로 〈행정부와 사법부의 책임자를 탄핵할 수 있는 국가의 최고 권한을 가진 국회의원으로서 행정부의 감독 아래 있는 국영기업체 또는 국가관리기관에 직무를 갖는 것은 타당하지 않다〉고 기자들에게 말했다. 가인의 이 발언에 대해 일부 국회의원들은 사안이 법원에 간 것도 아닌데 대법원장이 그렇게 공개발언하는 것은 타당하지 않다고 맞서기도 했으나, 국회가 결의까지 한다는 것은 국회의 위신에 관계된다는 반론이 우세해 결국 흐지부지되고 말았다.[20]

행정부와의 관계를 말해 주는 일로는 우선 1951년 가을에 있었던 동아일보사 필화사건에 대한 가인의 자세를 예로 들 수 있다. 1951년 9월 25일에 《동아일보》는 국민방위군 사건과 관련해 매우 중요한 기사를 특종보도했다.

그러면 국민방위군 사건이란 무엇인가? 1950년 12월에 국회에서 통과되어 발효된 「국민방위군설치법」에 의해 만 17세 이상 40세 이하의 제2국민병 가운데 군경과 공무원 및 학생을 제외한 장정을 중심으로 국민방위군이 조직됐는데, 예산의 부족에 간부들의 조직적인 횡령이 겹쳐 방위군 장정들의 상당수가 굶어 죽거나 얼어 죽고 불구자가 된 참상을 사람들은 국민방위군 사건이라고 불렀다. 당연히 여론이 들끓고 국회가 거론하자 정부는 1951년 3월 중순부터 방위군 장정들을 귀향시키는 한편 방위군사령부의 부정을 수사했다. 국방부는 처음에는 적당한 처벌을 통해 사건을 마무리지으려 했으나, 워낙 여론이 거세지고 국회가 부정의 내용을 발표한 데 이어 이시영 부통령이 항의 사임함에 따라 재수사가 실시되었고, 그 결과 1951년 7월 19일에 김윤근(金潤根) 사령관과 윤익헌(尹益憲) 부사령관을 비롯한 간부 5명이 사형선고를 받았으며 그들은 8월 13일에 총살되었다. 그런데 이 과정에서 피고인들을 구제해 주겠다고 속이고 그 가족들에게서, 특히 윤익헌의 아내에게서 상당한 액수의 금품을 받은 김대운(金大運)의 사기 행각도 드러났는데, 김대운은 검찰의 조사를 받자 자신이 받은 돈을 주한미8군과 미국대사관의 고관들에게 주어 한국정부의 고관들을 움직여주도록 부탁했노라고 진술했다. 내무부는 이 답변을 9월 8일에 국회에 그대로 보고함으로써 신문에 알려졌던 것이다.

문제는 여기서부터 새로운 차원으로 확대됐다. 미국대사관이 김대운의 진술이 거짓이라고 주장하면서 이 거짓된 내용이 전혀 확인되지 않은 채 내무부를 통해 국회에 공개보고된 것을 은밀히 항의했고, 이 사실을 당시 이 대통령에 도전하면서 차기 대통령 또는 내각책임제 개헌을 전제로 한 국무총리를 꿈꾸던 장면 국무총리실에서 ≪동아일보≫ 기자에게 넌지시 알려주어 보도하게 함으로써 이 대통령을 더욱더 어려움에 빠뜨리려고 한 것이다. 대미관계에는 민감했던 이 대통령이 기사를 보고 진상을 캐묻자 다급해진 내무부는 그 기사가 허위라고 거짓 보고하는 한편 ≪동아일

보≫를 검찰에 고발해, 검찰은 ≪동아일보≫의 편집인 고재욱과
기자 최흥조(崔興朝)를 11월 9일에 기소했다.

적용 법규는 광무신문지법과 형법 제1백5조 3항이었다. 광무신
문지법이란 을사늑약 한 해 전인 1904년에 일제의 압력으로 조선
의 언론기관들을 탄압하기 위해 만들어진 것이었고, 형법 105조
3항 역시 태평양전쟁 말기에 조선인의 입을 틀어막으려던 일제의
유물이었다. ≪동아일보≫는 11월 11일자에서 이 두 법의 폐지를
주장했으며, 국회에서도 11월 15일에는 「광무신문지법폐기안」이,
11월 20일에는 「형법 105조 3항 폐기안」이 제기되었다. 한편 중
앙정부기자단, 국회기자단, 중앙법조기자단은 합동으로 이 대통령
과 신 민의원 의장 및 김 대법원장에게 건의서를 제출했다. 〈이
두 법은 헌법정신에 저촉됨이 명백하므로 응당 법적효력을 상실
하는 것이니 조속히 헌법위원회에 제청되어 무효선언이 있어야
할 것〉이라는 내용이었다.[21]

가인의 측근들에 따르면, 가인은 이때 이 건의서의 내용에 전
적으로 공감했다. 국회는 서둘러 1952년 3월 9일에 〈광무신문지법〉
을 폐기시켰다. 형법 105조 3항은 당시 법전편찬위원회가 마련중
이던 새 형법에서 이미 삭제되어 있고 새 형법의 국회 통과는 확
실시되고 있어서 그냥 두었다. 실제로 2년 뒤 새 형법은 제정 공
포된다.

행정부의 이러한 횡포에 대한 가인의 저항은 점점 표면에 나타
나기 시작했다. 1952년 1월에도 무죄판결을 둘러싼 행정부와의
시비가 있었다. 이영근 기자는 그 전말을 이렇게 요약했다.

부산 피난 시절에, 이 대통령은 범어사(梵魚寺) 부근을 지나다
나무를 마구 베어낸 것을 보고는 경위를 조사하라고 지시했다.

경찰은 즉시 이 절의 주지 등 2명을 산림법 위반 혐의로 구속기소
했으나 법원에서는 기소장의 범죄구성요건이 제대로 돼 있지 않다
는 이유로 무죄를 선고해 버렸다. 서상환 법무부장관은 이 대통령
에게 〈검찰은 도벌한 주지를 잡아 넣었으나 법원이 풀어주어버렸
다〉고 보고했다. 화가 난 이 대통령은 가인을 만나자고 했다. 가인
은 먼저 서 장관에게 〈나는 사건기록을 다 읽어보았는데 당신은 기
록이나 제대로 읽어보고 그런 얘기를 하느냐〉고 쏘아붙인 뒤 무죄
가 날 수밖에 없는 법률적 이유를 이 대통령에게 설명해주었다.[22]

대통령과도 맞서는 가인의 자세는 1952년 5월에 부산에서 일어났
던 정치파동 때도 그대로 나타났다. 재선을 추구하기 위해 1951년
12월에 자유당(自由黨)을 창당한 이 대통령은 자신이 원하는 대통
령직선제 개헌에 반대하는 야당의원들과 국회를 탄압하기 위해 계
엄령을 선포하고 반대 의원들이 탄 버스를 군용 기중기로 끌고 가
그들을 지하실에 감금했다가 투표장으로 보내 이른바 발췌개헌안
을 통과시켰다. 이러한 철권정치의 현장을 보면서 가인은 대법관
들에게 이렇게 말했다고 한다. 〈폭군적인 집권자가 법에 의거한
행동인 것처럼 형식을 취해 입법기관을 강요하거나 국민의 의사에
따른 것처럼 조작하는 수법은 민주법치국가에서는 있을 수 없는
일이며 이를 억제할 수 있는 것은 사법부의 독립뿐이다.〉[23] 가인의
이러한 신념은 차차 이 대통령과의 갈등을 노골화시키게 된다.

형법전과 법복의 마련

부산 피난시절에 대법원은 부산지방법원 청사 2층을 썼고 여기
에 대법원장실이 있었고 또 대법관실이 있었는데 대법관들이 한

방을 같이 썼다. 김갑수의 회고에 따르면, 〈법전 편찬 사무는 부
산 피난중에 많은 진전을 보고 있었다. 피난중이라 비교적 재판
사무가 한가했던 탓도 있었다.〉[24]

법전편찬위원회가 제일 처음 마무리지은 것은 형법이었다. 법
전편찬위원회가 기초한 형법 초안에 정부가 다소 수정을 가하여
1951년 4월 13일에 국회에 내놓았다. 국회는 1951년 4월 16일에 법
제사법위원회에 이 법안을 회부하고, 법제사법위원회는 1952년 8월
29일에 심의한 뒤 1953년 4월 16일에 본회의에 상정시켰다. 이
법안은 1953년 9월 18일에 공포되었고 10월 3일 개천절을 기해
시행되었다.[25]

법복이 마련된 것도 부산 시절이었다. 해방 직후 우리 법관들
은 일제가 쓰던 법복을 그대로 쓸 수가 없었다. 그렇다고 새 법복
이 마련되지도 않아, 〈양복을 입은 판사, 잠바를 걸친 법관, 한복
에 두루마기를 받쳐 입은 법관이 대법정에 높이 앉기도 했다〉. 법
복의 제정이 필요했다. 그리하여 1953년 3월 5일에 대법원규칙
제12호로 「판사 검사 변호사 및 법원서기 복제 규칙」을 만들어
따르게 했다.[26]

법복을 마련함에 있어서도 가인의 가르침이 실무자들에게 적지
않은 영향을 주었다. 당시 법원행정처 법정국장으로 복제규칙 제
정위원회 간사를 맡았던 민문기(閔文基) 변호사의 회고에 따르면,
판사 검사 변호사로 구성된 이 위원회에서 법복을 입을 때 모자
를 쓸 것인가의 여부를 놓고 논란이 벌어지자, 가인은 『삼국지』에
나오는 제갈량의 모자로부터 시작해 동서고금의 모자에 대해 두
시간 가량 혼자 얘기하더라는 것이다. 가인은 그때 〈법복에서 법
조인의 위신이 나오는 것은 아니다〉면서 간소한 차림을 역설했다
고 민 변호사는 전한다.[27]

4 환도와 사법부운영의 정상화

대법원의 체제를 갖추다

1953년 7월 27일의 휴전협정 성립을 전후하여 정부의 각 기관이 차례로 환도했다. 국회의 환도가 9월 16일로 제일 늦었으나 정부는 8월 15일에 광복 8주년 기념식을 서울에서 가졌다.

법원도 이 무렵 돌아왔다. 가인은 우선 대법원의 체제를 갖추기로 했다. 그동안 빈자리가 많아 대법원이 제구실을 하지 못한다는 느낌을 주었던 것이다. 왜 그렇게 되었던가를 전 대법관 고재호 변호사는 이렇게 설명했다.

1945년 8·15 광복과 함께 미군정이 들어서면서 바로 대법원장에는 서울의 저명한 변호사 김용무 씨가 임명되었고, 그 후 네 차례에 걸쳐 서광설(徐光卨), 이종성(李宗聖), 심상직(沈相直), 이인(李仁), 이상기(李相基), 김찬영(金瓚泳), 노진설(盧鎭卨), 양대경(梁大卿) 씨 등 여덟 명이 대법관으로 발령되었다. 그러나 취임조차 하지 않는 이가 있는가 하면, 얼마간 근무하다 그만두는 이들도 있었다. 미군정청이 대법관 여덟 명을 임명할 때, 전후 네 차례에 걸쳐 발령을 해야 할 정도로 그 충원에 고심했던 것 같다. 미군정 당시에는 해방 후의 혼란과 분위기의 영향도 있었지만, 사실상 대법관이란 그다지 인기 있는 자리는 아니었다. 요즘 말로 선호도가 높은 자리가 아니었던 것이다. 미군정이 끝나고 1948년에 정부가 수립된 후에도 그런 현상은 마찬가지였다. 이상기, 김찬영, 노진설, 양대경, 김익진, 최병주(崔丙柱) 씨에 뒤이어 백한성(白漢成), 한상범, 조용순(趙容淳) 씨가 임명되는 등 잇달아 아홉 명이 대법관

으로 충원되었다. 그러나 임관된 분들이 대체로 연로하여 정년으로
오래 자리를 지키지 못하거나, 6·25 때 이북으로 납치되거나 대법
관직을 떠나 다른 자리로 옮겨가는 분들이 많았다. 서울지방법원장
에서 승격한 한격만(韓格晩) 씨 같은 분은 대법관 임명 30일 만에
검찰총장으로 전임했으며, 전주지방법원장에서 올라온 이우식(李
愚軾) 씨는 임관 6개월 만에 사직해 버렸다.[28]

그리하여 〈대법관 자리는 언제나 만성적인 결원상태를 면치 못
하고 있었다〉.[29] 이제 환도하여 국정운영이 제자리를 잡기 시작해
야 할 마당에, 정원 아홉 명의 대법원이 가인, 김두일(金斗一), 김
동현(金東炫), 김세완(金世玩), 김갑수(金甲洙) 등의 현원 다섯 명
만으로 멈춰 있을 수는 없는 노릇이었다. 여기서 가인은 1954년 9월
20일에 서울고등법원장 허진, 변호사 배정현(裵廷鉉), 대구고등법
원장 고재호 등 세 명을 대법관으로 제청한 것이다. 경무대에서는
이 세 사람 가운데 고재호는 나이가 젊다는 이유로 탐탁하게 여기
지 않았다. 나이를 이유로 들었으나 실제로는 고재호가 1954년 5월
20일에 실시된 제3대 민의원 선거 때 경상북도 선거관리위원장으
로 있으면서 공평무사한 태도를 보였던 것을 경무대가 기억하고
있었음이 확실했다. 그래서 가인은 두 번이나 경무대에 들어가 설
득해 결국 고재호의 대법관 임명을 받아냈다.[30]
　세 사람이 합류했어도 한 자리는 결원인 셈이었다. 그러나 이
로써 해방 후 근 10년에 걸쳤던 만성적인 결원상태는 해소되었다.
이러한 맥락에서, 〈우리의 발령과 함께 비로소 대법원은 체제가
갖추어지고 하나의 조직으로서 제구실을 하게 되었다고 해도 과
언은 아닐 것이다〉라는[31] 고재호 변호사의 회고는 핵심을 찌른
말이라고 하겠다.

나머지 한 자리는 1955년 4월 26일에 백한성 대법관으로 메워졌다. 대법관을 지내다가 내무부장관이 되어 1954년 제3대 민의원 선거를 주관했던 그는 그 해 11월 우리 헌정사상 오명을 남긴 사사오입(四捨五入) 개헌파동이 있은 지 얼마 뒤 내무장관직을 그만두었는데, 이 대통령은 가인에게 친서를 보내 그를 대법관으로 제청해 주기를 바란다고 요청한 것이다. 가인은 곧 대법관 회의를 열어 이 사실을 밝히고 백 장관으로 결원 마지막 자리를 채우자고 제의했다. 고재호와 김동현 두 대법관은 반대했다. 〈정치권력의 흐름과 관련해서 물의를 불러일으킨 사람이 대법관으로 다시 온다는 것은 사법부의 신뢰에 영향을 미친다〉는 이유에서였다. 회의가 오래 가도 결론이 나지 않자 가인은 2, 3일 뒤 다시 이야기하자며 모임을 끝냈다. 가인은 〈백한성 씨는 행정부에 가서 말썽은 있었으나 법관으로 일도 잘 하고 인격으로 따져 볼 때도 훌륭한 분이니 크게 보아서 양보해 주면 좋겠다〉며 대법관들을 설득했다. 고재호는 결국 가인의 설득을 받아들였고, 며칠 뒤 다시 대법관회의를 열었을 때에는 만장일치로 백 장관을 대법관으로 제청하기로 했다.[32]

대법원의 진용이 갖춰지면서 대법관들의 업무가 분담되었다. 형사사건과 행정사건을 대법원장을 필두로 김세완과 김갑수 및 허진 대법관이 맡았다. 민사사건은 김두일과 김동현 및 배정현 그리고 고재호 대법관이 맡았다. 서울고등법원의 한환진(韓桓鎭) 부장판사와 광주고등법원의 김제형(金濟亨) 부장판사가 각각 대법관직무대리로 교대해서 재판에 관여했다.[33]

당시는 대법원 청사가 3층 본관뿐이었다. 그나마 여기에 서울지방법원과 서울고등법원 및 대법원 등 세 개 법원과, 서울지방검찰청과 서울고등검찰청 및 대검찰청 등 세 개 검찰청이 들어 있어서 대법원은 매우 비좁은 편이었다. 그래서 고재호 신임 대법관은 좁은 서류창고를 사무실로 쓸 수밖에 없었다. 대법관실이 나란히 붙어 있어서 아침에 출근하면 차를 마시며 서로 담소하는 일이 습관처럼 되어 있었고, 그러한 분위기가 그 뒤의 대법원 운영에 윤활유 같은 작용을 하기도 했다고 고재호 변호사는 회고했다.[34]

이러한 분위기에서 당시 형사사건과 행정사건 합의에서는 가인이 재판장을 맡았고 민사사건 합의에서는 김두일과 김동현이 교대로 재판장을 맡았다. 고재호와 배정현은 두 해 정도 재판장을 사양했다. 〈민사부에서는 사건이 많아 다섯 명이 모두 열람할 수는 없으므로 재판장과 주심은 꼭 기록을 읽도록 하되 그들이 지적한 중요하고 복잡한 사건은 다섯 명 모두가 돌려 읽고서야 합의에 들어가도록 정했는데, 이 방침은 예외 없이 엄격하게 지켜졌었다〉고 회고한 고재호는 합의과정에서 있었던 일을 이렇게 소개했다.

당시 대법관들은 일에 매우 열성이었다. 지금 생각하면, 그만큼 순수하게 자기 직분에 충실한 이들이 있을까 싶을 정도였다. 어느 날인가는 이런 일도 있었다. 김두일 씨와 김동현 씨가 브리핑을 마치고 우리 세 명과 함께 합의를 하던 중, 갑자기 기록을 상대방에게 던지며 〈그 따위 엉터리 법률이론이 어디 있어〉 하며 고함을 치는 것이었다. 이에 맞서 한쪽이 화가 난 나머지, 〈당신 따위가 대법관이야〉 하며 일어서서 반격태세를 갖춰, 합의는 육탄전으로 번질 기세였다. 나를 포함한 나머지 셋은 조마조마해진 나머지, 두 분을 어르고 달랬다. 대법관들의 논쟁이 육탄적으로 번질 뻔했다는 것은 당시나 지금이나 드문 일이 아닐 수 없다. 우리는 두 김씨를 뜯어 말리며, 〈다시 한번 기록을 다섯 명 전원이 읽도록 하자. 그러고 나서 다시 합의하도록 하자〉 하고 나서 육탄전 일보 전의 승

강은 일단락됐다.[35]

고재호는 〈그처럼 연로한 나이에도 사건을 맞아 법관정신을 불태우던 그분들의 모습은 지금 내 나이에도 새롭게 되새겨진다〉고 회고하고 〈자신의 주장과 이론을 관철하는 데 그처럼 투철했던 노법관들의 태도에는 머리가 숙여지고 옷깃이 여며지는 그런 면모가 있었던 것〉이라고 결론지었다. 대법원의 이러한 분위기 형성에는 가인의 평소의 행태가 많은 영향을 미쳤음이 사실이다. 백한성 전 대법관의 회고에 따르면, 〈선생은 행정가이시며 노령이시고 부자유한 몸이신데도 불구하고, 민사 형사 행정 상고사건의 재판장으로 일을 보시어 산적한 기록을 독파하시고 메모하셨는바, 합의 시(時)에는 이 메모에 의하여 아무리 오래된 사건이라도 사안의 내용과 쟁점을 하나도 빠짐 없이 현출하셨다〉.[36] 고재호의 회고도 일치한다. 그는 이렇게 증언했다.

가인 김병로 대법원장은 해박한 법률지식과 열성을 겸한 훌륭한 법관이기도 했다. 내가 근무할 당시 가인은 형사와 행정 사건만을 맡고 있었는데도 언제나 민사기록까지 훑어보고 자신의 노트에 깨알만한 글씨로 몇 줄 요점을 적어놓고 나름대로 결론까지 내리곤 했다. 그러다가 선고된 민사판결의 초고를 가져다 보고 주심의 결론이 자기와 다르다 싶으면 주심을 원장실로 불러 토론하곤 했다. 물론 기각이나 파기냐 하는 주문이 달라지는 경우는 극히 드물었으나 대법원장으로서 기록을 읽고 메모하고 연구하는 그의 자세는 예나 지금이나 드문 일이다.[37]

김갑수의 회고도 맥을 같이한다. 〈당신 고집이 어떻게 센지 대법원 합의부에서 합의할 때 보면, 법이론을 가지고 논쟁을 하다가 결론이 나기 어려우면 두 번 세 번 연기할지언정 바로 승복하는 일이 없어 대법관들도 밤 새워 자기 이론을 관철시키기 위해 더 노력했다. 이렇게 해서 일단 합의에서 결론이 나면 가인은 '내가 몰랐던 좋은 것을 가르쳐주었다'고 격려할 만큼 폭이 넓었다〉고 말했다.[38]

이러한 증언들에서 보이듯이, 가인은 대법원장으로서 매우 성실하게 사법부를 이끌었던 것이다. 재판기록과 결재서류를 빼놓지 않고 모두 읽고 나서야 퇴근했다. 자신이 다루는 재판기록을 읽으며 메모하는 과정에서 1심과 2심의 판결문을 정독해 지방에 근무하는 판사들의 실력까지도 정확히 파악하고, 이것을 인사 때 참고하기도 함으로써 법관들이 신중한 재판을 하도록 유도했다는 것이다. 대법관들의 합의 때도, 핵심을 파악하지 못한 채 의견을 개진하는 대법관이 있으면 〈기록 똑바로 보고 와서 재판합시다〉라고 한마디 했다고 이강원 비서관은 전한다. 당시 대법관직무대리였던 한환진 변호사 역시 〈가인은 큰 쟁점을 잘 보고 논리정연해 당시 대법관들 가운데서 가장 우수한 대법관이었으며 성실한 법관의 자세의 면에서도 수범을 보였다〉고 회고했다.[39] 이러한 대법원장인지라, 당시 법원행정처의 법정국장으로 여러 차례 대법관회의에 참석했던 권순영 변호사는, 〈대법원장 앞에서 담배 피우는 대법관을 본 일이 없다. 고양이 앞에 쥐 같은 인상이었다〉라고 회고하고 있다.[40]

우리나라 일급 법조인들의 회고에서 공통되게 지적되었듯이, 가인은 박학다식하고 기억력이 좋았다. 이영근 기자는 이에 관련된 증언들을 이렇게 요약했다.

가인은 대법원장 정년퇴임을 앞두고 있을 무렵 〈한 나라의 대법
원장이 되려면 법률지식과 판단능력이 보통은 넘어야 하고, 글도
보통 이상으로 잘 써야 하며 연설도 보통 이상으로 잘해야 한다〉
고 말한 일이 있었다. 실제로 그는 대법원장 시절 훈시나 기념사
등은 손수 쓰거나 즉석 연설로 대신했다. 〔……〕〈가인을 모시고
있던 대법관들은 그분을 만물박사라고 부르기도 했습니다. 법률이
론이나 실무는 물론 정치 경제 국제 문제에도 막힘이 없어 놀랄
때가 한두 번이 아니었습니다.〉 김제형(金濟亨) 변호사의 회고다.
김갑수 변호사는 〈가인이 얼마나 박식했는지 재판장이라기보다는
선생님과 같은 역할을 했다〉고 말한다. 법원행정처의 차장을 지낸
민문기 변호사는 가인과 얘기할 때 영미법의 입법례를 꺼내면 그
는 언제 연구했는지 미국 ○○주의 법은 이렇고 △△주의 법은 어
떻다고 설명해 감탄할 정도였다고 말한다.[41]

고재호 변호사도 이렇게 회고한다. 〈언젠가 가인이 우리들과
잡담을 하는 자리에서 원로 변호사들 가운데 머리 좋기로는 첫째
가 김명수(金命洙), 그 다음은 정구창(鄭求昌)을 꼽는다고 말한
일이 있었는데, 나는 그분 자신의 총명이 가장 뛰어난 쪽이 아니
었던가 생각한다.〉[42]

인재들이 법조로 모이다

대법원의 체제가 자리 잡히면서 1956-57년 무렵부터 법원의
분위기는 크게 바뀌어 갔다. 고재호의 회고에 따르면, 〈법원의 업
무가 서서히 뿌리 박혀 가고 사회에서 신임을 얻어 법관들에 대
한 평가가 높아 가는 것을 피부로 느낄 수 있었다〉.[43] 이 점을 보

다 구체적으로 그는 이렇게 썼다.

　그 실례로 전국적으로 법원의 결원이 점차 줄어들고 현 대법원 판사 이회창(李會昌), 오성환(吳成煥), 정기승(鄭起勝) 씨, 법무부 장관 김성기(金聖基) 씨, 검찰총장 서동권(徐東權) 씨 등 무려 108명이 8회 고등고시에 합격해 법원이나 검찰에 들어왔지만, 판사의 경우 지망생이 너무 많아서 전국 각 지원까지 결원을 메우고도 남아돌았다. 나는 법관의 결원이 생길 때마다 유능한 검사나 변호사들에게 법원에 들어오도록 권했다.[44]

　당시 법원에 대한 인기는 월급이 많아서도 아니요 특권이 많아서도 아니었다. 법관에 대한 사회의 존경의 눈과 신뢰 때문이었던 것으로 짐작하는 고재호는 〈아마 이때가 법원의 전성시대였다고 생각된다〉고 회고하면서, 〈상하 법관간의 친밀감과 애정이 그 어느때보다 두터웠다〉고 증언한다.[45]

법전편찬사업의 진전

　법전편찬사업에도 많은 진전이 있었다. 우선 6법 가운데 가장 방대한 법규인 민법의 경우, 가인이 위원장으로 있던 법전편찬위원회에서 1952년 7월 4일에 그 기초를 마련해 1954년 10월 26일에야 비로소 정부안으로 국회에 제출했다. 국회는 민법심의소위원회를 구성하여 민법안 수정안 1편 내지 5편을 마련하고 1957년 9월 12일에 제3대 민의원 본회의에 회부했다. 이 수정안은 1957년 12월 27일에 통과하여 공포되었다. 이 신민법(新民法)의 시행에 따라, 조선민사령(朝鮮民事令) 제1호를 의용(依用)한 구일본민법은 폐

지되었다.[46)]

이 신민법의 국회 심의과정에서 가인은 국회 본회의에 출석해 입법 취지를 설명하기도 했다. 가인의 발언 요지는 다음과 같다.

- 권리 남용을 금지하자는 것과 당사자간의 신의와 성실을 원칙으로 하지 않으면 안 된다는 정신으로 법안을 기초했고, 또 그러한 규정을 명문화했다. 권리남용금지 원칙과 신의성실 원칙은 명문이 없더라도 도덕적 자율과 인류의 공동생활상 반드시 지켜야 할 문제이며 국제연합 헌장과 같은 정신이기도 하다. 그러나 이러한 근본정신이 퇴보하여 가고 인류생활상 필요를 느끼기 때문에 초안 기초에서 정의적(定義的)인 의미로 명문화했다.
- 법안 기초에 있어서는 일본 민법을 참고하며 우리 국내 사정에 적당한 것을 고려했다. 일본법을 모방했다는 평이 있으나 원래 일본법 자체가 불민법(佛民法), 독민법(獨民法)을 그대로 수입한 것이며 만민법(滿民法)도 일본이 수입한 것이므로 우리 민법 기초에 일민법(日民法)과 합치되는 것이 많았기 때문이다. 그 밖에 어느 나라 법이고간에, 또 우리와의 원근(遠近)을 막론하고 참고할 점을 참고하면서 독자적인 입장에서 기초했다.
- 물권 변동에 관한 규정은 독일의 형식주의제도와 불민(佛民)의 의사주의(意思主義)제도가 있는데, 이 두 개가 모두 피해가 있어 물권계약과 채권계약이 혼동왜곡(混同歪曲)하기 쉽다. 따라서 물권 변동에는 일반적인 안정을 꾀하기 위해 형식주의[등기(登記)]를 택하는 동시에 원인무효[의사주의(意思主義)]인 절충적 의미를 포함시켰다.

· 전세권을 물권편에 창설했다. 전세제도는 도시생활상 보편화
   하고 있는데 전세는 물권과 저당권을 혼동하는 경향이 있어
   물권으로 독립시킨 것이며 이것은 결국 우리 현실에 적절한
   것으로 규정하려 했다.

이어 가인은 친족상속편에 대해 매우 자세히, 그리고 강하게
발언했다. 이 발언에는 우리 전통과 역사에 대한 가인의 인식이
잘 나타나 있으므로 비록 길더라도 그대로 옮기기로 한다.

  이 친족상속편만은 어디까지나 그 나라 그 민족의 역사 문화 민
족윤리 등 전통을 골자로 해야 한다. 우리는 수천 년 역사 중 민족
윤리와 단일문화가 중국보다 우수하게 발전하였다. 그러나 참고한
것은 중민(中民), 만민(滿民)이었으며, 그보다 나의 50여 년간의 체
험을 냉철히 생각하면서 이조 500년간의 우리 역사 중 순풍미속면
(淳風美俗面)을 고찰하여 국민정신에 해로움이 없고 또 민족문화
의 보장과 발전을 기하려는 데 중점을 두었다. 왜정 시대에 이조역
사를 말살했기 때문에 중년 이하층은 역사를 연구할 기회조차 갖지
못하였으며 또 지금도 연구하는 노력이 희박한 듯한데 우리의 역사
에서 참으로 자랑할 만한 것은 인문(人文)의 발전과 향상에 있는
것이다. 생리학자도 우리 문화사를 연구할 필요가 있는 것이니, 서
양 고대의 문화상(文化相)에 비하여 우리 것이 조금도 손색이 없다
는 것은 우리 문화처럼 균형 있게 발전한 나라가 없기 때문이다.

이처럼 우리 문화적 전통의 우수성을 강조하고 나서, 가인은
우리의 고유한 가족제도의 우수성을 지켜야 한다는 취지로 다음
과 같이 이어나갔다.

사람이 동물세계를 벗어나려는 것이 인류문화의 시발인데 지금 개인주의사상으로 가족제도를 없애자는 론(論)이 있으나 우리나라의 집〔가계(家系)〕이라는 것은 부족국가 형식의 기초가 되었으며 이러한 역사적 발전과정에서 사람의 계통이 생기게 된다. 우리 민족은 모두 단군의 피를 받은 단일민족이지만 누구나 가까운 피를 따지는 것이다. 부계주의(父系主義)를 존중하는 것은 생리학자가 증명하고 있거니와 아비의 분자(分子)가 모태(母胎)를 통하여 다시 바깥으로 나오는 것이니 부계주의가 모계주의로 전환하면 집〔가계(家系)〕은 없어진다. 그러므로 부계를 주창하는 것이 우리의 전통이며 양자에 있어서도 종자(種子)를 통한 가장 가까운 것이어야 하고 또 소목(昭穆)〔행렬(行列)〕을 참작했다. 우리의 이와 같은 문화와 전통에 대하여는 왜정 때에도 손을 대지 못하였던 것이니 하물며 판례법을 참고한다는 것은 망상이 아닐 수 없다. 이 친족상속편에 관하여는 특히 의원 각위(各位)가 깊이 염려해 주기를 바란다. 지금 우리의 고유문화와 순풍미속이 향상되느냐 파괴되느냐의 기로에 있음을 망각해서는 안되겠다.

끝으로 가인은 남녀평등문제에 대해서 견해를 밝혔다. 그는 〈남녀평등이란 것은 정치 경제 문화 면에 대한 기회의 균등에 있는 것인데, 이 방향을 옳게 이해하지 못하고 있는 듯한 것이 유감이 아닐 수 없으며, 더우기 우리들의 깊은 전통과 양풍미속을 이해하지 못하고 덮어놓고 지식인인 척하는 폐풍이 있는 것을 통탄히 여긴다〉라고 매듭지었다.[47]

이 신민법 친족상속편에서는 동성동본금혼 원칙이 채택되고 있다. 고재호의 회고에 따르면, 원래 〈나는 기본적으로 동성동본 혼인 문제는 현대사회의 구조로 보아 너그럽게 보아야 한다는 생각을 갖고 있었고, 대법원장도 마찬가지였다. 그래서 가인과 나는 '친족은 8촌까지만 금혼토록 하고, 외척은 6촌까지만 금혼토록 한다'는 의견을 내놓았다〉. 그러나 법전편찬위원회에서 가인과 고재호를 제외한 다른 위원 모두가 한결같이 반대하여 장시간 토론을 벌여야 했고, 결국은 다수 의견대로 동성동본 금혼으로 초안이 확정되었으며, 가인은 국회에서 〈자신의 의견과는 달리 확정된 초안대로 통과를 요청하게 되었고, 동성동본 금혼의 민법 조항은 마침내 국회를 통과했던 것이다〉.[48]

고재호 변호사의 회고를 그대로 받아들인다면, 가인이 비교적 진보적이라고 할까, 고루하지 않은 윤리관을 갖고 있었다고 느끼게 된다. 그 점은, 현재는 작고한 서울지방법원 수석 부장판사 장○○ 씨가 어느 날 술을 마시고 대학 동창인 여자 변호사와 댄스홀에 가서 춤을 춘 것을 놓고 파트너의 남편이 장 부장을 문제삼았던 사건에 대해 가인이 취한 태도에도 잘 나타난다. 법관들의 다방 출입조차 비난하던 김세완 대법관이 〈내가 알기로는 댄스라는 것은 사과를 바지 주머니에 넣고 춤을 추는 것이라고 하는데, 그런 시정잡배의 행동을 법관이 했다는 것은 품위에 큰 문제가 있는 것〉이라며 장 부장에 대한 중징계를 주장하자, 가인은 〈내가 메이지(明治)대학에 다닐 때 2전만 가지면 밀크 홀에서 신문도 보고 밀크도 먹고 할 수 있었다. 그때 일본에서도 댄스라는 것이 유행했는데, 그것은 친한 남녀가 들판에서 만나서 손을 잡고 뛰어다니는 것인데, 김 대법관은 알지도 못하고 말한다〉라고 핀잔을 주면서 분위기를 바꿨다는 것이다.[49]

그러나 국회에서의 가인의 발언을 보면 매우 다른 인상이 전달된다. 가인은 문화적 전통이 우월한 우리가 굳이 서양의 생활풍습을 모방하려고 애쓸 필요가 어디 있느냐고 강조한 끝에 우선 댄스를 〈야만행위〉로 비난하고 있다. 가인은 이렇게 말했다.

〈댄스, 댄스〉 하고 미국 사람을 본뜨려고 야단법석입니다. 그것은 무엇이냐 하면 야만 시대에 있던 것이 아직 없어지지 못하고 그대로 내려온 것이에요. 남자나 여자나 짐승과 같이 어디서든 만나면 정교를 하던 그런 시대, 들에서도 좋고 산에서도 좋고 물에서도 좋고[소성(笑聲)], 이때에 이놈이 서로 그 흥분적……붙들고 나댕기는 것이에요. 붙들고 나댕기 는 것이 암놈, 숫놈인 까닭입니다[소성(笑聲)]. 저 서양사람들은 아직까지 그 때를 못 벗었어요. 그래 가지고 그것이 이제 와서는 좀 교묘하게 연애니 무슨 사교니, 이런 글자를 붙여 가지고 하는 것을, 이 최고 문화를 가진 우리 민족이 그것을 보고 좋다고 손바닥을 치고 이것을 못해서 애를 쓰고 야단이란 말이에요.

여자의 파마에 대해서도 가인은 공개적으로 비난했다. 우리 겨레가 이미 고대부터 두발(頭髮)에 대해서는 〈여자는 쪽지어 비녀를 찌르고 남자는 상투를 틀고 갓을 쓰는 습관을 지녀왔음에 반해, 서양 사람들은 〈사람마다 머리를 풀어 헤치고〉 다닐 줄밖에 몰랐고 뒤늦게서야 이 〈야만적인 풍속〉을 버리고자 머리를 〈걷어 올리는 방향〉으로 궁리하다가 생긴 것이 파마라는 것이었다.[50]

이러한 가인에게 당시 여성의원들이 추진한 가족법 개정안이 받아들여질 리가 없었다. 제2대 민의원이었던 박순천 여사는, 딸도 호주상속과 재산상속을 할 수 있도록 가족법을 개정하기 위해 여론을 일으키려고 가인을 만났을 때 그와 주고받았던 이야기를 이렇게 회고했다.

우리는 그 당시 여자가 호주상속을 할 수 있다고는 미처 생각을 못했기 때문에 사위가 입부혼(入夫婚)을 통해 호주상속하는 방법을 추진하고 있었다. 이 제도가 실시되면 딸만 있는 집에서 무조건 친척 중의 남자아이를 양자로 들여야 대가 이어지는 폐단을 막을 수 있다고 보았기 때문이다. 그러나 만나는 사람마다 〈사위가 상속을 한다〉는 데는 질색들을 했다. 특히 그 당시 대법원장이던 김병로 씨의 반대는 대단했다. 김 선생을 설득하러 간 우리 부인회 간부들에게 〈어떤 못난 놈이 사위양자를 온답니까〉라고 소리를 질렀다. 〈그런 남자를 끌어오는 거야 우리 여자들 수완에 달린 것 아닙니까〉라고 우리가 말했으나 김 선생은 들은 체도 하지 않았다. 우리는 신라시대로 거슬러 올라가 선덕여왕을 예로 들기도 하고 또 영국의 메리 여왕과 엘리자베스 여왕 얘기를 꺼내기도 했다. 그러나 대법원장은 여전히 〈나는 그런 쌍놈들 얘기는 모르겠시다〉라고 소리를 지르기만 했다. 우리는 김 선생과 헤어져 돌아오면서 〈저 영감 생전에는 법개정이 안 되겠구먼〉 하고 판단을 했었다.[51]

이런 우여곡절을 거치며 신민법은 1958년 2월 12일에 공포되어 1960년 1월 1일부터 시행을 보았다. 이때는 야인의 몸이었지만 가인은 시행을 앞두고 짤막한 소감을 발표했다. 〈그 호대(浩大)한 법전 조항에는 불완전한 것도 있을 것이요, 또 우리 역사적 문화의 기본이념에 위배되는 것도 없지 아니할 것이나 〔……〕 원초안에 잘못된 것이 있다면 그 책임은 나에게 있다〉라고 말했다.[52]

가인이 위원장으로 있던 법전편찬위원회의 업무는 계속 진전되었다. 상법은 가인이 정년퇴임하기 한 달 전인 1957년 11월 21일에 그 기초가 끝나 1958년 3월 3일에 정부에 이송했다.[53] 가인은 법전편찬과 관련해 국회에서 이렇게 말했었다. 〈본인은, 다행일지

몰라요, 이 다리가 불구가 되어서 어디 출입이라는 것은 전혀 없습니다. 그저 법원에 나갔다 오는 그 밖의 시간, 일요일이나 밤이나 아침이나 무슨 다른 때는 한 시간도 빌릴 새 없이 그 시간을 이용해서 불식지공(不息之工)으로 일했습니다.〉[54]

그 공로가 인정되어 가인은 1955년 5월 5일 고려대학교 개교 50주년 기념식에서 고려대학교의 제1호 명예법학박사 학위를 받았다. 이와 관련해 당시 고대 총장 유진오는 이렇게 회고했다.

가인은 경성전수학교에서 법학에 대한 교편을 잡을 수 있었던 유일한 한국인이 아니신가 해요. 또 그 후에 보성전문학교의 재단 설립자〔들 가운데 한 사람으〕로서, 또 교편을 직접 잡으신 그 사실, 이러한 것으로 보아서 법학교육의 선구자이시라고 생각을 하고, 특히 해방 후에는 대법원장으로서 우리나라의 법질서를 세우고 이것을 유지-확보하는 데 제1인자로서 활동하신 것은 말할 것도 없지만, 법전편찬위원장으로서〔……〕 친히 붓을 들고 한 자 한 자를 소홀히 하지 않고 전부 검토하시고, 그래서 고려대학교로서는 명예 학위 제1호를 드리지 않았나 생각이 듭니다. 명예법학박사 학위를 드렸는데, 그때 우리가 드린 것은 애국운동하신 것보다도 법학교육에 진력하신 것, 우리나라의 법전편찬 및 법질서확립에 공헌하신 그것으로써 우리가 명예학위를 드렸던 것입니다.[55]

이러한 가인이기에 법전연구회 편집으로 『법전(육법전서)』이 1959년 현암사에서 나왔을 때 기꺼이 서평을 썼다. 1959년 4월 6일 ≪동아일보≫에 기고한 서평에서 가인은 〈이 법전은 해방 이래 오늘날까지의 법령을 집대성한 것으로 그 체제에 있어서나 편집에 있어서 획기적인 것으로 안다〉고 칭찬했다.

5 법원의 기강확립을 위한 노력

청렴과 강직의 표본

김진배는 가인을 〈청렴과 강직의 표본〉이라고 불렀는데 그것은
조금도 지나친 표현이 아니었다. 미군정 사법부장 시절 이미 도시
락을 싸들고 다녔던 그는 우리 정부가 세워지고 사법부의 수장이
되자 더욱 청빈하게 처신했다. 정부가 세워진 직후 박봉에 시달리
던 한 시골 판사가 사표를 들고 찾아가자 〈일제 때나 미군정 때
도 판사를 지낸 당신이 독립 정부가 세워진 이 마당에 협조를 않
겠다니 무슨 말이냐. 나도 죽을 먹으며 산다. 함께 참고 고생해
보자〉고 간곡하게 만류해 그 판사가 사표를 거두어 돌아갔다고
하는데,[56] 가인에게 청빈의 정평이 있었기에 그 만류는 호소력을
가졌던 것임은 물론이다. 김진배의 전기, 이영근의 평전, 그리고
원로 법조인들의 회고록은 가인의 청빈을 입증해 주는 일화들로
가득 차 있다.

우선 개인생활에서 낭비가 없었고 절검에 앞장섰다. 대법원장
자신의 가족들까지도 점심은 국수로 때우기가 일쑤였다. 김진배
는 이렇게 썼다.

실제로 그는 그의 말년까지도 비싼 화장지를 사서 쓰지 않고 신
문지를 손바닥보다도 더 작게 잘라서 화장실에 꿰어 놓는가 하면
웬만한 손님이 와서 커피나 홍차 대신 엽차 한 잔을 대접하면 그
만이었고, 담배 한 가치를 두 토막으로 잘라 피우는 등, 괴벽하리
만큼 절제를 한 사람이다. 남창동 대법원장 관사는 기름 난방 시설
이 되어 있었다. 그러나 그는 만약 자기가 기름을 때게 된다면 다

른 법원장 관사에서도 기름을 때야 할 것이고, 그렇게 되면 그만큼 관사가 있는 고위 법관들과 그 아래 법관들 사이에 공평을 유지하기 어렵다는 생각에서 대법원장 자신이 기름을 때지 않고 톱밥이나 연탄을 땠던 것은 누구나 아는 이야기이다.[57]

담배 한 개비, 연필 한 자루, 종이 한 장이라도 아껴 쓰는 가인의 절약정신은 괴팍하리만큼 많은 에피소드를 남기고 있지만, 대법원장 재임 근 10년 동안 반 토막 수정도장으로 결재를 해온 것은 너무나 유명한 이야기이다. 金炳魯라는 한문 석 자로 새겨진 이 수정도장은 재임 후 몇 달이 되지 않아 수정 윗 부분이 부러져 반 토막이 되었다. 대법원장 초기에는 결재할 때 이 도장을 직접 찍었으나 후에는 대법원장이 보는 앞에서 관계자에게 찍도록 했는데, 반토막 도장이니 찍기가 여간 불편하지 않았다. 〈대법원장님, 결재 도장 하나 다시 파죠〉라고 진언하자, 가인은 〈그것 하나 제대로 찍을 기술이 없나〉라고 웃어넘기는 바람에 다시는 도장 얘기를 꺼내지 못했다고 한다. 한편 가인의 인감 도장은 몇십 년이나 썼는지, 이름이 제대로 보이지 않을 정도였는데, 가인은 이 닳아진 목도장을 당신의 임종 때까지 평생 동안 썼다고 한다. 한번은, 대법원장을 가까이에서 모신 노세우(盧世愚) 회계과장이 인감도장을 좋은 수정으로 파자고 건의하자, 〈재산을 날마다 사고 파는 것도 아닌데, 1년에 몇 번이나 쓴다고 비싼 수정도장을 쓰겠는가〉라며 사양했다고 한다. 큼지막한 대리석에 이름 석 자를 새겨 대문 앞에 붙이는 것마저도 그는 싫어했다.[58]

이러한 가인이 국산품이 아닌 외제품을 허용할 리가 없었다. 국산품의 질이 워낙 떨어진 때라 웬만한 집 아이들은 외제 학용품을 쓰는 것이 예사였던 때에도 가인은 손자나 손녀들에게 꼭 국산품을 쓰게 했다. 한 손녀가 급우들에게 우리 할아버지가 대법원장이라고 뽐내 보아야 〈진짜 할아버지라면 어떻게 그런 나쁜 물건만 사주시겠느냐〉고 반문을 받을 뿐이었다는 것이다. 법원에서 물품을 구입할 때도 마찬가지였다. 어느 날 직원들이 짜고 〈연필 하나만 해도 깎으면 부러지고 펜촉 하나만 해도 종이까지 긁히니 일을 하다 보면 신경질이 나고 돈으로 치더라도 외제를 쓰는 것이 훨씬 경제적입니다. 더구나 다른 관청에서는 다 외제를 쓰는데 우리만 나쁜 국산을 쓰니 그런 어려움은 세상에 누가 알아주겠습니까〉라고 하소연했다. 그러자 가인은 자기도 손자와 손녀가 국산연필이 얼마나 나쁘고 국산종이가 얼마나 나쁜가를 울면서 이야기하는 것을 수십 번 들었지만 그렇다고 해서 관청이나 지도적인 위치에 있는 사람들이 국산품을 쓰지 않으면 우리 산업은 누가 키우느냐면서 부하직원들을 타일렀다고 한다.[59]

공과 사의 구별 또한 엄격했다. 가족들 가운데에도 대법원장 승용차를 타본 사람은 없었다. 게다가 초등학교 다니는 손자들이 그 좋다는 차를 한번 타려고 해도 못 타게 했다. 언젠가 추운 겨울날 초등학교 2학년에 다니는 손자에게 대법원장 승용차를 태워준 운전기사는 〈이 사람아! 이 차가 대법원장 차지 손자 차인가〉라는 나무람을 들어야 했다.[60] 가인의 며느리 부탁으로, 중학교 입학시험을 치른 가인 손자의 성적을 알아봐 주러 학교에 다녀온 비서관 이강원 역시 〈자네는 대법원장 비서관인가 내 며느리 비서관인가〉라는 호통을 들어야했다.

간혹 친척이 찾아와 재판에 관한 얘기라도 꺼내면 가인은 〈집안에 대법원장이 둘이냐〉고 핀잔을 주어 입을 막았다. 생질녀가 토지관계로 소송중인 동안에는 집에 놀러도 못 오게 했다. 가까운 사람의 인사문제는 아예 모른 체했다. 자신의 변호사 사무원으로

10여 년이나 데리고 있던 백원신(白元信) 씨가 사법서사 인가를 얻지 못해 애태우는데도 전혀 움직이지 않았다.[61]

남에게는 아무리 작은 것이라도 받지 않았다. 가인 친구의 아들이 겨울에 한강에서 잡은 잉어 다섯 마리를 들고와 받아놓은 것도 〈만에 하나라도 의심받을 행동을 하지 말라고 했지 않느냐〉고 꾸중했고, 그 바람에 집을 찾아 되돌려주느라고 고생했다고 비서를 지낸 김성계(金星界) 씨는 털어놓았다. 추석이나 연말 때에 의례적으로 보내는 고기 몇 근이나 옷감 한두 가지도 모두 돌려보냈다. 손녀사위인 제12대 국회의원 이택돈(李宅敦) 변호사는 〈그분은 물욕과 담을 쌓은 분으로, 항상 법관까지 돈을 먹으면 나라가 위태롭다고 말씀하셨다〉고 전했고, 장손 김원규 씨는 〈할아버지는 청백리 황희(黃喜) 정승이 얼마나 멋있게 살다 갔느냐는 말씀을 자주 하셨다〉고 회상했다.

가인은 기관운영에 있어서도 절검을 앞세웠다. 김갑수의 회고에 따르면, 가인은 〈대법원장실조차 제대로 설비하는 것을 허락하지 않았다〉. 대법관 각자에게 사무실을 주어야겠다고 건의해도, 〈따로 방을 쓰게 되면 심심해서 어떻게 할 것이냐? 한 방을 쓰면 합의하기도 좋을 텐데 속을 모르겠다는 듯한 눈치였다〉. 대법관에게도 각각 승용차가 있어야겠다는 건의에 대해서도 〈법관이란 집에서 법원에나 왔다갔다 하면 되는 것인데 차는 해서 무엇하느냐〉고 이야기했다.[62] 고재호는 다음과 같은 이야기를 전한다.

가인 재임중 입법부와 행정부의 장(長)에 비해서 대법원장에 대한 판공비나 접대비 같은 경제적 대우는 형편이 없었다. 그러나 그분은 그런 것에 거의 무관심이었다. 우리 젊은 사람들은 심히 불만으로 여겼지만, 그분은 항시 우리나라 재정형편으로 보아서는 현재

받는 것도 과한 것이라고 우리를 나무랐다. 그리고 예나 지금이나 행정관청에서는 연도 말에 예산이 남으면 소속 직원을 위로 출장 보낸다든지 또는 다른 명목을 붙여서 다 써버리지만, 가인은 남은 예산을 고스란히 국고에 돌리곤 하였다.[63]

그러므로 예산집행에 관한 한, 가인은 부하직원들로부터 가장 인기 없는 상사였다. 〈예산을 그렇게 아끼던 일제 때 재판소 사람들도 연말이 되면 예산을 무슨 명목으로든지 다 쓰는 것이 상례고, 사무비로 쓸 명목이 없으면 비품이라도 사는데 이렇게 짜게 법원을 운영하시면 누가 여기서 일하겠습니까〉라고 불만을 표시하면, 〈일본놈이 어떻게 했든지 다른 관청에서 어떻게 하든지간에 우리만이라도 한푼의 돈일지언정 아끼는 데 모범을 보여야 할 것이 아니냐. 남의 원조로 예산을 짜서 쓰는 판에 우리가 물건을 아껴야지, 독립했다고 선포만 해놓으면 그것이 나라인가? 돈 없어서 일 못하겠으면 그만두고 나가라〉고 호통치던 모습을 1950년대 중반에 법원행정처 회계과장이었던 노세우 씨는 회고했다.[64]

이러한 자세의 가인인지라 공금에 대해서는 어떻게나 철저한지 줄 때나 받을 때 한 장이라도 손수 세어서 주고 세어서 받았다. 돈에 관계된 문서를 볼 때에도 1원짜리 끝 숫자 하나까지 꼬박꼬박 챙기는 성미였다. 그것은 상대방이나 아랫사람들을 믿지 못해서가 아니라 손수 그렇게 하지 않으면 상대방이나 아랫사람들이 게을러서 돈을 허술하게 다루기 때문이라는 것이다.[65]

그렇게 꼼꼼히 법원 살림을 살면서도 가인은 〈예산이 5할 가량은 낭비되고 있다. 자기 재산이라면 그렇게 함부로 쓰지는 못할 것〉이라고 입버릇처럼 주의를 주었다. 시내 출장에 차량을 사용할 때도 대법원장인 자신이 휘발유 배정표에 서명하면서 신청 분량보다 적게 내주어, 젊은 법관들은 행정부의 계장보다 못한 대우를 받는다고 불평을 했다. 자동차 수리에도 대법원장의 결재가 있어야 했다.

사법부의 어른이면서도 한동안 정보비가 없었다. 노용호(盧龍鎬) 법원행정처장이 정부 쪽에 요청하겠다고 이야기해도 〈정보비는 정부에서 알아서 계상을 해주어야지 우리가 요청할 수는 없다. 우리가 요청하면 정부에서는 법원에 부탁을 해 오게 되고 정보비가 마치 꼬리 달린 돈으로 쓰일 우려가 있다〉면서 끝내 거절했다.[66] 이러한 이야기는 국회의 국정감사 보고서에서도 확인된다. 1949년도 보고서는 〈법원의 예산문제에 있어서, 원래 법원은 보수적이고 소극적이며 더우기 지나친 양심과 정직으로 인해서 예산획득에 대단히 졸렬하다. 이러한 관계로 인하여 청사의 수리를 위한 예산조차도 획득하지 못하였는바, 그 예로서 판결 서류는 영구 보존인데도 불구하고 용지난으로 개인의 편전지(便箋紙)에다 판결서를 기록한 점을 발견하였다〉라고 지적하고, 〈향후 예산투쟁을 좀더 적극적으로 해주기 바란다〉고 권고한 것이다.[67] 1952년도 국정감사 보고서도 〈전쟁을 편승한 부면(部面)이나 일반 행정관청에서는 경비가 비교적 윤택함에도 불구하고 법원 등은 소송조서를 뒤집어서 사용하고 있다〉고 지적했다.[68]

이러한 지적이 있은 뒤 정보비는 계상되었는데 한번은 국회 법제사법위원회에서 변호사 출신의 윤길중(尹吉重) 의원이 대법원장의 정보비를 어디에다 쓰느냐고 묻자, 김동현 대법관이 〈지방법원장 등이 올라오면 식사대접이나 한다〉고 대답해 법제사법위원들이 폭소를 터뜨리면서도 가인의 인품에 새삼 경복했다고 한다. 그것은 회의비나 접대비 항목에 들어 있는 돈으로 쓸 일이지 대법원장의 정보비에서 나갈 필요가 없었는데도 가인이 자기 몫을 써 가면서까지 다른 항목의 공금을 아꼈기 때문이었다. 남은 정보비도 아랫사람들을 위해 썼다. 그 좋은 예가 1956년 설날 때 전국의 법원장들에게 내려보낸 떡값이었다. 가인이 정보비를 쪼개 나눠준 것임을 알게 된 법원장들은 일부를 다시 떼어 답례로 고급 제니스 라디오 한 대를 선물했다고 한다.[69]

나라살림을 철저히 아껴 살려고 한 그는 앞으로 있을 법원청사의 확장이나 신축에 대비하여 법원 주변의 국유재산 수천 평을 법원으로 넘기겠다는 정부당국의 호의마저 사양했다. 〈범죄가 줄어들고 소송이 적어야 좋은 세상이지, 청사만 늘려서 무엇하겠는가?〉라는 태도였다고 한다.[70] 발전적인 측면에서 볼 때, 가인의 이러한 태도가 꼭 본받을 태도라며 무조건 추종하는 것이 좋겠느냐에 대해서는 다른 의견이 있을 수 있다. 그러나 공직자라면 누구나 한번쯤 그 정신을 깊이 생각해 볼 만하다고 생각된다.

〈청렴할 수 없으면 떠나라〉는 훈시

가인은 자신이 수범을 보인 청렴을 법관들에게도 철저히 요구했다. 환도 직후인 1953년 10월 12일에 열린 제1회 법관훈련회동에서 가인은 〈법관의 도(道)〉에 대해 강의했다. 그는 우선 〈법관된 자로서는 어떠한 정실에 끌려서는 안 되겠다〉고 전제하고 〈어떠한 사건에 있어서든지 친분과 감정 등을 초월하여 이성에 입각한 공정한 판단을 해야 하겠다〉고 강조했다. 그는 이어 법관의 몸가짐을 설명했다. 첫째, 세상사람으로부터 의심을 받아서는 안 된다는 것, 둘째, 음주를 근신해야 되겠다는 것, 셋째, 마작과 화투 등 유희에 빠져서는 안 되겠다는 것, 넷째, 어떠한 사건이든지 판단을 하기 전에 법정 내외를 막론하고 표시해서는 안 되겠다는 것, 다섯째 법률지식을 향상시키고 인격수양을 해야 하겠다는 것 등을 강조했다. 이 훈시에서 가인은 〈법관이 일반국민으로부터 의심을 받게 된다면 법관으로서는 최대의 명예손상이 될 것입니다. 한 사람의 명예실추는 법관 전체의 명예실추가 되는 것입니다. 법관은 양심과 이성을 생명처럼 알아야 하며 이를 굳게 지킴으로써 법관된 책임을 다하게 되는 것입니다〉라는 금언을 남겼다.[71]

반년 뒤인 1954년 3월 20일에 열린 1954년도 법관훈련회동에서도 가인은 법관의 자세를 강조했다. 그는 우선 〈현실을 직시할 때, 세상의 모든 권력과 금력과 인연 등이 우리들을 둘러싸고 우리들을 유혹하며 우리들을 정궤(正軌)에서 일탈하도록 얼마나 많은 노력을 하고 있는가를 알 수 있는 것입니다. 만약 내 마음이 약하고 내 힘이 모자라서 이와 같은 유혹물들에게 유혹을 당하게 된다면 인생으로서의 파멸을 의미할 뿐만 아니라 법관된 존엄성으로 비추어 보아 도저히 용인할 수 없는 심각한 문제라고 아니할 수 없는 것입니다〉라고 경고하고, 〈세상사람이 다 부정의에 빠져간다 할지라도 우리 법관만큼은 정의를 최후까지 사수하여야할 것입니다〉라고 격려했다. 그는 이어 〈법원도 썩었다〉 또는 〈법관조차 믿을 수 없다〉라는 〈불미스러운 말들〉이 들려 오지 않도록 법관은 노력해야 한다고 타일렀다.[72]

가인의 이러한 훈시에도 불구하고 1954년 9월 23일에 서울지방법원장으로 있던 김○○ 씨가 사건청탁을 둘러싸고 신○○ 변호사로부터 45만 환을 받았다는 혐의로 검찰에 구속된 일이 일어났다. 가인에게는 말할 수 없는 충격이었다. 그는 다음 달인 10월 11일에 전국법원수석부장판사회의를 소집하고 〈사법부도 병들고 말았다고 하는 사실 등은 사법의 장래에 대한 일대 경종이 아닐 수 없으며, 최후로 우리 사법부마저 이러한 비경(悲境)에 다다르고야 말았다는 것은 참으로 통분함을 금할 수 없습니다.〉라고 전제하고 〈사법관으로서의 청렴한 본분을 지킬 수 없다고 생각될 때는 사법부의 위신을 위하여 사법부를 용감히 떠나야 합니다〉라고 질타했다.[73] 법관은 〈정의의 변호사〉가 되어야 한다는 가인의 가르침은 1957년 4월 26일에 열린 1957년도 사법감독관회동에서도 되풀이되었다. 그는 〈지금 사법관은 고립무원한 실정 아래 있습니다〉라고 호소하면서, 〈사법관들은 짝할 사람이 없습니다. 우리 사법관들은 오직 '정의의 변호자'가 됨으로써 3천만이 신뢰할 수 있는 사법의 권위를 세우는 데 휴식이 있어서는 안 될 것입니다〉라고 매듭지었다.[74]

6 이 대통령과의 사이에 점증하는 갈등

외교와 국방에 대한 관심

이상에서 살폈듯이, 가인은 환도 이후 사법부를 제 궤도 위에 올려놓기 위해 혼신의 노력을 기울였다. 한편 이 시기에 그의 관심은 외교와 국방 문제에 대해서도 간혹 나타났다.

그 대표적인 보기가 1953년 9월 30일자 평화선에 대한 담화이다. 이 대통령은 1952년 1월 18일에 평화선을 선포하고 이 선을 넘어 들어와 어로 작업을 하는 일본 어선을 나포하겠다고 경고했었다. 일본은 물론 이에 강력히 항의했으나, 1953년 9월 22일에 평화선 선포 이후 처음 평화선을 침범해 도획하던 일본어선 2척을 한국정부당국이 나포한 사건이 발생했다. 이것을 보고 가인은 담화를 발표한 것이다.[75]

여기서 그는 〈한국정부가 선포한 평화선은 근래 국제조례상으로 보아 정당하다〉고 주장했다. 〈어족의 보호와 전시의 방위를 위해 평화선 같은 선을 선포한 국가는 이미 수개 국가에 이르고 있으며 이것은 세계에서 공인되고 있다〉고 전제한 그는 〈영해에 대한 구(舊)관념이 변경되어야 할 것〉임을 역설했다. 그는 이어 〈본토와 떨어져 있는 섬들 사이의 바다는 공해라 할지라도 다른 나라가 침범할 수 없는 영해의 성격을 갖고 있는데도 평화선을 침범하는 것은 일본의 침략근성에 그 원인이 있다〉고 강경한 어조로 말했다. 외무부 당국자나 법무부 당국자가 아닌 대법원장이 이러한 담화를 발표할 수 있는가에 대해서는 논쟁이 있을 수 있겠다. 여기서는 이 논쟁을 보류하기로 한다. 다만 한 가지 지적할 수 있는 것은 몸에 밴 항일성격이 이러한 형태로 나타났던 것으로 볼 수 있다는 점이다.

한편 가인은, 대법관 일행과 함께 1955년 5월 13일에 연합참모본부를 방문해 「전필승공필취(戰必勝攻必取)」라는 휘호를 써준 데서 나타나듯이, 때때로 군 수뇌부와 일선을 시찰하며 장병들을 격려하기도 했다. 대법원장으로서의 신년사라든가 경축사 같은 곳에서도 가인은 북한의 〈침략성〉에 대한 경계와 안보태세의 강화를 잊지 않고 강조하고 있다. 〈무도한 소련과 중공이 우리 북한지역을 식민지화하고 북한동포를 노예로 구사할 뿐 아니라 휴전협정을 공연히 무시하면서 많은 공격무기를 반입하여 다시 남침할 체제를 강화하고 있습니다〉라는 구절은[76] 그의 한반도 정세관을 정확히 요약하고 있으며, 이 점에서 그는 이 대통령과 아무런 차이가 없었다고 하겠다.

사사오입 개헌에 대한 비판

그러나 국내정치의 쟁점들을 놓고 가인의 입장은 이 대통령의 입장으로부터 점점 멀어져 갔다. 환도 이후 이 대통령과 처음으로 가장 날카롭게 대립된 쟁점은 1954년 11월에 있었던 사사오입(四捨五入) 개헌이었다. 여기서 이 사건의 경위를 간단히 살핀다.

1954년 5월 20일에 실시된 제3대 민의원 선거에서 제1당이 된 이 대통령의 자유당(自由黨)은 이 대통령에게 3선의 길을 열어주기 위해 이 대통령에게만 연임제한조항을 적용하지 않는 것을 골자로 한 개헌안을 9월 6일에 국회에 제출했다. 지지자를 확보했다고 자신한 자유당은 11월 27일에 이를 표결에 붙였다. 그 결과는 재석 202인 가운데, 가 135표, 부 60표, 무효 1표, 기권 6표, 결석 1표였다. 재적의원 203명의 3분의 2는 135.333……이므로 135표의 찬성표로는 개헌선 미달이었고 따라서 최순주(崔淳周) 부의장은 부결을 선포했다. 갈홍기(葛弘基) 공보처장도 곧 중앙방송국을 통해 개헌안이 국회에서 부결선포되었음을 발표했다. 그러나 일요일인 그 다음날 자유당은 재적 의원 203명의 3분의 2는 135.333……인데 이것을 사사오입하면 135가 되므로 결국 개헌안은 가결된 것이라는 성명을 발표했다. 그 다음날 최순주 부의장은 자신의 부결선포를 정정한다면서 가결된 것으로 재선포했다. 이어 자유당은, 개헌안이 가결된 것으로 국회 회의록을 고칠 것을 결의하는 안을 제의하고 야당의원들의 퇴장을 기다려 통과시켰다.[77] 이것이 악명 높은 사사오입 개헌파동이며, 1인 장기집권의 반민주적 악습이 여기서부터 시작되게 되었다. 한편 이 파동을 계기로 원내 반대세력은 일단 민국당을 주축으로 결집했다가 1955년 9월 19일에 신익희 전 민의원 의장을 대표최고위원으로 하는 제1야당 민주당(民

主黨)을 창당한다.

가인은 자유당의 처사를 정면 공박했다. 그는 11월 29일에 〈개헌안 통과 정족수 문제는 정부나 법원이 관여할 문제가 아니며 어디까지나 국회 자체가 해결할 문제〉라고 전제하고는 사견(私見)으로 ≪사사오입 방식으로의 처리를 도저히 이해할 수 없다〉고 분명히 밝힌 것이다. 그는 자신의 입장을 기자들에게 이렇게 설명했다.

나온 표 수가 135표냐 136표냐 하는 표 수의 차이 문제가 아니고, 엄연히 나타난 표 수가 있는 만큼 그것을 수학적으로 계산해 보면 자명한 것이고 또 그 해석은 언제까지나 두고두고 변동이 없을 것이다. 수학에는 아무런 에누리도 없는 것이고, 숫자의 계산에는 조금만치도 거짓이 없는 것이다. 그렇다면 235표의 3분의 2 이상이란 몇 표가 되는 것인가 하는 것은 수학 원리상 스스로 밝혀질 문제이다. 203의 3분의 2는 135.333……이라는 숫자를 사사오입하여 135로 한다는 일부 견해는 도저히 이해할 수 없는 논법이다. 원래 사사오입이라는 것은 넷까지는 남지만 이를 버리고 다섯 이상은 모자라도 하나 더 넣는다는 것으로서 사사(四捨)란 결국 다소간 남는 경우에도 이를 버린다는 것인데 모자라는 경우 사사(四捨)란 이해할 수 없는 일이다.[78]

엄격히 말한다면, 국회에서의 표결에 관한 문제에 대해 그것이 재판에 관련되는 것이 아닌데도 대법원장이 공개논평하는 것이 삼권분립의 원칙에 부합되느냐라는 의문은 제기된다. 김진배는 〈양식이 있는 사람이면 누구에게도 명백한 이러한 억지가 헌법을 만들고 고칠 권한이 주어진 국회에서 다수당에 의해 자행되고 있

는 데 대해 정의의 수호자로서의 대법원장은 참을 수 없는 분노
가 치밀었는지도 모른다〉라고 옹호했는데,[79] 대체로 이 옹호에 동
조할 수 있을 것이다. 확실히 가인의 이 공개발언은 이 대통령에
대한 사법부의 수장으로서의 정면 도전이었다.

판결을 둘러싼 행정부와의 마찰

　판결을 둘러싼 행정부와의 입씨름도 잦아졌다. 그 몇 가지 예
들을 들어본다.
　정부가 부산에서 피난생활을 하던 때인 1952년 4월 24일에 반
독재 운동의선봉이던 서민호(徐珉濠) 의원이 순천에서 자신을 살
해하려던 서창선(徐昌善) 대위를 사살한 사건이 발생했었다. 당시
개헌을 추진하던 이 대통령은 검찰로 하여금 자신의 개헌추진에
정면으로 도전하던 서 의원을 살인혐의로 구속하게 했다. 서 의원
의 살인이 정당방위이며 구속은 정치적 책략이라고 단정한 국회
는 5월 14일에 석방결의안을 가결했고, 이에 따라 검찰은 별수없
이 서 의원을 석방했다. 그러자 부산시내에서는 정부가 조종하는
갖가지 단체들이 극렬하게 들고일어나 〈살인국회의원 석방한 국
회는 해산하라〉, 〈반민족국회의원 14명을 축출하라〉는 구호와 함
께 집단시위를 벌였다. 이러한 혼란 속에서 이 대통령은 5월 25일에
비상계엄을 선포하고 서 의원을 즉각 재구속하는 한편 반정부 의
원들을 체포한 뒤 그들을 협박하여 자신이 바라는 방향으로 개헌
안을 통과시켰으니, 이것이 우리가 제9장에서 잠시 언급했던 이
른바 부산정치파동이다.
　서 의원은 군재와 민재를 오가다가 결국 1953년 10월 20일에
부산지방법원에서 양회경 부장판사로부터 무죄판결을 받았다. 이

대통령은 몹시 화가 났다. 가인과 장관 몇 명이 함께 모인 자리
에서 〈도대체 그런 재판이 어디 있느냐? 현역장교를 권총으로 쏘
아 죽였는데 무죄라니 될 말인가〉라고 따졌다. 이에 대해 가인
은 〈판사가 내린 판결은 대법원장인 나도 이래라 저래라 말할 수
없는 것이다. 무죄판결이 잘못됐다고 생각하면 절차를 밟아 상소
하면 되지 않는가〉라고 응수했다. 한편 검찰은 서 의원 재판 때
법정에 섰던 증인 8명에게 위증죄를 적용해 모두 구속기소하는
등, 부당한 보복조처를 취했다. 그러나 부산지방법원의 장준택(張
俊澤) 부장판사는 이들 전원에게 무죄를 선고했다. 그는 뒷날 〈가
인이 위에서 바람을 막아 주었던 때문인지 당시 법관들은 소신대
로 재판했다〉고 회고했다.[80]

그러면 문제의 서민호 의원은 어떻게 되었던가? 그는 우여곡절
끝에 유죄가 확정되어 복역하다가 4·19 혁명이 일어나고서야 석
방된다.

1954년 11월에는 윤재욱(尹在旭) 국회의원의 횡령사건과 진헌
식(陳憲植) 전 내무부장관의 국가보안법위반사건에 대해서도 1심
과 2심에서 잇달아 무죄가 선고되었다. 한격만 검찰총장은 11월
24일에 〈아무리 법원과 검찰 사이에 견해 차이가 있다고 해도 잇
단 무죄판결은 이해하기 곤란하다〉고 논평했다. 그러나 가인은 〈독
립된 법관이 재판한 것이므로 대법원에 상고되어 최종 판결이 있
기 전에는 가부를 논할 수 없다〉고 응수했다.

여기에 이 대통령이 개입해 들어왔다. 그는 11월 25일에 〈사법
관이라는 분들이 법률은 어찌 됐는지 사법권의 독립만 내세워 자
기네 권리만 생각하고 사법에 대한 직책을 잊어버리는 점은 심히
우려할 문제다. 재판관들의 무제한한 자유권이라는 것은 대단히
위험하므로 앞으로라도 헌법에 의한 조건을 조성해 놓아서 그 범

위 안에서 삼권을 분립하고 국법을 보호해야 할 것이다〉라고 주
장한 것이다.

가인은 즉각 반격했다. 그는 다음날 기자회견을 갖고 다시 한
번 재판의 독립성을 강조한 다음, 설령 하급심 법관이 부당한 재
판을 하는 경우가 있다고 해도 그 시정은 대법원에 와서 할 수밖
에 없음을 역설했다. 재판에 간섭할 생각은 그만두고 이견이 있으
면 3심 절차를 밟아 다투어보라는 뜻이었다. 가인의 반격은 여
기서 멈추지 않고, 〈최근 대법원에 상고된 사건의 대부분이 검찰
견해를 뒤집는 쪽으로 파기되고 있다. 검찰은 수사를 좀더 신중히
해야 될 것이다〉라고 타이르기조차 했다.[81]

이 대통령과의 정면 논쟁

가인의 강직한 성격을 잘 알던 이 대통령은 그동안 마땅하지
않은 점들이 많아도 참아 왔었다. 때로는 가인에게 〈같이 손잡고
정치를 하자〉고 은근히 회유하기도 했었다. 물론 가인은 〈대법원
장 밖의 능력이나 여력은 없다〉면서 완곡히 거절했었다.[82] 그래도
이 대통령은 회유의 손길을 늦추지 않고 있었는데, 정면 도전까지
받고 보니 기분이 몹시 상하고 말았다.

그리하여 이 대통령은 1956년 2월 20일에 열린 제22회 정기국
회에 보낸 치사를 통해 사법부에 대한 불만을 노골적으로 표시했
다. 여기서 이 대통령은 〈삼권분립한 중에서 사법부의 형편이 말
이 아니니 경찰이나 검찰에서 소상히 조사해서 법원에 넘기면 법
원에서는 그냥 백방하며 범행과 상관이 없는 판결을 한다. 여러
해를 두고 본 결과를 치면 사법부의 재판관 되는 사람들은 세계
에 없는 행세를 한다〉고 격렬하게 비난한 것이다. 이 대통령은 이

어 대법원장을 묘하게 물고 들어갔다. 〈다행히 대법원장이 그 폐단을 심히 양해해서 무슨 중대한 문제가 생길 적에는 행정부와 협의해서 정부의 위신과 법을 공평히 참고해서 판결하는 까닭으로 큰 위험은 없다〉고 말한 것이다. 그러면서도 이 대통령은 〈법이 제대로 시행되도록 어떤 방편으로든지 재판장의 권한에 한정이 있어야 되겠다〉[83]는 말로, 사법부의 권한을 축소해야겠다는 평소의 믿음을 되풀이해 강조했다.

이 대통령의 이러한 발언은 즉각적인 반발을 불러일으켰다. 국회는 그 다음날 바로 「제22회 국회 개회식에 보낸 대통령 메시지에 관한 건」을 상정시켜 이 문제를 다뤘다. 의원들의 질의의 핵심은 두 가지였다. 하나는 대통령의 발언이 사법권의 독립에 대한 중대한 침해이며 위헌이라는 것이다. 예컨대 검사 출신인 민주당 소속 조재천(曺在千) 의원은 이렇게 주장했다.

이 대통령 메시지에 의할 것 같으면, 경찰과 검찰을 법원 이상의 권위 있는 기관으로 인정을 해가지고 있고, 또 그 취지에 의할 것 같으면 재판소는 경찰이나 검찰이 조사해서 넘길 것 같으면 그대로 재판을 할 일이지 거기에 대한 독자적인 판단을 해서 경찰과 검찰에서 보낸 의견과 다른 재판을 해서는 안 된다는 관념을 표시하고 있는 것입니다. 그렇다면 우리 국민은 〔……〕 법원의 재판을 받아야 하는 것이라기보다는 도리어 경찰관의 재판이나 검사의 재판을 받고 판사의 판결이라 하는 것은 결국 사무적인 형식, 절차에 지나지 않는 것이 되는 까닭에 이것은 사법권의 독립을 말살할 우려가 있는 것이요, 또 나아가서는 경찰국가로 화(化)할 그러한 중대한 우려를 갖지 아니할 수 없게 됩니다.[84]

이어 민주당의 조병옥 의원은 〈이 대통령은 집권한 이래 삼권분립이 아니라 삼권통일을 해 왔다고밖에는 볼 수 없는데〉 그런데도 모자라 사법부를 모욕하는 말을 할 수 있느냐고 꼬집었다.[85]

질의의 또 하나의 초점은 과연 대법원장이 〈중대한 문제〉를 놓고 대통령과 상의한 일이 있느냐는 것이었다. 법률가인 민주당 소속 김선태(金善太) 의원은 만일 그런 일이 있었다면 〈우리 대한민국의 사법부는 다 썩어버린 것입니다. 행정부의 예속물이지 사법권의 독립이라는 것은 하나도 없는 것입니다〉라고 힐난했다.[86] 조병옥 의원도 〈대법원장이 협의했다는 말은 지난날 중석불(重石弗) 사건이나 서민호 재판 때도 대법원장이 행정부와 협의했다는 결론으로 이어진다〉고 공격했다.[87] 민주당의 윤형남(尹亨南) 의원은 「대법원장 국회 출석요청에 관한 건」을 제안하기조차 했다. 그러나 자유당의 반대로 부결되었다.[88]

한편 가인은 가인대로 이 대통령의 치사 내용을 반박했다. 국회가 이 대통령이 치사 내용을 공격하던 바로 그날 가인은 우선 〈대통령이 사법부에 대한 관심을 표명한 것으로 해석한다〉는 말로 국가원수에 대한 최소한의 예의를 표시한 다음, 〈이 대통령이 말한 것처럼 재판에도 간혹 과오가 있을지 모른다. 최근 밀수사건의 피의자에 대한 석방이나 보석허가가 여론화된 것으로 안다〉고 말하고는, 〈대법원으로서도 밀수범에 대해서는 엄중 처단해야 한다는 의견을 가지고 있으나 그렇다고 양심껏 재판하는 일선 법관들에게 이를 시달하거나 간섭할 수는 없는 것이다〉라고 잘라 말했다. 그는 이어 〈사법부가 행정부와 협의해서 법을 운영하는 것은 있을 수 없는 일〉이라고 못박았다. 마지막으로 그는 〈재판장의 권한 제한〉 문제와 관련하여, 〈그것은 입법부의 권한에 속하는 문제로 사법부는 무어라고 말할 성질이 아니다〉라고 밝힌 뒤,

〈그러나 그런 특수입법조치는 도저히 있을 수 없는 일〉이라는 사견을 덧붙였다.[89]

가인의 반응은 의연했으나 법조계 안팎의 흥분은 가라앉지 않았다. 이영근 기자가 지적했듯이, 〈법조계와 언론계 등에서는 대법원장의 반박이 너무 소극적이고 미온적이라는 소리도 나오기 시작했다〉.[90] 특히 대한변호사협회는 2월 24일에 긴급임시총회를 열고 이 대통령과 김 대법원장 두 사람 모두를 공격했다. 변호사들은 우선 이 대통령의 치사가 삼권분립의 원칙을 파괴하고 사법부의 위신을 손상했다고 규탄하면서 성명서를 채택했다.

대한변호사협회는 성명서에서 〈본회는 법적 양심과 평소의 체험 그리고 국정운용에 대한 양식에 비추어 이를 묵과할 수 없다〉고 포문을 열고, 이어 검찰과 경찰이 넘긴 피의자를 법원이 멋대로 석방한다는 이 대통령의 주장은 〈경찰 또는 검찰에 의한 억울한 처사가 법원에서 광정됨으로써 도리어 인권이 보장되어 왔다는 엄연한 사실을 몰각한 견해이다〉라고 반박했다. 또 법관에 대한 탄핵 징계 소추의 제도가 있는데도 법관의 잘못을 벌줄 사람이 없다고 말한 것은 어불성설이라고 비난했다. 이 성명서는 〈중대한 문제〉에 대해서는 대법원장이 행정부와 협의해서 판결한다는 대목을 집중적으로 물고늘어졌다. 〈실로 아연실색하지 않을 수 없는 것이다. 왜냐하면 대법원장이 만일 재판직무에 관하여 행정부, 기타 기관과 합의한 일이 있다면 이는 위헌, 위법임이 명백하거늘 국민들도 모르는 사이에 행정부 고위층과 이면 협의를 한다는 것은 그 동기 여하를 막론하고 삼권분립의 원칙을 스스로 파괴하는 것일 뿐더러 국민들로 하여금 재판에도 정치적 편파성이 개재한다는 의심을 가지게 하는 화근이 되기 때문이다〉라고 공격했다.

마지막으로 〈김 대법원장은 의당히 그 책임 여하를 밝혀야 할 것이어늘 '대통령이 사법부에 대한 관심을 표명한 것으로 해석한다'는 정도만으로 사태를 호도하려 함에 대하여는 거듭 아연치 않을 수 없다〉고 주장했다. 대한변협은 이어 〈대법원장은 중요한 판결에 관하여 '행정부와 협의한 사항'이 없음을 밝히지 못하는 한 인책함이 당연하다〉는 결의까지 채택했다.[91] 가인의 일생에서 이러한 공격을 받은 일은 전무후무하다. 가인은 마침내 단호히 입장을 밝혔다. 대한변협의 긴급임시총회가 끝난 때로부터 사흘 뒤인 2월 27일에 공식 발표문을 통해 〈나는 단언하노니 오늘날까지 재판에 있어서나 사법 운영에 있어서 나의 소신과 양심에 어그러진 판단을 한 일은 한 번도 없고 장래에도 없을 것을 확언한다. 독립된 사법운영에 추호도 양심의 가책을 받은 일이 없다〉고 석명(釋明)했다. 가인이 〈비통한 어조〉로 이처럼 단호한 태도를 밝히자 파문은 가라앉았다.[92]

그러면 이 대통령은 무슨 근거로 〈협의〉 운운했던가? 이 물음에 대해 이영근 기자는 이렇게 대답한다. 〈가인이 중요 사건의 판결에 대해 행정부와 협의하고 말을 잘 들었다면 이 대통령이 공개적으로 국회에 보낸 메시지에서까지 노골적인 불만을 터뜨릴 이유가 없는 것이다. 이 대통령의 메시지는 가인을 비롯한 법관들이 말을 잘 듣지 않으면 사법권을 제약하는 입법조치를 하겠다고 〈협박〉하는 정치적인 복선이 깔려 있었다는 풀이가 현재로는 유력하다.〉[93]

가인의 대법원장 시절에 대법관을 지냈던 김갑수 변호사와 고재호 변호사는 〈가인은 어느 재판에서나 행정부의 입장을 전달한 일도 없고 판결에 영향을 미칠 간섭을 한 일도 없다〉고 말한다. 당시 대법관직무대리였던 김제형 변호사는 〈대통령의 말이라도 부당하면 국회와 재야법조계는 물론 대법원장까지도 나서 정면으로 반박했다는 점이 중요하다〉고 강조하고, 〈이 대통령도 이처럼 사법부에 간섭하기 어려운 실정이었는데 장관이나 정부기관은 더 말할 것도 없었다〉고 가인이 있던 당시 사법부의 위치를 회고한다. 당시 서울지방법원 판사였던 이병용(李炳勇) 전 대한변협회장은 〈지난날 대법원장들 가운데는 대통령의 비위를 맞추기에 힘쓴 분도 있었지만, 사법권의 독립을 위해 가인만큼 힘쓴 대법원장은 아직까지는 보지 못했다〉고 증언한다.[94]

7 영예로운 정년퇴임

이 대통령의 치사를 보고 김선태 의원은 〈이 대통령의 유아독존적 자세〉를 잘 나타낸 것이라고 비난했었는데, 확실히 만 81세가 된 이 대통령의 가부장적 권위주의는 더욱 노골화되었고 국민의 반감은 점점 높아갔다. 그러므로 1956년 5월 15일에 제3대 대통령-제4대 부통령 선거를 치르게 되었을 때 민주당의 신익희-장면 조(組)가 〈못살겠다 갈아보자〉를 외치자 자유당의 이승만-이기붕 조는 곧바로 큰 어려움에 빠졌다. 선거를 통한 정권교체의 가능성이 커졌다. 그러나 대한민국의 민주주의를 위해서는 불행히도, 하지만 자유당을 위해서는 다행히도, 신익희 대통령 후보가 5월 5일에 급서해 이승만은 낙승할 수 있었다. 그러나 그의 승리는 반쪽 승리였다. 왜냐하면 갖가지 부정한 방법들을 썼는데도, 부통령 선거에서 이기붕은 낙선하고 장면이 당선되었기 때문이다.

여기서부터 여러 가지 당파적 음모가 진행되었다. 만 81세의 이 대통령이 갑자기 별세하는 경우 헌법에 따라 민주당의 장 부통령이 그날로 대통령직을 승계하게 된다는 예견은 우선 자유당을 두려움에 빠지게 했다. 한편 민주당 안에서는 장 부통령의 세력 즉 이른바 신파(新派)가 점점 늘어났고 조병옥 대표최고위원이 중심이 된 구파(舊派)와의 갈등이 날카로워졌다. 이러한 배경에서 자유당정권은 1956년 9월 28일에 민주당 전당대회가 열렸을 때 장 부통령을 암살하려 했으나 실패했다. 범인 김상붕(金相鵬)은 현장에서 잡혔으며 그 배후자인 최훈(崔勳)과 이덕신(李德信) 등도 차례로 체포되었다. 서울지방법원은 1957년 3월 21일에 세 피고인에게 사형을 선고했고, 서울고등법원은 7월 4일에 항소기각 판결을 내렸다. 그러나 피고인들은 불복하고 대법원에 상고했다. 상고심의 재판장은 가인이 맡았다. 11월 1일에 가인은 상고기각 판결을 내려 원심을 확정시켰다.

다섯 달 뒤 가인은 만 70세로 정년퇴임을 맞았다. 1957년 12월 16일에 그는 즐겨 입는 한복 두루마기에 운동화를 신고 지팡이를 짚은 채 사법부의 수뇌들이 모인 자리에서 이임사를 했다. 그는 우선 지나치게 청빈을 요구하여 굶어 죽는 한이 있더라도 부정을 해서는 안 된다고 강조해 온 자신의 소신 때문에 고생한 자기의 휘하 직원들을 안타깝게 생각하면서 목메여 말했다. 〈그동안 내가 가장 가슴 아프게 생각하는 것은 전국의 법원직원들에게 지나치게 무리한 요구를 한 것이다. 인권옹호를 위하여 사건 처리의 신속을 강조하였던 것이 그렇고, 또 살아갈 수 없을 정도의 보수를 가지고도 그대로 살아가라고 한 결과가 된 것이 그러하였다. 나는 전 사법 종사자에게 굶어 죽는 것이 영광이라고 그랬다. 그것은 부정을 범하는 것보다는 명예롭기 때문이다〉라는 것이 가인 이임사의 핵심이었다.[95]

가인의 가슴에 맺힌 것은 청렴과 강직과 공정을 강조한 나머지

지나친 인내를 강요한 데 대한 미안한 심정뿐이었다. 그러한 심경을 가인은 김진배에게 이렇게 털어놓았다.

나는 그래도 관사가 있고, 좋은 차가 있고, 상당한 보수를 받고 있었소. 그러나 법원의 서기들 봉급은 쌀 1가마 값 정도였고, 초임 법관들이 2가마 값 정도, 그리고 10여 년 동안 법관으로 일한 중견 법관들도 봉급이라야 쌀 3가마 값을 넘어가질 못했다. 나는 이러한 적은 월급을 받으면서도 법질서확립과 인권옹호를 위해 밤잠을 자지 않고 일하는 법관들을 볼 때마다 안타까운 심정이었소.
그러나, 온 천하가 일자리는커녕 먹을 것, 입을 것이 없고, 발 뻗고 잘 방 한 칸이 없는 사람들이 그토록 많은 오늘의 현실에서 얼마가 됐든지간에 국록을 받는 사람은 불평하거나 돈을 탐내서는 안 된다고 말해 왔소![96]

다음날 가인은 국회에 나가 퇴임인사를 했다. 그는 〈우리 3000만 겨레의 기대에 부응하지 못한 것을 크게 송구하게 생각한다〉고 겸허히 말하고는 곧바로 사법관의 처우개선을 위해 노력해 달라고 부탁했다. 〈사법관에 대한 최저의 생활보장과 사법부의 인적 (人的) 자원 확보 문제에 있어서 많은 고려를 해주시기 바란다〉는 말로써 사법부 직원들에 대해 지닌 미안한 마음의 빚을 어느 정도나마 덜고자 했다.[97]
이날부터 가인은 야인이었다. 그는 변호사 개업도 하지 않았다. 그러나 그에게는 〈법조인의 사표(師表)〉요 〈한국 사법의 화신〉이며 〈한국 사법부의 초석〉이라는 영예가 뒤따랐다. 이영근 기자가 적절히 요약했듯이, 〈가인은 대법원장 재임 9년 3개월 동안 사법부 밖에서 오는 간섭과 압력을 뿌리치며 사법권 독립의 기틀을 다졌다.〉[98] 김용철(金容喆) 제9대 대법원장이 1986년 4월 23일 취임식에서 〈평소 존경하여 마지 않는 김병로 선생〉의 뒤를 따를 것임을 다짐했던 것도[99] 오늘날에까지 사법부의 귀감이 되고 있는 가인의 참된 가치를 말해 주는 것이다.

제 12 장

4·19 격랑 속에서 정치에 복귀하다

1 사법부에 가중되는 행정부의 압력과 가인의 저항

후임 대법원장 임명을 둘러싼 행정부-사법부 갈등과 가인

〈이 나라의 사법의 틀과 뼈대를 세워놓은 터주요 어른〉[1]이었던 가인, 〈한복을 입으시고 키가 작고 몸은 마르신 모습 때문에 마치 인도의 간디 옹(翁) 같던〉[2] 가인이 대법원장을 정년퇴임한 1957년 12월은 어떻게 보면 제1공화정의 종말이 시작되던 시점이었다. 왜냐하면 1958년으로 예정된 제4대 민의원 선거를 앞둔 시점에서, 이미 이반된 민심을 의식한 자유당정부는 민심을 수습하는 방향으로 전환하기는커녕 야당탄압과 언론탄압 그리고 사법부탄압으로 치달리게 되었고 그것은 결국 2년 뒤의 3·15 부정선거로 귀결되어 4·19 혁명을 불러일으키기 때문이다. 민주주의를 매장하려다가 자신을 매장하고 마는 자유당의 마지막 2년 남짓한 기간에 가인은 재야에서 철저히 민주주의를 지키는 쪽에 선다.

우선 사법부를 약화시켜야겠다는 자유당 정부의 흑심은 가인의 후임을 임명하는 과정에서 나타났다. 가인이 대법원장이 되던 때와는 달리, 이 당시엔 법관회의가 대법원장을 선출해 대통령에게 제청하는 절차가 추가되어 있었다. 여기서 잠시 법관회의의 기능을 살핀다. 법관회의는 대법원장과 대법관과 각 고등법원장으로 구성하며 정원 3분의 2 이상의 출석과 출석자의 과반수의 찬성으로 의결하는데, 〈대법관의 임명 및 대법원장의 보직〉[1957년 12월 23일 법률 제461호로 〈대법원장과 대법관의 임명〉으로 개정]은 법관회의의 제청으로 대통령이 이를 행하도록 되어 있었다. 한편 대법관회의가 따로 있었다. 대법관회의는 대법관 전원으로 구성되며 대법원장이 의장이 되고 대법관 전원의 3분의 2 이상의 출석과 출석 인원의 과반수의 찬성으로 의결하는데, 법관의 임면·전보·직무대리, 법원행정처의 장 및 차장과 서기국장[뒤에 차장과 국장은 삭제됨]의 임면, 기타 사항 등을 다뤘다.[3] 이때 법관회의의 구성원은, 고재호 변호사의 회고에 따르면, 대법관 8명과 고등법원장 3명 등 모두 11명이었다.

가인은 정년퇴임을 앞둔 시점에서 이미 후임문제를 진지하게 생각하고 있었다. 이에 관해 가인은 〈내가 퇴임하기 수개월 전부터 이전보다 대통령을 면회한 회수(回數)가 잦았는데 그때마다 내가 퇴임할 날이 얼마 남지 않았다는 것을 말하고 후임문제에 대해서도 미리 많이 생각을 하셔야 한다는 것을 누차 말했다〉고 토로했다. 그러나 어떤 특정인을 추천하거나 거론하지는 않았다. 가인의 증언은 이렇게 이어진다.

어떤 사람이 좋으니 나쁘니 이 사람이 어떠니 하는 등의 말은 한 일이 없었다. 만일 내가 그런 말을 해서 대통령이 어떤 사람을 시키려 한다고 하면 나의 처지가 곤란할 뿐더러 법관회의에다 그대로 제시할 수는 없는 일이기 때문이다. 그래서 나로서는 특별히 어떤 사람이 좋다든지, 지정해서 말한 적이 없었고 법관회의를 열어 후임자를 제청할 때에도, 같은 대법관에 대하여 어떤 특정인에 관한 말을 해본 적이 없다. 법관회의에서의 투표가 있기까지 이 문제에 대해서 나는 백지로 임하였던 것이다. 그것은 내가 평소의 생각과 같이 미리 회의 전에 한두 사람과 무슨 협의를 하는 것이 공정하지 못한 일이라고 생각했기 때문이다. 또 그 밖에도 한 가지 사정이 있었다. 대법관 중에서도 말은 없으나 후임 대법원장에 대한 생각이 있을 터이니 회의 전에 내가 무엇이라고 말을 내기는 곤란하였기 때문이다.[4]

이 증언 속에서 우리는 가인이 얼마나 공평무사한 인간이었는가를 다시 한번 깨닫게 된다. 전임자로서 으레 누릴 수 있고, 또 그래서 누리려고 하는 그 특별한 영향력을 전혀 행사하지 않는 자세에서 가인이 얼마나 공인의식에 철저했던가를 알 수 있다. 그리고 자신의 제자이기도 하고 후배이기도 한 동료 대법관들을 얼마나 깊이 존중했던가도 새삼 확인하게 되는 것이다.

법관회의는 가인이 퇴임하기 약 3주 전인 1957년 11월 23일에 열렸다. 회의에서의 결정과정을 고재호는 이렇게 회고했다.

그 법관회의 구성원 중에 스스로 대법원장을 희망하시는 분이 있어 곧바로 표결에 들어갔다. 김갑수, 배정현 씨와 나는 이미 그해 7월에 정년으로 대법관직을 퇴임한 김동현 씨가 적임자가 아닌가 생각해 왔다. 그리고 사실 법원 안팎에서도 김동현 씨가 가장 적임자라는 여론이 있었다. 표결 결과 예상대로 김동현 씨가 아홉 표, 김두일 씨가 한 표, 백한성 씨가 한 표를 얻었다.

그러면 김동현은 어떤 사람인가? 김동현이 대구고등법원장으로 있을 때 그 아래에서 수석부장판사로 있었던 고재호는 〈그분은 과묵한 성격에 공과 사의 구별이 엄격하고 부하에게 애정이 있는 훌륭한 인물이었다. 또한 민사판결의 실력은 당대의 대가로 꼽힐 만했다〉[5]라고 썼다. 가인의 평가도 마찬가지였다. 〈김동현 씨가 절대 다수로 당선된 것은 일조일석에 이루어진 것이 아니다. 전 법원 법관 중에서는 평소부터 인망이 좋았다. 그럴 수밖에 없는 것이 그의 성격이 참으로 정의감이 강하며 법률 두뇌도 명석하기 때문이다〉라고 칭찬했다.[6]

법관회의는 그날로 김동현을 제2대 대법원장으로 제청했다. 가인의 표현대로, 그때만 해도 〈김동현 전 대법관이 비토를 당하리라고는 모두들 생각하지〉 못했다.[7] 그런데 다시 고재호의 회고에 따르면, 〈그로부터 약 2주일이 지난 뒤, 법원 주변에는 '김동현 씨는 대법원장이 안 된다'라는 소문이 나돌기 시작했다. 그리고 얼마 있다가 '가인 김병로 계열이므로 임명되지 않을 것이다'라는 말도 떠돌았다〉.[8]

고재호는 〈나는 도무지 이해할 수 없었다. 김병로 씨 계열이라는 말은 무슨 말인지도 모르겠거니와, 김병로 씨 계열이라고 해서 왜 경무대측이 탐탁지 않게 생각한다는 말인가〉라고 의아해했으나, 그 소문은 점점 사실로 판명되어 가고 있었다. 가인이 퇴임하는 날까지도 후임자 임명이 없어서, 우선 대법관 최선임자인 김두일이 대법원장직무대행을 맡았다. 해가 바뀐 1958년 1월 17일에 마침내 김동현의 대법원장 제청거부가 공식통보되었다.[9] 고재호의 기억으로는, 〈귀하가 대법원장으로 제청한 김동현 씨는 임명하지 않기로 하였습니다〉라는 짧은 문면이었다. 이러한 통보를 받은 대법원의 분위기를 고재호는 다음과 같이 전한다.

대통령이 비토권을 행사하고 나선 것이다. 그러나 후임 대법원장을 표결로 뽑은 대법관들은 기분이 좋을 리 없었다. 어쨌든, 우리에게 제청권이 있는 것과 마찬가지로 대통령도 비토권을 갖고 있고 그것을 행사한 이상, 우리는 또 법관회의를 열어 다른 후임자를 선출하지 않으면 안 되었다.[10]

대법관들이 각자 마음속으로 다음 후보자를 찾고 있을 무렵, 뜻밖에도 법관회의 앞으로 대통령의 친서가 왔다. 김두일 대법원장직무대행이 대법관 전원이 모인 자리에서 봉함을 뜯었다. 사연은 〈이우익(李愚益) 씨는 학식과 덕망이 높은 분이니, 이분을 대법원장으로 제청하여 주시기 바랍니다〉라는 것이었다. 〈아무도 입을 열지 않고 침묵이 흘렀다. 모두가 착잡하고 침통한 분위기였다.〉 고재호가 제일 먼저 발언했다.

나는 이우익 씨를 대법원장 후보로 제청하는 데 반대한다. 나는 대구법원에 오래 있었기에 그분을 잘 아는데, 그분은 지금 자유당의 경북도당위원장이다. 정당에 몸담고 있는 사람을 사법부의 수장으로 모실 수는 없다. 또한 그분은 본의는 아니었겠지만, 해방 직후 좌익계열인 민주주의민족전선 경북의장단의 한 사람으로 신문지상에 보도된 일도 있었다. 이와 같은 흠결조건이 있는데도 대법원장으로 뽑을 수 있는가?[11]

　고재호의 이 말에 다른 대법관들도 모두 공감했다. 한편 재야에 머물고 있는 처지인 가인 역시 이우익에 대해서는 마땅하지 않게 여겼다. 다른 이유에서가 아니라 〈단지 어떤 사람이든지 정당관계를 갖고 있는 사람은 대법원장으로 임명될 수가 없다〉고 생각했기 때문이다. 이 문제와 관련해 가인은 이렇게 썼다.

　　나는 평소에 법원에 있을 때, 법관회의 때, 법관들은 물론이고 기타 법원직원이라도 정당에 관여한다는 것은 엄단한 사람이다. 그리고 법관이 정당에 관여하고 있다는 것은, 그것은 절대로 용서할 수 없다. 그것만은 명백히 말한다. 그렇기 때문에, 어느 정당에서 대법원장을 추천한다느니, 어느 정당 사람이 자기 당의 사람을 추천하기로 결정했다느니, 이러한 말이 들리지만 그러한 몰상식하고 사리에 당치 않는 일은 있으리라고 믿지 않는다.[12]

　이러한 분위기에서 대법관들은 이우익 변호사를 제청하지 않기로 결정했다. 남은 문제는 경무대에 이씨의 부적격 사유를 어떻게 전달하느냐는 것이었다. 그 뒤의 일을 고재호는 다음과 같이 회고했다.

　　우리는 어느 사건 기록에서 이씨가 대구에서 민전 의장단의 한 사람이었다는 근거를 뽑아 가지고 경무대에 보내기로 했다. 대법원장직무대행 김두일 씨와 성격이 부드러운 배정현 씨가 우리를 대표해서 근거기록을 갖고 경무대에 들어갔다. 두 분은 이 박사 앞에서 이런저런 이유로 이우익 씨가 부적격하다고 설명하고 돌아왔다. 두 분의 말에 따르면, 이 박사는 한참 동안 설명을 듣고는 아무말도 없이 근거기록을 놓고 가라고만 말했다는 것이었다.[13]

그 뒤 상당한 시간이 지나도 이 대통령으로부터 아무 소식이 없었다. 대법관들은 후임자를 계속해서 찾았다. 고재호는 그때를 이렇게 회고한다.

사석에서는 더러 후임 인물에 대해서는 미군정 때 김병로 사법부장 밑에서 차장을 지냈고, 정부수립 후에 검찰총장과 법무부장관을 역임한 권승렬 씨가 어떻겠느냐는 말도 나왔지만, 나와 몇몇 사람들은 조용순(趙容淳) 씨를 대법원장 후보로 뽑으면 어떨까 하고 생각했다. 조씨는 대구고등법원장과 대법관을 지내고 법무부장관을 거쳐 사정위원장(司正委員長)으로 재직하고 있었다. 내가 대구고등법원 부장으로 있을 때 그분이 원장을 지냈었다. 그 후 일제 때 고등관 3등이었다는 이유로 퇴임하고 1년 후 다시 대구고등법원장으로 재임명됐는데, 그때 내가 대구지방법원장이었으므로 나로서는 그분을 두 번 모시게 되었던 것이다.

조용순 사정위원장은 가인보다 10년 아래인 1898년생으로 충청남도 대덕군 출신이며, 〈점잖은 선비 같은 분〉이어서 많은 후배들의 존경을 받았다. 그 아드님이 서울대학교 총장과 문교부장관을 역임했으며 우리나라 동물학계와 생식학계의 대들보인 조완규(趙完圭) 박사인데, 그 역시 인품이 매우 훌륭한 분으로 널리 알려져 있다.

고재호 대법관을 포함한 많은 법관회의 구성원들은 조 위원장이 대법원장이 된다면, 훌륭한 업적이나 큰 공을 세우지는 못하더라도 최소한 사법부에 위해를 끼치지는 않으리라고 믿었다. 그리고 조위원장 같으면 김동현 씨를 비토당한 법관회의 구성원들로서도, 그리고 경무대로서도 받아들일 수 있는 타협안이 되리라고 믿었다. 이러한 판단이 이심전심으로 이어졌던지 법관회의는 만장일치로 조씨를 대법원장으로 뽑아서 다시 경무대에 제청했다.

대법원장 제청권 삭제 시도에 대한 반발

그때가 1958년 1월 28일이었다. 대법원장 자리가 빈 때로부터 40여 일이 지난 것이다. 그래도 경무대로부터는 아무런 소식이 없었다. 이러한 상황에서, 2월 20일에 새 법무부장관으로 홍진기(洪璡基)가 임명됐다.[14] 이와 더불어 자유당은 대법원장을 법관회의가 제청하도록 되어 있는 「법원조직법」 제37조를 아예 없애려고 「법원조직법개정안」을 국회에 내놓았다. 가인이 물러난 계제를 이용해 대법원장 임명권을 경무대가 독차지해 버리려는 심산이었다. 법조계는 당연히 즉각 반발했다. 대한변호사협회와 서울변호사회의 대의원들 및 집행부 간부들은 2월 24일에 연석회의를 열어 그 개정안을 철저히 반대할 것을 만장일치로 결정했다. 정부가 사법권의 독립을 유린하려 한다고 주장하면서 개정안의 폐기를 위해 〈총궐기 투쟁〉할 것을 결의하기도 했다.[15]

그러나 앞에서 지적했듯이, 자유당정부는 몇 달 앞으로 닥쳐온 제4대 민의원 선거에 대비해, 그리고 2년 뒤에 치르게 될 제4대 대통령-제5대 부통령 선거까지 의식해, 〈힘으로 밀어붙이기〉 전략을 세워 놓고 있었다. 그 큰 전략의 일환으로, 1월 13일에 제2야당이며 혁신계정당인 진보당의 간부들을 간첩혐의로 구속하는 한편 언론을 제약하는 입법조처를 취해 놓았다. 또 사법부를 조이는 「법원조직법」 개정을 추진하는 터여서, 법조계가 거세게 반발하는데도 물러서지 않았다. 법조인들도 굽힐 수 없는 형편이었다. 전국의 변호사들은 3월 13일에 전국변호사대회를 열고 정부를 맹렬히 성토했다.

가인은 노구를 이끌고 연사로 나서는 정열을 보였다. 그는 우선 〈입법권을 가진 사람들이 방자하다〉고 비난하면서, 〈그들이 법을 수정하거나 제정함에 있어 그 법을 고침으로써 국가의 장래와 국민의 복지를 생각하는 것이 아니라 입법권을 가진 사람들 개인의 편의와 이익을 먼저 생각하고 있으니, 그들을 어떻게 믿을 수 있겠는가〉라고 힐난했다. 〈사법부 자체의 조직법을 개정하는 법률안을 내면서도 사법부에 한마디 의견조차 물어보지 않았다〉고 밝힌 가인은 〈그와 같은 처사는 주인에게 물어보지도 않고 자기 혼자만 결정을 내리는 것과 같다〉고 통박했다. 가인은 또 정부가 언론조차 봉쇄하고 선거결과가 잘된 것인지의 여부조차 국민이 알지 못하게 해놓았다고 공격하면서 〈입법부가 하는 짓이 모두 자기 개인만 생각하고 있는 것〉이라고 비난했다. 〈앞서 조세범처벌법을 개정한다기에 탈세하는 사람이나 세금횡령하는 관리들을 단속하려는가 했더니, 오히려 부당한 세금부과에 허덕이는 납세자에게 다시 벌금까지 얹어놓았다〉고 개탄하기도 했다. 가인은 끝으로 〈모든 입법태도가 이와 같이 방자하니 그들의 행위에 대해서는 곧 주먹이 올라가야 할 것이나, 남북통일이라는 대과업이 남아 있으니 그것을 이룬 뒤에 점차 시정해 가야 할 것〉이라고 매듭지었다.[16]

가인의 연설이 있은 뒤 전국변호사대회는 우선 결의문을 채택했다. 여기서 변호사들은 〈대법원장 임명에 관한 법관회의의 제청권을 박탈하는 「법원조직법개정법률안」은 헌법의 기본인 삼권분립의 원칙에 위배되는 것이므로 우리는 사법권의 독립을 확보하기 위하여 이를 극력 반대한다〉고 선언했다. 그들은 이어 이 대통령에게 메시지를 보냈다. 대한변호사협회장 최백순(崔白洵)의 이름으로 된 이 메시지는, 대법원장이 퇴임한 때로부터 3개월이 넘도록 후임을 임명하지 않아 〈사법기능의 중추신경〉이 〈상실된 감(感)〉을 주는 현실에 대한 우려도 표시했다.[17]

가인과 같은 원로까지 나와 정부를 통렬하게 공개 성토하자 정부는 비로소 주춤했다. 홍진기 법무부장관은 두 차례나 은밀히 배정현 대법관과 고재호 대법관을 초청해, 조용순의 제청을 철회하고 권승렬을 제청해 주면 사태를 마무리짓겠다고 제의했다. 두 대법관은 말도 안 되는 얘기라고 단호하게 거절했다. 이번에는 조용순이 고 대법관에게 자신에 대한 추천을 철회해 달라고 말해 왔다. 고 대법관은 공식적으로 법관회의에서 결정한 것을 어떻게 철회하느냐고 답변했다. 그 다음날에도 조용순은 다시 철회해 줄 것을 요청했다. 고재호는 다소 화가 나서 〈개인을 위한 것이 아니고 사법부를 위해 하는 일인데, 다시는 이런 말씀하지 마십시오〉라고 완강히 거절했다.[18] 결국 1958년 5월 2일에 제4대 민의원 선거를 치르고, 6월 7일에 국회개원식을 열어 끝나고 이기붕을 국회의장으로 다시 선출한 뒤인 6월 9일에 가서야 정부는 조용순을 제2대 대법원장에 임명했다.[19]

2 자유당 말기의 반민주행태를 공격하다

법원판결에 대항하는 행태를 공개비판하다

제4대 민의원 선거는 야당에 대한 탄압 속에 치러진 관권과 금권 의존의 전형적인 부정선거였는데도, 제1야당 민주당은 놀랄 만한 승리를 거두었다. 233석 가운데 이른바 호헌선(護憲線), 즉

집권당의 자의적인 개헌을 단독으로 막을 수 있는 선인 3분의 1을 넘긴 79석을 차지한 것이다. 이것은 야당으로서는 역대 민의원 선거에서 그 예를 찾을 수 없는 승리였다. 더구나 서울을 비롯한 주요 도시에서는 압승을 거두었고 전국 득표율이 34.2퍼센트에 이르러 자유당의 42.1퍼센트에 근접했다.[20] 이 결과는 선거를 통한 정권 교체가 가능하다는 자신감을 국민들에게 심어줌으로써 선거 이후의 정치 과정 전개에 중대한 영향을 미치게 되었다. 그러한 뜻에서, 현재 한국외국어대학교 총장인 안병만(安秉萬) 교수의 표현대로, 그 선거는 〈중대 선거〉였다.[21]

자유당이 비록 제1당이 되었다고는 하지만 상당수의 의원들이 야당낙선자들에 의해 선거무효소송 또는 당선무효소송의 대상이 되고 있었다. 무려 107건의 소송이 대법원에 계류되었다는 사실이 그 점을 말해 준다. 대법원은 선거소송을 전담하는 특별부를 김세완, 김갑수, 배정현, 백한성, 고재호 등 다섯 명의 대법관들로 구성하고 5월 말부터 심리에 들어갔다.[22] 맨 먼저 6월 21일에 자유당 소속의 김익로(金益魯)가 당선한 경북 영일군(迎日郡) 을(乙) 선거구에 대해 선거무효판결을 내렸다. 6월 23일자 ≪동아일보≫ 보도에 따르면, 이에 대해, 〈자유당은 극도의 흥분 속에서 불만을 표시하였다〉. 그러한 분위기 속에서 자유당 소속의 이재학(李在鶴) 민의원 부의장은 6월 21일에 〈대법원의 판결은 오판이다. 만약 대법관 중에 친야당계 인물이 있어 그렇게 되었다면 이는 국가가 뒤집혀질 일이다〉라고 주장했다. 민주당은 이 부의장의 발언이 〈삼권분립의 무시〉라고 즉각 반박했다.

가인 역시 자유당측 입장을 공개 비난하고 나섰다. 가인은 〈입법부의 중요한 사람으로서 재판의 결과에 대해 법률상 아무런 반대 이유도 제시하지 않고 오판이니 또는 판결을 내린 법관은 친야게이니 운운하는 것은 명백히 헌법상의 사법권독립을 모독하는 경솔한 말이다〉라고 반박하고, 〈이씨는 국민의 어떠한 혹평을 받아도 변명할 여지가 없을 것이다〉라고 매듭지었다.[23]

한편 7월 2일에 진보당 관련자들에 대한 1심 선고가 서울지방법원 형사 3부에 의해 내려졌다. 서울지방검찰청은 6월 13일에 진보당 당수 조봉암과 이중간첩 양명산(梁明山)에게 간첩죄 및 국가보안법위반죄를 적용해 사형을 구형했으며 윤길중을 비롯한 간부들에게도 모두 징역형을 구형했다. 〈조 피고인과 진보당은 평화통일이라는 구호 아래 북괴와 합작하여 대한민국정부를 전복시키려고 했다. 북괴 지령에 의해 조봉암을 괴뢰와 합작시킬 목적으로 남파된 간첩이 양 피고인이며, 그 점을 알면서도 양 피고인과 접촉한 조 피고인도 간첩이다〉라는 것이 논고의 요지였다. 이 서슬퍼런 논고를 사실상 부인하고 유병진 부장판사는 조, 양 두 피고인에게만 각각 징역 5년을 선고했다. 그리고 나머지 피고인 전원에게는 무죄를 선고했다. 또 조, 양 두 피고인의 간첩죄 부분에 대해서도 무죄를 선고했다. 김충식 기자의 말대로, 〈이 선고는 사실상 〈진보당사건피고인 전원무죄〉를 선언한 것이나 다름 없었다〉.[24]

1심 판결 사흘 뒤, 〈반공청년〉임을 자처하는 데모대원 약 200명이 법원의 수위들과 구치감의 정복경관들을 힘으로 제압하면서 법원청사로 몰려들었다. 〈용공판사 유병진을 타도하라〉, 〈조봉암일당에게 간첩죄를 적용하라〉, 〈죽여라〉, 〈없애라〉고 외치는 한편 서울고등법원장실로 몰려갔다. 법 대신 주먹이 판치는 무법천지의 현장 바로 그것이었다.[25] 정부기관이 정치깡패들을 시켜 사법부를 협박하려 한 짓이라는 여론의 지탄이 높아지면서 경찰은 주모자 다섯 명을 긴급구속했고 조 대법원장도 〈법관을 모욕한 중

죄로 처단해야 한다〉는 입장을 나타냈다.

가인은 정치깡패들과 그 배후자들을 통렬히 비판하고 나섰다. 그는 〈사법부에 대한 이 같은 협박은 미개한 나라에서도 유례가 없었다〉고 말문을 연 다음, 〈평생을 법률에 종사한 법관이라 해도 3인 내지 5인이 모여 오랜 시일을 두고 합의한 끝에 판결을 내리는 것인데, 하물며 기록 한 장도 보지 못한 무식한 자들이 옳으니 그르니 하고, 게다가 난폭한 행동까지 한다는 것은 법치국가 사회에서는 상상도 못할 일〉이라고 비난했다. 그는 이어 〈데모를 한 자들의 배후에 누가 있어서 조종했음이 분명하다〉고 지적하고, 〈우리나라에 사법이 있느냐 없느냐의 중대한 관건이 되는 문제이므로 사건진상을 철저히 규명해야 한다〉고 주장했다. 그는 마지막으로 〈법관을 가리켜 '용공판사' 운운한 것은 법관 모욕죄 가운데서도 가장 악질에 속하며 그들의 행동은 살인강도에 비할 바가 아니다〉라고 덧붙였다. ≪동아일보≫가 7월 7일자 사회면에서 가인이 한 발언의 그 마지막 부분으로부터 〈폭력으로 사법부 위협은 살인강도 이상〉이라는 2행 4단 제목을 뽑은 것이 이채로웠다.

저자는 진보당 사건을 졸저 『이동화(李東華) 평전』에서 이미 다뤘으므로, 여기서는 간단히 취급하겠다. 이 사건은 결국 비극으로 끝난다. 대법원은 1959년 2월 27일에 조봉암과 양명산을 제외한 나머지 피고인 전원에게는 무죄를 선고했으나 조, 양 두 피고인에게는 사형을 선고했고, 법무부는 7월 29일에 양명산의 사형을 집행했다. 대법원은 7월 30일에 조봉암의 재심청구를 기각했다. 그러자 법무부는 기다렸다는 듯이 그 이튿날 그의 사형을 집행한 것이다. 그의 처형을 정치적 음모의 소산이라고 보는 이들이 많다.

여기서 한 가지 삽화로 제시하고자 하는 것은 대법원에서 이

사건의 주심이었던 김갑수 대법관이 미군정 당시 사법부장으로
있던 가인의 사무실에서 조봉암을 처음 만났다는 사실이다. 김갑
수는 자신의 회고록 가운데 「내가 아는 조봉암」이란 항목에서 그
때의 모습을 이렇게 되살리고 있다.

군정 때, 김병로 선생이 사법부장으로 계시고 내가 그분 밑에서
일을 하고 있을 때였다. 하루는 부장실에 들어가 있노라니까, 비서
가 명함을 가지고 내객을 알리러 들어왔다. 귓결에 조봉암 씨가 찾
아 왔다고 하는 말을 듣고 나는 호기(好奇)의 눈으로 그를 맞이할
준비를 한 것이다. 당시 조(曺)는 공산당과 싸움을 하고 공산당을
탈당하였던 것 같고 그러한 까닭에 그 이름은 상당히 일반에게 알
려져 있었다. 나 역시 그러한 이유로 그의 이름을 알고 있었고 조
봉암이라는 말에 귀가 번쩍 띄었던 모양이다. 김병로 선생께서 일
어나시며 정중히 그를 맞이하시고 굳은 악수를 나누시었다. 그때가
내가 처음으로 조봉암을 만난 때이다. 그때 인상으로는 풍채가 그
리 좋은 사람이라고는 생각하지 않았다. 키도 작은 편이고 얼굴은
원래가 검은 편인지 까맣게 타 있었다. 다만 단단히 담차 보이고
어딘지 녹녹지 않은 품이 있어 보여 그것은 오랜 시련의 결과일
것이라고 혼자 짐작한 바 있었다. 손가락이 두 개인가 세 개인가
없었는데 그 손으로 악수를 청하고 있었다. 나는 부장실을 나오면
서 손가락 없는 손이 자꾸 눈에 밟히는 것을 어찌할 도리가 없었
던 기억을 가지고 있다.[26]

조봉암은 조선공산당 창당인들 가운데 한 사람으로 항일운동을
하다가 옥중생활 중 동상과 고문으로 손가락을 잃었던 것으로 알
려졌다. 그리고 가인은 우리가 제3장에서 이미 살폈듯이 조선공

448

산당 관련자들의 변호를 맡았었기 때문에 그때부터 조봉암을 알았던 것이다. 대한민국이 세워지면서 가인은 대법원장이 되어 사법부로 가고, 조봉암은 제헌국회의원, 초대 농림부장관으로 입법부와 행정부에서 동시에 일했는데, 조봉암은 이 대통령에 대한 강력한 도전자로 부각되면서 결국 비운에 간 것이다.

제1공화정 때 판사였던 이돈명(李敦明) 변호사는 1985년 10월호 《신동아》의 「최일남(崔一男)이 만난 사람」에서 자신의 판사생활을 회고하면서 가인을 높이 평가하다가 다음과 같은 의미 깊은 얘기를 했다. 〈사법부에 대한 오늘날과 같은 불신은 없었으며 사명감과 긍지로 흐뭇했습니다. 〔……〕 조봉암 사건이 일어난 것도 가인이 물러난 뒤의 일이었습니다.〉[27] 이 변호사의 이 말에서, 저자는 〈만일 가인이 대법원장으로 그대로 있었다면 진보당 사건은, 아니 조봉암의 운명은 어떻게 귀결되었을까〉라는 막연한 의문을 갖게 되었다.

〈평화통일〉에 대한 입장을 밝히다

가인이 진보당 사건에 대한 견해를 직접적으로 밝힌 적은 없다. 다만 1958년의 한 시론(時論)에서 진보당 사건을 의식한 듯, 평화통일 문제에 대한 자신의 견해를 개진하기는 했다. 이 글은 통일 문제에 대한 가인의 입장을 보여주기도 하는 매우 귀한 자료여서 자세히 취급해 본다.[28]

가인은 우선 〈최근에 와서 항간에서는 평화통일이라는 문제가 많이 논의되고 있는 모양이다〉라고 말함으로써 자신의 의견개진이 검찰이 불온시한 진보당의 평화통일론에 관련되어 있음을 암시했다. 그는 이어 평화통일의 방법으로 세 가지를 지적했다.

첫째, 소련과 중공이 자기의 침략행위를 중지하고 국제연합의 결의에 따라서, 북한에서 군사 경제 모든 방면에 손을 떼게 되면 자연히 평화통일을 이룰 수 있다. 또 하나, 유엔의 감시하에 남북 총선거를 하든지 아니면 북한에서만 총선거를 하든지 해서 대한민국 국회에 충원하는 방법으로 평화통일이 될 수가 있다. 그 외 또 하나, 소련이나 중공이 자유세계의 압력에 굴종해서 공산주의 자체에 대한 변혁을 가져올 경우에는 우리 대한민국정부가 무력에 의하지 아니하고도 남북을 통일할 수 있으리라고 믿는다.

〈이렇게 볼 때, 평화통일이라 하더라도 그 자체가 나쁜 것은 아니다〉라고 단언하여, 가인은 이 대통령이 부르짖는 북진통일론 또는 무력통일론이 아니면 용공시하거나 비애국적인 것으로 간주하던 당국의 일반적 통일론으로부터 평화통일론의 정당성을 옹호했다. 그렇다고 평화통일론을 무작정 옹호하기만 한 것은 아니었다. 〈어떠한 방법으로 평화통일을 하느냐 하는 데 있어서 논점이 달라지는 것〉이라고 전제하면서, 가인은 북한이 말하는 평화통일론은 받아들일 수 없다고 주장했다. 그는 이렇게 말했다.

소위 북한괴뢰의 평화통일이라는 것은 지금 내가 말한 그런 방법이 아니다. 대한민국정부가 한국의 유일한 합법정부라는 국제연합의 결의를 부인하고 대한민국정부와 저희 북한괴뢰정권이 대립적 입장에서, 국제연합의 감시도 거부하고 협의적으로 연립정부를 수립하자는 것이 그들 주장의 표면이다. 그러나 실상 이면에 있어서는 그런 것도 아니고, 그러한 수단, 방법으로 자유세계의 공정한 감시 없이 공산침략의 수법으로 결국 대한민국정부를 전복하고 공산정권을 수립하자는 흉계에 불과하다는 것을 자유세계의 인민들은 알아야 할 것이다. 그렇기 때문에 평화통일을 주장하는 것이 먼저 내가 말한 세 가지 방법 중의 하나에 해당한다면 우리 대한민국의 이념에 배치된다고 할 수 없지만 만일 북한괴뢰의 표면 또는 이면 공작을 전제로 하는 평화통일을 주장하는 것이라면 대한민국정부를 전복하는 계획의 하나라고 인정해도 변명할 여지가 없을 것이다.[29]

논리상 아무런 흠이 없는 주장이다. 이 글만 가지고는, 만일 가인이 이 사건의 재판장이었다면 대법원장으로서 어떻게 처신했을까에 대한 단서도 잡기 어렵다. 그러나 가인이 정치적 음모와 〈사법적 살인〉에 가담하지 않았을 것이라는 신뢰는 충분히 가질 수 있다.

불법적으로 통과된 법률의 무효를 선언하다

다시 원점으로 돌아가자. 진보당을 불법화시키고 조봉암을 교수대로 몰아가면서 자유당정부는 국가보안법의 개정을 추진해 나갔다. 대한민국정부 수립 직후인 1948년 12월 1일에 공포된 국가보안법으로는 국가안보를 효율적으로 기할 수 없다는 주장이었다. 그리하여 정부는 그 개정안을 제4대 민의원에 내놓았는데, 야당과 언론계와 법조계는 이 개정안에 〈언론의 자유를 말살하고 야당을 질식시키며 일반국민의 공—사생활을 위협할 해점(害點)이 많다〉고 크게 반발했다. 그러나 자유당은 12월 19일에 야당의원들이 점심을 먹으러 간 사이 이 개정안을 법제사법위원회에서 날치기로 통과시켜 본회의에 상정시켰다. 이에 격분한 야당의원들이 본회의장에서 무기한 농성에 들어가자 자유당의 한희석(韓熙錫)

부의장은 경위권을 발동하여 3백여 명의 무술경위들로 하여금 농성하고 있던 의원들을 끌어내게 한 뒤 자유당의원들만으로 문제의 개정안을 통과시켰다. 그리고 뒤이어 1959년도 예산안을 비롯한 몇 가지 법안들을 무더기로 통과시켰다. 이것이 헌정사에서 악명 높은 2·4 파동이다.

자유당정부는 개정된 국가보안법을 1959년 1월 15일자로 발효시켜 마침내 야당과 언론의 공세와 비판을 봉쇄할 수 있는 법적 장치를 확보했다. 그러나 자유당의 횡포는 우선 범야세력으로 하여금 12월 28일에 국민주권사수투쟁위원회를 발족시키게 하였으며, 이 위원회는 새 보안법의 무효서명운동을 주도할 국민대회를 빠른 시일 안에 열기로 했다. 자유당의 횡포는 또한 미국의 즉각적인 반발을 불러일으켰다. 미국의 주요한 언론매체들은 자유당정부가 〈경찰국가적 수법〉으로 흐르고 있다고 공격했고, 미국정부는 강경한 항의의 뜻이 담긴 대통령 친서를 보내 왔다. 그리하여 1959년 새해가 밝았을 때 자유당정부는 안팎으로부터 압박을 받고 있었다.

이 일련의 사태를 주시하면서 가인은 우선 1959년 1월 1일자 《동아일보》에서 〈국민의 권리 수호하자〉라는 제목 아래 자유당정부를 매섭게 비판했다. 그는 우선 지난 해의 제4대 민의원 선거에 부정이 많았음에 〈통탄하여 마지않았다〉는 말로 입을 열었다. 뒤이어 〈투표는 투표이고 개표 결과는 딴판으로 만들 수 있는 기술, 환언한다면, 무더기로 환표를 한다든가, 또는 유효표를 무효표로 조작한다든가, 유효표를 절취한다는 보도를 전적으로 신뢰하고 싶지는 않지만, 만일 일부분이라도 그러한 행위가 있었다면 선거가 무슨 필요가 있는가? 이와 같은 방식으로 선거를 하여 당선되었다고 해서 선량이라고 할 수 있겠는가〉라고 꼬집고는, 〈그러한 행위는 참으로 민주주의를 말살하는 행위로서, 국민을 전적으로 무시하는 파렴치한 행위이다. 그러한 행위를 저지르고도 후안무치하게 민주주의니 자유선거니 하는 말을 공공연히 하는 사람들의 심리상태를 상상조차 할 수 없다〉고 공격했다.

가인의 공격의 화살은 국회로 돌아갔다. 그는 우선 입법부의 〈태만〉을 나무랐다. 〈예산심의만 해도 본회의가 2-3일에 처리함이 연례적인 일이요, 단 하루에 처리하는 일도 있다〉고 지적하고, 〈국정감사라는 것이 있기는 하나 그 결과는 언제나 유야무야였을 뿐만 아니라, 행정부의 중대한 과오가 보도되어도 가만히 있고, 날로 늘어가는 정부 양곡이나 공금 등의 횡령 등의 비행이 중중첩첩히 발생했음에도 아무런 조치를 취하지 않고 있다〉고 비난했다.

가인은 이어 농어민과 중소기업에 대한 깊은 관심을 보였다. 〈농촌이나 어촌에서는 부채가 해마다 높아만 가고, 중소기업이나 수공업은 나날이 침체하여 간다〉고 걱정하면서, 〈그런데도 새해에 국민에 대한 세금 부담은 6백여억 환으로 크게 늘어났으니 그것에 상응하는 증산계획이 있어야겠다〉는 건의도 아끼지 않았다. 한편 정부에서 농어촌과 중소기업에 자금을 지원할 것이라고 발표한 사실을 상기시키면서, 〈그와 같은 자금이 횡류만 되지 않는다면 우리 국민의 생산에 다소의 편익을 보게 될 것이므로, 국민 각자는 이 점에 유의해 중간횡류를 감시하고 간상모리배의 발호를 저지함에 분기해야 한다〉고 가르쳤다.

자유당정부에 대한 비판은 1959년 1월 10일자 ≪동아일보≫에 발표된 「국민은 악법폐지를 요구할 권리 있다」에 가장 잘 나타나 있다. 그는 우선 「국가보안법개정안」을 비롯해 2·4 파동으로 통과된 모든 법안의 무효를 선언했다. 〈그날 의장의 개회선언도 없이 야당의원 수의 4배나 되는 경위를 급속히 증가시켜 의장의 경위권 발동이라는 이름으로, 야당의원들이 농성에 참가하고 아니한 여부도 묻지 않고, 퇴거해야 되는 야당의원 이름을 지적함이 없이 무더기로 퇴장이 아니라 납치하여 무자비한 폭행으로 다수의 의원에게 중상을 입히고, 다른 처소에 감금하였다가 여당만으로 다수결을 한 뒤, 감금했던 야당의원들을 각기 그 주거로 호송하였다는 것이니, 그것이 다수 의결이라 하여 효력을 발생할 수 없음은 법이론으로나 상식론으로나 누구도 수긍하지 아니할 수 없는 것이다〉라고 그는 주장한 것이다.

그는 한걸음 더 나아가, 이렇게 불법적으로 통과된 법에 대해서는 국민은 그 폐지를 요구할 권리가 있다고 선언했다. 여기서 한 가지 재미있는 것은 가인이 〈악법도 법〉이라는 명제에 일단 동의했다는 사실이다. 그러나 〈원래 '악법도 법'이라는 말은 적법한 국회의 절차에 따라 제정, 공포된 법률을 말하는 것이요, 이상과 같은 적법성이 없는 다수결로써 통과된 법안이야 아무리 공포, 실시하였다고 하여도, 실질적으로는 법률적 효력을 발생할 수 없는 것으로, '악법도 법'이라는 말은 여기에 해당할 것이 아니다〉라고 그는 주장했다. 이어 그는 두고두고 인용될 만한 다음과 같은 명언을 남겼다. 〈가사, 국회의 절차를 밟아 적법하게 개정된 법률이라 할지라도 그 내용이 헌법정신에 위배되거나 국민생활에 적합하지 아니한 것이라면, 국민은 그 법률의 폐지 또는 개정을 위한 국민운동을 일으켜 입법부의 반성을 촉구할 권리를 가지며, 이 권리를 경찰이 억압한다는 것은 민주국가에서는 있을 수 없는 일이다.〉

그러므로, 가인에 따르면, 〈새 국가보안법의 폐지 또는 개정을 요구하는 국민들의 집회를 허가하지 않거나 금지하는 처분은 위법이다〉. 이 위법에 맞서 국민은 먼저 그러한 처분을 하는 경찰의 상급청에 대해 소원을 하고, 그래도 시정되지 않으면 행정소송을 제기하여 그 취소 또는 변경을 청구할 수 있다고 그는 말했다. 이 때 경찰은 자신이 내리는 그러한 처분의 근거를 「군정법령」 또는 「경찰관직무집행법」에서 찾았다. 가인은 이 점을 통렬히 비난했다. 〈군정법령이라는 것은 헌법정신에 저촉되지 아니하는 범위내에서만 그 효력이 존속할 뿐이요, 이러한 국민의 기본권리에 저촉되는 조항은 이미 소멸되었을 뿐만 아니라, 그 뒤 국회에서 폐지하였다고 하니 여기에 의거한다는 것은 언어도단이다. 또한 「경찰관집무집행법」이라는 것이 헌법이나 형사소송법, 기타 모든 법률에 우월한 성질을 가진 것으로 오인한 것은 참으로 위험천만한 일이다〉라고 그는 주장한 것이다.

실제로 국가보안법의 개악을 반대하는 국민대회준비위원회는 1월 17일에 집회를 허가하지 않는 서울특별시장을 상대로 행정소송을 제기했다. 이 무렵 국민주권사수투쟁위원회는 민권수호국민연맹으로 발전해 나갔다. 가인은 이 기구의 고문으로 추대되었다.

재일교포북송반대운동에 참여하다

이때 한일간에 중대한 외교적 분규가 일어났다. 재일교포의 북송문제가 그것으로, 1월 29일 일본 외무성이 〈재일 한국인으로서 북한으로 가고자 하는 자에게는 허가가 내려질 것〉이라는 성명을 내자, 다음날 주일한국대표부가 일본정부의 결정에 항의한 것이다. 2월 13일에 일본정부가 마침내 재일한국인의 북송 방침을 공식 승인하기에 이르자, 국내에서는 2월 16일에 재일동포송북반대국민위원회가 결성되었다. 가인은 여기에도 고문으로 추대되었다.

그는 2월 19일에 민의원 의장실에서 열린 간부회의에 참석했는데, 그가 참석하는 모습을 ≪동아일보≫는 2월 20일자 「초점」란에서 사진과 함께 다음과 같이 보도했다.

털털거리는 영업용 택시로 의사당 앞까지 온 김옹은 그 부자유스러운 몸을 단장에 의지해 가며 회의 장소인 2층으로 띄엄띄엄 발길을 재촉하고 있었는데 때마침 동위(同委) 연락위원 중 한 분인 정준(鄭濬) 의원이 노옹의 몸을 부축하여 조심스럽게 의장실로 안내. 이윽고 회의는 무르익어 의견개진에 들어가자, 김옹은 한마디 하겠다고 몸을 일으키고는 〈지금 미국은 일본의 정치노선을 잘 모르고 그들의 용공정책에 속아 넘어가고 있어요. 일본은 보수당인 자유민주당이 정권을 잡고 있어 표면적으로는 자유진영에 가담하는 척하고 있지만 정책적으로는 사회당의 용공정책에 질질 끌려가고 있어요. 그러니 우리는 이러한 일본의 내막을 자유세계에 폭로하는 선전도 꾀해야 할 것입니다〉라고 불을 토한다.

≪경향신문≫ 폐간에 항의하다

국민들의 관심이 잠시 재일교포의 북송문제로 쏠린 틈을 타서 자유당정부는 다시 독재의 이빨을 드러냈다. 당시 ≪동아일보≫에 버금가는 야당지이면서, 특히 장면 부통령과 가까운 것으로 알려진 가톨릭교 계통의 ≪경향신문≫에 대해, 기사 몇 가지를 트집 잡아, 국무원 공보실 — 오늘날의 국정홍보처 — 이 4월 30일에 「군정법령」 88호에 의거해 폐간처분을 내린 것이다.

가인은 즉각 반발했다. 이 일이 있기 얼마 전인 1959년 4월 9일에, 그는 ≪동아일보≫에 〈언론의 자유에 관하여〉라는 제목 아래

〈자유라는 것은 여러 가지로 나눌 수 있지만 가장 자연스럽게 있어야 할 것은 언론의 자유와 집회의 자유인 것이다〉라고 말해, 언론 자유의 중요성을 강조했었다. 특히 〈신문과 잡지의 보도에 있어서는 개인의 언론보다 더한층 자유가 허용되지 않으면 안 된다. 왜냐하면 신문과 잡지의 보도는 널리 인심의 동향과 사회의 여론을 듣고 본 대로 모든 국민에게 알려, 그것에 대한 비판과 논란은 국민 스스로의 사고에 일임하는 것이요 모든 사회악을 예방하는 데 있어서도 한 경종이 되기 때문이다〉라고 썼었다. 이러한 가인이 정부의 명백한 언론탄압인 ≪경향신문≫ 폐간을 좌시할 수 없었음은 물론이다.

가인은 우선 1959년 5월 2일자 ≪동아일보≫에 「≪경향신문≫ 폐간은 위헌 불법이다」라는 꽤 긴 논설을 발표했다. 그는 우선 〈대한민국은 누가 그 주인인가. 우리 국민이 주인이다. 그런데 누가 주인의 눈을 가리고 귀를 막으려 하는가〉라고 묻고, 〈당국자의 가혹한 처분〉을 질타했다. 첫째, 정치도의적으로 볼 때, 설령 ≪경향신문≫에 〈일시적 과오〉가 있다고 해도 십수 년 동안 국민의 권리를 수호해 온 이 신문에게 〈극형〉을 내릴 수 있느냐고 따졌다. 둘째, 법률적으로 볼 때, 위헌이며 불법이라는 것이다. 결론적으로는, 그는 〈만일 여론도 소용없고 민의도 소용없이 독선적 행동이 능사라고 생각한다면 별문제이지만 그렇지 않다면 이러한 처분은 하루바삐 취소하는 것이 적절한 조치일 것〉이라고 단언했다.

가인은 곧 이어 5월 20일자 ≪동아일보≫에 「군정법령 제55호는 헌법 저촉」이라는 제목 아래 자신의 견해를 밝혔다. 자신이 미군정의 사법부장 때 공산주의자의 불순행동에 국한해 적용한다는 양해 아래 이 법령을 제정했었음을 상기시키고, 〈대한민국정부 수립 후 공산당을 불법화한 법률을 제정－공포한 이후로는 이러한 군정법령의 그 국한된 성질이 상실되었으므로 실질상 형태만 남은 이 법령을 적용할 바 못 된다〉고 주장했다. 〈왜냐하면 그 국한된 범위를 초과하고 보면 우리 헌법정신에 저촉되기 때문이다〉라는 것이다.

≪경향신문≫은 곧 폐간처분효력정지가처분을 서울고등법원에 신청했다. 서울고등법원은 6월 26일에 공보실의 처분이 행정재량권을 지나치게 남용한 것이기 때문에 신청인의 이유가 충분히 있다고 말하면서 가처분확정의 결정을 내렸다. 가인은 그날로 서울고법의 결정이 적절했다는 소감을 피력했다. 그러나 정부는 그날로 ≪경향신문≫에 무기정간처분을 내렸다.[30] 정부는 ≪경향신문≫을 두 차례 죽인 셈인데, 이때로부터 약 한 달 뒤인 7월 31일에 조봉암이 처형된다.

그 사이인 6월 29일에 열렸던 제9차 자유당 전당대회에서는 제4대 대통령 후보로 이승만을, 제5대 부통령 후보로 이기붕을 각각 지명하는데, 이렇게 보면, 두 개의 정치적 사법적 〈살인〉과 〈축제〉는 시기적으로뿐만 아니라 정치적으로도 연결되어 있었다. 그러나 그때로부터 1년도 가지 않아, 그 〈축제〉는 〈망명〉〔이승만〕과 〈자살〉〔이기붕〕의 출발점이었음이 입증된다.

3 민주당을 지원하는 가운데 4·19를 맞다

3·15 부정선거에 항거하다

〈장송〉을 예비한 〈축제〉 이후의 정치상황 전개를 여기서 상세히 쓰기에는 지면이 부족하다. 자유당정부는 제4대 대통령-제5대 부통령 선거일을 1960년 3월 15일로 잡아놓고 우리 선거사상 유례 없는 가장 조직적인 부정선거를 준비해 나갔다. 민주당은 조병옥 대표최고위원을 지지하는 구파와 장면 부통령을 따르는 신파 사이의 잦은 내분을 겪다가 결국 조병옥을 대통령 후보로, 장면을 부통령 후보로 지명하여 선거전에 임했다.

국민들은 이번만큼은 꼭 정권교체를 실현해야겠다는 결의에 불타고 있었다. 가인 역시 국민들과 같은 입장이었다. 그는 ≪동아일보≫ 1960년 신년호에 매우 긴 논설을 발표했다. 「부정선거는 천추의 한 될 것」이라는 제목 아래, 가인은 자유당정부가 획책하는 부정선거의 계획과 실상을 신랄하게 공격했다. 그동안 자유당정부가 실시한 선거들을 〈악질선거〉라고 단정한 그는, 이러한 행태는 〈국가의 장래에는 천추의 한이 될 것이며, 민주주의의 기반을 파멸의 운명으로 이끌게 될 것〉임을 경고했다. 가인은 또 공무원들에게 부정선거에 개입하지 말 것을 당부했다. 특히 정부당국이 국민의 기본권을 침탈하는 관행을 비난하면서, 이제부터라도 〈마음을 새롭게 하여 국민의 기본권리를 훼손함이 없이 공정선거를 실행함으로써 우리의 민주발전을 남에게 과시하자〉고 제의하기도 했다.

정권교체의 국민적 여망을 한 몸에 받으며 조병옥 민주당 대통령 후보는 지지기반을 착실하게 넓혀나갔다. 그러나 이 〈민주주의의 불굴의 투사〉에게 죽음의 그림자가 찾아들기 시작했다. 위궤양의 징후가 심해지면서 그는 건곤일척의 큰 싸움을 앞두고 그만 신병치료차 미국으로 떠나지 않을 수 없었다.

조병옥은 출국을 앞두고 1월 29일 오전 10시 15분에 가인의 자택을 방문했다. 앞에서 이야기했거니와, 가인이 신간회 중앙집행위원장이었을 때 조병옥은 신간회 경성지회장으로 활약하면서 함께 항일전선에 섰었다. 해방 직후에는 함께 손잡고 한민당을 창당했었고, 미군정에서는 가인이 사법부장으로, 조병옥은 경무부장으로 일했던 사이였다. 조병옥의 방문을 김진배는 이렇게 묘사했다.

　창밖에는 눈발이 흩날리다가 그 눈발 사이로 햇볕이 비치고 있었다. 『율곡전서』를 보던 가인 김병로는 잠시 책을 놓더니, 〈이 사람이 올 때가 됐는데〉 하며 혼자말처럼 중얼거렸다. 이윽고 중절모를 쓰고 외투를 걸친 작달만한 초로의 신사가 수척한 얼굴로 방문을 열었다. 〈아이구! 유석(維石)이 웬일이오? 많이 불편하다더니 안색을 보니 괜찮구먼.〉 유석은 조병옥의 아호였다. 다리가 불편하여 앉지도 서지도 못하고 반가워하는 가인을 두 손으로 붙잡은 유석과 가인 사이에 다음과 같은 대화가 오갔다. 〈하도 이러고 저러고 말이 많기에 미국에 가서 진단이나 제대로 받고, 혹 좀 안 좋은 데가 있으면 치료라도 받으러 할까 합니다. 오랫동안 못 뵙고 해서 선생님께 인사나 드리고 떠나려고 왔습니다.〉 〈허, 거 참, 잘 생각했소. 미국은 의술도 좋고 약도 좋다니 좋은 약 먹고 기운 내서 한판 잘 싸워 보시오.〉 〈이 나라 민주주의가 죽느냐 사느냐 하는 기로에서 최선을 다해서 싸울 작정이니 가인 선생도 힘껏 좀 밀어 주시오.〉 〈아암, 밀다뿐인가. 하여간 병부터 고치고 빨리 돌아오시오. 유석의 신수가 환한 것을 보니 이제 봄이 되면 대한민국에 민주주의는 오게 생겼구만. 길조야 길조. 유석 신수가 환해.〉 가인이 호탕하게 웃는 바람에 유석도 미소를 지었다.[31]

가인은 이처럼 유석을 격려했다. 그러나 유석이 돌아간 다음 가인은 이 대화를 지켜보았던 김진배에게 매우 침통한 표정으로

〈참 불행한 일이지. 큰 재목이 될 만한 사람인데, 저렇게 안색이 안 좋으니 언제 돌아올지〉라고 걱정의 말을 했다.

가인에게 인사한 그날 낮 조병옥은 미국으로 떠났다. 그는 「낫는대로 지체 없이 달려 오리다」라는 제목의 담화를 발표하고,[32] 〈나는 이 병마와 싸워, 이기는대로 지체 없이 우리의 민주전열의 최선두로 다시 달려 오리라〉라고 약속했건만, 그는 결국 2월 15일에 미육군병원에서 별세하고 만다.

민주당은 벌써 두 번이나 선거 직전에 대통령 후보를 잃었다. 1956년의 제3대 대통령 선거 때는 신익희 후보가 투표일 열흘 전에 유세차 타고 가던 열차 안에서 심장마비로 숨졌고, 1960년의 제4대 대통령 선거 때는 조병옥 후보가 중대한 고비에서 위궤양 수술 끝에 숨진 것이다. 국민들의 실망과 좌절은 너무나 컸다.

역설적이게도 이것은 3·15 부정선거를 규탄하고 자유당체제를 거부하는 국민운동의 열기로 전환되어 역사의 물줄기를 크게 바꾼다. 한편 민주당이 두 차례나 선거전 도중에 대통령 후보를 잃는 비극은 가인의 앞날에도 직접적 영향을 미친다. 우리가 제13장에서 살피게 되듯이, 가인은 1963년의 제5대 대통령 선거 때 야당 내에서 대통령 후보로 지목받지만, 이번에는 어느 무엇보다 후보의 건강을 중시해야 한다는 당내의 〈설득력 있는 반대〉에 부딪히는 것이다.

대통령 후보 추대를 거절하다

다시 원점으로 돌아간다. 대통령 후보를 잃음으로써 기운이 빠진 민주당 안에는 미묘한 기류가 감돌았다. 구파는 자파의 지도자가 급서한 현실 앞에 허탈해진 데다가 신파와의 감정이 나빠져

있는 상태여서, 장면의 부통령 선거전마저 돕고 싶지 않은 기분이
었고, 신파는 장면의 부통령 당선에 주력하면서, 이승만의 3분의 1 득
표를 저지함으로써 재선거를 유도하고 그때 가서 장면을 대통령
후보로 내세운다는 전략을 세웠다. 그러나 구파의 일반적인 분위
기는 부통령 선거를 포함한 선거 전체를 포기하자는 것이어서 신
파와 대립하기도 했다.[33]

이 무렵 구파 일부에서 가인을 구파의 지도자로 옹립하자는 움
직임이 잠시 있었다. 이와 관련해 ≪동아일보≫는 1960년 2월 22일
자 4단 기사에서 가인의 사진과 함께 다음과 같이 보도했다.

김병로 전 대법원장은 21일 …… 민주당 구파가 동 씨를 지도자
로 추대하리라는 설에 언급하여 〈공연한 소리〉라고만 말했다. 그
는…… 민사당의 전진한(錢鎭漢), 이훈구(李勳求) 양 씨나 반공투
쟁위원회의 장택상 위원장이 부위원장을 보내어 대통령 후보로 출
마해 달라고 종용해 온 사실이 있으나 이를 즉석에서 거절했다고
밝혔다.…… 그는 또한 민주당 조파(趙派) 일부에서 지도자로 추대
하겠다는 교섭을 받은 일이 있느냐는 기자의 질문에 대해서는 긍
정도 부정도 하지 않고, 〈설사 교섭이 있었다고 해도 나로서 어떻
게 하겠는가〉라고 반문하면서, 〈일을 하려면 사전에 치밀한 계획
을 세워서 해야 하는 것이다〉라고 부언했다.

그는 오히려 민주당은 단합해야 한다고 강조했다. 그는 〈조병
옥 박사가 서거한 오늘에 있어서까지 신파니 구파니 하고 떠든다
면 민주당의 앞날은 훤히 들여다보인다〉고 개탄하고, 〈무엇보다
도 민주당은 힘을 모아서 부통령 선거에서만이라도 승리를 거두
도록 해야 한다〉고 강조했다.

4·19 때 수습안을 제시하다

사실 대통령 선거에서는 이승만의 부전승이 확정되었다. 그러
나 문제는 부통령 선거였다. 민심은 장면 후보에게 쏠려 있었으나
자유당 정부는 이기붕 후보의 당선을 확실하게 하기 위해 이미
준비해 온 부정선거계획을 그대로 밀고 나갔다. 이때의 상황을 언
론인 심재택(沈載澤)은 이렇게 표현했다.

여기에는 독재정권의 말기 증상인 경직화 현상이 두드러지게 나
타나 있었다. 국민이란 짓밟을수록 더 복종하게 된다는 착각과 과
잉충성으로 자리를 보존하고 출세하려는 풍토가 전체 공무원 사회
에 만연되어 있던 만큼 부정선거는 아무런 제어장치 없이 예정대
로 진행될 수밖에 없었다. 야당의 선거유세는 곳곳에서 방해를 받
았고 테러가 잇달았으며, 선거운동 막바지에는 야당계 인사가 살해
되기까지 하는 등 극도의 공포분위기 속에서 3월 15일의 정-부통
령 선거는 실시된 것이다.[34]

〈선거라는 이름뿐, 사상 유례 없는 국민주권의 우롱극〉이었던[35]
선거가 끝났을 때, 이승만은 유효투표의 약 85퍼센트를, 이기붕은
약 73퍼센트를 각각 득표한 것으로 최종 집계되었다. 3월 18일에
중앙선거관리위원회는 두 이씨의 당선을 공고했다.

그러나 그 공고는 두 이씨와 자유당체제의 입관(入棺) 선언이
었다. 우선 마산에서 항의시위가 일어났다. 놀란 경찰은 발포로 응
수하여 사태를 가라앉히려 하는 한편, 시위대의 배후에 공산당의
개입이 있는 것으로 조작했다. 그러나 전국이 동요하여 4월 19일
화요일 서울 시내의 대학생들과 시민들이 궐기하기에 이르렀다. 데

모의 행진은 경무대로 향했다. 오후 1시 40분 마침내 경찰의 총구가 불을 뿜었으며, 〈4·19 피의 대제전〉이 시작되었다. 정부는 서울을 비롯한 주요 도시들에 황급히 계엄령을 선포하고 계엄군을 불러들였다. 한편 미국정부는 즉시 한국정부를 비난하는 각서를 전달했다.

4월 20일에 계엄사령관 겸 육군참모총장 송요찬(宋堯讚) 중장은 〈경찰의 보복행위를 용납하지 않을 것이며 계엄사령부에 연행된 사람들 가운데 혐의가 없는 사람들은 석방하겠다〉고 발표했다. 이 대통령은 〈불평의 모든 요인들을 시정하겠다〉는 담화를 내면서 뒤늦게나마 민심을 가라앉히려고 했다.

바로 이날 가인은 서울 중구 인현동(仁峴洞) 자택에서 재야정치지도자 13인 회의를 열었다. 4월 21일자 ≪동아일보≫ 1면의 다음과 같은 4단 기사는 이 회합의 내용은 물론 가인의 비중과 역할을 잘 말해 준다.

김병로 전 대법원장을 비롯한 재야정치지도자 13인은 20일 상-하오에 걸쳐 김병로 씨 댁에서 회합하고 학생데모사건의 수습방안으로서, (1) 비상계엄을 즉시 해제하라, (2) 학생들의 희생을 이 이상 더 내지 말고 구속된 자를 즉시 석방하라, (3) 국민 총의를 존중하라는 3개 대정부 건의안을 결의했다. 이 건의안은 이날 하오 3시 반경 이인, 이규갑, 이관구 등 세 대표에 의해서 수석국무위원 홍진기 내무부장관과 김정열(金貞烈) 국방부장관에게 전달되었다 한다.

〔여기서 내무부장관을 수석국무위원으로 표시한 데 대해 설명이 요청된다. 그때 헌법상 수석국무위원은 외무부장관이었는데, 외무부장관이 공석중이어서 내무부장관이 수석국무위원의 역할을 수행하고

있었다.〕

이날 이 회합에 참석한 이들은 가인 외에 서상일, 이인, 이규갑, 김성숙, 이원혁, 차재정, 이관구, 주석균, 안정용, 장택상, 전진한, 정화암 등이었다. 이들이 발표한 건의문의 전문(前文)은 다음과 같다.

이번의 학생데모사건은 드디어 계엄령의 선포까지 보게 되었다. 이 비상사태는 멀리는 대한민국정부 수립 이래 12년간 누적된 사회적 정치적 불안에 연유한 것이며, 가까이는 3·15 선거부정으로 유치된 것임이 명백하다. 그러나 이 불상사태는 병력으로써 시정될 것이라기보다는 정부당국의 진지한 반성과 그리고 국민의 진정한 요구에 부응하는 성의를 표시함으로써 이를 구출할 수 있을 것이다.

이 시점에서 국회와 정당의 지도자들 가운데 어느 누구도 아무런 의견을 제시하지 못하고 그저 사태의 진전만 기다리고 있었다. 그렇게 볼 때, 이만한 내용의 건의서를 작성해 발표했다는 것은 상당히 앞선 것이었다. 그 다음날에 가서야 장면 부통령은 〈수습책은 재선거뿐〉이라고 언명하며, 다시 하루가 지나서야 변영태 전 외무부장관-국무총리, 허정 전 국무총리서리는 이기붕의 은퇴를 건의한다. 다시 하루가 지나 장면은 부통령직을 사퇴하며, 이승만은 자유당과의 절연을 선언하고, 이기붕은 내각책임제 개헌 추진 및 부통령 당선사퇴 고려 의사를 밝힌다. 이러한 추세 속에 가인을 비롯한 재야 인사 18인은 4월 23일 시국수습임시협의회를 구성한다.

그러나 일단 출구를 만든 역사의 조류는 급격히 흘러 4월 26일에 이 대통령은 하야의 뜻을 발표하고 이튿날 공식 사임서를 국회에 제출해 국회가 이를 수리함으로써 제1공화정은 11년 8개월

12일만에 그 막을 내리고 말았다. 이와 동시에 4월 27일, 사태의 수습을 위해 이틀전에 수석국무위원인 외무부장관으로 입각했던 허정은 3개월 안에 새 정부를 세울 것을 약속하면서 과도정부를 출범시켰다. 그 다음날 이기붕 일가족이 경무대에서 자결하고 이승만은 이화장으로 이사했다.

역사의 대전환을 바라보는 가인의 심경은 착잡했다. 독재세력에 의해 저질러진 부정 때문에 젊은이들이 목숨을 바쳤다는 현실 앞에, 〈국로(國老)〉라고 할 수 있는 자신이 부끄럽게 느껴졌다. 여기서 가인은 이 혁명을 신속하고 공정하게 마무리지음으로써 민주체제를 확립하는 데 정성을 쏟기로 결심하고, 점차 전국적 쟁점에 대해 발언하게 된다.

4 7 · 29 총선 출마와 낙선

과도정부의 개편을 요구하다

과도정부의 수립과 더불어 정치발전의 속도는 빨라졌다. 4월 29일에 과도정부는 첫 번째 국무회의를 열어 당면문제를 검토하기 시작했다. 이와 함께 정계는, 이제 새 공화정에서 집권당이 될 것이 확실해진 민주당이 오랫동안 공약으로 내세워 온 내각책임제를 중심으로 새로운 권력구조를 모색하게 되었다. 마치 내각책임제가 역사의 필연이며 당위인 것 같은 인식이 사회전반에 번져 있었다.

가인의 의견은 달랐다. 그는 4월 29일에 〈앞으로 내각책임제로 개헌한다고 해도 이번만은 대통령 직선제를 병행하는 것이 타당하다〉고 주장한 것이다. 〈지금까지의 대통령 직선제를 간선제로 환원시키는 것은 민주주의의 후퇴를 의미하는 것이며, 세계 다른 나라들 가운데 내각책임제를 하는 나라도 대통령 직선제를 택하고 있는 나라가 많다〉고 그 이유를 설명했다.[36]

가인이 왜 이러한 구상을 제의했는지 궁금하다. 이 무렵에는 민주당에서 그를 내각책임제 아래서의 대통령으로 추대할 것을 교섭하고 있다는 풍문이 신문에 보도되고 있었다. 이 보도에 대해 그는 〈전연 아는 바 없다〉고 말했지만,[37] 민주당 일각에서 그를 내각책임제 아래서의 대통령으로 추대하려고 했을 가능성은 충분히 있었다고 하겠다. 그렇다면, 그는 이왕이면 직선 대통령이 되고자 하는 개인적인 희망을 지녔던 것이 아니었을까?

여기서 한 가지 흥미로운 것은, 그가 앞으로의 거취에 대해서는 절대 밝히지 않으면서도 혁신계와 손잡지 않겠다는 뜻 하나만큼은 명백히 드러냈다는 사실이다. 지금은 혁신세력이 나올 시기가 아니며 보수합동이 요청된다고 강조한 그는 따라서 당시 추진되던 혁신구국혁명이 자신을 지도자로 추대하려 한다는 보도를 보고 자신은 일절 관련하지 않을 것이라고 논평한 것이다.[38]

가인은 곧 과도정부의 개편을 요구하고 나섰다. 5월 6일에 그는 항일운동의 원로들인 김창숙(金昌淑), 이강(李剛), 신숙(申肅) 등과 비상대책위원회 지도위원이라는 이름으로 다섯 항목의 시국수습책을 제시했다. (1) 허정 과도정부를 개편할 것, (2) 현 경찰간부와 모든 공무원의 승진을 중지하고 일제잔재의 경찰관을 재등용하지 말 것, (3) 친일파 및 이승만정권에 추종아부한 각계 간부를 과도정부의 모든 기구에서 제거하고 숙청할 것, (4) 공명선거를 방해한 현행법령을 즉시 철폐할 것, (5) 자유당 그리고 자유당 산하의 사이비 애국단체들을 불법화하여 즉시 해체할 것 등이 그것들이다.[39]

자유법조단을 발기하다

가인이 이처럼 전국적 지도자로서 점차 잦게 발언하고 있을 때 그의 정계진출을 권유하는 사람들이 모여들기 시작했다. 〈이 난국을 수습하기 위해서는 선생님께서 정치일선에 나서야 합니다〉, 〈선생님이야말로 한민당 창당의 주역이었고 대법원장으로서 사법부의 권위를 확립하셨을 뿐만 아니라 온 국민이 숭앙하고 하고 있지 않습니까? 이제 민주당을 같이 하십시다.〉 이러한 제의가 연이어 들어왔다. 장면 민주당 대표최고위원도 찾아왔고, 구파의 지도자인 김도연 민주당 최고위원도 찾아왔다.[40] 한편 재야법조인들은 〈범야민주세력은 어디 민주당뿐입니까? 신파와 구파로 갈라져 피투성이 싸움을 벌이고 있는 민주당에 들어가시면 선생님의 말년에 남는 것은 상처뿐인 것입니다. 우리들을 중심으로 해서 우선 국회의원 선거에 출마할 수 있는 조직을 서둘러야 하겠습니다〉라고 권고해 왔다. 정구영 변호사와 이인 변호사도 여기에 동조했다.[41]

여기서 가인은 민주당을 택하지 않고 재야법조인들을 조직화하는 길을 택했다. 신파와 구파의 고질적 파쟁에 찌든 민주당의 병리가 강직한 그의 성품에 맞지 않았던 것이다. 그리하여 그는 이인 한격만 신태악(辛泰嶽) 장후영(張厚永) 전봉덕(田鳳德) 등 원로 변호사들과 손잡고 박한상 김동환(金東煥) 강순원(姜淳元) 등의 소장 변호사들과 함께 6월 18일에 한국법학원에서 자유법조단 결성대회를 열었다. 22명의 발기인으로 출발한 자유법조단은 가인을 대표로, 한격만 신태악 이인 장후영 전봉덕 고병국(高秉國) 등을 운영위원으로 선출한 뒤 취지문을 채택했다. 그들은 〈초당적 입장에서 국민이 원하는 바를 헤아리고 법조리에 맞추어 이를 주장하고 천명함으로써 세기적인 민주개혁에 정성껏 이바지하겠다〉고 다짐하고, 〈1당 독재의 우려를 없애기 위해 법조인이 합심 협력하여 국회에 진출한 뒤 다수당의 횡포를 방지하겠다〉고 밝혔다. 그들은 6개항의 강령도 채택했다. (1) 엄격한 삼권분립으로 행정부의 독재를 거부하고 국민생활의 자유평등을 보장한다, (2) 입법과 예산 및 기타 중요사항의 심의와 결정에 있어서 다수당의 횡포를 거부한다, (3) 재판의 공정과 인권의 옹호에 만전을 기한다, (4) 정상모리배를 구축하고 금융민주화를 완성하여 경제적 균등사회의 건설을 기한다, (5) 관기를 숙정하고 공무원생활을 보장한다, (6) 세제를 개혁하여 국민부담의 공정을 기한다 등이 그것이었다.[42]

취지문과 강령에 비춰보건대, 자유법조단은 민주당에 대항할 만한 제1야당을 만들 모체가 되겠다는 의욕을 지녔던 것으로 보인다. 이로써 가인도 다음 국회의원 선거에 나설 계획임을 선언한 셈이다.

순창에서 낙선하다

6월 15일에 제4대 민의원은 개헌작업을 마쳐 의원내각제-양원제를 통과시켰고, 과도정부는 개정헌법을 공포했다. 6월 23일에는 국회의원선거법이 공포되었고, 정부는 제5대 민의원-초대 참의원 선거일자를 7월 29일로 공고했다. 선거를 앞두고 많은 정당들이 발족했다. 신생정당들의 대부분은 혁신정당들로, 그것들 가운데는 지난날 진보당을 이끌었던 사람들이 중심이 된 사회대중당이 대표적이었다. 분위기로는 민주당의 승리가 예상되는 가운데 혁신세력이 얼마만큼 진출하느냐에 관심이 쏠리고 있었다.

가인은 자유법조단 대표의 이름으로 고향인 전북 순창에서 입후보했다. 이때 가족들의 대부분은 다음과 같은 이유들 때문에 그의 출마를 만류했다. 첫째, 선거구가 시골이라는 점은 전국적인 지명도는 높으나 고향을 떠난 지 거의 50년이나 되는 그에게 좋은 여건이라 할 수 없었다. 실제로 30년 전엔가 장사 치르러 한 번 들렀던 때말고는 찾은 일이 없는 고향이었다. 대법원장에 재임한 9년 동안에 한 번도 귀향한 일이 없었다. 둘째, 선거자금이 넉넉하지 않았다. 셋째, 한 달 동안 격전을 치르면서 건강을 크게 해칠 수 있었다. 그리고 넷째, 일생을 점잖게 살아온 분이 선거전에서 쏟아질 중상과 모략을 어떻게 견디느냐는 우려도 있었다.[43]

그러나 가인은 출마의 결심을 굳혔다. 그는 우선 선거유세용으로 지프 한 대를 사고 가족들에게 자신의 선거운동을 지원하도록 동원령을 내렸다. 옷장 속에 깊이 넣어 둔 양복도 꺼내어 입고, 운동화와 의족도 신기에 편하고 짚기에 편한 것으로 골랐다. 밤 늦게까지 선거유세용 원고를 직접 작성하고, 구급약도 준비했다. 순창에 새로 지은 여관에 방 다섯을 빌려 선거운동본부로 삼았다.[44]

후보자는 가인, 홍영기(洪英基) 변호사, 그리고 농업에 종사하는 유홍수 세 사람이었다. 이 가운데 유홍수는 전북대학교 4년을 수료한 뒤 육군중위로 예편한 27세의 손자뻘 청년이었고, 홍영기는 육군법무관 출신의 변호사로 민주당 신파에 속해 민주당의 공천을 받은 41세의 장년이었다.

가인에 대한 유권자들의 반응은 엇갈렸다. 이름 있는 항일변호사였고, 신간회의 중앙집행위원장을 지냈으며, 미군정의 사법부장과 제1공화정의 대법원장을 지낸 전국적 지도자를 우리 고장의 국회의원으로 뽑는 것은 우리 순창의 자랑이라고 주장하는 이들도 있는가 하면, 70세를 넘긴 고령에다가 몸이 불편한 노인이 어떻게 정치일선에 나설 수 있겠느냐고 은근히 걱정하는 이들도 있었다.[45] 선거유세가 본격화되면서 그의 노령과 불편한 몸이 자꾸

만 화제의 초점이 되었다. 이것을 의식해, 가인은 5년이 됐는지 10년이 됐는지 잘 모를 정도로 퇴색한 회색 양복에 검은 운동화를 신고 의족을 짚은 몸에 빨간 넥타이를 맸다. 〈선생님, 어떻게 그런 빨간 넥타이를 매셨습니까〉라고 물으면, 〈노익장이라는 말을 모르는가? 좀더 젊게 보이려고 이걸 맸지〉라고 대답하기도 했다. 그는 또 고목봉춘(枯木逢春)이란 말을 자주 썼다. 〈고목에도 봄이 오면 꽃이 핀다는 말이 있습니다. 어떤 사람들은 내가 연단에도 못 올라올 것이라고 온갖 허무맹랑한 중상모략을 하고 있습니다만, 어떻습니까? 못 올라오기는커녕, 이렇게 올라와서 여러분들에게 이야기하고 있지 않습니까〉라고 연설하곤 했다.[46]

그의 관록과 재치 있는 화술에도 불구하고, 그는 고령과 신체 부자유라는 약점 이외에 무소속이라는 또 하나의 약점을 안고 있었다. 당시 제5대 민의원 선거 때는 〈민주당 자체에 대한 국민의 지지가 있었고,〉[47] 〈선거 결과는 볼 것도 없이 민주당의 대승리가 예상되는〉[48] 분위기였다. 심하게 말하면, 막대기에 민주당 모자만 씌워 놓아도 당선된다던 그러한 분위기였다. 실제로 민주당은 민의원 233석 가운데 75.1퍼센트인 175석을 얻는다. 이러한 이른바 민주당 붐은 가인에게는 불리했다.

게다가 선거운동이 〈부패〉되어 있었다. 투표를 나흘 앞둔 7월 25일에 가인은 순창을 찾아온 《동아일보》의 이웅희(李雄熙) 기자에게 〈입후보자들과 유권자들 대부분이 4·19 혁명정신에 위배하여 전과 같이 선거법 위반행위를 다반사로 알고 있기 때문에 공명선거의 실현은 거두기 어렵다〉고 강조하고, 〈제헌의원 선거 당시에 비하여 입후보자와 유권자들의 선거에 임하는 태도가 부패되어 있다〉고 개탄했다. 가인은 〈금품의 제공과 향연이 강행되고 있으므로 이러한 행위는 결과적으로 악화가 양화를 무찌르게

될지도 모른다〉는 우려도 나타냈다.[49]

이러한 우려 속에서도 가인은 자신이 당선되어 원내로 진출하
면 〈새로운 보수정당〉을 만드는 일에 앞장 선다는 포부를 지니고
있었다. 그는 7월 22일에 순창에서 ≪동아일보≫의 조용중(趙庸
中) 기자에게 〈새 정권이 올바르지 못하게 정치를 할 때 그것을
타도할 수 있는 준비로서 새로운 보수정당을 조직해야 된다〉고
말하고, 〈이번 선거가 끝나면 무소속 의원들이 무슨 명목으로든
지 정당을 구성할 것으로 본다〉고 전망했다.[50] 그의 이러한 입장
은 앞에서 말한 이웅희 기자와의 회견에서도 되풀이되었다. 그는
앞으로 태어날 민주당정권을 견제할 〈건전한 야당〉이 반드시 생
겨나야 한다고 주장한 것이다.

투표의 결과는 낙선이었다. 홍영기가 1만 9929표를 얻고 유흥
수가 1,485표를 얻었는데, 가인은 홍영기의 득표보다 1,685표가
모자랐다.[51] 김진배에 따르면, 〈많은 그의 선거참모들은 상대방
후보의 선거운동의 불법성을 들어 선거무효 및 당선무효 소송을
낼 것을 권했으나 가인은 '선거는 한 번 하지 두 번 하나'라는 한
마디로 거절했다〉.[52]

5 제2공화정의 초연한 원로

장면 총리의 당선을 축하해 주다

7·29 총선 결과, 예상대로 민주당이 집권했다. 8월 2일에 민의
원과 참의원이 각각 개원했으며, 8월 8일에 민의원 의장에는 민
주당 최고위원으로 신파에 속하며 4·19 직후 민의원 의장으로

선출되었던 곽상훈이, 참의원 의장에는 문교부장관을 지낸 연세대학교 총장 출신으로 비정당인인 백낙준(白樂濬)이 각각 선출되었다.

양원의 지도부를 구성하고 곧 행정부의 지도부를 구성하는 단계에 들어서자 민주당의 구파와 신파 사이의 싸움은 노골화되었다. 우선 8월 12일에 민의원과 참의원은 합동회의에서 구파의 윤보선 의원을 제4대 대통령으로 선출했다. 그러나 의원내각제 아래서 정권의 실질적 수장인 국무총리의 선출을 앞두고는 싸움이다. 결국 8월 19일에 민의원은 신파의 장면을 국무총리로 선출했고 그가 8월 23일에 조각을 끝내 제2공화정 장면 내각이 성립했다. 그러나 불과 사흘 뒤인 8월 26일에 민의원에서 신파와 구파가 폭력전으로 대결한 추태에서 나타났듯이 민주당의 분열은 목전에 다다르고 있었다.

만일 가인이 원내에 진출했더라면, 또는 아예 국회의원 선거에 나서지 않고 있었더라면, 그는 제2공화정에서 매우 중요한 자리를 맡았을 가능성이 크다. 우리가 앞에서 살핀 조용중 기자의 기사를 보면, 가인은 민주당이 옹립하려는 제2공화정 대통령 후보들 가운데 한 사람이었던 것이다.

어떻든 가인은 선거의 결과나 제2공화정 지도층의 구성 등에 전혀 괘념하지 않았다. 장면이 국무총리로 인준되자, 자신이 민의원 선거에서 장면의 신파 후보에게 패배한 데서 오는 감정 같은 것도 잊고 흔쾌히 축하해 주었다. 1960년 8월 20일자 ≪동아일보≫에서 가인은 장면 국무총리에 대해 〈내가 알기에는 그 의기가 헌앙하고 무슨 일이든지 양심적으로 하겠다는 굳은 신념이 있는 분〉이라고 칭찬하고, 〈장 박사가 초대 총리의 중임을 맡게 된 데 대해서는 실로 마음 든든한 일로서 이 난국을 극복할 기대를 갖게 되었다〉고 호의적으로 논평했다. 이와 더불어 가인은 〈우선 조각부터 당파나 정실에 구애됨이 없이 적재적소에 인재를 등용함으로써 새로운 모습을 국민에게 보여주어야 할 것〉이라고 당부하고, 〈완급과 선후에 따라 틀림없이 실행한 것만을 국민에게 알리고, 그 알린 사항은 반드시 실천할 것을 신조로 하여 국민의 신뢰를 두텁게 해야 할 것〉이라고 강조했다.

신당운동을 정관하다

장면 내각이 신파와 구파 사이의 싸움으로 진통을 겪고 혁신운동이 점점 만연하면서 정치가 안정을 찾지 못하는 가운데 사회적 혼란이 커지자, 국민들에게 새로운 기대를 불러일으킬 수 있는 정당을 만들자는 움직임이 일어났다. 가인이 대표로 있는 자유법조단을 확대강화하여 정당으로 발전시키자는 논의가 끈질기게 나오는가 하면, 변영태와 김팔봉(金八峰) 등의 지도자들도 서울의 신흥사(新興寺)에 모여, 가인을 추대해 새 정당을 출범시켜 보자고 제의하기도 했다.

그러나 가인은 고개를 내저었다. 그는 기자에게 이렇게 말했다. 〈이제 이 늙어 썩어가는 몸보고 무슨 신당이오? 나는 본래부터 정치할 생각이 없었는데, 여러 사람들이 와서 하도 여러 차례 말을 하길래 시작했던 것이고, 이번 신당 얘기에도 고문에나 응할 정도로 마음 먹었던 거요. 정당을 발족하려면 기초가 있어야 하지 않소? 정강정책도 있어야 하겠고, 또 제일 중요하기로는 거기에 적응할 물자관계도 있고.〉[53]

그는 이어 신당을 함께할 인물이 없다고 털어 놓았다. 〈우리나라에는 500년을 두고, 그리고 지금도 인재난이오. 사람이 없어.

474

장면 군도 내가 잘 알고 있지만 지금까지 하는 것을 보니 앞으로 기대하기 어렵고, 하기야 조병옥 군이 있을 때도 별 수 없었지. 고하 송진우가 간 뒤엔 사람이 없어. 지금 흉흉한 인심이 심상하지 않은데, 영웅은 필요 없지만 인재가 있어야 할 것 아닌가〉라고 가인은 한탄했다.

특별법 제정을 주장하다

가인은 신당운동에는 정관하는 자세를 취했으나, 당시 사회에서 논란되던 부정선거원흉과 부정축재자 처단 문제에 대해서는 강경했다. 즉 특별법을 만들어서라도 처단해야 한다는 주장을 강력하게 편 것이다. 제헌국회에서 친일파 민족반역자들에 대한 처단을 흐지부지하게 했던 것에 아직도 분노가 풀려 있지 않은 그로서는 민주주의를 말살하려던 원흉들과 이 나라 경제를 혼란시킨 장본인들을, 그 가운데서도 특히 무고한 학생들과 시민들에게 발포한 경찰책임자들을 이번에 제대로 단죄하지 못한다는 것은 용납될 수 없는 일이었다.

그래서 그는 이미 선거유세 때도 이 점을 강조했었거니와, 장면 내각에게도 수없이 되풀이했다. 장 총리가 취임 인사차 가인의 자택에 들렀을 때도 그 점만큼은 간곡히 부탁했다.[54]

가인의 이러한 입장이 법률가로서 취할 반드시 옳은 입장이냐에 대해서는 이의가 있을 수 있다. 그의 입장과는 달리, 정구영 변호사를 비롯한 재야 법조인 19명은 10월 4일에 이른바 호헌을 외쳤던 것이다. 즉 〈부정선거원흉의 처단 등을 골자로 하는 특별법 제정을 위한 개헌은 죄형법정주의, 형벌불소급의 원칙, 만인의 법 앞의 평등의 원칙 등 민주주의의 기본원리가 파괴된다〉는 것이다. 〈만일 이 같은 개헌이 관철된다면 민주질서를 세운다는 혁명의 목적과도 배치되며, 신정부와 제5대 국회는 영원히 위헌자의 낙인이 찍히게 될 것이고, 보복적인 특별입법은 자손만대의 민족상잔의 씨를 뿌리게 될 것〉이라고 경고하기도 했다.[55] 물론 이 호헌선언에 가담한 변호사는 소수로서 〈고립무원〉이었고, 그 해 12월까지는 특별법이 제정되었다.

　세상은 어수선해져 갔다. 그래서 가인은 〈세상 돌아가는 대세에 대해 크게 위구심을 품고 있었다〉.[56] 그러나 그는 인현동 자택에서 가까운 친구들과 바둑이나 두며 시대를 관조할 뿐 나서지 않았다. 현실정치에 대해 깊이 관여하거나 정부의 잘못을 크게 야단치고 싶지도 않았다. 이제는 여생을 조용히 보내고 싶었다. 그러나 역사는 결국 노구의 가인을 다시 불러내게 된다.

제 13 장

민정의 길을 닦기 위한 노력

1 5·16과 민정복귀의 문제에 대한 가인의 일관된 태도

군사정변을 비판하다

가인을 다시 역사의 무대로 불러낸 계기는 1961년 5월 16일의 군부 쿠데타였다. 대한민국 헌정사상 정치에 대한 최초의 군부개입이었던 이 쿠데타로 말미암아 합헌적 민간정부가 무너지고 문자 그대로의 군정이 실시되는데, 이 군정이 민정으로 넘어가는 과정에서, 가인은 국로(國老)로서 마지막 혼신의 애국적 정열을 민주주의의 대의를 위해 쏟아 붓는다. 가인의 이러한 노력을 이해하기 위해, 우선 제2공화정을 붕괴시킨 군사정변이 발생하며 민정복귀의 문제가 제기되는 과정을 이 절에서 살피기로 한다.

정치학 교수였고 민주당 소속 제5대 민의원 의원이었던 신상초(申相楚)는 제2공화정을 붕괴시킨 요인이 삼신(三新)이라고 늘 말했었다. 첫째가 신민당으로 상징되던 민주당 신파 구파 사이의 싸움과 분당이다. 즉 민주당이 단합을 유지하지 못하고 분열되다가 마침내 구파가 떨어져 나가 신민당을 만들어내 싸웠기 때문이라는 것이다. 우리가 앞 장들에서 살폈듯이, 두 파의 싸움은 뿌리 깊은 것으로서, 민주당이 정권을 장악한 뒤에 더욱 심해져, 사실 민주당 집권 9개월의 역사는 두 파의 추악한 투쟁사라고 할 수 있다. 8월 23일에 장면내각이 성립되자마자 새 내각을 〈신파 일색〉이라고 비난한 구파는 8월 31일에 민주당구파동지회라는 별도의 원내교섭단체로 민의원에 등록하더니 11월 24일에는 명칭을 신민당으로 바꿨고, 1961년 2월 20일에 김도연을 위원장으로 하고 유진산(柳珍山)을 간사장으로 하는 신민당을 공식으로 출범시켰다. 신민당은 창당선언문에서 장면정권을 〈구정권의 부패와 독소를 고스란히 물려받아 한갓 정권유지에만 급급하다〉고 비판하고, 〈이로써 국민들은 완전히 희망을 잃고 끝없는 절망 속에서 몸부림 치고 있다〉고 주장한 다음, 제1야당으로서 정권에 도전할 것임을 선언했다.¹⁾ 이와 같은 두 파의 정쟁 속에 개각이 잦게 일어났다. 마치 각료직은 전리품과도 같이 여겨졌으며, 이처럼 잦은 개각으로 정부는 안정성을 유지하기 어려웠다.

둘째가 신풍회(新風會)로 상징되는, 분당 이후의 민주당 안에서 또 벌어진 분파운동이다. 각료직과 당직의 배분을 요구하며 노장파들에 대항해 소장동지회를 만들었던 소장파 의원들은 1961년 1월 26일에 신풍회를 발족시켜 독자적 위치를 확보했다. 한편 신민당 안에서도 소장파는 청조회(淸潮會)를 발족시켜, 양당에서 모두 현대판 〈노론-소론〉의 정쟁이 표면화된 것이다.

셋째가 신문이란 단어 속에 요약된 사이비 언론의 난립과 발호로 말미암은 무질서의 조장, 그리고 전체 언론의 무분별한 정부공격이었다. 특히 장면정부에 대한 과도한 비판은 그렇지 않아도 취약한 장면정권의 안정성에 타격을 주었다.

한편 당시의 언론인들과 정치인들 가운데서는 〈정 그런 식으로 표현하고자 한다면 혁신계를 포함시켜 사신(四新)으로 부르는 것이 더 정확하다〉고 말한다. 제2공화정 시대의 정치에서 두드러진 현상은 혁신정당들의 출현과, 그리고 그들의 이데올로기적 입장에서의 체제비판과 통일운동이었다. 이 점에 대해서는 저자가 별개의 논문에서 다뤘으므로[2] 여기서는 재론하지 않기로 한다. 다만 한 가지만 지적한다면, 그것은 혁신정당들의 출현으로 남한의 정치가, 마치 해방 후 3년의 시기에 그러했듯이, 이데올로기적 양극화 현상을 나타냈다는 점이다. 한승주(韓昇州) 교수가 이미 정확히 지적했듯이, 좌익적 진보주의세력과 우익적 보수주의세력으로의 양극화와 그것에 따른 갈등은 제2공화정 아래 두드러졌던 국민적 분열 요인들 가운데 가장 중요한 요인이었던 것이다.[3] 그리고 혁신계의 이데올로기적 체제수정운동과 남북협상론 및 중립화통일론은, 그리고 경우에 따라서는 미군철수론을 골격으로 하는 반정부통일운동은 남한의 보수세력을 불안하게 만들었다. 그리하여 우익적 군부세력이 국가안보를 명분으로 내걸고 자신들의 정치개입을 합리화할 수 있는 토양을 조성해주었던 것이다.

이러한 삼신론 또는 사신론은 저널리스틱한 표현으로, 학문적 검증을 받은 것은 아니다. 또 그러한 표현은 신민당과 신풍회와 신문과 혁신운동이 그 시대에 지녔던 의미를 지나치게 단순화하는 흠이 있어서 그대로 받아들이기는 어렵다. 그러나 상당한 근거를 지니고 있음도 부인할 수 없다. 일생을 야당생활에 바친 유홍(柳鴻) 의원이, 5·16의 원인으로, 첫째 〈데모 만능〉, 둘째 민주당 분당, 셋째 언론기관의 난립 등을 꼽고, 이어 5·16이 일어나기 직전의 국내정치상황의 특징으로 첫째 〈혁신세력의 발호와 해이해진 반공의식〉, 둘째, 〈정치적 불안과 위기설 유포〉, 셋째 〈경제위축과 무력해진 행정력〉을 꼽은 것을 보면,[4] 삼신론 또는 사신론이 상당한 근거가 있음을 확인하게 된다.

이렇게 말한다고 하여 저자가 제2공화정이 지닌 긍정적 의미를 도외시한 채, 5·16 쿠데타를 합리화하는 것은 아니다. 제2공화정 아래서 자유민주주의는 크게 신장되었으며, 우리 헌정사상 그때만큼 국민의 주권이 정치권력에 의해 존중된 때가 없었다. 또 권위주의적 독재체제로 시종일관한 이승만정권이 11년 8개월 만에 시민혁명의 방식을 통해 일시에 무너졌을 때 그만한 혼란은 뒤따를 수밖에 없었으며, 5·16이 일어날 무렵은 정치적 사회적 안정이 다져지기 시작하던 때였다.

확실히, 박정희 육군소장과 김종필 예비역 육군중령을 주축으로 하는 군사정변은 제2공화정의, 그리고 더 나아가 대한민국 자유민주주의의 비극이었다. 비상계엄령을 선포하고 군정을 세워 장면내각을 무너뜨린 그들은 민의원과 참의원 및 지방의회는 물론 정당들과 사회단체들을 하루아침에 해산시켰다. 다만 해위(海葦) 윤보선 대통령을 그 자리에 머물게 하여 국제사회가 군사정부에 대한 승인문제를 제기하지 않게끔 하였다. 이 일련의 조처들은 명백히 자유민주주의의 후퇴였다.

이렇게 볼 때, 가인이 5·16 쿠데타에 찬성할 수 없었음은 너무나 당연했다. 일제치하에서는 항일민족주의를, 해방 3년의 시기에는 좌우합작에 의한 통일민족국가의 수립을, 그리고 한반도의 남쪽에서나마 대한민국이 세워진 뒤에는 민주주의를 자신의 정신적 지주로 삼아 온 가인에게 5·16 쿠데타는 분명히 비판되고 극복되어야 할 〈민주주의의 공적(公敵)〉이었던 것이다.

그리하여 군사정변의 소식을 접했을 때 가인의 심경은 착잡했다. 이때의 가인의 마음을 김진배는 이렇게 헤아렸다.

어떤 사람은 가인에게 찾아와 민주당정권의 내분을 규탄하고, 어떤 사람은 장면정권의 무능을 탓하며, 어떤 사람은 혁명군의 정체를 의심하기도 했지만, 가인에게는 그 어떤 비난이나 불만도 귀에 들어오지 않았다. 세상은 완전히 뒤바뀌었고 헌정질서는 무너졌으며, 이 나라의 장래는 암담한 것으로 비쳤기 때문이다. 군사정권의 한계는 이미 중남미와 아시아의 여러 나라에서 입증된 것이며, 아무리 무능한 정권이라 하더라도 군사정권보다는 낫다고 생각한 것이 가인의 평소의 신념이었기 때문이다. 군인에게는 오직 승패가 있을 뿐이며, 공격목표를 파괴함으로써 끝나는 것이지만 정치는 복잡한 이해관계를 조절해야 하고, 비록 더디지만 문제를 합리적으로 풀기 위해서 많은 진통이 따르는 것은 당연하다고 믿고 있었기 때문이다.

가인은 실제로 자신이 군사독재의 해독을 어느 누구보다 잘 알고 있다는 확신을 갖고 있었다. 다시 김진배에 따르면,

1930년대 이후 일본군국주의 아래서의 군의 정치개입이나, 1952년 피난 수도에서 대통령이 계엄령을 펴고 군을 동원하여 국회의 기능을 마비시킨 전례들이 새삼 떠올랐다. 이제 사태는 그런 정도가 아니다. 국회와 정당을 해산하고 언론과 집회를 통제하며, 수천 명의 정치인들과 학생들을 투옥하는 사태가 눈앞에 벌어지고 있지 않은가. 혁명의 동기가 아무리 그들의 주장처럼 순수하다고 해도 그 정치행태가 우리가 바라는 민주주의와는 동떨어진 방향으로 나

가고 있고, 또 어디까지 나갈지 참으로 걱정스러운 일이 아닐 수
없었다.[5]

그리하여, 가인은 군정에 분명히 반대할 수밖에 없었다. 그는
〈혁명의 지도자인 박정희 장군이 어떤 사람이든 간에 현역 육군
소장이라는 그것 하나만 가지고서도 그에게 통치권을 맡길 수 없
다〉고 믿었다. 어디까지나 주권자인 국민의 손으로 공정한 선거
를 통해 지도자를 선택할 수 있도록 해야지, 총칼로써 권력을 장
악하는 일은 있을 수 없다는 것이 민주주의의 원칙이고, 이러한
원칙에서 벗어나는 어떠한 행동도 용인될 수 없다는 것이 그의
생각이었다.[6]

박정희 의장의 민정참여를 반대하다

쿠데타의 성공과 함께 제2공화정을 무너뜨리고 그 위에서 입법
행정 사법의 삼권을 장악한 군사쿠데타 세력, 곧 밀리터리 훈타
(military junta)의 지배기구인 국가재건최고회의는 처음에는 여러
가지 개혁정책들을 추진하는 듯한 믿음을 주었다. 농어촌고리채
의 정리와 같은 과감한 정책은, 그 정책의 실효성에 대한 논의는
차치하고라도, 그들이 적어도 국가적 과제의 소재는 제대로 파악
하고 있음을 보여주었다. 〈부패와 구악을 일소하고, 퇴폐한 국민
도의와 민족정기를 다시 바로잡기 위해 청신한 기풍을 진작시킨
다〉는 구호 아래 취해진 일련의 조처들도 처음에는 대체로 국민
들의 호감을 사는 듯했다. 〈혁명과업이 성취되면 참신하고도 양
심적인 정치인에게 언제든지 정권을 이양하고 본연의 임무에 복
귀한다〉고 공약했으니, 하루빨리 개혁이 평화롭게 이뤄져 군인들

은 원대복귀하고 민정이 회복되기를 기대하는 심정에서 국민들을 군정의 향방을 바라보고 있었다. 미국을 비롯한 우방들도 대체로 마찬가지 입장이었다.

이러한 배경에서 1961년 8월 12일에 박정희 국가재건최고회의 의장은 1962년 여름까지 정부를 민간인에게 이양할 것이라는 내용의 「중대 성명」을 발표했다. 그것에 이어, 그는 그 해 11월에 미국에서 케네디(John F. Kennedy) 대통령과 회담하고 돌아오자 〈구정치인〉에 대한 연금을 1962년 1월 1일부터 해제한다고 밝혔다. 그는 1962년 1월 22일에는 민정복귀를 다시 다짐하면서, 새 공화정의 출범을 위한 헌법과 선거법을 연구중이라고 밝히는 한편, 〈비양심적 정치인〉의 입후보를 제한함으로써 〈혁명과업을 완수할 수 있는 민간정부〉의 수립을 지향하고 있다고 설명했다. 박 의장의 뜻은 곧 법으로 제시되었다. 1962년 3월 15일에 국가재건최고회의는 「정치활동정화법안」, 이른바 정정법안을 의결한 것이다. 이튿날 공포발효된 이 법에 따르면, 이 법에 규정된 〈구정치인〉은 정치정화위원회의 심사에서 적합하다는 판정을 받아야 정치활동을 할 수 있었다.

정정법은 민간정치인들의 즉각적인 반발을 불러일으켰다. 5·16 이후 대통령직에 머물러 있으면서 이 법에 서명했던 윤보선 대통령은 뒤늦게나마 항의하는 뜻에서 3월 23일에 대통령직을 사임했으며 이튿날부터 박 의장이 대통령의 권한을 대행했다. 이와 더불어 군정은 이 법에 따라 4월 15일까지 모두 4,374명을 심사대상자로 설정했다. 가인은 제2공화정 때 공직을 가진 일이 없는 만큼 심사대상자로 포함될 수 없었다. 군정은 5월 30일에 그 가운데 1,336명에게만 〈정치활동 적격〉 판정을 내려주었을 뿐, 3,038명은 그대로 묶어놓았다.[7] 적격판정을 받은 사람들의 대부분은 사실상

정계에서 비중이 매우 약한 사람들이어서, 결국 영향력이 있는 민간정치인들 거의 모두를 여전히 규제해 놓은 것이라고 볼 수 있었다. 이러한 조처는 민정복귀를 다짐하는 군정지도자들의 속셈을 의심하게 만들었다. 군정지도자들 스스로가 정계에 나설 것에 대비해 경쟁이 될 만한 민간정치인들은 일단 그 활동을 제약해 놓으려는 뜻이 개재되어 있다는 짐작을 낳게 한 것이다.

그러한 의혹은 조금씩 현실로 입증되기 시작했다. 6월 4일에 국가재건최고회의 공보실장 이후락(李厚洛)은 〈국민여론이면 박의장의 대통령 출마가 불가피하다〉고 말해, 박 의장의 대통령 출마 가능성을 처음으로 시사한 것이다. 이와 더불어, 군정지도자들은 자신들의 정치참여에 대비해 비밀리에 정당을 조직해 나갔다. 그 정당이 뒷날 민주공화당으로 나타난다.

이 무렵 정치에 관심 있는 이들이 가인의 인현동 자택으로 찾아오는 일이 잦아졌다. 가인의 거실은, 누구든지 찾아와 하소연도 하고 분통도 터뜨리며 이 나라의 내일을 걱정하는 자리가 되었다. 가인은 주로 듣는 입장일 뿐, 상대방의 말에 동조하거나 자기의 속셈을 털어놓는 일이 드물었다. 이때 있었던 일들 가운데 한 예를 김진배는 이렇게 묘사했다.

어느 날 가인과 절친한 민주당의 중진 한 사람이 찾아왔다. 〈박의장이라고 하는 사람이 어떤 사람인지 선생님은 아시죠?〉〈알지. 군인 아닌가?〉〈그게 아니고, 실은 이 사람 성분이 좀 이상하다는 소리 못 들었습니까?〉 그는 나지막한 목소리로 혁명정부의 요인들에 대해, 그들의 출신성분이나 사상에 대해, 마치 정보보고라도 하는 것처럼 자세하게 이야기하고나서 목청을 높였다. 〈그래, 이런 사람들한테 우리가 정권을 맡겨서야 되겠습니까? 이제 더 그대로 보고 있을 수는 없습니다. 무슨 수를 써서라도 당장 쳐부숴야 됩니다.〉 가인은 대수롭지 않다는 듯이 조용히 말했다. 〈하, 참. 우리가 언제 그 사람들에게 정권을 맡겼나? 총 들고 들어와서 점령한 거나 다름없지. 무슨 수를 써서라도 쳐부숴야 한다고 하지만, 그래 우리가 탱크가 있소? 총칼이 있소? 저 사람들이야 듣든 안 듣든 열 번이고 스무 번이고 말로 타이를 수밖에 없어. 사람이란 가끔 제정신이 들 때가 있는 법이거든. 저녁때 귀신을 쫓아내는 경을 읽는 것은 그 말을 귀신보고 다 들으라고 읽는 것이 아니고, 그 가운데 한 구절이라도 들으라고 하는 거야. 그런 쓸데없는 소리 말고, 그 사람들에게 직접이든 간접이든 불쾌하지 않게 타일러요.〉[8]

여기서 보여지듯이, 가인은 미온적인 것 같으면서도 사실은 보다 실질적인 사람이었다. 실현성이 없는 것을 갖고 허장성세하거나 비분강개하는 것이 아니라 착실하게 풀어가겠다는 입장이었다.[9]

정치인들뿐만 아니라 군정의 요인들도 가끔 가인의 집을 찾아왔다. 그들은 가인이 앞으로도 침묵해 주기를 바라는 마음에서 웃으며 부드럽게 나왔다. 그렇다고 녹록하게 대답할 가인이 아니었다. 가인과 그들 사이의 대화의 한 보기를 김진배는 이렇게 전한다.

〈선생님, 사실 저희 군인들이 무엇을 알겠습니까? 오직 부패와 무능을 이 나라에서 몰아내야겠다는 우국충정으로 혁명을 했을 뿐입니다.〉〈허, 군인이 국방을 하면 그만이지 정치를 해야만 우국충정이 실현되나?〉 그 혁명정부의 요인은 이러한 가인의 냉담한 태도에 화가 치밀어 올랐으나 어른 앞이라 꾹 참고 다시 말을 이었다. 〈사실 다시 군으로 돌아가시겠다는 것이 박 의장 그분의 본뜻입니다. 그러나 최근 몇 달 동안 구정치인들의 동향을 볼 때, 이

나라에는 정권을 맡길 만한 사람이 없는 것 같습니다. 정말로 훌륭한 지도자가 계시다면 왜 군인이 정치를 하려 하고, 왜 박 의장 같은 청렴강직한 분이 가벼운 마음으로 복귀하지 못하겠습니까?〉 그러자 가인은 대수롭지 않은 듯이 조용하게 그러나 내뱉듯이 말했다. 〈허, 참. 박 의장은 참 좋은 분이오. 당신이 걱정 안해도 될 일까지 걱정하니, 박 의장에게 이렇게 전해 주시오. 누구를 대통령으로 뽑을 것인가는 국민이 알아서 할 일이고, 박 의장은 훌륭한 군인이 되기를 바란다고 전해 주시오.〉 가인이 피곤한 표정을 짓자, 어깨에 별 두 개를 단 장군이 자리에서 일어났다.[10]

박 의장이 군으로 돌아가야 한다는 가인의 주장은 ≪동아일보≫ 지상을 통해 되풀이된다. 그러니까 1962년 7월에 들어와서이다. 군정은 새 헌법을 마련할 헌법심의위원회의 구성을 발표하면서 민정복귀를 준비하는 모습을 실감 있게 보여주기 시작했다. 이와 더불어, 7월 20일께부터 박 의장은 〈군에 다시 돌아갈 생각은 없다〉고 공개발언하는 등, 민정에 참여하겠다는 뜻을 강하게 비쳤다.

이때 ≪동아일보≫는 7월 21일자에 「박 의장 발언에 대한 각계 의견」을 듣는 특집을 꾸몄다. 이 특집의 맨 첫 자리에 오른 가인은 우선 〈박 의장이 군복을 다시 입지 않겠다고 한 말을 곧 정치에 야욕이 있는 것으로 곡해해서는 안 된다〉고 신중하게 반응하면서도, 〈박 의장이 정계에 나서는 것은 좋지 않다〉고 잘라 말했다. 그리고 〈박 의장은 국가위급시에 일시적으로 필요한 사람일지는 모르나, 대통령은 정치를 잘 아는 정치인이 되어야 할 것〉이라는 점잖으면서도 따끔한 말을 덧붙이기를 잊지 않았다. 이것을 보고 박 의장은 〈참, 내가 잘못했어. 내가 사람을 잘못 보았지. 그놈의 영감도 정정법으로 묶어버릴 건데. 하도 청렴강직하고, 또

정치에 초연하다는 바람에 그대로 놓아 둔 것이 내 실수지〉라고
말했다고 한다.[11]

1962년 후반에 들어 민정복귀를 향한 발걸음은 더욱 빨라져,
12월 17일에 대통령중심제-단원제를 골격으로 하는 새 헌법에 대
한 국민투표가 실시되어 확정되었다. 나흘 뒤, 그동안 침묵을 지
키던 윤보선은 기자회견을 갖고, 범야세력이 규합된 강력한 새 정
당의 창당을 제의하면서 정정법에 묶인 정치인들의 전면해금도
제의했다. 이에 박 의장은 12월 31일, 171명의 정치인들을 풀어주
었는데 여기에는 곽상훈, 박순천, 홍익표, 김재순, 서정귀 등 민주
당의 중진들과 김정렬, 최규남, 윤치영 등 자유당정부의 정치인들
이 포함되어 있었다.[12]

한편 1962년 12월 26일에 새 헌법의 공포식을 끝낸 박 의장은
그 다음날 구체적인 민정이양절차를 발표했다. 대통령 선거를
1963년 4월에, 국회의원 선거를 5월에 실시하여 1963년 8월에 민
정을 출범시킨다는 것이었다. 이와 함께 그는 자신이 대통령선거
에 입호보할 계획임을 밝혔다. 1962년 12월 31일에는 정당법이
공포되었다.[13] 새 헌법은 대통령선거나 국회의원선거에서 무소속
의 출마를 허용하지 않을 정도로 정당정치의 제도화를 강조했기
에 정당법을 새로 마련했던 것이다. 가인은 이 법에 반대했다. 정
치인이 철새처럼 정당을 옮겨다니는 것은 옳지 않으나, 그렇다고
당적 변경을 법으로 금지시키는 것은 민주정치의 원리에 어긋난
다는 것이었다. 어떻든 이제 다시 정치의 계절이 시작되었고, 그
것은 가인의 활동과 봉사를 요구하고 있었다.

2 민정당 창당의 주역으로

4자회담을 이끌다

1963년 1월 1일을 기해 군정은 비로소 민간인의 정치활동 재
개를 허용했다. 이와 더불어 박 의장은 새해 기자회견을 통해 〈건
전한 야당의 육성〉을 다짐했다. 민간정치활동의 재개를 축복하는
듯, 정월 초하루 아침부터 온종일 눈이 내렸다.

지난 1년 7개월 동안의 〈무정당 시대〉에 무대를 잃었던 민간정
치인들은 다시 새로운 무대를 만들기 위해 그 주역이 될 만한 지
도자들의 집을 찾아 들었다. 오랫동안 야당가의 새해 정치는 세배
로 시작되어 왔었다. 그들은 세배를 앞세워 원로 정치인들의 집부
터 찾은 것이다.

가인의 인현동 집이 예외가 될 수 없었다. 새해로 만 76세가
된 가인의 집에는, 특히 그가 정치활동의 규제를 받지 않아 곧바
로 창당작업의 주역이 될 수 있었기 때문에 내방객들이 많았다.
그러나 그의 인사말은 원칙론적이며 담담할 뿐이었다. 〈민간정치
인들은 하나로 뭉쳐야 된다. 내가 해방 직후만 같은 건강을 가졌
어도 일선에 나서 일하겠는데. 야당재건에 앞장은 못서더라도 뒤
에서 밀겠다〉고 말하는 것으로 그쳤다.[14] 이 짧은 말에 가인의 정
치적 신조가 요약되어 있다. 단일야당으로 범야세력을 통합시켜
그 단결된 힘으로, 군정이 그동안 은밀히 조직해 온 민주공화당의
집권을 막음으로써 진정한 의미의 민정을 회복시킬 수 있다고 믿
었던 것이다.

그때로부터 이틀 뒤인 1월 3일 하오 2시 반, 가인의 집에서는
주인을 비롯해 윤보선 이인 전진한 등 4인이 자리를 같이했다. 이

른바 4자 회담이 열린 것이다. 요담이 끝난 뒤 가인이 기자들을 맞아 〈우리 네 사람은 민정의 기본을 확고히 하기 위해 범국민(汎國民)의 대동단결로 새 정당의 창설을 촉진하기로 했소이다〉라고 운을 뗀 다음, 〈이러한 대동단결이란 창설적이며 결코 기성그룹들의 연합체가 아니오. 지난날의 정파와 감정을 떠나 모두 개인 자격으로 가입해서 같이 일을 해야 할 것이오〉라고 설명했다. 이 합의에 대해 정치부기자 출신인 ≪한국일보≫ 편집부국장 이성춘(李成春)은 이렇게 썼다.

　이날 4자 회담의 합의는, 곧 앞으로 여당을 만들어 계속 집권을 계획하고 있는 혁명세력에 맞설 범국민정당의 결성을 선언한 것이다. 짤막한 발표지만 이날 선언의 의의는 매우 크다. 이들 4인이 어떤 국민계층의 위임을 받거나 대표한 것은 아니지만 국가와 사회의 지도급 인사들로서 〈군정하의 무정치 상황〉에서 새로운 정치를 재건해 이끌어가는 중심체로서 폭넓은 국민적 기반으로 단일 야당을 만들겠다는 의지를 표명하고 방향을 제시했다는 점에서 높이 평가할 만하다.[15]

지난날 민주당 구파의 핵심 간부였고 그리하여 제2공화정 때 구파를 중심으로 신민당을 창당해 그 간사장직을 맡았다가 5·16 후 잠시 투옥되었던 유진산의 회고에 따르면, 이 4자 회담은 유진산의 막후작업의 산물이었다. 그는 특히 윤보선을 설득해 가인 집에서 열리는 4자 회담에 참석하도록 유도한 것으로 알려지고 있다.[16] 그러나 범야통합정당을 출범시키는 것이 시대적 요청이며 우리나라의 민주주의를 한 단계 발전시키는 작업이라는 가인의 굳은 신념이 4자 회담의 결정적 동인이었음은 물론이다.

　4자 회담이 범야세력의 대동단결을 부르짖었으나, 야권의 한 큰 기둥이라고 할 수 있는 구 민주당세력을 끌어안지는 못했다. 고질적인 신구파 대립의 앙금은 여전히 풀어지지 않고 있었다. 신파의 민주당은, 제2공화정 때 구파가 신민당으로 분당해 나가 장면정부를 지나치게 몰아세웠던 데 대한 감정이 그대로 남아 있어서, 신민당 계열이 주동이 된 것으로 비치는 4자 회담의 호소에 별로 끌리지 않았던 것이다. 그리하여 구 민주당의 중진들은 우선 해금된 인사들을 중심으로 1월 7일에 지금의 대한항공 빌딩 자리인 서울 중구 소공동의 국제호텔에서 회합을 갖고 자신들의 진로를 밝혔다. 박순천 전 최고위원, 홍익표(洪翼杓) 전 중앙상임위원회 의장, 이상규(李相圭) 전 내무부 사무차관, 서정귀(徐廷貴) 의원, 송원영(宋元英) 전 국무총리 공보비서관 등은 4자 회담이 제창한 범야세력의 대동단결이라는 원칙을 지지한다고 밝히면서도 단일야당의 창당이 순조롭지 못할 경우에는 구 민주당을 재건하겠다는 뜻을 비쳤다. 이성춘이 지적했듯이, 그들의 이러한 태도는 〈어느 정도 순항을 낙관했던 야당단일화운동에 뜻하지 않은 난제로 부각됐을뿐더러 야권통합운동의 전기를 가져오게 되었다.〉[17]

　민주당계의 이러한 도전 앞에 4자 회담의 소집책임자인 가인은 1월 9일에 자택에서 두 번째 회의를 열었다. 이인과 전진한은 본인들이 참석했으나 윤보선은 유청(柳靑) 전 민의원을 자신의 대리로 보냈다. 단일야당의 출현을 열망하는 국민들의 여망을 의식해, 민주당계에서도 박순천을 대리한 이상규를 파견해, 회의는 자연히 5자 확대 회담이 되었다. 민주당계가 참석한 사실은 범야단일정당의 출현이 가능할 것이라는 기대를 불러일으켰다. 이 5자 확대회담은 범야단일정당의 결성 원칙을 다시 확인하고, 군정에 대해 (1) 정정법에 묶인 민간정치인 전원에게 정치활동을 허용할 것, (2) 대통령 선거와 국회의원 선거를 7월 초순으로 늦추어 동시에 실시할 것을 촉구하기로 합의했다.

이 합의의 분위기에 힘입어 1월 11일에 가인의 집에서는 제3차 모임이 열렸다. 민주당계를 대표해 박순천이 직접 참석하고, 자유당계의 이활과 김종규 등도 나와 13인 확대회담이 되었다. 이 자리에서는 단일야당의 기본노선과 조직체계 등을 연구하여 당헌과 정강정책 및 창당취지문 등을 작성할 5인 실무위원회를 구성하기로 합의가 이루어졌다. 5인 실무위원회는 민주당계의 이상규, 신민당계의 한몽연, 자유당계의 김종규, 무소속의 우갑린과 김재학으로 구성되었다.

5인 실무위원회는 1월 12일부터 15일까지 네 차례 회의를 갖고 〈자유민주주의에 입각하여 대의정치체제를 지키고 평화적 정권교체를 보장한다〉는 두 가지 기본 노선에 합의한 뒤 당의 이름을 민정당(民政黨)이라 부르기로 잠정 결정했다. 군인들의 정부와 정치, 곧 군정에 맞서, 민간인들의 정부와 정치 곧 민정을 이룩하겠다는 뜻을 담은 것이었다. 그러나 막상 실리가 걸린 문제들, 예컨대 지도체제의 형태와 발기인의 비율 같은 것을 토론하기 시작하면서 대립상이 나타났다.

그 대립상은 1월 16일에 각파 확대회의를 열었을 때 너무나 확연하게 드러났다. 우선 민주당을 대표한 홍익표는 단일야당의 선행조건으로 각파의 대표들, 즉 윤보선, 김병로, 이인, 박순천, 전진한, 그리고 문교부장관이었고 자유당의 원내총무였던 김법린(金法麟) 등 6인은 대통령에 출마하지 않으며 〈순수한 재야인사〉를 옹립할 것을 제의했다. 정정법에 묶여 자택에서 칩거하고 있는 장면을 내세울 수 없는 민주당으로서는 그렇다고 윤보선이나 김병로에게 단일야당의 대통령 후보직을 주느니, 차라리 새로운 인사

를 옹립하는 것이 자신들의 앞날에 유리하다는 계산을 했던 것이
다. 특히 윤보선의 대통령 후보 추대를 막아야겠다는 계산이 컸다
고 하겠다. 이때 민주당계가 염두에 둔 〈순수한 재야인사〉란 아
무런 지지기반이 없어서 무졸지장(無卒之將)으로 불리던 변영태
(卞榮泰)였다. 당시 집권에 자신감을 가졌던 민주당계는 청렴하나
독자적 세력이 없는 변영태를 대통령으로 뽑아놓으면 정권은 자
신들이 좌지우지할 수 있을 것이라 생각했던 것 같다. 민주당계의
이 제의에 이인과 전진한과 김법린은 수긍했으나 가인과 윤보선
은 미동도 하지 않았다. 특히 윤보선의 신민당계는 〈속이 들여다
보이는 물귀신 작전이다〉, 〈처음부터 범야단일화에는 관심이 없
고 단일야당운동을 파괴할 구실만 찾고 있다〉고 비난하고 나섰다.
1월 17일의 회의에서도 타결점이 보이지 않자 민주당 대표들이
퇴장함으로써 협상은 깨지고 말았다.[18]

이때부터 가인은 민주당계와의 통합을 일단 단념하고, 나머지
각파를 통합한 가칭 민정당의 창당작업에 들어갔다. 〈1월 25일께
발기인대회를 갖고 2월 15일께 창당대회를 갖도록 서두르라〉고 실
무자들을 독려했다. 한편 민주당계는 그들대로 민주당재건운동에
들어갔다. 이성춘이 적절히 지적했듯이, 〈근 보름 동안 전 국민의
관심을 모았던 범야단일화추진은 각파의 이해와 주도권 등에 대
한 이견으로 백지화됨으로써 우리나라에서 단일야당결성작업이 얼
마나 어려운 일인가를 또 한 번 증명한 셈이 되었다.〉[19]

민정당을 창당하다

가칭 민정당 창당을 서두르는 각파의 지도자들은 1월 17일에
창당 발기인의 비율을 무소속 2, 신민, 자유, 민주계 각 1로 하기

로 합의했다. 여기서 민주계란 그동안 통합협상에 참여했던 민주당측 인사들 가운데 서정귀와 이종린 및 정길영 전 의원들을 말한다. 그들은 〈친정〉으로의 복귀 대신 민정당에의 잔류를 선택했으며, 이것을 근거로 민정당은, 다시 말해 비록 숫자는 적지만 〈민주당계의 일부 참여〉를 명분으로 삼아, 자신들이야말로 범야정당의 구심점이자 주류라고 자부할 수 있었다.[20]

　민정당 창당 작업은 그런 대로 큰 탈 없이 진행되어 1월 27일 상오 10시에 서울 중구 필동 아스토리아호텔에서 창당준비발기인대회를 열 수 있었다. 150여 명의 발기인들이 참석한 가운데 열린 이날 대회는 가인을 임시의장으로 뽑았다. 임시의장으로 사회를 맡은 가인은 우선 개회사를 통해 〈삶과 죽음의 갈림길에서, 살자면 잃은 자유를 찾아야 한다〉면서, 〈온 국민이 한데 뭉쳐 범국민정당을 이룩하려는 것은 곧 삶의 부르짖음이다〉라고 역설했다. 이어 김법린의 경과보고와 이인의 창당발기취지문 낭독이 있었다. 창당발기취지문은 가인이 손수 쓴 것이다. 〈국가 재건의 중요시책에 명실이 상부치 못하면 국민의 기대는 찰나에 그치고, 날과 달이 갈수록 온 국민의 불안과 공포와 의구가 심화되어 있으니, 이는 군사정부가 자주성과 창의성을 기본으로 한 국민혁명으로 이끌지 못하고, 독재와 독선에 스스로 취하여 모든 정책이 균형을 잃게 된 것이며, 이는 곧 국내현실을 정시하지 못하고, 탁상공론에 맹종한 까닭이다. 원컨대, 남녀노소 없이 소아(小我)를 버리고 대의(大義)의 깃발 아래 오시라. 청장(靑壯) 속의 기개와 박력을 합하고 노년의 경험과 침착한 사고력을 협동하여 대동단결이 이루어지는 날에는 무엇을 두려워하며 무엇을 겁낼 것이 있으랴!〉라는 이 취지문은 〈마치 3·1 독립선언문을 연상하게 하는 논지였다〉.[21]

　이 대회는 당의 이름을 민정당으로 확정하고, (1) 지도체제는 집단지도체제로 하여 6인 지도위원회를 구성하고, (2) 그 가운데 1인을 대표지도위원으로 하며, (3) 그 밑에 총무, 재정, 선전, 조직, 정책, 심사 등 여섯 개 실무부서를 두기로 했다. 대회는 이어 일곱 개 항의 대정부건의안을 채택했다. 무엇보다 〈혁명주체세력의 원대복귀〉를 요구하고, 대통령선거와 국회의원선거의 7월 동시실시를 강력히 요구했다. 대회가 끝난 뒤 각파 중진들은 김병로, 윤보선, 이인, 전진한, 김법린, 서정귀 등 여섯 명을 지도위원으로, 이어 김병로를 대표지도위원으로 추대하기로 합의했다.[22] 민정당은 이 진용 그대로 2월 4일에 중앙선거관리위원회에 창당준비위원회의 결성을 신고했다.

　이처럼 비교적 순조롭게 진행되던 민정당창당작업에 갑자기 잡음이 일어났다. 6인 지도위원의 1인으로 추대된 윤보선이 지도위원직을 사퇴하겠다는 뜻을 밝힌 것이다. 가인은 〈본인 의사와 관계없이 공연히 밖에서 소음을 일으키는 사람이 있는 게 아닌가. 정식으로 사퇴서를 낼 경우 무조건 반려하겠다〉는 자세로써 무마하려고 했다. 그러나 윤보선은 사퇴를 고집했다. 민정당의, 그리고 앞으로 극적으로 이룩될 수도 있는 단일야당의 대통령 후보를 노리는 그로서 6인 지도위원회의 일원으로 머물러 있을 수 없었기 때문이다. 그러나 사퇴 고집에 대한 여론이 좋지 않은 데다가, 가인이 〈윤씨가 매일같이 지도위원회 회의에 참석하지 않고 대리인을 보내도 무방하다〉는 타협안을 제시하자, 윤보선은 일단 그대로 남는다.[23]

박정희 의장의 군정연장계획에 반대하다

한편 민주당계는 1963년 2월 1일에 창당준비위원회결성대회를 마쳤다. 바로 이날 박 의장은 정정법에 묶여 있던 정치인 270명을 다시 해금했다. 여기에는 신민당계의 백남훈, 민주당계의 이병하, 자유당계의 원용석 등이 포함되어 있었는데, 과도정부의 수반이던 우양(友洋) 허정까지도 포함되어 있었다. 민정당과 민주당은 경쟁적으로 허정을 영입하고자 했고, 자유당계는 허정에게 자유당재건운동의 총수가 되어줄 것을 요청했다. 그러나 허정은 어느 쪽에도 언질을 주지 않고 범야단일화를 역설하고, 그것이 실현되지 않는다면 야당연합전선만이라도 형성해야 한다고 주장할 뿐이었다. 한편 변영태 전 국무총리는 오랜 침묵을 깨고 〈여야를 초월한 거족적 단결〉을 강조했다.[24]

야당이 이처럼 분열되어 있는 상황 속에서, 그동안 권력의 비호 아래 〈비밀 조직〉을 해 온 것으로 전해졌던 민주공화당이 마침내 국민들 앞에 그 모습을 나타냈다. 1월 10일에 가칭 재건당으로 발기대회를 연 데 이어, 1월 18일에 김종필을 발기준비위원장으로 하여 민주공화당의 발기를 선언하고, 2월 2일에는 창당대회를 연 것이다. 이 대회에서 김종필이 위원장에, 그리고 항일변호사요 반독재변호사로 정평 있던 정구영이 부위원장에 각각 선출되었다. 그러나 민주공화당도 처음부터 내분에 시달렸다. 이른바 혁명주체세력 가운데 반(反)김종필 세력이 민주공화당을 〈사전(事前) 조직〉이니 〈공산당식 조직〉이니 하면서 매도하고 나선 것이다. 이 과정에서, 4·19 당시 육군참모총장으로 계엄사령관이었고 5·16 이후에는 내각수반이었던 송요찬이 박 의장의 대통령 출마에 반대하며 민주공화당은 해체되어야 한다는 성명을 냈다.

확실히 군부집권층 안에서도 심각한 권력투쟁이 전개된 것이다.[25]

여야가 모두 권력투쟁에 휘말렸고 그로 말미암아 정국이 혼미를 거듭하는 상황에서 박 의장은 2월 18일에 성명을 발표하고 시국수습 열 개 방안을 제시했다. 민간정치인들이 4·19 정신과 5·16 정신을 잘 이어받아 깨끗한 민주정치를 해나간다고 다짐하면, 자신은 민정에 참여하지 않을 것이고 군부도 정치적 중립을 지켜 민간정부를 지원할 것이라는 취지였다. 이 2·18 성명과 더불어, 김종필은 민주공화당창당준비위원장직을 내놓고 〈초야의 몸〉이 되겠다고 선언하면서 2월 25일에 외유의 길을 떠났다. 이에 민주공화당은 2월 26일에 정구영을 총재로 삼아 창당할 수밖에 없었다.

2·18 성명에 회의를 품은 정치지도자들도 없지 않았으나 대체로 신뢰하는 분위기가 높았다. 그리하여 야권의 지도자들은 2월 20일에 가인의 집에서 간담회를 갖고 대책을 협의했다. 이들은 2·18 성명을 수락하기로 의견을 모았다. 그리하여 2월 27일에 오늘날의 세종문화회관 자리인 서울시민회관에서 우리나라 헌정사상 처음으로 재야정치지도자들이 각군 지휘관들과 한 자리에 모인 가운데 〈정국수습을 위한 선서식〉을 가졌다. 가인 역시 참가했다. 15분밖에 걸리지 않았던 이 선서식이 진행되는 동안 시민회관은, 과열정쟁에 의한 혼란을 막아 다시는 이 땅에 군의 정치개입이 일어나지 않도록 노력해야 한다는 참석자 모두의 다짐이 빚어낸 흥분과 감동으로 메워졌다.

바로 이날 박 의장은 정정법에 묶여 있는 정치인 2,322명을 추가로 해금시켜, 정국은 더욱 활기를 띠게 되었다. 이날 해금된 김도연, 유진산, 소선규 등 구신민당 출신은 민정당에 입당하고, 곽상훈, 이상철, 오위영 등 구민주당 출신은 민주당에 입당했다.[26] 이때 민정당의 세력은 계속 커감에 반해, 민주당은 장면이 묶여 있는 약점 때문에 민정당에 눌리는 편이었다. 그리하여 민주당은 민주당이라는 이름을 포기하면서까지 허정에게 합류하기로 원칙적으로 합의하여, 허정은 자유당계 인사들과 무소속 인사들까지 받아들인 채 3월 7일에 신정당(新政黨)창당준비위원회를 발족시켰다.

비록 민정당과 신정당으로 갈라지기는 했으나 야당세력이 점차 강세를 보이던 시점인 3월 16일 토요일, 박 의장은 폭탄선언을 했다. 2·18 성명을 사실상 취소하고, 4년간의 군정연장을 제의하면서 이것을 국민투표에 붙이겠다고 선언한 것이다. 이와 더불어, 정당활동을 비롯해 언론, 출판, 집회 모두를 제한하는 임시조치법을 공포했다. 이로써 재야 각 정당의 기능은 모두 마비상태에 들어갔다. 이에 미국은 즉각 개입해 3·16 선언을 철회하도록 압력을 가했고, 야당지도자들도 구국선언대회를 벌이는 등 군정연장계획에 저항했다.

가인은 3월 18일에 다른 동지들과 함께 3·16 선언에 항의하는 서한을 속달우편으로 박 의장에게 보냈다. 가인의 입장은 ≪사상계≫ 4월호에 기고한 시론에 잘 나타났다. 가인은 군정연장에 반대한다고 전제하면서, 그러나 군정당국이 굳이 군정을 연장하고자 한다면 국민투표를 실시해 동의를 얻어야 한다고 주장했다. 여기서 박 의장은 4월 8일에 성명을 통해 3·16 선언을 사실상 후퇴시키고 정치활동의 재개를 허용했다. 한편 그는 4월 10일에 범국민정당의 창당을 제창한다.[27]

거국과도내각의 구성을 제의하다

이 무렵의 어느 날 새벽 4시, 통행금지가 해제된 직후 가인의 집으로 송요찬이 극비밀리에 찾아왔다. 송요찬은 박정희가 남로

당 관련자로 지난날의 행적과 사상이 불투명하다는 점, 민주공화
당을 공산당식 밀봉교육을 통해 조직했다는 것, 특히 박정희의 형
의 친구로 1946년에 월북해서 북한정권에서 무역성 부상까지 지낸
황태성(黃泰成)이 밀파되어 공화당 사전조직에 관여했다는 것, 창
당자금을 확보하기 위해 증권파동을 일으켰고 일본으로부터 빠찡
꼬기계와 새나라자동차를 들여왔다는 사실 등을 자세히 폭로했다.
이러한 박정희가 계속 집권하면 반공국시와 자유민주주의체제가
흔들릴 것이므로 가인 같은 분이 나서서 국민들 앞에 폭로함으로
써 기울어져 가는 국운을 바로잡아야 한다고 격동시키기도 했다.[28]
　　그러나 가인의 반응은 신중했다. 그는 송요찬이 내각수반이라
는 정부고위직에 있으면서 얻은 정보를 이제는 반정부 입장에 서
게 되었다고 해서 마구 털어놓는 것 자체를 좋아하지 않았다. 그
래서 〈지금 장군이 한 말이 사실이라면 이것은 중대한 문제요〉라
고 말해, 전제를 붙이는 것을 잊지 않았으며, 〈우리 국민 모두가
바라는 군정종식과 민정회복을 위해서는 단일야당을 만들고 단일
대통령 후보를 내세우는 길밖에 없소〉라는 원칙론의 개진으로 끝
냈다. 가인은 송요찬을 만난 사실조차 다른 사람에게 얘기하지 않
았다.[29]
　　며칠 뒤 이후락 공보실장으로부터 연락이 왔다. 박 의장이 4·8
성명의 뜻을 설명하고자 가인과 면담하고자 하는데, 자신이 가인
을 방문해 박 의장의 뜻을 전달하고자 한다는 것이었다. 가인이
면담을 거절하자, 이 실장은 가인 자택에 경비전화를 놓아 박 의
장과 직접통화하도록 주선하겠다고 요청했다. 가인은 이것마저
거절했다. 〈여러 가지 국사에 바쁠 터인데 박 의장이 나를 찾을
만한 여가도 없을 것이고, 내가 박 의장을 만나 특별히 할 이야기
도 없을 것 같소. 군인이 군으로 돌아간다고 했으면 돌아가면 그

498

만 아니겠소? 나라를 걱정하는 마음만 있다면 무엇이 그리 큰 문제 겠소?〉 이것이 가인의 의연한 반응이었다.

이후락과의 면담, 그리고 박정희와의 면담을 거부한 뒤인 4월 15일에 가인은 윤보선, 이인, 박순천, 이범석 등과 함께 재야정치 지도자 11인의 이름으로 공동성명을 발표하고 군정의 지난 2년간 의 비정을 통렬히 비판했다. 그들은 〈군정이 무모와 무정견의 독 재정치 속에 경제질서의 파탄과 전례 없는 참혹한 민생고를 낳았 다〉고 지적하고, 부정과 부패를 없애겠다던 그들이 오히려 더 노 골적인 부정과 부패를 드러냈다고 공격했다. 끝으로 그들은 박정 희가 3·16 선언과 4·8 성명 등으로 이어지는 〈기만적 책략〉을 계속하고 있다고 혹평하고, 지금이라도 2·17 선서의 정신으로 돌아가 거국과도내각을 구성하여 공명정대한 선거로써 실질적인 민정이양을 보장하라고 요구했다.

그러나 군정세력은 이 요구를 무시했다. 민주공화당은 4월 29일 에 박 의장을 자신의 대통령 후보로 지명했으며 박 의장은 지명 을 수락했다. 반군정세력은 곧바로 반발했다. 5월 1일에 가인을 비롯한 재야지도자 14인은 당시 군정이 추진하던 한일회담을 앞 으로 출범할 민간정부에 넘길 것과, 한일회담의 타결 원칙으로 김 종필과 오히라(大平正芳) 일본 외상 사이에서 1962년 11월에 성 립된 이른바 김-오히라 메모를 완전히 공개할 것을 요구하는 성 명을 발표했다.[30] 가인을 비롯한 재야지도자들은 이튿날 다시 성 명서를 발표하고 〈박 의장의 대통령 입후보는 민정이양공약의 위 반이며 실질적인 군정연장의 시도〉라고 비난했다.

그러나 그 사이 재야세력은 분열을 공식화하고 있었다. 우선 4월 25일에 변영태는 가칭 정민회(正民會)의 발기를 선언했다. 이어 4월 29일에 허정은 신정당의 창당준비대회를 열었으며, 이것을 계기로 민주당은 신정당으로의 합류파와 민주당잔류파로 나뉘었다. 5월 14일에, 민정당창당발기준비위원회가 마침내 공식창당을 보게 되었다. 대의원 900명 가운데 850명이 참가한 창당대회는 만장일치로 윤보선을 대통령 후보로 추대하고, 가인을 대표최고위원으로 추대했다. 백남훈, 김도연, 이인, 김법린, 전진한, 서정귀 등은 최고위원으로 추대되었다. 재야정치세력으로는 처음으로 대통령후보를 냈을 뿐만 아니라 처음으로 창당을 끝내고 정당등록까지 마쳤다.

3 국민의당 창당에 참여하다

국민의당이 창당된 경위

그러나 민정당은 다시 내분에 휩싸이게 되었다. 민정당의 중심세력은 민주당 구파에서 신민당으로 이어진 세력, 즉 이른바 구신민계였는데, 이 세력이 윤보선 지지파와 김도연 지지파로 갈려 다툰 것이다. 그 직접적 계기는 당권의 핵심인 간사장직을 둘러싼 윤보선파의 유진산과 김도연파의 계산(桂山) 소선규 초대 참의원 사이의 경합이었다. 이 경합은 윤보선파의 승리로 끝났다. 이어 중앙상무위원회 의장직을 놓고 재대결이 있었으나 이번에도 윤보선파의 승리로 끝났다. 여기서 김도연-소선규 세력은 탈당하여 박 의장이 제창한 범국민당운동에 참여했다. 이것을 사람들은 계산파동이라고 불렀다. 그러나 범국민당운동이 나중에는 민주공화당과의 합당으로 귀결되게 되자 그들은 반박(反朴)을 선언하고 송요찬을 대통령 후보로 옹립한 채 자유민주당을 창당한다. 이 무렵인 6월 12일에, 민족청년단, 약칭 족청을 함께 했던 전 국무총리 이범석과 전 문교장관 안호상은 민우당(民友黨) 발기를 선언하며, 한 달 뒤인 7월 18일에 민주당잔류파는 박순천을 총재로 삼아 민주당을 공식 창당한다.

이러한 정가의 소용돌이 때문에 민정당은 재야정치세력으로서는 맨처음 대통령후보를 지명하고도 선거전에 들어가지를 못했다. 여기서 자연히 다시 한번 야당통합운동의 필요성이 제기되었다. 그것은 특히 6월 27일에 전진한과 허정의 회동을 통해 촉발되었다. 하지만 민정당 안에서는 신중론이 우세했다. 윤보선은 통합작업이 때가 너무 늦고 성공가능성이 적다는 데서 무모한 모험이라고 반박했고, 가인도 동조했다. 그러나 차차 유진산을 중심으로 적극론이 보편화되어, 윤보선과 가인 역시 명분에 밀려 통합운동을 양해할 수밖에 없었다. 다만 박순천 중심의 민주당은 처음부터 자신들이 대통령후보를 내지 않는 방침임을 이유로 내세우며 통합운동에 불참한다는 뜻을 분명히 밝혔다. 그리하여 통합교섭은 창당을 끝낸 민정당과 창당중인 허정의 신정당 및 이범석의 민우당 사이에서 진행되어 나갔다. 그러나 민정당 안에서는 통합이 실패할 경우에 대비해 당의 조직과 대의기구를 지켜야 한다는 민정당고수동지회가 구성되었다. 이민우(李敏雨), 유치송(柳致松), 박한상 등이 여기에 속했다.[31]

통합협상은 제 궤도를 찾아 7월 15일에 허정과 이범석은 가인을 방문하고 조건없는 3당 통합을 제의했다. 가인은 그대로 수락했고 윤보선도 곧 뒤를 따랐다. 그 바탕 위에서 7월 18일에 가인, 허정, 이범석 3인의 공동성명이 발표되었다. 여기서 그들은 〈선(先)구국 후(後)정치의 대의에 입각해 과거의 계통이나 파벌을 일체 불관(不關)하고 모든 기성관계를 사실상 백지화하여 3당의 무조건 합당에 합의했다〉고 밝혔다. 7월 30일에는 다시 가인, 허정, 이범석의 공동성명이 발표됐다. 국민의 절대지지를 받는 단일의 대통령 후보를 반드시 낼 것이며, 각 정파의 이해를 충분히 반영해 지구당 조직책들을 선임하겠다고 약속했다. 그리하여 8월 1일에는 3당을 대표하는 가인과 허정과 이범석이 각각 공동대표위원이 된 국민의당 창당준비위원회가 발족했다.[32]

이날 발기대회에서 가인은 우선 창당준비위원장 겸 수석대표위원으로 선임됐다. 그는, 당시 신문 보도의 표현대로, 〈카랑카랑한 목소리〉로 마이크 앞에 섰다. 〈우리는 온 국민의 마음과 온 국민의 소리에 좇아 이 자리에 모여 명실상부한 국민의 당을 발기하는 것입니다. 이 순간부터 우리는 모든 개인의 생각을 떨어버리고 오직 이 국가를 살리는 길로 인도해 나감에 전력을 다해야 할 것입니다〉라고 그는 연설했다.[33] 통합야당의 탄생을 위한 그의 마지막 노력이 기울여진 것이다. 대회는 가인을 대표최고위원으로, 허정과 이범석을 최고위원으로 각각 선출했다. 이로써 가인은 1년에 두 차례에 걸쳐 〈통합〉 야당의 대표최고위원이 된 셈이다.

진통 속의 대통령 후보 단일화

이 시점에서 통합야당을 실현한다는 것은 결국 야당들이 대통령 후보의 단일화를 실현한다는 뜻이었다. 이 작업은 그 아름다운 꿈과는 달리 슬프게도 또 한차례의 추악한 파쟁사를 보여주는 것으로 끝나고 마는데, 아래에서 그 과정을 간단히 설명한다.

1963년 8월 15일에 군정이 제5대 대통령선거일과 제6대 국회의원선거일을 각각 10월 15일과 11월 26일로 발표하자 국민의당 창당작업은 쫓겨가며 진전될 수밖에 없었다. 우선 지구당 조직책 선임 문제를 놓고, 8월 13일부터 가인, 허정, 이범석 세 최고위원이 가인의 집 2층에서 철저한 보안 속에 심사에 들어갔다. 〈정치 대법원〉을 방불하게 한 가인 자택에서의 심사를 통해, 이 문제는 8월 말까지 겨우 매듭지을 수 있었다.[34]

그러나 그것보다 더 어려운 문제가 남아 있었다. 대통령후보 조정작업이 그것이었다. 이 문제도, 8월 26일에 가인의 집에서 가인, 허정, 이범석, 장택상, 이인 등이 재야정치지도자회의를 열고 단일후보 선출에 관한 성명을 냈을 때 첫 번째 고비를 넘기게 되었다. 각당 대표들의 협의회가 유기적 연락을 취한다는 전제 아래 국민의당에서 지명하는 후보가 자동적으로 단일한 후보가 된다는 원칙에 합의한 것이었다.[35] 이러한 합의가 있은 뒤, 윤보선이 〈야당통합의 대의를 위해 민정당의 대통령후보직을 사퇴한다〉고 선언했을 때, 그것은 〈전략적 사퇴〉라는 반박이 있긴 했지만 〈단일후보 추진에 결정적인 길을 튼 조치〉로 환영을 받았다. 그러나 그는 8일 뒤 자신의 결정을 번복한다.

이때의 합종연횡적인 복잡한 이야기를 단순화시키면 결국 대통령후보직을 차지하기 위한 경쟁은 윤보선과 허정 사이에서 벌어졌다. 국민의당창당대회 및 대통령후보지명대회를 며칠 앞두고도 줄다리기는 팽팽했다. 그리하여 대회를 이틀 앞둔 9월 3일에 국민의당 대통령후보조정 12인위원회 전체회의가 종로구 관훈동(寬勳洞)에 자리잡은 정치인 정운근(鄭運近)의 집에서 열렸다. 마지막 협상이었다. 박찬현(朴瓚鉉) 전 민의원이 다음과 같은 조정안을 제의했다.

(1) 민정당을 한 계열로 하고 신정-민우-무소속을 다른 한 계열로 한다. (2) 대통령은 당선 즉시 임기를 2년으로 단축하고 권력

구조를 내각책임제로 하는 헌법개정을 추진한다. (3) 대통령을 차지하는 계열은 당 대표를 비롯한 당의 요직을 대폭 양보한다. (4) 이것은 국회의원선거의 전국구 후보자 및 국무총리를 비롯한 각료의 경우에도 해당한다. (5) 대통령이 속한 계열은 국회의장의 경우에도 이 원칙이 적용된다.[36]

조정안의 내용은 대통령후보를 낸 정파는 우선 당의 요직과 전국구 국회의원 후보 공천에서 대폭 양보해야 하고 집권에 성공하면 총리와 각료 그리고 국회의장까지 양보하도록 된 내용이었다. 따라서 각 정파의 실력자들에게는, 어느쪽을 선택하든 득과 실이 따르는 세밀히 저울질된 조정이었다. 이 조정안은 옛 민주당의 구파 또는 윤보선을 지지하는 유진산과 옛 민주당의 신파 또는 허정을 지지하는 이상철(李相喆) 사이에서 다듬어진 것이다. 다만 두 사람이 제안할 경우 〈숨겨진 합의사항〉이 있을 것이라는 억측이 따를 염려가 있어 표면상 중간적 입장인 박 의원을 제안자로 했다.
이 안은 이의 없이 채택됐다. 그러나 후보선택에서는 여전히 윤보선파와 허정파가 팽팽히 맞섰다. 민정당 쪽은 윤보선이 그 지명도와 이미지면에서 야당의 가장 강력한 대통령후보라는 현실을 내세웠다. 비민정계도 윤보선이 강력한 후보라는 사실은 부인하지 않았다. 그러나 허정의 신정당 쪽에서는 5·16 사태에 대한 윤보선의 책임을 끈질기게 추궁했다. 〈5·16 군사혁명의 합법화에 대한 청와대의 정치적 책임은 우리들 민정당 쪽에는 최대의 정치적 약점이었으며 반론을 제기하는 데 궁색해지기까지 한 고통스런 과거였다〉는 것이 윤보선계의 한 사람인 김의택(金義澤) 전민의원의 회상이었다.
이영석의 표현으로, 〈이런 두 편의 고집은 밤을 불사르고 있었다〉. 끝내 타결이 안 되자 한 사람이 〈대통령후보 선택은 제비 뽑기밖에 달리 방법이 없겠소. 워낙 조정안이 잘된 것이니까〉라고 했다. 뜻밖에도 〈그래, 그 방법으로라도 결말을 내는 게 좋겠군〉 하는 이가 있었다. 이렇게 해서 양편의 대표를 뽑아 제비뽑기를 했다. 그 결과는 허정파의 승리였다. 한참의 침묵 끝에 유진산이 〈기어이 이 길밖에 없다면 윤보선 후보와 우리 당 동지들의 자기 희생을 촉구해 보리라〉라고 말하고, 곧장 윤보선에게로 달려 갔다.

윤보선과 그 측근들이 조정의 결과를 기다리고 있는 자리에서, 유씨는 제비뽑기는 비밀로 한다는 사전약속에 따라 그 말을 하지 못했지만 후퇴의 결단을 고려할 필요가 있다고 말을 꺼냈다. 그러나 어림없다는 분위기였다. 대의원 절대다수의 지지가 확보되어 있으므로 창당대회에서 결판짓자는 것이었다. 더 이상 할 말이 없어진 유진산은 돌아와서 조정의 방향은 윤씨를 추대하는 한 길밖에 없다고 했고 비민정계도 더 이상 얘기할 필요가 없겠다고 해서 결렬이 선언되었다. 자연히 다섯 개 항의 조정 원칙도 백지화되었다.

다음날 이범석이 안국동으로 윤보선을 방문했다. 〈각당에서 대표를 뽑아 협상하던 것은 완전히 결렬상태에 빠졌고 내일은 창당대회니 마지막으로 우리가 직접 얘기해 봅시다〉라고 말했다. 수뇌급 회담의 제의였다. 이렇게 해서 그날 저녁 윤보선, 허정, 이범석 세 사람이 가인의 집을 방문해 회담을 시작했다. 그 내용을 이영석은 이렇게 기록했다.

이범석: 우양(허정의 아호), 입후보하는 거 그만두시오.

허정: 나도 철기(이범석의 아호)와 함께 출마를 포기하겠소.

그러곤 두 사람은 〈가인 김병로의 선생을 대통령 후보로 추대하

자〉고 입을 모았다. 지금 이 상황에서는 달리 방법이 없지 않
느냐는 요지의 얘기였다.

김병로 : 그게 될 말이오. 몸이 나처럼 쇠약한 사람보고 대통령
에 출마하라니 말이 됩니까. 해위(윤보선의 아호)는 어떻게 생
각하시오?

윤보선 : 가인 선생을 이 자리에 놓고 이런 말을 꺼내기가 매우
난처하지만 워낙 중대한 결정이기 때문에 일언(一言)을 안할
수 없소이다. 선거기간이라야 앞으로 40여 일 남았는데 가인
선생 건강이 용납될지 퍽 의아되는 바이오.

김병로 : 옳은 말이오.

허정 : 그렇다 하더라도 오늘 이 자리에서 어떻게 해결을 보아야
옳지 않겠소.

윤 : 무슨 방법이 있는지 우양 말해 보오.

허 : 왜 방법이 없겠소.

윤 : 무슨 방법이 있소.

허 : 해결방법은 있어요.

감정이 날카로워져 다소 음성이 높아지고 한동안 침묵이 흘렀다.

윤 : (우양 쪽을 향하여) 그대와 내가 전부터 가까운 사이였는데
오늘이라고 우리가 체면이나 차리고 할 얘기를 못할 그런 처
지는 아니라고 보오. 나는 우리 사이가 전과 조금도 다름이
없다고 믿고 있소.

허 : ······.

어색한 분위기를 이범석이 중재했다.

〈해위는 돌아가시오. 우리끼리 얘기를 모아보리다.〉[37]

대회전야의 수뇌회담도 결론 없이 끝났다. 대통령 후보의 사전

조정은 이렇게 하여 끝내 실패한 채 창당대회를 맞아야 했다.

그것은 1963년 9월 5일에 서울시민회관에서 열렸다. 812명의 대의원들 가운데 803명이 질서있게 입장했다. 회의는 박수소리 속에 대표최고위원에 김병로를, 최고위원에 허정과 이범석을 각각 선출했다. 대회는 그러나 중요한 의안인 대통령후보지명에서 제동이 걸렸다. 선출방식을 놓고 언쟁과 고함이 계속되다가, 마침내 반대편 발언자를 끌어내리려는 대의원과 이를 막아서는 청년들이 단상에서 충돌했다. 삽시간의 격돌로 대회의 질서는 뒤죽박죽이 되고 말았다. 장내의 혼돈은 가라앉지 않았다. 때맞춰 시민회관의 예약시간도 끝나, 마이크는 꺼지고 정회가 선포되었다.

이처럼 소란 속에 창당대회가 정회된 뒤, 각 정파의 협상대표들이 자리를 같이했다. 민정당의 유진산과 류옥우(柳沃祐), 신정계의 장기영(張基永)과 박세경(朴世徑), 민우계의 윤재욱과 이영희, 무소속의 박제환과 박찬현이었다. 그러나 팽팽한 평행선의 논쟁뿐 어느쪽도 물러서지 않았다.

다음날 삼각동의 무학성(舞鶴城) 예식장에서 대회가 속개됐다. 이 대회의 진행 과정과 그 내용을 이영석은 이렇게 재생시켜 놓았다.

800여 명의 대의원을 수용하기에는 너무나 비좁았다. 단상도 단하도 쉽게 구분되지 않았고 절반 가까운 대의원은 선 채로였다. 이필선(李必善) 대의원은 마이크 앞에 지켜 서서 계속 발언을 고집했고 고함과 충돌로 회의 진행은 불가능했다. 최고위원 이범석이 마이크를 잡았다. 〈대를 위해 소를 버립시다. 가인이 고령이고 건강이 나쁜 줄 알지만 구국의 제단에 올라 앉아달라고 청합시다. 항일애국자요 정계원로인 가인 김병로 선생을 대통령후보로 이 자리에서 만장일치로 선출하는 것에 동의합니다.〉 그러나 호응은 차가

왔다. 단상의 윤보선 씨가 뒤따라 일어섰다. 〈가인은 애국자요, 국민과 나도 존경하는 분이지만 그분의 신체적 조건이 적당치 않다고 봅니다. 연부역강(年富力强)한 야당후보가 선출되어야 승리를 기약할 수 있을 것이오.〉 장내엔 박수와 함성이 따랐다. 〈옳소! 투표로 결정합시다.〉 그러나 투표로 옮아갈 수 없었다. 〈뭐야! 누가 투표하기로 했어?〉 그런 고함과 함께 의자가 나뒹굴고 마이크가 땅에 내동댕이쳐졌다. 논리로는 설명할 수 없는 폭력, 그러나 이 폭력으로 난장판이 된 소란 속에서 그 숱한 노력이, 그 화려한 명분이 쌓아 올린 모든 것 —— 국민의당이 내걸었던 범야단일정당의 깃발은 갈갈이 찢겨져 흩어졌다.[38]

상황이 이렇게까지 최악에 이르렀는데도, 기대를 완전히 접지 않은 유진산은 그날 오후 안국동을 찾아가 윤보선에게 양보를 간청했다. 그러나 윤보선은 〈진산이 어떤 생각에서 그런 말을 하는지 모르지만 나이 많은 가인에게라면 혹 몰라도 우양에 대한 양보는 생각할 수 없소〉라고 차갑게 대꾸했다.

〈해위 선생. 선생께서는 불과 몇 시간 전에 가인을 반대한다 하지 않았습니까. 나도 그분의 인격과 애국심을 존경하지만 몸이 부자유스럽고 노쇠하신 가인을 내세워 군정과 싸움이 되겠습니까. 선생께서 기어이 우양에게는 양보할 수 없다고 하면 현실적으로 일을 크게 그르치는 것이 됩니다〉라고 유진산은 설득했다. 이에 대해 윤보선은 〈일을 그르치는 것은 대의원 다수의 뜻을 막고 있는 사람들이지. 그들이 어떤 다른 목적이 아니라면 대회에서 난동을 부리고 그것을 뒤에서 부추기는 일을 할 리 있겠소〉라고 말해 허정에 대한 감정을 감추지 않았다.[39] 대화가 이쯤에 이르자 단일 야당으로서의 국민의당 창당작업은 난파하지 않을 수 없었다.

대통령 후보 단일화의 실패

이처럼 대통령후보 단일화 작업이 실패한 뒤, 윤보선계와 비윤보선계 사이의 반목은 극에 이르렀다. 비윤보선계는 9월 9일에 자파를 중심으로 국민의당 중앙위원회를 기습적으로 열고 국민의당 창당을 결의했으며, 이튿날 김병로 대표최고위원의 이름으로 창당을 등록했다. 이와 더불어 가인은 원적지(原籍地)인 민정당을 공식탈당했다. 이에 대해 국민의당의 윤보선계는 그 중앙위원회 소집이 불법이었다고 주장하고 서울민사지방법원에 「국민의당 등록금지 가처분 신청」을 제출했다. 싸움은 문자 그대로 〈진흙 속의 개 싸움〉 꼴이 되었으며, 이 소용돌이 속에서 가인은 평생을 한 점의 부끄러움 없이 살아온 국로(國老)로서는 감당하기 어려운 모욕을 상대방 쪽의 무뢰한들로부터 받기도 했다.

그래도 대통령후보 등록마감일인 9월 15일이 닥쳐오면서 마지막 절충을 시도해 보려는 움직임이 나타났다. 이른바 국민의당 대통령후보조정 10인위원회는 윤보선을 찾아가 〈후보를 양보하는 것이 시국수습의 타개 방안〉이라고 역설했다. 이에 대해 그는 〈생각해 보겠으나 가인이나 우양에게는 양보할 수 없다. 차라리 김상협(金相浹) 군 같은 이에게라면 몰라도〉라고 말끝을 흐렸다. 여기서의 김상협은 물론 전 부통령 김성수의 조카로 당시 고려대학교 정치학 교수로 있던 사람을 말한다. 한편 허정은 허정대로 가인에게라면 몰라도 윤보선에겐 절대로 양보할 수 없다고 버텼다. 그리하여 민정당은 민정당대로 9월 12일에 윤보선을, 국민의당은 국민의당대로 9월 14일에 허정을 각각 대통령후보로 지명했다. 야권의 대통령후보 단일화작업은 온갖 추태만 국민들 앞에 보인 채 완전히 좌절되고 만 것이다.

9월 15일에 대통령후보 등록이 마감되었다. 민주공화당의 박정희, 민정당의 윤보선, 국민의당의 허정 밖에도, 정민회의 변영태, 자유민주당의 송요찬, 신흥당(新興黨)의 장이석(張履奭), 추풍회(秋風會)의 오재영(吳在泳) 등 일곱 명이 등록을 끝냈다. 그 가운데 허정은 10월 2일에 뒤늦게나마 단일화를 성사시킨다는 뜻에서 후보를 사퇴했으며, 10월 7일에 송요찬도 뒤를 따랐다. 그러나 10월 15일의 투표에서 박정희는 윤보선을 15만여 표 차이로 누르고 제5대 대통령으로 당선됐다.

이어 제6대 국회의원선거가 기다리고 있었다. 11월 2일에 후보자등록이 마감되었다. 국민의당의 경우, 대표최고위원인 가인은 물론 최고위원들도 모르게 전국구 의원 공천이 이루어졌다고 하여, 11월 4일에 가인을 비롯한 최고위원들이 집단사퇴했다가 다음날 철회하는 일도 있었다. 이러한 소용돌이 속에서 11월 26일에 투표가 끝났다. 역시 민주공화당의 승리였다. 국민의당은 지역구에서는 충남 청양—홍성에서 이상철, 예산에서 한건수(韓建洙) 등 두 명을 당선시키는 것으로 그쳐, 전국구는 배분조차 받지 못했다. 이렇게 군소정당으로 영락한 국민의당은 그 다음해 9월 17일에 민주당에 통합되어 아예 문을 닫는다.

단일야당을 결성해 범야세력의 강력한 단일 대통령후보를 내세워 5·16 세력을 물리치겠다는 비장한 뜻에서 노구와 병구를 무릅쓰고 4자 회담을 성사시켰던 때로부터 11개월이 지난 시점에서 가인은 민족을 위한 자신의 마지막 봉사가 참담한 실패로 돌아갔음을 인정하지 않을 수 없었다. 손자 김종인 박사는 〈할아버지는 당시 야당통합이 안 될 것임을 알면서도 명분 있는 일을 시작했으니 끝을 볼 수밖에 없다는 심정으로 마지막까지 충실하게 일했다. 또 자신은 씨뿌리는 사람이지 거두는 사람이 아니라는 말을 자주 했다〉고 증언한다.[40] 가인의 심정은 분명히 그러했을 것이다. 그러나 그도 인간인지라 마음이 아팠을 것이다. 게다가 두 개의 정당을 창당하는 과정에서, 그렇지 않아도 좋지 않던 건강을 많이 상해, 그는 조용히 정계를 은퇴한 채 병석에 눕고 말았다. 그가 와병중이던 때인 1963년 12월 17일에 제3공화정은 출범한다.

가인의 민주주의관

여러 차례 지적했듯이 가인은 철저한 민주주의자였다. 그러면 가인이 이해한 민주주의란 무엇이었나? 그는 〈정치의 상도(常道)라 함은 도(道)로써 국강(國綱)을 세우고 정(正)으로써 국민을 설복(說服)케 함을 말하는 것이니, 고대 동방의 왕도정치(王道政治)가 즉 이것이다〉라고 말하고, 이러한 왕도정치의 정신이 현대적 국민주권의 원리와 결합된 정치 이데올로기가 민주주의라고 보았다. 민주주의 아래서, 위정자는 〈국가의 기본은 국민이요 정치의 대상은 국민의 복리에 있음〉을 신조로 하여, 국민의 의사를 존중하고 국민의 항산(恒産)이 늘어나도록 모든 힘을 기울이며 형정(刑政)을 완화해야 한다. 위정자는 또한 근검절약과 실천궁행을 국민에게 몸소 보여주어야 한다. 그렇게 하면, 〈국민은 열복과 자율로써 인화를 이루며, 이러한 정치적 공효는 자연적으로 국리민복을 가져오는 영원한 번영을 낳는다〉고 가인은 주장한다.

이러한 길을 걷지 못하는 정부와 위정자는, 가인에 따르면, 자연히 폭력에 의존하게 된다. 여기서 폭력이라고 할 때, 그것은 물리적 폭력만을 의미하지 않는다. 〈법을 통한 폭력〉도 당연히 포함된다. 즉 부정선거를 통해 입법부를 장악하고 나서, 그것도 모자라 불법적으로 법률이라는 것을 통과시켜 국민들에게 강제할 때 그 법률은 폭력이라고 본 것이다. 가인은, 국민이 그러한 폭력에 저항할 권리를 지닌다고 보았다.

이처럼 민주주의 이념에 충실하던 가인은 진흙바닥과 같은 현실정치 속에서 그만 그 뜻을 펴지 못한 채 병석에 눕고 말았다. 주변에서는 그가 다시 일어나기 어려울 것이라 느꼈다. 그는 이미 신체적으로 꺼져 가고 있었던 것이다.

4 큰 별이 지다

가인은 죽음에 대해 달관했던 사람이었다. 10대 때부터 폐결핵으로 시달렸었고, 미군정청의 사법부장 때도 어느 날 밤 갑자기 각혈을 해 서울대학교 의과대학 부속병원에 입원한 일이 있었다. 이때 의사는 3개월을 넘기기 어려우니 정양하면서 신변을 정리하라고 충고했으나, 그는 〈내가 30년은 더 살아야 할 사람인데 석 달밖에 못 산다니, 이제부터는 백 배나 더 일해야 하지 않겠느냐〉면서 퇴원해 정상출근을 했었다. 병원당국이나 가족이 할아버지가 쓸데없는 고집을 피운다고 섭섭해 하면 〈허, 이제 두 달밖에 안 남았어. 할 일이 태산 같은데, 가기 전에 한 가지 일이라도 더 하고 가야지〉라며 미동도 하지 않았다. 만 73세의 노령으로 순창에서 국회의원에 출마했을 때나 만 76세의 병구로 야당통합운동에 진력할 때 친지들과 가족들이 건강을 염려하면, 〈죽기 전에 우리가 할 일을 다해야 하고, 내가 할 일을 다해야 하지 않겠는가? 진인사대천명(盡人事待天命)이지〉라고 근엄하게 말했다.[41]

이러한 가인이기에, 임종이 가까웠을 무렵 병석을 찾은 장면이 천주교에 귀의하기를 권했을 때도 담담할 수 있었다. 그는 〈내가 한평생 살아오는데 죄진 일도 없고 뉘우칠 일도 없으며 죽으면 그만 아니겠소? 천당까지 가서 편안히 살 생각은 없소〉라고 대답한 것이다.[42] 〈만사를 두렵게 생각하고 몸을 근신해야 한다〉는 뜻의 계구신독(戒懼愼獨)을 좌우명으로 삼고 깨끗하게 조심하며 살아온 가인다운 태도였다.

해가 바뀐 1964년 1월 13일 밤 가인은 마침내 인현동 자택에서 만 77세의 수에, 그가 그토록 높이 평가했던 친구 고하 송진우의 이름을 부르며 영면했다. 서울대학교 정치학과 출신으로 뒷날 증권감독원장과 동력자원부장관을 역임한 손녀사위 박봉환(朴鳳煥)을 비롯한 가까운 유족들이 우선 달려왔다.

항일운동의 업적으로 1962년 8월 15일에 국민훈장 무궁화장을, 1963년 3월 1일에 건국공로훈장 단장(현재의 건국훈장 국민장)을 받았고,[43] 초대 대법원장으로 이 나라 사법부의 기틀을 쌓은 가인이 별세함에, ≪동아일보≫는 1월 14일자 사설로, ≪조선일보≫는 1월 15일자 사설로, ≪서울신문≫은 1월 18일자 사설로, ≪한국일보≫는 1월 14일 이인의 회고기로, 각각 그의 별세를 애도했다. 박 대통령은 13일에 비서실장 이후락을 상가에 보내 〈우리 민족의 희비곡절을 같이한 위대한 애국 지도자의 서거에 애통함을 금할 수 없다〉는 정중한 말로써 조문하게 했으며, 조진만(趙鎭滿) 대법원장은 〈법조계의 대선배이시고 국민들의 위대한 지도자이며 국민의 사표〉라는 말로써 가인을 기렸다.[44]

고인의 업적을 높이 평가하여 가인의 장례는 사회장으로 치루어졌다. 이인이 장례위원장을 맡아 1월 19일에 수유리(水踰里)에 있는 독립운동가들의 묘역에 모셨다. 사회장 장례식에서 가인을, 이인은 〈애국의 상징 민족의 선구자〉로, 국회의장 이효상은 〈항일투쟁의 법조인〉으로, 대법원장 조진만은 〈송죽 같은 절개를 지닌 법률교육의 개척자〉로, 국무총리 최두선은 〈정의와 자유를 위한 불굴의 의지의 지도자〉로, 허정은 〈민족의 좌표〉로, 대한변협 회장 배정현은 〈위대한 독립투사, 법조계의 상징〉으로, 고대 총장 유진오는 〈혁명가이면서 현실적인 교육자-정치가〉로 각각 기렸다. 성락훈은 〈선생이 어찌 법조계 사람이랴. 나라를 맡았다면 백성에게 혜택이 미쳤을 걸〉이란 만사(輓詞)를 바쳤는데, 이 표현처럼 가인을 정확히 평가한 것도 없을 것이다. 조가는 박두진이 작사하고 나운영이 작곡했다.[45]

1968년에 이은상이 짓고 김충현이 쓴 비문이 새겨진 비가 세워졌다. 비문은 〈무릇 시대의 탁류 앞에서는 세 종류의 사람이 나타나는 것이니, 하나는 거기에 굴종하는 사람이요, 또 하나는 피하며 숨어 사는 사람이요, 다른 하나는 그 탁류와 더불어 마주 싸우며 끝까지 지조를 굽히지 않는 사람으로서 이는 만인 가운데서 하나를 만나기도 어려운 것인데, 그같이 쉽게 만나기 어려운 사람으로 모든 겨레의 흠앙 속에서 살다가 애도 속에 가신 이 한 분 계셨으니 가인 김병로 선생이 그이시다〉라고 시작했다. 비문은 〈그는 일찍 조국광복으로 최대의 염원을 삼았고, 광복된 뒤에는 또다시 국토통일과 민주사회건설로 유일한 소원을 삼았으므로, 일생을 통해 개인과 가정보다는 나라와 겨레를 생각함이 앞섰으며, 그 강직한 성격과 청렴한 생활로 일세의 스승이 되었던 것이다. 높은 뜻과 맑은 정신은 겨레의 거울이 되었고, 이에 비록 몸은 가셔도 조국을 위한 기원은 살아 있어 길이 나라의 힘이 될 것이다〉[46]라고 끝을 맺었다. 가인의 일생을 가장 잘 요약한 글이라 생각한다.

맺는 생각들

이제 이 책을 매듭지어 본다. 탄생 100주년을 맞는 시점에서, 법학도로서의 시각이 아니라 우리나라 현대 정치사를 공부하는 정치학도로서의 시각으로부터, 가인의 일생을 외람되게나마 평가해 본다.

언론인 송건호는 그의 역저『한국현대인물사론 : 민족운동의 사상과 지도노선』에서, 대체로 가인 김병로와 동시대인이었던 열네 명, 곧 김구, 여운형, 김창숙, 안재홍, 이동녕, 안창호, 이승만, 김교신, 한용운, 신채호, 함석헌, 이광수, 최남선, 이용구를 평가하면서, 〈그 평가의 기준을 민족의 역사적 상황과 관련시켜 잡았다〉. 즉 〈역사의 길을 간 인물과 현실의 길을 걸어간 인물로 대별시킨 것이다. 물론 역사의 길과 현실의 길을 왔다갔다한 경우도 다루었다〉.[1] 그렇다면 역사의 길이란 무엇인가? 이 어려운 물음에 대해 송건호는 이렇게 간명하게 대답한다.

역사란 본래 발전의 개념이다. 역사의 길이란 인간 및 사회의 발전에 무엇인가 기여하는 삶을 걷는 것을 의미한다. 후진국에서 진정한 의미의 발전은 〈민족〉에 의해 비로소 근거가 잡힌다. 한 민족이 평화와 번영과 정의를 누리려면 민주주의를 확립해야 하고 자유를 위해 싸울 줄 아는 용기와 양심을 가지고 있어야 한다. 우리의 경우, 한 인물에 대한 평가의 기준 내지 근거는 〈민주주의〉뿐 아니라 〈민족〉이 되어야 한다. 이 민족의 통일, 이 사회의 민주주의, 그리고 민족의 자주와 자유를 기준으로 하여 문제삼지 않으면 안 될 것이다. 이것이 바로 역사의 길이다.[2]

송건호가 제시한 이 기준에 대해서는 누구나 다 공감할 것이며, 저자로서도 달리 제시할 평가 기준이 없다. 그러므로 이 기준에 입각하여 가인을 보기로 할 때, 저자는 가인이 전반적으로 역사의 길을 걸어간 지도자였다고 감히 결론짓고자 한다.

첫째, 가인은 민족주의의 길에 서 있었다. 한말에는 10대의 소년으로 항일 의병의 대열에 두 차례나 참여하였다. 8·15 해방 이후 남북한의 정치지도자들 가운데 항일의병에 참여한 경험의 소유자가 과연 몇 사람이나 있었던가를 생각할 때 그 경력은 매우 소중한 것이다. 대한제국이 멸망하면서는 비록 해외망명투쟁의 길을 선택하지는 않았으나 자강론(自强論)의 입장에 서서 스스로 신학문을 배우는 데 앞장 섰을 뿐만 아니라 학교를 세우는 일에도 참여했다. 일제식민통치의 시기에는, 억눌린 식민지 백성의 인권을 지켜주겠다는 결심에서 법학을 공부해 변호사가 되었고, 그후 그 결심대로 〈민족변호사〉 또는 〈사상변호사〉의 정평을 들을 만큼 항일운동가들의 무료변호를 전담하다시피였다. 또 한편으로는 독립운동가들과 그 가족들을 보호하고 다른 한편으로는 강렬한 법정투쟁을 통해 민족혼을 고취했다.

가인이 변호를 맡았던 크고 작은 독립운동사건과 사상사건은 100건을 넘었으며, 그리하여 일제치하 가인의 변론사(史)는 바로 일제치하 한민족의 항일독립투쟁사와 상당히 일치하고 있는 것이다. 여기에는 물론 조선공산주의운동사가 포함된다. 항일독립투쟁사, 특히 조선공산주의운동사에 어느 정도 밝지 않으면 가인의 항일변론사의 맥을 찾아 그 체계를 세우기 어려운 까닭이 여기에 있다.

가인의 항일운동은 항일 변론에 국한되지 않았다. 그는 식민지 조선에서 성립되었던 유일한 비타협적 민족통일전선인 신간회운동의 주역으로 활동했다. 재정부장으로, 마침내는 중앙집행위원장으로, 때로는 서울에서 민중대회를 일으키다 왜경에 구금되기도 했고 때로는 저 백두산 화전민 부락까지 찾아가 일제에게 희생된 버림받은 동포들의 권익을 지켜주기도 했다. 가인에게 평생의 경력 가운데 어느 한 가지만 내놓으라고 한다면, 그는 아마 다른 것보다 신간회 중앙집행위원장을 가장 자랑스럽게 내놓을 것이다.

이러한 경력의 가인이었기에, 1930년대 들어 일제의 조선지배정책이 더욱 혹독해졌을 때 대가족을 거느리고 서울을 떠나 시골로 은신하는 어려운 길을 택한 것은 당연했다. 농부로서의 은둔생활을 통해 일제와의 협력은 물론 타협가능성마저 봉쇄한 채 민족적 양심과 개인적 지조를 함께 지켰던 것이다.

그리하여 8·15 해방을 맞았을 때 가인은 하늘을 우러러보고 땅을 굽어보아도 한 가닥의 부끄러움이 없는 떳떳한 입장에 설 수 있었다. 그렇다고 해서 항일투사 또는 항일지사임을 자처하지도 않았다. 그는 그렇게 처신할 사람이 결코 아니었다. 오히려 해외에서 본격적인 항일투쟁에 몸을 던지지 못했음을, 또는 일제의 감옥에서 해방을 맞지 못했음을 자괴하는 겸허한 자세를 취했던 것이다.

이렇게 볼 때 가인이 대한민국의 초대 대법원장이 되었다는 것은 그 개인의 영광이라기보다, 대한민국의 사법부를 위해, 그리고 더 나아가 대한민국을 위해 무척 다행스러운 일이었다. 마침 초대 법무부장관 역시 항일변호사였고 실제로 일제의 감옥에서 모진 고초를 겪어야 했던 이인이었다. 항일경력에서 조금도 부끄럽지 않은 이 두 법조인이 건국 당초부터 각각 사법부와 법무부를 이끌어 나갔기에 이 땅에 그나마 법의 권위를 세우는 일이 가능했을 것이다. 어두움과 질곡 속에서도 민족을 지켰던 이만이 거기서 발생하는 도덕적 위신으로, 혼란과 무질서의 시기에 법의 체통을 바로잡을 수 있었기 때문이다.

부끄러운 이야기이지만, 대한민국은 건국과정에서 친일세력을 제거하지 못했다. 친일세력을 제거하지 못한 정도가 아니라, 항일운동세력의 상당한 부분이 억압되거나 포용되지 못했고 최악의 경우에는 계속해서 영락의 길로 내던져졌던 반면에, 친일세력의 상당한 부분이 정계와 관계와 재계를 비롯한 주요 분야를 주름잡았다. 그리하여 독립투사를 체포하고 고문하던 일제의 경관이, 독립된 새 나라에서, 이번에는 반정부민주운동가로 나설 수밖에 없었던 지난날의 독립투사를 다시 체포하고 고문하는 역사조류의 역류현상이 일어나게 되었던 것이다.

항일지사 가인이, 신간회 중앙집행위원장을 지낸 가인이, 한국 민족주의의 주류에서 벗어난 일이 거의 없었던 가인이, 특히 이승만 대통령의 내키지 않는 임명 속에 사법부의 수장이 되었다는 것은, 그러므로 사법부를 위한 축복이었다고 할 것이다. 다른 부서에서처럼 만일 항일경력에서 흠이 있는 인사가, 즉 기개와 지조가 약한 인사가 그 자리에 앉았다면 사법부가 과연 이승만 대통령의 독재를 견제하는 기능을 제대로 수행할 수 있었을까 생각해 보면, 가인이 우리나라의 초대 대법원장이었다는 사실이 이만저만 다행스럽게 느껴지지 않는 것이다.

해방 이전의 시기에 항일로 집약되었던 가인의 민족주의는 통일정부의 수립이 그 어느 때보다도 절실히 요망되었던 해방 후 3년의 시기에는 좌우합작운동으로 나타났다. 이 시기에는, 외세가 만들어놓은 분단의 벽을 허무는 일이야말로 우리 민족주의의 최대의 과제였으며, 그 과제는 기본적으로 좌우합작을 통해 가장 효과적으로, 또 민족주체적으로 성취될 수 있었다. 일제치하에서 이미 신간회운동을 통해 좌우합작의 중요성과 역사적 의미를 체험으로 파악했던 가인은, 분단이 굳어져 가던 해방 후 3년의 시기에도 역시 좌우합작을 통한 민족통일전선의 구축이 소중한 시대적 요청임을 정확히 이해하고 있었다. 그러므로 그는 건준을 찾아가 좌우제휴체제로의 개편을 요구하기도 했고, 보수정당인 한민당의 간부로 있으면서도 끊임없이 통일전선의 형성을 위해 힘을 쏟았으며, 마침내는 한민당을 탈당하고 민중동맹을 결성하면서까지 좌우합작운동에 본격적으로 발벗고 나섰던 것이다.

좌우합작운동을 추진했던 세력은 곧 남북협상운동으로 치달아 갔다. 남한에서의 좌우합작을 한반도 전체에 적용할 때 그것은 남북협상일 수밖에 없다고 판단했기 때문이다. 1948년 봄, 남한 민족주의자들의 북행(北行)과 평양에서의 남북회담은 그러한 역사적 맥락에서 이해된다. 가인의 행보는 거기까지 나가지는 않았다. 이미 미군정청의 사법부장이 된 가인은, 소련점령 아래 북한이 철저히 소비에트화되고 있다고 확신했기 때문에 평양으로까지 올라가 공산주의자와 협상을 시도해보자는 이상주의적 주장에 동조하기 어려웠을 것이다.

가인은 원래 공산주의에 대한 이해가 깊었던 사람이다. 보다 구체적으로 말해, 가인은 조선의 공산주의운동이 공산주의 그 자체보다는 항일독립운동의 방편으로 전개된 것이라는 점을 깨닫고 있었고 또 조선의 공산주의자들이 항일운동에 이바지했음을 인정하고 있었다. 이러한 이해가 있었기에 비록 자신은 공산주의 그 자체를 반대하고 있었지만, 공산주의자들을 상대로, 또는 좌익을 상대로 좌우합작운동을 펴나갔던 것이다. 그러나 가인은 신간회운동을 통해 조선의 공산주의자들이 소련지배하의 코민테른에 예속되어 있음을 새삼 깨달았으며, 그것이 조선공산주의자들의 민족주의가 갖는 한계라는 점을 개탄하지 않을 수 없었다. 소련에 대한 예속과 추종을 가인의 민족주의는 받아들일 수 없었다. 이 점은 소련이 한반도의 신탁통치를 제의해 모스크바 3상회의가 결국 그렇게 결정하고 말았다는 보도를 접했을 때 한민당 간부로서는 제일 처음 격렬한 반박담화를 발표한 사실에서도 확인된다. 이처럼 소련에 대한 경계심이 강했던 가인은, 북한이 소련점령자들의 손에 의해 사실상 소비에트화되었다고 믿게 되었을 때 그러한 북한을 상대로 통일을 협상하기에는 시기가 늦었다고 판단했을 것이다.

북한에 대한 가인의 이 같은 이해는 그로 하여금 대한민국의 건국, 곧 남한에서의 단독선거와 단독정부수립이라는 단선-단정의 길을 수용하게 만들었다. 그리하여 이 길을 반대하며 투쟁하는 남한의 공산주의자들을 의법처단하는 일이 자신이 육십 평생 지켜온 민족주의자의 길과 어긋나지 않는다고 믿게 만들었다.

둘째, 가인은 민주주의의 길에 서 있었다. 이 점은 우선 그가 초대 대법원장으로서 사법부의 독립을 굳건히 지킨 사실에서 입증된다. 새삼 설명할 필요조차 없이, 사법부의 독립과 언론의 자유는 민주주의를 떠받치는 마지막 두 개의 큰 기둥이다. 비록 다른 분야들에서 민주주의가 침해되고 있다고 해도, 독립된 사법부와 자유로운 언론이 존재하는 한, 민주주의는 무너지지 않는다. 따라서 법조인으로서 사법부의 독립을 지켜내기 위해 정성과 노력을 아끼지 않았다면 그것만으로도 그는 민주주의의 수호자로 불릴 수 있다.

가인이 대법원장으로 있는 동안, 이승만 대통령은 사법부의 독립을 침해하는 발언을 적지 않게 했다. 그러나 가인은 작은 발언 하나도 범연히 넘기지 않았으며 명백한 어조로 공개반박함으로써 사법부의 위신을 지켰고 사법부의 독립을 보호했다. 이러한 대법원장이 버티고 있었기에, 적어도 그의 재임중에는 〈정치권력에 의한 법과 정의의 통제〉 현상이 사실상 거의 없었다고 말할 수 있다.

전체주의적 독재체제에 관한 일반이론에 따르면, 전체주의적 독재체재는 여덟 가지의 특성을 갖고 있는데 그 가운데 하나가 바로 〈정치권력에 의한 법과 정의의 통제〉이다. 정치적 반대자를 억누르기 위해 정치권력이 독립성을 지녀야 할 법과 정의의 운용을 통제한다는 것이다. 기소와 불기소의 여부, 유죄와 무죄의 여부를 검사와 판사가 가리는 것이 아니라 정치권력이 가린다. 이러한 관행이 구조화돼 버리면, 정치권력은 정치적 반대자를 탄압하거나 때로는 말살하기 위해 그를 범죄자로 만들어내고 자신의 통제 아래 있는 검찰과 법원을 통해 자신의 행위를 합법화시키는 〈법을 통한 적법한 범죄〉를 계속해 벌인다.

지난 50여 년의 헌정사를 돌이켜 생각할 때, 우리나라에서 전체주의적 독재체제가 있었던 시기는 없었다고 단언할 수 있다. 다만 전체주의적 독재체제와는 구별되는 권위주의적 독재체제 또는 권위주의 체제는 있었다. 그러나 그 아래서도, 전체주의적 독재체제를 떠받치는 요소들의 하나인 〈법과 정의의 정치적 통제〉 현상이 없지 않았다. 이렇게 볼 때, 적어도 가인이 대법원장으로 버티고 있었던 동안에는 적어도 민간법원에 있어서는 〈법과 정의의 정치적 통제〉의 예를 찾기 어렵다는 것은 가인의 큰 영예가 아닐수 없으며, 이것 하나만으로도 가인은 민주주의의 수호자로 불리기에 충분한 것이다.

가인은 법조인으로서만 민주주의의 수호자로서의 역할을 다한 것이 아니라 정치인으로서도 민주주의의 수호자로서의 역할을 충실히 수행했다. 1963년 1월 1일부터, 5·16 군정 아래서의 민간인 정치활동이 허용되었을 때 가인은 민정의 회복을 위해 70대의 노구를 던졌다. 사분오열된 민간인 야당세력을 통합시켜, 박정희 대통령권한대행이 조직한 민주공화당에 효과적으로 대항하기 위해, 가인은 야권의 구심점으로서의 민정당을 창당시키는 일에 밑거름이 되었으며, 그래도 야권의 통합이 이뤄지지 않자 이번에는 국민의당을 창당시키는 일에 뛰어들었다. 그의 이 노력은 좌절되고 말았으며, 이때 얻은 심신의 피로가 겹쳐 그는 그 다음해 초에 세상을 떴다. 그러나 일신의 안일을 돌보지 않았던 그의 분투는 이 나라의 민주주의를 발전시키려는 모든 사람들에게 정신적 격려의 한 원천으로 그대로 남아 있는 것이다.

위에서 살폈듯이, 가인이 일생을 민족주의자와 민주주의자로서 일관했다는 것은 결국 가인이 원칙론자였음을 말한다. 가인의 일생은 정녕 원칙론자로서의 생애였다. 그는 자신이 배운 가치관이 설정해 놓은 원칙 밖으로 벗어난 일이 없었다. 공-사 생활 모두에서 그 흠잡을 데 없는 고결한 인격자로서의 자세로 시종일관했다. 이런 이의 생활은 일반적으로 청빈으로 나타나는데, 가인 역시 예외가 아니었다. 그는 오랫동안의 변호사 생활, 그리고 대법원장 재임에도 불구하고 경제적으로 결코 넉넉하지 못했다. 청빈은 가인의 오랜 좋은 친구였으며 그 우정은 평생토록 잘 유지되었다.

좌우의 이데올로기적 대립이 격심한 나라에서는 대체로 좌익이 도덕적 우위를 확보하는 법이다. 좌익의 이론이 우익의 이론보다 반드시 우월해서 그러한 것은 아니다. 그 이유는 다른 곳에 있다. 좌익은 자기희생을 그 출발의 대전제로 삼고 있기 때문이다. 어려운 사람들을 위해, 사회의 불의를 고치기 위해, 곧 대의를 위해, 자신이 현재 갖고 있는 것은 물론 미래의 가능성까지도 모두 던지겠다는 숭고한 순교의 정신과 자세 앞에 누구도 다툴 수 없게 되는 것이다. 마르크스주의가 지닌 이론적 오류가 세계적 석학들에 의해 그처럼 날카롭게 논파되었는데도 어딘가 병들어 있는 사회에서 여전히 그 지지자들을 확보하는 이유는 마르크스주의를 싸고 도는 자기희생적 순교적 분위기에 있는 것과 마찬가지인 것이다. 그러므로 좌익을 진정으로 평화롭게 극복하는 지름길은 우익 역시 깨끗함을 유지함으로써 우익으로서의 도덕성을 과시하는 것이다. 우익이 승리하는 곳에서는 우익의 끊임 없는 자기쇄신과 청결성유지가 있었음을, 그리하여 좌익이 진정으로 두려워하는 것은 탄압이나 감옥이 아니라 우익이 부정부패를 과감히 척결하고 〈집안 청소〉를 단행하는 것임을 역사는 보여주고 있다.

이렇게 볼 때, 우익 가운데서는 정신적 기둥을 찾기 매우 어려운 우리 사회에서, 가인은 진정한 우익의 정신적 기둥으로 여겨질 만하다. 공사의 명백함, 청빈, 원칙주의, 공명정대함, 그리고 애국심과 동포애로 일관된 그의 생애는 우익진영에 몸담은 공직자들이 본받아야 할 생애인 것이다. 한국의 보수주의가 살아 남기 위해 혁신사상의 세례를 받아야 할 단계에 와 있는 오늘날의 시점에서, 가인의 고결한 생애는 살아 있는 귀감이 아닐 수 없는 것이다.

주(註)

책머리에

1) 그 17인은 다음과 같다. 김홍섭(金洪燮), 효봉(曉峰), 류병진(柳秉震), 방
순원(方順元), 안병찬(安秉瓚), 정구영(鄭求瑛), 홍남순(洪南淳), 이병린(李丙
璘), 김세완(金世玩), 김익진(金翼鎭), 최대교(崔大敎), 김달호(金達鎬), 김
병로(金炳魯), 이인(李仁), 고재호(高在鎬), 김용식(金龍式).

제1장 국권을 잃어가던 시기의 의병 투쟁 참여

1) 장흥 고씨 집안에 대한 고재호의 설명은 『법조반백년 : 고재호 회고록』(박
영사, 1985), 제4부 제1장 「고향과 부모님」에 있다.
2) 누님은 그저 김씨로 나와 있고 박하용(朴夏龍)에게 출가했다. 누이동생
역시 그저 김씨로 나와 있는데 고재정(高在廷)에게 출가했다.
3) R. Palmer, "Birth Order and Identification," *Journal of Consulting Psychology*(1966),
Vol. 30, 129-130쪽. Sung Chul Yang, *Korea and Two Regimes*(Cambridge :
Schenkman Publishing Co., 1981), 39쪽에서 다시 옮김.
4) 김병로, 「연재 : 수상 단편」, 김진배, 『가인 김병로』(삼화인쇄주식회사, 1983),
231-232쪽.
5) 신복룡, 『동학사상과 갑오농민혁명』(평민사, 1985), 제2부의 세 번째 논문
인 「갑오혁명의 전개과정 : 1894년의 농민전쟁을 중심으로」.
6) 김진배, 앞의 책, 11쪽.
7) 김병로, 앞의 글, 232쪽.
8) 같은 곳.
9) 같은 책, 233쪽.
10) 같은 책, 235쪽.
11) 강재언, 『한국근대사연구』(한울, 1982), 260쪽에서 다시 빌렸다.
12) 신용하, 『한국근대사와 사회변동』(문학과지성사, 1980), 34쪽.
13) 강재언, 앞의 책, 270쪽.
14) 신용하, 앞의 책, 115쪽.

15) 김병로, 앞의 글, 235쪽.

16) 같은 곳.

17) 같은 책, 235-236쪽.

18) 같은 책, 236쪽.

19) 같은 곳.

20) 강재언, 『한국의 근대사상』(한길사, 1985), 209쪽.

21) 김병로, 앞의 글, 239쪽.

22) 강재언, 『한국의 근대사상』, 209쪽.

23) 김병로, 앞의 글, 237쪽.

24) 같은 곳.

25) 양계초가 당시 조선의 지식인에게, 특히 신채호에게 준 영향은 다음에 보인다. 신일철(申一澈), 『신채호의 역사사상 연구』(고려대학교 출판부, 1981), 101-113쪽. 신채호는 양계초의 『이태리 건국 삼걸전』을 1907년에 역간했다. 또 신용하, 『신채호의 사회사상 연구』(한길사, 1984), 76쪽.

26) 강재언, 『한국의 근대 사상』, 246쪽.

27) 같은 책, 78쪽.

28) 같은 곳.

29) 같은 곳.

30) 같은 책, 238쪽.

31) 같은 곳.

32) 강재언, 『한국근대사연구』, 296쪽.

33) 같은 곳.

34) 김병로, 앞의 글, 239쪽.

35) 강재언, 『한국근대사상』, 212쪽.

36) 강재언, 『한국근대사연구』, 301쪽.

37) 김병로, 앞의 글, 239쪽.

38) 김진배, 앞의 책, 11쪽.

39) 김병로, 앞의 글, 239-240쪽.

40) 같은 글, 240쪽.

41) 같은 글, 241쪽.

42) 같은 글, 244-245쪽.

43) 강재언, 『한국근대사연구』, 297쪽.

44) 위와 같음, 307쪽.

45) 같은 책, 316쪽.

46) 같은 책, 323쪽.

47) 같은 책, 324쪽.

48) 김병로, 앞의 글, 242, 310-319쪽.

49) 같은 글, 243-245쪽.

50) 같은 글, 245쪽.

51) 같은 글, 246쪽.

52) 같은 글, 246-247쪽.

53) 강재언, 『한국근대사연구』, 335-336쪽.

54) 김병로, 앞의 글, 248쪽.

55) 강재언, 『한국근대사연구』, 373쪽.

56) 같은 책, 제6장 「조선 말기의 실력배양＝자강운동」.

57) 같은 책, 388쪽.

58) 같은 책, 338쪽.

59) 같은 책, 338쪽 및 366쪽.

60) 김병로, 앞의 글, 248-249쪽.

61) 최시중 엮음, 『인촌 김성수: 인촌 김성수의 사상과 일화』(동아일보사, 1985),
   47쪽 및 고재호, 앞의 책, 216-217쪽.

62) 김병로, 앞의 글, 249쪽.

63) 김진배, 앞의 책, 19쪽.

64) 같은 책, 20쪽.

제2장 망국에 따른 일본유학과 법률전공

1) 김병로, 「연재: 수상 단편」, 김진배, 『가인 김병로』(삼화인쇄주식회사, 1983),
   249쪽.

2) 최시중 엮음, 『인촌 김성수: 인촌 김성수의 사상과 일화』(동아일보사, 1985),
   73쪽.

3) 이경남, 『설산 장덕수』(동아일보사, 1981), 63쪽.

4) 이인, 『반세기의 증언』(명지대학교 출판부, 1974), 8쪽.

5) 김병로, 앞의 글, 250쪽.

6) 같은 글, 265쪽.

7) 최종고, 『한국의 서양법 수용사』(박영사, 1982), 17쪽.

8) 같은 책, 17-18쪽.

9) 같은 책, 19쪽.

10) 같은 책, 21쪽.

11) 같은 곳.

12) 같은 책, 21-23쪽.

13) 같은 책, 342쪽.

14) 한국변호사사간행위원회, 『한국변호사사』(대한변호사협회, 1979), 18쪽.

15) 최종고, 앞의 책, 26쪽.

16) 같은 곳.

17) 같은 책, 26-27쪽.

18) 같은 책, 343쪽.

19) 같은 책, 제1부의 제5장과 제6장.

20) 같은 책, 27쪽.

21) 같은 책, 350쪽.

22) 같은 곳.

23) 한국변호사사간행위원회, 앞의 책, 30쪽.

24) 최종고, 앞의 책, 343쪽.

25) 이영근·김충식·황호택, 『법에 사는 사람들』(삼민사, 1984) 가운데 「안
    병찬」.

26) 김병로, 앞의 글, 250쪽.

27) 같은 책, 251쪽.

28) 같은 곳.

29) 최시중 엮음, 앞의 책, 70-71쪽.

30) 김병로, 앞의 글, 252쪽.

31) 이 점에 대해서는 졸저, 『한국문제와 국제정치』, 전정판(박영사, 1987),
    283-284쪽.

32) 김병로, 앞의 글, 320-321쪽.

33) 같은 글, 324-325쪽.

34) 같은 곳.

35) 같은 글, 253쪽.

36) 같은 곳.

37) 김진배, 앞의 책, 25쪽.

38) 김병로, 앞의 글, 254쪽.

39) 같은 글, 254-255쪽.

40) 같은 글, 255쪽.

41) 김진배, 앞의 책, 27쪽.

42) 김병로, 앞의 글, 256쪽.

43) 같은 곳.

44) 이인, 앞의 책, 9쪽.

45) 김병로, 앞의 글, 259-260쪽.

46) 같은 글, 259쪽.

47) 같은 글, 259-260쪽.

48) 같은 글, 260쪽.

49) 같은 글, 256-257쪽.

50) 김진배, 앞의 글, 28쪽.

51) 김병로, 앞의 글, 257쪽.

52) 같은 글, 260쪽.

53) 같은 글, 261쪽.

54) 같은 곳.

55) 같은 글, 257쪽.

56) 이경남, 앞의 책, 75쪽.

57) 같은 책, 77-78쪽.

58) 이경남, 앞의 책, 75-76쪽.

59) 백남훈, 『나의 일생』(해온 백남훈 선생 기념사업회, 1968), 116-117쪽.

60) 유치송, 『해공 신익희 일대기』(해공 신익희 선생 기념회,1984), 108쪽.

61) 김병로, 앞의 글, 257-258쪽.

62) 김진배, 앞의 책, 30쪽.

63) 「가인 김병로 선생 추모 대담」(1964년 1월 14일 서울 중앙방송)에서 이
    인의 발언. 이 대담은 위의 책, 457-463쪽에 실려 있고 인용된 부분은 458-
    459쪽에 있다.

64) 김병로, 앞의 글, 258쪽.

65) 같은 글. 258-259쪽.

66) 박진관, 「전명운전」, ≪신동아≫(1968년 10월), 234-273쪽. 이 글은 ≪신
    동아≫의 제4회 논픽션 최우수작이다.

67) 최종고, 앞의 책, 240쪽.

68) 김병로, 앞의 글, 262쪽.

69) 같은 글, 263쪽.

70) 같은 글, 261-262쪽.

제3장 법학 교수로서의 출발과 변호사로의 전환

1) 서울법대백년사발간준비위원회 엮음, 『서울법대백년사 : 자료집(광복 전
    50년)』(서울대학교 법과대학 동창회, 1987), 161쪽.

2) 같은 책, 213쪽.

3) 서울대학교40년사편찬위원회 엮음, (서울대학교 출판부, 1986), 22쪽.

4) 서울법대백년사발간준비위원회 엮음, 앞의 책, 176쪽.

5) 김병로, 「연재: 수상 단편」, 김진배, 『가인 김병로』(삼화인쇄주식회사, 1983), 264쪽.

6) 같은 곳.

7) 김진배, 앞의 책, 34쪽. 이병희의 회고는 《고우회보(高友會報)》(1973년 7월 5일)에 실려 있다.

8) 김병로, 앞의 글, 264-265쪽.

9) 최종고, 『한국의 서양법수용사』(박영사, 1982), 232쪽.

10) 김병로, 「법리관」, 《법학계》 제1호(1915), 12쪽.

11) 같은 책, 13쪽.

12) 강재언, 『한국의 근대사상』(한길사, 1985), 260쪽.

13) 한국변호사사간행위원회, 『한국변호사사』(대한 변호사 협회, 1979), 219쪽.

14) 최종고, 앞의 책, 351쪽.

15) 김진배, 앞의 책, 34쪽에서 다시 옮김.

16) 같은 책, 41쪽.

17) 같은 책, 485쪽(「가인 김병로 선생 연보」).

18) 박수일, 「검은 법복의 대부(代父)들(역대 대법원장들의 영광과 오욕): 김병로 초대 대법원장」, 《정경문화》(1983년 7월), 122쪽.

19) 이영근·김충식·황호택, 『법에 사는 사람들』(삼민사, 1984), 183쪽.

20) 김병로, 앞의 글, 265쪽.

21) 김진배, 「김병로」, 《신동아》 1970년 1월호 부록 『한국근대인물 백인선(百人選)』, 234쪽.

22) 최종고, 앞의 책, 354쪽. 안병찬 변호사에 대해서는 제2장에서 간단히 소개했었다. 안 변호사는 대한민국 임시정부의 법무차장과 임시헌법 기초위원장으로 활약하다가 만 40세의 나이에 암살되었다. 그의 약전은 이영근 외, 앞의 책, 「안병찬」 편에 잘 나와 있다.

23) 한국변호사사간행위원회, 앞의 책, 57쪽.

24) 서울법대백년사발간준비위원회, 앞의 책, 252쪽, 또 「가인 김병로 선생 추모 대담」(1964년 1월 14일 서울중앙방송)에서의 이인의 발언. 이 대담은 김진배, 앞의 책, 457-463쪽에 있으며, 가인의 주거에 관한 이인의 발언은 459쪽에 있다.

25) 「가인의 여성관: 자부가 말하는 고 김병로씨」, 《경향신문》 1964년 1월 15일자.

26) 김병로, 앞의 글, 265쪽.

27) 같은 글, 266-267쪽.

28) 신복룡,『대동단실기』(양영각, 1982), 126쪽. 이 책은 사실상 잊혀져 있던
　　대동단의 항일 투쟁을, 저자의 성실하고 꾸준한 자료 개발과 생존자의 면담
　　을 바탕으로 재생해 낸 소중한 연구 업적이다. 책 말미에 이 사건에 관계된
　　판결문들과 결정서가 실려 있다.
29) 김준엽·김창순,『한국공산주의운동사』전5권(청계연구소, 1986), 제4권,
　　70쪽.
30) 같은 책, 70-71쪽.
31) 같은 책, 71쪽.
32) 같은 곳.
33) 김병로, 앞의 글, 267쪽.
34) 연구회가 발족한 시기와 연구회의 위치에 대해서는 김진배, 앞의 글(≪신
　　동아≫ 별책 소수(所收), 234쪽에 있다. 필자는 연구회의 이름이〈형사변호
　　공동연구회〉였다고 쓰고 있다.
35) 같은 글, 189쪽.
36) 이인,『반세기의 증언』(명지대학교 출판부, 1974), 75쪽.
37) 이영근 외, 앞의 책, 211쪽.
38) 최시중 엮음,『인촌 김성수: 인촌 김성수의 사상과 일화)(동아일보사,
　　1985), 369쪽.
39) 같은 책, 360쪽.
40) 이영근 외, 앞의 책, 198쪽.
41) 이인, 앞의 책, 74쪽.
42) 김병로, 앞의 글, 267쪽.
43) 김상옥 의사에 대해서는 김상옥·나석주 열사 기념사업회 엮음,『김상옥
　　열사—나석주 열사 항일 실록』(삼경당, 1986), 가운데「김상옥 열사 항일 실
　　록」에 전적으로 의존했다.
44) 김병로, 앞의 글, 273쪽.
45) 이인, 앞의 책, 25-26쪽.
46) 김병로, 앞의 글, 265-266쪽.
47) 같은 글, 266쪽.
48) 김준엽·김창순, 앞의 책, 제2권, 27-40쪽.
49) 같은 책, 298-301쪽.
50) 이철호,「한민당에서 진보당까지: 신도성 박사의 정치역정 고백록」, ≪월
　　간경향≫ 1987년 8월호, 150쪽.
51)〈남로당 국회 프락치 사건〉때 구속됐던 서용길 제헌의원은 이 사건이
　　조작이라고 주장한다. 서용길,「6·25회상」, ≪월간조선≫ 1986년 6월호,

526-527쪽.

52) 박순천, 「남기고 싶은 이야기들(35) : '정치 여성' 반세기(24)」, ≪중앙일보≫ 1974년 3월 23일자.

53) 김병로, 앞의 글, 324쪽.

54) 김준엽·김창순, 앞의 책, 제2권, 297쪽.

55) 같은 책, 361-374쪽.

56) 한국변호사사간행위원회, 앞의 책, 57쪽.

57) 김병로, 앞의 글, 271쪽.

58) 한국변호사사간행위원회, 앞의 책, 58쪽.

59) 같은 곳.

60) 같은 곳.

61) 김병로, 앞의 글, 271쪽.

62) 한국변호사사간행위원회, 앞의 책, 58쪽.

63) 김병로, 앞의 연재, 270쪽.

64) 같은 글, 271쪽.

65) 한국 변호사사 간행위원회, 앞의 책, 59쪽.

66) 김병로, 앞의 글, 271-272쪽.

67) 같은 글, 272쪽.

68) 같은 곳.

69) 한국변호사사간행위원회, 앞의 책, 59쪽.

70) 김병로, 앞의 글, 272쪽.

71) 이경남, 『설산 장덕수』(동아일보사, 1981), 160-161쪽 및 417쪽. 김진배, 앞의 책, 37쪽.

72) 보성전문학교, 『보성전문학교 일람』(1936), 4쪽.

73) 김진배, 앞의 책, 36쪽.

74) 같은 책, 35쪽. 그런데 주 47의 『보성전문학교 일람』의 연혁에는 서상환이 교장이었다는 기록은 없다.

75) 김진배, 앞의 책, 36쪽. 가인의 변론 요지는 ≪동아일보≫ 1923년 11월 11자에 실려 있다. 이 기사는 김진배, 앞의 책, 331-332쪽에 수록되어 있다.

76) 같은 책, 35-36쪽.

77) 신일철, 「개화기 지식인 이상재론」, 월남 이상재 선생 동상건립위원회(편), 『월남 이상재 연구』(노출판〔路出版〕, 1986), 17쪽.

78) 김을한 편저, 『월남 이상재 일대기』(정음사, 1976), 93-94쪽.

79) 고당전(古堂傳)·평양지(平壤誌) 간행회, 『고당 조만식』(평남민보사, 1966), 102-103쪽.

80) 최시중, 앞의 책, 173-177쪽.

81) 최민지·김민주, 『일제하 민족언론사론』(일월서각, 1978), 137-139쪽.

82) 김병로, 앞의 글, 269쪽 ; 『조선일보』, 1924년 4월 20일.

83) 김병로, 앞의 글, 269-270쪽.

84) 같은 글, 270쪽.

85) 주 23, ≪경향신문≫ 1964년 1월 15일자.

86) 같은 곳.

제4장 신간회 참여와 〈민족 변호사〉로서 독립운동 일선에 나서다

1) 송건호, 『한국현대인물사론 : 민족운동의 사상과 지도노선』(한길사, 1984), 219-224쪽.

2) 이병헌, 「신간회 운동」, ≪신동아≫ 1969년 8월호, 193쪽.

3) 차기벽, 「〈민족협동전선〉의 시각에서 본 신간회 운동」, 차기벽 엮음, 『일제의 한국식민통치』(정음사, 1985), 354쪽.

4) 최민지·김민주, 『일제하 민족언론사론』(일월서각, 1978), 128-132쪽.

5) 차기벽, 앞의 글, 355쪽.

6) 같은 곳.

7) 같은 글, 356쪽.

8) 강동진, 「3·1 운동 이후의 노동운동」, 동아일보 엮음, 『3·1 운동 50주년 기념논문집』(동아일보, 1969), 227-228쪽.

9) 차기벽, 앞의 글, 355쪽. 차 교수는 신일철 교수의 다음 저서를 원용하고 있다. 신일철, 『신채호의 역사사상연구』(고려대학교 출판부, 1981), 293쪽.

10) 신일철, 같은 글, 294-295쪽.

11) 차기벽, 앞의 글, 356쪽.

12) 같은 글, 355쪽.

13) Dae-sook Suh, *The Korean Communist Movement, 1918-1948*(Princeton : Princeton University Press, 1967), 80-84쪽.

14) 정우회 선언의 이론적 배경과 그 성격에 대해서는, 김준엽·김창순, 『한국 공산주의 운동사』 전5권(청계연구소, 1986), 제3권, 4-11쪽.

15) 같은 책, 15-16쪽.

16) 같은 책, 36쪽.

17) 같은 책, 47쪽.

18) 김병로, 「연재 : 수상 단편」, 김진배, 『가인 김병로』(삼화인쇄주식회사, 1983), 274쪽.

19) 김준엽·김창순, 앞의 책, 제3권, 50쪽.

20) 이문원, 「신간회와 월남 이상재」, 월남 이상재 선생 동상건립위원회 엮음, 『월남 이상재 연구』(노출판〔路出版〕, 1986), 146쪽.

21) 김병로, 앞의 글, 275쪽.

22) 신간회 발기인인 김준연의 회고. 이 회고는 김준엽·김창순, 앞의 책 제3권, 35쪽 각주 49)에 있다.

23) 이문원, 앞의 글, 146쪽.

24) 이병헌, 앞의 글, 194쪽.

25) 차기벽, 앞의 글, 358-359쪽.

26) 같은 곳.

27) 김준엽·김창순, 앞의 책, 제3권, 50쪽.

28) 이문원, 앞의 글, 152쪽.

29) 김병로, 앞의 글, 275쪽.

30) 이병헌, 앞의 글, 196쪽.

31) 김병로, 앞의 글, 275쪽.

32) 김준엽·김창순, 앞의 책, 제3권, 51-55쪽.

33) 같은 책, 51쪽.

34) 같은 책, 53쪽.

35) 같은 곳.

36) 한국변호사사간행위원회 엮음, 『한국변호사사』(대한 변호사 협회, 1979), 59쪽.

37) 김을한, 『무명 기자의 수기』(탐구당, 1984), 80쪽.

38) 같은 책, 83쪽.

39) 같은 책, 83-84쪽.

40) 같은 책, 86쪽.

41) 강만길, 『한국현대사』(창작과비평사, 1984), 65쪽.

42) 한국정치학회 엮음, 『증보 정치학 대사전』(박영사, 1983), 1318쪽.

43) 신지현, 「오동진」, 동아일보사 신동아 편집실 엮음, 『한국근대인물 백인선』(≪신동아≫ 1970년 1월호 부록), 252쪽.

44) 이인, 『반세기의 증언』(명지대학교 출판부, 1974), 60-61쪽.

45) 신지현, 앞의 글, 252쪽.

46) 강만길, 앞의 책, 61쪽.

47) 같은 책, 62쪽.

48) 같은 곳.

49) 이인, 앞의 책, 65-66쪽.

50) 김준엽·김창순, 앞의 책, 제3권, 163쪽.

51) 같은 책, 164-165쪽.

52) 이인, 앞의 책, 68-69쪽.

제5장 신간회 제2기의 항일투쟁

1) 이병헌, 「신간회 운동」, ≪신동아≫ 1969년 8월호, 198쪽.

2) 같은 책, 199쪽. 김준엽·김창순, 『한국 공산주의 운동사』(청계연구소, 1986), 제3권, 56-59쪽.

3) 같은 책, 59쪽.

4) 차기벽, 「〈민족협동전선〉의 시각에서 본 신간회 운동」, 차기벽 엮음, 『일제의 한국식민통치』(정음사, 1985), 369쪽.

5) 이병헌, 앞의 글, 199쪽.

6) 김준엽·김창순, 앞의 책, 제3권, 제15장의 제1절과 제2절.

7) 김진배, 『가인 김병로』(삼화인쇄주식회사, 1983), 64-65쪽.

8) 같은 책, 67-68쪽.

9) 이병헌, 앞의 글, 206쪽.

10) 김병로, 「연재 : 수상 단편」, 김진배, 앞의 책, 294-297쪽.

11) 같은 책, 288쪽.

12) 허근욱, 『민족변호사 허헌』(서울 : 지혜네, 2001), 293쪽.

13) 김진배, 『가인 김병로』, 291쪽.

14) 김준엽·김창순, 앞의 책, 제3권, 60쪽.

15) 김병로, 앞의 글, 294쪽.

16) 같은 책, 63쪽.

17) 한정일, 『일제하 광주학생민족운동사』(전예원, 1981), 127쪽.

18) 저자는 바로 같은 책에 많이 의존했다.

19) 같은 책, 141쪽.

20) 같은 책, 153쪽.

21) 같은 책, 163쪽.

22) 김병로, 앞의 글, 282쪽.

23) 같은 곳.

24) 한정일, 앞의 책, 168쪽.

25) 김병로, 앞의 글, 281쪽.

26) 같은 글, 282-283쪽.

27) 이병헌, 앞의 글, 199쪽.

28) 조병옥, 『나의 회고록』, 복간본(해동, 1986), 107쪽.

29) 김병로, 앞의 글, 283쪽.

30) 한정일, 앞의 책, 168-169쪽.

31) 이인, 『반세기의 증언』(명지대학교 출판부, 1974), 78-79쪽.

32) 같은 책, 79쪽.

33) 김병로, 앞의 글, 287쪽.

34) 같은 곳.

35) 같은 책, 283쪽.

36) 같은 책, 284쪽.

37) 같은 곳.

38) 같은 곳.

39) 김준엽·김창순, 앞의 책, 제3권, 64쪽.

40) 김병로, 앞의 글, 285-286쪽.

41) 같은 글, 286쪽.

42) 이병헌, 앞의 글, 202쪽.

43) 김진배, 앞의 책, 208-209쪽.

44) 같은 책, 209쪽.

제6장 신간회 제3기의 항일투쟁

1) 이병헌, 「신간회 운동」, ≪신동아≫ 1969년 8월호, 202쪽.

2) 김병로, 「연재 : 수상 단편」, 김진배, 『가인 김병로』(삼화인쇄주식회사, 1983), 279쪽.

3) 이병헌, 앞의 글, 202쪽.

4) 김병로, 앞의 글, 280쪽.

5) 같은 곳.

6) 「가인 김병로 선생 추모 대담」(1964년 1월 14일 서울 중앙방송)에서 이인의 발언. 김진배, 앞의 책, 459쪽.

7) 이인, 『반세기의 증언』(명지대학교 출판부, 1974), 106-107쪽.

8) 여운형에 대해서는 저자가 「여운형의 독립-통일 노선 : 해방 이후의 그의 정치 활동과 관련하여」라는 논문을 썼다. 이 논문은 졸저 『한국 문제와 국제 정치』(박영사, 1987), 제2부 제3장을 형성한다.

9) 김병로, 앞의 글, 297-300쪽.

10) 같은 글, 299쪽.

11) 같은 글, 299-300쪽.

12) 같은 글, 307쪽.

13) 같은 글, 309-310쪽.

14) 이병헌, 앞의 글, 202-203쪽.

15) 같은 글, 203쪽. 김병로, 앞의 글, 276쪽.

16) 김준엽·김창순, 『한국 공산주의 운동사』(청계연구소, 1986), 제3권, 64-65쪽.

17) 이병헌, 앞의 글, 203쪽. 차기벽, 「민족협동전선의 시각에서 본 신간회 운동」, 차기벽 엮음, 『일제의 한국식민통치』(정음사, 1985), 370쪽. 김준엽·김창순, 앞의 책, 제3권, 65쪽.

18) 김준엽·김창순, 앞의 책, 제3권, 71-72쪽에 인용되어 있는 경기도 경찰부의 『치안 개황』(1935년 3월) 속의 정보 분석.

19) 김병로, 앞의 글, 276-277쪽.

20) 김준엽·김창순, 앞의 책, 제3권, 65-66쪽.

21) 이병헌, 앞의 글, 203쪽.

22) 김준엽·김창순, 앞의 책, 제13권, 66쪽.

23) 같은 곳.

24) 차기벽, 앞의 글, 374-375쪽. 김준엽·김창순, 앞의 책, 제3권, 68-72쪽.

25) 김병로, 앞의 글, 277쪽.

26) 같은 글, 277-278쪽.

27) Robert A. Scalapino and Chong-sik Lee, *Communism in Korea*, 2 vols. (Berkeley : University of California Press, 1973), I (*The Movement*), 185.

28) 김진배, 앞의 책, 78쪽.

29) 같은 책, 81쪽.

30) 같은 책, 81-82쪽.

31) 이병헌, 앞의 글, 199쪽.

32) 김준엽·김창순, 앞의 책, 제3권, 99쪽.

33) 《조선일보》 1932년 1월 24일자.

34) 김진배, 앞의 책, 78-82쪽.

35) 《조선일보》 1932년 4월 16일자.

36) 김준엽·김창순, 앞의 책, 제3권, 66-67쪽.

37) 김진배, 앞의 책, 86쪽.

38) 같은 곳.

39) 김병로, 앞의 글, 278-279쪽.

40) 이 논문은 강만길, 『한국민족운동사론』(한길사, 1985), 297-303쪽에 실려 있다.

41) 같은 책, 302쪽.

42) 차기벽, 앞의 글, 353쪽.

43) 이 사설은 조선일보사, 『조선일보 명사설 5백선』(1972), 303-304쪽에 있다.

44) 차기벽, 앞의 글, 375쪽에서 재인용.

45) 같은 글, 376쪽에서 재인용.

46) 같은 글, 375쪽.

제7장 신간회 해소 이후의 가인

1) 김준엽·김창순, 『한국 공산주의 운동사』(청계연구소, 1986), 제4권, 392-
  398쪽.

2) 이인, 『반세기의 증언』(명지대학교 출판부, 1974), 71쪽.

3) 같은 책, 71-72쪽.

4) 이인, 앞의 책, 111쪽.

5) 같은 책, 111-112쪽.

6) 같은 책, 112쪽.

7) 최시중 엮음, 『인촌 김성수: 인촌 김성수의 사상과 일화』(동아일보사,
  1985), 196쪽.

8) 김진배, 『가인 김병로』(삼화인쇄주식회사, 1983), 37쪽.

9) 같은 책, 38-41쪽.

10) 같은 책, 33쪽.

11) 송건호, 『한국현대인물사론: 민족운동의 사상과 지도노선』(한길사, 1984),
  48-49쪽.

12) 같은 책, 53쪽.

13) 이인, 앞의 책, 123-142쪽.

14) 김병로, 「연재: 수상 단편」, 김진배, 앞의 책, 268쪽.

15) 같은 책, 301쪽.

16) 김진배, 앞의 책, 92-93쪽.

17) 김병로, 앞의 글, 300-301쪽.

18) 김진배, 「김병로」, ≪신동아≫ 편집실 엮음, 『한국근대인물 백인선』(≪신동
  아≫ 1970년 1월호 부록), 235쪽 및 김진배, 앞의 책, 488쪽.

19) 김병로, 앞의 글, 300-301쪽.

20) 『증보 정치학 대사전』(박영사, 1983), 524-525쪽.

21) 최종고, 『사도(使徒) 법관 김홍섭』(육법사, 1975), 51쪽.

22) 같은 책, 51-52쪽에서 다시 옮김.

23) 이인, 앞의 책, 123쪽.

24) 최종고, 앞의 책, 51쪽.

25) 김병로, 앞의 글, 302쪽.

26) 김진배, 앞의 책, 91-93쪽.

27) 같은 책, 92쪽.

28) 김병로, 앞의 글, 302-303쪽.

29) 같은 책, 303쪽.

30) 유진오, 『양호기(養虎記) : 보전-고대 35년의 회고』(고려대학교 출판부, 1977), 54쪽.

31) 전 고려대학교 현승종 교수의 증언(1987년 9월 28일 저자에의 답신).

32) 김진배, 앞의 책, 482쪽.

33) 최종고, 앞의 책, 52-53쪽.

34) 장덕조, 『장덕조 에세이 : 일곱 장의 편지』(우주, 1981), 76-78쪽.

35) 고재호, 『법조 반백년』(박영사, 1985), 20쪽.

36) 최종고, 「김병로와 김홍섭」, 이기동 외, 『이 땅의 이 사람들』(뿌리깊은나무, 1980), 제2권, 194쪽.

제8장 해방의 격동기에 좌우 합작을 추진하다

1) 장덕조, 『장덕조 에세이 : 일곱 장의 편지』(1981, 우주), 80쪽.

2) 해방 전후의 몽양의 행동에 대해서는 저자가 다음 논문에서 설명했기로 이 책에서는 길게 설명하지 않겠으며 주도 소략하게 달겠다. 김학준, 「여운형의 독립-통일 노선 : 해방 이후의 그의 정치 활동과 관련하여」. 이 논문은 졸저, 『한국문제와 국제정치』 전정판(박영사, 1987)에 실려 있다.

3) 이만규, 『여운형 선생 투쟁사』(민주문화사, 1946), 188쪽. 이기동, 『몽양 여운형』(실천문학사, 1984), 190쪽. 김준연, 『독립 노선』(시사시보사 출판국, 1959), 제6판, 2-3쪽. 조규하·이경문·강성재, 『남북의 대화』(한얼문고, 1972), 52쪽.

4) 김광식, 「제3세계 민족주의자로서의 여운형」, ≪제3세계 연구≫ 제2호(1985년 6월), 322쪽.

5) Leland M. Goodrich, *Korea : A Study of U.S. Policy in the United Nations*(New York : Council on Foreign Relations, 1956), 24쪽. Soon-Sung Cho, *Korea in World Politics, 1940-1950 : An Evaluation of American Responsibility*(Berkeley : University of California Press, 1967), 70쪽. Gregory Henderson, *Korea : The Politics of the Vortex* (Cambridge : Harvard University Press, 1968), 118-121쪽. Robert A. Scalapino and Chong-sik Lee, *Communism in Korea*(2 vols : Berkeley : University of California Press, 1972), I (*The Movement*), 237쪽.

6) 김진배, 『가인 김병로』(삼화인쇄주식회사, 1983), 103쪽.

7) 이인, 『반세기의 증언』(명지대학교 출판부, 1974), 144-145쪽.

8) 같은 책, 145쪽.

538

9) 같은 책, 145-146쪽. 김재명, 「민정장관 안재홍의 번민(하)」, ≪정경문화≫ (1986년 10월), 433쪽.

10) 김진배, 앞의 책, 110쪽.

11) 송남헌, 『해방 3년사(1945-1948)』(까치사, 1985), 45-46쪽.

12) 조규하 외, 앞의 책, 66쪽.

13) 김진배, 앞의 책, 110쪽.

14) 백남훈, 『나의 일생』(해온 백남훈 선생 기념사업회, 1968), 148-149쪽.

15) 같은 책. 또 이경남, 『설산 장덕수』(동아일보사, 1981), 302쪽.

16) 이인, 앞의 책, 149-150쪽.

17) 심지연, 『한국민주당 연구 II : 한국현대정당론』(창작과비평사, 1984), 206-207쪽.

18) 이인, 앞의 책, 150쪽.

19) 최시중 엮음, 『인촌 김성수 : 인촌 김성수의 사상과 일화』(동아일보사, 1985), 264쪽.

20) 이경남, 앞의 책, 299-300쪽.

21) 김진배, 앞의 책, 116쪽.

22) 심지연, 앞의 책, 207-208쪽.

23) 송남헌, 앞의 책, 49-52쪽.

24) 심지연, 앞의 책, 209쪽.

25) 심지연, 『한국민주당연구』 I(풀빛, 1982), 55쪽.

26) 이인, 앞의 책, 150쪽.

27) 심지연, 앞의 책, II, 24-25쪽.

28) 같은 책, 49쪽.

29) 같은 곳.

30) 같은 책, 56쪽.

31) 같은 곳.

32) 같은 곳.

33) 심지연, 앞의 책, II, 211쪽.

34) 김진배, 앞의 책, 120쪽.

35) 같은 책, 121-122쪽.

36) 같은 책, 123쪽.

37) 같은 책, 124쪽.

38) 같은 곳.

39) 손세일, 『이승만과 김구』(일조각, 1970), 172쪽.

40) 김진배, 앞의 책, 130쪽.

41) 손세일, 앞의 책, 173쪽.

42) 김준연, 앞의 책, 25-26쪽.

43) 손세일, 앞의 책, 179쪽.

44) 같은 책, 186쪽.

45) 심지연, 앞의 책, II, 213쪽.

46) 같은 곳. 또 유치송,『해공 신익희 선생 일대기』(해공 신익희 선생 기념
    회, 1984), 439쪽.

47) 심지연, 앞의 책, II, 213-214쪽.

48) 이경남, 앞의 책, 329-332쪽.

49) 심지연, 앞의 책, 214쪽.

50) 김진배, 앞의 책, 125쪽.

51) 같은 책, 224-225쪽.

52) 이경남, 앞의 책, 338쪽.

53) 최시중, 앞의 책, 276쪽.

54) 이 논문의 제목은「한국 신탁 통치안과 그것을 둘러싼 초기의 논쟁」으로,
    이 졸고는 저자의 앞의 책, 제2부 제5장을 구성하고 있다.

55) 송건호,「탁치안의 제의와 찬반탁 논쟁」, 변형윤 외,『분단시대와 한국사
    회』(까치, 1985), 44쪽.

56) 같은 책, 45쪽.

57) 심지연,「신탁 통치 문제와 해방 정국 : 반탁과 찬탁의 논리를 중심으로」,
    ≪한국정치학회보≫ 제19집(1985), 153쪽.

58) 손세일, 앞의 책, 215쪽.

59) 한국반탁반공학생운동기념사업회,『한국학생건국운동사』(1986), 145-146쪽.

60) 손세일, 앞의 책, 221쪽.

61) 송남헌, 앞의 책, I, 282-283쪽.

62) Scalapino · Lee, 앞의 책, I, 358쪽.

63) 심지연, 앞의 책, II, 219쪽.

64) 심지연, 앞의 책, I, 85쪽.

65) 심지연, 앞의 책, II, 219쪽.

66) 이경남, 앞의 책, 351쪽.

67) 김진배, 앞의 책, 136쪽.

68) 이러한 문제들은 앞의 졸저, 25-26쪽에서 충분히 논의되고 있다.

69) 송남헌, 앞의 책, II, 337쪽.

70) 같은 책, 338쪽.

71) 같은 책, 370쪽.

72) 심지연, 앞의 책, 220-222쪽.

73) 송남헌, 앞의 책, II, 379쪽. 그런데 저자는 440쪽에서는 11월 28일에 탈
   당했다고 쓰고 있다.

74) 이경남, 앞의 책, 356쪽.

75) 송남헌, 앞의 책, II, 383쪽.

76) 김진배, 앞의 책, 128쪽.

77) 같은 책, 128-129쪽.

78) 송남헌, 앞의 책, II, 441쪽.

79) 같은 책, 446쪽.

80) 김재명, 앞의 글, 443쪽.

81) 송남헌, 앞의 책, II, 447쪽.

82) 같은 곳.

83) 이 과정에 대해서는 저자의 앞의 책, 26-29쪽에 설명되어 있다.

84) ≪경향신문≫ 1947년 9월 9일자. 김재명, 앞의 글, 443쪽에서 다시 옮김.

85) 송남헌, 앞의 책, II, 444쪽.

86) 김병로, 「사법 기관의 사명」, ≪법정≫ 1948년 1월호, 7쪽.

87) 송남헌, 앞의 책, II, 512쪽.

88) 저자의 앞의 책, 제2부의 제1장과 제2장.

89) 김재명, 앞의 글, 445쪽에서 다시 옮김.

제9장 미군정-남조선과도정부의 사법부장

1) 심지연, 『한국민주당 연구 II : 한국 현대 정당론』(창작과비평사, 1984), 53쪽.

2) 한국 변호사사 간행위원회, 『한국 변호사사』(대한 변호사 협회, 1979), 66쪽.

3) 김갑수, 『법창 30년』(법정출판사, 1970), 99쪽.

4) 송남헌, 『해방 3년사(1945-1948)』 II,(까치, 1985), 334쪽.

5) 김진배, 『가인 김병로』(삼화인쇄주식회사, 1983), 139쪽.

6) 국사편찬위원회, 『대한민국사 연표』, 상(1945.8.15-1969.12.31)(1984), 31쪽.

7) 최종고, 「김병로와 김홍섭」, 이기동 외, 『이 땅의 이 사람들』(뿌리깊은나무,
   1980), 제2권, 195-196쪽.

8) 김병화, 『한국 사법사』, 현세편(일조각, 1979), 10쪽.

9) 김진배, 앞의 책, 114쪽.

10) 김갑수, 앞의 책, 101쪽.

11) 김진배, 앞의 책, 140쪽.

12) 송남헌, 앞의 책, II, 412-414쪽.

13) 최종고, 『사도법관 김홍섭』(육법사, 1975), 57쪽에서 다시 옮김.

14) 이인, 『반세기의 증언』(명지대학교 출판부, 1974), 159-160쪽.

15) ≪동아일보≫ 1946년 7월 25일자.

16) ≪동아일보≫ 1946년 7월 31일자.

17) 김진배, 앞의 책, 142-143쪽.

18) 김병화, 앞의 책, 330쪽.

19) 김진배, 앞의 책, 490쪽.

20) 강수웅, 『민사재판의 해부: 기자가 본 재판의 이상과 실제』(한국사법행정학회, 1982), 부록 「원로와의 대화: 현민 유진오 박사」, 241쪽.

21) 김병화, 앞의 책, 41쪽.

22) 김갑수, 앞의 책, 102쪽.

23) 이인, 앞의 책, 181쪽.

24) 같은 곳.

25) 유진오, 『헌법기초회고록』(일조각, 1980), 19쪽.

26) 같은 책, 21쪽.

27) 같은 책, 23-38쪽.

28) 같은 책, 73-75쪽.

29) 같은 책, 257-258쪽.

30) 김병로, 「사법 기관의 사명」, ≪법정≫ 1958년 1월호, 7-8쪽.

31) 권순영, 「가인 김병로 변호사」, ≪대한변호사협회지≫ 제15권(1976년 3월), 64쪽.

32) 유홍, 『유홍』(의당 유홍 선생 자서전 출판 동지회, 1976), 177-178쪽.

33) 주요한, 「가인 김병로 선생의 추억」, ≪조선일보≫ 1964년 1월 17일자.

제10장 제1공화정 대법원장 초기

1) 유진오, 『양호기(養虎記): 보전-고대 35년의 회고』(고려대학교 출판부, 1977), 220-222쪽.

2) 이인, 『반세기의 증언』(명지대학교 출판부, 1974), 189쪽.

3) 같은 책, 190쪽.

4) 김진배, 『가인 김병로』(삼화인쇄주식회사, 1983), 149쪽.

5) 국회사무처, 『제1회 국회 속기록』, 제41회(1948년 8월 16일), 781-783쪽.

6) 고재호, 『법조반백년』(박영사, 1985), 24쪽.

7) 김병화, 『한국사법사』(현세편)(일조각, 1979), 263쪽.

8) 이인, 앞의 책, 206쪽.

9) 고재호, 앞의 책, 24쪽.

10) 김갑수, 『법창 30년』(법정출판사, 1970), 161, 169쪽.

11) 같은 곳.

12) 길진현, 『역사에 다시 묻는다 : 반민특위와 친일파』(삼민사, 1984), 제1장
    제1절. 이 책은 반민특위의 생성과 소멸 전 과정에 대한 포괄적인 연구이
    다. 반민특위를 통한 가인의 활동도 이 연구에 자세히 나와 있다. 반민특위,
    그리고 반민특위를 통한 가인의 활동에 대한 기초적인 자료들을 저자는 이
    책으로부터 얻었다. 따라서 달리 출전을 밝히지 않는 한 반민특위에 관한
    기초적인 자료들은 모두 이 책으로부터 나온 것이다.

13) 김병화, 앞의 책, 159쪽.

14) 국사편찬위원회, 『대한민국사 연표』, 상(1945. 8. 15-1969. 12. 31)(국사 편찬
    위원회, 1984), 95쪽.

15) 길진현, 앞의 책, 59쪽.

16) ≪동아일보≫ 1949년 2월 17일.

17) 길진현, 앞의 책, 77쪽.

18) 같은 책, 90-91쪽.

19) 같은 책, 174쪽.

20) ≪동아일보≫ 1949년 6월 8일자.

21) 길진현, 앞의 책, 184쪽.

22) 이인, 앞의 책, 214-215쪽.

23) 길진현, 앞의 책, 185쪽.

24) 김을한, 『월남 이상재 일대기』(정음사, 1976), 109-110쪽.

25) 김진배, 앞의 책, 156쪽.

26) 김갑수, 앞의 책, 161-162쪽.

27) 김진배, 앞의 책, 156쪽.

28) 김갑수, 앞의 책, 162쪽.

29) 김병화, 앞의 책, 138쪽에서 다시 옮김.

30) 이영근·김충식·황호택, 『법에 사는 사람들』(삼민사, 1984), 199쪽.

31) 김병화, 앞의 책, 139쪽.

32) 이영근 외, 앞의 책, 202-203쪽.

33) 같은 곳.

34) 같은 책, 216쪽.

제11장 전쟁의 상흔 속에 사법부의 독립을 지키다

1) 김진배, 『가인 김병로』(삼화인쇄주식회사, 1983), 157쪽.

2) 같은 곳.

3) 같은 책, 158-159쪽. 정순봉 서기장의 공식 직함은 서기국장이었다.

4) 같은 책, 159쪽.

5) 고재호, 『법조 반백년』(박영사, 1985), 3-4쪽.

6) 유병진, 『재판관의 고민』(고시학회, 1957), 52쪽.

7) 같은 책, 56쪽.

8) 김갑수, 『법창 30년』(법정출판사, 1970), 162쪽.

9) 김진배, 앞의 책, 158쪽.

10) 같은 책, 206-208, 210-211쪽.

11) 김병화, 『한국 사법사 : 현세편』(일조각, 1979), 318쪽.

12) 유병진, 앞의 책, 68-69쪽.

13) ≪동아일보≫ 1950년 11월 14일자.

14) 김병화, 앞의 책, 140, 142쪽.

15) 김갑수, 앞의 책, 162쪽.

16) 유병진, 앞의 책, 49쪽.

17) 같은 책, 76-79쪽.

18) 국사편찬위원회, 『대한민국사 연표』 상(1945. 8. 15-1969. 12. 31)(국사
    편찬위원회, 1984), 234쪽.

19) 김갑수, 앞의 책, 163쪽.

20) ≪동아일보≫ 1951년 8월 18일자.

21) 최홍조, 「나의 ≪동아≫ 기자 시절」, ≪신동아≫ 1986년 5월호, 583-589쪽.

22) 이영근·김충식·황호택, 『법에 사는 사람들』(삼민사, 1984), 205쪽.

23) 같은 책, 203-204쪽.

24) 김갑수, 앞의 책, 169쪽.

25) 같은 책, 124-125쪽.

26) 이영근 외, 앞의 책, 196쪽.

27) 고재호, 앞의 책, 3쪽.

28) 같은 곳.

29) 같은 책, 5쪽.

30) 같은 책, 4쪽.

31) 같은 책, 16-17쪽.

32) 같은 책, 6쪽.

33) 같은 책, 6-9쪽.

34) 같은 책, 7-8쪽.

35) 같은 책, 8쪽.

36) 백한성, 「오호! 가인 선생 가시다: 그 교훈을 되새기며」, ≪조선일보≫
    1964년 1월 4일자.

37) 고재호, 앞의 책, 18쪽.

38) 김진배, 앞의 책, 167쪽.

39) 이영근 외, 앞의 책, 196쪽.

40) 권순영, 「가인 김병로 변호사」, ≪대한변호사협회지≫ 제15호(1976년 3월), 64쪽.

41) 이영근 외, 앞의 책, 195-196쪽.

42) 고재호, 앞의 책, 18쪽.

43) 같은 책, 13쪽.

44) 같은 곳.

45) 같은 책, 13-14쪽.

46) 김병화, 앞의 책, 271-272쪽.

47) 「4290년 11월 6일 국회에서의 김병로 대법원장의 민법 입법 취지 설명 요지」, ≪법정≫ 제14권 제12호(1959년 12월), 6-7쪽.

48) 고재호, 앞의 책, 25쪽.

49) 같은 책, 11-12쪽.

50) 국회사무처, 『제26회 국회 정기 회의 속기록』 제30호(1957년 11월 6일), 9쪽.

51) 박순천, 「'정치여성' 반세기 : 27회」, ≪중앙일보≫ 1974년 3월 27일자. (「남기고 싶은 이야기들」, 1007회).

52) 김병로, 「신민법 시행에 대한 소감」, ≪법정≫ 제14권 제12호(1959년 12월), 6쪽.

53) 김병화, 앞의 책, 275쪽.

54) 국회사무처, 앞의 책, 8쪽.

55) 「가인 김병로 선생 추모 대담」(1964년 1월 14일 서울 중앙방송)에서의 유진오 발언. 김진배, 앞의 책, 461쪽에서 다시 옮김.

56) 이영근 외, 앞의 책, 199쪽.

57) 김진배, 앞의 책, 163-164쪽.

58) 같은 책, 213-214쪽.

59) 같은 책, 214-215쪽.

60) 같은 책, 164쪽.

61) 이영근 외, 앞의 책, 200쪽.

62) 김갑수, 앞의 책, 181쪽.

63) 고재호, 앞의 책, 18-19쪽.

64) 김진배, 앞의 책, 215쪽.

65) 같은 책, 215-216쪽.

66) 같은 책, 216쪽.

67) 김병화, 앞의 책, 139쪽에서 다시 옮김.

68) 같은 책, 142쪽에서 다시 옮김.

69) 이영근 외, 앞의 책, 198-199쪽.

70) 김진배, 앞의 책, 167쪽.

71) 김병로, 「1953년도 법관훈령회동 훈시」(1953년 10월 12일), 김진배, 앞의 책, 395-398쪽에서 다시 옮김.

72) 같은 책, 401-403쪽에서 다시 옮김.

73) 김병로, 「전국 법원 수석 부장판사 회동 훈시」(1954년 10월 11일), 김진배, 앞의 책, 405-406쪽에서 다시 옮김.

74) ≪동아일보≫ 1957년 4월 27일자.

75) ≪동아일보≫ 1953년 10월 1일자.

76) 김병로, 「제6회 제헌절 경축사」(1954년 7월 17일), 김진배, 앞의 책, 404쪽에서 다시 옮김.

77) 송우, 『한국헌법개정사』(집문당, 1980), 154-159쪽.

78) ≪동아일보≫ 1954년 11월 30일자.

79) 김진배, 앞의 책, 173쪽.

80) 이영근 외, 앞의 책, 205-206쪽.

81) 같은 책, 204-205쪽.

82) 같은 책, 202쪽.

83) 한국변호사사간행위원회, 앞의 책, 89쪽.

84) 국회사무처, 『제22회 국회 정기회의 속기록』 제1호(1956년 2월 21일), 3쪽.

85) 같은 책, 10쪽.

86) 같은 책, 7쪽.

87) 같은 책, 10쪽.

88) 같은 책, 16쪽.

89) 이영근 외, 앞의 책, 185-186쪽에서 다시 옮김.

90) 같은 책, 186쪽.

91) 한국변호사사간행위원회, 앞의 책, 335-336쪽에 이 성명서와 결의 사항의 전문이 실려 있다.

92) 이영근 외, 앞의 책, 187쪽.

93) 같은 책, 188쪽.

94) 같은 책, 188쪽 및 206쪽.

95) 김병로, 「퇴임사」(1957년 12월 16일), 김진배, 앞의 책, 424쪽에서 다시 옮김.

96) 같은 책, 163쪽.
97) 국회사무처, 『제26회 국회 속기록』 제63호(1957년 12월 17일), 2-3쪽.
98) 이영근 외, 앞의 책, 184쪽.
99) ≪조선일보≫ 1986년 4월 24일자.

제12장 4·19 격랑 속에서 정치에 복귀하다
1) 최종고, 「김병로와 김홍섭」, 이기동 외, 『이 땅의 이 사람들』 제2권(뿌리깊
   은나무, 1980), 203쪽.
2) 권순영, 「가인 김병로 변호사」, ≪대한변호사협회지≫ 제15호(1976년 3월),
   64쪽.
3) 대법원, 『한국 법관사』(1975), 91, 129쪽.
4) 김병로, 「나의 심경 나의 견해」, ≪신태양≫ 1958년 3월호, 40-41쪽.
5) 고재호, 『법조 반백년』(박영사, 1985), 26쪽.
6) 김병로, 앞의 글, 41쪽.
7) 같은 곳.
8) 고재호, 앞의 책, 26-27쪽.
9) 국사편찬위원회, 『대한민국사 연표』 상(1945. 8. 15-1969. 12. 31)(1984),
   426쪽.
10) 고재호, 앞의 책, 27쪽.
11) 같은 책, 27-28쪽.
12) 김병로, 앞의 글, 42쪽.
13) 고재호, 앞의 책, 28쪽.
14) 국사편찬위원회, 앞의 책, 430쪽.
15) 결의한 전문은 한국변호사사간행위원회, 앞의 책, 342-343쪽에 있다.
16) ≪동아일보≫ 1958년 3월 15일자.
17) 한국변호사사간행위원회, 앞의 책, 343쪽.
18) 고재호, 앞의 책, 29-30쪽.
19) 국사편찬위원회, 앞의 책, 440쪽.
20) 같은 책, 437쪽.
21) 안병만, 『한국 정부론』(다산출판사, 1985), 141쪽.
22) 고재호, 앞의 책, 31쪽.
23) ≪동아일보≫ 1958년 6월 23일자.
24) 이영근·김충식·황호택, 『법에 사는 사람들』(삼민사, 1984), 43쪽.
25) 같은 책, 40쪽.
26) 김갑수, 『법창 30년』(법정출판사, 1970), 203쪽.

27) 최일남, 「최일남이 만난 사람 : 변호사 이돈명」, ≪신동아≫ 1985년 10월 호, 277쪽.

28) 김병로, 앞의 글, 43-44쪽.

29) 같은 곳.

30) ≪동아일보≫ 1959년 6월 27일자.

31) 김진배, 『가인 김병로』(삼화인쇄주식회사, 1983), 179-180쪽.

32) 담화 전문은 ≪동아일보≫ 1960년 1월 30일자에 있다.

33) 이기택, 『한국야당사』(백산서당, 1987), 106쪽.

34) 심재택, 「4월혁명의 전개과정」, 한완상, 『4・19혁명론』 제1권(일월서각, 1983), 24쪽.

35) 같은 곳.

36) ≪동아일보≫ 1960년 4월 30일자.

37) ≪동아일보≫ 1960년 5월 4일자.

38) 같은 곳.

39) ≪동아일보≫ 1960년 5월 7일자.

40) 김진배, 앞의 책, 181-182쪽.

41) 같은 책, 182쪽.

42) ≪동아일보≫ 1960년 6월 15일자 및 6월 19일자.

43) 김진배, 앞의 책, 182-183쪽.

44) 같은 책, 183쪽.

45) 같은 책, 182쪽.

46) 같은 책, 182-183쪽.

47) 길승흠・김광웅・안병만, 『한국선거론』(다산출판사, 1987), 43쪽.

48) 이윤기, 「7・29 총선」(「한국 정당의 뿌리」 제51회), ≪한국일보≫ 1986년 8월 13일자.

49) ≪동아일보≫ 1960년 7월 26일자.

50) ≪동아일보≫ 1960년 7월 23일자.

51) 중앙선거관리위원회, 『역대 국회의원 선거 상황』(1963), 389쪽.

52) 김진배, 앞의 책, 183쪽.

53) ≪동아일보≫ 1960년 10월 8일자.

54) 김진배, 앞의 책, 186쪽.

55) 이영근 외, 앞의 책, 89쪽.

56) ≪동아일보≫ 1960년 10월 8일자.

제13장 민정의 길을 닦기 위한 노력

1) 이기택, 『한국야당사』(백산서당, 1987), 151-152쪽.

2) 이 졸고는 저자의 졸저 『한국문제와 국제정치』 전정판(박영사, 1987)의 제
   5부 제1장이다.

3) Sungjoo Han, *The Failure of Democracy in South Korea*(Berkeley : University of
   California Press, 1974).

4) 유홍, 『유홍』(의당 유홍 선생 자서전 출판동지회, 1976), 369-379쪽.

5) 김진배, 『가인 김병로』(삼화인쇄주식회사, 1983), 187-188쪽.

6) 같은 책, 188쪽.

7) 이기택, 앞의 책, 174쪽.

8) 김진배, 앞의 책, 189-190쪽.

9) 같은 책, 190쪽.

10) 같은 책, 190-191쪽.

11) 같은 책, 191쪽.

12) 이기택, 앞의 책, 174쪽.

13) 국사편찬위원회, 『대한민국사 연표』 상(1945. 8. 15-1969. 12. 31)(국사
    편찬위원회, 1984), 628쪽.

14) 이성춘, 「4자 회담의 선언」(「한국정당의 뿌리」 제61회), ≪한국일보≫
    1986년 12월 10일자. 이하 이 4자 회담에 관한 기본적인 자료는 출전을 따
    로 밝히지 않는 한 이 글에 의존한 것이다.

15) 같은 곳.

16) 옥계 유진산 선생 기념사업회, 『옥계(玉溪) 유진산 : 생애와 사상과 정
    치』 하(사초, 1984), 295쪽.

17) 이성춘, 「보름 만에 좌초한 '범야 단일화 운동'」(「한국 정당의 뿌리」 제65회),
    ≪한국일보≫ 1987년 2월 11일자.

18) 위와 같음.

19) 같은 곳.

20) 이성춘, 「민정-민주의 발기」(「한국정당의 뿌리」, 제66회), ≪한국일보≫
    1987년 2월 25일자.

21) 김진배, 앞의 책, 196-197쪽.

22) 이성춘, 「민정-민주의 발기」.

23) 「한국 정당의 뿌리」 제67회, ≪한국일보≫ 1987년 3월 13일자.

24) 같은 곳.

25) 국사편찬위원회, 앞의 책, 630-636쪽.

26) 이기택, 앞의 책, 180쪽.

27) 국사편찬위원회, 앞의 책, 640-643쪽.

28) 김진배, 앞의 책, 192-194쪽.

29) 이영근, 앞의 책, 210쪽.

30) 국사편찬위원회, 앞의 책, 646쪽.

31) 이영석, 『야당 30년 : 도전과 좌절의 발자취』(인간사, 1981), 56-57쪽.

32) 같은 책, 57쪽.

33) 「한국 정당의 뿌리」 제81회, ≪한국일보≫ 1987년 7월 31일자.

34) 제82회, ≪한국일보≫ 1987년 8월 7일자.

35) 「한국 정당의 뿌리」 제83회, ≪한국일보≫ 1987년 8월 21일자.

36) 이영석, 앞의 책, 60쪽. 이하 국민의당 대통령 후보 조정 과정에 대해서
    는 거의 전적으로 이 책의 60-67쪽에 의존했다. 정치부기자 출신의 저자는
    당시의 취재 경험을 바탕으로 대단히 소상하게 설명하고 있다.

37) 같은 책, 61-62쪽.

38) 같은 책, 63-64쪽.

39) 같은 책, 64-65쪽.

40) 이영근 외, 앞의 책, 210-211쪽.

41) 김진배, 앞의 책, 226-227쪽.

42) 같은 책, 224쪽.

43) 김후경, 『대한민국독립운동공훈사』(대한민국독립운동공훈사발간위원회, 1983),
    402-403쪽.

44) ≪서울신문≫ 1964년 1월 14일자.

45) 김진배, 앞의 책, 428-440쪽.

46) 같은 책, 426-427쪽.

맺는 생각들
1) 송건호, 『한국현대인물사론 : 민족운동의 사상과 지도노선』(한길사, 1984),
    2쪽.
2) 같은 책, 2-3쪽.

가인 김병로 연보

▶1888년(고종 25년)

1월 27일 전라북도 순창군 복흥면 하리에서 출생(음력 1887년 12월 15일). 울산 김씨. 김상희(1865-1895)와 장흥 고씨(1864-1930)의 1남 2녀 중 둘째임.

▶1894년(고종 31년 : 만 6세)

2월에서 초겨울까지 이웃 고부군에서 전봉준을 지도자로 하는 농민 혁명이 시작되고 3차에 이르는 기병(起兵)이 있었음. 농민군 병사들이 순창에 머물기도 함. 전봉준과 농민군으로부터 강렬한 인상을 받은 것으로 전해짐.

5월(음력 4월) 가인을 사실상 길러주고 가르친 할아버지 김학수(1839-1894)가 별세함. 이에 따라 아버지가 벼슬을 내놓고 서울에서 귀향함.

1895년(고종 32년 : 만 7세)

11월(음력 10월) 아버지 별세함.

1896년(고종 33년 : 만 8세)

할머니 박씨(1837-1900)가 가인을 위해 독서당을 세우고 그에게 한문 공부를 시킴.

1897년(고종 34년 대한제국 국호와 광무 연호 채택 : 만 9세)

소학에 이어 사서를 읽음.

1899년(고종 36년 : 만 11세)

연일 정씨(1883-1950)와 결혼함.

▶1900년(고종 37년 : 만 12세)

할머니 별세함.

1902년(고종 39년 : 만 14세)

성리학의 당대 최고봉으로 알려진 전우(田愚)의 문하에 들
어감.

1904년(고종 41년 : 만 16세)

전우의 문하를 떠남. 광주를 거쳐 목포로 감. 일신학교에서
신학문 배움.

1905년(고종 42년 : 만 17세)

11월 을사조약 강요됨. 분개하여 자살할 것을 생각했으나
그만두고 나라를 위한 새 길을 찾고자 귀향함.

1906년(고종 43년 : 만 18세)

6월 순창에서 최익현의 의병에 가담함. 12월 최익현 순국
함. 독서에 전념함.

1907년(고종 44년 순종 즉위 융희(隆熙) 연호 채택 : 만 19세)

연초 좌절 속에 오행술서를 연구하고자 전북의 명산을 찾
음. 유도하라는 노인을 만나 오행술서를 배움.

11월 장남 재중 태어남.

1908년(순종 2년 : 만 20세)

3월 귀향. 다시 의병에 참여함.

1909년(순종 3년 : 만 21세)

봄 이웃 옥과용전(玉果龍田)으로 이사함.

가을 전라남도 담양군 창평면 용수리로 이사함. 곧 광주
목포, 군산으로 여행하고 다시 창평으로 돌아와 창흥학교

설립을 도우면서 자신도 속성과에서 공부함.

▶1910년(순종 4년 : 만 22세)

3월 창흥학교 속성과를 마치고 도쿄로 유학함.

4월 니혼대학 전문부 법과 청강생으로 등록함.

8월 한일합방 소식을 접함. 실의 속에 목사가 될까 하는 생각도 잠시 가짐.

10월 장녀 순남 태어남.

1911년(만 23세)

연초 귀국, 부산의 수상 경찰서에 구인되었다가 곧 석방되어 귀향함.

곧 광주로 감. 기독교 교회에 나감.

곧 건강 악화로 귀향함. 폐결핵 진단을 받음. 특종 사류인 흑질백장 두 마리를 복용한 뒤 완쾌함.

곧 다시 광주로 감. 자형과 함께 잡화상을 경영해 학비를 모음. 틈틈이 메이지대학 법과 강의록을 읽음.

가을 다시 도쿄 유학 길에 오름. 메이지대학 법과 편입 시험을 준비함.

1912년(만 24세)

3월 메이지대학 법과 3학년에 편입. 이어 재도쿄 조선인 유학생 학우회에 참여해 간부로 일함.

1913년(만 25세)

3월 졸업 시험. 발표에 앞서 일본 국내를 여행함. 메이지대학 법과 졸업함.

4월 귀국. 광주의 경편철도(輕便鐵道) 전무로 초대받았으나 거절함.

약 2개월 동안 집안을 정리해 학비를 마련함.

여름 다시 도쿄로 가서 메이지대학과 주오대학이 공동 운영하는 법률고등연구과에서 연구를 시작함. 니혼 대학 법과에도 학적을 둠.

1914년(만 26세)

연초 재도쿄 조선인 유학생 학우회 기관지 ≪학지광(學之光)≫의 창간호부터 편집 책임을 맡음. 「검봉(劍鋒)」란을 담당해 집필함.

6월 차남 재열 태어남.

1915년(만 27세)

3월 니혼대학 법과 졸업시험 통과. 성적이 우수해 지도교수가 일본 변호사 시험 응시를 권함. 그러나 조선인은 응시 자격이 없다는 내각의 결정을 통고받아 포기함. 메이지대학 법과 졸업, 니혼대학 법과 졸업, 메이지대학과 주오대학 법률 고등연구과 수료로 도쿄 유학을 마침.

7월 귀국함.

9월 경성전수학교 법학 조교수로 발령받음. 보성법률상업학교에도 출강함. 조선인 법조인으로만 조직된 사법협회 기관지 ≪법학계≫ 창간에 관여함. 그 편집 책임을 맡음. 「법리관(法理觀)」, 「중복 매매와 중복 저당의 형사상 책임」, 「부동산에 대한 절도죄의 성립」(질의 문답), 「범죄 구성의 요건되는 위법성을 논함」(4회 연재), 「중복 매매와 위험 부담」(질의 문답) 등을 ≪법학계≫에 발표함.

1916년(만 28세)

「가차압의 효력」(질의 문답)과 「유자도품(幼者盜品)의 고매(故買)와 장물죄의 성립」(질의 문답)을 각각 ≪법학계≫ 제4호와 제6호에 발표함.

1917년(만 29세)

3남 재옥 태어남.

1919년(만 31세)

4월 경성전수학교 조교수 사임함.

4월 16일 부산지방법원 밀양지원 판사 취임함.

▶1920년(만 32세)

4월 17일 판사 사임하고 변호사 자격 얻음.

6월 월남 이상재와 함께 조선교육협회 창립 발기인으로 참가함.

9월 서울 서대문정(町) 1의 153 자택에서 변호사 개업함. 곧 대동단 사건의 변호를 뒤에서 도와줌. 이것을 출발로 독립투사들의 변호를 전담하다시피 함.

1921년(만 33세)

9월 동아일보사 검사역 취임함.

10월 범태평양국제변호사회 제2차 대회가 북경에서 열림에 따라 조선인 변호사회 대표단의 일원으로 참석함.

12월 재단법인 보성전문학교 설립자 59인 중 1인으로 참여함. 독립 운동 단체 보합단 사건 관련자들을 변호함.

1922년(만 34세)

1월 보성전문학교 6인 상임이사진의 일원으로 참여함.

1923년(만 35세)

연초 조선물산장려운동과 조선민립대학설립운동에 참여함. 허헌 변호사 등과 함께 형사공동연구회를 조직함.

5월 김상옥 의사 사건 관련자들을 변호함. 곧 이어 제2차 의열단 사건 관련자들을 변호함. 맏아들 재중이 외가 쪽의 고귀현과 결혼함.

1924년(만 36세)

4월 경성 조선인 변호사회 상의원으로 선출됨. 조선 중앙
기독교 청년회학관 산하에 고등학교를 세우려는 기성회가
발기되었을 때 발기인으로 참여함. 동아일보사 간부들에
대한 친일파들의 협박 사건(식도원 사건)을 규탄하는 민중
대회 발기 준비위원으로 뽑힘. 민중 대회를 주도함. 곧 언
론-집회 자유 실행위원으로 뽑힘.

5월 조선 변호사 협회 이사장으로 선출됨.

11월 항일 단체 북풍회 창립 때 참가함.

1925년(만 37세)

4월 경성 조선인 변호사회 부회장으로 선출됨.

6월 ≪정론(正論)≫ 창간호에 「엄정한 여론의 환기가 급무」
라는 시론을 발표함.

8월 흑기연맹 피고인들을 변호함

1926년(만 38세)

4월 경성조선인변호사회 회장으로 선출됨.

6월 6·10 만세 운동 참여자들을 변호함.

1927년(만 39세)

2월 신간회 창립 총회에 참여함.

3월 신간회 초대 회장 이상재가 별세하고 권동진이 회장직
을 맡음에 따라 그 보좌역으로 취임함. 장손 원규가 태어남.

4월 경성조선인변호사회 부회장으로 선출됨.

6월 전조선변호사대회에서 신문지법과 출판법의 개정을 촉
구함.

10월 제1차 조선공산당 사건 관련자들을 변호함.

11월 함경남도 장진군 부지 강제 수매에 대한 장진군민들

의 진정을 받고 현지로 가서 일제 관리들과 싸움.

12월 19일 고려혁명당 사건 관련자들을 변호함.

1928년(만 40세)

1월 전라북도 옥구군 단수 지역에서 일어난 소작 쟁의 관련 농민들을 변호함.

4월 경성조선인변호사대회 부회장으로 선출됨. ≪조선일보≫ 필화 사건의 안재홍을 변호함.

봄 정의부(正義府) 군사위원장 오동진을 변호함.

7월 「법조계에 대한 희망」을 ≪별건곤≫ 총14호에 발표함.

11월 만주 안동현 방문. 안동현의 조선인 청년회의 초청을 받아 「우리의 비애」라는 제목으로 강연함.

12월 제1차 간도공산당 사건 관련자들을 변호함.

1929년(만 41세)

일월 미상 통의부(統義府) 관련자를 변호함.

1월 원산 부두에서 노동자들의 집단 파업이 일어남. 현장을 시찰하며 노동자들을 격려함. 그들의 공판이 시작되었을 때 변호를 맡음.

5월 손자 형규(재중의 둘째 아들)을 봄.

6월 형평사 사건 관련자들을 변호함.

7월 신간회 중앙집행위원회 재정부장으로 선출됨. 곧 갑산 화전민 박해 사건이 일어나 신간회 현지 조사단을 이끌고 현지에 감. 서울로 돌아와 진상을 신간회 중앙 본부에 보고함. 갑산 화전민 충화(衝火) 대책 강구회 대책위원으로 선출됨.

8월 갑산 사건의 진상을 보고하려는 연설회를 총독부가 금지시킨 것에 항의하는 언론탄압비평대연설회 연사로 선출됨. 이 연설회도 금지됨. 이를 총독부에 항의함.

9월 대구 학생 비밀 결사 사건 관련자들을 변호함.

11월 3일 광주 학생 사건 일어남.

11월 10일 신간회 중앙본부를 대표해 광주 방문함. 관계 기관들을 순방해 조선인 학생들에 대한 부당한 처사를 항의하고 그 시정을 촉구함.

11월 12일 귀경하여 신간회 중앙 본부에 진상 보고함. 진상 보고 연설회를 개최하려 했으나 불허됨. 사이토 총독을 만나 항의함.

12월 함흥에서 조선인 노동자가 일본인에게 사살된 사건이 발생함에 따라 현지를 방문하고 진상을 조사함. 곧 진주 노조 관련자들을 대구지방법원 공판에서 변호함.

12월 12일 신간회 중앙본부 및 경성지회 간부들을 소집해 비밀 회의를 개최함.

12월 13일 다른 신간회 간부들과 함께 경찰에 연행됨. 가인은 석방됨. 곧 신간회 중앙집행위원장의 직무를 대행함.

▶1930년(만 42세)

1월 서대문형무소의 사상미결감에 수감중인 3, 4백 명의 피의자들을 차례로 면회함.

2월 광주 학생 사건 관련자들을 변호함.

3월 어머니가 별세함. 제3차 조선공산당 관련자들을 변호함. 곧이어 여운형을 변호함.

4월 조작된 신간회 비밀결사 사건에 연루되었으나 무사함.

5월 수원고등농림학교 학생들의 흥농사(興農社) 사건을 변호함.

7월 함남 단천에서 일경이 농민을 살상한 사건이 일어나 현지로 내려가 조사함.

9월 장녀 순남, 김문칭과 결혼함.

11월 신간회 중앙 집행위원장으로 선출됨.

12월 신간회 해소론이 표면화됨. 이 무렵 일본 공산주의 운동계의 거물 가미카와 하지메(河上肇)가 직속 변호사 무라카미 스스무(村上進)를 가인에게 밀파해 신간회를 해소하라고 권고함. 가인은 해소론에 반대함.

1931년(만 43세)

1월 총독부로부터 6개월 동안의 변호사 정직 처분 받음. 이에 가인은 신간회 중앙집행위원장직 사퇴원을 신간회 중앙집행상무위원회에 냈으나 만류됨.

2월 ≪동광≫ 2월호에 「신간회의 해소론이 대두함에 제하여」라는 논설 발표하고 해소론을 적극 반대함. ≪삼천리≫ 2월호에 해소론 반대의 입장을 밝힘.

4월 민중대회 관련자들 공판 때 뒤에서 적극 도움.

5월 신간회 전체 대회를 사회함. 가인의 반대에도 불구하고 신간회 해소 결의안이 가결됨. 곧 충무공유적보존운동 기금 관리위원으로 선출됨.

7월 변호사 정직 처분이 해제됨.

12월 제3차 간도공산당 관련자들을 변호함.

1932년(만 44세)

1월 「국가의 근본의(根本義)와 민중의 자유」를 ≪동광≫ 제4권 제1호(1932년 1월)에 발표함.

3월 김성수의 보성전문학교 인수를 주도함.

4월 「민중의 권익 옹호 : 변호사의 직책은 무엇?」을 ≪신동아≫ 제2권 제4호(1932년 4월)에 발표함. 첫 손녀 혜규를 봄. 12월 안창호를 변호함.

1934년(만 46세)

일월 미상 일제를 피해 경기도 양주군 노해면 창동으로 온 가족과 함께 은거해 감.

1935년(만 47세)

1월 「혼인 의식에 대하여」를 ≪신동아≫ 제5권 제5호(1935년 1월)에 발표함.

3월 「반도의 사상 판검사진(陳)」을 ≪삼천리≫ 제7권 제3호 (1935년 3월)에 발표함.

4월 보성전문학교 창립 30주년 기념 사업위원회 상임위원으로 선정됨. 손녀 난규(재중의 딸)를 봄.

5월 보성전문 발전을 위한 기부금 모금을 위해 김성수 및 최두선과 함께 호남 지방을 순방함.

1936년(만 48세)

1월 「생존권의 강화진작에 용왕역진(勇往力進)하라」를 ≪신동아≫ 제6권 제1호(1936년 1월)에 발표함.

3월 둘째 아들 재열이 이필기와 결혼함.

1937년(만 49세)

4월 손녀 종은(둘째 아들 재열의 딸)을 봄.

7월 수양동우회 사건 관련자들을 변호함.

10월 손녀 종영(재중의 딸)을 봄.

▶1940년(만 52세)

5월 손녀 종순(재중의 딸)을 봄.

7월 손자 종인(둘째 아들 재열의 아들)을 봄.

1943년(만 55세)

1월 손녀 종화(재중의 딸)를 봄.

8월 손녀 종현(재열의 딸)을 봄.

1944년(만 56세)

5월 김홍섭 변호사를 친구 김준연에게 추천해 김준연의 딸과 혼사를 맺게 함.

1945년(만 57세)

3월 초 일제의 항복이 임박하면서 일제가 조선인 항일 지도자들을 학살할 것이라는 정보를 받고 이웃 가평군 조종안이라는 동네로 피신함.

8월 11일 곧 일본의 항복 발표가 있다는 연락을 받고 은밀히 귀가해 골방에 숨음.

8월 15일 해방을 맞음.

8월 16일 서울로 올라옴. 백관수 집에 머묾.

8월 19일께 백관수와 더불어 조선건국준비위원회를 방문하고 좌우합작을 제의했으나 성사되지 않음. 이 무렵 백관수 및 원세훈과 함께 고려민주당을 창당함.

8월 25일 조선건국준비위원회가 발표한 1백 35명 위원 명단에 이름이 오름. 가인은 부인함.

8월 28일 고려민주당을 확대해 조선민족당을 창당함.

8월 말 한국민주당 창당 발기 소위원회 위원으로 선출됨.

9월 2일 한국국민당과의 합당 교섭을 맡음.

9월 4일 한민당발기인대회에 참가해 개회사를 함. 같은 날 발족된 대한민국임시정부-연합군환영준비회 준비위원으로 선출됨.

9월 7일 〈조선인민공화국〉이 발표한 55명 인민위원 명단에 오름. 14일에는 〈조선인민공화국〉의 사법부장으로 발표됨. 가인은 권동진, 오세창, 김성수와 함께 발표한 성명서

를 통해 관계없음을 밝힘. 7일 연합군환영국민대회준비회
상임위원으로 선출됨.

9월 16일 한민당 공식 창당됨. 임시의장직을 맡음.

9월 21일 한민당 중앙감찰위원장으로 선출됨.

10월 5일 좌우 요인회담에 한민당 대표로 참가함.

10월 10일 좌우 요인회담에 다시 나감. 이날 발표된 아놀
드 군정 장관의 건준, 인공 매도 담화에 한민당원으로서는
이례적으로 비판적인 논평 발표함.

10월 20일 연합군환영국민대회 참가. 이날 구성된 한국지
사영접위원회 위원으로 선출됨.

10월 24일 이승만 중심의 좌우 통합 기구인 독립 촉성 중
앙 협의회를 뒷받침하기 위한 한민당, 국민당, 조선공산당
3당대표 회의에 한민당 대표단의 일원으로 참석함. 25일
공동성명 발표함. 3당의 부대(附帶) 결의 사항으로 선출된
국민대회준비회 기구 구성 연구위원 5인 가운데 1인으로
발표됨.

11월 2일 독립촉성중앙협의회 결성 대회에 참석함.

11월 24일 김구를 방문함.

12월 1일 임시정부환국봉영회에 참석함.

12월 4일 임정 제2진으로 귀국한 신익희를 방문함.

12월 초순 국내 법률가들이 독립 정부 수립에 대비해 헌법
기초위원회를 조직함. 가인이 회장을, 이인이 부회장을 각
각 맡음. 4, 5개월 자료 조사와 연구에 전념했으나 흐지부
지됨.

12월 18일 백관수 집에서 저녁 식사중 수류탄이 투척되었
으나 무사함.

12월 21일 한민당 서울지부 집행위원장을 겸함.

12월 28일 한반도에 대한 신탁 통치에 반대한다는 의사를 공개적으로 표시함.

12월 30일 송진우가 암살되자 송진우의 암살은 민족의 손실이라는 논평을 발표함.

1946년(만 58세)

1월 7일 김성수를 설득해 송진우의 후임으로 한민당 수석총무직을 맡게 함. 한민당 조선인민당 조선국민당 조선공산당 4당 대표회의에 한민당 대표로 참석함.

1월 18일 서울에서 학생들의 반탁 운동 일어남(1·18사태). 관련 학생들을 변호함.

2월 1일 비상국민회의가 열림. 전북 대의원으로 출석해 임시 의장으로 선출됨.

2월 13일 미소공동위원회 대표단 환영준비위원회에 한민당 대표로 허정과 함께 참가함. 또 김성수, 백관수, 김준연, 김도연, 백남훈 등과 함께 비상국민회의의 간부(법제상임위원장)로 선출됨.

2월 23일 남조선대한국민대표민주의원 산하 경제전문위원회 위원으로 선임됨.

3월 1일 기미독립선언기념사업회에 고문으로 참여함.

3월 5일 신탁통치를 전제로 하는 미소공동위원회는 배격한다는 담화를 발표함.

4월 1일 미소공동위원회로부터 초청이 있으면 한민당은 대표를 출석시켜 협의에 응할 것이라고 말함.

4월 7일 한민당, 한독당, 국민당, 신한민족당의 합당 교섭위원들 모임에 한민당을 대표해 참석함.

4월 20일 모스크바 3상회의의 결정이 한반도에 통일 임시 정부를 세우기 위한 것이라면 받아들일 수 있지만 신탁 통치를 위한 것이라면 받아들일 수 없다는 뜻을 공개적으로 밝힘.

5월 7일 한민당이 당내에 23개 분과위원회를 설치함. 가인은 법제조사분과위원장으로 선출됨.

5월 27일 한민당 간부들이 지방으로 유세함. 가인은 전북을 맡음.

6월 7일 한민당 대구지부 창당식에 참석하여 연설함.

6월 29일 김성수, 윤보선, 김동원, 허정 등과 함께 이승만이 조직한 민족통일총본부의 임원으로 선출됨.

6월 30일 미군정청 사법부에 설치된 법전기초위원회의 위원으로 위촉됨.

7월 12일 미군정청 사법부장에 취임함. 이에 따라 한민당 중앙감찰위원장을 사임함.

7월 25일 조선정판사 위폐 사건에 관해 경고함.

7월 31일 조선정판사 위폐 사건에 관한 사법부장의 성명을 발표함.

10월 21일 토지개혁문제를 둘러싸고 한민당의 정책에 반대해 탈당함.

12월 22일 민중동맹 결성대회에 참석함.

1947년(만 59세)

3월 사법부 안에 6인의 헌법기초위원회가 조직되고 가인도 그 일원이 됨.

일월 미상 도산기념사업회 발기인으로 참가함. 초대 회장 신익희에 이어 뒷날 2대 회장으로 취임함.

4월 27일 민중동맹 서울시지부 결성을 지원함.

4월 28일 손자 종학(재옥의 아들)을 봄.

9월 8일 안재홍, 이극로, 홍명희 등과 더불어 〈민족 국가로의 독립〉을 염원하는 7인 공동 성명을 발표함.

10월 1일 김규식을 위원장으로 하는 민족자주연맹 결성 준비위원회가 결성됨. 가인은 30명 결성 준비위원의 일원으로 참가함.

1948년(만 60세)

1월 「사법기관의 사명」이란 시론을 ≪법정≫ 1948년 1월호에 발표함.

8월 5일 대한민국 초대 대법원장에 임명됨. 같은 날 제헌국회에서 대법원장 인준 받음.

8월 16일 제헌국회에 나가 대법원장 신임 인사함.

9월 15일 법전편찬위원회 직제가 제정됨. 대법원장인 가인이 위원장, 법무부장관 이인이 부위원장이 되어 출범함.

1949년(만 61세)

2월 조야 전 법조인을 망라한 법조협회 회장으로 선출됨.

2월 민족반역자의 처단을 위한 반민족행위특별조사위원회 특별재판부 재판관장으로 임명됨.

2월 18일 이 대통령, 신 국회의장, 김 대법원장 회합이 경무대에서 이뤄짐. 이 대통령의 반민법 개정 요청을 거부함.

3월 4일 반민특위특별재판관 전체 회의를 소집함. 반민자 재판이 민족의 성업임을 강조하고 공정, 신속한 재판을 강조함.

3월 29일 월남 이상재 생탄 105주년 기념식에서 추념사를 함.

4월 23일 제헌국회에 출석하여 반민자 재판에 관해 설명함.

6월 7일 반민특위의 활동에 관한 이승만 대통령의 담화를
반박함.

7월 30일 국회 본회의에 출석하여 법원 조직법안에 관한
대법원장의 견해 밝힘.

10월 11일 신경통으로 서울대학교 부속병원에 입원함.

▶1950년(만 62세)

2월 20일 골수염으로 서울대학교 부속병원에서 왼쪽 다리
를 절단하는 수술 받음.

6월 27일 가족을 놓아둔 채 부산으로 피난함.

9월 28일 이승만 대통령과 함께 서울 수복식전에 참석함.

10월 8일 부인 정씨가 피난지인 친정 담양에서 공비에게
학살됨.

11월 14일 행방불명되거나 납치된 법관에 대한 처리 문제
에 대해 기자 회견함.

1951년(만 63세)

1월 4일 부산으로 피난함.

1952년(만 64세)

2월 13일 손자 재룡(재옥의 아들)을 봄.

12월 10일 제4회 인권선언일 기념사를 발표함.

12월 12일 1952년도 사법감독관회의에서 훈시함.

1953년(만 65세)

9월 30일 평화선의 정당성을 언명함.

10월 3일 형법시행기념식에서 기념사를 함.

10월 12일 1953년도 법관훈련회동에서 훈시함.

1954년(만 66세)

3월 20일 1954년도 법관훈련회동에서 훈시함. 〈법관된 사

람은 '법원도 썩었다'라는 말을 듣지 않도록 본연의 입장을 지키라〉고 강조함.

10월 11일 전국 법원 수석 부장판사 회동에서 훈시함. 청렴의 본분을 지키기 어려우면 사법부를 떠나라고 강조함.

11월 30일 사사오입 개헌 처리는 납득할 수 없다고 말함.

1955년(만 67세)

1월 5일 장남 재중 사망.

2월 24일 김성수 제2대 부통령 국민장에서 조사(弔辭)함.

5월 5일 고려대학교 개교 50주년 기념식에서 명예 법학 박사 학위 받음.

5월 13일 대법관 일행과 함께 연합 참모본부 방문하고 군수뇌부를 격려함.

12월 1일 1955년도 사법감독관회의에서 훈시함.

1956년(만 68세)

2월 21일 이승만 대통령이 국회 치사에서 〈판사의 월권 행위〉에 대해 유감을 표명하자 가인은 그날로 이 대통령의 치사에 대해 유감을 표명함.

2월 27일 이 대통령의 국회 치사를 정면 반박하는 담화를 발표함.

7월 30일 민주당의 김선태 의원 석방결의안이 민의원에서 통과되었음에도 당국이 석방하지 않는 데 대해 〈국법 무시〉라고 언명함.

1957년(만 69세)

5월 26일 1957년도 사법 감독관 회동에서 훈시함.

9월 19일 국제법률가협회 월례회에서 「한국의 법률 근원」이라는 제목으로 강연함. 이 연설문이 ≪법률평론≫ 1958년 1

월호에 실림.

11월 6일 민의원 본회의에 출석하여 신민법안에 관한 입법 취지를 설명함.

12월 16일 대법원장 정년 퇴임함.

12월 17일 국회에 나가 퇴임 인사함.

1958년(만 70세)

3월 초순 「나의 심경 나의 견해」를 ≪신태양≫ 1958년 3월호에 발표함.

3월 13일 법관회의의 대법원장 제청권을 삭제하려는 정부의 시도를 규탄하는 전국 변호사 대회에 나가 연설함.

6월 22일 영일 을구 선거 무효 판결을 오판이라고 논평한 이재학 국회부의장의 발언은 사법권 모독이라고 비난함.

7월 6일 진보당 사건 1심 판결에 불만 품은 데모대의 법원 난입에 대해, 그 배후를 철저히 규명해야 한다고 논평함.

12월 24일 민의원이 변칙적으로 통과시킨 신국가보안법에 반대함. 또 변칙 통과 자체를 무효라고 선언함.

1959년(만 71세)

1월 14일 민권수호국민연맹 고문으로 추대됨.

2월 16일 재일동포송북반대국민위원회 고문으로 추대됨.

3월 20일 ≪경향신문≫에 회고록 「수상 단편」을 발표하기 시작함.

4월 9일 ≪동아일보≫에 「언론의 자유에 관하여」를 기고함.

4월 30일 ≪경향신문≫ 폐간으로 회고록 연재가 중단됨.

5월 2일 「경향신문 폐간은 위헌 불법이다」라는 글을 ≪동아일보≫에 기고함.

5월 20일 「군정 법령 제55호는 헌법 저촉」이라는 글을 ≪동아일보≫에 기고함.

12월 초순 「신민법 시행에 대한 소감」을 ≪법정≫ 1959년 12월호에 발표함.

▶1960년(만 72세)

1월 1일 「부정선거는 천추의 한 될 것」이란 글을 ≪동아일보≫에 발표함.

1월 29일 민주당 대통령 후보 조병옥이 도미에 앞서 찾아옴.

2월 21일 조병옥 후보가 별세한 상태에서 민주당은 장면 부통령 후보를 중심으로 단결해 싸우라고 기자 회견을 통해 말함.

4월 20일 재야 정치인들과 함께 4·19 이후의 사태를 수습하기 위한 대 정부 건의안 발표함.

4월 29일 내각책임제 개헌을 하더라도 대통령은 직선하는 것이 바람직하다는 견해를 표명함.

5월 3일 혁신구국연맹 결성 운동과는 무관하다고 밝힘.

5월 6일 김창숙, 이강, 신숙 등과 함께 비상대책위원회 지도위원 이름으로 과도정부의 개편을 요구함.

6월 18일 자유법조단 대표에 선임됨. 부정선거관련자와 부정축재자 처벌을 위한 특별법의 제정을 요구함.

7월 29일 제5대 민의원 선거에 전북 순창군에서 입후보하여 차점으로 낙선함.

8월 20일 「장 내각에 바란다」를 ≪동아일보≫에 발표함.

1962년(만 74세)

8월 15일 국민훈장 무궁화장 받음.

7월 22일 「박정희 의장 거취 문제」를 ≪동아일보≫에 발표함. 박 의장은 민정에 참여해서는 안 된다고 단언함.
1963년(만 75세)
1월 3일 윤보선, 이인, 전진한 등과 인현동 자택에서 〈4자 회담〉을 갖고 단일 야당 결성에 합의함.
1월 9일 민주당 재건을 추진하는 박순천의 대리인이 포함된 〈5자 회담〉이 인현동 자택에서 열림.
1월 11일 구자유당계 대표도 포함된 〈13인 확대 회담〉을 인현동 자택에서 열고 단일 야당 결성을 위한 노력을 계속함.
1월 17일 단일 야당 결성 노력이 깨어짐에 따라 가인은 민정당(民政黨) 창당 추진을 선언함.
1월 27일 민정당창당발기준비대회 열림. 가인이 임시 의장직을 맡음. 이날 대회에서 대표지도위원으로 선출됨.
2월 20일 박정희 대통령권한대행이 민정에 참여하지 않고 원대 복귀할 것을 다짐한 「2·18 성명」에 대한 대책을 논의하려는 야당지도자간담회를 인현동 자택에서 가짐.
2월 27일 「2·18 성명」을 뒷받침하는 「2·27 선서」식에 참석함.
3월 1일 건국공로훈장 단장 받음.
3월 18일 박정희 대통령권한대행이 「2·18 성명」과 「2·27 선서」를 번복한 「3·16 선언」을 발표한 데 대해 그 철회를 요청하기 위해 박정희와 만나겠다는 뜻을 전달함. 이때 박 대통령권한대행의 면담 요청을 거부함.
3월 22일 「군정연장과 국민투표에 대하여」를 집필함. 이 글은 ≪사상계≫ 1963년 4월호에 게재됨.
4월 8일 박정희 대통령권한대행이 「3·16일 선언」을 철회하면서 가인을 비롯한 야당 지도자들에게 그 뜻을 전달함.

4월 15일 가인을 비롯한 야당 지도자들이 공동 성명을 발표하고 민정에의 조속한 복귀를 촉구함.

5월 14일 민정당 창당. 가인이 대표최고위원으로, 윤보선이 대통령후보로 선출됨.

6월 초순 난국 타개를 논의하기 위한 재야 지도자들의 시국 간담회를 인현동 자택에서 가짐.

7월 18일 가인이 허정 및 이범석과 3자 회담을 갖고, 가인의 민정당과 허정의 신정당 및 이범석의 민우당이 무조건 합당한다는 원칙에 합의함.

7월 30일 가인이 허정 및 이범석과 「국민에 보내는 성명」을 발표함. 국민의 절대 지지를 받을 수 있는 단일 대통령 후보를 내겠다고 다짐함.

8월 1일 민정, 신민, 민우의 통합정당인 국민의당 창당 발기 대회가 열림. 가인이 대표최고위원으로 선출됨.

8월 26일 재야정치지도자회의가 가인 자택에서 열림. 단일 대통령 후보를 반드시 내겠다는 뜻의 성명을 발표함.

9월 4일 가인 자택에서 가인, 윤보선, 허정, 이범석의 4자 회담이 열림. 이범석이 가인을 대통령 후보로 추대함. 마지막 단일화 절충을 벌였으나 실패함.

9월 5일 국민의당 창당대회가 열림. 가인이 창당준비위원회 대표 자격으로 개회사를 함. 가인이 대표최고위원으로 선출됨. 가인을 대통령 후보로 옹립해야 한다는 주장도 강하게 나왔으나 건강을 이유로 사양함. 국민의당은 결국 허정을 대통령 후보로 지명함.

9월 11일 민정당은 국민의당 참여를 포기하고 윤보선을 대통령 후보로 지명하면서 가인의 대표최고위원직 사표를 수리함.

11월 4일 국민의당 최고위원들 집단 사퇴함. 가인도 대표
최고위원직을 사퇴함.

연말 병석에 누움.

1964년(만 76세)

연초 장면 전 국무총리가 문병함. 천주교로의 귀의를 권고
받고 사양함.

1월 13일 인현동 자택에서 영면함. ≪동아일보≫ ≪조선일
보≫ ≪서울신문≫ 등이 애도의 사설을 발표함. 박정희 대
통령이 조문함.

1월 19일 사회장(장례위원장 이인)으로 수유리 유택에 모심.

▶1984년

1월 13일 가인 김병로 선생 20주기 추도식(추도준비위원장
유진오). 기념사업의 하나로 김진배의 『가인 김병로』(삼화
인쇄주식회사, 1983)가 출간됨.

참고 문헌

1차 자료

(1) 김병로의 구술

「수상 단편」. ≪경향신문≫. 1959년 3월 20일부터 1959년 4월 30일까지 연재. 김진배, 『가인 김병로』(삼화인쇄주식회사, 1983), 231-327쪽에 수록되어 있음.

(2) 김병로 집필

「가차압의 효력」(질의 문답). ≪법학계≫. 제4호. 1916년.

「경향신문 폐간은 위헌 불법이다」. ≪동아일보≫. 1959년 5월 2일.

「국가의 근본의(根本義)와 민중의 자유」. ≪동광≫. 제4권 제1호. 1932년 1월.

「군정 법령 제55호는 헌법 저촉」. ≪동아일보≫. 1959년 5월 20일.

「군정 연장은 국민 투표에 의하여」. ≪사상계≫. 1963년 4월.

「나의 심경·나의 견해」. ≪신태양≫. 1958년 3월.

「민중의 권익 옹호 : 변호사의 직책은 무엇?」. ≪신동아≫. 제2권 제4호. 1932년 4월.

「박정희 의장 거취 문제」. ≪동아일보≫. 1962년 7월 22일.

「반도의 사상 판, 검사진」. ≪삼천리≫. 제7권 제3호. 1935년 3월.

「범죄 구성의 요건 되는 위법성을 논함」. ≪법학계≫. 제3호 (1915년) 및 제4호, 제5호, 제6호(1916년) 연재.

「법리관(法理觀)」. ≪법학계≫. 제1호. 1915년.

「법조계에 대한 희망」. ≪별건곤≫. 제3권 제4호. 1928년 7월.

「부동산에 대한 절도죄의 성립」(질의 문답). ≪법학계≫. 제2호. 1915년.

「부정 선거는 천추의 한 될 것」. ≪동아일보≫. 1960년 1월 1일.

「사법 기관의 사명」. ≪법정≫. 1948년 1월.

「생존권의 강화진작에 용왕역진(勇往力進)하라」. ≪신동아≫. 제6권 제1호. 1936년 1월.

「신년사」. 1952년 1월 1일.

「신년사」. 1954년 1월 1일.

「신년사」. 1956년 1월 1일.

「신민법 시행에 대한 소감」. ≪법정≫. 1959년 12월.

「언론의 자유에 관하여」. ≪동아일보≫. 1959년 4월 9일.

「엄정한 여론의 환기가 급무」. ≪정론(正論)≫. 제1권 제1호. 1925년 6월.

「유자도품(幼者盜品)의 고매(故買)와 장물죄의 성립」(질의 문답). ≪법학계≫. 제6호. 1916년.

「인촌(仁村) 조사」. ≪동아일보≫. 1955년 2월 26일.

「1954년도 법관 훈련 회동 훈시」. 1954년 3월 20일.

「1953년도 법관 훈련 회동 훈시」. 1953년 10월 12일.

「1955년도 사법 감독관 회의 훈시」. 1955년 12월 1일.

「1952년도 사법 감독관 회의 훈시」. 1952년 12월 12일.

「1957년도 사법 감독관 회동 훈시」. 1957년 4월 26일.

「장 내각에 바란다」. ≪동아일보≫. 1960년 8월 20일.

「전국 법원 수석 부장판사 회동 훈시」. 1954년 10월 11일.

「제9회 인권 선언일 기념사」. 1957년 12월 10일.

「제9회 제헌절 경축사」. 1957년 7월 17일.

「제4290년 개천절 경축사」. 1957년 10월 3일.

「제4회 인권 선언일 기념사」. 1952년 12월 10일.

「제12주년 광복절 경축사」. 1957년 8월 15일.

「제11주년 광복절 경축사」. 1956년 8월 15일.

「제6회 제헌절 경축사」. 1954년 7월 17일.

「제8회 인권 선언일 기념사」. 1956년 12월 10일

「중복 매매와 위험 부담」(질의 문답). ≪법학계≫. 제3호. 1915년.

「중복 매매와 중복 저당의 형사상 책임」. ≪법학계≫. 제2호.
1915년.

「친족 상속에 관한 관습의 비판」. ≪법정(法政)≫. 1947년 4월.

「퇴임사」. 1957년 12월 16일.

「8·15 그날」. ≪동아일보≫. 1954년 8월 12일.

「한국의 법률 근원: 1957년 9월 19일 국제 법률가 협회 월례회
에서의 연설」. ≪법률평론≫. 1958년 1월.

「형법 시행 기념식 기념사」. 1953년 10월 3일.

「혼인 의식에 대하여」. ≪신동아≫. 제5권 제5호. 1935년 1월.

(3) 기자 회견 또는 성명

「개헌안 표결 정족수 문제」. ≪동아일보≫. 1954년 11월 30일.

「고하가 간 뒤엔 사람 없어」. ≪동아일보≫. 1960년 10월 8일.

「국민은 악법 폐지를 요구할 권리 있다」. ≪동아일보≫. 1959년
1월 10일.

「국민의 권리 수호하자」. ≪동아일보≫. 1959년 1월 1일.

「민주당 분당은 피해야」. ≪동아일보≫. 1960년 7월 26일.

「반민특위 조사부 해체에 관한 견해」. ≪동아일보≫. 1949년 2월 17일.

「서평 : 『법전(육법전서)』」. ≪동아일보≫. 1959년 4월 6일.

「송진우 피살에 대하여」. ≪동아일보≫. 1945년 12월 31일.

「신간회 해소 반대」. ≪조선일보≫. 1931년 5월 10일.

「5호 성명에 관한 견해」. ≪동아일보≫. 1946년 4월 22일.

「위폐 사건에 관한 사법부장의 경고」. ≪동아일보≫. 1946년 7월 25일.

「위폐 사건에 관한 사법부장의 성명 : 공보부 특별 발표」. ≪동아일보≫. 1946년 7월 31일.

「이씨 발언은 사법권 모독」. ≪동아일보≫. 1958년 6월 23일.

「7 · 29 선거」. ≪동아일보≫. 1960년 7월 23일.

※이상의 자료 가운데 출전이 밝혀지지 않은 것들은 김진배. 『가인 김병로』. 삼화인쇄주식회사. 1983. 말미에 있음.

(4) 김병로의 국회 발언

국회사무처. 『제1회 국회속기록』. 제41회(1948년 8월 16일).

__________. 『제22회 국회 정기회의 속기록』. 제1호(1956년 2월 21일).

__________. 『제26회 국회 속기록』. 제63호(1957년 12월 17일).

__________. 『제26회 국회 정기회의 속기록』. 제30호(1957년 11월 6일).

(5) 김병로 전기

김진배. 『가인 김병로』. 삼화인쇄주식회사. 1983.

(6) 김병로를 평가한 글

김진배. 「김병로」. 신동아 편집실 엮음. 『근대 인물 1백인선』(≪신동아≫. 1970년 1월호 부록).

권순영. 「가인 김병로 변호사」. ≪대한변호사협회지≫. 1976년 3월.

박수만. 「검은 법복의 대부들: 역대 대법원장들과의 영광과 오욕」. ≪정경문화≫. 1983년 7월.

≪월간 법률≫ 편집부. 「가인 김병로 전 대법원장」. ≪월간법률≫. 1987년 9월.

이영근·김충식·황호택. 『법에 사는 사람들』. 삼민사. 1984.

최종고. 「김병로와 김홍섭」. 이기동 외. 『이땅의 이 사람들』 제2권. 뿌리깊은나무. 1980.

「한국 사법의 화신 가인 김병로」. 전라북도. 『내 고장 전북의 뿌리』. 1984.

(7) 김병로에 대한 회고가 포함된 회고록 또는 회고담

강수웅. 『민사 재판의 해부: 기자가 본 재판의 이상과 실재』. 한국 사법 행정학회. 1982. 가운데 「부록: 원로와의 대화, 현민 유진오 박사」 부분.

경향신문사. 「가인의 여성관: 자부가 말하는 고 김병로 씨」. ≪경향신문≫. 1964년 1월 15일.

고재호. 『법조 반백년』. 박영사. 1985.

김갑수. 『법정 30년』. 법정출판사. 1970.

박순천. 「남기고 싶은 이야기들(35): '정치 여성' 반세기(24)」. ≪중앙일보≫. 1974년 3월 23일 및 4월 11일.

백남훈. 『나의 일생』. 해온 백남훈 선생 기념사업회. 1968.

백한성. 「오호! 가인 선생 가시다」. ≪조선일보≫. 1964년 1월 4일.

유진오. 『양호기(養虎記): 보전·고대 35년의 회고』. 고려대학교 출판부. 1977.

______. 『헌법 기초 회고록』. 일조각. 1980.

유홍. 『유홍』. 의당(衣堂) 유홍 선생 자서전 출판 동지회. 1976.

이병헌. 「신간회 운동」. ≪신동아≫. 1969년 8월.

이인. 『반세기의 증언』. 명지대학교 출판부. 1974.

장덕조. 『장덕조 에세이: 일곱 장의 편지』. 우주. 1981.

주요한. 「가인 김병로 선생의 추억」. ≪새벽≫. 1960년 11월.

______. 「가인 김병로 선생의 추억」. ≪조선일보≫. 1964년 1월 17일.

조병옥. 『나의 회고록』. 해동. 1986(복간본).

최일남. 『최일남이 만난 사람: 변호사 이돈명 씨』. ≪신동아≫. 1985년 10월.

최홍조. 『나의 ≪동아≫ 기자 시절』. ≪신동아≫. 1986년 5월.

※ 「가인 김병로 선생 추모 대담」(1964년 1월 14일, 서울 중앙방송)을 비롯한, 가인 별세 직후에 발표된 조사들과 사설들은 김진배. 『가인 김병로』(삼화인쇄주식회사. 1983). 425-482쪽에 수록되어 있다.

(8) 김병로의 행적 또는 일화들이 포함된 전기

김을한. 『월남 이상재 일대기』. 정음사. 1976.

______. 『무명 기자의 수기』. 탐구당. 1984.

김준연. 『독립 노선』. 제6판. 시사시보사. 1949.

유진산선생기념사업회. 『옥계 유진산: 생애와 사상과 정치』 상·하권. 사초. 1984.

유치송. 『해공 신익희 선생 일대기』. 해공 신익희 선생 기념회. 1984.

이경남. 『설산 장덕수』. 동아일보사. 1981.

최시중. 『인촌 김성수: 인촌 김성수의 사상과 일화』. 동아일보사. 1985.

최종고. 『사도 법관 김홍섭』. 육법사. 1975.

(9) 사전과 연표 및 색인

국회 도서관 입법조사국. 『한국 정치 연표(1945-1984)』. 1984.

조선일보사. 『조선일보 항일 기사 색인: 1920-1940』. 1986.

중앙 선거관리위원회. 『역대 국회의원 선거 상황』. 1963.

한국 정치학회 엮음. 『증보 정치학 대사전』. 박영사. 1983.

(10) 해설을 포함시킨 자료집

길진현. 『역사에 다시 묻는다: 반민특위와 친일파』. 삼민사. 1984.

김병화. 『한국 사법사』. 중세편(정정 초판, 1979), 근세편(정정 초판, 1979), 현세편(초판, 1979), 추록(1979). 일조각. 이 가운데 특히 현세편.

______. 『근대 한국 재판사』. 한국사법행정학회. 1974. 『속 근대 한국 재판사』. 한국 사법 행정학회. 1976.

김후경. 『대한민국 독립운동 공훈사』. 대한민국 독립운동공훈사

발간위원회. 1983.

대법원. 『한국 법관사』. 1975.

서울법대 백년사 발간 준비위원회. 『서울법대 백년사 : 자료집(광복전 50년)』. 서울대학교 법과대학 동창회. 1987.

송남헌. 『해방3년사(1945-1948)』. Ⅰ-Ⅱ권. 까치사. 1985.

심지연. 『한국 민주당 연구 Ⅰ : 정치적 성장 과정과 정치 이념 및 관계 자료』. 풀빛. 1982.

______. 『한국 민주당 연구 Ⅱ : 한국 현대 정당론』. 창작과비평사. 1984.

______. 『해방 정국 논쟁사 Ⅰ』. 한울. 1986.

한국 변호사사 간행위원회. 『한국 변호사사』. 대한 변호사 협회. 1979.

2차 자료

(1) 저서(국문)

강만길. 『한국 현대사』. 창작과비평사. 1984.

______. 『한국 민족 운동사론』. 한길사. 1985.

강재언. 『한국 근대사 연구』. 한울. 1982.

______. 『한국의 근대 사상』. 한길사. 1985.

김상옥·나석주 열사 기념사업회. 『김상옥·나석주 항일 실록』. 삼경당. 1986.

김종범·김동운. 『해방 전후의 조선』. 조선 정경 연구사. 1945.

김준엽·김창순. 『한국 공산주의 운동사』. 전5권. 청계연구소. 1986.

김홍일. 『대륙의 분노: 노병의 회상기』. 문조사. 1972.

민병용. 『미주이민 1백년: 초기 인맥을 캔다』. 한국일보사 출판국. 1986.

손세일. 『이승만과 김구』. 일조각. 1970.

송건호. 『한국 현대 인물사론』. 한길사. 1984.

신복룡. 『대동단실기』. 양영각. 1982.

______. 『동학 사상과 갑오 농민 혁명』. 평민사. 1985.

신용하. 『한국 근대사와 사회 변동』. 문학과지성사. 1980.

______. 『신채호의 사회 사상 연구』. 한길사. 1984.

신일철. 『신채호의 역사 사상 연구』. 고려대학교 출판부. 1981.

월남 이상재 선생 동상 건립위원회 엮음. 『월남 이상재 연구: 연구논문-월남 시문-관계 자료』. 노출판. 1986.

이기택. 『한국 야당사』. 백산서당. 1987.

이만규. 『여운형 선생 투쟁사』. 민주문화사. 1946.

이영석. 『야당 30년: 도전과 좌절의 발자취』. 인간사. 1981.

조규하·이경문·강성재. 『남북의 대화』. 한얼문고. 1972.

최민지·김민주. 『일제하 민족 언론사론』. 일월서각. 1978.

최종고. 『한국의 서양법 수용사』. 박영사. 1982.

한국반탁반공학생운동 기념사업회. 『한국 학생 건국 운동사』. 1986.

한국일보사. 「한국정당의 뿌리」. 1985년 6월 9일부터 1987년 9월 25일까지 주 1회.

한정일. 『일제하 광주학생 민족운동사』. 전예원. 1981.

(2) 저서(영문)

Cho, Soon-sung. *Korea in World Politics, 1945-1950: An Evaluation* of American Responsibility. Berkeley : University of California Press. 1967.

Goodrich, Leland. Korea : A Study of U. S. Policy in the United Nations. New York : Council on Foreign Relations. 1956.

Han, Sung-joo. The Failure of Democracy in South Korea. Berkeley : University of California Press. 1974.

Henderson, Gregory. Korea : The Politics of the Vortex. Cambridge : Harvard University Press. 1968.

Lee, Chong-sik. The Politics of Korean Nationalism. Berkeley : University of California Press. 1963.

Scalapino, Robert and Chong-sik Lee. Communism in Korea. 2 vols. Berkeley : University of California Press. 1973. I (The Movement.)

Suh, Dae-sook. The Korean Communist Movement, 1918-1948. Princeton : Princeton University Press. 1967.

Yang, Sung-chul. Korea and Two Regimes. Cambridge : Schenkman Publishing Co. 1981.

(3) 논문 및 수필 등

김광식. 「제3세계 민족주의자로서의 여운형」. ≪제3세계 연구≫. 제2호. 1985년 6월.

박진관. 「전명운전」. ≪신동아≫. 1968년 10월.

뿌리깊은나무 엮음. 「값진 순창 고추장의 고장」. 『한국의 발견』 총서 가운데 『전라북도』. 뿌리깊은나무. 1983.

서용길. 「6·25회상」. ≪월간조선≫. 1986년 6월.

송건호. 「탁치안의 제의와 찬반탁 논쟁」. 변형윤 외. 『분단 시대와 한국 사회』. 까치. 1985.

심지연. 「신탁 통치 문제와 해방 정국 : 반탁과 찬탁의 논리를 중심으로」. ≪한국 정치학회보≫. 제19집. 1985.

이문원. 「신간회와 월남 이상재」. 월남 이상재 선생 동상 건립 위원회 엮음. 『월남 이상재 연구』. 노출판. 1967.

이철호. 「한민당에서 진보당까지 : 신도성 박사의 정치 역정 고백록」. ≪월간경향≫. 1987년 8월.

김학준

1943년 중국 심양에서 출생했다. 1972년에 미국 피츠버그 대학교에서
정치학 박사 학위를 받았으며, 인천대학교 총장과 한국정치학회 회장
을 역임했다. 2001년 이후 《동아일보》 발행인을 지냈으며 현재 회장으
로 봉직하고 있다. 『한국정치론』(1983년도 한국정치학회 저작상 수상),
Unification Policies of South and North Korea: A Comparative Study
(1977년도 한국일보 출판문화상 제작상 수상) 등 다수의 저서 및 역서
가 있다.

가인 김병로평전

1판　1쇄 펴냄 1988년　1월 30일
2판　1쇄 펴냄 2001년　3월 12일
2판 13쇄 펴냄 2015년 12월 30일

지은이 김학준
발행인 박근섭, 박상준
펴낸곳 (주) 민음사

출판등록 1966. 5. 19. 제16-490호
서울특별시 강남구 도산대로1길 62(신사동)
강남출판문화센터 5층 (우편번호 06027)
대표전화 515-2000 팩시밀리 515-2007

www.minumsa.com

ⓒ김학준, 1988, 2001. Printed in Seoul, Korea

ISBN 978-89-374-2469-4　03990